Informatik-Fachberichte

Herausgegeben von W. Brauer
im Auftrag der Gesellschaft für Informatik (GI)

19

GI – 9. Jahrestagung

Bonn, 1. – 5. Oktober 1979

Herausgegeben von
K. H. Böhling und P. P. Spies

Springer-Verlag
Berlin Heidelberg New York 1979

Herausgeber
K. H. Böhling
Institut für Informatik
der Universität Bonn
Wegelerstr. 6
5300 Bonn

P. P. Spies
Institut für Informatik
der Universität Bonn
Wegelerstr. 6
5300 Bonn

AMS: 60, 68, 94
CR: 1.0, 2.3, 3.5, 4.2, 8.1, 1.3, 2.4, 3.8, 4.6

ISBN-13: 978-3-540-09664-1 e-ISBN-13: 978-3-642-67444-0
DOI: 10.1007/978-3-642-67444-0

CIP-Kurztitelaufnahme der Deutschen Bibliothek
Gesellschaft für Informatik:
GI - Jahrestagung. - Berlin, Heidelberg, New York : Springer. Bis 5. 1975 u. d. T.: Gesellschaft für Informatik: Jahrestagung / GI, Gesellschaft für Informatik e. V. 9. 1979. Bonn, 1. - 5. Oktober 1979. - 1979. (Informatik-Fachberichte ; 19)

2145/3140 – 5 4 3 2 1 0

Vorwort

Das Programm der Jahrestagung 79 versucht, einen Einblick in die Entwicklung der Informatik und ihrer Methoden zu vermitteln sowie Möglichkeiten und Probleme, die sich aus dieser Entwicklung für die Anwendungen und Anwender ergeben, aufzuzeigen. Hierzu wurden eingeladene Vorträge, Fachgespräche zur ausführlichen Behandlung einzelner Gebiete, Sitzungen mit Vorträgen und Diskussionen zu speziellen Themen und Kurzvorträge in das Programm aufgenommen. Natürlich kann das angestrebte Ziel in dem zur Verfügung stehenden zeitlichen Rahmen nur ausschnittweise erreicht werden; eine Reihe wichtiger und aktueller Themen muß unbehandelt bleiben.

Der vorliegende Tagungsband, in den aus Termingründen leider nicht alle vorgesehenen Beiträge aufgenommen werden konnten, wird ergänzt durch einen Bericht, der allen Tagungsteilnehmern zur Verfügung stehen wird und in dem insbesondere die Kurzvorträge abgehandelt werden.

Für die Vorbereitungen und die Durchführung der Tagung war die Hilfe Vieler erforderlich. Wir möchten an dieser Stelle allen danken, die zur Jahrestagung 79 beigetragen haben, insbesondere

- den Mitgliedern des Programmausschusses für die Jahrestagung
- den Herren H.J. Schneider, Erlangen, und G. Hommel, Karlsruhe, für die Vorbereitung der Sitzung "Spezifikation von Echtzeitsystemen"
- dem Programmausschuß für das Fachgespräch "Compiler-Compiler" mit seinem Vorsitzenden W. Hommel
- dem Programmausschuß für das Fachgespräch "Methoden- und Modellbankensysteme" mit seinem Vorsitzenden S. Dickhoven
- dem Programmausschuß für das Fachgespräch "Modelle für Rechensysteme" mit seinem Vorsitzenden H. Tzschach
- dem Programmausschuß für das Fachgespräch "Organisation und Betrieb von Rechenzentren" mit seinem Vorsitzenden E. Jasper
- Herrn V. Claus, Dortmund, für die Vorbereitung des Fachgesprächs "Informatik in der Schule"
- den Sprechern der Fachausschüsse
- dem Leiter der Podiumsdiskussion "Wer hat Nutzen vom Einsatz der Informationstechnologie", Herrn F.R. Güntsch, Bonn, und den Teilnehmern an dieser

- allen Vortragenden und Sitzungsleitern
- Herrn O. Spaniol für seinen Einsatz bei der Organisation der Tagung
- Herrn H. Zima für die Vorbereitung des Industrieprogramms
- allen Förderern der Jahrestagung

und den Mitarbeiterinnen und Mitarbeitern des Instituts für Informatik der Universität Bonn, insbesondere Frau G. Klein und Herrn W. Schröck.

Ihnen und allen, die zum Gelingen der Jahrestagung 79 beigetragen haben, sagen wir unseren herzlichsten Dank.

Bonn, im Juli 1979

K.H. Böhling
P.P. Spies

DIE TAGUNG WIRD GEFÖRDERT VON

Bayer AG, Leverkusen

Deutscher Herold, Bonn

Deutsche Philips GmbH, Hamburg

GMD, St. Augustin

IBM Deutschland, Stuttgart

Siemens AG, München

Sparkasse Bonn

Universität Bonn

P R O G R A M M K O M I T E E

Vorsitzende: K.H. Böhling, Bonn
P.P. Spies, Bonn

H. Axmann, Konstanz	H. Hoseit, München
H. Berndt, München	L. Richter, Dortmund
R. Georg, Darmstadt	C. Schünemann, Böblingen
W. Giloi, Berlin	H.J. Siegert, München
G. Goos, Karlsruhe	H.J. Stiege, Braunschweig
W. Händler,Erlangen	R. Wilhelm, Saarbrücken

P R O G R A M M A U S S C H Ü S S E

Fachgespräch Compiler-Compiler

Vorsitzender: W. Henhapl, Darmstadt

W. Henhapl, Darmstadt,	H.H. Kron, Darmstadt
U. Kastens, Karlsruhe	R. Wilhelm, Saarbrücken
B. Krämer, Bonn	

Fachgespräch Methoden- und Modellbankensysteme

Vorsitzender: S. Dickhoven, Birlinghoven

S. Dickhoven, Birlinghoven	H.J. Schneider, Berlin
H.D. Heike, Berlin	P. Lockemann, Karlsruhe

Fachgespräch Modelle für Rechensysteme

Vorsitzender: H. Tzschach, Darmstadt

U. Herzog, Erlangen	H. Tzschach, Darmstadt
P.P. Spies, Bonn	B. Walke, Ulm

Fachgespräch Organisation und Betrieb von Rechenzentren

Vorsitzender: E. Jasper, Bonn

E. Jasper, Bonn	A. Schreiner, Karlsruhe
A. Liesen, Bonn	S. v.Ungern-Sternberg, Nürnberg
G. Obelode, Dortmund	D. Wall, Göttingen
F. Peischl, München	F. Wolf, Erlangen-Nürnberg

INHALTSVERZEICHNIS

SEITE

HAUPTVORTRÄGE:

VERRECHTLICHUNG DER DATENVERARBEITUNG

SPEZIFIKATION VON ECHTZEITSYSTEMEN

SEITE

COMPILER-COMPILER

SEITE

MODELLE FÜR RECHENSYSTEME

SEITE

RECHNER VON A BIS Z -
VON ANTIKYTHERA BIS ZUSE

Wolfgang Händler
Universität Erlangen-Nürnberg
Institut für Mathematische Maschinen
und Datenverarbeitung (III)

Zusammenfassung: Aus geschichtlichen Fakten, die sowohl Analog- als auch Digitalrechner betreffen, wird der Anspruch abgeleitet, daß Informatik ein Teil der kulturellen, geisteswissenschaftlichen und naturwissenschaftlichen Entwicklung, insbesondere im Bereich des Abendlandes, gewesen ist. Der Begriff Rechner betrifft dabei alle Instrumente, welche die Vorhersage von gewissen Fakten naturwissenschaftlichen und später technischen Geschehens ermöglichen.

Untersuchungen lassen erkennen, daß die technologische Evolution sich unter ähnlichen Gesetzen entfaltet, wie sie als biologische Evolution seit DARWIN bekannt ist und sich als Quelle wesentlicher Erkenntnisse erweist. Schalenförmiger, hierarchischer Aufbau mit jeweils vergleichbar komplexen Elementen sichert hierbei die Beherrschbarkeit, Operabilität, Reparierbarkeit und Anpassungsfähigkeit im Sinne eingegrenzten Komplexitäts-Wachstums.

Schließlich wird die Frage künftiger Entwicklung aufgeworfen. Im einzelnen gliedert sich der Inhalt folgendermaßen:

1. Informatik hat Vergangenheit: 2000 Jahre Geschichte der Informatik
2. Gesetzmäßigkeiten der technologischen Entwicklung: Evolution
3. Informatik in der Zukunft: Verantwortung, Nutzen und Mißbrauch der Informatik

1. Informatik hat Vergangenheit: 2000 Jahre Geschichte der Informatik

Wenn von 2000 Jahren Geschichte der Informatik die Rede ist, so ist dies nicht so zu verstehen, daß erst in diesem Zeitabschnitt von einer solchen Geschichte gesprochen werden kann. Vielmehr kann der Fund des Räderwerks von Antikythera, das auf 82 v.Chr. beziffert wird, als ein besonderer Glücksfall angesehen werden, der uns wie kein anderer Gegenstand Kunde einer hochentwickelten Technologie vermittelt, deren Wurzeln auf Babylonien und Griechenland zurückgehen.

Dieser Zeitpunkt kann demnach als ein besonderer Meilenstein in der

Räderwerk von ANTIKYTHERA

Details des Hauptmechanismus (schematische Darstellung)

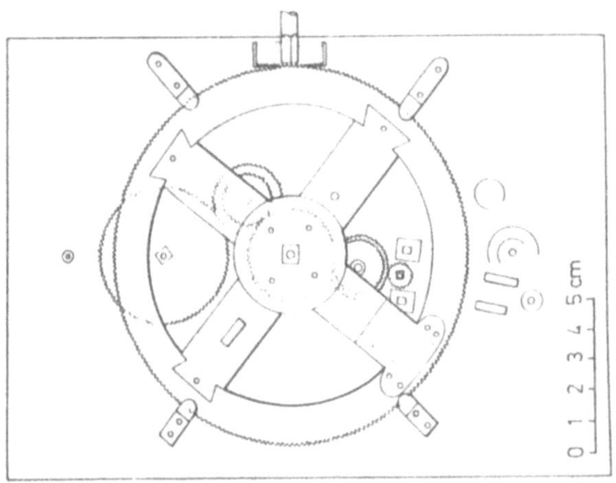

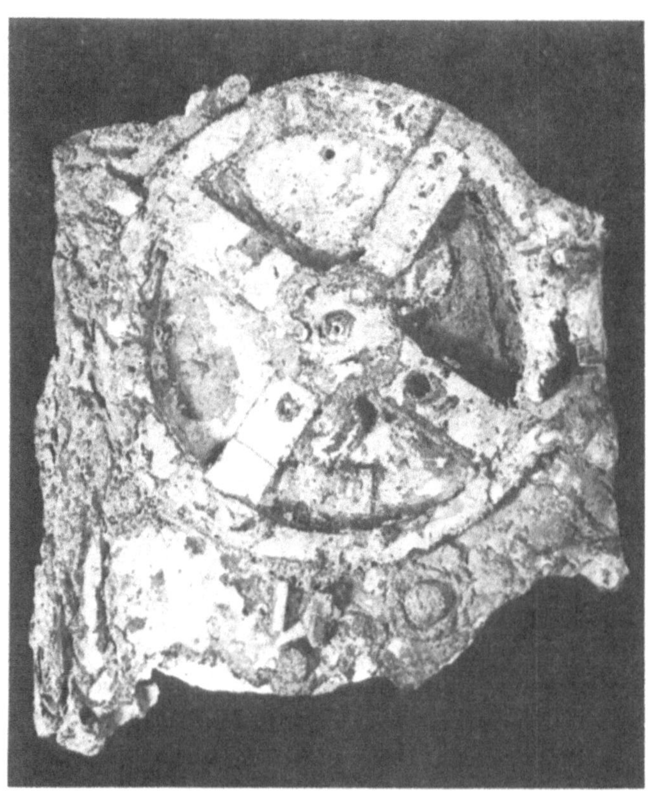

Entwicklung angesehen werden, von dem an etwas Licht in das Dunkel der Technikgeschichte gelangt, so daß es sich lohnt, die Diskussion im Rahmen eines kurzen Vortrags hier beginnen zu lassen.

Um die Jahrhundertwende wurde in der Ägäis nahe der Insel ANTIKYTHERA (antik: AEGIL) von einem römischen Schiffswrack bronzene Teile geborgen, die in keiner Weise mit dem verglichen werden konnten, was bis dahin im Mittelmeerraum gefunden wurde. Das besagte Schiffswrack gab auch eine Reihe anderer Kunstwerke frei, z.B. zahlreiche Statuen und Amphoren. Als man sich jedoch anschickte, die erwähnten Bronzeteile zu analysieren, begann ein großes Staunen. Man fand in den griechischen Beschriftungen auf den Überresten Hinweise auf den damals gebräuchlichen Kalender, auf Sonne, Mond und auf die damals bereits bekannten Planeten. Daneben fanden sich kreisförmige Skalen mit der Tierkreisteilung einerseits und dagegen verschiebbar konzentrisch hierzu mit den Monatsnamen. Auf der Rückseite des dann später auch als Planetarium bezeichneten Räderwerks fanden sich gar 4 konzentrische gegeneinander verschiebbare Ringe, die dann auf andere Himmelskörper und auf die Planeten hinwiesen. Das eigentliche Räderwerk basiert auf einer Vielzahl von Zahnrädern in 60 Grad-Verzahnung. Diese Verzahnung hat zwar keinen guten Wirkungsgrad, stellt jedoch angesichts der Tatsache, daß über Zahnräder bei den Griechen keinerlei andere Kunde existiert, eine weitere echte Sensation dar.

Inzwischen sind einige Analysen vorgenommen worden,zuletzt die wohl bedeutendste von DEREK DE SOLLA PRICE, der auch eine Rekonstruktion wagte. Danach ist das Räderwerk wohl einerseits ein astronomisches Gerät,wie andererseits möglicherweise ein nautisches Hilfsinstrument. Die größere Bedeutung ist sicher in den astronomischen Aspekten zu suchen, zumal ähnliche Funde von anderen Schiffswracks nicht bekannt geworden sind. Es ist anzunehmen, daß das Gerät zu den Beute-Gegenständen gehörte, mit denen das gesunkene Schiff reichlich beladen war, und daß sich alle Beute-Gegenstände auf dem Wege nach Rom befanden, als das Schiff vom Sturm überrascht wurde und schließlich sank.

Die archäologische Untersuchung brachte einmal die Funktion, die genaue Zeitbestimmung (82 v.Chr.!) und schließlich die Tatsache zutage, daß das Gerät auch tatsächlich in Betrieb war. Man fand z.B. zwei Stellen im Getriebe, die repariert worden waren. So ist ein Zahn etwa ersetzt worden. An anderer Stelle wieder ist offenbar die Speiche eines Zahnrades gebrochen gewesen und schließlich durch sorgfältige Einfügung wieder ersetzt worden.

Der Fund bleibt auch dann ein einmaliger Glücksfall, wenn man heute feststellen muß, daß die Behandlung des kostbaren Fundes von Anfang an durch zahlreiche Fehler gekennzeichnet war. So zerfiel etwa der Holzkasten, in dem sich das Räderwerk befunden hatte, vollständig, da man nicht die heute üblichen Konservierungs-Maßnahmen traf, mit denen man jetzt hölzerne Funde und Schiffswracks vom Meeresboden erhält.

Erst in Urkunden, die etwa auf das Jahr 700 n.Ch. weisen, finden sich die sogenannten Astrolabien, ebenfalls Analog-Rechengeräte. Das Anliegen bleibt in etwa das gleiche. Das Astrolabium bietet die Möglichkeit einer Orientierung im Weltraum und beruhte - wie das Räderwerk von ANTIKYTHERA - auf dem geozentrischen Weltbild. Auf einer Grundplatte, der sogenannten Mater, befindet sich eine Eingravierung der stereographischen Projektion der Erde mit ihren Längen- und Breitengraden. Darüber drehbar angeordnet, befindet sich ein Rete (Gitter bzw. Netz), das den Fixsternhimmel und die Positionen bekannter Sterne in Form von Zeigern verkörpert. Das Rete wird entsprechend der jeweiligen Tageszeit angeordnet zu denken sein. Es dient auch umgekehrt zur Bestimmung der wahren Ortszeit, zur Vorhersage des Sonnen-Auf- und -Untergangs, sowie zur Vorhersage solcher Auf- und Untergänge im Falle bekannter Gestirne. Die Position der Sonne ist gegeben durch seinen Standort in dem Ekliptik-Kreis, der ebenfalls in das Rete eingebettet ist und die Zeichen des Tierkreises neben einer 360 Grad-Teilung trägt.

Im Falle des Astrolabiums bleiben die Planeten allerdings gänzlich unberücksichtigt, während sie gerade im Räderwerk von ANTIKYTHERA eine bedeutende Rolle spielen. Wirkt das Astrolabium in seiner ganzen Einfachheit sehr elegant vom geometrischen und insbesondere geometrisch-projektiven Standpunkt aus, so offenbart sich das Gerät von ANTIKYTHERA als eine weit komplexere arithmetische Konzeption, bei der bekannte astronomische Relationen und insbesondere Perioden mit Hilfe von Zähne-Anzahlen realisiert werden. Das Räderwerk von ANTIKYTHERA enthält sogar Reste eines Differentialgetriebes (zur Bildung einer Differenz), wie es erst wieder im Jahre 1823 in England zum Patent angemeldet wurde.

Da das Astrolabium, das in vielen Exemplaren erhalten geblieben ist, weitaus weniger komplex als das Räderwerk ist, fand es im Mittelalter und insbesondere im Zeitalter der Entdeckungen weite Verbreitung. Der überraschende Fund von ANTIKYTHERA zeigt jedoch, daß es theoretische Kenntnisse und technologische Fertigkeiten bereits zur Zeit Christi gab, die man bis zu diesem Fund im Jahre 1900 nicht für möglich gehalten hatte. Insbesondere muß wohl die Anschauung revidiert werden, daß die Kultur der Griechen - sofern man von den schönen Künsten absieht - sich auf Philosophie und Geometrie allein abstützt. Nach dem Fund darf man annehmen, daß weitaus mehr Erkenntnisse und technologische Fertigkeiten

Zwei Astrolabien

Addiermaschine von PASCAL
(Einstellen der Summanden mit Griffel)

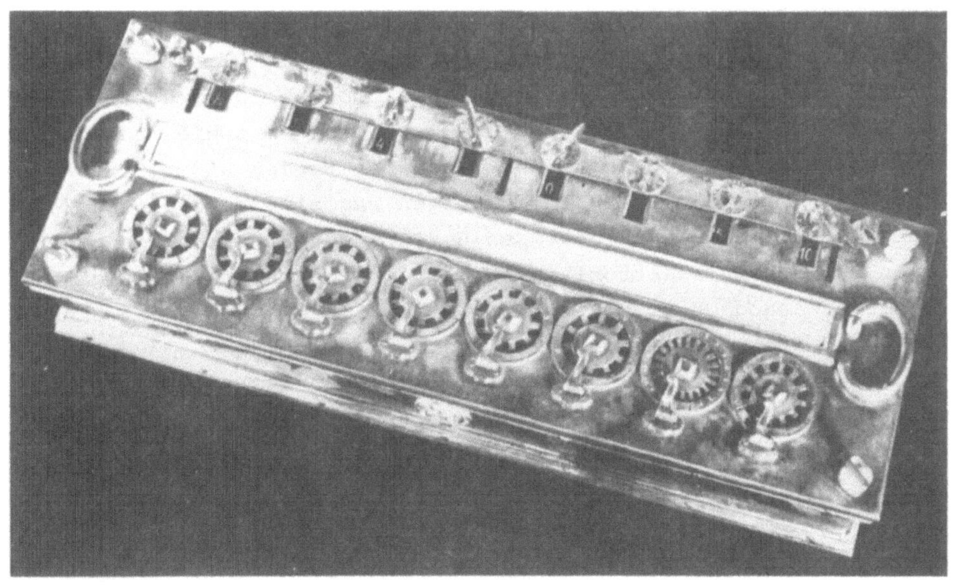

der Babylonier übernommen und zu eigener Blüte im griechischen Raum getrieben worden sind, als bisher angenommen werden konnte.

Erst mehr als tausend Jahre danach wurde im arabischen Raum ein Räderwerk durch AL BIRUNI gefertigt, das einigermaßen vergleichbar mit dem Räderwerk des Jahres 82 v.Chr. ist. Natürlich ist nichts darüber bekannt, auf welchen Zwischenstationen möglicherweise die Überlieferung vor sich gegangen ist. Im vierzehnten Jahrhundert schließlich wurden dann wunderbare astronomische Uhren - zumeist in Verbindung mit Kirchenbauten - konzipiert und gebaut. Beide Techniken - die arithmetische, zahnradorientierte und die geometrische, projektiv abbildende - verschmolzen nun zu Wunderwerken, die heute in einigen Exemplaren noch bewundert werden dürfen. Zeiger, Zifferblätter, Perioden, Koinzidenzen, Beschriftungen usw. sind gänzlich darauf ausgerichtet, diese Welt und den Lauf ihrer Gestirne zu "begreifen". Räderwerk, Astrolabien und astronomische Uhren lassen hierüber noch Aussagen und insbesondere Vorhersagen zu, wenn die Gestirne zu einem gegebenen Zeitpunkt (Nacht oder Bewölkung) gerade nicht sichtbar sein sollten.

Wenn auch das "Begreifen"-Wollen dieser Welt das Hauptmotiv für alle bisher erwähnten Instrumente darstellen dürfte, so kann doch nicht der andere Aspekt vergessen werden. Es ist der Gebrauch derartiger Geräte zum Zwecke einer Vorhersage persönlicher Geschicke aus den Sternbildern und Konstellationen zum Zeitpunkt der Geburt eines Menschen. Astronomen und Mathematiker wie etwa KEPLER (1571-1630) oder REGIOMONTAN (1436-1476) bezogen einen Großteil ihrer Einkünfte aus der Erstellung von Horoskopen für Fürstenhäuser.

Gegenüber diesen Formen von Analogrechnern, wie sie im Vorstehenden erwähnt wurden, behaupten sich seit mehr als 2000 Jahren verschiedene Formen des ersten Digitalrechners,des Abakus. Unter verschiedenen Namen findet man ihn bei den Chinesen, Japanern, Russen und z.B. den Völkern des Mittelmeerraums. Bis zum heutigen Tag sind derartige Geräte im Gebrauch und gewinnen unter gewissen Bedingungen Konkurrenzen gegen die heutigen Formen von elektronischen Taschenrechnern, ihren "digitalen" Verwandten. Jedoch setzt bereits im siebzehnten Jahrhundert eine Entwicklung ein, die schließlich die Vierspezies-Tischrechenmaschine bringt. Hier sind zu nennen SCHICKARD (1592-1635), PASCAL (1623-1662) und LEIBNIZ (1646-1716). Wesentlichster Schritt dieser Entwicklung ist die Bewältigung des Zehner-Übertrags.

Mit Hilfe von Digitalrechnern konnte man - sofern ein Problem algorithmierbar und arithmetisierbar war - Ergebnisse mit besonderer Genauigkeit berechnen. Während die vorher erwähnten Analogrechner nur Probleme im Zusammenhang mit dem Geschehen im Weltraum anzugehen gestatteten, dienten die Tischrechenmaschinen zur Berechnung von Flächeninhalten, von chemischen Reaktionen, von elektrischen Wirkungen, von Festigkeits-Werten und von Material-Ermüdungserscheinungen - um nur einige Möglichkeiten aus dem großen Spektrum zu nennen. Zu Beginn des 19. Jahrhunderts waren mechanische und insbesondere feinmechanische Technologie soweit fortgeschritten, daß erstmalig der übergeordnete Gedanke der Programmsteuerung auftritt. BABBAGE (1792-1871) konzipierte zunächst seine Analytical Machine und später seine Difference Engine, die in ihren Grundgedanken unseren heutigen Rechnern entsprechen. Die Tatsache, daß seine mechanischen Geräte nie voll in Betrieb gehen konnten, kann aus heutiger Sicht keineswegs als Widerlegung seiner Ideen und Vorstellungen angesehen werden. Zur gleichen Zeit konzipierte und realisierte SCHWILGUÉ (1776-1865) seinen 'Comput ecclésiastique' (Kirchen-Rechner) im Zusammenhang mit dem Wiederaufbau der astronomischen Uhr des Straßburger Münsters. Während die eigentliche astronomische Uhr nach den obigen Ausführungen voll analog funktionierte und in der Zeit kontinuierlich angetrieben wurde, berechnet der 'Comput ecclésiastique' in der Silvesternacht (und nur dann) jeweils die Kirchenfeiertage des kommenden Jahres. Das geschieht im wesentlichen in vier nacheinander ablaufenden Programmteilen, wie man das heute ausdrücken würde. Dabei können Translationen und Rotationen in Einzelschritten verfolgt werden, die jeweils ganzen Tagen entsprechen. Wird etwa der letzte (vierte) Programmschritt eingeleitet, so steht der Kirchenkalender-Ring, durch ein Gewicht nach unten gedrückt, in einer Stellung, welche dem 3. Mai entspricht. In den 3 vorangegangenen Programmteilen ist jedoch bereits ein Zahnsegment in die Stellung - ebenfalls schrittweise - bewegt worden, welche der Differenz des Osterfeiertages (Sonntag) vom 3. Mai entspricht. Es gilt dann, den Kirchenkalender-Ring um diesen Differenzbetrag wieder zurückzudrehen. Beträgt die Differenz n Tage, so vollführt nun ein Hebelmechanismus nacheinander n Schritte, um die beiden beteiligten Teile, nämlich Zahnsegment und Kirchenkalender-Ring in die ihnen zugedachten Positionen zu bringen, den Kirchenkalender-Ring insbesondere in die Stellung, in der er die Lage der Kirchenfeiertage des ganzen Jahres in richtiger Weise anzeigt. Danach verweilt der 'Comput ecclésiastique' wieder in Ruhestellung bis zum nächsten Silvesterabend. Vor dem erwähnten Computer von BABBAGE hat dieser Computer von SCHWILGUÉ den Vorzug, daß er im wesentlichen seit nunmehr 140 Jahren läuft, was jedoch die historische Leistung von BABBAGE nicht schmälern sollte. Der Computer von SCHWILGUÉ wickelt ein festes Programm ab und ist demnach als Spezialrechner einzuordnen, während der Computer von BABBAGE als "Difference Engine"

Straßburger Astronomische Uhr .
Schema des Mechanismus, der den Ostertag richtig einsetzt

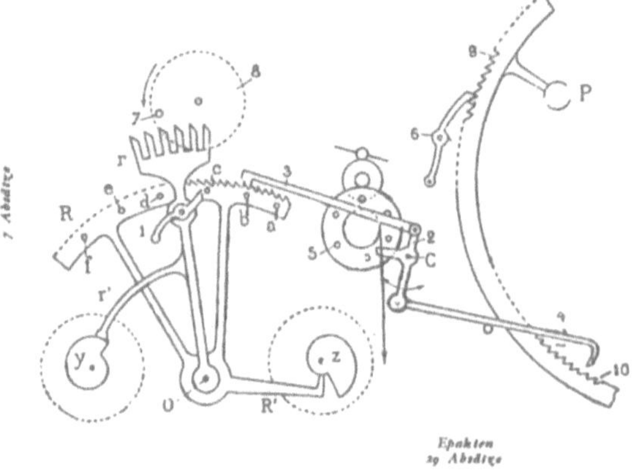

Comput ecclésiastique

gegebenenfalls ein weitaus größeres Spektrum abgedacht hätte.

Als Errungenschaften des 19. Jahrhunderts, die zwar nicht direkt einer Berechnung dienten, jedoch sehr in der Nähe der Informations-Verarbeitung angesiedelt sind, müssen der Jacquard-Webstuhl mit seiner Lochkartensteuerung und die Spieluhr mit der Walzensteuerung sicher genannt werden. Mindestens darf angenommen werden, daß die Denkweise, in der diese beiden Zeiterscheinungen realisiert erscheinen, die nachfolgenden Ideen zur "Programm-Steuerung" stark beeinflußt hat. Auch diese beiden Errungenschaften können in die Gattung der digital arbeitenden Maschinen eingeordnet werden.

Das Ende des 19. Jahrhunderts brachte schließlich noch eine Errungenschaft, die bei näherem Hinschauen recht bedeutend erscheint. Es war die Erfindung von LORD KELVIN (1824-1907), der in einer Arbeit über physikalische Forschungen das Rückkopplungsprinzip entwickelt (1871). Mit Hilfe von analog arbeitenden Rechen-Elementen wie Integratoren, Multiplikatoren usw. läßt sich zu jeder ABEL'schen Differentialgleichung eine rückgekoppelte Anordnung finden, mit deren Hilfe es möglich ist, die Lösung dieser Differentialgleichung (analog) zu errechnen.

Noch in unserem Jahrhundert wurde die Technik der mechanischen Integrieranlagen, wie man diese Analogrechner dann nannte, zu großer Vollkommenheit entwickelt, während schon der Elektronische Rechenautomat seinen Weg angetreten hatte. So wurden z.B. noch in den fünfziger Jahren Großanlagen nach England (Reparationsleistung), nach Bonn und nach Erlangen geliefert.

Es kann kaum Aufgabe dieses Überblicks sein, die Entwicklungsgeschichte der Rechner bzw. wie hier gesagt werden sollte, die Geschichte der Informatik, vollständig darzustellen. Insbesondere soll hier nicht die Entwicklung der Rechenautomaten in unserem Jahrhundert nachvollzogen werden. Hier sei auf die Materialien hingewiesen, die z.B. im Buch von RANDELL zu finden sind. Es soll demgegenüber auf einige Fakten hingewiesen werden, welche - hoffentlich - übergeordnete geschichtliche Zusammenhänge erkennen lassen, während naturgemäß dabei einige Details verloren gehen müssen.

Nahezu genau ein Jahrhundert nach BABBAGE begann ZUSE bei seinen Experimenten wiederum mit mechanischen Elementen, mit Rollen und mit Seilzügen, bis er noch zu Zeiten des letzten Krieges zu Relais und später zu Röhren und Transistoren übergehen konnte. Die besondere Leistung von ZUSE scheint mir nicht so sehr in der jeweiligen Form der Realisierung eines Rechenautomaten zu liegen als vielmehr in den strukturell-konzeptionellen Ideen, wie sie beispielsweise ihren Niederschlag im

"Plankalkül" finden. Diese Ideen haben alle Technologie-Formen überdauert, die gerade ZUSE bei seinem Weg zum Computer verarbeiten mußte. In dreißig Jahren atemberaubender Technologie-Entwicklung im Sinne von verbesserten Schaltelementen, von immer größeren Geschwindigkeiten und z.B. immer kleinerem Energiebedarf ist kaum der Ruf nach grundsätzlich neuen Strukturen bei den Rechnern aufgetaucht. Es bleibt jedoch anzumerken, daß gerade ZUSE bereits 1956 den Begriff des "Feldrechners" geprägt hat, der erst sehr viel später in den USA von SLOTNICK in den Rechnern SOLOMON und ILLIAC IV Gestalt annahm.

Bevor wir jedoch zu ZUSE und zum Feldrechner zurückkehren, sollen im folgenden noch einige allgemeine Fragen untersucht werden.

2. Gesetzmäßigkeiten technologischer Entwicklung: Evolution der Informatik

Die grobe Skizze im vorrangegangenen Abschnitt 1 läßt die Frage aufkommen, nach welchen Gesetzmäßigkeiten sich eine Entwicklung wie die der Informatik vollzieht. Es ist dabei nicht so wichtig, ob man sich dabei temporär auf einen Hardware-Standpunkt oder vielmehr auf einen Software-Standpunkt stellen will. Es handelt sich um komplementäre Phänomene, die darüber hinaus auch gewissen Austausch-Gesetzen unterliegen. In diesem Sinne werden im folgenden System und System-Eigenarten betrachtet, von denen nicht notwendig vorausgesetzt werden muß, ob sie der Natur nach mehr zur Hardware oder mehr - bzw. überwiegend - zur Software gehören.

Sind Primaten und insbesondere der Mensch die höchstentwickelten Lebewesen, so lohnt sich zunächst ein Blick auf die Bauprinzipien und Auslese-Formen der Evolution, wie sie DARWIN im vergangenen Jahrhundert als Aufbau-Prinzip der Natur postuliert hat. Mit dieser Hypothese arbeiten seit nahezu hundert Jahren die Naturforscher erfolgreich. Es wäre nicht einzusehen, wollte man nicht den Versuch unternehmen, die Entwicklung der Technik und in dieser Betrachtung die Entwicklung der Informatik eine ähnlich einfache Arbeitshypothese zu finden.

Die Formel, daß sich das "Bewährte" als lebensfähig erweist und gewisse Varianten, die sich der Umgebung weniger gut anpassen können, wieder vom Erdboden verschwinden, ist hierbei eine Vereinfachung. Vielmehr kommt noch ein Bauprinzip des Organismus hinzu, der von Zeit zu Zeit das zusammenfaßt, was sich auf unterer Stufe bereits als lebensfähig erwiesen hat und versieht es mit einem übergeordneten Organ.

In dieser neuen Organisationsform bildet das Ganze wiederum ein System. In einer nächsten Entwicklungsstufe würde ein solches System wieder Teil des Ganzen sein, wozu sich dann ein übergeordnetes neues Element gesellt, welches das Ganze zu einem System neuer Stufe zusammenfaßt, usw.

Organisationen, welche nach diesem Prinzip hierarchisch und stufenförmig aufgebaut sind, erweisen sich als besonders lebensfähig. Alle Wechselwirkungen zwischen Elementen jeweils einer Stufe gehen wohldefiniert und gut beschreibbar vor sich. Die begrenzten Signalwege führen zu einer ebenso begrenzten Komplexität, die nicht mit der Potenz der Anzahl der Elemente ausufert. Eine solchermaßen begrenzte Organisationsform bringt offenbar auch im Falle von Verletzungen bzw. Verlusten die Möglichkeit einer klaren Aussonderung bzw. Isolierung mit sich. Damit ist gegebenenfalls die Chance gegeben, den Ausfall eines Teilsystems zu ersetzen. Weitere Strukturmerkmale scheinen im Zentralen Nerven-System z.B. zu sein, daß die Information - ähnlich wie im Falle der Holographie - auf ganze Felder gleichartiger Elemente verteilt erscheint und dabei über mehrere Stufen hinweg nach dem Divergenz-Konvergenz-Prinzip abwechselnd verteilt und wieder gesammelt wird.

Damit ist die Betrachtung der Natur als Modellfall für die Technik keineswegs erschöpft. Vielmehr kann aus vielen weiteren Prinzipien, nach denen die Natur ihre "Probleme" löst bzw. ordnet, die Anregung bezogen werden, die Organisationsformen der Natur zu studieren, um Schlüsse für den Aufbau technischer Systeme hieraus zu ziehen.

Um einfache Beispiele zu nennen, kann man sich den seiner Zeit von ZUSE vorgeschlagenen Feldrechner vorstellen als ein System, das in verwandter Form bereits vorlag (der einfache Universalrechner) und ein einzelnes Element innerhalb dieses Systems vervielfacht, in diesem Falle das Rechenwerk. Die Komplexität wird nicht über das hinaus erhöht, was bereits bekannt ist, wenn man mit Komplexität die Anzahl der Verbindungen bezeichnet, die eines der Elemente jeweils in das Systemganze einbindet. Auch die Kompliziertheit des Systems bleibt gleich, wenn man hierunter die Anzahl unterschiedlicher Elemente in dem System versteht.

Ein weiterer Schritt ist demgegenüber, wenn das bisherige System, also i.w. ein ganzer Universalrechner, zum Element einer neuen System-Stufe gemacht wird. Wesentliches Element einer solchen Organisation wäre insbesondere der Prozessor, der deutlich abgegrenzt gegen andere Elemente dieser Stufe (z.B. Speicherblock), kraft einer gewissen Autonomie mit anderen Prozessoren (auf gleicher Stufe) kommuniziert. Das

Ganze wird jedoch erst dann ein System höherer Stufe (als die bis dahin betrachtete Stufe), wenn übergeordnete Hardware oder Software eine zufriedenstellende Zusammenfassung gewährleistet.

Ähnlich verhält es sich mit jenem Schritt, mit dem LORD KELVIN seiner Zeit die einzelnen Integratoren, Addierer usw. zu einer übergeordneten Struktur zusammenfügte. Mit Hilfe der nach ihm benannten Rückkopplung wird die Menge der Elemente zu neuer - bis dahin nicht bekannter - Leistung zusammengefaßt. Das neue System, eine Stufe über den bisher bekannten Formen bzw. Strukturen liegend, löst insbesondere gewöhnliche Differentialgleichungen. Der Begriff System schließt dabei eine Vielfalt von diskreten Verbindungs-Strukturen ein, die jeweils eine bestimmte Differentialgleichung verkörpern.

Um an ein besonders in der Informatik bekanntes Beispiel zu denken, sei an die Einbeziehung der Tischrechnerstruktur in die Konzeption des Universalrechenautomaten etwa bei VON NEUMANN erinnert. Deutlich erkennt man in den Blockbildern das Rechenwerk als die in eine neue Struktur übernommene Tischrechnerstruktur mit dem Summenwerk (nunmehr Akkumulator genannt), dem Einstellwerk (nunmehr Multiplikandenregister) und dem Umdrehungswerk (nunmehr Multiplikator-Quotientenwerk).

Technischer Fortschritt stellt sich somit insbesondere dar als eine Zusammenfassung bisher bekannter und bewährter Strukturen zu neuen Strukturen höherer Ordnung, die deutlich die alten Strukturen als Elemente in einen neuen funktionellen Zusammenhang stellen.

Die gelegentlich als sehr krass empfundenen Unterschiede zwischen den Analogrechnern einerseits und den Digitalrechnern andererseits sind an dieser Stelle etwas zu relativieren. In vielen Punkten ergeben sich vielmehr Parallelen. So kann unter sehr allgemeinen Gesichtspunkten das weiter oben erwähnte Rückkopplungsprinzip von LORD KELVIN strukturell gesehen werden als das Verrechnen eines bis dahin gewonnenen Ergebnisses derart, daß die künftige Berechnung beeinflußt wird. Dies geschieht zyklisch in infinitesimalen Schritten. Strukturen, die sich unter dem Einfluß des Sprungbefehls oder eines Verzweigungsbefehls im Flußdiagramm abzeichnen, weisen in ähnlicher Weise Zyklen auf, die den Umstand verkörpern, daß hier die bis dahin gewonnenen Ergebnisse im folgenden mit berücksichtigt bzw. einbezogen werden. Unter der Vorstellung eines Datenstroms bzw. eines Datenflusses verwischen sich die scheinbar genuinen Unterschiede beider Erscheinungsformen der Informatik. Hieraus wurde auch die Berechtigung abgeleitet, bei dem historischen Exkurs in Abschnitt 1 beide Formen zu behandeln.

Insgesamt kann man für die kreative Tätigkeit im Bereich der Technik und insbesondere der Informatik allgemeingültige Aussagen über die anzustrebenden Strukturen bzw. Organisationsformen ableiten. Hierzu gehören in erster Linie der hierarchisch-stufenförmige Aufbau, der in keinem Falle zugunsten eines Vorteils, den ingenieurmäßige Raffinesse möglicherweise erzielen könnte, durchbrochen werden sollte.

3. Informatik in der Zukunft: Verantwortung, Nutzen und Mißbrauch der Informatik

Folgt man DREYFUSS, so gibt es keine 'künstliche Intelligenz', von der nach Schaffung der ersten programmgesteuerten Rechenautomaten häufig die Rede war. Nach DREYFUSS sind Programme, welche einen Rechner befähigen sollen, Schach zu spielen, sprachliche Texte zu verstehen oder z.B. komplizierte Muster zu erkennen, letztlich zum Scheitern verurteilt. Viele andere Autoren würden demgegenüber argumentieren, daß die 'künstliche Intelligenz' als eine Arbeitshypothese bereits recht erstaunliche Ergebnisse gezeitigt habe.

Wieder andere Autoren nähren Hoffnungen, daß die Rechner eines Tages so unglaublich differenzierte Tätigkeiten wie die eines Richters oder eines Psychiaters übernehmen und dabei viel objektiver verfahren könnten.

Nun werden zwar heute keine Schachspielautomaten mehr vom Schlage des WOLFGANG VON KEMPELEN vorgeführt. Dennoch hat die Gesellschaft, in der wir leben, keineswegs ganz Abschied vom Roboter genommen, wie er sich etwa seit Beginn dieses Jahrhunderts auf Jahrmärkten und anderen Veranstaltungen präsentiert. Es wäre ein eigenes Kapitel zu untersuchen, welche Rolle die Olympia in JACQUES OFFENBACH's Oper "Hoffmanns Erzählungen" - und andere Gestalten - bei den Zeitgenossen OFFENBACH's spielte und noch heute spielt. Androiden und Roboter sind häufig Exponenten eines Fortschrittglaubens, der bis zum heutigen Tag meint, daß man - sofern man nur genügend lange darüber nachdenkt - alle Geheimnisse dieses Lebens und der Welt überhaupt entschlüsseln und dementsprechend nachbilden kann.

Wissenschaftsgläubigkeit und nahezu uneingeschränktes Vertrauen in Formalismen und in das, was sie zu beweisen scheinen, beherrschen den heutigen Menschen. HORKHEIMER und nach ihm WEIZENBAUM sprechen von der "Instrumentellen Vernunft". In diesem Zeitgefühl aber berichten Journalisten in den Massenmedien von Dingen und über Dinge, die sie nicht mehr verstehen, nicht mehr verstehen können oder nicht mehr verstehen wollen.

In dieser Beziehung scheint die Menschheit seit dem Altertum nur unwesentlich vorangekommen zu sein. Damals schon ließ man sich faszinieren von sich scheinbar selbsttätig öffnenden und wieder schließenden Tempeltoren. Oder man staunte über Weih-Wasser spendende Krüge, die - scheinbar auch wieder selbsttätig - in Funktion traten, wenn entsprechende Münzen eingeworfen wurden. Die Objekte des Staunens sind in unserer heutigen Welt differenzierter geworden. In vielen Fällen ist aber das Unverständnis und das Unvermögen des "Begreifens" das Gleiche geblieben.

Wie auch immer die 'künstliche Intelligenz' definiert sein mag: WEIZENBAUM glaubt, ihre erschreckenden Folgen verspürt zu haben, als er seiner Zeit Programme schrieb, von denen nicht nur Journalisten, sondern auch Experten die wundersamsten Dinge und Deutungen berichteten. Tatsächlich bot sich dem oberflächlichen Betrachter das Bild eines Dialogs einer Versuchsperson mit seinem Psychiater (dem Rechner in diesem Falle). In den zu einer sehr hohen Anzahl zusammenzufügenden Gesprächsbestandteilen wird die Illusion eines "Verstehens" des Computers oder gar der "Anteilnahme" erweckt. Die außerordentlich hohe Anzahl der Kombinationen, die der Computer dabei handhaben kann, ist Ursache dieser Illusion. Die "Nichtverstehenden" waren letztlich die vermeintlichen "Patienten" bzw. diejenigen, denen das Spektakel vorgeführt wurde. Gerade dieses Nichtverstehen war es, welches WEIZENBAUM veranlaßte, sein bekanntes Buch zu schreiben.

Im Gegensatz zu DREYFUSS meint also WEIZENBAUM, daß es so etwas wie 'künstliche Intelligenz' gibt. Für ihn ist die Frage, ob man und gegebenenfalls wie man mit diesem Phänomen umgeht, eine vornehmlich moralische Frage. Soll alles, was realisierbar - bzw. mit den gegenwärtig üblichen, technologischen Mitteln denkbar - ist auch tatsächlich entwickelt bzw. gebaut werden? Sicher nicht. Es ist stets die Frage angebracht, zu wessen Nutzen etwas geschieht und welche Implikationen eine mögliche Entwicklung zeitigen könnte. Wird die in letzter Zeit so häufig zitierte Lebensqualität erhöht? Oder werden möglicherweise Hilfsmittel geschaffen, welche den perfekten Überwachungs-Mechanismus heraufbeschwören, den ORSON WELLES in seinem Roman als ein düsteres Bild des Jahres 1986 heraufbeschwört?

In der Menschheitsgeschichte sind nahezu alle Errungenschaften sowohl zum Nutzen als auch zum Schaden - wenigstens unter gewissen Umständen - angewandt worden. Wie in anderen Gebieten der Technik bleiben im Falle der Informatik die Folgen, die ein Entwicklungsschritt mit sich bringen kann, oft verborgen. Umso sorgfältiger und verantwortungsbewußter muß daher untersucht werden, welches die Implikationen der Entwicklung sind.

Da diese Implikationen bzw. Spätfolgen unter Umständen viel schwieriger zu erkennen sind als in den Fällen der Energie-Technik oder der Werkzeugtechnik, ist noch mehr Aufmerksamkeit als dort geboten.

In der Vergangenheit ist oftmals ein Vorhaben aufgegeben worden, weil die Kosten oder die Komplexität ein erträgliches Maß überschritten haben. In der Zukunft wünscht man sich von den Verantwortlichen die Einsicht, daß sie gegebenenfalls nach Untersuchung über die Folgen eines Vorhabens einen Verzicht aussprechen. In diese Richtung könnten unter Umständen Überlegungen gehen, welche den Rechner in den weitverbreiteten Organismus der Massenmedien einbeziehen möchten. Dabei könnten Erwägungen etwa über die Wegrationalisierung von Arbeitsplätzen sich durchaus als Fragen sekundärer Bedeutung herausstellen, die für den Einzelnen so bedeutend erscheinen.

Wir sollten mit WEIZENBAUM als Menschen, als Ingenieure und als Informatiker feststellen: "... There are some human functions for which computers o u g h t not to be substituted. It has nothing to do with what computers can or cannot be made to do. Respect, unterstanding, and love are not technical problems."

Schrifttum

DE BECAUCLAIR, W. (1968): Rechnen mit Maschinen. Eine Bildgeschichte der Rechentechnik. Friedrich Vieweg und Sohn, Braunschweig.

DREYFUSS, H.L.: What computers can't do. A Critique of Artifical Reason. Harper & Row, Publishers (1972).

VON FREYTAG-LÖRINGHOFF, B. (1958): Über die erste Rechenmaschine. Physikalische Blätter 14 (1958), S. 361-365.

MEYER ZUR CAPELLEN, W. (1941): Mathematische Instrumente. Akademische Verlagsgesellschaft Becker und Erler, Leipzig.

DE SOLLA PRICE, D.J. (1959): An Ancient Greek Computer, Scientific American, (June 1959), S. 60-67.

RANDALL, B.: The Origins of Digital Computers. Selected Papers. Springer-Verlag, Berlin, Heidelberg, New York (1973).

UNGERER, Th. (1965): Die Astronomische Uhr des Straßburger Münsters (Geschichte-Beschreibung-Gang des Werkes). Société d'Edition de la Basse-Alsace, Strasbourg.

WEIZENBAUM, J.: Computer power and human reason: From Judgement to Calculation. W.H. Freeman & Co (1976). Titel der deutschen Ausgabe: Die Macht der Computer und die Ohnmacht der Vernunft, Suhrkamp (1977).

ZEMANEK, H. (1963/1966): Geschichte der Automaten, vgl. div. Editorials in: Elektronische Rechenanlagen 5 (1963), bis 8 (1966).

ZUSE, K. (1970): Der Computer mein Lebenswerk. Verlag Moderne Industrie, München.

Konzepte der Komplexitätstheorie illustriert am Beispiel des Sortierens

von

Kurt Mehlhorn
Fachbereich 1o
Universität des Saarlandes
D-66oo Saarbrücken

Die grundlegende Fragestellung der Komplexitätstheorie lautet: Wie effizient kann ich mein Lieblingsproblem auf meiner Lieblingsmaschine lösen?

Ein Problem P existiert meist in unendlich vielen Fragestellungen. Eine Fragestellung des Maximumproblems ist: Bestimme die größte der 5 Zahlen 17, 3, 7, 5, 22. Jeder Fragestellung $p \in P$ messen wir eine natürliche Zahl $g(p)$ als Größe zu. Diese Zuordnung ist willkürlich, ergibt sich aber meist in natürlicher Weise. Beim Maximumproblem könnte man etwa die Kardinalität der Menge nehmen, deren Maximum zu bestimmen ist.

Zur Lösung von Problemen dienen Algorithmen. Die Ausführung eines Algorithmus in einer Rechenanlage benötigt Ressourcen, z.B. Rechenzeit und Speicherplatz. Für einen Algorithmus A zur Lösung des Problems P sei $T_A(p)$ der Rechenzeitverbrauch an der Fragestellung p. [Bemerkung: Diese Notation setzt deterministische Algorithmen voraus. Aus theoretischen und praktischen Erwägungen werden wir später auch nichtdeterministische und probabilistische Algorithmen betrachten].

Interessanter als der Rechenzeitverbrauch für jede einzelne Eingabe ist eine globale Aussage über den Verbrauch an einer beliebigen Eingabe der Größe n. Zwei Abstraktionen bieten sich an: Verhalten im Mittel und Verhalten im schlechtesten Fall.

Das Verhalten im schlechtesten Fall $T_A(n)$ definieren wir als maximale Laufzeit an einer Eingabe der Größe n,

$$T_A(n) = \sup\{T_A(p);\ p \in P \text{ und } g(p) = n\} ,$$

die mittlere Laufzeit definieren wir als Erwartungswert der Laufzeit bei Eingaben der Größe n. Dabei wird eine Wahrscheinlichkeitsverteilung auf der Menge der Fragestellungen vorausgesetzt. Solche Verteilungen sind

$$T_A^{av}(n) = E\{T_A(p) \; ; \; p \in P \text{ und } g(p) = n\}$$

oft nur schwer in sinnvoller Weise zu definieren.

Auf welcher Maschine sollen wir nun den Rechenzeitverbrauch messen? Zum Glück hängt das Ergebnis nicht allzu sehr vom gewählten Maschinentyp ab. Die Laufzeit von Algorithmen auf Registermaschinen mit verschiedenen Arten der Adressenrechnung (Indexregister, allgemeine Adresssensubstitution, direkte Adressenrechnung) differiert zum Beispiel nur um einen konstanten Faktor [vgl. Mehlhorn]. Für theoretische Untersuchungen (vgl. die Diskussion von P und NP weiter unten) benutzt man gern die Turingmaschine. Hier ist der Zusammenhang zur Laufzeit auf einer Registermaschine durch ein Polynom gegeben und das genügt für die meisten theoretischen Untersuchungen [vgl. Mehlhorn oder Paul]. In unseren Beispielen werden wir eine Algolähnliche Sprache wählen und die Zahl der ausgeführten Algolbefehle zählen.

<u>Beispiel 1:</u> Bestimme das Maximum der Elemente des Feldes A[1:N].

```
         i ← 1, max ← A[1];
    M:   i ← i+1;
         if i > N then goto Ende;
         if A[i] < max then goto M;
         max ← A[i];
         goto M;
 Ende:
```

Offensichtlich ist die maximale Laufzeit an einer Eingabe der Größe n gleich 5n-1. Die mittlere Laufzeit ist dagegen viel schwieriger zu bestimmen, da die Befehle max ← A[i]; goto M nur ausgeführt werden, wenn ein neues Maximum gefunden wird; also ist die Anzahl der Ausführungen gleich der Anzahl der "Links-Rechts-Maxima" der Folge A[1:N]. Unter der Annahme, daß alle Permutationen der Eingabe gleichwahrscheinlich sind, ist diese Anzahl $\ln n + O(1)$ [vgl. Mehlhorn] und die mittlere Laufzeit daher $3n + 2\ln n + O(1)$. Die Laufzeit im Mittel und im schlechtesten Fall ist also $O(n)$. [$f = O(g)$ für Funktionen $f,g: \mathbb{N} \to \mathbb{N}$ bedeutet $f(n) \leq cg(n)$ für eine Konstante c und alle $n \geq n_0$].

Natürlich ist die Laufzeit eines jeden Algorithmus zur Maximumsuche mindestens n; jedes Element der Eingabe muß betrachtet werden. Damit ist obiger Algorithmus also optimal bis auf einen konstanten Faktor und wir können sagen, daß die Komplexität des Maximumproblems linear in n ist. Kann man eine ähnliche Aussage für jedes Problem machen, d.h. gibt es stets bis auf konstante Faktoren optimale Algorithmen?

Eine Antwort auf diese Frage gibt die abstrakte Komplexitätstheorie. Sie macht Aussagen über den Betriebsmittelverbrauch von Algorithmen unter zwei sehr allgemeinen Annahmen:

1) der Betriebsmittelverbrauch einer Rechnung ist endlich genau dann, wenn die Berechnung terminiert,

2) es ist entscheidbar, ob ein Algorithmus an einer bestimmten Eingabe in einer vorgegebenen Betriebsmittelschranke läuft.

Aus diesen Axiomen folgt das Speed-Up-Theorem: Es gibt Probleme, die keinen optimalen Algorithmus besitzen; genauer, für jede Funktion $g: N \to N$ gibt es ein Problem P, so daß es für jeden Algorithmus A für P einen Algorithmus B für P gibt mit $g(T_B(n)) \leq T_A(n)$ für unendlich viele n. Algorithmus B ist also um den "Faktor" g schneller als A. [vgl. Schnorr oder Paul für eine eingehende Diskussion]. Der Beweis des Speed-Up-Theorems benutzt Diagonalisierung und liefert kein natürliches Problem mit Speed-Up. Es ist auch kein natürliches Problem mit Speed-Up bekannt. Allerdings hat man z.B. für die Matrizenmultiplikation immer schnellere Algorithmen gefunden: klassisch $O(n^3)$, Strassen $O(n^{2.81})$, Pan $O(n^{2.79})$ und diese Reihe ist damit sicher nicht zu Ende.

Im allgemeinen kann man also die Komplexität eines Problems nur durch die Angabe von Schranken eingrenzen, obere Schranken durch die Angabe und Analyse eines Algorithmus und (schwieriger) untere Schranken durch den Beweis,daß kein Algorithmus einer bestimmten Laufzeit existieren kann.

Beispiel 2: Sortieren: Gegeben ist eine Folge A[1:n]. Man sortiere diese Folge in aufsteigender Reihenfolge. Unter Verwendung unserer Lösung des Maximumproblems können wir in quadratischer Zeit sortieren. Effizienter ist es, Quicksort zu benutzen, dessen Laufzeit im Mittel (wieder unter der Annahme, daß alle Permutationen der Eingabe gleichwahrscheinlich sind) nur $O(n \log n)$ beträgt. Quicksort beruht auf dem Prinzip "Teile und Beherrsche", das sich als sehr fruchtbar bei der Entwicklung effizienter Algorithmen erwiesen hat. [vgl. Mehlhorn, Borodin/Munro]. Man teilt dabei das Problem in Teilprobleme [bei

Quicksort, indem man die Ausgangsmenge in die Menge der Elemente $\leq$ A[1] und die Menge der Elemente > A[1] partitioniert] auf, löst die Teilprobleme rekursiv und setzt die Lösungen zu einer Gesamtlösung zusammen. [hier schreibt man die sortierten Folgen hintereinander] .

Für eine eingeschränkte Klasse von Sortieralgorithmen kann man n log n auch als untere Schranke beweisen: Algorithmen, die ihre Information über die Eingabe nur aus Vergleichen ziehen dürfen [sog. Entscheidungsbaumalgorithmen, vgl. Mehlhorn]. Das schließt insbesondere Algorithmen aus, die den Aufbau der Elemente von A als Zeichenreihen ausnutzen [z.B. Sortieren durch Fachverteilung]. Für festes n kann man die möglichen Ausführungen eines solchen Algorithmus als binären Baum darstellen. Beachten Sie, daß nur Vergleiche zwischen Elementen von A zu Verzweigungen führen können. Da es n! mögliche Permutationen der Eingabe gibt, muß ein solcher Baum n! Blätter haben und daher (mittlere) Tiefe log n! = O(n log n).

In den letzten Jahren sind für viele Probleme nichttriviale obere Schranken angegeben worden, z.B. für Such- und Sortierprobleme (vgl. Mehlhorn), Graphenprobleme (vgl. Mehlhorn, Aho/Hopcroft/Ullman, Lawler), algebraische Probleme (Borodin/Munro).

Allerdings hat auch eine große Klasse von Problemen allen Versuchen wiederstanden, effiziente Algorithmen für sie zu finden: die NP-vollständigen Probleme: z.B. Erfüllbarkeitsproblem der Aussagenlogik, Problem des Handlungsreisenden, Rucksackproblem, und im Augenblick etwa 2ooo andere [vgl. Mehlhorn]. Jedoch sind diese Probleme vom komplexitätstheoretischen Standpunkt sämtlich equivalent. Eines dieser Probleme besitzt nämlich einen Algorithmus, dessen Laufzeit durch ein Polynom beschränkt ist, genau dann, wenn alle diese Probleme einen solchen besitzen. Das technische Hilfsmittel für einen Äquivalenzbeweis von Problemen ist die Reduktion. Reduktionen bringen Struktur in die Menge der Probleme!

Beispiel 3: Reduktion: Gegeben sei eine Folge A[1:n]. Besitzt die Folge zwei gleiche Elemente? Offensichtlich kann man dieses Problem lösen, indem man die Folge sortiert und dann überprüft, ob ein Paar von benachbarten Elementen gleich ist. Wir haben damit das "zwei-gleich-Problem" auf das Sortierproblem reduziert. Im Kontext der Entscheidungsbaumalgorithmen gilt auch die Umkehrung.

Beispiel 4: Hamilton'scher Kreis: Sei G = (V,E) ein gerichteter Graph. Gibt es einen geschlossenen Pfad durch G, der jeden Knoten genau einmal berührt?

Alle bekannten Algorithmen für das Hamilton'sche Kreis-Problem probieren im wesentlichen sämtliche $|V|!$ Möglichkeiten eines Kreises durch und haben daher nichtpolynomielle Laufzeit. Ändern wir dagegen das Berechnungsmodell, so wird das Problem fast trivial: nichtdeterministische Algorithmen. Nichtdeterministische Algorithmen erhält man durch Einführung eines "Auswahlbefehls": goto M_1 oder M_2 für Marken M_1 und M_2. Wir verlangen nur noch, daß eine der möglichen Rechnungen (bestimmt durch die Auswahl in den Auswahlbefehlen) zum richtigen Ergebnis führt und definieren die Länge der kürzesten solchen Rechnung als (nichtdeterministische) Zeitkomplexität.

Beispiel 4 Fortsetzung: Ein nichtdeterministischer Algorithmus für das Hamilton'sche Kreisproblem schreibt nichtdeterministisch eine Folge $v_o, v_1, \ldots, v_n$ von Knoten nieder und überprüft dann deterministisch, ob $n=|V|$, $v_i \neq v_j$ für $1 \leq i < j \leq n$, $v_o = v_n$ und $(v_i, v_{i+1}) \in E$ für $o \leq i \leq n$. Die Laufzeit ist sicher polynomiell.
Nimmt man $V=\{o,\ldots,n\}$ an, so muß man nichtdeterministisch eine Folge von n+1 Zahlen aus $\{o,\ldots,n\}$ wählen. Das folgende Programmstück wählt nichtdeterministisch eine solche Zahl.

```
      i ← 0;
M     goto M1 or M2;
M1:   i ← i+1;
      if  i < n  then goto  M;
M2:
```

Beispiel 5: Sortieren: Ein nichtdeterministischer Algorithmus kann in Linearzeit sortieren, indem er nichtdeterministisch eine Permutation niederschreibt und dann überprüft, ob diese Permutation sortiert.

Sei NP die Menge der in Polynomzeit auf nichtdeterministischen Maschinen lösbaren Probleme. Die oben erwähnten 2000 Probleme sind sämtlich in NP und sie sind schwierigste (im Sinn von Reduktionen) Probleme in NP; sie sind NP-vollständig. Die Frage, ob eines dieser Probleme einen polynomialen Algorithmus besitzt, ist das P=NP-Problem, eine der zentralen Fragestellungen der konkreten Komplexitätstheorie. Dabei ist P die Klasse der in Polynomzeit auf deterministischen Maschinen lösbaren Probleme. Andere typische Fragestellungen der konkreten Komplexitätstheorie sind die Frage nach dem Unterschied zwischen Platz (reusable resource) und Zeit (non-reusable resource) und die Frage nach der Berechnungskraft von verschiedenen Maschinenmodellen wie Turingmaschinen, Registermaschinen, Multiprozessormaschinen. (vgl. Paul).

Zum Schluß des Vortrages möchten wir wieder auf die Ausgangsfrage zurückkommen:schnelle Algorithmen. Nichtdeterministische Algorithmen scheinen sehr schnell zu sein, sind aber leider nicht praktikabel. Die implicite Annahme ist ja, daß sie in Auswahlbefehlen stets die richtige Wahl treffen. Aber münzwerfende (probabilistische, Monte Carlo) Algorithmen sind realistisch. Solche Algorithmen treffen bei Auswahlbefehlen die Wahl durch Werfen einer Münze(mechanischer Arm mit Fernsehauge oder Zufallsgenerator oder ...)

Beispiel 6: probabilistisches Quicksort: Die Laufzeit von Quicksort ist im schlechtesten Fall quadratisch. Wählt man etwa stets das erste Element als Partitionselement, so ist die sortierte Eingabefolge 1,2,...,n ein schlechtester Fall. Wählt man dagegen das Partitionselement zufällig (oder ordnet man die Folge vor dem Sortieren zufällig um), so ist die Laufzeit an jeder einzelnen Eingabe im Mittel $O(n \log n)$.

Die Laufzeit und im allgemeinen auch die Ausgabe eines probabilistischen Algorithmus hängt im allgemeinen von der Folge der Münzwürfe ab. Beispiel 6 zeigt, wie man mittleres Verhalten auf jede einzelne Eingabe übertragen kann. Wesentlich bemerkenswerter; ist man bereit bei der Antwort einen kleinen Fehler zuzulassen, so kann man in manchen Fällen einen deutlichen Effizienzgewinn erzielen. So haben Solovay/ Strassen gezeigt, daß man Primzahlen bei einem beliebig kleinen Fehler in Polynomzeit in der Länge der Dezimaldarstellung erkennen kann. Genauer: Primzahlen werden immmer als solche erkannt, aber Nichtprimzahlen werden mit kleiner Wahrscheinlichkeit zu Primzahlen erklärt. Alle bekannten determininistischen Algorithmen für dieses Problem haben nicht-polynomielle Laufzeit. Dieser gewaltige Unterschied in der Laufzeit wirft eine philosophische Frage auf. Besteht ein qualitativer Unterschied zwischen der "eingebauten" Möglichkeit einer falschen Antwort bei probabilistischen Algorithmen und der Möglichkeit einer falschen Antwort aufgrund eines Hardwarefehlers bei deterministischen Algorithmen, auch wenn die zweite Wahrscheinlichkeit wegen der größeren Laufzeit wesentlich höher ist?

Referenzen

K. Mehlhorn : Effiziente Algorithmen, Teubner Studienbücher Informatik

C.P. Schnorr : Rekursive Funktionen und ihre Komplexität, Teubner Studienbücher Informatik

W. Paul : Komplexitätstheorie, Teubner Studienbücher Informatik

Borodin/Munro: The Computational Complexity of Algebraic and Numeric Problems

D.E. Knuth : The Art of Computer Programming

Aho, Hopcroft, Ullmann : The Design and Analysis of Computer Algorithms.

Lawler E. : Discrete Optimization, Graphs and Matroids

Solovay/Strassen: A fast Monte-Carlo Test for Primality, SIAM J. of Computing, 1978

AKTUELLE PROBLEME DER SYSTEMPROGRAMMIERUNG - EINE SUBJEKTIVE BESTANDSAUFNAHME

Peter Schnupp München

Zusammenfassung:

Mit der fortschreitenden technologischen Entwicklung in Hardware- und Software, mit Mikroprozessoren, verteilten Rechnersystemen, Dialogprogrammierung und mancher anderen Neuerung, wird der Begriff "Systemprogrammierung" zunehmend unschärfer. Konnte man ihn noch vor einigen Jahren definieren als "Herstellung und Wartung derjenigen Software, welche nicht unmittelbar die Anwenderschnittstelle realisiert", so ist dies heute kaum noch haltbar. Bei vielen Mikroprozessor- und Prozeßrechner-Systemen läßt sich nur schwer eine exakte Grenze zwischen Anwendungs- und Systemprogrammen ziehen. Und es gibt kaum eine "Systemprogrammier-Technik", die nicht auch in den Entwurf und die Realisierung der Anwendungssoftware eines großen Rechnernetzes eingeht.

Der Begriff bedarf also einer Neudefinition. So kann man etwa den Wortbestandteil "System-" im Sinne der allgemeinen Systemtheorie verstehen: *als komplexes Gebilde aus mehreren, untereinander gekoppelten Teilen, bei dem die einzelnen Komponenten und ihre Wechselwirkungen in ihrer Gesamtheit nicht mehr vollständig, exakt und überschaubar beschrieben und analysiert werden können.*

Fast jeder Software-Praktiker steht somit heute vor Systemprogrammierungs-Problemen, die in zwei Arten zerfallen:

- fehlende oder theoretisch nicht solide fundierte Modelle für einzelne Systemteile oder -aspekte, wie etwa die Dialogplanung, die Verteilung von Funktionen und Datenbasen oder virtuelle Terminals

  sowie

- Fragen des "Komplexitätsmanagements", wobei die Komplexität den Codeumfang, die Ablauf- und Prozeßstruktur, die Datenorganisation oder auch die Projektführung und die Dokumentation betreffen kann.

Letztlich laufen die dabei auftretenden Schwierigkeiten auf die Frage der Systemspezifikation hinaus: das zentrale Problem der aktuellen Systemprogrammierung.

Das Referat will und soll lediglich einige Schwierigkeiten und Lösungsansätze, die dem Autor aus seiner praktischen Arbeit heraus besonders wichtig oder von der wissenschaftlichen Informatik etwas vernachlässigt erscheinen, andiskutieren.

1. Schwierigkeiten einer Begriffsbestimmung

Vor 10 bis 20 Jahren gab es den "Anwendungsprogrammierer" und den "Systemprogrammierer", und der letztere war "mehr". Das hatte seinen Grund: Gegenüber der damals vergleichsweise harmlosen "Anwendungsprogrammierung" verlangte die "Systemprogrammierung" - als Realisierung und Wartung maschinennaher und komplexer Software wie Betriebssystemen und Compilern - weit tieferes und breiteres Wissen in der Hardware- und Softwarearchitektur der Rechner und ihrer Peripherie sowie theoretische Grundlagenkenntnisse. Das, was damals das typische Anwendungsprogramm war - eine Dateiauswertung mit Listenerstellung oder die Auswertung mehr oder weniger komplizierter, aber zumindest bekannter und mathematisch exakt angebbarer Formeln - ist heute Sache der zuständigen Fachbereichsmitarbeiter selbst, von Hobby-Programmierern oder Aushilfskräften. Der qualifizierte Anwendungsprogrammierer beschäftigt sich damit allenfalls "mal rasch für einen Nachmittag"; seine normale Programmierarbeit in einer Datenbank-, Rechnernetz- oder Realzeit-Umgebung ist längst ebenso anspruchsvoll geworden wie die des "Systemprogrammierers" und verlangt ebenso solide Grundkenntnisse der gleichen Methoden und Verfahren. Und sie ist auch nicht mehr viel "maschinenferner" - kaum ein Systemprogrammierer für einen Großrechner "sieht" noch die nackte Hardware, wohl aber der Anwendungsprogrammierer für einen Mikrorechner oder einen kleinen Prozeßrechner!

Vor 10 Jahren war es deshalb auch noch relativ leicht, über "aktuelle Probleme der Systemprogrammierung" zu referieren: kaum jemand hätte angezweifelt, daß etwa syntaxorientierte Methoden, Fragen der Interprozeßkommunikation, Rechnerarchitektur oder Implementierungssprachen dazu gehörten. Heute sind dies vielleicht noch immer Probleme, aber sie stellen sich dem Anwendungsprogrammierer ganz genauso.

Ist somit das einzige verbleibende aktuelle Problem der Systemprogrammierung ihre eigene Begriffsbestimmung? Versuchen wir also wenigstens dieses zu lösen und zitieren einige jüngere Definitionen dieses Begriffs.

(1977): *Systemprogrammierung*
Die programm- und datentechnische Realisierung eines Informationssystems (→), das aus mehreren Moduln (→Modularität) besteht. Die Systemprogrammierung beinhaltet die Definition und Abgrenzung der Moduln, die funktionale Beschreibung der

Teilsysteme und die Ausarbeitung von Richtlinien für den Test (→) und die Installation (→). Außerdem werden im Rahmen der Systemprogrammierung die Dateiformate, die Struktur und der physische Aufbau der Dateien bestimmt. /KORE77/

(1974): Die Systemprogrammierung ist die Lehre von der Darstellung, der Realisierung, der Eigenschaften und der Konstruktion des Komplexes von Algorithmen eines Rechensystems, welcher die Annahme und die Bearbeitung von Aufträgen unter gewissen, im Einzelfall näher festzulegenden Qualitätsgesichtspunkten organisiert und u.U. zum Teil selbst durchführt. (Insbesondere kann die Veränderung der aktuellen Benutzerschnittstelle durch Aufträge erlaubt sein). /SEEG74/

(1971): "Oft wird eine unpräzise Unterscheidung zwischen Anwendungssoftware gemacht, welche für bestimmte Anwendungen benutzte Software ist..., und Systemsoftware, deren erster Zweck es ist, einen Rechner benutzbar zu machen oder seine Brauchbarkeit zu erhöhen." /IFIP71/

Waren also 1977 die wesentlichen Probleme der Systemprogrammierung die Modularisierung und der Dateiaufbau, 1974 die Annahme und optimale Bearbeitung von Aufträgen für ein Rechensystem, und 1971, den Rechner überhaupt benutzbar zu machen? Dies kann nur ein Zyniker mit einem uneingeschränkten "ja" beantworten - obwohl er damit vielleicht sogar recht hätte...

2. "Systemarchitektur" und "Systemanalyse"

Die Schwierigkeiten der negativen Definition von Systemprogrammierung als "Programmierung derjenigen Programme, die nicht unmittelbar der Benutzung des Rechners durch den Endanwender dienen" lassen sich nur durch eine konsequente Neudefinition des Begriffes lösen, etwa entsprechend Turski /TURS78/:

"... Programmieraufgaben ... sind Teil eines Systementwurfs, wo "System" sowohl die auf dem Rechner realisierbaren Funktionen als auch nicht leicht zu formalisierende Operationen außerhalb der Rechnerinstallation einschließt."

Hier wird "System" also nicht mehr im Sinne des "Betriebssystems" verstanden, sondern als "Systemarchitektur", etwa im Sinne E. Saarinens: *"Entwerfe ein Ding immer, indem Du es im nächst größeren Kontext betrachtest - einen Stuhl im Raum, einen Raum im Haus, ein Haus in einer Umgebung und eine Umgebung in der Stadtplanung."* Und "Systemprogrammierung" wäre dann logischerweise die auf die "Systemanalyse" folgende Synthese eines neuen Systembestandteils, der ein vorhandenes System - ob nun ein Betriebssystem, ein Kommunikationssystem, ein organisatorisches System - ergänzt oder Teile von ihm ersetzt. Wobei das Gesamtsystem in der Regel, und für den "Anwendungs-Systemprogrammierer" sogar immer, auch nichtautomatisierte Komponenten als Nutzer und Benutzer der Rechnerdienstleistungen enthält.

Die Betonung der Benutzer und ihrer Schnittstellen zu den automatisierten Systemkomponenten dürfte denn auch das derzeit auffallendste Phänomen in der Systemprogrammierung sein.

Es wird häufig aus dem Wunsch nach einer "Humanisierung der Arbeitswelt" und ähnlichen Parolen hergeleitet und dabei je nach der ideologischen Vorurteilsstruktur des Betrachters positiv oder negativ irrationalisiert. Dabei wird übersehen, daß sich die Unmöglichkeit einer "Vollautomatisation" und damit die Notwendigkeit einer möglichst reibungslosen und harmonischen Kommunikation zwischen Mensch und automatisiertem Informationssystem auch ganz unideologisch und rational aus den neueren Erkenntnissen der Systemanalyse ableiten läßt. Womit das Phänomen zum Problem der aktuellen Systemprogrammierung wird.

Ein Gesamtsystem (z.B. ein Unternehmen), in welches Rechnerdienstleistungen zur (Teil-)Automatisierung einzupassen sind, besteht nach Abb. 1 /GRIN75/ aus vier untereinander wechselwirkenden Subsystemen:

- dem *Organisationssystem*, welches sachliche und disziplinarische Zuständigkeiten festlegt,
- dem *Motivationssystem*, welches die materiellen und immateriellen Tätigkeitsanreize gewährleistet,
- dem *Arbeitssystem*, welches das Verhalten (geleistete Arbeit, Kontakte mit der Außenwelt u.ä.) abwickelt

  und
- dem *Informationssystem*, welches das letztere über Anweisungen steuert.

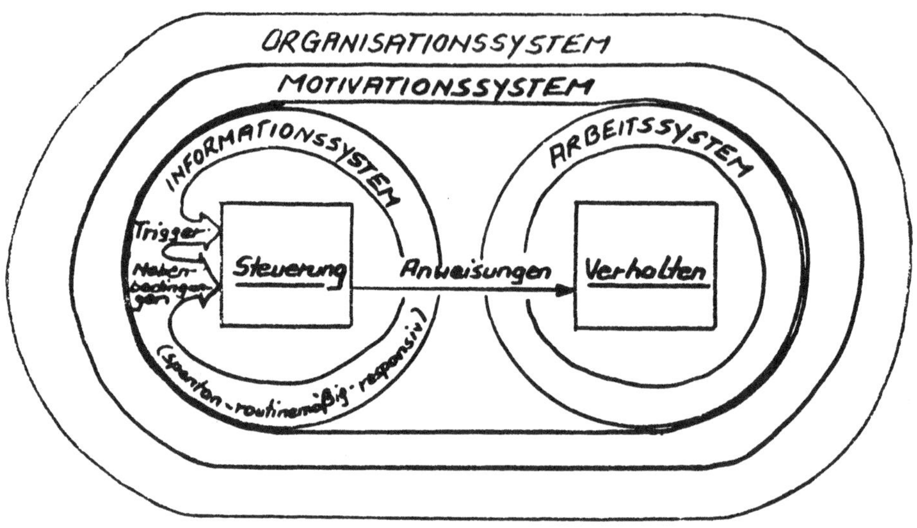

Abb. 1: Gesamtsystem-Modell (nach /GRIN75/)

(Diese Unterteilung darf jedoch nicht so verstanden werden, daß etwa ein menschlicher Angehöriger einer Organisation Mitglied nur eines dieser Subsysteme ist; im Gegenteil übernimmt er in der Regel eine Rolle in allen vier). Organisations- und Motivationssystem sind, da auf spezifisch menschlichen Wechselwirkungen beruhend, grundsätzlich nicht automatisierbar.

Das Informationssystem ist es nur teilweise: im allgemeinen in dem Teil seiner routinemäßig oder responsiv (d.h. auf explizite Anfrage) ablaufenden Funktionen, die sich in Regeln fassen, d.h. algorithmisieren lassen. Abb. 2 zeigt die "Feinstruktur" der seinen Kern bildenden "Steuerung" mit der Aufteilung in einen von Menschen nach Ermessen abzuwickelnden und einen automatisierbaren Teil, dessen "Feinstruktur" sowie die Informationsflüsse zwischen ihnen.

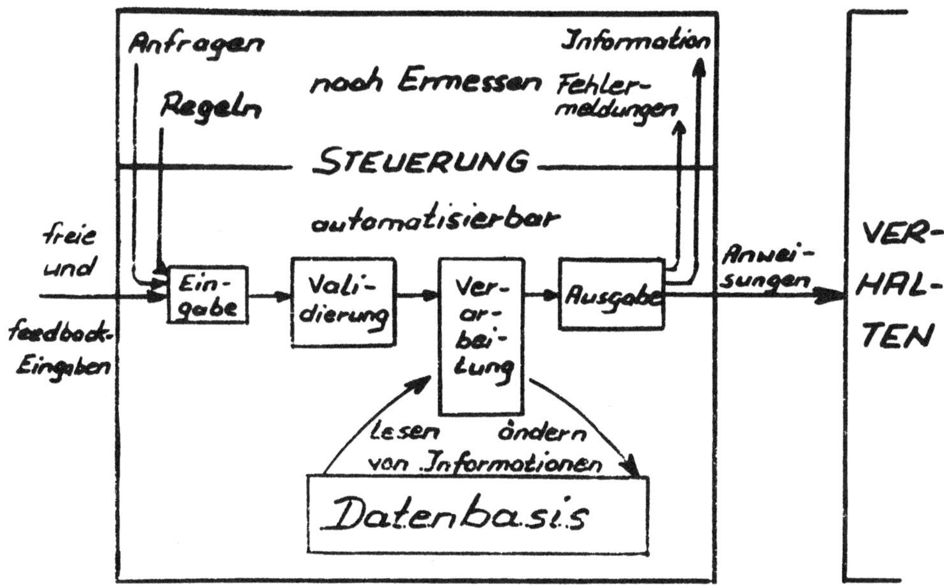

Abb. 2: Modell der Steuerung (nach /GRIN75/)

Eine Reihe von aktuellen Problembereichen der Systemprogrammierung lassen sich unmittelbar plausibel aus diesem Modell ableiten:

- die Konstruktion und Dialogführung mit den Nutzern (in und außerhalb der Organisation) und Benutzern (d.h. Menschen in ihren Funktionen im Organisations-, Motivations- oder ermessensorientierten Informationssystem),
- die Verwaltung dezentraler Datenbasen,
- die Synchronisation und Kommunikation autonomer und räumlich verteilter Prozesse,
- die Entwicklung geeigneter Ausdrucksmittel (Sprachen) für die Kommunikation in und zwischen den Subsystemen,
- die Entwicklung von Methoden und Beschreibungsmitteln für das Gesamt- und Subsystem.

3. Systemspezifikation und Systembeschreibung

An Methoden, Ausdrucks- und Beschreibungsmitteln fehlt es jedoch: zwar gibt es inzwischen eher zuviele Programmierverfahren und -sprachen für den Entwurf und die Codierung von Algorithmen, die "Programmierung im Kleinen", wie sie oft bezeichnet wird. Viel schlechter sieht es aus mit der "Programmierung im Großen", der Festlegung der Systemstruktur, und nahezu nichts existiert an heuristischen, technischen und sprachlichen Hilfsmitteln für die Spezifikation. Dabei ist, wie man bereits in einem über hundert Jahre alten Lexikon nachlesen kann, ein System: *"die durch unmittelbare Vernunftthätigkeit, nach bestimmten Principien u. unter Festhaltung bestimmter Uebereinstimmungen ausgeführte Anordnung u. Verknüpfung der einzelnen mannigfaltigen Theile eines Ganzen od. einer Menge, nur durch allgem. Bezeichnungen zu einander gehöriger Gegenstände nach ihrer Causalität u. Zweckmäßigkeit, in ihrem Nebeneinanderbestehn u. ihrer Aufeinanderfolge, wodurch in die Vorstellung derselben Einheit gebracht, u. ein leichterer Ueberblick des auf diese Weise geordneten Ganzen möglich gemacht wird..."* /PIER45/

Die "Anordnung und Verknüpfung" der "mannigfaltigen Theile" verlangt in der Praxis nicht nur *ein* Ausdrucksmittel, sondern eine Vielzahl mit unterschiedlichen Aufgaben, die jedoch aufeinander abgestimmt sein müssen. Je nach ihrer Funktion als Kommunikationsmittel zwischen den bei einer Systementwicklung beteiligten Hauptinstanzen

- (Be-)Nutzer (bzw. Vertreter der das System betreibenden Institution),
- Systemprogrammierer (bzw. Entwicklungsteam)

  und
- automatisiertem DV-System (bzw. Hard- und Softwarekomponenten)

lassen sich vier Ausdrucksmittel-Klassen unterscheiden, von denen die erste informell, die anderen drei jedoch formal sind:

- die *natürliche Sprache* (einschließlich formlosen Skizzen u.ä.),
- *Spezifikationssprachen* (einschließlich formalisierten graphischen Ausdrucksmitteln wie Syntax-Diagramme, Petri-Netze u.ä.),
- *Bedienungssprachen* zur Kommunikation zwischen Nutzer und automatisiertem System (einschließlich "Protokollen" zwischen räumlich voneinander abgesetzten Subsystemen),

- *Programmiersprachen* (einschließlich halbformalisierten algorithmischen "Entwurfssprachen" und graphische Darstellungsmittel wie Struktogramme oder Flußdiagramme).

Wie Abb. 3 zeigt, nimmt die (formale) Spezifikationssprache hier eine zentrale Stellung ein: in sie müssen die informellen in natürlicher Sprache formulierten Ergebnisse von Systemanalyse und Spezifikation übersetzt werden, damit sie

- programmiert und realisiert

  sowie
- verifiziert und getestet

werden können.

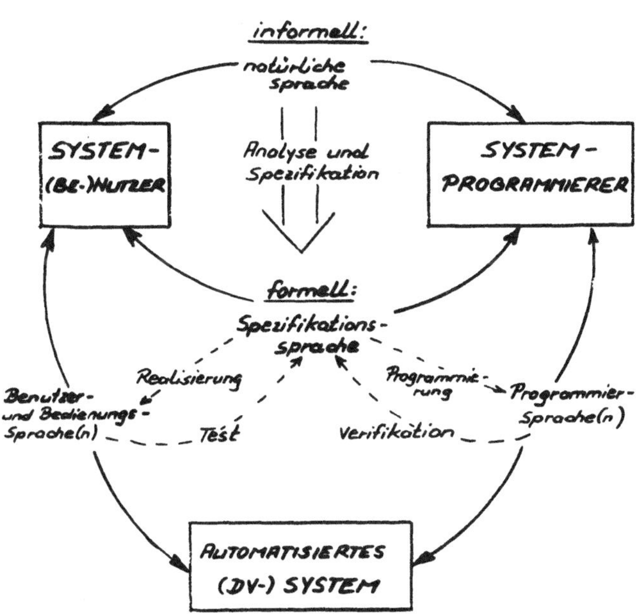

Abb. 3: Für die Systemprogrammierung relevante Ausdrucks- und Beschreibungsmittel (nach /BUDD79/)

Vor allem Verifikation und Test setzen eine formale Spezifikation des Systems voraus - liegt ihnen nur eine informelle, umgangssprachliche Definition zu Grunde, so bleiben sie zwangsläufig auf dem unbefriedigenden Niveau, das dem Mathematik-Unterricht auf preußischen Kadettenanstalten nachgesagt wird *("...bürgerliche Institute pflegen Pythagoras zu beweisen, unter Offizieren gilt Ehrenwort!")*.

4. Das aktuelle Problem der Systemprogrammierung

Und damit sind wir bei *dem* aktuellen Problem der Systemprogrammierung: *es gibt (noch) keine für die Praxis brauchbare, formale Spezifikationssprache, die allen an sie zu stellenden Forderungen genügt* (vgl. z.B. /BART79/):

die Spezifikation

(1) muß alle geforderten Eigenschaften des Systems angeben (*Vollständigkeit*),

(2) darf keine Annahmen oder Aussagen über Eigenschaften enthalten, die verschiedene erlaubte Implementierungen voneinander unterscheiden (*Geheimnisprinzip*),

(3) darf keine Widersprüche enthalten (*Widerspruchsfreiheit*),

(4) muß als praktisch verwendbare Arbeitsvorgabe für den Systemprogrammierer dienen können (*Verständlichkeit*).

Allerdings gibt es eine Reihe vielversprechender Ansätze hierzu, wobei die meisten auf dem Konzept von abstrakten Datentypen beruhen /BART77, DENE77, DERE76, GUTT76, GUTT77, HAMI76, LISK75, LISK77, PARN72, PARN77, ROBI77/.

Für ein aktuelles Beispiel sei auf ein anderes Referat dieser Tagung verwiesen /KOCH79/.

Überblickt man nun die Arbeiten auf diesem Gebiet von der sicher subjektiven Warte des Anwendungspraktikers aus, so hat es den Anschein, als würden die Forderungen (2) und (4) zu Gunsten von (1) und (3) etwas vernachlässigt - vielleicht eine Folge der auch sonst zuweilen zu beobachtenden Tatsache, daß Forderungen wie "Vollständigkeit" (1) und "Widerspruchsfreiheit" (3) leichter mathematisierbar und damit einfacher zu formulieren und zu behandeln sind als die schwieriger zu fassenden, heuristischen und psychologischen Konzepte "Geheimnisprinzip" (2) und "Verständlichkeit" (4).

Für den Praktiker sind diese beiden aber letztlich wichtiger. Das Geheimnisprinzip ist die für ihn zentrale Frage nach dem "was" und "wie" der Abstraktion: welche Systemeigenschaften sind für den Benutzer unwichtig und müssen deshalb weggelassen werden, und wie beschreibt man die wesentlichen Eigenschaften ohne Rückgriff auf unwesentliche (z.B. die verwendeten internen Datenstrukturen oder Algorithmen)? Hier scheint die wissenschaftliche Informatik zuweilen dazu zu neigen, das Problem zu einseitig zu sehen.

So verleitete offenbar das sicher sehr nützliche Konzept der abstrakten Datentypen, wie es etwa von *Guttag* /GUTT76/ und *Liskow* /LISK75/ vertreten wird, (andere) dazu, grundsätzlich von allen dynamischen Abläufen zu "abstrahieren" und sprachliche Mittel zu deren Darstellung in ihren Sprachentwürfen gar nicht erst vorzusehen - vielleicht ist auch hier wieder das beliebte Pseudoziel der einfachen Mathematisierbarkeit und "Beweisbarkeit" ein Motiv, dem manche Informatik-Wissenschaftler zur Verblüffung wohl sämtlicher Praktiker und sicher auch vieler ihrer wissenschaftlich arbeitenden Kollegen /DEMI79/ mit jener realitätsfernen Verbissenheit nachjagen, welche wir mit Recht an den Helden des höfischen Romans des 12. Jahrhunderts so bewundern.

Dabei sind zeitliche Abläufe zwar in den "unteren", maschinennahen Systemschichten oft unwesentlich und treten allenfalls als Legalitätsbedingungen für Funktionsaufruffolgen auf, nicht jedoch in den oberen Anwendungsebenen, die in der Regel eine Benutzersprache interpretieren (vgl. Abb. 3): hier sind die vorgeschriebenen oder erlaubten zeitlichen Abfolgen (z.B. ein Interpretationszyklus) für den Benutzer wesentliche Eigenschaften des Systems, die sich nicht "wegabstrahieren" lassen. Eine Spezifikationssprache muß also auch Mittel zur Ablaufbeschreibung bereitstellen, etwa auf der Basis endlicher Automaten (z.B. *Interaktionsdiagramme* /DENE77/)oder regulärer Ausdrücke (z.B. *Spuren* /BART77, BART79/).

Die Verständlichkeit schließlich, die vierte der obigen Anforderungen an eine Spezifikationssprache, dürfte das am schwierigsten zu lösende Problem sein. Sie verlangt letztlich eine befriedigende Methode zur Bewältigung der Komplexität großer Systeme - ein sehr aktuelles Arbeitsgebiet /BELA76, BERT73, WEIN75/, von dessen Schwierigkeit man allerdings auch schon vor über hundert Jahren in dem bereits einmal zitierten Lexikon nachlesen konnte:

... aber stets wird ein solches System wegen der Mangelhaftigkeit des sinnl. Vermögens lückenhaft bleiben, u. nicht Alles in sich fassen, was zur Verbindung des Ganzen gehört."

Literatur

BART77 W. Bartussek, D.L. Parnas, "Using Traces to Write Abstract Specifications for Software Modules", UNC Report No. TR 77-012 University of North Carolina, Chapel Hill, North Carolina (DEC. 1977)

BART79 W. Bartussek, "Arbeitspapier über die Spezifikation abstrakter Verwalter mit Aussagen über Spuren", TH Darmstadt, FB Informatik, Darmstadt (1979)

BELA76 L.A. Belady, M.M. Lehman, "A Model of Large Program Development", IBM Syst. J. 15 (1976), S. 22

BERT73 L. von Bertalanffy, "General System Theory", Penguin Univ. Books, Harmondsworth (1973)

BUDD79 R. Budde, "Workshop-Bericht über den STPMU-Teil 'Theoretische Ansätze zur Software-Technologie'", GMD Schloß Birlinghoven (19.06.1979)

DEMI79 R.A. de Millo, R.J. Lipton, A.J. Perlis, "Social Processes and Proofs of Theorems and Programs", CACM 22, (May 1979) S. 271

DENE77 E. Denert, "Specification and Design of Dialogue Systems with State Diagrams", Int. Comp. Symposium (ICS), Liege (05. - 07. April 1977), S. 417

DERE76 F. de Remer, H.H. Kron, "Programming-in-the-large versus Programming-in-the-small", IEEE Trans. Software Eng. SE-2 (June 1976), S. 80

GRIN75 K. Grindley, "Systematics", McGraw Hill, London (1975)

GUTT76 J.V. Guttag, E. Horowitz, D.R. Musser, "The Design of Data Type Specifications", Proc. 2nd Int. Conf. on Software Engineering, San Francisco (Oct. 1976), S. 414

GUTT77 J.V. Guttag, E. Horowitz, D.R. Musser, "Some Extensions to Algebraic Specifications", Proc. ACM Conf. on Language Design for Reliable Software, SIGPLAN Notices (March 1977), S. 63

HAMI76 M. Hamilton, S. Zeldin, "Higher Order Software - a Methodology for Defining Software", IEEE Trans. Software Eng. SE-2 (1976), S. 9

IFIP71 "IFIP Guide to Concepts and Terms in Data Processing", (I.H. Gould ed.) North Holland, Amsterdam und London (1971)

KOCH79 W. Koch, "SPEZI, eine Sprache zur Formulierung von Spezifikationen", Vortrag auf dieser Tagung

KORE77 D.S. Koreimann, "Lexikon der angewandten Datenverarbeitung", de Gruyter, Berlin (1977)

LISK75 B. Liskov, S.N. Zilles, "Specification Techniques for Data Abstractions",Reprint in: Tutorial on Software Design Techniques (P. Freeman, A.I. Wasserman, eds.), IEEE Computer Soc, San Francisco (Oct. 1976), S. 129

LISK77 B. Liskov, S. Zilles, "An Introduction to Formal Specifications of Data Abstractions", in "Current Trends in Programming Methodology, Vol.1, Software Specification and Design" (R.T. Yeh ed.), Prentice-Hall, Englewood Cliffs N.J. (1977), S. 1

PARN72 D.L. Parnas, "A Technique for Software Module Specification with Examples", CACM 15 (1972), S. 330

PARN77 D.L. Parnas, "Use of Abstract Interfaces in the Development of Software for Embedded Computer Systems", NRL Report 8047, Naval Research Lab., Washington, D.C. (June 1977)

PIER45 H.A. Pierer, "Universal-Lexikon der Gegenwart und Vergangenheit", Altenburg (1845)

ROBI77 L. Robinson, K.N. Levitt, P.G. Neumann, A.R. Saxena, "A Formal Method for the Design of Operating System Software", in "Current Trends in Programming Methodology, Vol.1, Software Specification and Design" (R.T. Yeh ed.), Prentice-Hall, Englewood Cliffs, N.J. (1977), S. 61

SEEG74 G. Seegmüller, "Einführung in die Systemprogrammierung", BI Wissenschaftsverlag, Mannheim (1974)

TURS78 W.M. Turski, "Computer Programming Methodology", Heyden, London (1978)

WEIN75 G.M. Weinberg, "An Introduction to General Systems Thinking", Wiley, New York (1975)

Rechnergestützte Automobilentwicklung. Von der Stylingidee zur Produktion

W. Lincke, H. G. Siepmann, Volkswagenwerk AG, Wolfsburg

Kurzfassung:

'Rechnergestützte Automobilentwicklung' ist zur Zeit nur ein Begriff und ein längerfristiges Ziel, aber als Gesamtsystem noch keine Tatsache. Ein solches Gesamtsystem beinhaltet die Fahrzeugentwicklungsdatenbank, die den aktuellen Entwicklungsstand des Entwurfsobjekts widerspiegelt, und als System die Menge der rechnerischen Prozeduren, die die Konstruktion, die Analyse, den Prototypenbau, den Versuch und die Werkzeugerstellung unterstützen. Dargestellt werden der konventionelle Entwicklungsprozeß, die heutigen Ansätze und Teillösungen für die Rechnerunterstützung und die Zielvorstellung. Als Beispiel betont wird dabei die Aufgabe der Oberflächengestaltung.

1. Einleitung

Jeder technische Entwicklungsprozeß läßt sich informationstechnisch als Vorgang ständiger Informationsverfeinerung und -verbesserung und einer mehr oder minder komplizierten Folge von Informationsübermittlungen beschreiben. Im folgenden soll dies für den Fall 'Automobilentwicklung' genau dargestellt werden. Damit ist hier das Objekt der Beschreibung das zu entwickelnde bzw. weiterzuentwickelnde Automobil in seinem jeweils erreichten Entwicklungsstand.

Die Einzelprozesse bei dieser Informationsverfeinerung laufen heute in den meisten Fällen noch nicht im Bereich der technischen Informationsverarbeitung ab.
Physikalische Modellierung und Test spielen bei der Informationserstellung und -bewertung bis heute und wohl auch in Zukunft die entscheidende Rolle.
Wachsend treten informationstechnische Methoden neben diese angestammten Verfahren, ohne sie zunächst verdrängen zu können. Wichtige Systeme sind dabei die rechnerische Geometrie-Modellierung und -Analyse, weil die relativ komplizierte - von ästhetischen und funktionellen Forderungen geprägte - geometrische Form der Außenhaut des Automobils sehr stark den nachfolgenden Entwicklungsprozeß bestimmt.

Das Ergebnis am Ende der eigentlichen Entwicklungsarbeit, das serienreife Automobil einer bestimmten Klasse in einem bestimmten Jahrgang, liegt zugleich mit seiner konstruktiven Beschreibung durch einen Satz von Zeichnungen auch immer in einem physikalischen Geometriemodell, dem Urmodell, vor.
Die Einführung rechnerischer Verfahren in diesen Prozeß, wodurch später einmal der Begriff der 'rechnergestützten Automobilentwicklung' gerechtfertigt sein kann, hat für den gesamten Umfang der Aufgabenstellung erst begonnen.

Ich möchte in diesem Vortrag das eben mehr abstrakt Dargestellte anhand des Beispiels der Oberflächengestaltung in der Automobilentwicklung verdeutlichen. Wo es für das Verständnis nützlich ist, sollen auch andere Beispiele der Automobilentwicklung herangezogen werden. Ein Ausblick auf den vorstellbaren bzw. gewünschten Ablauf der zukünftigen Automobilentwicklung soll diesen Bericht abschließen.

Dem Aspekt der Einführung von Verfahren der technischen Informationsverarbeitung kommt dabei besondere Beachtung zu.

2. Definition 'Rechnergestütztes Entwerfen'

Der Begriff 'Rechnergestütztes Entwerfen' ist noch nicht allgemeingültig und bindend definiert. Zur Vermeidung von Mißverständnissen und zur Abgrenzung gegenüber anderen, für den Automobilentwurf wichtigen Berechnungsverfahren soll dieser Arbeit folgende Definition zugrunde gelegt werden:

> Gestaltung von technischen Objekten in Form und Struktur unter Einsatz von Rechenanlagen bei direkter Steuerung der Einzelabläufe durch den Entwerfer. Eingeschlossen ist dabei die Vorbereitung der beim Entwurf nötigen bzw. auf den Entwurf folgenden Bearbeitungsschritte.
>
> Die Gestaltung soll dabei die Erfassung, Schaffung, Detaillierung, Änderung, Zusammenstellung und Überprüfung von Elementen und daraus aufgebauten Systemen einschließen.
>
> Wesentliches Merkmal der Arbeitsweise ist die dem Entwerfer geläufige bzw. verständliche Darstellung der Ergebnisse und Handhabung der Steuerung.

Kennzeichnend für den dieser Definition unterliegenden Arbeitsprozeß sind damit

> die direkte (interaktive) Steuerung der rechnerisch bearbeiteten Teilprozesse durch den Anwender,
>
> die leicht erlernbare und aufgabennahe Handhabungstechnik,
>
> die benutzernahe (grafische) Darstellung der Zwischenergebnisse im Entwurfsprozeß.

3. Konventioneller Ablauf der Automobilentwicklung

3.1. Aufgabenstellung

Der eigentliche Entwicklungsprozeß gründet sich auf der Fahrzeugzielprojektion, die zu Beginn in Zielkatalog und Projektentwurf niedergelegt wird.

Styling, Konstruktion, Versuchsbau, Versuch und Produktionsvorbereitung formen dann aus dieser Produktskizze zunächst den Prototypen und dann die Werkzeuge für die Serienfertigung. Um den gesteckten Zeitraum von vier Jahren für die Entwicklung bis zur Serienreife halten zu können, müssen diese an sich logisch aufeinanderfolgenden Teilprozesse zeitlich soweit wie möglich überlappt werden. Nur wenn der so gesetzte Zeitrahmen gehalten wird, wenn soweit wie möglich auch noch in dieser Entwicklungszeit erkannte Möglichkeiten für technische und technologische Neuerungen berücksichtig werden, gelingt es, ein technisch aktuelles Produkt in den Markt zu bringen.

Die Grenze dieses Aktualitätsinteresses wird außer durch die Entwicklungszeiten durch die Gleichteileforderung gesetzt. Aus Kostengründen, hauptsächlich in der Produktion, besteht die Forderung, vor allem in früheren Konzepten sich bewährt habende technische Komponenten und Lösungen zu übernehmen.

3.2. Zielkatalog und Projektentwurf

Im ersten Entwicklungsschritt werden Zielkatalog und Projektentwurf erstellt.
Der Zielkatalog beschreibt das zu entwickelnde Fahrzeug insgesamt in seiner technischen Konzeption. Länge, Breite, Radstand, Überhänge und Innenraumabmessungen sind festgelegt, die technische Konzeption des Gesamtfahrzeugs ebenso. Für die Konzeption der Fahrzeugkomponenten liegt zumindest eine Arbeitshypothese vor.

Der Projektentwurf beschreibt die geometrische Anordnung. In Explosionszeichnungen sind Gleich- und Neuteile gekennzeichnet, so daß erste Kostenschätzungen möglich werden. Erste grafische Stylingstudien erläutern das formale Konzept.

3.3. Stylingentwurf und Vorentwicklung

In der Stylingphase werden zunächst, angelehnt an die im Zielkatalog festgelegten Rahmendaten für das zu entwickelnde Fahrzeug, grafische Entwürfe angefertigt. Der Stylist übersetzt dabei die technische Aufgabenstellung in eine Formvorstellung, erarbeitet und vervollkommnet sie und vermittelt sie schließlich den Entscheidungsgremien, zunächst grafisch und dann mit steigender Vervollkommnung der Entwurfsidee auch im physikalischen Modell.
Dabei interessiert natürlich nicht nur das äußere Formkonzept. Die Innenausstattung - Schalttafel, Sitze, Verkleidungen - ist ebenfalls Gegenstand des Styling-Entwurfs.

Bei der Festlegung der äußeren Form spielen die aerodynamischen Eigenschaften, insbesondere die Erfüllung der Forderung an den Luftwiderstandsbeiwert, eine wichtige Rolle. Da heute ausschließlich experimentelle Windkanaluntersuchungen gültigen Aufschluß über die aerodynamischen Eigenschaften geben können, werden diese funktionalen Bedingungen und die formalen Ansprüche der Stylisten im interaktiven, experimentellen Prozeß zum stylistischen Gesamtkonzept zusammengeführt.
Partner in dieser Diskussion ist auch die Vorentwicklung, die in dieser Entwurfsohase den Garanten dafür abgibt, daß innerhalb der von Styling und Klimawindkanal gefundenen äußeren Form auch das technische Konzept realisiert werden kann. Besonders wichtig im Hinblick auf das Berichtsthema sind hier die Raumansprüche. Vereinfacht dargestellt gilt:

Der Vorderwagen muß den Motor und die Radhäuser aufnehmen können, die Radhäuser ihrerseits müssen die Reifen in all ihren lenkwinkel- oder dynamisch bedingten Stellungen aufnehmen. Der Fahrgastraum muß entsprechend den Ergonomieforderungen für den Fahrer, z. B. Erreichbarkeit von Lenkrad und Fußhebelwerk, Platz bieten. Sitzraum im Fond des Fahrzeugs, Platz für das Reserverad, den Tank und den Kofferraum ergänzen diesen Kreis von Forderungen.

Am Ende dieses Styling- und Vorentwurfsprozesses stehen dann zur Entscheidung für das endgültige formale Konzept das oder mehrere manuell geformte Modelle in Originalgröße, die zumindest von außen in Ausstattung und Finish dem geplanten Serienauto gleichen. In der 'Sitzkiste' wird die innere Fahrzeugform und -ausstattung funktional auf den Fahrer abgestimmt.

3.4. Konstruktion, Analyse, Versuchsbau und Versuch

Nach der Entscheidung für eine bestimmte Lösung ist der Stylingprozeß im wesentlichen abgeschlossen. Die konstruktive Arbeit, d. h. die entwurfsmäßige Realisierung aller im Zielkatalog enthaltenen oder sich aufgrund der allgemein gültigen Konstruktionsziele ergebenden funktionalen Forderungen, z. B. Festigkeit, Schwingungsverhalten, wird begonnen. Natürlich behält das Styling seine Zuständigkeit für die formale Aussage und wirkt auch später bei während der Prototypenkonstruktion oder der Werkzeugkonstruktion notwendig werdenden Stylingänderungen des Grundentwurfs mit.

Das physikalische Stylingmodell, das im vorherigen Entwurfsschritt für die Formentscheidung geschaffen wurde, ist zugleich auch Träger der Geometrieinformation. Für die weitere zeichnerisch-konstruktive Arbeit ist aber die zeichnerische Darstellung nötig. Deshalb wird zunächst einmal die im Stylingmodell enthaltene Geometrieaussage durch mechanische 3D-Abtastung am Modell in Originalgröße als Punktdatenmenge der gestylten Oberfläche erfaßt. Das geschieht auch für die Innenausstattung.

Mit hoher Genauigkeit und Punktdichte, mit Meßfehlern kleiner als 0,3 mm und mit Meßabständen, die sich krümmungsabhängig auf Millimeterbruchteile einstellen können, werden die Schnittlinien der Stylingoberfläche mit achsparallelen Ebenen im 100 mm-Abstand abgetastet. Gemessen werden außerdem die charakteristischen Linien des Fahrzeugs, auch Formleitlinien genannt, die die Charakteristik des Stylingentwurfs schon weitgehend bestimmen, z. B. Sicken, Verlaufslinien von Zierleisten, Fugen, Sichtkanten und Teilflächenränder.

Die Formleitlinien, häufig räumliche Konturen, können im Gegensatz zu den Schnittlinien nicht mehr automatisch, sondern nur noch durch manuelles Nachführen des Meßstiftes und daher ungenauer abgetastet werden.
Die gemessenen Oberflächenpunktdaten - also die Schnittlinien im achsparallelen 100 mm-Raster und die Formleitlinien - werden auf automatischen Zeichenmaschinen in Originalgröße als Rohdatenzeichnungen wieder ausgegeben und sind der Ausgangspunkt für die nachfolgende Konstruktionsarbeit.

Für die Außenhaut setzt dann der Strakprozeß ein, bei dem zeichnerisch durch Beseitigung von Meßfehlern und solchen des Stylingmodells eine glatte, 'strakende' Oberfläche erzeugt wird. Diese Tätigkeit erfordert ein hohes Maß an Ausbildung, Erfahrung und assoziativem Vermögen. Dabei müssen auch Gleichteilbedingungen z. B. Einhalten der Randraumkontur des Gleichteils Schiebedach, oder funktional bedingte Geometrieforderungen, z. B. Zylinderform der versenkbaren Seitenscheibe, in die Oberfläche eingearbeitet werden. Diese Randbedingungen hat der Stylist nur soweit für die formale Aussage notwendig im Modell berücksichtigt.

Schon gleichzeitig mit dem Stylingentwurf des Fahrzeugs wurde die Entwicklung der zunächst unabhängigen Baugruppen, z. B. Lenksäule, Handhebelwerk, Kraftstoffbehälter, begonnen. Nach Fertigstellung des Außenhautplans können diese Entwürfe fahrzeugbezogen weiterentwickelt werden. Es entsteht - von außen nach innen - der Gerippeplan mit dem Trägersystem und der Bodenplan, der auch zeichnerisch die Basis für die Sitzkonstruktion und die Konstruktion der Innenausstattung ist. Vorder- und Hinterachse, die Instrumententafel, Türen, Deckel und Beschlagteile nehmen konstruktive Gestalt an. Wischer- und Wascheranlage für Front- und Heckfenster werden ausgelegt; Batterien, Zentralelektrik, Zündspule usw. werden untergebracht.

Begleitet ist dieser Konstruktionsprozeß in der Vorentwicklungsphase und auch während der eigentlichen Konstruktion von rechnerischen Analysen.
Dazu gehören die Berechnung der Achskinematik aus der Achsgeometrie, die Radhausraumberechnung aufgrund der Achskinematik, die Berechnung objektiver und auch objektivierter Fahrleistungskriterien.
Besonderen Rang nehmen inzwischen die Verfahren der Strukturanalyse ein. Für Komponenten und in zunehmendem Maße auch für Konzepte ermöglichen die 'Finite-Elemente'-Verfahren eine Bewertung des statischen und dynamischen Verhaltens schon in der Entwurfsphase, bevor noch ein Teil oder ein Konzept physikalisch realisiert worden ist und helfen damit die Entwicklungszeit verkürzen. Die erwähnten rechnerischen Analysen lassen natürlich nur eine vorläufige Bewertung der erarbeiteten Konstruktionskonzepte zu.

Die endgültige Bewertung geschieht dann im Versuch. Dazu baut der Versuchsbau Aggregateträger und Prototypen. Im Prüfgelände oder mit Testständen deckt der Versuch, das Gesamtkonzept bewertend, die Konstruktionsschwachstellen auf und stellt zusätzliche Forderungen an die Konstruktion.
Im iterativen Entwicklungsspiel zwischen Konstruktion, Analyse und Versuch entsteht schließlich das endgültige Konstruktionskonzept.

Informationsträger für die Kommunikation der beteiligten Bereiche über den jeweils gerade erreichten Entwicklungsstand des angestrebten Produkts ist die technische Zeichnung. In engen Zusammenhang damit wird aber gerade während der Versuchsphase der Prototyp auch physikalisch auf dem neuesten Entwicklungsstand gehalten, weil nur die auf dem Prototypentest beruhende versuchstechnische Bewertung als gültig anerkannt wird.

3.5. Werkzeugkonstruktion

Für die Konstruktion von Preßwerkzeugen für äußere Formteile der Karosserie wird zunächst entsprechend den zeichnerischen Plänen der Konstruktion manuell das Urmodell hergestellt. Wie schon zu Beginn der Konstruktionsphase werden danach die einzelnen Formteile mechanisch abgetastet. Nach dem anschließenden Strakprozeß der getasteten Teilflächen erfolgt die Werkzeugkonstruktion und -herstellung. Für einfache Flächen, wie z. B. das Dach, kommen hierbei schon heute nach einem rechnerisch gestützten Strakprozeß NC-Techniken zum Flächenfräsen zum Einsatz.

4. Lösungsansätze mit heutiger CAD-Technik

4.1. Wesentliche Schritte im konventionellen Ablauf

Der hier dargestellte Prozeß der Automobilentwicklung umfaßt eine verwirrende Anzahl von Einzelschritten und verlangt schon deshalb nach Rechnerunterstützung. Allein im Konstruktionsteilprozeß ab Stylingentscheidung bis zum Start der Produktionsvorbereitung sind 2,5 Jahre vergangen und 300.000 Konstruktionsstunden und weitere Versuchsstunden verbraucht worden. Entsprechend hoch ist auch der Kommunikationsaufwand, der für die Produktentwicklung bis dahin nötig war.

Folgende Schätzzahlen verdeutlichen diesen Aufwand:

15.000 Besprechungsberichte, Aktennotizen und Protokolle wurden verfaßt,

150.000 Telefonate wurden geführt,

250.000 Zeichnungspausen wurden versandt.

Diese Vielzahl von Einzelschritten ordnet sich in das erläuterte vierphasige Ablaufschema:

Zielkatalog, Projektentwurf und Überprüfung der technischen Realisierbarkeit,

Stylingentwurf, Vorentwicklung und abschließende Form und Funktionsbeurteilung,

Konstruktion, Analyse, Versuchsbau und Versuch,

Werkzeugkonstruktion, Werkzeugbau.

Zum Abschluß der einzelnen Entwicklungsphasen liegt jeweils eine vollständige Beschreibung des Entwicklungsobjektes vor, natürlich entsprechend dem fortschreitenden Entwicklungsgang mit zunehmender Schärfe der konstruktiven Aussage.
Die Beschreibungstechnik verlagert sich, je mehr im Verlauf des Entwicklungsprozesses aus der Aufgabe eine konstruktive Lösung wird, von verbaler auf grafische und modellhafte Darstellungsformen.
Die Forderungen nach eindeutiger Dokumentation der Entwurfsergebnisse zum Abschluß der einzelnen Entwicklungsphasen und nach gleichzeitig guter Beurteilung dieser Zwischenergebnisse führt, wie gerade ein Blick auf den Entwicklungsgang der Karosserieform zeigt, zu Entwicklungsumwegen. Deren Beseitigung kann, z. B. durch Einführung rechnergestützter Methoden, eine wesentliche Zeitersparnis im Entwicklungsprozeß bringen.
Im derzeitigen Entwicklungsprozeß jedenfalls bestimmt die Notwendigkeit, eine Zwischenbeurteilung zu ermöglichen, die Darstellungsform am Ende der einzelnen Entwicklungsabschnitte.

Bei der Karosseriegestaltung sind dies für den

Projektentwurf:	Grafische Stylingstudien
Stylingentwurf:	Styling-Modelle
serienreifen Prototypen:	Karosseriepläne

Der Gesichtspunkt optimaler Unterlagen für die Entwurfsfortsetzung im nächsten Schritt ist von untergeordneter Bedeutung.

Der gesamte Entwicklungsprozeß für die Karosserie beinhaltet deshalb mehrfach neben der Modellierung des physikalischen Modells auch den überaus aufwendigen Prozeß der Rückgewinnung von zeichnerischen Darstellungen, die für nachfolgende Konstruktionsschritte notwendig sind, aus dem physikalischen Modell.

Als erschwerendes Problem kommt hier hinzu, daß die eingesetzten zeichnerischen Liniendarstellungen der entworfenen Fläche diese nicht vollständig festlegen und die daraus resultierenden Mehrdeutigkeiten der Darstellung eine Fehlerquelle für den weiteren Entwurfsprozeß bedeuten.

4.2. Entwurfsdarstellung und rechnerinternes Modell

Die heute erkennbaren Lösungsansätze zur Verbesserung des Entwicklungsprozesses mit Hilfe informationstechnischer Methoden lassen zunächst einmal den Gesamtprozeß in seinem vorher beschriebenen Vier-Phasen-Ablauf unverändert:

Das bedeutet,

grafische Styling-Studien,

Styling-Modelle,

Karosserie-Pläne

bleiben wie bisher die gültigen Informationsträger für die entwurfsmäßige Beschreibung der Karosserie bei Erreichen der einzelnen Entscheidungspunkte. Die eigentlich für die Beurteilung und Entscheidung geschaffene Objektdarstellung ist dabei zugleich auch Datenbasis.

Innerhalb der einzelnen Entwicklungsphasen, also im eigentlichen Bearbeitungsprozeß, treten schon heute an die Stelle der herkömmlichen Informationsdokumentation neue Formen. Technische Zeichnungen und physikalische Modelle werden ersetzt durch rechnerische Darstellungen. Die hierbei gestellten Forderungen nach

Eindeutigkeit der informationstechnischen Darstellung,

automatischer (rechnerischer) Auswertbarkeit in konventionelle Darstellungen, führten für die Aufgaben der Karosserieformgestaltung zu mathematischen Flächenbeschreibungen. Diese Flächenbeschreibungen, wenn einmal vorhanden, lassen im automatischen oder weitgehend automatischen, rechnerischen oder rechnergestützten Prozeß die Erzeugung jeder heute üblichen Darstellungsform zu.

Neben zeichnerischen Ausgaben, wie

orthogonale Ansichten,

Schnittliniendarstellungen,

Perspektivbildern,

die in der Konstruktionsphase benötigt werden, ist auch die NC-Fertigung von

Modellen und

Werkzeugen

möglich. Zu nennen ist auch die rechnerische Erzeugung von farbigen, fotografie-ähnlichen Phantombildern, wie sie auch heute schon für die Veranschaulichung in der Frühphase des Stylingentwurfs - allerdings manuell - erstellt werden.

Die zugrundegelegte Mathematik für die empirischen Oberflächen in den verschiedenen Entwicklungsphasen muß dabei nicht zwangsläufig durchgehend die gleiche sein.
In jedem Falle aber erfordern die unterschiedlichen Aufgabenstellungen in den aufeinanderfolgenden Entwicklungsphasen unterschiedliche Vorräte an rechnergestützten Prozeduren.

4.3. Stylingentwurf

Der Einsatz rechnerischer Verfahren für Stylingaufgaben ist besonders neuartig. Überlegungen, inwieweit dadurch die erforderliche Kreativität eingeschränkt wird, sind hier wichtig. Es kommt darauf an, der anschaulichen und stylinggemäßen Handhabung des Formgestaltungsprozesses einen mathematischen Modellierungsprozeß zu unterlagern. Damit ist die Übertragbarkeit der Entwurfsinformation in die nächste Entwicklungsphase gewährleistet. Für ein erfolgreiches Arbeiten benötigt der Stylist jedoch das gesamte systemtechnische Instrumentarium für den freien Formentwurf. Daneben braucht er Techniken für eine schnelle anschauliche Visualisierung der Entwurfsidee, von der farbigen Perspektivskizze bis hin zum NC-gefrästen Stylingmodell.

Die schnelle Erzeugung von Stylingvarianten durch Veränderung der Formleitlinien spielt außerdem eine besondere Rolle.

Das bei VW in Entwicklung befindliche CAD-System für das Styling eröffnet diese Möglichkeiten. Das Formleitlinienkonzept eines Fahrzeugs kann am interaktiven grafischen Bildschirm aufgebaut werden. Dafür stehen bei Bedarf auch die Geometrievorgaben der Vorentwicklung grafisch zur Verfügung. Aus dem Linienkonzept läßt sich leicht ein mathematisches Flächenmodell ableiten. In Linienkonzept und Flächenmodell sind jederzeit Veränderungen und Detaillierungen möglich. Genauso können dann grafische Darstellungen des Entwurfs auf dem Bildschirm, auf schnellen Plottern oder den genauen Zeichenanlagen erzeugt werden, so wie sie zur Beurteilung benötigt werden.
Neben den liniengrafischen Möglichkeiten könnten das in Zukunft auch Raster-Scan-Techniken für flächenhafte Darstellungen sein. NC-Flächenfrästechnik ergänzt diese Ausgabemöglichkeiten auch in Richtung auf das Stylingmodell.
Diese gegenüber dem traditionellen Zeichnen neue Arbeitstechnik wird dabei von den Stylisten durchaus akzeptiert.

Die in diesem System verwendete mathematische Flächen-Beschreibungstechnik, die BEZIER-Technik [1, 2] , unterstützt diesen Prozeß, indem sie dem Entwerfer am Bildschirm geeignete Möglichkeiten der gezielten Flächen- bzw. Linienformveränderung über anschauliche Einflußparameterpunkte anbietet.

4.4. Aufbaukonstruktion

Der Aufbaukonstrukteur hat schon beim Stylingentwurf beratend und auf die funktionalen Erfordernisse achtend mitgearbeitet. Seine Aufgabe besteht jetzt darin, im konstruktiven Prozeß die im Styling entworfene Oberfläche an die funktionalen Forderungen anzupassen. Zuvor jedoch muß er die bei der Abtastung gewonnene Punktbeschreibung der Fläche von Meß- und Modellfehlern befreien. In beiden Teilprozessen soll die vom Styling festgelegte formale Aussage soweit wie möglich erhalten bleiben.

Zur rechnerunterstützten Behandlung kommt bei VW die gleiche Flächenmathematik wie schon beim CAD-System für das Styling zum Einsatz. Für diese Konstruktionsaufgabe sind in der Industrie auch andere mathematische Verfahren im Gebrauch bzw. in Erprobung.

---

[1] P. Bezier: Numerical Control-Mathematics and Applications; Verlag John Wiley & Sons, New York, 1972

[2] M. Engeli: Eine Methode zur Beschreibung gekrümmter Flächen: Fertigung 6, 1973, S. 187-194, Verlag Technische Rundschau, Hallwag, Bern

An Flächenverfahren zu nennen sind hier neben

Bezier-Technik

auch Kegelschnittflächen-Technik,

Coons-Technik,

B-Spline-Technik,

und neuerdings

B-Spline-Varianten (Hosaka).

Diese verschiedenen Flächenverfahren unterscheiden sich wesentlich in der Anschaulichkeit ihrer Formparameter und damit ihrem Potential zur gezielten parametrischen Formbeeinflussung und der Fähigkeit, auch komplexe Flächenformen, z. B. solche mit starkem Krümmungswechsel, mit gegenläufiger Krümmung, als geschlossene Teilflächen zu erfassen.
Im in Entwicklung befindlichen System für das "Straken" der Rohdaten und damit das Gewinnen der mathematischen Flächenbeschreibung nach BEZIER muß dem Reproduktionscharakter dieser Aufgabenstellung Rechnung getragen werden. Die unterstützenden Rechnerprozeduren müssen das Abbilden der gemessenen Punktdatenfolge in eine mehr geschlossene mathematische Beschreibung ermöglichen. Einzelschritte, wie die Ermittlung einer ersten Approximation der mathematischen Form an die vorgegebenen Rohdatenpunkte oder die verdeutlichende Darstellung der Abweichungen der Meßpunkte von der mathematischen Fläche, gehören dazu.

Als Ergebnis des rechnerisch unterstützten "Strakprozesses" entsteht mit diesem Verfahren das mathematische Flächenmodell.

Die ehemals etwa 100.000 Rohdatenpunkte für die Hälfte der Fahrzeugoberfläche sind auf etwa 10.000 Parameterpunkte verdichtet worden. Diese neue, nicht mehr nur linienhafte Beschreibung erfüllt dabei zusätzlich die Forderungen nach

Glätte der Fläche,

gezielter parametrischer Beeinflußbarkeit, z. B. für Konstruktionsänderungen,

vollständiger und eindeutiger Definition aller Flächenpunkte und ihrer Ableitungen,

NC-technischer Reproduzierbarkeit,

Möglichkeit nachgeschalteter, rechnerischer Analyseverfahren, z. B. Strukturberechnungen mit der 'Finite-Elemente-Methode' (FEM) und die FEM-Modellaufbereitung.

Die Golf-Tür z. B. ist durch 20 Teilflächen (Patches) beschrieben worden; jedes Patch ist abhängig von der Polynomordnung in den beiden Flächenrichtungen, durch 8 bzw. 36 räumliche Parameterpunkte definiert. Die gesamte Türfläche erfordert zu ihrer Darstellung 416 räumliche Parameterpunkte.

Im zweiten Teilprozeß muß das Verfahren dann die Einarbeitung der funktionalen Konstruktionsbedingungen unterstützen. Beispielhaft seien hier genannt:

die konstruktive Festlegung von Abstellungen und Flanschen an die Fensterscheiben,

die Bestimmung von Durchdringungen zwischen Außenhaut und Zylinder- bzw. Kegelflächen,

die Anpassung zwischen Gerippe und Außenhaut,

die Einarbeitung vorgegebener Radien,

die Integration von Gleichteilen.

Diese Aufgaben erfordern natürlich immer wieder veranschaulichende Ausgaben.
Für diese grafische und modellhafte Darstellung der gewonnenen mathematischen Fläche besteht natürlich Gleichheit mit dem beschriebenen Styling-System.

4.5. Werkzeugkonstruktion

Die Aufgabe der Werkzeugkonstruktion zur Vorbereitung der Produktion erfordert ihrerseits teilweise andere rechnergestützte Benutzeraktionen, eben wie sie den Eigenarten dieses Konstruktionsschrittes entsprechen. Beispiele sind die Konstruktion

der Offsetflächen für Stempel und Matrize,

der Ziehradien,

der Blechhalterflächen,

und die Einarbeitung des Springmaßes.

Wiederum muß, zumindest beim heutigen Ablauf, aus dem Urmodell, das entsprechend den zeichnerischen Plänen der Konstruktion manuell nachgebaut wurde, über Abtasten und Straken die flächenmodellmäßige Objektbeschreibung reproduziert werden.

Gleich mit den Verfahren in den vorherigen Schritten sind auch die Anforderungen an die mathematische Beschreibungstechnik und die grafischen und modellhaften Darstellungstechniken. Als mathematisches Flächenverfahren setzt die Werkzeugkonstruktion bei VW die Coons-Technik ein.

5. Längerfristige Zielvorstellung

5.1. Ansatzpunkte für Verbesserungen des Prozesses

Schon das Beispiel des Flächenentwurfs in den aufeinanderfolgenden Entwicklungsschritten deckte die Umständlichkeit des heutigen Entwurfsprozesses auf.
Die für eine gute Beurteilbarkeit des Entwurfsergebnisses am Ende der einzelnen Entwicklungsschritte geforderte anschauliche Darstellungsform ist für die konstruktive Weiterarbeit zunächst nicht geeignet. In einem Reproduktionsprozeß muß die zeichnerische bzw. rechnermodellmäßige Basis für diese Weiterarbeit erst geschaffen werden.

Die Bearbeitungsfolge

physikalisches Modellieren,

3D-Abtastung,

Gewinnung der zeichnerischen bzw. flächenmodellmäßigen Basis für die Weiterarbeit,

kommt deshalb im Formgestaltungsprozeß häufiger vor.

Ein vergleichbares Bild vieler nicht integrierter Insellösungen ergibt sich auch bei Betrachtung der Komponentenkonstruktion. In der Fahrgestellkonstruktion gibt es eine Fülle von Analyseprogrammen, wie schon früher erwähnt.

Die Eingabedaten für diese Berechnungsprogramme werden zumindest heute aus Zeichnungen und physikalischen Modellen gewonnen. Weil aber der industrielle Arbeitsprozeß auch in der Einführungsphase neuer Verfahren in seinem Erfolg nicht gefährdet werden darf, sind diese Umwege zunächst nicht zu vermeiden.

Trotzdem können auch schon in dieser Form mit der CAD-Technik Vorteile gegenüber der konventionellen Arbeitstechnik gewonnen werden können.
Am Beispiel der Außenhaut ist erkennbar, wo zukünftig die Chancen für eine effektvolle Verbesserung des Gesamtentwicklungsprozesses liegen.

5.2. Rechnergesetützte Teilprozesse

Für die Flächengestaltung liegt diese Chance darin, daß die CAD-Verfahren für die einzelnen Aufgaben zu funktionstüchtigen Werkzeugen weiterentwickelt werden. Ziele sind dabei geschlossene Lösungen für die einzelnen Entwicklungsaufgaben dergestalt, daß das gültige Entwurfsergebnis informationstechnisch im rechnerischen Modell beschrieben ist.

Auswertetechniken ermöglichen dann sozusagen in Kopie und sehr schnell die Ausgabe in der im Einzelfall gerade nötigen Darstellungsform.
Insbesondere die für die Formoptimierung notwendigen Variantenuntersuchungen werden dadurch wesentlich erleichtert und beschleunigt.

Anzustreben ist die ständige Weiterentwicklung der Komforts der unterstützenden rechnerischen Prozeduren. Der Aufbau von Makroprozeduren und schließlich, abhängig von den Erfahrungen im interaktiven Entwicklungsprozeß, Teilautomatisierungen müssen das Ziel sein. Das darf nicht heißen, daß das Entwurfsergebnis dem Einfluß des bearbeitenden Konstrukteurs entzogen wird. Es bedeutet vielmehr, daß dem Entwerfer über geeignete Gestaltungsparameter die Möglichkeit zum gezielten Ansteuern auch komplexerer Entwurfsschritte gegeben werden muß. Dabei müssen systemtechnisch die Vorkehrungen getroffen sein, die aus dem größeren Entwurfszusammenhang resultierenden Randbedingungen zu berücksichtigen.

Im Ergebnis gilt dann z. B. für die Oberflächengestaltung:

Ist die durchgehend rechnergestützte Behandlung in einem Entwurfsschritt möglich, d. h. ist das Entwurfsobjekt, das anhand des physikalischen Modells beurteilt und verabschiedet wurde, am Ende eines Entwurfsschrittes zugleich auch in rechnerauswertbarer Form dokumentiert, so kann die Weitergabe des Entwicklungsergebnisses in die nächste Entwicklungsphase in Form des rechnerischen Flächenmodells erfolgen. Wesentliche Zeitersparnisse im Entwicklungsprozeß sind allein dadurch erreicht, daß die Digitalisierungs- und Mathematisierungsschritte, die jetzt noch jeweils am Beginn zumindest der späteren Entwicklungsphasen stehen, ganz entfallen können.

5.3. Integration zur rechnergestützten Entwicklung

Der eben erläuterte Integrationsschritt macht für die weitere Systementwicklung zunächst die Schaffung und Einhaltung geeigneter Datenschnittstellen notwendig. Derartige Datenschnittstellen werden für die rechnerinterne Oberflächendarstellung gerade geschaffen. Es entspricht der Entwicklungsaufgabe der Automobilindustrie, diese Datenschnittstellen auch für die Entwurfssysteme für Fahrzeugkomponenten und weiterhin für die Datenkommunikation mit den Analysesystemen bzw. -programmen zu fordern.

Über diese Datenschnittstellen kann in Zukunft der eben am Beispiel skizzierte Integrationseffekt auf wesentlich breiterer Basis und damit effektvoller erzielt werden.
Auf diese Weise kann die iterative Schrittfolge zwischen Entwurf und rechnerischer Analyse, wie sie für die Frühphase der Entwicklung typisch ist, zeitlich wesentlich verkürzt werden.
Die daraus resultierenden verbesserten Möglichkeiten der analytischen Bewertung mit der Möglichkeit der Früherkennung fehlerhafter Ansätze haben neben der Zeit- und Kostenersparnis mit Sicherheit auch qualitativ bessere Entwürfe zur Folge.
Ansätze für die Schaffung derartiger integrierter Lösungen sind in der amerikanischen Flugzeugindustrie schon erkennbar.

Genauso ist es notwendig, aus dem Test gewonnene Bewertungsdaten des Entwurfsobjektes, z. B. modale Messungen, zusammen mit analytisch gewonnenen Daten in mathematischen Modellen weiterverarbeiten zu können, wie es für die Simulation umfassenderer dynamischer Entwurfszusammenhänge nötig ist.

Mit dieser skizzenhaften Darstellung werden die Umrisse des 'rechnergestützten Entwicklungsprozesses' sichtbar. Wie schon dargestellt, ist die notwendige Voraussetzung für das Erreichen dieses Zieles, daß die vielen dazu gehörenden Einzelprozesse rechnergestützt ablaufen. In der Anwendung beherrschbar wird eine darartige Lösung aber erst durch die Integration der Einzelprozesse in ein datentechnisch kommunizierendes Verbundsystem. So läßt sich der Zeit kostende Routineaufwand für das Datenhandling in den Griff bekommen. Voraussetzung dafür ist die lebende Fahrzeugentwicklungsdatenbank, die den gesamten aktuellen Entwurfsstand gespeichert hält und den Zugriff auf Information in jeder gewünschten Form anbietet.

Die skizzierte Aufgabenstellung liegt insgesamt noch vor uns. Fragen der technischen Realisierbarkeit und der Wirtschaftlichkeit sind noch nicht endgültig beantwortet.
Als Zielvorstellung hat eine derartige Lösung aber mit Sicherheit Gültigkeit für die nächsten Jahre. Wo immer Teilrealisierungen dieser Zielvorstellung erfolgreich zum Einsatz kommen, verkürzt sich für diese Teillösung der Zeitraum für das optimale Umsetzen einer Idee in das industrielle Produkt.

Das Interesse der Autoindustrie, auf diese Weise die Phasenverschiebung zwischen technologisch Möglichem und technisch Realisiertem zu minimieren, wird diese Zielvorstellung auch in Zukunft erhalten.

THE DEVELOPMENT OF ADA, THE DoD LANGUAGE

B A WICHMANN
National Physical Laboratory
Teddington, Middlesex, TW11 OLW , U.K.

Abstract. A short history is given of the development of Ada. The language is surveyed to place it within the context of other major language developments. The major part of the paper explains the reasons why the language has its current form, and comments on other alternatives.

1. History

For four years the US Department of Defense (DoD) have been running a programme to produce a new programming language for embedded computer systems. In Europe, the term 'real-time languages' covers the same application area and the languages in use are RTL/2, CORAL 66, PEARL etc. The major need for a new language for DoD arose from the proliferation of dialects of old languages such as JOVIAL (in fact, 350 languages were found to be in use before counting was stopped).

A common failing in language design is to use a Committee. Fortunately this was avoided with Ada as follows: DoD produced a set of specifications which were reviewed and refined over a two year period. These requirements were called Strawman, Woodenman, Tinman, Ironman and finally Steelman. Contracts were then placed with four independent teams to propose designs to meet these requirements. After nine months, the four proposed languages were issued by DoD in coloured covers: Red (for Intermetics), Green (for CII-Honeywell-Bull), Yellow (for SRI) and Blue (for SofTech). The colours gave a superficial anonymity to the proposals which was convenient for independent reviews. After the reviews, Yellow and Blue were discontinued while the other two refined their designs. On the 15th March 1979, the two remaining proposals were published and on the 2nd May, the Green design was announced as the successful one. It was also announced that the language would be called Ada in honour of Augusta Ada Byron, Countess Lovelace, who is widely regarded as the first programmer in her work for Charles Babbage.

Although the Committee approach was avoided so that each design proposal was coherent, the technique was not without difficulties. The requirements documents were more specific in language terms than was necessary. For instance, Steelman was written largely in terms of Pascal terminology. Hence the fact that the four contractors chose Pascal as a base rather than ALGOL 68 or PL/I (the other options) was hardly surprising. Also, Steelman lacked any rationale behind the requirements. This made it difficult to see if that a 'requirement' could be met by a language facilities somewhat different from that suggested by Steelman.

The successful language, previously called Green, was designed in Europe by a team led by Dr J Ichbiah. The major consultants and team members were French, German, and British, and hence it was a truly international effort. During the second half of 1979 and early 1980, the language will undergo extensive test and evaluation. There is no doubt that this will result in changes to the language design which is now formally the responsibility of DoD. The magnitude of these changes is not clear and hence it must be stated that this paper refers to the language as published in March 1979.

In parallel with the language design effort, DoD is embarking on a project to define a support environment for Ada so that program testing and development can become more standardized. A portable environmental package, written in Ada (of course), would give a substantial cost saving. Other contracts are being let for compiler implementations and also for compiler validation (to ensure compliance with the standard).

2. Overview of Ada

A full understanding of Ada can only be obtained by consulting the Reference Manual and Rationale [1 & 2]. An overview is given here to put the language in perspective.

The language is based upon Pascal. A programmer familiar with Pascal could be expected to grasp the basic language features very quickly in spite of the fact that there are many small differences. Ada removes many of the restrictions of Pascal, for instance, arrays can have a size determined on entry to the scope as in ALGOL 60. Also, Ada has many additional features, the main ones being tasking (for parallel processing), exception handling (for trapping error conditions) and representation specifications (for specifying the physical layout of data).

The type and declarative structures are much more general than Pascal. While in Pascal all declarations are passive (ie do not require executable code), this is rarely true in Ada. Variables can be initialised on declaration with any expression, which includes complex structures since an aggregate notation is available for such values. Constants can either be static (ie evaluated by the compiler) or have a value determined on scope entry. There are several predefined types: BOOLEAN, SHORT_INTEGER, INTEGER, LONG_INTEGER, SHORT_FLOAT,

FLOAT, LONG_FLOAT, CHARACTER, STRING and TIME. New character types can be defined by the user using the enumerated type mechanism which is very similar to Pascal. Other new types can be defined including integer and floating point types. These types are derived from the predefined types which correspond to the hardware supported mechanisms of the underlying machine. Hence if the user declares a variable of type FLOAT its precision will be that of the machine: but if he declares his own type with 8(say) decimal digits of precision, then the compiler can choose any implemented type of precision of 8 or more digits.

An array type can be declared with explicit bounds (evaluated at scope entry) which will apply to all arrays of that type. Alternatively, the index bounds can specify a type only, in which case the array declaration must give the bounds (except for an array parameter, of course).

Record types are very similar to Pascal with an analogous variant mechanism. The safety of variants is increased by requiring a tag which can only be reset by a complete record assignment.

Pointer types are called access types in Ada but follow Pascal very closely. An allocation function new is provided but there is no explicit dispose although this is implicit on exiting from the scope of the corresponding access type.

A subtype mechanism is provided which allows names to be associated with the type and some constraints (typically range constraints and constraints on the tag of a variant record). Predefined attributes are available to find the first or last value of a type or subtype. Such attributes are extended to give the precision of floating point variables, size (in bits) of the storage for variables of a type etc.

Statements in Ada are fairly conventional except for procedure calls. Here default values can be given to input parameters which are evaluated on the procedure declaration. The names of formal parameters can be used in the call so that the parameters with default values need not be specified at all. For instance, one can write

```
PRINT_HEADER (PAGES:= 128, HEADER:= TITLE, CENTER:= TRUE);
```

This is particularly convenient for documentation (what is the sixth parameter for?) or in cases where there are a large number of default parameters. The conventional positional notation for parameters may also be used.

Programming in the large is supported mainly by the use of modules. Modules can either be packages (a set of related types, variables and operations) or tasks (for parallel processing). The nature of packages is most easily seen from the I_O_PACKAGE example taken from the manual (Figure 1). The package provides to its users the procedures OPEN, READ and WRITE with a private type FILE_NAME.

The first half is the package specification which can be compiled separately from the body (which is the second half). The internal details of FILE_NAME are not visible to the users but must be included in the specification to allow separate compilation. Clearly, in a program development situation one would specify (and compile) a large number of module specifications before any of the coding is produced. Experience with MESA [4] has shown this to be extremely valuable.

```
package I_O_PACKAGE is
  restricted type FILE_NAME is private;

  procedure OPEN  (F : in out FILE_NAME);
  procedure READ  (ITEM : out INTEGER; F : in FILE_NAME);
  procedure WRITE (ITEM : in  INTEGER; F : in FILE_NAME);
private
  type FILE_NAME is
    record
      INTERNAL_NAME : INTEGER := 0;
    end record;
end I_O_PACKAGE;

package body I_O_PACKAGE is
  LIMIT : constant INTEGER := 200;
  type FILE_DESCRIPTOR is record  ...  end record;
  DIRECTORY : array (1 .. LIMIT) of FILE_DESCRIPTOR;
  ...
  procedure OPEN  (F : in out FILE_NAME) is  ...  end;
  procedure READ  (ITEM : out INTEGER;  F : in FILE_NAME) is  ...  end;
  procedure WRITE (ITEM : in  INTEGER;  F : in FILE_NAME) is  ...  end;
begin
  ...
end I_O_PACKAGE;
```

Figure 1.

Tasks are syntactically similar to packages except for the initial reserved word. A task declaration when elaborated gives a potential thread of control which is activated by means of the initiate statement. Synchronisation between tasks is achieved by a rendezvous. Task A makes a procedure call on an entry in task B. The rendezvous occurs when B executes an accept statement on that entry (assuming there are no other tasks queued on that entry). Task B proceeds blocking task A until the end of the accept statement (which can involve other statements). After the accept statement is complete, both tasks continue in parallel. A select statement is provided so that a task may select (non-deterministically) between several entries or delay depending upon some condition. The classical bounded buffer problem is illustrated in Figure 2 (taken from the manual).

The processing of error situations in a real-time environment is both important and awkward to handle in a structured manner. Ada provides exceptions as a language concept for handling errors. OVERFLOW or ACCESS_ERROR are examples of pre-defined exceptions which are implicitly raised, on misuse of the language, by the Ada processor. The user can also define his own exceptions and

```
task BUFFER is
  entry READ (C : out  CHARACTER);
  entry WRITE (C : in   CHARACTER);
end;

task body BUFFER is
  POOL_SIZE  : constant INTEGER := 100;
  POOL       : array(1 .. POOL_SIZE) of CHARACTER;
  COUNT      : INTEGER range 0 .. POOL_SIZE := 0 ;
  IN_INDEX, OUT_INDEX : INTEGER range 1 .. POOL_SIZE := 1;
begin
  loop
    select
      when COUNT < POOL_SIZE =>
        accept WRITE(C : in CHARACTER) do
          POOL(IN_INDEX) := C;
        end;
        IN_INDEX := IN_INDEX mod POOL_SIZE + 1;
        COUNT    := COUNT + 1;
    or when COUNT > 0 =>
        accept READ(C : out CHARACTER) do
          C := POOL(OUT_INDEX);
        end;
        OUT_INDEX  := OUT_INDEX mod POOL_SIZE + 1;
        COUNT      := COUNT - 1;
    end select;
  end loop;
end BUFFER;
```

Figure 2.

raise them to signal error situations. When an exception is raised, the current block or procedure or function is terminated. Execution proceeds at the handler for that exception, or if no such handler exists in the block, etc, then the exception is re-raised at the point of call of the block, etc. Hence a correct procedure, given the right pre-conditions, will either give the required post conditions or raise an appropriate exception. Exceptions are very convenient in writing "robust" software which must provide a service in spite of hardware or software errors.

3. Language issues

Language design consists of making a large number of inter-related decisions so that the resulting language is as coherent and simple as possible and yet satisfies the user requirements. The Steelman requirements are very demanding and hence at is clear that any language to meet these needs will be substantially larger than Pascal. In this section, a number of language issues are considered in detail.

3.1 Numeric types

Logically, integers are an infinite set which cannot be handled by computers with finite resources. Conventional programming languages introduce a single type *integer* whose length (or range) is determined by the implementation. This is unsatisfactory because the range will vary from one implementation to another and also because on one machine a long range will be inefficient and a short one not adequate for some applications.

There are two major approaches to this problem. The purist would argue that there is only one logical type and in consequence it is the compilers responsibility to represent the data in the most efficient way possible. Hence, if range limits are required for variable declarations, then these can be used to determine the representation. This was the approach adopted by the Red language. The problem is that parameters should not be constrained by range limits and hence their representation cannot be fixed until a call of the procedure is found. Several bodies of the procedure may be needed, one for each machine-supported representation. If one has (say) three parameters and two hardware representations, one may need up to eight bodies - ie the method rapidly gets out of hand.

The approach taken in Ada is therefore to have three hardware types SHORT_INTEGER, INTEGER and LONG_INTEGER. A new type declared as

```
type MY_INT is range -10_000..10_000;
```

is equivalent to

```
type MY_INT is new X range -10_000..10_000;
```

where X is SHORT_INTEGER, INTEGER or LONG_INTEGER depending upon the range of the machine types. Thus the operations defined for the machine types (including input-output etc) can be safely inherited by user defined types. Hence new integer (or floating point) types can be introduced by the user in a way which inherits all the operations of the previously declared type.

3.2 Fixed point data types

The Steelman requirements ask for 'exact' fixed point, that is, truncation or rounding is not to be implicit but by explicit conversions. A very simple scheme without multiplication and division was proposed during the first phase of the language effort. The reviews showed that there was a need for fixed point (primarily for signal processing) and that multiplication and division were needed. It might seem odd for a language designed for the 80's that there would be a need for fixed point rather than floating point computation. Even with modern hardware, substantial space and time improvements can be gained by the use of fixed point (except, perhaps, on the largest scientific machines). Input data from sensors is naturally fixed point (as is graphical output) and hence fixed point computation meets a small but significant need. The language can be made smaller by removing fixed point, which would inevitably force the use of assembly languages in a few applications.

The Ada approach was to adopt an approximate model of fixed point analogous to floating point. Multiplication and division operations however require explicit conversion to a type so that the correct rounding can be applied to intermediate results. Programming with fixed point is much more time consuming because of the need to take into account the scaling - otherwise overflow or loss of accuracy will occur. Initial indications are that this model is sufficient. For instance Professor Waite, who is writing a book on the coding of the mathematical functions, thinks that the fixed point versions of the computations can be coded directly in Ada without resorting to assembly language.

3.3 Linear elaboration of declarations

In many respects it would be ideal if the components of a declarative part could be freely reordered. Reordering the text to aid readability would then have no effect on the semantics. This aim is unrealistic, and cannot be achieved even with a simple language like Pascal. Consider the following Pascal fragment:

```
CONST
    N = 10;

PROCEDURE P;
     CONST
        M = N;
        N = 20;
    ...
```

With the one-pass immediate binding of almost all Pascal compilers, in the procedure P, M is not equal to N. Inverting the two declarations changes the meaning and even two pass compilation could give a different result. With these problems in mind, the draft standard for Pascal [7] makes the above illegal by requiring that an identifier declared in a scope is not used before its declaration in the scope. A similar rule is adopted in Ada. A consequence of this approach is that the Ada text can be understood incrementally in textual order - an assistance to the compiler as well as the programmer.

The order of declarations is important because of the use of variables in the same scope for initialization and further declarations. The linear elaboration rule then avoids the need for the compiler to check for cyclic dependencies or to work out a feasible initialization order. (Unfortunately, a similar problem arises with modules which the manual does not adequately resolve).

3.4. Static expressions

An annoying feature of Pascal is that expressions involving only constants are not permitted in contexts requiring a constant. For instance none of the three declarations below are permitted.

```
CONST
  N = 1+1;
  M = M+1;
  K = M+M;
```

Steelman rightly required that this restriction be lifted. In consequence the following is valid Ada:

```
type R is range 1..100;
....
I:R;

case I of
when R'FIRST  => ...
when R'LAST - 1=> ...
end case;
```

The expression after when must be evaluated by the compiler (static expression) which the compiler can clearly do in this situation. However, the exact specification of the form of such expressions is not easy. The attributes FIRST and LAST in the above example are not always static. A constant may be a scope entry value rather than something the compiler can evaluate. The definition of permitted expressions should not depend upon very clever optimization, such as the evaluation of pure functions with static expressions as parameters (is Ackermann (3, 4) a static expression?). In fact, if functions were allowed it would be almost impossible to avoid cyclic dependencies.

3.5 Side effects

The problem of side effects in ALGOL 60 was not resolved by the original committee because they could not agree. A pragmatic solution is contained in Modified Algol 60 [5] which is hardly likely to find favour with either the purist or permissive school. (In Modified ALGOL 60, the action of a program is undefined if its semantics depends upon the order of evaluation of the primaries in an expression or the order of evaluation of the parameters to a procedure or function.) At Washington, a meeting about Ada discussed the same issues for an hour without getting any further.

Ada has functions which cannot have any side-effects, and value return procedures which can have side effects. Operators can be defined or redefined in Ada, but such operators are regarded as functions. As a consequence, Burstall's 'memo' function must be written as a value returning procedure and cannot use the in-fix notation. In running a course on Ada at NPL, a student wrote a rational arithmetic package using multi-length arithmetic. Unfortunately, this cannot use the natural in-fix notation because the necessary allocation calls are regarded as side-effects. Value returning procedures are 'second-class citizens' functions in that they cannot be used in certain contexts to avoid some dubious programming practices.

3.6 Exceptions

With a novel feature such as exceptions, some problems must be expected. The basic mechanism is satisfactory, and indeed, an even more sophisticated approach has been used successfully in Mesa [3]. The difficulty is one of accuracy in the definition and interaction with other features, particularly tasking (see below).

Access to an unassigned value is supposed to raise the NO_VALUE_ERROR exception. There is no satisfactory method of implementing this on conventional hardware. (It has been implemented in B6700 Pascal [6].) Since Ada allows initialisation on declaration, the problem is not as severe as with ALGOL 60 or Pascal, but no doubt large 'working' programs will be in error in this respect.

Only one exception can be raised asynchronously - FAILURE can be raised in one task from another task. In implementation terms this means that one register must <u>always</u> point to the current, valid stack frame. Otherwise it will be impossible to process the exception correctly (at least sometimes!). It is difficult to see how alien code (say FORTRAN) could be called successfully with such a requirement.

3.7 Tasks

The tasking model is high-level and quite elegant. The evaluation reports, with some important exceptions, seem to suggest that applications can be recoded with Ada tasking given suitable redesign. There is no doubt that tasking is the high risk area of Ada, although the design is interesting in that it lends itself to highly parallel implementations.

An error in the current tasking model concerns the scheduling requirement of Steelman. Each task should run as if it had its own processor, albeit a slower one than the actual processor (at least on a uni-processor system). Steelman requires priorities, and that scheduling will be strictly first-in first-out within priorities. This encourages the use of priorities which would not otherwise be necessary. It is impossible, for instance, to time-out a processor bound task without using priorities.

Significant additional complexity arises from nested tasks and the ability to specify procedures in the visible part of tasks. The effect of these two facilities is that, in general, it is not possible for the compiler to determine statically the task executing a piece of code. This has a large number of consequences, particularly in the area of store management and optimization.

Tasking and exceptions interact rather badly. If an exception is raised during a rendezvous so that one party cannot continue the rendezvous, then the other party (which is blocked) is unblocked and given the TASKING_ERROR exception. This exception could terminate further rendezvous, and in a highly inter-locked system, the whole system could collapse like a pack of cards. In practice, every task should provide an others handler to perform last wishes in any robust system.

3.8 Subsets

The Department of Defense have said that no subsets or supersets will be allowed. However, it is acknowledged that a particular target machine may not have some resources and hence a subset will be allowed in that context. Examples quoted by DoD include floating point and a real-time clock as features which would constrain the Ada language availability. Also, total system constraints such as the size of memory would further restrict the capability of an Ada system.

The approach being taken by DoD is very reasonable but will have to be properly controlled if ad-hoc subsets are not to proliferate. This will no doubt be a major topic in the compiler validation programme which DoD are to commence shortly.

Outside DoD, it is not clear if compilers will be validated to DoD standards.

If the European Systems Language project decides to recommend Ada, then major problems are expected in the area of tasking and resource management (which is usually left to the operating system). A European subset of Ada may well be the best approach, but does this mean that such a subset has no official status?

4. The Future

Ada as a language will change. As noted above, the magnitude of the changes is uncertain, but in areas such as tasking, changes are virtually certain. Nevertheless, wide acceptance of Ada is assured at the very least in the USA and UK. Success in Europe depends upon a decision on the ESL project, but it would be surprising if the Ada language were not adopted in some form.

Areas requiring research on Ada are formal semantics, program validation and tasking. A major aim of DoD is to obtain a higher degree of portability from Ada programs than can be achieved with current languages. There is no reason, given the application of current technology, why this aim cannot be realised.

Now that the Ada language is the direct responsibility of a DoD Committee, there is a danger that it will grow (to meet specific needs) in such a way as to loose its coherence. On the other hand, the revisions being undertaken this year are an excellent opportunity to produce a good modern language which will be of inestimable value to the computing community at large.

5. References

[1] Preliminary Ada Reference Manual. Sigplan Notices, Vol. 14. No.6. Part A, June 1979.

[2] Rationale for the Design of the Ada Programming Language. J.D. Ichbiah, J.G.P. Barnes, J.C. Heliard, B. Krieg-Brueckner, O. Roubine and B.A. Wichmann. Sigplan Notices Vol.14. No.6. Part B, June 1979.

[3] Mesa Language Manual, J.G. Mitchell, W. Maybury and R. Sweet. Version 5, Xerox, Palo Alto Research Center, April 1979.

[4] The Impact of Mesa on System Design. H.C. Lauer and E.H. Satterthwaite. Proceedings 4th International Conference on Software Engineering. IEEE, 1979.

[5] Modified Report on the Algorithmic Language ALGOL 60. R.M. de Morgan, I.D. Hill and B.A. Wichmann. Comp. J. Vol 19. No.4. pp 364-379.

[6] The use of tag-six in the Pascal compiler. A.H.J. Sale. University of Tasmania, Dept of Information Science. No. R 77-4.

Oct. 1977.

[7] Draft Standard Specification for the Computer Programming Language Pascal. Document 79/60528 DC, British Standards Institution. March 1979.

QUERY LANGUAGES IN DATA BASE SYSTEMS

Hubert Lehmann
Albrecht Blaser
IBM Germany, Heidelberg Scientific Center

Abstract: This is a considerably shortened version of a survey on query languages /1/ on the background of the users and applications they are designed to serve and the data models and data base systems on which they operate. The query languages discussed include also restricted natural language interfaces to data base systems, as research in this direction has been very active in recent years. A classification of each query language is given after a discussion of functional and user oriented requirements. Results on the evaluation of query languages are presented. The conclusions are drawn (1) that there does not exist a theory of query languages yet, which implies that criteria for comparing them must be more thoroughly defined, and (2) that, since most query languages were designed for non-programmers, more research is required to determine what these users need and to what extent existent or future query languages satisfy these needs. All references can be found in /1/.

1 INFORMATION AND INFORMATION NEEDS

A number of surveys have been written on data base systems and on query languages. In this survey we will discuss requirements and features of query languages on the background of typical applications and users. Emphasis will be put on the description of means to improve what Senko calls human efficiency and not so much on algorithms to perform the functions discussed efficiently in the computer, although we do not ignore the need for such considerations. We do believe, however, that human efficiency is more important than machine efficiency, since machines should serve people and not vice versa.

Query languages for both formatted and unformatted data will be considered, since this distinction seems somewhat artificial and unrealistic in view of the fact that in actual applications textual and formatted data often cooccur, which today leads to clumsy implementations. We therefore hope that in the future more attempts will be made to integrate formatted and unformatted data base systems, and to offer query languages well suited for both kinds of retrieval.

1.1 APPLICATIONS

Information, i.e. knowledge about new facts, usually comes from many sources, is ill-structured, and is seldom received when and where it is needed. If use is to be made of information it usually has to be collected in advance, to be structured (or restructured), classified, ordered, and evaluated. The design of a format for a data base is an instance of information structuring and classification. The same is true (but on a different level) for filling the format with data. In general it can be said that data bases are used to model the operations of an enterprise.

1.2 USERS

There have been many attempts to classify users of information systems. We will make a first distinction between _users of information_ and _users of a data base system_ (or system users). None of these need also be information users although, of course, they may be. Information users are primarily what one could call application specialists, but also managerial and clerical people - engineers, technicians, researchers, scientists, commercial analysts, decision makers, clerks, secretaries, in short, anyone who needs data of the enterprise to do their work.

The end user problem can then be stated very simply: It is the problem to turn information users into system users, and consequently to reduce the need for intermediaries between data base systems and information users.

What the user of a data base system needs is determined by his functional requirements and by his habits of viewing and processing information. The latter form the basis for user oriented requirements. Functional requirements are functions that the system must provide and that can be expressed in a query language. If the way data are structured in the data base conforms with what the user is familiar with, e.g. if a hierarchical organization of a company is presented to him as a tree rather than a table, if a query language allows him to express himself at the same level as he is used to think about his data, one can expect that he will find himself more at ease than if the system or the query language is structured in a counter-intuitive way. This is illustrated by the statement of Joyce &al "Although implementations now exist which provide quite an extensive range of set manipulation capabilities, we believe it will be some time before such technology becomes commonly used on large data bases. One of the stumbling blocks is the failure of ordinary users to adapt to thinking of their data as made up of sets and of data base manipulation as set operations." There is evidence that the situation did not change drastically. Not only due to lack of skill on the users' side, but also due to lack of offerings of query language products. A more detailed discussion of functional and user oriented criteria for query languages will be given in sec. 3.1.

2 DATA BASE SYSTEMS

A data base system is a rather complex entity that has many aspects to it. With respect to query languages we only have to look at a few of them in detail, but a brief outline of the environment in which query languages operate seems helpful.

2.1 DATA MODELS

The models currently under discussion can be classified as is shown in figure 1.

Concept oriented models can be implemented in terms of record oriented models, but they do possess a richer structure. The introduction of "normal forms" in the relational model has the effect of moving from a record oriented to a more concept oriented structure. Some of the concept oriented models have been suggested as models of the conceptual schema of the ANSI/SPARC architecture.

Document retrieval systems can be conceived as specialized relational systems. Thus from the point of view of data models they do not offer anything different.

We need a few terms for the later discussion of query languages (which we take from concept oriented approaches, since the abstraction achieved there facilitates the discussion): _sentence_, _entity_, _property_, and _relationship_. We use the term _sentence_ as it is used in formal logic, namely as an expression that can be true or false. A sentence expresses a state of affairs, a true sentence, moreover, expresses a fact. According to Senko &al "An _entity_ is defined as anything that has reality and distinctness of being in fact or in thought, e.g. objects, associations, concepts, events." _Properties_ and _relationships_ can extensionally be characterized as sets of entities and sets of n-tuples of entities a further explanation of their nature will not be

	N-ary relations	Network (binary relations)	Hierarchies
Record oriented	Codd System R ZETA DAMAS PRTV IDAMS	IDS CODASYL ADABAS	IMS
Concept oriented	Chen Biller/Neuhold Nijssen Langefors/Sundgren Benci	Senko Abrial Bubenko Bracchi Adiba Titman	

Figure 1: Classification of data models

attempted here.

We define a <u>state</u> of a data base as a set of representations of sentences. A <u>data base</u> is a set of states. A state is a "snapshot" of a data base and comprises all statements in the data base at a point in time. During the time between two successive modifications, a data base can be said to be "in the same state". Sentences may or may not correspond to facts in the real world.

2.2 DATA DESCRIPTION AND ACCESS TO DATA

In terms of the relational model one could give the following classification:

- data manipulation: assignment, update, insertion, deletion;
- data description: creation of relations, deletion of relations, definition of views, specification of access aids (indexes, links), addition of columns;
- data control: authorization, integrity, locking.

In the CODASYL approach, a data definition language (DDL) was considered separately from the data manipulation language (DML), and the device media control language (DMCL). With FORAL and SQL the attempt was made to integrate these functions into one unified language.

The ways to access data can be distinguished as follows:

- batch
  * application programs
  * batch execution of a query formulated in a high level query language
- online
  * parameterized transactional application program
  * menu selection
  * interpretive query language.

A different classification of data access is based on the distinction of record-at-a-time (or tuple-at-a-time) access and multiple-record-at-a-time (or set-oriented) access. Record-at-a-time access often implies that access paths are specified, i.e. requires the user to specify how and in what order data is to be accessed. The question of how data can be accessed in an optimal way becomes relevant here, since often users will not find the optimum (and probably should not have to bother about it). Data access via a set-oriented logic has the advantage that optimization algorithms can be applied more easily to obtain good performance for most cases.

3 QUERIES AND QUERY LANGUAGES

3.1 CRITERIA FOR QUERY LANGUAGES

In order to simplify the discussion on criteria for query languages, formal definitions are given for the notions of query and query language. The definitions are based on the definition for data base given in section 2.1. A query is an expression whose meaning is a function from a state S of a data base to the power set of S, i.e. a query specifies a subset of S as an answer. A query language can be described as a formal language in the sense of the theory of formal languages, namely as a set of strings over a finite alphabet.

3.1.1 Functional criteria

In this section we shall discuss the following functional criteria of query languages: completeness, extensibility, closedness, procedurality, and self-containedness.

Procedurality and non-procedurality (descriptiveness) are the extremes of a scale, and to assess the degree of procedurality, one must ask to what degree the user is able to specify what should be done and how it should be done.

Self-containedness is said of a language if it is not embedded in another language, e.g. a general purpose programming language. This notion is related to but not identical with the notion of completeness, where it usually is postulated that the query can be formulated in a single step.

Closedness is said of a query language if each query has as result a relation. In general a query language could be called closed, if the result of each query is a searchable object of the data base, e.g. a subnet in a network data base or in general a set of sentences. It is unclear whether closedness is a very useful notion for other than relational languages.

Extensibility is attributed to a language if user-defined functions can be embedded in query expressions either to modify search criteria (e.g. EQBE, ISBL) or query results (e.g. SQL).

Completeness is intuitively explained by Vandijck and Woods (amounting essentially to s-completeness defined below). Codd defines the notions of selective power and relational completeness as follows: "Now we can introduce a basic notion of selective power. An algebra or calculus is relationally complete if, given any finite collection of relations R1,R2,...,RN in simple normal form, the expressions of the algebra or calculus permit definition of any relation definable from R1,R2,...,RN by alpha expressions (using a set of N range predicates in one-to-one correspondence with R1,R2,...,RN)."

The usefulness of the notion of relational completeness is questioned by Shneiderman. He argues that, since transitive closure is a second order predicate (and hence not expressible in ALPHA), there exist reasonable queries not covered by relational completeness. A similar argument is given in Vandijck.

Codd's notion of relational completeness is unsatisfactory also for the reason that it is tied to ALPHA. Therefore two new notions will be introduced here which are language independent: A query language Q will be called complete in a weak sense or _w-complete_ iff for every subset S of any state of any data base there exists at least one query q in Q such that q specifies S as an answer. A query language Q will be called complete in a strong sense or _s-complete_ iff for every subset S of the set of consequences C(T) of any state T of any data base there exists at least one query q in Q such that q specifies S as an answer.

A query language that is s-complete probably will have the power of a general purpose programming language. This constitutes an argument for either embedding query languages into programming languages or at least allowing inclusion of user written functions into query languages.

3.1.2 User oriented criteria

User oriented aspects of query languages cannot be discussed independently from their respective system environment, since terminal handling, help facilities, user guidance with respect to the contents of the data base (i.e. the meaning of the data), and the system's reaction to user errors greatly influence the usability of a system, and thus may compensate for deficiencies of the query language itself.

User oriented criteria are often mentioned as _ease of use_ or _user-friendliness_.

Naturalness can according to Vandijck "... be interpreted in several ways: it can mean as close as possible to the English spoken language, or it can mean as close as possible to the normal way managers and bookkeepers formulate their problems."

Habitability was defined in the context of natural language systems, but seems applicable to query languages in general. According to Watt, "A habitable system is one in which the user will not be constantly overgeneralizing the capabilities of the system and venturing beyond its conventions, nor will he painfully adhere to a minuscule subset of the capabilities for fear of misinterpretation."

Simplicity is postulated as a criterion by almost anyone but we could not find a satisfactory definition for it in the literature. Dale and Lowenthal consider an interesting aspect under the notion of semantic simplicity: "The user should have to supply only as much information as the DBMS needs to interpret his request correctly and unambiguously."

Transformational complexity determines the amount of transformation required to arrive at a formulation in a query language starting from a natural language formulation of the query may provide a measure for the naturalness of the query language. This idea is described by Reisner.

Learnability can be defined as the average amount of training necessary for the users it is designed for to master a language, and it can be evaluated by psychological tests as it is proposed by Chamberlin.

Adaptability is well explained by Joyce &al: "... query languages should be expressible in terms that are applicable or taylored to the user's work."

User guidance in its simplest form is a help facility. Such a facility may be adequate to explain error messages and the syntax of commands. If more complex information structures - such as those of the underlying data base - are to be described, a network may be better suited. The main problem with such facilities is that they require quite a bit of intellectual effort for their creation and maintenance.

Cooperativeness is introduced by Berry-Rogghe and Zifonun as well as Kaplan and Joshi. They argue from the standpoint of human dialogue where it often is considered uncooperative, if not impolite, when questions are answered precisely, but in a misleading way. Hence they postulate that in such cases a cooperative system should indicate either by issuing a message or by giving additional information that its precise answer might be misleading.

3.1.3 Language facilities

The facilities to be provided for the formulation of search conditions are presented. Most of these facilities have been proposed or implemented for some query language, a few may be new, and their necessity may be disputed. The motivation for compiling such a list is that the notion of completeness does not seem very appropriate for laying down what should be in a query language or not. Hence, only lists can be provided of functions and operations considered useful. Whether they actually are useful, can only be empirically established.

- Test for existence

- comparison operators: equal, not equal, greater than, greater than or equal, less than, less then or equal, range (between).
- Boolean connectors for predicates: and, or, implies, not.
- arithmetic operators: addition, subtraction, multiplication, division, exponentiation.
- set comparison operators: equivalent, not equivalent, contains, does not contain.
- set operators: intersection, union, difference.
- relational operators: join, selection, projection, expansion, grouping.
- set function: cardinality.
- arithmetic functions: sum, average, maximum, minimum.
- aggregation: subtotal, subcount, submaximum, subminimum, subaverage.
- string functions: concatenate, head, index, length, substring, tail, verify.
- word functions: phonetic similarity, similarity according to some measure, stem.
- temporal comparison operators: (same set as arithmetic comparison operators but operating on data type DATE).
- operators for time intervals.
- time functions (conversion of relative to absolute time specifications): today, yesterday, tomorrow; this week, last week, next week; day of the week, this month, this year, now.
- location functions: distance.
- layout functions (output control): order (user-provided lexical ordering sequence, ascending, descending), ordinal numbers (first n, nth, last n), elimination of duplicates, table, graph, histogram, matrix.
- data manipulation: assignment, insert, update, delete.
- dialogue control: logon, logoff, parameter setting.

3.2 QUERY LANGUAGES FOR RETRIEVING DOCUMENTS

Document retrieval languages were set oriented from the beginning. Their facilities consist in boolean combinations of keywords, complemented by some special connectives, e.g. in STAIRS one finds the connectives ADJ (adjacent), WITH (same sentence), SAME (same paragraph), and facilities to "mask" tails of keywords. Sometimes some kind of morphological analysis may also be specifiable. In addition to search criteria there may exist commands to specify sorting, ranking, use of a thesaurus, and display of the documents found (a comprehensive discussion of such facilities is given in Salton).

The Mistral/11 system described by Macleod deserves special mention, since it represents a document retrieval system implemented on a relational data base system, and provides a relational language for document retrieval which even allows specification of a weighted search. It should be added that usual relational languages are not very well suited to support the kinds of queries typical in document retrieval, although theoretically all the functions required may exist.

3.3 QUERY LANGUAGES FOR RETRIEVING STATEMENTS

Comparisons of query languages have been done by various authors. Wedekind gives a general overview of 24 query languages classified according to selective power. Vandijck, Pirotte, and Jolink concentrate on relational query languages and compare them with respect to a set of sample queries. This approach, although it gives some impression of the character of the respective languages, does not reveal in how far the criteria mentioned above are met.

There has been some discussion on whether query languages should have natural language (usually English) keywords or whether operators should be purely symbolic. In figure 2 query languages are classified

<u>English keywords</u>

AQL, CONVERT, FORAL, FORAL-LP, HQL, ILL, LSL, NUL, QUEL, SQL, TAMALAN

<u>Symbols</u>

ALPHA, CUPID, DEDUCE 2, EQBE, ISBL, QBE, RIL, SQUARE, UL/1

Figure 2: Encoding of language operators

accordingly.

3.3.1 Linear formal languages

In this section only a rough classification of linear formal query languages will be presented (see figure 3). A more detailed description can be found in /1/.

Data model	Type	Language	Author
Relational	Algebra	ISBL	Todd &al
	Calculus	ALPHA	Codd
		DEDUCE 2	Chang
		ILL	Lacroix/Pirotte
		QUEL	Stonebraker &al
	Hybrid	AQL	Antonacci &al
		SQL	Boyce &al
		SQUARE	Boyce &al
		TAMALAN	Vandijck
Hierarchic		CONVERT	Housel/Shu
		HQL	Fehder
Network		LSL	Tsichritzis &al
		NUL	Deheneffe/Hennebert
		UL/1	Olle
Binary Relations		FORAL	Senko
		RIL	Fehder

Figure 3: Classification of linear query languages

3.3.2 Display oriented languages

Display oriented languages have been introduced as easy-to-learn and easy-to-use data base interfaces for non-programmers. They represent an approach radically different from linear formal languages and natural language and have therefore been received with much enthusiasm but also with some skepticism. The languages are CUPID (McDonald and Stonebraker), EQBE (Schauer &al), FORAL-LP (Senko), and QBE (Zloof).

3.3.3 Restricted natural language implementations

The early projects which addressed answering natural language questions by computer were mainly concerned with the feasibility of such systems. Questions of feasibility are still not completely resolved, of course, but it appears that in the context of question answering practically usable systems can be built, and systems such as LADDER, PLANES, TQA, and USL have been built to test the usability of a restricted natural language interfaces rather than the mere technical feasibility. Another research direction, the simulation of human dialogue, is pursued e.g. with GUS and HAM-RPM. These studies may influence the construction of practical natural language interfaces and of interactive systems in general. With the exception of CONDOR all systems described below listed below interact with formatted data bases only.

To date there still is no common agreement on the technologies to be used for implementing natural language based systems or how to evaluate what has been achieved. There are certain fashions, e.g. LISP is used as programming language, and grammars are written in the form of Augmented Transition Networks (ATNs) in most systems, but since comparable systems have been implemented in a different way, no general conclusions about what is the best technique can be drawn yet.

The natural language based systems and their authors are listed in figure 4. A more detailed description is given in /1/.

3.4 EVALUATION OF QUERY LANGUAGES

3.4.1 Functional evaluation

The language comparisons available that consider functional criteria for query languages mainly concentrate on discussing procedurality and completeness and comparing formulations for sample queries. The same holds true for most individual discussions of query languages.

Functionally the relational languages seem to be roughly equivalent, facilities of minor importance may be lacking in some cases. Non-relational languages sometimes require slightly different functions (e.g. CONVERT), but even these differences are not very important. A discussion on whether the language facilities generally provided are by and large sufficient or should be considerably augmented depends on user requirements, and these are still not very well known.

Differences among natural language based systems are greater, but the situation is such that from a functional point of view one must say that even the best are probably not good enough with regard to the requirements.

A discussion of the functional criteria given previously has the

System	Authors	Languages	Users
BEAST	Habel &al	German	no
CONDOR	Banerjee &al	German	yes
EUFID	Kameny &al	English	?
FAS2.5	E.Lehmann &al	German, English	no
LADDER	Hendrix &al	English	yes
LSNLIS	Woods &al	English	yes
PHLIQA 1	Medema &al	English	?
PLANES	Waltz &al	English	yes
PLIDIS	Wulz &al	German	yes
REL	Thompson &al	English	yes
RENDEZVOUS	Codd &al	English	no
ROBOT	Harris &al	English	yes
TORUS	Mylopoulos &al	English	no
TQA	Plath &al	English	yes
USL	H.Lehmann &al	German, English, Dutch, Spanish	yes
YACHIMATA	Sibuya &al	Japanese	yes

Figure 4: Natural language based systems

following results (natural language systems are excluded, as an evaluation under these terms seems premature for them):

- ISBL is considered to be procedural by some authors on the ground that relational operators explicitly occur in expressions. We fail to see a significant difference to languages providing explicit set operators and which are claimed to be non-procedural. The question cannot be easily resolved because the notion itself is ill-defined.
- It clearly is an advantage if a language can be both used independently and embedded in a host language (AQL, EQBE, ISBL, QUEL, SQL), since then functional capabilities can be added at will. A self-contained version is almost indispensable for supporting online queries.
- Closedness is claimed for QUEL and SQL, and probably is also true for ISBL, QBE, EQBE, and others.
- Extensible languages are AQL, EQBE, ISBL, SQL.
- Relational completeness is claimed for ALPHA, LSL, QUEL, SQL, and probably others. Pirotte argues that QBE is not relationally

complete, since it does not provide means for indicating the order of non-commutative quantifiers, and that ALPHA, and QUEL are not complete, because they do not allow to formulate some queries expressible in relational algebra.

3.4.2 Analysis of user behavior

Shneiderman gives an overview of methods to evaluate user behavior. He discusses introspection, field tests (or case studies), and controlled experiments. While controlled experiments are the most desirable method and favored by most researchers, they presuppose the availability of a model of the test situation including the users, and that is precisely where current understanding is lacking. Nevertheless, researchers try to formulate models of user behavior, e.g. Lochovsky considers the parameters data model, query language, user type, application, and schema description. Field tests are indispensable to find out what relevant parameters may be, but they require a lot of effort, if suffiently many users are to be observed in sufficient detail. Sofar reports on user experience with query languages are scarce.

Controlled experiments have been conducted on IQF, QBE, SQUARE, and SQL. Shneiderman reports on an experiment where SQL was compared to natural language.

In the studies of Reisner &al on SQUARE and SQL and Thomas and Gould on QBE the users were students who were paid for their participation rather than people who wanted to solve actual problems. The time intervals during which the studies were conducted comprised a total of about three weeks were too short to predict the behavior of occasional users i.e. users who need information once a month or once every two months. Both studies were conducted with pencil and paper, i.e. without the availability of implementations of the respective languages. The study of Reisner &al led to abandoning the development of SQUARE in favor of SQL. Results of this study were that about 70 percent of the SQL queries were formulated correctly, where programmers scored considerably higher than non-programmers. The study on QBE had as a result that about 67 percent of the queries formulated were correct.

A few natural language systems have been subjected to more or less extended field tests, among them LSNLIS, RENDEZVOUS, ROBOT, USL, and TQA.

Woods reports that LSNLIS has been demonstrated at a conference to geologists who posed 111 questions to the system of which 78 percent could be processed correctly, an additional 12 percent could be processed after clerical errors had been removed.

RENDEZVOUS was tested on some 30 people (computer scientists, secretaries, librarians, administrative people, medical staff) who each were presented a sequence of simple problems about a small sample data base.

Harris reports on two experiences with users with the ROBOT system. He states that in the first case where the system was running for 3 months, 80 percent of several hundred queries against a sample personnel data base were processed correctly. In the second case, a commercial application involving a customers data base, more than 90 percent of the queries were accepted. The data presented on these two cases does not suffice, however, to draw conclusions, since e.g. the number of users is not given in either case, and in the second case the number of queries asked is missing.

The USL system is probably the system that underwent most intensive testing of all natural language based systems, but there have been still too few applications and users to be able to come to general conclusions. While six real-life applications have been implemented and eight persons used the system, most queries of the about 5000 collected stem from two applications and two users. Nevertheless a few interesting observations can be made:

- practically all syntactic constructions available in the system were used.
- one user who worked in 14 sessions over a period of 3 months and asked over 2000 questions in that time, did not show a learning curve, i.e. his error rate was nearly constant (less than 7 percent), he always used a variety of syntactic constructions, i.e. he did not start with "simple" queries, but asked rather complex ones right from the beginning.
- analysis of user behavior in error situations revealed that errors due to syntactic limitations were most difficult for the user to recognize, semantic errors seldom posed a problem to him.

Girsdansky mentions a field test being conducted with TQA, where it is used for an application concerning land use, zoning, and assessment information. The users are municipal employees, primarily of the planning department of a city. To our knowledge results of the field test have not been published yet.

Although there are a lot of interesting observations that have been made, on the whole the studies reported on sofar show that, we are still at the beginning and much more work is needed.

4 OUTLOOK

4.1 GENERAL

In data base research there are a number of areas which may affect the design and implementation of query languages:

- convergence of formatted and unformatted data base systems,
- improved data models and methods of knowledge representation,
- further development of mechanisms for user guidance,
- work on decision support systems,
- improved data management and optimization of query execution.

Research on distributed data bases is currently not seen to affect the appearance of query languages, although it might affect their implementation. Research on user guidance mechanisms as it is exemplified by the work of Erbe and Walch involves investigation of automatized methods to aid in their construction and maintenance. Improved data management and optimal query execution is essential, if high level functions of query languages are to be supported in a production environment.

4.2 QUERY LANGUAGES

A theory of query languages does not exist yet. Such a theory would have to lay down and exactly define functional and user oriented criteria. The definitions discussed here can only be regarded as preliminary. Work on functional criteria has been almost exclusively confined to the notion of completeness, and even there the results obtained sofar cannot be considered to be generally acceptable. Work on user oriented criteria is still in its very beginning. Many experiments with users still have to be made, before the discussion of user-friendliness will have a sound basis and leave the realm of speculation. It has not been shown yet which possible type of query language (natural-like, symbolic, display oriented, or restricted natural language) is best suited for which type of users.

Research in natural language based systems has come to the point where one can say that their feasibility is no longer an issue, but one must realize that availability of natural language does not by itself imply user-friendliness, rather many of the questions relevant to formal query languages apply here, too. Many of the arguments for and against use of natural language for accessing data bases are still open to debate, and they can only be decided by suitable experiments.

A better understanding of data models and the process of conceptual analysis may result in different and improved query languages, but currently most emphasis should be on finding out what the users of the proposed query languages really need.

ACKNOWLEDGEMENT. Thanks are due to our colleagues for providing us with literature which otherwise would have been more cumbersome to find, and also for valuable discussions on various aspects of this survey, especially to G. Mueller, N. Ott, H.-J. Schek, H. Schmutz, and M. Zoeppritz.

5 REFERENCE

/1/ Lehmann, H., A. Blaser: "Query Languages in Data Base Systems", TR 79.07.004, IBM Heidelberg Scientific Center, Heidelberg, 1979.

ÜBER EINIGE ANWENDUNGEN DER NETZTHEORIE

C.A.Petri
GMD Bonn

Abstract: Es wird ein Überblick gegeben über solche Eigenschaften des allgemeinen netztheoretischen Ansatzes, die diesen Ansatz für einen Anwender attraktiv machen können. Es folgt die Aufzählung und kurze Charakterisierung einiger typischer Anwendungsfälle. Abschließend wird ein Ausblick auf mögliche künftige Anwendungen gegeben.

Kurzfassung: Die ursprüngliche, einfachste Form der Netztheorie beschäftigt sich mit dem Fließen zählbarer Betriebsmittel-Einheiten durch "Netze", also durch graphenähnliche Strukturen, in denen einzelne Strömungslinien einerseits synchronisiert werden, andererseits sich auch verzweigen können; das Zusammenspiel von Synchronisation und Verzweigung erlaubt die Darstellung und die rechnerische Behandlung von Verklemmungsfragen und einigen Sicherheitsproblemen.
Die verzweigten Kanäle, durch die die "Betriebsmittel" (im allgemeinsten Sinne) fließen, können in dieser einfachsten Theorie eine bestimmte Höchstanzahl von Ressourcen aufnehmen. Beschränkt man die Aufnahmefähigkeit der Kanäle auf eine einzige Einheit, so kann man durch das Vorliegen/Nichtvorliegen einer solchen Einheit die Gültigkeit/Ungültigkeit einer (zunächst) beliebigen Aussage in einem gegebenen Falle darstellen; solche Aussagen haben einen veränderlichen Wahrheitswert. Wir nennen sie "Bedingungen".
Sucht man nun in einem System veränderlicher Aussagen nach solchen Aussage-Kombinationen, die in allen Fällen gültig und damit von konstantem Wahrheitswert sind, so zeigt sich, daß sie genau den "toten" Transitionen entsprechen, d.h. den gemeinsamen Änderungen von Bedingungen, die im gegebenen Systemzusammenhang niemals stattfinden können. Diese Konstanten, nicht aber die veränderlichen Aussagen unterliegen den Regeln der Aussagenlogik. Hier liegt daher eine volle Übereinstimmung mit klassischen logischen und systemtheoretischen Vorstellungen vor, und damit auch die Möglichkeit, den reichen Wissensvorrat klassischer mathematischer Systemvorstellungen ohne Bruch in eine "nichtklassische Systemtheorie" einzubringen; hier: in die allgemeine Netztheorie (ANT), die seit 197o entwickelt wird.

Die ANT ist insofern nicht klassisch, als sie nachdrücklich auf die Grundvorstellung klassischer Modellbildungen verzichtet, der Zustand eines Systems sei eine Funktion der Zeit. Sie behandelt vielmehr, um größere Realitätstreue zu erreichen, reale Uhren als Teile des betrachteten Systems oder Umsystems und beschreibt den Stand dieser Uhren als Teilmenge einer Menge von nebenläufig (concurrently) vorliegenden Bedingungen. Da Nebenläufigkeit aber, wie experimentell nachzuweisen, keine Äquivalenzrelation ist(sie ist nicht transitiv), können netztheoretisch beschriebene Abläufe zwar auf eine Zeitskala projiziert werden, aber nur unter Verlust an Strukturinformation.
Der Übergang zur ANT wurde dadurch veranlaßt, daß in räumlich weit verteilten Systemen und bei sehr schnell ablaufenden Prozessen die veränderlichen Bedingungen sich so deutlich anders verhalten als die Aussagen mit konstantem Wahrheitswert, daß mit Approximation, also mit Vereinfachungen in der Erfassung des strukturellen Zusammenhangs, keine brauchbaren Ergebnisse mehr zu erzielen sind. Die Ursache dafür ist, vereinfacht gesagt, daß in verteilten Systemen, die für einen Beobachter "ungefähr gleichzeitig" eintreten, nicht mehr eindeutig auf einer Zeitskala angeordnet werden können und daß daher ihr kausaler Zusammenhang, der den gemeinten Ablauf konstituiert, nicht mehr bestimmbar ist.
Die kausale Halbordnung (im Gegensatz zur zeitlichen Vollordnung) von Elementarerscheinungen ist damit erster Gegenstand der ANT. Sie ist aber beim Ausbau zu einer praktisch anwendbaren Systemtheorie auf einer sehr niedrigen Ebene angesiedelt. Deshalb wurden einfache Werkzeuge entwickelt, die das Aufsteigen zu höheren Ebenen ermöglichen - zu Ebenen, auf denen nicht mehr die einzelnen Bedingungen und Veränderungen Betrachtungsgegenstände (Netzelemente) sind, sondern die realen handhabbaren " Funktionseinheiten": Maschinen, Dokumente, Verhaltensvorschriften und Verbote, Instanzen, Interessen, Schnittstellen usw.
Nach heutigem Stand sind vor allem folgende Aspekte der Netztheorie von Interesse für Anwender gewesen:

1. Einheitliche graphische Darstellungsmöglichkeit (durch beschriftete Netzfiguren) für alle Ebenen und Anwendungsgebiete
2. Vielfalt von Interpretationen für die zwei Klassen von Netzelementen (z.B. Bedingung/Ereignis; Bedingung/Faktum; Kanal/Instanz; Rolle/Aktivität; chem. Substanz/chem. Reaktion; topologisch offen/ abgeschlossen; Produkte/Produktionsvorgänge; Strukturklassen/ Theoreme; Axiome und Sätze/Beweise; Sprachen/Übersetzer u.v.a.)
3. Die nachgewiesenen Zusammenhänge der unter 2. aufgeführten Interpretationen untereinander (z.B. entspricht jedes Faktum genau

einer Transition, die niemals stattfinden kann).

4. Die daraus allmählich erwachsenden Möglichkeiten zu präziser interdisziplinärer Kommunikation und zum Transfer von Struktureinsichten.
5. Die Möglichkeit der Übersetzung von Strukturierungsfragen in linear-algebraische Problemstellungen (für niedere Ebenen im Bereich der Ganzzahlen, für etwas höhere im Bereich der ganzzahligen Polynome).
6. Verwendung von Netztransformationen, besonders der Morphismen in der Kategorie der Netze; Netztransformationen können nach kurzer Anleitung auch vom Nichtfachmann durchgeführt werden; die zugehörige Transformation der Beschriftungen bedarf tieferer Kenntnisse der ANT sowohl als des jeweiligen Anwendungsgebietes.
7. Rekursive Beschreibung größerer Netze ist besonders in graphischer Darstellung sehr einfach und anschaulich.

Allgemeine Netztheorie bietet somit an:

- Ergänzung klassischer Logik durch einen nicht-idealisierenden Veränderlichkeitsbegriff,
- Möglichkeit zu einer in kleinen Schritten vorgehenden, dadurch leichter nachvollziehbaren Konstruktion von Begriffsgerüsten,
- Aufdeckung und Nutzbarmachung interdisziplinärer Bezüge, Transfer von Strukturwissen (z.B. chem. Theorie der Katalyse ↔ Rolle der "Nebenbedingungen" von Ereignissen im allgemeinen ↔ Theorie der wiederverwendbaren Betriebsmittel),
- Einstieg in eine "formale Pragmatik", d.h. die Einbeziehung, über das Vorbild der exakt-naturwissenschaftlichen Systemvorstellungen hinausgehend - von Interessen, Rechten und Pflichten von Instanzen, ihres Handlungsspielraumes und ihrer Entscheidungsaktivitäten in eine mathematische Systemtheorie.

Dieser letzte Punkt scheint mir für künftige Anwendungen am wichtigsten zu sein; es ist aber noch kein Vorhaben abgeschlossen worden, in dem dieser Punkt eine wesentliche Rolle spielt. Daher kann auch nur von einem Einstieg die Rede sein. Es kann nur berichtet werden, daß die Interpretation "<u>pragmatisch Status</u> von Nachrichten/pragmatische Transformation von Nachrichten-Tupeln" ohne Schwierigkeit auf rechnergestützte Informations- und Kommunikationsnetze anwendbar ist und gestattet, mit Sachverhalten wie "X ist zuständig für A" oder " X ist verantwortlich für die Unterlassung von B" formal umzugehen.

Weitere Aspekte der ANT, wie die korrekte Behandlung von Unschärfe-Erscheinungen beim Beobachten und Messen, sowie die Behandlung von Indifferenz zwischen Alternativen in einem Wertungsschema, haben m.W. noch keinerlei Anwendung gefunden.

Die früheste Anwendung von netztheoretischen Grundvorstellungen bestand in der Erstellung des ersten FORTRAN-Compilers für ILLIAC IV, einer Maschine, bei der die Ausnutzung vieler nebenläufig arbeitender Teile a priori eine Hauptsache ist. Hierbei wurden in der Entwurfsphase Netzdiagramme zur Beschreibung und Analyse der Synchronisation "paralleler"Abläufe eingesetzt. Danach fand der netztheoretische Ansatz in der elektronischen Schalttechnik Beachtung. Am MIT fand Patil ein Verfahren, die Funktion sicherer Bedingungs/Ereignisnetze direkt in TTL zu implementieren - ein Ergebnis, was dadurch interessanter wird, daß jedes B/E-Netz durch eine einfache Umformung sicher gemacht werden kann. Ganz allgemein schränkt jede bestimmte Technologie die Implementierbarkeit von Netzen ein, jeweils auf Netze mit bestimmten Eigenschaften (z.B. konfliktfrei, konfusionsfrei, invariant gegen Umkehr der Flußrichtung usw.). Dies führte einerseits zur Entwicklung von Algorithmen zur Entscheidung darüber, ob ein gegebenes Netz eine bestimmte Eigenschaft habe oder nicht; wegen der hohen Komplexität dieser Algorithmen erwies sich diese Entwicklungsrichtung als praktisch unbefriedigend. Andererseits wurden mit Hilfe der Netzmorphismen zahlreiche Konstruktionsverfahren für Netze mit bestimmten geforderten Eigenschaften entwickelt; die meisten erfolgreichen Anwendungen bauen, explizit oder intuitiv, auf solchen Konstruktionsverfahren auf.
Viele Anwender haben auch gleich auf höheren Beschreibungsebenen aufgesetzt und haben ohne Angabe expliziter Konstruktionsverfahren einen Teil der Beschriftungen von Netzelementen gleich unter die Ausdrucksmittel der Netztheorie selbst aufgenommen. Diese Vorgehensweise ist riskant, aber praktisch sehr nützlich: die aus einer derart erweiterten Netztheorie gezogenen Schlüsse werden entweder durch die Realität widerlegt, oder aber durch ein nachgeliefertes Konstruktionsverfahren gerechtfertigt.

Das früheste mir bekannte Beispiel für diese Vorgehensweise ist die Entwicklung der Evaluation-Netze (E-Nets) durch Noe und Nutt (Seattle). Mit Hilfe ihrer erweiterten Netzsprache gelang es ihnen, Systeme wie den Rechner CDC 6600 knapp und übersichtlich zu beschreiben und zu simulieren. Diese Anwendung hat vielen anderen als Vorbild oder Anregung gedient.
Am gründlichsten sind die neueren Ergebnisse und Konstruktionen der Netztheorie eingegangen in die Entwicklung einer normfähigen Beschreibung der Prozeßrechner-Programmsprache PEARL. Hier, wie auch bei den folgenden Anwendungen, verlagert sich der Akzent, weg von der bloßen Beschreibung von Vorhandenem, hin zu Spezifizierung und Verifizierung, zur Deduktion von Systemeigenschaften und zur Schaffung von

Grunddefinitionen, die mit denen anderer Ansätze verglichen werden können.
In diesem Zusammenhang sind die Entwurfs- und Entwicklungsverfahren mehrerer Herstellerfirmen zu nennen, die sich auf die Vergröberungs-, Verfeinerungs-, Kompositions- und Dekompositionsregeln der Netztheorie stützen, sowie die in England entwickelte Systementwurfssprache COSY, die auf den "path expressions" von Campbell und Lauer aufbaut (eine path expression ist die Spezifikation einer ganzen Netz-Masche). Ähnlich liegen dem skandinavischen DELTA-Projekt zur Systemspezifikation netztheoretische Definitionen zugrunde. Von Forschungsstellen in Grenoble, Toulouse und Paris werden Prozeßsteuerungs-Spezifikationen oft auch direkt in Netzform angegeben. Die Grundzüge der Eisenbahnsignaltechnik wurden in Netzdarstellung von Gottschalk (Braunschweig) vorgelegt.
Betriebssysteme für viele Rechnertypen sind so häufig ganz oder teilweise in Netzform beschrieben worden, daß ich auf Einzelfälle hier nicht eingehen kann. Die Netzdarstellung diente hierbei vorwiegend zur Aufklärung von Fehlfunktionen, ferner auch zur Übermittlung des Verständnisses der Verhaltensstruktur.
Nach einem Verfahren von Myers können FORTRAN-Programme auf dem Umweg über eine Netzdarstellung für Data Driven Machines aufbereitet werden.
Zur Lösung eines schwierigen Synchronisationsproblems (für eine Vielzahl schnell bewegter Uhren) haben Myers und Holt mit netztheoretischen Mitteln wesentlich beigetragen.
Auf dem Gebiet der Netzwerk-Protokolle ist die ANT mehrfach zur Beschreibung verwendet worden; wesentliche Arbeiten hierzu wurden zuerst von Merlin(Haifa) veröffentlicht. Auch auf diesem Gebiet beginnt sich jetzt der Akzent von der Beschreibung zur Spezifikation und Verifikation hin zu verlagern.
Besonders hervorzuheben wegen ihrer Breitenwirkung und ihres Erfolges sind folgende Anwendungen der ANT:
Die Konzeption des"Reliability Plan" für (US-) National Software Works (auf ARPANET) von Shapiro, sowie die Konzeption und Entwicklung von GEDS durch Marean. GEDS (General Event Driven System) ist ein Software-Paket, das dem Benutzer verborgen bleibt; es liefert im wesentlichen ein Leerschema zur Aufnahme von Verfahrensordnungen in Netzform.
GEDS ist so angelegt, daß z.B. ausgewählte Teile des Strafrechts, der Strafprozeßordnung und der Aktenordnung für Strafsachen in Netzform darin niedergelegt werden können. So entstand beim (US-) Federal Judicial Center das Anwendersystem CRIMINAL, das der Strafgerichts-

barkeit angeboten wurde. Das System kann die Abwicklung von Strafsachen wesentlich beschleunigen und den Beteiligten transparenter machen, und es schützt vor Formfehlern. Daher wurde es weithin von Strafgerichtshöfen akzeptiert und wird zur Zeit auf Grund der Erfahrungen verbessert. Charakteristisch für den Reifegrad solcher Anwendungen ist es, daß der Anwender von Netztheorie nichts zu wissen braucht, ja von ihrer Existenz gar nichts erfährt.

Dieses System leitet über zu mehreren noch nicht abgeschlossenen Anwendungsprojekten, die erst in zweiter Linie mit Programmpaketen zu tun haben, in erster Linie aber mit praktischen Organisations-, Management- und Scheduling-Problemen. Schon seit mehreren Jahren werden Dissertationen vorgelegt über die Darstellung und Lösung von Problemen in Betriebswirtschaftslehre und Organisationslehre mit Hilfe von Netzen. Aber erst seit kurzem gibt es wirkliche Anwendungsprojekte auf diesem Gebiet. So werden zur Zeit von A. Holt und Mitarbeitern (Boston) Verwaltungssysteme aufgebaut, die den speziellen Gegebenheiten einer Institution angepaßt sind (z.B. Dental School; Chemical Department); ebenfalls von Holt wird eine Management-Organisation für (US-) National Software Works erarbeitet, sowie ein "Configuration Management" für DoD.

Schließlich möchte ich einige Ergebnisse der Netztheorie nennen, die ich für besonders anwendungsträchtig halte (wenn auch auf ganz anderen Gebieten als den bisher genannten), die aber noch keine Anwendung gefunden haben. Die Ergebnisse stammen aus der Untersuchung der sog. "enlogischen Struktur" dynamischer Systeme, die durch T-Vervollständigung von Bedingungs/Ereignisnetzen entsteht. Auf unterster Stufe findet man dabei die Netze aus Bedingungen und Fakten, mit deren Hilfe die Aussagenlogik in vollem Umfang wohl schon für 8-1o-jährige bildlich und doch präzise erklärt werden kann. Für 1o-12-jährige kann man in solche Netze (durch Beschriftung) pragmatische Gesichtspunkte einführen("Faktum X wird von A behauptet", statt "X ist ein Faktum"), und damit die Regeln der Aussagenlogik auf einen Dialog zwischen Proponent und Opponent stützen, oder allgemeiner eine Menge von Zeugenaussagen, die sich teilweise widersprechen können, vollständig analysieren.

Auf höherer Ebene belegt Genrichs Verfahren zur Netzdarstellung mathematischen Wissens exemplarisch die Möglichkeit, zusammenhängenden Wissenstoff in höchst konzentrierter Form mit voller Präzision anschaulich niederzulegen. Weniger formal zeigt ein Verfahren von Jantzen (Hamburg) am Beispiel der Informatik, wie man Lehrstoff so

systematisch wie nötig gliedern kann.
Wiederum auf höherer Ebene liegen die voll durchformalisierten Prädikat/Transitionsnetze nach Genrich und Lautenbach, aus denen ein Verifikationsschema für verteilte Datenbasen gewonnen wurde. Hierbei wurden in neueren Lösungsvorschlägen für die Verkoppelung von Datenbasen Verklemmungsmöglichkeiten entdeckt. Der Umgang mit Prädikat/Transitionsnetzen erfordert heute noch besondere Schulung und in der Praxis Rechnerunterstützung. Sie könnten jedoch zum unentbehrlichen Werkzeug werden für jeden, der mit Entwurf oder Prüfung verteilter Systeme zu tun hat.
Dieses Instrument sowie auch die Theorie der Nebenläufigkeit, auf der die Netztheorie aufgebaut werden kann, bedürfen wohl noch der Vereinfachung und Ergänzung, bis sie als Grundlage größerer Anwendungsprojekte in Frage kommen.

Literaturangaben in:

Pless,E. und Plünnecke,H: A Bibliography of Net Theory,
International Report ISF - 78 - o8
Stand: 1o. November 1978, 57 p
C 1978 Selbstverlag GMD

zu beziehen von den Autoren, GMD, Postfach 124o
D-52o5 St. Augustin 1

bis zum Erscheinen des neuesten Standes bei der Veröffentlichung des Kursmaterials zum "Advanced Course on General Net Theory of Processes and Systems", Springer-Verlag.

GRENZEN UND MÖGLICHKEITEN DER VERRECHTLICHUNG DER DATENVERARBEITUNG

Kurzfassung

Wilhelm Steinmüller
Universität Regensburg
Fachbereich Rechtswissenschaft

Das Recht ist der ADV vor- und zugleich nachgeordnet;

- vorgeordnet, weil die Verfassung und die anderen bestehenden Gesetze Randbedingungen für den ADV-Einsatz und -Ausgestaltung vorgeben, die beachtet werden müssen;
- nachgeordnet, weil die ADV ihrerseits soziale Folgeprobleme auslöst, die z.T. gesetzgeberische Aktivitäten auslösen.

Naturgemäß hängen diese beiden Arten von Rechtsnormen zusammen:

- Die Gesetzgebung auf dem Gebiet des ADV-Rechts wird ihrerseits zur Randbedingung künftiger Informationssysteme (z.B. Vorschriften über korrekten Computerkauf oder ordnungsgemäße Datenübertragung).
- Bereits bestehende rechtliche Randbedingungen (z.B. der Verfassung: Persönlichkeitsgrundrecht) durch ADV-Gesetze weiter konkretisiert; bekanntestes Beispiel: Die Datenschutzgesetze des Bundes und der Länder.

Auf diese Weise verändern sich Recht und ADV gegenseitig:

- Evident ist dies im Rechtsbereich: Ein neues Rechtsgebiet, das ADV-Recht, ist seit 197o entstanden und breitet sich rapide aus.
- Dies gilt aber auch für die Datenverarbeitung und ihre Technologien:
  - -- Vorschriften des Datenschutzes und der Datensicherung verändern die Anforderungen an Hardware, Software und Daten(bank)organisation
  - -- Vorschrift des Arbeitsrechts verändern die Mensch-Maschine-Interaktion
  - -- Vorschriften des Datenzugangs bzw. der Datenzugangsverhinderung beeinträchtigen oder fördern die Datengewinnung und -verarbeitung
  - -- Organisationsvorschriften regeln die Einbettung großer oder besonders wichtiger Informationssysteme in die bestehende Verwaltungsstruktur von Staat und Wirtschaft und erzeugen eine neue Informationsbürokratie mit einer Fülle von Koordinierungs- und Kooperationsgremien

-- Staatliche Kontroll- und Überwachungsvorschriften schließlich sichern besonders gefährdete Phasen und Teilsysteme der Datenverarbeitung ab, von der Programmgenehmigung bis zur staatlichen Aufsicht und der Beobachtung von Verschiebungen des Machtungleichgewichts Parlament/Exekutive.

Selbst die Theorie der Datenverarbeitung bleibt nicht unverändert; sie muß sich z.B. mit einem so schwer einordenbaren Phänomen wie die Rechtsinformatik beschäftigen, steht vor der fast unlösbaren Aufgabe,die Pragmatik von Informationssystemen neu zu durchdenken, bemüht sich, eine Fülle von Praxisanforderungen theoretisch zu durchdringen, steht vor der Aufgabe ihrer Ausweitung auf Informationstechnologien überhaupt.

Dieser eher soziologische Überblick über bestehende "Verrechtlichungen" der ADV läßt eine Reihe von nicht unbedenklichen Entwicklungen erkennen.

Dies verlangt nach einer vertieften Durchdringung des Verhältnisses von Recht und ADV, um Grenzen und Möglichkeiten einer Verrechtlichung auch normativ-prognostisch geltend zu machen, nicht nur um Fehlbeeinflussungen der Informatik und ihrer Anwendungen rechtzeitig zu erkennen und zu verhindern, sondern auch um die Chancen einer Informatik mit sozialwissenschaftlichen Elementen für die Gesellschaft zum Tragenkommen zu lassen.

VERSUCHE DER VERRECHTLICHUNG DES INTERNATIONALEN DATENVERKEHRS

Gerhard Stadler

Bundeskanzleramt der Republik Österreich

A-1o14 Wien

Zusammenfassung: Mit der Erlassung von Datenschutzgesetzen begann die Verrechtlichung von automationsunterstützten Verarbeitungen personenbezogener Daten im Inland. Mehrere Gründe lassen die Forderung nach einer Verrechtlichung auch von Teilen des grenzüberschreitenden Datenverkehrs gerechtfertigt erscheinen. Ansätze zu einer solchen Verrechtlichung gibt es in nationalen Gesetzen wie in ersten Dokumenten des Europarates, der OECD und der Europäischen Gemeinschaften. Lösungen werden sich allerdings nur langfristig verwirklichen lassen und nicht nur auf den Datenschutz Bedacht zu nehmen haben; es ist etwa auch die Einbeziehung des Informationsverkehrs in die "new economic world order" in Diskussion.

1. Die Frage, warum eine Verrechtlichung des internationalen Datenverkehrs (iD) notwendig oder zweckmäßig ist, kann aus einer Mehrzahl von Gründen beantwortet werden: Die Verbindung von Telecommunikation und Computern ("téléinformatique") hat eine neue Dimension der Informationsverarbeitung begründet. Der Aufbau und die Benützung von Informationssystemen macht nicht an den Staatsgrenzen Halt, verschiedene Systeme sind von ihrer Konzeption her nur als internationale, ja - unter Benützung von Satellitenverbindungen - interkontinentale Informationssysteme denkbar. Als Beispiele seien

erwähnt: SITA (The International Society for Telecommunication and Aeronautics) als Reservierungssystem für ca. 300 Fluglinien, SWIFT (The Society for Worldwide Inter-Bank Financial Telecommunication) für den internationalen Zahlungsverkehr und Euronet der Europäischen Gemeinschaften. Die Funktionen dieser Systeme sind unterschiedlich: zum Teil haben sie nur eine Trägerfunktion und vermitteln den Zugang zu dezentralen Datenbanken, zum Teil bilden sie ein selbständiges Informationssystem mit einer Vielzahl von Eingabe- und Abfrageberechtigten, zum Teil verbinden sie die verschiedenen nationalen Zweige eines multinationalen Unternehmens. Zu erwähnen bleiben schließlich noch der "kleine Grenzverkehr" von Daten zum Zwecke der Verarbeitung in einem nahe gelegenen ausländischen Ort aus Kosten- oder Kapazitätsgründen und internationale Wartungsnetze von EDV-Herstellern (Remote-Support-Facilities). Der internationale Datenverkehr ist eine Realität.

Das allen westlichen Industriestaaten gemeinsame Bemühen um den Schutz der Privatsphäre vor den Gefahren der modernen Informationsverarbeitung wird aber in einem entscheidenden Punkt in Frage gestellt, wenn ein nationales Schutzrecht durch das Auslagern der Datenverarbeitung in einen ausländischen Staat mit einer für den Verarbeiter günstigeren Rechtslage umgangen werden kann. Zwar sind bereits in einer Mehrzahl von Staaten Datenschutzgesetze erlassen worden (Figur 1), doch sind ihre Regelungen in den Anwendungsbereichen und in Details (z.B. unzulässige Datenarten, formelle Voraussetzungen für die Aufnahme einer Datenverarbeitung) unterschiedlich, sodaß ein Ausweichen nicht nur in Staaten ohne Datenschutzgesetz interessant sein kann. Staaten ohne in Kraft stehenden oder demnächst zu erwartenden Datenschutzgesetz könnten zu "data havens" oder "data paradises" werden - ein Vergleich mit den "Piratensendern" in den 60er Jahren, die entsprechende internationale Aktivitäten auf den Plan riefen, und mit den "Steuerparadiesen" oder "Flaggenstaaten" wäre naheliegend. Über die Realisierung solcher Datenbanken gibt es verschiedene Auffassungen, die Realisierungsmöglichkeit in technischer Hinsicht scheint jedenfalls gegeben. Selbst wenn ein solches Umgehen eines nationalen Rechtes nicht für die Masse der Datenverarbeitungen, sondern nur für besonders kritische Datenverarbeitungen stattfände (vgl. etwa die Berichte über die Datenbanken der "headhunter-companies", ist

Figur 1 Vergleich von Datenschutzgesetzen

	Grundrecht	DSG öffentl. Bereich	DSG privater Bereich	Geschützter Personenkreis phys.	Geschützter Personenkreis jur.P.	Lizenz- oder Registr. Verfahr.	Beschränkung für grenzüber=schreitenden Datenverkehr: möglich	Beschränkung für grenzüber=schreitenden Datenverkehr: Lizenz
BRD		x	x	x			x	
Dänemark		x	x	x	x	x		x
Frankreich		x	x	x		x	x	x_1
Kanada	x	x		x				
Luxemburg		x	x	x	x	x		x
Neuseeland		x		x				
Norwegen		x	x	x	x	x		x
Österreich	x	x	x	x	x	x		x
Portugal	x							
Schweden		x	x	x		x		x
Spanien	x							
USA	x	x	x_2					

x_1 Lizensierungsverfahren kann eingerichtet werden

x_2 Sectoral Approach: Datenschutz=bestimmungen erst für einige Wirtschaftssparten erlassen (zB Kreditinformationen)

die Forderung nach einer Verrechtlichung des iD verständlich, da gerade solche Datenbanken die Privatsphäre der eigenen Staatsbürger verletzen würden. Aber selbst dort, wo gegen eine Verarbeitung von Daten im Ausland keine Bedenken im Hinblick auf eine Gefährdung der Privatsphäre bestehen, sollen die einem Betroffenen im Ausland zustehenden Rechte auf Auskunft, Berichtigung u.ä. ihm auch im Staat der Datenspeicherung gewahrt werden.

Weiters spielt bei der Forderung nach Verrechtlichung des iD eine Rolle die Gefahr, die für die nationale Sicherheit darin zu sehen ist, daß eine große Menge von "Inlandsdaten" im Ausland gespeichert ist. Durch den ausländischen Zugriff zu solchen (auch aus dem privaten Bereich aufgebauten) Datenbanken über den Ursprungsstaat könnten wichtige Informationen über seine nationalen Ressourcen, über seine Verteidigungsbereitschaft etc. gewonnen werden; durch die Störung der Datenbanken im Krisenfall könnte der Informationsverkehr als Nervensystem des und in diesem Staat empfindlich beeinträchtigt werden. Die Kontrollmöglichkeit über den Datenexport wird damit zur Frage der Wahrung der nationalen Sicherheit und der staatlichen Souveränität.

Doch nicht nur die Datensubjekte und die Staaten haben Interesse an einer Verrechtlichung des iD, sondern auch die Träger des iD selbst sind an seiner Verrechtlichung interessiert. Ein internationales Informationssystem ist konfrontiert mit einer Mehrzahl von Rechtsordnungen, denen es entsprechen muß, unterschiedliche Datensicherungsmaßnahmen und Bedingungen vor der Aufnahme der Datenverarbeitungen müssen eingehalten werden, ein mehrfaches Lizensierungs- und Genehmigungsverfahren ist notwendig, je nach dem, in welchen Staaten ein solches Informationssystem tätig wird. Eine völkerrechtliche Grundlage für solche Informationssysteme, die wechselseitige Anerkennung von nationalen Genehmigungen oder wenigstens die Harmonisierung nationaler Datenschutzrechte würden den Aufbau und die Führung internationaler Informationssysteme wesentlich vereinfachen.

2. Der national wie international erhobenen Forderung nach einer Verrechtlichung des iD stellen sich nun bei den Bemühungen um ihre Verwirklichung schwerwiegende Probleme entgegen, für die auf nationaler wie zwischenstaatlicher Ebene eine Lösung gefunden werden muß. Auf die jeglicher Vorbereitung von Dokumenten in internationalen Organisationen innewohnende Schwerfälligkeit der Erstellung solcher auf Interessenausgleichen der teilnehmenden Staaten basierenden Unterlagen braucht nicht besonders hingewiesen zu werden. Dazu kommen aber mit dem Gegenstand zusammenhängende spezifische Probleme, wie sie auch von den nationalen Datenschutzgesetzgebern gelöst werden mußten: Die Frage der Abgrenzung des Geltungsbereiches (z.B. nur Export von Daten zum Zwecke der

automatischen Datenverarbeitung oder auch der Export von bereits verarbeiteten Daten; eine bestimmte technische Form der Verarbeitung ?), ob grundsätzlich Genehmigungs- oder Meldepflichten oder ob nur die Möglichkeit der Untersagung vorgesehen werden soll, an wen sich der Betroffene zur Wahrung seiner Rechte wenden könnte, der Schutz nur von physischen oder auch von juristischen Personen, die Zusammenarbeit von Aufsichtsbehörden.

Mit der Internationalisierung des Datenverkehrs sind aber auch einige neue rechtliche Probleme entstanden:

- Nach welcher Rechtsordnung die einzelnen Komponenten und die Verarbeitung von Informationen eines internationalen Informationssystems zu beurteilen sein werden (Conflict-of-Law-Problem);
- daß die zu behandelnden Informationstransfers weit über die aus dem Blickpunkt des Datenschutzes beachtlichen Fragen hinausgehen und bis zu den Fragen des Technologietransfers und der internationalen Pressedienste reichen;
- daß auch bei Verrechtlichung des iD der internationalen Informationsaustausch grundsätzlich frei und ungehindert zu erfolgen haben wird, es sollte keinen Informations-Protektionismus geben (möglich wäre dies, da die einschlägigen Rechtsgrundlagen des internationalen Freihandels Information als "Ware" nicht kennen; man müßte die Hemmung des Informationsverkehrs aber wohl als nicht-tarifarisches Handelshindernis ansehen);
- daß der Grenzübertritt von Daten praktisch nicht kontrollierbar ist (vgl. auch Art. 18 des Internationalen Fernmeldevertrages 1973, der zur grundsätzlichen Nichtüberprüfung von Nachrichtenübertragungen auf Fernmeldeleitungen verpflichtet);
- daß ein gemeinsamer Standard der nationalen Datenschutzrechte gefunden werden müßte, an denen sich ein internationales Informationsrecht orientieren kann.

3. Die internationale rechtspolitische Praxis bietet vier Möglichkeiten der Vorgangsweisen und Lösungswege für derartige Problemstellungen:

- Die Einführung einer Bewilligungspflicht bzw. das Vorsehen einer Beschränkungsmöglichkeit des iD im nationalen Recht, unter Umständen abhängig gemacht von der Art der exportierten Daten oder der Rechtslage im Empfängerstaat.

- Die Harmonisierung der nationalen Rechtsordnungen ohne formelle Absprachen.
- Die Absprache in internationalen Organisationen und die Beschlußfassung über eine Richtlinie, die für die Mitgliedsstaaten der jeweiligen internationalen Organisationen eine politische Verpflichtung zu ihrer Befolgung mit sich bringt (z.B. zur Beachtung bestimmter Grundsätze bei der nationalen Gesetzgebung, zur Harmonisierung der nationalen Rechte).
- Die Vorbereitung und Verabschiedung eines völkerrechtlich verpflichtenden Dokumentes, das unmittelbar (in den Europäischen Gemeinschaften) oder mittelbar (nach Annahme und Durchführung durch die Staaten) innerstaatliche Auswirkungen zeigt. Die Vorbereitung solcher Dokumente erfolgt meist in internationalen Organisationen durch Experten der jeweiligen Mitgliedsstaaten, ihre Verabschiedung entweder durch ein Organ dieser internationalen Organisation oder auf einer Staatenkonferenz.

4. Auf dem Gebiete des iD werden alle vier Lösungswege beschritten und haben zu ersten konkreten Ergebnissen geführt.

4.1 Wie in Figur 1 gezeigt, hat heute die Mehrzahl der nationalen Datenschutzgesetze eine Regelung über den iD, wobei dem Export von Daten eine weitaus größere Beachtung gegeben wird als dem Import. Schon die §§ 11 und 24 BDSG bedeuten nach Aussage zahlreicher Kommentatoren die Beschränkung von Datenexporten in Staaten ohne entsprechendes Datenschutzrecht, wenn durch den Export "schutzwürdige Belange des Betroffenen" beeinträchtigt werden. Die Übermittlung an "Dritte" unterliegt damit den gleichen Beschränkugen wie im Inland - wobei als Dritter auch zu beurteilen ist, wer personenbezogene Daten als Auftragnehmer außerhalb der BRD verarbeitet. Als Kriterium für die Beurteilung der Frage, ob "schutzwürdige Belange" des Betroffenen durch einen iD beeinträchtigt werden können, wird allgemein danach gefragt, ob in dem Importland ein Datenschutzrecht in Kraft steht. Daß die Regelung zu vage ist und in der Praxis Realisierungsprobleme mit sich bringt, ist allgemein bekannt.

Andere nationale Regelungen gehen einen wesentlichen Schritt weiter: Sie unterwerfen den Datenexport oder (auch) die Benützung internationaler Informationssysteme im Inland einer innerstaatlichen

Genehmigung (vgl. Figur 1). Die Regelungen sind im Detail unterschiedlich, doch lassen sich gemeinsame Grundsätze erkennen: Es wird eine grundsätzliche Genehmigungspflicht für Exporte von Daten zum Zwecke ihrer automatischen Verarbeitung im Ausland vorgesehen, zum Teil auch der Export von bereits automatisch verarbeiteten Daten in das Ausland von einer Genehmigung abhängig gemacht (Schweden, Österreich). Diese Genehmigung wird - von der jeweiligen Datenschutzbehörde - zu erteilen sein, wenn kein Grund zur Annahme besteht, daß durch den Datenexport das nationale Recht umgangen werden soll oder wenn eine Gefährdung der inländischen Interessen auf Schutz der Privatsphäre nicht zu befürchten ist. Erstes Beurteilungskriterium wird dabei sein, ob im Empfängerland der Daten ein dem eigenen entsprechendes Datenschutzgesetz in Kraft steht. Möglich sind auch Exportgenehmigungen mit Bedingungen und Auflagen, die eine Gleichwertigkeit mit dem nationalen Datenschutzrecht herbeiführen sollen. Von einer Genehmigung würde grundsätzlich abgesehen werden für den iD zwischen Staaten, die Mitglieder einer entsprechenden völkerrechtlichen Grundlage (Konvention) eines solchen Datenverkehrs sind.

Eine praktische Realisierung haben diese nationalen Bestimmungen bisher allerdings nur in Schweden gefunden. In den anderen Staaten bleiben die praktischen Erfahrungen abzuwarten; Schwierigkeiten werden sich dabei nicht vermeiden lassen, etwa bei der Beurteilung, wie beim Export von Daten in einem Staat zu einem bestimmten Zweck die Zweckbindung dieser Daten gewahrt werden kann, oder ob bereits der Export von einzelnen automationsunterstützt verarbeiteten Daten in das Ausland Tatbestand einer Genehmigung ist.

4.2 Durch die engen Kontakte der Regierungsexperten im Europarat, in den Europäischen Gemeinschaften und im Nordischen Rat hat sich bereits vor der Erlassung der nationalen Datenschutzgesetze ein gewisser gemeinsamer Standard des Datenschutzrechtes ausgebildet. Das Datenschutzrecht kann als das erste Rechtsgebiet angesehen werden, in dem bereits vor der Erlassung der nationalen Gesetze durch "prälegislative Rechtsvergleichung" eine Harmonisierung der Grundsätze der nationalen Gesetze erreicht wurde. Wesentlichen Anteil an dieser Ausarbeitung gemeinsamer Grundsätze des Datenschutzrechtes haben die vom Ministerkomitee des Europarates 1973 bzw. 1974 beschlossenen Resolutionen über den Schutz der Privatsphäre gegenüber elektronischen Datenbanken. Diese Resolutionen wirkten zwar nur auf den nationalen Datenverkehr harmonisierend, erleichtern natürlich aber auch die Vorbereitung von Dokumenten für den iD, da gemeinsame Grundsätze vorliegen, denen nicht nur der nationale, sondern auch die internationale Verarbeitung personenbezogener Daten genügen wird müssen.

Eine weitere Angleichung fand im Nordischen Rat statt, das luxemburgische DSG vom 31. März 1979 ist deutlich vom französischen beeinflußt.

4.3 Internationale Organisationen können durch Beschlüsse ihrer Organe (Resolutionen) für ihre Mitgliedsstaaten Richtlinien für Verhaltensweisen geben. Solche Richtlinien stellen sich nicht als völkerrechtliche Verpflichtung i.e.S. dar, sondern als Empfehlungen, d.h. sie bringen für einen Mitgliedsstaat nur die Notwendigkeit, sich in den Organen dieser Organisation politisch zu rechtfertigen, warum er eine solche Resolution nicht befolgt hat.

Im Rahmen der OECD hat sich eine Expertengruppe seit mehreren Jahren mit der Vorbereitung einer solchen Richtlinie befaßt und diese Arbeiten im Juni 1979 mit dem Entwurf einer "Richtlinie für Datenschutz und grenzüberschreitenden Datenverkehr" abgeschlossen. In diesem nicht nur auf den internationalen Datenverkehr abstellenden Entwurf finden sich die bekannten Prinzipien des Datenschutzrechtes (Relevanz der Daten für einen zu deklarierenden Zweck, Beschränkung der Weitergabe, Informations- und Berichtigungsrecht für den Betroffenen, Feststellung eines für eine Datenverarbeitung Verantwortlichen, entsprechende Vorkehrungen für die Datensicherung), zum Teil für den iD modifiziert. Es sind weiters Bestimmungen über eine internationale Zusammenarbeit vorgesehen und es wird in wenigen Bestimmungen eine Abwägung versucht, zwischen dem Prinzip des freien grenzüberschreitenden Datenverkehrs und der Möglichkeit aus bestimmten, in der Richtlinie umschriebenen Gründen (z.B. nationale Sicherheit, ordre public) Beschränkungen für den iD vorzusehen. Über den konkreten Anwendungsbereich solcher Bestimmungen trifft die Richtlinie keine Aussage (nur den Hinweis, daß sie Anwendung finden soll auf Verarbeitungen personenbezogener Daten, die wegen der Art ihres Inhaltes oder der Form ihrer Verarbeitung eine Bedrohung der Privatsphäre darstellen) und muß sie auch nicht treffen, da sie ja eine Aufforderung an die rechtssetzenden Organe der Mitgliedsstaaten bedeutet, sie konkretisierend durchzuführen.

4.4 Völkerrechtlich verpflichtende Vorschriften können entweder durch einen mit unmittelbarer Wirkung auf die nationale Rechtsordnung ausgestatteten Beschluß einer internationalen Organisation begründet werden oder durch die Annahme eines Vertragsentwurfes durch die von der innerstaatlichen Verfassungsordnung vorgesehenen Organe einzelner Staaten (meist Ratifikation durch das Staatsoberhaupt nach parlamentarischer Genehmigung). Für die zweite Möglichkeit ist hier der Europarat zu erwähnen, die erste ist praktisch nur für die Organe der Europäischen Gemeinschaften gegeben - gestützt darauf, daß eine Störung des iD zu Störungen im Funktionieren des gemeinsamen Marktes führen kann. Innerhalb der Europäischen Gemeinschaften ist gegenwärtig auf eine im Mai 1979 beschlossene Empfehlung des Europäischen Parlamentes an den Rat und die Kommission hinzuweisen, mit dem diese Organe zur Erlassung von Gemeinschaftsvorschriften auf dem Gebiete des Datenschutzes aufgefordert werden (Sitzungsdokument 100/79 des Europäischen Parlamentes). Auf die Formulierung der Grundsätze des materiellen Datenschutzrechtes braucht hier nicht eingegangen zu werden, für den iD wäre nach der Empfehlung eine Beschränkung innerhalb der Gemeinschaft unzulässig (jedoch Meldepflicht), für den Datenexport aus der Gemeinschaft wäre eine Genehmigung eines Datenschutzorganes der Europäischen Gemeinschaften erforderlich.

Auch im Europarat hat im Mai 1979 eine Expertengruppe ihre Arbeiten für eine "Konvention zum Schutze von Personen gegenüber automatischer Verarbeitung ihrer personenbezogenen Daten" abgeschlossen. Der Konventionsentwurf, der Art. 8 der Europäischen Konvention zum Schutze der Menschenrechte und Grundfreiheiten (1950) als menschenrechtlichen Ausgangspunkt hat, enthält nur eine einzige spezifische auf den iD abstellende Bestimmung, im übrigen wäre er auf den nationalen Datenverkehr wie auf den internationalen in gleicher Weise anzuwenden. Der Anwendungsbereich der Konvention bezöge sich nur auf automatische Datenverarbeitung, doch könnte jeder Staat bei der Annahme der Konvention erklären, ihre Bestimmungen auch auf (bestimmte) Datensammlungen konventioneller Art anwenden zu wollen. Kern der Konvention wäre die Verpflichtung der sie ratifizierenden Staaten, Grundsätze des Datenschutzes im nationalen Recht zu verwirklichen und dafür eine völkerrechtliche Bestandsgarantie zu übernehmen. Die dem Datenverkehr zugrundezulegenden Prinzipien wären als Mindeststandard anzusehen, über den hinaus der nationale Gesetzgeber weitere Schutzbestimmungen erlassen könnte. Die einem Betroffenen zustehenden Rechte auf Auskunft usf. sind diesem unabhängig von seiner Staatsbürgerschaft und seinem Wohnsitz zu gewähren und er kann sich zur Wahrung seiner Rechte an die Datenschutzbehörde seines Heimatstaates wenden, die im Amtshilfeweg an die Datenschutzbehörde des Staates, in dem die fragliche Datenverarbeitung stattfindet, mit dem Ersuchen um Vermittlung heranzutreten hat. Der zwischenstaatlichen Amtshilfe wird mit Recht im Konventionsentwurf große Bedeutung zugemessen. Die einzige Bestimmung, die nur auf den iD Bezug nimmt, versucht das eingangs erwähnte Problem der Möglichkeit der Umgehung nationaler Datenschutzgesetze durch ein Ausweichen in einen ausländischen Staat ohne Datenschutzgesetz dadurch zu lösen, daß der Datenverkehr zwischen Mitgliedsstaaten der Konvention keiner mit dem Schutz der Privatsphäre begründeten Genehmigungspflicht unterliegen darf. Andererseits sollen aber Vorkehrungen möglich sein, daß über einen solchen Staat, der etwa (wie nach dem BDSG) in seinem Gesetz keine Genehmigungspflicht für den Export von Daten vorsieht, nicht Daten in einen dritten Staat übermittelt werden, der nicht Konventionsmitglied ist, womit die Daten aus dem ersten Staat in jenem "Endverbraucherstaat" ungeschützt wären (vgl. Figur 2).

Figur 2

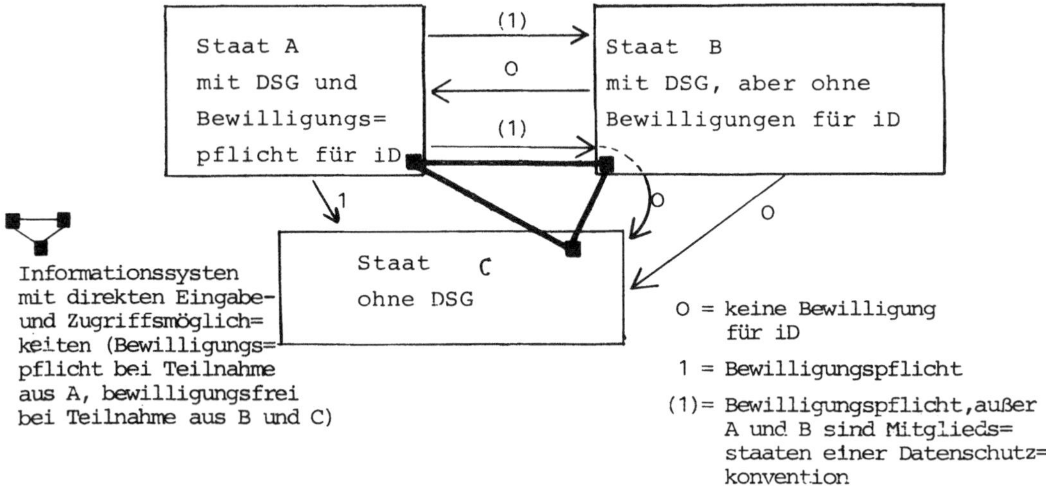

Die Ergänzung der nationalen Datenschutzrechte durch die Konvention - die nicht nur Mitgliedsstaaten des Europarates zur Ratifikation offenstünde - würde also den iD zwischen ihren Mitgliedern auf die Ebene eines aus der Sicht des Schutzes der Privatsphäre standardisierten, aber sonst freien Informationsverkehr heben. Kein solcher Vorteil ergebe sich aber für iD, die zwischen Mitgliedsstaaten und Nichtmitgliedsstaaten ablaufen. Offen blieben auch die Fragen des Datentransits wie der rechtlichen Zuordnung internationaler Informationssysteme. Die Konvention nimmt nur auf personenbezogene Daten von Menschen Bedacht, doch könnte sie auf Daten auch von juristischen Personen ausgedehnt werden.

5. Das Jahr 1979 brachte für den iD in Form von formellen Vorschlägen internationaler Organisationen und dem Inkrafttreten einer Mehrzahl von nationalen Gesetzen mit ausdrücklichen Regeln über den iD eine erste Orientierung über die Möglichkeiten der Verrechtlichung des iD. Wie und vor allem wann die internationalen Dokumente in Kraft treten und innerstaatlich durchgeführt werden (sie sind alle "non-self-executing", d.h. ihre unmittelbare Wirkung für die Datenverarbeiter wie die Betroffenen bedarf weiterer rechtlicher Maßnahmen) hängt zunächst davon ab, wie die Entwürfe von den anderen Organen der jeweiligen internationalen Organisationen weiterbehandelt werden und weiters, wie rasch die Staaten diese Dokumente national annehmen bzw. durchführen. Daß dieser Prozeß nicht vor 1982 beendet sein wird, ist wahrscheinlich. Fast sicher ist es aber auch, daß kein Staat einer derartigen internationalen Rechtsvorschrift beitreten wird (und auch wegen der völkerrechtlichen Verpflichtung gar nicht beitreten kann), der nicht innerstaatlich bereits ein Datenschutzrecht in Kraft gesetzt hat oder in dem die Erlassung eines solchen Gesetzes unmittelbar bevorsteht. Die Verrechtlichung des iD setzt daher die Verrechtlichung der nationalen Datenverarbeitungen in allen an einem iD teilnehmenden Staaten voraus. Damit ist aber auch bereits angedeutet, daß sich für einen iD, der sich nicht nur auf die Mitgliedsstaaten von EWG, Europarat oder OECD beschränkt, aus den gegenwärtigen vorliegenden Entwürfe keine Ergebnisse ableiten lassen. Man wird sich daher nicht nur um ein gemeinsames Vorgehen von OECD, EWG und Europarat bemühen müssen (so scheint etwa eine Datenschutzregelung nur der Europäischen Gemeinschaften in Anbetracht der Rolle der USA gerade bei internationalen Informationssystemen an der Praxis vorbeizugehen), sondern auch um eine Einbeziehung von Drittstaaten

in diese Überlegungen. So wurden etwa auch auf der mit 79 teilnehmenden Staaten weltweiten UNESCO-IBI-Konferenz "Strategies and Politics for Informatics" (Malaga 1978) diese Fragen am Rande diskutiert und in den Schlußresolutionen berücksichtigt, wobei aber im Vordergrund nicht wie in den westlichen Industriestaaten der Datenschutz steht, sondern die Gefahr einer neuen Abhängigkeit einer Mehrzahl von Staaten von einer Minderheit, die über das technische Know-How und die infrastrukturellen Voraussetzungen für automationsunterstützte Informationssysteme verfügt. Es wurde klar ausgesprochen, daß die Anwendung der Informatik einen wesentlichen Beitrag zur wirtschaftlichen Entwicklung leistet. Eine "new information world order" müsse Bestandteil der "new economic world order" werden. Der freie Transfer von Informationen, ihrer Trägermedien und die Förderung der Bestrebungen nach Unabhängigkeit von den Herstellerstaaten der hardware und der software und den Sitzstaaten von Informationssystemen waren Gegenstand von Resolutionen der Welt-Staatengemeinschaft. Einbezogen werden müßten in ein solches, im gegenwärtigen Zeitpunkt sicher utopisch anmutendes Informationsrecht, das nur im Rahmen der Vereinten Nationen erarbeitet werden könnte, auch die Fragen der technischen Standardisierung und der Tarifgestaltung für Übermittlungswege, etwa in Form einer weniger Entfernungs- sondern mehr zeitabhängigen Tarifierung.

Dieser Ausblick läßt zwei Tendenzen für eine Verrechtlichung des iD erkennen:

- Zunächst, daß die Verarbeitung personenbezogener Daten in den westlichen Industriestaaten zunehmend durch einen Mindeststandard an Regeln zum Schutze der Privatsphäre beschränkt sein wird. Dieser Mindeststandard wird zwar mit unterschiedlichen Aufsichtsmaßnahmen und formellen Erfordernissen für die Datenverarbeitungen realisiert, doch ist er im Kern allen Datenschutzgesetzen gemeinsam. Zwischen diesen Staaten wird innerhalb dieser Grenzen der iD wie bisher genehmigungsfrei ablaufen können. Dagegen wird die Grenzziehung zu Staaten ohne Datenschutzrecht schärfer gezogen werden. Hier dürften Genehmigungspflichten im Exportland der Daten zum Grundsatz werden (womit letztlich ein Anreiz gegeben wird, daß sich Staaten den völkerrechtlichen Datenschutzdokumenten anschließen), und zwar mit dem Ziel des äquivalenten Schutzes der Daten auch im Ausland; auf personenbezogene Daten soll unabhängig von Ort ihrer Verarbeitung ihr "Heimatrecht" Anwendung finden. Die Frage, ob ein internationales Informationssystem seinen Sitz in einem Staat nehmen sollte, in dem ein Datenschützgesetz unwahrscheinlich ist, wird mittelfristig zu verneinen sein, ein Standortvorteil würde sich wohl nur kurzfristig ergeben.

- Die Bemühungen um einen durch die Bestimmungen internationaler Dokumente beschränkten iD werden sich aber vermutlich auf den Transfer personenbezogener Daten über physische Personen beschränken. Zwar beziehen die neueren Datenschutzgesetze (Norwegen, Österr., Dänem.,Luxemburg) auch juristische Personen in ihren Schutzbereich ein und auch der Vorschlag des Europäischen Parlamentes und der Arbeitsgruppe des Europarates ließe eine solche Erweiterung zu, doch ist dies wenig wahrscheinlich. Die Tendenz dürfte hier, bei den nicht auf Menschen und auf die staatliche Gemeinschaft als solches bezogenen Daten, eher in Richtung eines von Beschränkungen und behördlichen Bewilligungen freien Informationsverkehrs gehen. Langfristig könnte ein <u>free flow of information-Prinzip für nicht personenbezogene Daten</u> formuliert werden und Eingang finden in einschlägige Dokumente internationaler Organisationen mit den Konsequenzen politischer oder völkerrechtlicher Verpflichtung.

<u>Literaturhinweise</u>:

<u>Ordemann</u>, Grenzüberschreitender Datenverkehr - Internationales Datenschutzübereinkommen, in: Öffentliche Verwaltung und Datenverarbeitung 1977/6

<u>Simitis</u>, Grenzüberschreitender Datenaustausch - Notwendige Vorbemerkungen zu einer dringend erforderlichen Regelung, in: Festschrift für Ferid, 1978, S. 355 ff.

<u>Stadler</u>, Eine künftige Datenschutzkonvention des Europarates und das bundesdeutsche und das österreichische Datenschutzrecht, in: Datenschutz und Datensicherung 1979/3.

<u>Stadler</u>, Die Bedeutung des internationalen Datenaustausches, in: Das Parlament 1978/34, S. 14.

<u>Hondius</u>, Emerging Data Protection in Europe, 1975.

<u>The Usage of International Data Networks in Europe</u> ("Logica-Report), 1979 (OECD-Information, Computer, Communications Policy).

Transborder Data Flows and the Protection of Privacy - Les Flux de Données Transfrontières et la Protection des Libertés Individuelles, 1979 (OECD-Information, Computer, Communications Policy).

Transnational Data Regulation, 1978 (Online Conferences, Uxbridge UK).

Data Regulation - European & Third World realities, 1978 (Online Conferences, Uxbridge UK).

Ausschließlich mit Fragen des grenzüberschreitenden Datenverkehrs beschäftigt sich die seit 1978 in Amsterdam und Washington D.C. erscheinende periodische Zeitschrift Transnational Data Report (The International Report on Information Politics and Regulation).

In Heft 1979/3 des Transnational Data Report und in Heft 1979/3 von "Datenschutz und Datensicherung" findet sich eine inoffizielle Wiedergabe des im Text mehrfach erwähnten Entwurfes der im Europarat ausgearbeiteten Datenschutz-Konvention.

(Abschluß des Manuskriptes am 12.7.79)

RECHNERUNTERSTÜTZUNG IM BEREICH DES ENTWURFS VON PDV-SOFTWARE

Hans Keutgen
Hans-H. Meyer
GEI-Gesellschaft für Elektronische Informationsverarbeitung
Albert-Einstein-Straße 61, 5100 Aachen

Zusammenfassung: Auf der Grundlage eines 'pseudocode'-ähnlichen Entwurfssystems entwickelt die GEI ein rechnergestütztes System zum Entwurf von Software für Echtzeitprogrammierung. Diese Arbeit wird aus Mitteln des 3. DV-Programms der Bundesregierung gefördert. Besondere Beachtung finden dabei: der Datenansatz, das Echtzeitverhalten, die Entwurfsgüte.

Kurzbeschreibung des Systems

Das Entwurfssystem beinhaltet sowohl eine Sprache als auch einen Prozessor. Die Sprache entnimmt ihr Vokabular der Umgangsprache und unterwirft sie den syntaktischen Regeln einer formalen Sprache (wie etwa einer Programmiersprache). Der Prozessor bringt die mit Hilfe eines üblichen Texteditors erstellte formatfreie Eingabe in ein übersichtliches Layout und generiert Verweislisten des Kontroll- und Datenflusses.

Das System basiert auf den Techniken des 'top-down design' und des 'stepwise refinement'. Jeder Systementwurf besteht aus einer Menge von Entwurfssegmenten, die in einer Baumstruktur verknüpft sind.

Das Entwicklungsdokument, das der Prozessor erstellt, besteht aus:

- Titelinformationen (Name, Datum, Installationsort, usw.)
- Inhaltsverzeichnis (automatisch generiert)
- der Entwurfsbeschreibung, bestehend aus:
    - Datensegmenten
    - Textsegmenten
    - Ablaufsegmenten
    - Externsegmenten
- einem Datenindex, aus dem ersichtlich wird, wo ein Datum definiert und benutzt wird (automatisch generiert)
- einem Segmentindex, dem die Aufrufe der Ablaufsegmente und Externsegmente entnommen werden können (automatisch generiert)

- einem Segmentaufrufbaum, mit dem die Verschachtelung des Systems dargestellt wird (automatisch generiert).

Die unterschiedlichen Segmenttypen werden durch spezielle, auf einen Blick ersichtliche Umrandungen im Output gekennzeichnet.
Ein Textsegment enthält ergänzende Kommentare, ein Datensegment , die Definitionen von Datenobjekten.
Ein Ablaufsegment enthält Kontrollflußinformationen und korrespondiert etwa mit einer Prozedur in der Implementierung. Falls in einem Ausdruck eines Ablaufsegmentes ein Aufruf eines anderen Segmentes auftritt, so wird automatisch ein Bezug auf dieses Segment hergestellt (durch Angabe der Seitennummer, auf der dieses Segment beschrieben wird). Die formatfrei eingegebenen Ablaufsegmentbeschreibungen werden durch den Prozessor überprüft und in eine leicht lesbare Form (automatische Einrückungen, Kennzeichnung von Schlüsselwörtern, usw.) gebracht.

Die Beschreibung des Kontrollflusses in einem Ablaufsegment lehnt sich in ihren Grundelementen an die Konzepte der strukturierten Programmierung an. Die syntaktischen Beschränkungen, die der natürlichen Sprache auferlegt werden, sind die von Dijkstra verwendeten Konstrukte für die Iteration und Selektion.

Bei einer Einteilung des 'software life cycles' in die Phasen:

- Definitionsphase
- Grobentwurfsphase
- Feinentwurfsphase
- Programmierphase
- Systemtestphase
- Betriebs-/Wartungsphase

unterstützt das Entwicklungssystem die Phasen des Grob- und Feinentwurfs. Darüber hinaus entsteht eine Dokumentaition, die den momentanen Entwicklungsstand von der Grobentwurfs- bis zur Wartungsphase wiederspiegelt.

Weiterentwicklung und Entwicklungsziele

Die Techniken des 'top-down design' und des 'stepwise refinement' sollen für die Modularisierung der Funktionen und der Datenstrukturen verwendet werden. Mit diesem Ansatz versuchen wir die funktionsorientierten (z.B. Structurec Design, Pseudocode, HOS) und die datenorientierten (z.B. IJM, Kenneth Orr) zu vereinigen, ohne die Möglichkeit zu nehmen, einer Richtung den Vorzug zu geben.

Prozeßbeschreibung

Bezogen auf den funktionellen Teil werden neben den bereits vorhandenen Dijkstra-Konstrukten zur Beschreibung der Echtzeiteigenschaften Sprachelemente eingeführt, die die Aktivierung sowie die Beendigung von Prozessen und die grundlegenden Synchronisationsmechanismen festlegen.

Datenstrukturen können wie auch Funktionen verfeinert werden. Auf jeder Entwurfsebene sind nur die relevanten Teile der Datenstruktur sichtbar. Sie können - falls erforderlich - detaillierter beschrieben werden.
Mit fest vorgegebenen Verfeinerungsregeln und Regeln für die Zugriffsrechte auf Daten können dann automatische Überprüfungen auf Datenkonsistenz und korrekten Datenzugriff erfolgen.

Diese Methode gewährleistet, daß auf jeder Stufe des Entwurfs Lesbarkeit und Klarheit gegeben sind. Es ist nur soviel Information vorhanden, wie für Verständnis und Handhabbarkeit erforderlich sind.

Echtzeitverhalten

Zur Überprüfung eines Entwurfes auf das zu erwartende Echtzeitverhalten wird der sprachlich beschriebene Kontrollfluß auf ein Kontrollstrukturnetz abgebildet. Das Kontrollstrukturnetz ist eine spezielle Interpretation der Petri-Netze. Zur Beschreibung von Echtzeitproblemen sind Schlüsselwörter vorhanden, die es ermöglichen Synchronisationen und externe Unterbrechungen schon im Entwurf genau niederzulegen. Bei der Abbildung von der Sprache in das Netz wird dieses bis auf die echtzeitrelevanten Strukturen reduziert. Dieses Netz dient als Grundlage für eine statische Prüfung des Entwurfes unter anderem auf:

- Zusammenhang
- REENTRANT-Fähigkeiten einzelner Programmstücke
- Kommunikation zwischen Prozessen
- korrekte Synchronisation (Deadlockfreiheit)

Entwurfsgüte

Um Aussagen über die Güte des Entwurfes und eventuelle Anforderungen an die Programmierung bzw. an das Projektmanagement machen zu können, wird eine Metrik entwickelt, die Hinweise auf die Struktur des Gesamtsystems (Baumstruktur, Grad der Abweichung von einer Baumstruktur, usw.) und auf kritische und voraussichtlich stark belastete Teile des Systems gibt.

MODELLE ZUR SPEZIFIKATION VON PROZESSLENKUNGSSYSTEMEN

Volkmar H. Haase
Institut für Informationsverarbeitung
Technische Universität Graz

Zusammenfassung: Es wird eine Spezifikationsmethodik erläutert, die auf drei Typen von Modellen ("abstrakten Prozeßlenkungssystemen") beruht. Dies sind a. kontinuierliche Modelle, b. aktionsorientierte Modelle und c. datenorientierte Modelle. (a. ist aus Regel- und Steuerungstechnik gut bekannt; b. und c. werden näher erläutert.)
Aktionsorientierte Modelle beschreiben die abstrakte "task"-Struktur; Elemente sind "conditions", d.s. Aussagen über den Systemzustand, und Aktionen, d.s. sequentielle Prozesse, die von Änderungen im Systemzustand ausgelöst werden.
Datenorientierte Modelle enthalten die Eigenschaften der im Prozeß manipulierten Objekte in einem relationalen Datenmodell. Aktionen werden als "Transformationsrechte" spezifiziert.
Wechselwirkungen zwischen den Blöcken der Teilmodelle werden mittels "Kommunikationsdaten" beschrieben, die genau definierte räumliche und zeitliche Gültigkeitsbereiche haben.

1 Arbeitsablauf beim Aufbau von Prozeßlenkungssystemen

Die übliche Trennung von Hardware- und Softwareherstellung, wie sie in der Datenverarbeitung üblich ist, muß in der Prozeßdatenverarbeitung aufgegeben werden, wenn man neue Technologien optimal nutzen will. Hier werden nämlich zunehmend nicht nur einfache von-Neumann-Maschinen eingesetzt (ggf. mit Multitasking), sondern verteilte Systeme, die aus unterschiedlichen Prozessoren und Untersystemen bestehen und auf vielfältige Weise gekoppelt sein können. Da solche Systeme nicht auf herkömmliche Weise mit sequentiellen Programmiersprachen wie BASIC, FORTRAN oder PEARL programmiert werden können, bedingt die Wahl der Systemarchitektur die Einsetzbarkeit von Softwareverfahren; umgekehrt schränkt auch die Festlegung einer Programmiersprache die realisierbaren Hardwarekonzepte ein.
Es muß deshalb gefordert werden, daß das gesamte System mit einer Entwurfssprache spezifiziert wird, bei der es möglich ist, die Entscheidung, ob eine bestimmte Funktion (z.B. das "high level"-Protokoll einer Datenübertragung) in Hardware oder Software realisiert werden soll, erst sehr spät im Entwurfsprozeß treffen zu können. Die Sprache muß implementierungsunabhängig sein derart, daß Funtionen, nicht Reali-

sierungsmethoden beschrieben werden.

In der Praxis der Realisierung von Prozeßlenkungssystemen hat sich herausgestellt, daß eine fehleranfällige Phase zu Beginn des Entwurfsprozesses auftritt, wenn die Anforderungen der Anwender (die für den industriellen Prozeß zuständig sind) in die Entwurfsentscheidungen der Implementierer (Elektroniker, Computerspezialisten) umgesetzt werden müssen. Mißverständnisse, die an dieser Stelle auftreten, können später nicht korrigiert werden. Die "Sprachbarriere" zwischen Anwender und Implementierer kann durch eine Systembeschreibungssprache überwunden werden, in der alle Komponenten, also technischer Prozeß und Automationssystem funktionell beschrieben werden. Die Sprache muß anwendungsbezogen sein, damit der Prozeß-Ingenieur sie akzeptieren kann, aber auch hinreichend formal, um bei der Umsetzung der Anforderungen die gleiche Präzision zu erreichen wie bei den sonstigen Implementierungsschritten.

Die Beschreibungssprache muß deskriptiv und nicht prozedural sein, da das "wie" der Realisierung an dieser Kommunikationsschnittstelle nicht interessiert. Muster hierfür finden wir weniger in der klassischen Informatik (hier stehen im allgemeinen Algorithmen im Vordergrund), sondern in den blockorientierten Beschreibungsweisen der Regelungs- und Steuerungstechnik. Hier existieren von beiden Seiten akzeptierte Kommunikationsmittel, die hinreichend verständlich sind ("Komplexitätsgrad", z.B. Anzahl der Blöcke je Modell, Ein/Ausgänge je Block usw. in der Größenordnung von 10) und andererseits hinreichend formal definiert (verifizierbar), um daraus eindeutig das Prozeßlenkungsmodell erstellen zu können. Es handelt sich dabei um eine direkte Entwurfstechnik; ihr Ergebnis ist ein abstraktes Prozeßlenkungssystem oder Prozeßlenkungsmodell.

Schema:

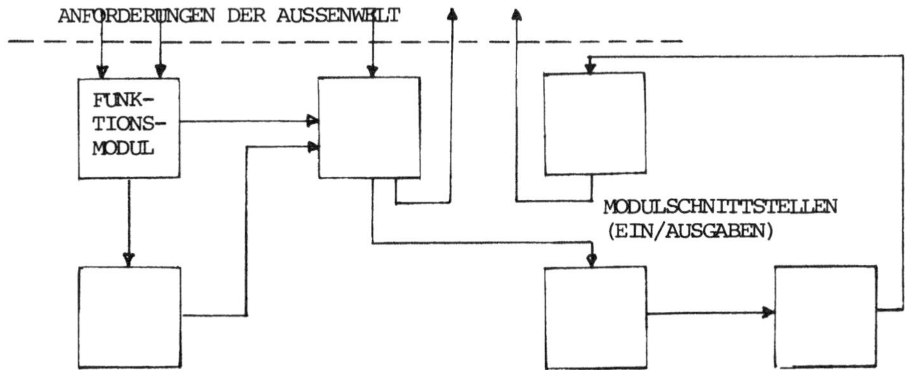

Das abstrakte Prozeßlenkungssystem ist ein funktionelles Modell, das die Anforderungen des technischen Prozesses erfüllt. Jeder Block ist als sequentiell arbeitender Automat mit genau definierter Funktion aufzufassen. Wesentliche Eigenschaft ist das Konzept der "globalen Kontrolle": Kommunikation und Synchronisation der Blöcke (Moduln) werden nicht innerhalb der Funktionen, sondern von einem übergeordneten System durchgeführt. Der Anwender spezifiziert Funktionen und Zusammenarbeit getrennt!

Auf dieser abstrakten Ebene werden noch keine implementationsbezogenen Daten berücksichtigt. Dies gilt insbesondere für Anforderungen, die Kosten, Verfügbarkeit von Elementen u. dgl. betreffen; diese werden erst in einer nächsten Konkretisierungsphase, in der z.B. Entscheidungen über Hardware- oder Software-Realisierung von Teilfunktionen fallen, berücksichtigt.

2 Prozeßarten und Modelltypen

Man kann industrielle Prozesse in 3 Klassen einteilen, wenn man sie vom Gesichtspunkt der dabei zu verarbeitenden Daten betrachtet. Dem entsprechen 3 Modelltypen von abstrakten Prozeßlenkungssystemen, wobei im konkreten Fall durchaus Teilmodelle verschiedener Typen in einem Modell auftreten können.

a. Fließprozesse (dynamische Prozesse). Sie werden mittels zeit- und / oder ortsabhängiger Variabler, die kontinuierliche Wertebereiche haben beschrieben. Beispiele sind chemische Prozesse, Energieerzeugung, Steuerung von Flugkörpern.
Mathematisch werden diese Prozesse durch (partielle) Differentialgleichungssysteme erfaßt. Die verwendeten Modelle bestehen aus den klassischen Elementen der Regelungstechnik, wie Integratoren, Differentierern, Addierern u. dgl. Diese auf "Vor-Computer-Zeiten" zurückgehenden Modelle werden als Kommunikationsmittel sowhl von Anwendern wie Elektonikern verwendet. Herkömmliche Implementierungsmethoden beruhen auf Analogelektronik mit diskreten Elementen.

Schema:

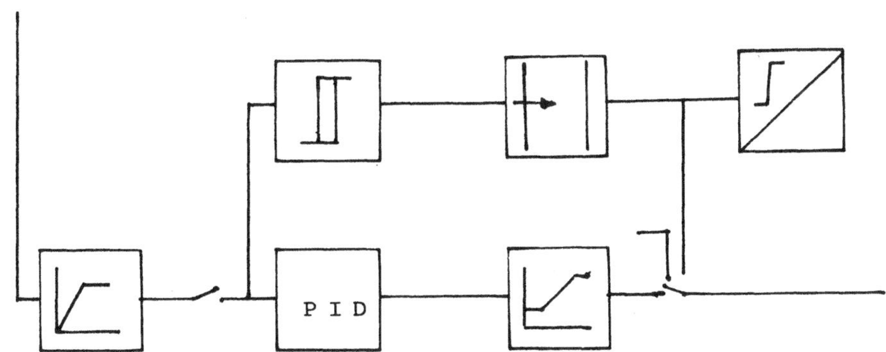

Modelle dieser Art können auf verschiedenen Verfeinerungsstufen verwendet werden, Hauptanwendungsbereich sind jedoch Teilsysteme (z.B. Regler "vor Ort"). Sie sind mathematisch gut fundiert und deshalb als verifizierbare Beschreibungsmethode geeignet.
Die Schnittstellen zwischen den Moduln des Modells und zu Moduln anderer Teilmodelle werden durch analoge Werte und/oder binäre Zustandsmeldungen (z.B. gültig/ungültig) repräsentiert.

b. Folgeprozesse (sequentielle Prozesse). Hier werden durch diskrete Ereignisse (Änderungen des Systemzustandes) Aktionen ausgelöst, die strikt sequentiell ablaufen. Als Beispiele können An- und Abfahrvorgänge und Prüfprozesse genannt werden.
Als mathematische Grundlagen können Prädikatentransformationssysteme sowie Transaktionsnetze eingesetzt werden. Darauf aufbauende aktionsorientierte Modelle sind in der Diskussion; auf eine Methode ("PARC") wird hier näher eingegangen werden.
Während für die Formulierung von Algorithmen für Folgeprozesse (die softwaremäßige Realisierung des Prozeßlenkungssystems) gute Programmierverfahren zur Verfügung stehen (z.B. PEARL), gibt es hier auf der Spezifikationsebene noch kaum allgemein verwendbare formale Verfahren. Insbesondere werden bei vielen Verfahren sequentielle Abläufe immer wieder mit Synchronisationsoperationen "durchsetzt" , was die Systeme unsicher und schlecht prüfbar macht(z.B. muß das Gleichgewicht zwischen P- und V-Operationen auf Semaphore immer hergestellt sein!)

Schema:

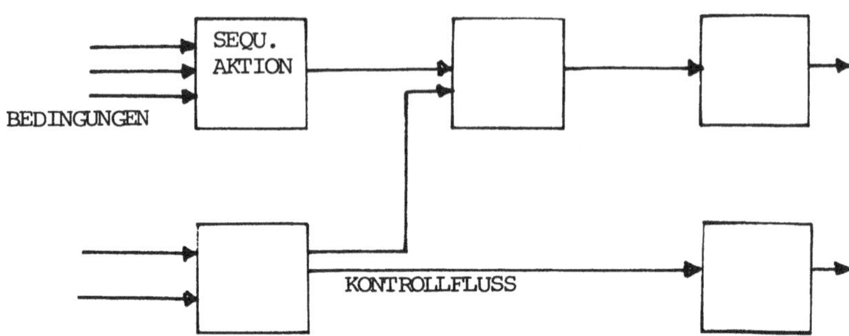

Modelle dieser Art (PARCs) können graphisch als Funktionspläne (vgl. DIN 40719/5) dargestellt werden. Die mathematischen Grundlagen sind allerdings noch wenig erprobt und verhältnismäßig schwierig zu handhaben. Das Modell ist aber grundsätzlich verifizierbar(d.h. die Erfüllung der extern vorgegebenen Anforderungen kann formal geprüft werden). Hier wird prädikatenlogischen Verfahren der Vorzug gegenüber Transaktionsnetzen gegeben.
An den Schnittstellen werden binäre Bedingungen oder einzelne Variablen übertragen (keine größeren gemeinsamen Datenmengen!).

c. Stückprozesse. Die im technischen Prozeß bearbeiteten Objekte werden durch strukturierte Daten beschrieben. Transportvorgänge, Montagetechnik und automatische Analysen sind typische Beispiele.
Brauchbare mathematische Grundlagen sind hier kaum vorhanden, allenfalls können diskrete Simulationstechniken herangezogen werden, oder gewisse Ergebnisse der konkreten Komplexitätstheorie. Praktisch wird in diesem Gebiet sehr intensiv mit Abwandlungen der Jackson-Methode gearbeitet; hier soll ein ähnlicher Ansatz für relationale Datenmodelle vorgestellt werden.
Datenorientierte Prozeßlenkungsmodelle werden dann benötigt, wenn diskrete Systeme größere Mengen von gemeinsamen Daten benötigen oder wenn Betriebsmittel "knapp" sind. Aktionsorientierte Modelle werden hier unnötig kompliziert, um Engpässe, d.s. nicht funktionelle Abhängigkeiten zu beseitigen. Datenorientierte Modelle geben eine "komplementäre" Sicht auf diskrete Prozesse, sie gehen von den Datenelementen und ihren Relationen zueinander aus; Aktionen spielen dabei die (untergeordnete) Rolle von Datentransformationen.

Schema:

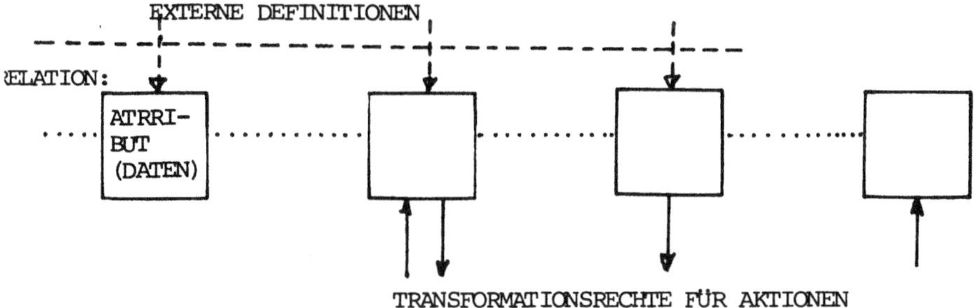

Die Datenrelationen stellen zu jedem Zeitpunkt ein Bild des Systemzustandes dar. Bei der Implementierung können der Jackson-Methode ähnliche Verfahren angewandt werden; die mathematische Konsistenzprüfung wird auf Ergenisse der Datenbanktheorie zurückgreifen können (noch nicht erprobt!).
Die Schnittstellen nach außen werden durch anwendungsbezogene Datenspezifikationen und Relationen (z.B. Klima: Temperatur / Feuchtigkeit/ Sonneneinstrahlung), die innerhalb des Modells durch gemeinsame Datenstrukturen und Gültigkeitssignale repräsentiert.

Im folgenden wird auf Aktionsmodelle und datenorientierte Modelle näher eingegangen. Bezüglich der Modelle für Fließprozesse vgl. z.B. Savas.

3 Diskrete Aktionsmodelle (PARCs)

Diskrete Aktionsmodelle sind ein Spezifikationsmittel, das direkt in Task-orientierte Programmiersprachen des PEARL- oder Prozeß-FORTRAN-Typs umgesetzt werden kann. Das System wird dabei zuerst strikt in sequentielle Prozesse (Aktionen) aufgeteilt; Aktionen enthalten keine "inneren" Synchronisationspunkte mehr. Die Synchronisation geschieht nicht durch spezielle Operationen und Objekte (etwa Semaphore oder "events") sondern über Änderungen des global verwalteten Systemzustandes. (in Betriebssystemterminologie: jede Aktion ist ein kritischer Abschnitt, es gibt einen globalen Monitor.)
Ausgangspunkte für dieses Modell sind einerseits (anwenderseitig) "parallel constructs"- PARCs /Griem/, die ihrerseits von Relayketten-diagrammen abgeleitet sind, zum anderen "guarded command sets"/ Dijkstra/.

Beispiel (nach DIN 40719/5):

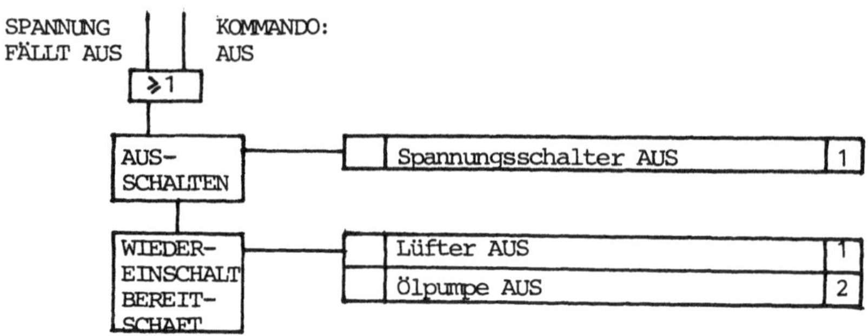

Prinzipiell wird in diesem Modell ein Prozeßlenkungssystem (bzw. ein Teil davon) als Menge von Paaren:

$$\left\{ \begin{array}{ccc} \text{Bedingung} & \rightarrow & \text{Aktion} \\ (\text{"condition" od. "guard"}) & & \end{array} \right\}$$

spezifiziert. Es werdem damit potentiell gleichzeitige (concurrent) Prozesse beschrieben. "Bedingung" ist jeweils eine Aussage über den Systemzustand (Prädikat über die Werte einer Teilmenge der globalen Variablen); sie ist zu einem Zeitpunkt entweder wahr oder falsch. Aktionen werden gestartet, wenn die zugehörige Bedingung wahr wird, sie arbeiten sequentiell und ohne Unterbrechung (virtuelle Proessoren!). Die Spezifikation der anwendungsbezogenen Algorithmen des Prozeßlenkungssystems (z.B. PID-Regelungen, Übertragungssysteme), die auf einem Prozessor auszuführen sind, werden strikt vom Kommunikationssystem, das mehrere gleichzeitige Aufgaben verknüpft, getrennt.
Die Syntax der PARC-Spezifikationen kann in linearer Notation (BNF) wie folgt angegeben werden:

parc-specification	=	module*
module	=	control-module / sequential-module
control-module	=	declaration* control-statement*
control-statement	=	parif guarded-process* parfi /
		pardo guarded-process* parod /
		module
guarded-process	=	guard entry-action → module exit-action
sequential-module declaration entry-action exit-action guard (=Boolescher Ausdruck)	}	werden entsprechend der Syntax der zu verwendeten Programmiersprache formuliert

Dies entspricht der folgenden parallelen Kontrollstruktur:

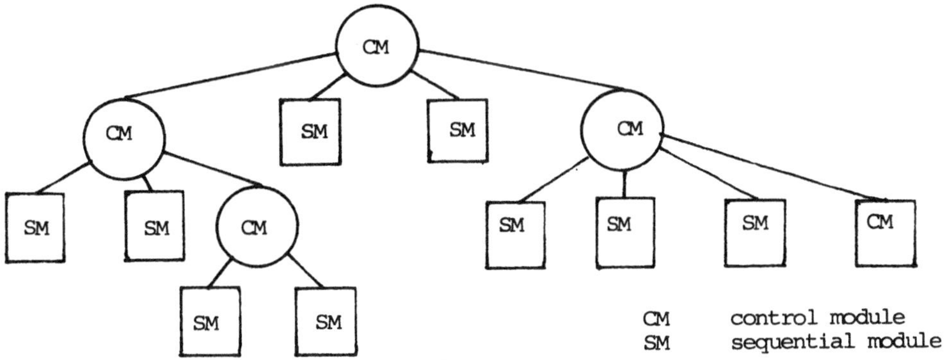

Die sequentiellen Module sind autonome parallele Prozesse,die mit anderen aktiven Moduln nur über spezifizierte Parameterlisten zur Zeit der Aktivierung bzw. Beendigung in Verbindung treten ("call by value"!) und sonst nur lokale Daten verwenden.

Die beschriebene Methode hat folgende Eigenschaften:

a. Sie entspricht dem "naiven" Verständnis von Kontrollstrukturen beim Anwender:"Wenn" ein für die Anwendung relevanter Zustand eingetreten ist, "dann" führe eine (sequentielle) Aktion aus, wobei diese bedingten Aussagen wechselseitig voneinander unabhängig sind.

z.B.: temperatur > 500 → Heizung-ausschalten
druck < 50 → Dampfventil-öffnen
zeit = 18:00:00 → Licht-einschalten

b. Sie hat eine wohldefinierte Semantik d.h. der Effekt der Ausführung des Modellprozesses kann in Form von Aussagen über den Systemzustand vor bzw. nach der Ausführung angegeben werden.

z.B. $\forall$ i, i = 1 .. n: (guard $\Rightarrow$ wp(module$_i$, R_i)) and
(not guard$_i$ $\Rightarrow$ R_i) $\Rightarrow$ wp(parif, R)

(semantische Definition des parif, wobei wp die allgemeinste Vorbedingung ist, daß der Endzustand R erreicht wird, mit: $\wedge R_i \Rightarrow R$)

c. Eine weitere Möglichkeit der Semantikanalyse ist es,das Zeitverhalten von parallelen Prozessen (z.. Reaktionszeiten) zu analysieren.

z.B. <u>pardo</u> {Producer/Consumer, 2 Puffer}

$p \neq 2 \rightarrow p := p+1$ {Producer: Ausführungszeit = t_p}

$c \neq 2 \rightarrow c := c+1$ {Consumer: Ausführungszeit = t_c}

<u>parod</u>

wp(prod/cons, $t \leq T$) <u>and</u> $c = 0$ <u>and</u> $p = 0$

$= (p = 0)$ <u>and</u> $(c = 0)$ <u>and</u> $t \leq T - t_p - t_c - \max(t_p, t_c)$

(wp ergibt hier den spätesten Zeitpunkt an, zu dem der Prozeß gestartet werden darf, wenn er noch termingerecht, d.h. vor dem Zeitpunkt T fertig werden soll)

<u>d</u>. Die Spezifikationsmethode macht keine Vorschriften, <u>wie</u> sequentielle Moduln realisiert sein müssen:"festverdrahtete" Hardware ist ebenso möglich wie Tasks in einem komfortablen Betriebssystem. Bei einer Software-Realisierung ist ebenfalls die Methode (z.B. Programmiersprache) nicht vorgeschrieben.

<u>e</u>. <u>Einschränkung</u>: PARC-Modelle eignen sich besonders gut zur Beschreibung funtioneller Abhängigkeiten zwischen Aktionen weniger jedoch zur Verwaltung von gemeinsamen Betriebsmitteln und Daten.

4 Datenorientierte Modelle

Wenn bei einem technischen Prozeß nicht Aktionsfolgen die primäre Struktur bestimmen, sondern (durch Datenstrukturen darstellbare) Objekte, die bearbeitet werden (z.B. bei Fertigungsprozessen), ist das Aktionsmodell schlecht anwendbar. Die Tatsache, daß viele, verhältnismäßig einfache Prozesse mit komplexen Datenstrukturen arbeiten (lesen, ändern), führt zu nicht funktionellen Anhängigkeiten der Aktionen (z.B. "Warten, bis Datenbasis frei") mit Synchronisationsproblemen, die aus Sicht der Aktionen schwer beschreibbar sind.
Hier bietet sich ein Modell an, das von den (globalen) Daten und ihren Abhängigkeiten ausgeht. Der Anwender spezifiziert dabei Datenrelationen:

$$R \subseteq W_1 \times W_2 \times \; .. \times W_n$$

über den Wertebereichen W_i der Variablen ("Attribute") A_i

z.B.: Relation: Vakuum-System

Attribute: Experiment-Identifikation
Ausgangsdruck
Enddruck
Zeitdauer

Als Modell eines Prozeßsystems werden Relationen dynamisch betrachtet, d.h. jedes Attribut hat nicht nur einen definierten Wertebereich (zu dem übrigens auch "undefiniert" gehört), sondern auch einen Gültigkeitsbereich, der z.B. durch räumliche oder zeitliche Aussagen (gültig von .. bis) gegeben sein kann.

Aktionen werden indirekt als "Transformationsrechte" auf Attribute oder auf ganze Relationen (z.B. Erzeugen oder Löschen von Attributen) spezifiziert. Sie werden (gleichsam als Parameter) den einzelnen Attributen zugeordnet, wobei ihre Ausführung von Bedingungen (abgeleitet von den Attributwerten) abhängig sein kann. Typische Attribute sind z.B. auch (virtuelle) Betriebsmittel für Aktionen.

Ein Syntaxvorschlag:

```
db-specification       =    relation*
relation               =    attribute*
attribute              =    name value validity transformation-rights
validity               =    creation-expression expiration-expression
transformation-rights=      [condition] action mode
mode                   =    read / modify / create / delete
name                         }
value                        }   entsprechend den Regeln der
condition                    }   zu verwendenden Programmier-
action                       }   sprache aufgebaut
creation/expiration expression
```

In graphischer Darstellung:

z.B.:

(Relation) VAKUUM-SYSTEM:

	EXPERIMENT-NR.	ANFANGS-DRUCK	END-DRUCK	DAUER
(Attribute)	EXPERIMENT-NR.	ANFANGS-DRUCK	END-DRUCK	DAUER
(Wertebereich)	"integer"	$0<x<\ldots$	$0<x<\ldots$	$>\ldots$
(Gültigkeit)	—	$<$time(init)	$<$time(init+10)	
(transf.Aktion)	OPERATOR	INIT	EXPERIMENT	TIME-CONTROL
(Modus)	create	update	update	read

Die datenorientierte Spezifikation von Prozeßlenkungssystemen hat die folgenden Eigenschaften:

a. Auch sie entspricht einer naiven Betrachtungsweise, hier der von Daten und ihrem dynamischen Verhalten; das "Objekt", das folgende Eigenschaften hat: ... , darf wie folgt bearbeitet werden:

$Eigenschaft_1$ von $Aktion_i$ in Weise Alpha, $Eigenschaft_2$ von $Aktion_k$ in Weise Beta, ...

b. Die Korrektheit der Synchronisation und die Integrität der Dateninhalte werden konzeptuell derart gewährleistet, daß ein Datenelement zu einer Zeit nur von einer Aktion bearbeitet wird. Die notwendigen semantischen Definitionen können aus der Datenbanktechnologie abgeleitet werden (allerdings liegen hier für Realzeitsysteme noch keine Untersuchungen vor).

c. Spezifikation der sequentiellen Aktionen wird unabhängig von ihrer Koordination (die über den Zustand der Datenbasis erfolgt) durchgeführt. Es besteht Freiheit in der Wahl der Implementationsmethode.

d. Für die Ableitung der korrekten Algorithmen (Aktionen) aus der Spezifikation sind der Jackson-Methode verwandte Verfahren möglich.

e. Einschränkung: Funktionelle Abhängigkeiten, wie z.B. bei Folgeprozessen sind schwer beschreibbar. Dagegen eignet sich das Verfahren besonders für Prozesse, die wegen der Abhängigkeit von gemeinsamen Daten und Betriebsmitteln synchronisiert werden müssen.

5 Schlußfolgerungen

Wichtig aber noch weitgehend ungelöst sind zwei Fragen, einerseits die nach präzisen Kriterien, wie die Aufteilung des gesamten Modells in Teilmodelle und der Teilmodelle in einzelne Blöcke oder Moduln geschehen soll: Kriterien wie Kontrollstruktur - Algorithmen, Datenrelation - Transformation sind dazu ein Ansatzpunkt, aber gewiß noch nicht voll ausreichend;
anderseits die Frage, wie der Zusammenbau von Teilmodellen zu einem Gesamtsystem erfolgen soll, wobei die Kriterien der formalen Prüfbarkeit erhalten bleiben müssen.
Eine wichtige Rolle dabei spielen Schnittstellen und über sie ausgetauschte "Kommunikationsdaten" (verallgemeinerte Messages): Sinnvoll erscheint hierbei der Ansatz: Kommunikationsdaten sind Tripel:

name value validity

Die Namen müssen im System eindeutig sein, der Wertebereich definiert, und validity ist ein vom Systemzustand (einschließlich echter Zeit) abhängiger Ausdruck.

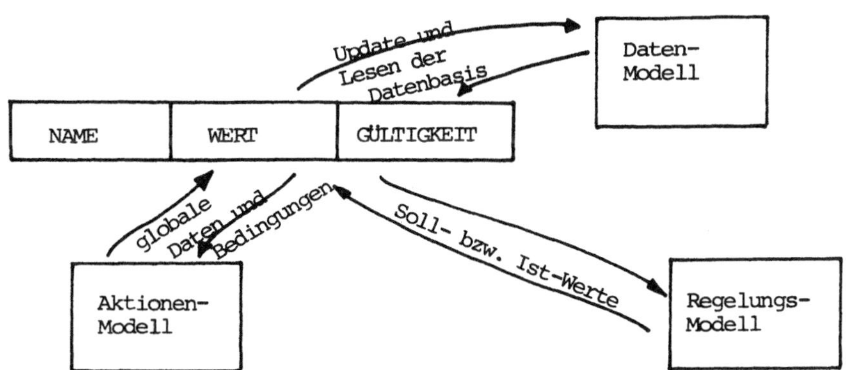

Das Bild zeigt die Beziehung der Kommunikationsdaten zum jeweiligen Teilmodell.

Die beschriebenen Ansätze wurden in einigen kleineren und größeren Ansätzen an der Universität Karlsruhe und an der KFA Jülich erprobt. Insbesondere für das PARC-Modell wurden auch formale Beweise durchgeführt.

Die Anwendungen, die bisher versucht worden sind, reichen von Multimikroprozessorsystemen (Robotics) über eine auf Concurrent Pascal aufbauende Implementierung (PDP 11) bis zur Verwendung als Spezifikationsmittel beim einem Großexperiment (TEXTOR).

Es bleiben aber, vor allem für die Anwendung, noch offene Fragen vor allem der Vergleich mit anderen üblichen Spezifikationsverfahren, sowie Probleme der Beweistechnik.

Literatur

/1/ W.-M. Dehnert/V. Haase: High Level Language Structures for distributed real-time programming, SOCOCO 79, Prag (1979)

/2/ E.W. Dijkstra: A Discipline of Programming. Englewood Cliffs (1976)

/3/ P. Elzer: Strukturierte Beschreibung von Prozeßsystemen,Dissertation Univ. Erlangen-Nürnberg (1978)

/4/ P.D. Griem: Approaching an easy-to-learn method of programming real-time parallel processes. IFAC/IFIP Workshop on Real-Time Programming, Paris (1976)

/5/ V. Haase: Notizen zur Konstruktion von Realzeit-Software, München (1978)

/6/ V. Haase/H. Halling: Descriptions of Real-Time Applications using the guarded Commands Concept. AFCET Workshop: Global Description Methods, Paris (1977)

/7/ H. Halling et al: A Step towards Application Oriented Specifications. Real-Time Data 79, Berlin (1979)
- Bericht über Arbeiten der Special Interest Group on Application oriented Specifications in Purdue Europe -

/8/ G. Hommel (ed.): Verfahren und Hilfsmittel für Spezifikationen und Entwurf von Prozeßautomatisierungssystemen. KfK-PDV 154,

Karlsruhe (1978)
- Übersicht über verschiedene Spezifikationstechniken (PSL/PSA, EPOS,MASCOT u.a.)

/9/ M.A. Jackson: Principles of Program Design, London (1975)

/10/ R.Lauber: Prozeßautomatisierung I, Berlin/Heidelberg (1976)

/11/ D.T. Ross: Structured Analysis, IEEE SE-3, 16-34 (1977)

/12/ E.S. Savas: Computer Control of Industrial Processes, New York (1965)

/13/ G. Schlageter/W. Stucky: Datenbanksysteme, Stuttgart (1977)

ERFAHRUNGEN MIT NEUEREN METHODEN ZUR KONSTRUKTION ZUVERLÄSSIGER SOFTWARE BEI DER REALISIERUNG EINES VERMITTLUNGSSYSTEMS FÜR RECHNERNETZE IN DER FERTIGUNGSSTEUERUNG

F. Hofmann
S. Keramidis
Institut für Mathematische Maschinen
und Datenverarbeitung der Universität
Erlangen-Nürnberg

Zusammenfassung: Nach einer Erläuterung der Konzeption des Vermittlungssystems wird auf Spezifikationsverfahren eingegangen und auf Methoden zur Konstruktion zuverlässiger Systeme. Näher erläutert wird der bei der Durchführung des Projektes benutzte Abstraktionsmechanismus und die zugehörige Beweismethodik. Schließlich wird noch über Erfahrungen mit dieser Vorgehensweise während Spezifikation, Implementierung und Test des Programmsystems berichtet.

1. Einleitung

Die Tendenz zur Entwicklung ständig komplexerer Überwachungs- und Steuerungssysteme hat in den letzten Jahren sehr rege Aktivitäten auf dem Gebiet der Spezifikation und Implementierung solcher Systeme angestoßen. Die Demonstration der vorgeschlagenen Methoden und Hilfsmittel erfolgt jedoch meist an sehr einfachen Beispielen, die nicht ohne weiteres Rückschlüsse auf ihre Brauchbarkeit bei umfangreichen Anwendungen zulassen. Um hierzu etwas bessere Aussagen gewinnen zu können, wurde für die Realisierung eines Problems aus der Fertigungssteuerung eine neue Spezifikationsmethode entworfen, die auf der von Parnas entwickelten Spezifikationsmethodik /1/ und den auf Floyd und Hoare zurückgehenden Verifikationsmethoden /2/ fußt. Im weiteren werden die Aufgabenstellung, die Gründe für die Methodenwahl, die Verifikationsmethode und die Erfahrungen bei der Implementierung dargestellt.

2. Die Aufgabenstellung

Die Verfügbarkeit von billigen Prozeßrechnern und von Mikrocomputern führt in der Fertigungstechnik zum Aufbau stark dezentralisierter Automatisierungssysteme. Dabei sind die Prozeßrechner mit einem zentralen Betriebsführungsrechner verbunden und können auch untereinander korrespondieren. Auch die Steuerungen selbst werden Mikroprozessoren übertragen. Daraus ergibt sich ein Konzept von drei Automatisierungsebenen: (siehe Bild 1).

Zu entwickeln war ein Vermittlungssystem für ein Rechnernetz zur Fertigungssteuerung, dessen Aufgabe darin besteht, die Kommunikation zwischen den verschiedenen Anwenderprogrammen in den einzelnen Rechnern zu steuern und zu überwachen. Um einen breiten Einsatzbereich zu gewährleisten, muß ein solches Vermittlungssystem möglichst vielen Anforderungen, die bei einem Einsatz in der Fertigungssteuerung anfallen, genügen. Außerdem sollte der Entwurf natürlich unabhängig von bestimmten Rechnern oder Assemblersprachen sein. Ein weiterer Gesichtspunkt bei der Erstellung eines solchen Systems ist die Systemzuverlässigkeit. Durch Verwendung von strukturierter Programmierung, Modularität und Abstraktionsmechanismen (vertikale Modularität) wird sie wesentlich erhöht.

Alle diese Gründe legten es nahe, beim Entwurf des Vermittlungssystems eine rechnerunabhängige Entwurfsprache mit Datenabstraktionsmechanismen und leicht verifizierbaren Kontrollstrukturen, wie z.B. PASCAL, SIMULA zu verwenden.

Nicht zuletzt sollte natürlich ein lauffähiges System in einem konkreten Netz erstellt werden, was die Übertragung des in einer Entwurfsprache konzipierten Vermittlungssystems in eine konkrete Assemblersprache bedeutet.

Eine genauere Analyse des Problems legt es nahe, die Aufgabe mit einem Speichervermittlungssystem zu lösen. Es hat die Aufgabe, die über den E/A-Prozessor ankommenden Telegramme an die entsprechenden Anwenderprogramme zu verteilen oder, falls sie nicht für diesen Rechner bestimmt sind, sie ebenso wie die Telegramme der Anwenderprogramme über die entsprechenden Kanäle auszugeben.

Um jederzeit die Entgegennahme der Telegramme, die ja zu nicht vorhersehbaren Zeiten eintreffen, zu ermöglichen, ist es nötig, daß dafür ein "ständig" empfangsbereiter Prozeß existiert, der die höchste Priorität aller Programme des Vermittlungssystems (einschließlich Anwenderprogramme) erhalten muß. Dieser Empfangsprozeß (ADMITTER) sorgt dafür, daß dem E/A-Prozessor für jeden Eingabekanal ständig Speicherplatz zu Verfügung steht. Ankommende Telegramme werden - falls sie für diesen Rechner bestimmt sind - auf Grund ihrer Funktionskennung dem entsprechenden Anwenderprogramm übergeben; Telegramme für fremde Rechner werden einem Vermittlungsprozeß (TRANSIT MANAGER) übergeben. Der TRANSIT MANAGER ordnet dann die ihm vom ADMITTER übergebenen Telegramme dem entsprechenden Ausgabekanal zu. Der dritte Prozeß des Vermittlungssystems ist der Ausgabeprozeß (EMITTER). Er überwacht die Ausgabekanäle und arbeitet

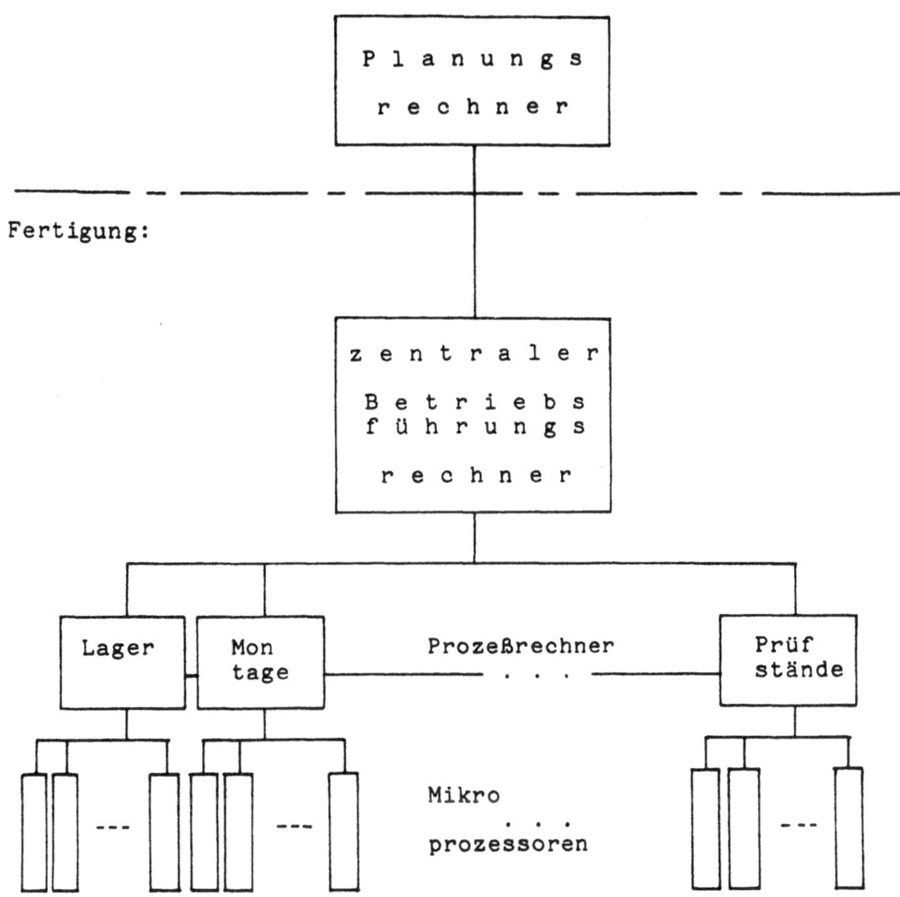

Bild 1: Automatisierungsebenen

eventuell vorhandene Warteschlangen vor den Kanälen ab. Seine Aktivierung wird durch die Fertigmeldung eines Ausgabekanals angestoßen.
Die Anwenderprogramme verkehren mit dem Vermittlungssystem über Funktionen, die durch Prozeduren realisiert werden. Einen Überblick über die Funktion der Prozesse des Vermittlungssystems gibt das folgende Bild:

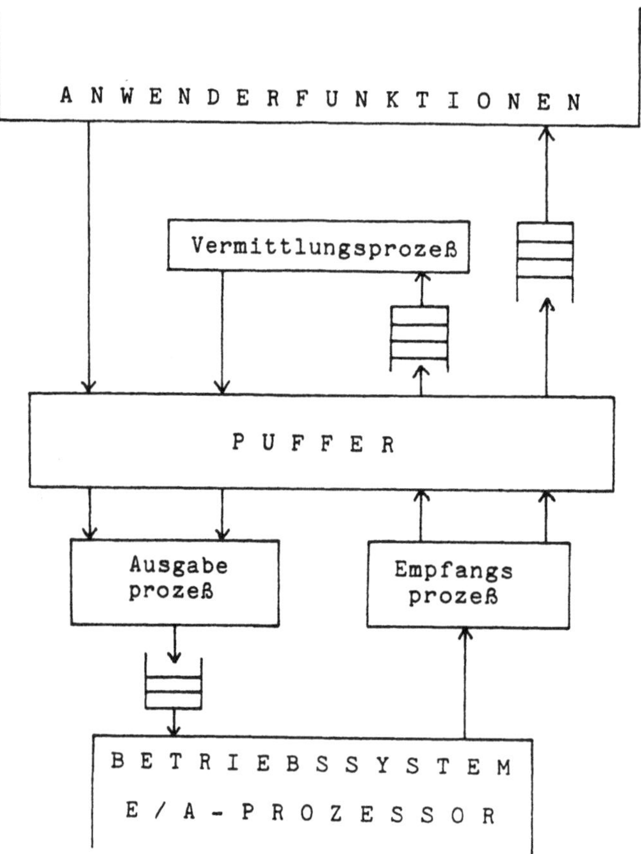

Bild 2: Prozesse des Vermittlungssystems

Im einzelnen stehen den Anwenderprogrammen zur Kommunikation mit dem Vermittlungssystem folgende Funktionen zur Verfügung:

- INIT dient dem Anwenderprogramm dazu, sich dem System bekannt zu machen
- CLEAR löst die Verbindung zwischen dem Anwenderprogramm und dem System
- CONNECT ermöglicht es dem Anwenderprogramm, Funktionskennungen für sich zur Bearbeitung zu reservieren

- DISCONNECT dient dem Anwenderprogramm zur Freigabe von Funktionskennungen
- SEND dient dem Anwenderprogramm dazu, Telegramme zu senden
- RECEIVE übergibt dem Anwenderprogramm ein Telegramm

Im Vermittlungssystem ist zur Zwischenspeicherung von Telegrammen und zur Herstellung der Empfangsbereitschaft Speicherplatz erforderlich. Im System existiert deshalb ein Puffer, in dem Speicherplätze fester Länge (maximale Telegrammlänge) dynamisch verwaltet werden. Die Speicherverwaltung ist modular aufgebaut (Funktionen ALLOCATE, FREE) und läßt sich jederzeit durch andere Strategien (Buddy-Verfahren, etc.) ersetzen.
Im Vermittlungssystem existieren zwei Arten von Warteschlangen vor Anwenderprogrammen bzw. dem Vermittlungsprozeß und vor den Ausgabekanälen. Das System arbeitet diese Warteschlangen nach der Strategie FIFO ab. Durch den modularen Aufbau der Warteschlangenorganisation (Funktionen CHAIN, UNCHAIN) läßt sich jederzeit eine andere Strategie einfügen. Zur Verwaltung der Anwenderprogramme, des Speichers und der Warteschlangen benötigt das System einige Verwaltungslisten, wie

LLIST (Zuordnung von Funktionskennungen (links) zu den Anwenderprogrammen)
PLIST (Liste der initialisierten Programme mit interner Information)
CHLIST (Liste der E/A-Kanäle)
CLIST (Liste der anderen Rechner des Netzes und ihre Zuordnung zu den Kanälen)
BLIST (Speicherbelegungsliste)
Einen Überblick über das Gesamtsystem bietet Bild 3.

3. Spezifikation und Verifikation

Ideales Ziel einer zuverlässigen Systemprogrammierung ist die Entwicklung von Methoden und Verfahren, die zu zuverlässigen Programmen führen, d.h. Programmen, die "genau das tun, was von ihnen erwartet wird". Als erstes werden dazu Methoden benötigt, die eine eindeutige Festlegung dessen, was das System leisten soll, erlauben und zwar in einer Form, die wesentlich leichter überschaubar ist als das schließlich zu erstellende Programmsystem. Im vorliegenden Fall wurden in Betracht gezogen:

- Methoden der algebraischen Definition /3/
- Entwurf eines mathematischen Modells für abstrakte Datentypen (z.B. Wiener Definitionssprache)
- Spezifikation mit Hilfe der Parnas-Methode /1/

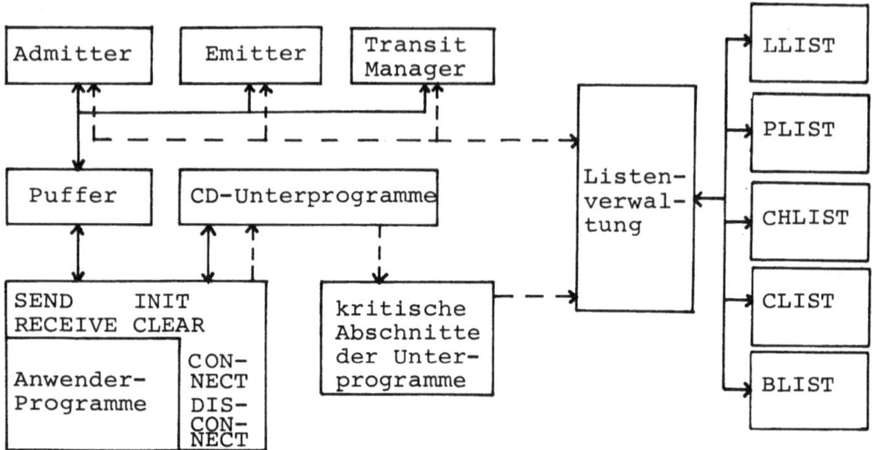

Bild 3: Aufbau des Gesamtsystems

Eine wesentliche Rolle bei der Entwicklung der verwendeten Methode spielte die Frage der Verifikation, die von der Richtigkeit der Spezifikation ausgeht und beweisen soll, daß der implementierte Algorithmus die gewünschte Spezifikation erfüllt. Dies kann prinzipiell mit Hilfe von Verifikationsmethoden gemacht werden. Normalerweise ist aber die Verifikation eines Systems noch komplexer und somit fehleranfälliger als das Programm selbst. Im Rahmen der zuverlässigen Systemprogrammierung versucht man diese natürliche Schwierigkeit durch systematisches Vorgehen beim Entwurf von Systemen und durch Verwendung von leicht verifizierbaren Kontrollstrukturen zu meistern.
Nach heutigen Erkenntnissen scheint folgende Methode am erfolgversprechendsten zu sein: Man geht von einer leicht verifizierbaren höheren Programmiersprache aus und erstellt eine Hierarchie von abstrakten Maschinen bzw. Ebenen. Die einzelnen Ebenen enthalten im allgemeinen mehrere Module bzw. abstrakte Datentypen bzw. erweiterte Datentypen. Ein Modul enthält neben den nach außen bzw. nach oben sichtbaren Informationen auch verborgene Informationen, die durch vorgegebene Operationen des Moduls manipuliert werden können. Die einzelnen Operationen eines Moduls werden als Prozeduren implementiert und benutzen dabei Operationen von Modulen aus tieferen Ebenen. Dadurch sind Änderungen von Modulen problemlos, wenn dabei die Modulspezifikation beibehalten wird. Durch die Filterung von Informationen wird die Verifikation er-

heblich vereinfacht.
Wesentlich für die Anwendbarkeit dieser Vorgehensweise ist ein einfacher Übergang von der Spezifikation zur algorithmischen Lösung. Da eine übersichtliche, axiomatische Formulierung der Aufgabenstellung nahezu unmöglich erscheint, scheidet die erste Methode sofort aus. Die zweite neigt dazu, zur Darstellung verschiedener Abstraktionsebenen verschiedene mathematische Modelle zu benötigen, was eine Erschwerung der Verifikation nach sich zieht, so daß für den vorliegenden Anwendungsfall die dritte Methode am brauchbarsten erscheint.
Für die Verifikation können dann die V-Funktionen als die abstrakten Zustandsgrößen angesehen werden und die Beschreibung von Bedingung und Effekt der O-Funktionen als Anfangs- bzw. Endezusicherung ihrer implementierten Form, so daß die Spezifikation gleichzeitig als die auf höchster Abstraktionsebene stehende Implementierung angesehen werden kann.
Das Vermittlungssystem wurde, unter Beachtung dieser Prinzipien, in drei Phasen konstruiert. In der Entwurfsphase wurden zuerst die einzelnen Module (und somit auch die Schnittstellen) festgelegt. Diese Module wurden mit Hilfe einer Spezifikationssprache (/4/) abstrakt spezifiziert und gemäß der "implementier"-Relation hierarchisch angeordnet.
In der Implementierungsphase wurden die Repräsentationsfunktionen (siehe unten) angegeben und die abstrakten Operationen implementiert.
In der Verifikationsphase wurde schließlich die Korrektheit der Implementierung nachgewiesen. Dazu wurde folgendes Konzept eingesetzt, welches sich in einigen Punkten von den bekannten Abstraktionsmechanismen (/5/,/6/) unterscheidet. Auf die Syntax dieses Abstraktionsmechanismus wird hier nicht näher eigegangen. Dafür kann man sich z.B. die Struktur <u>form</u> von ALPHAD vorstellen. Sei op eine nach außen sichtbare Operation eines abstrakten Datentyps und y eine Variable dieses Datentyps. Diese abstrakte Operation wird charakterisiert durch P(y) {op} Q(y), wobei P(y) und Q(y) Prädikate sind. Wird op durch ein Programm progop implementiert, welches die konkrete Variable x manipuliert und gilt P'(x) {progop} Q'(x),

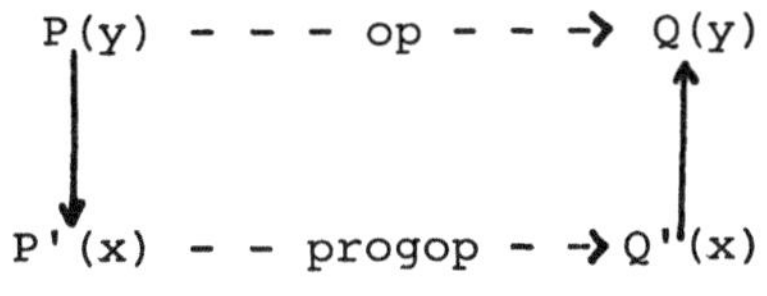

$$\begin{array}{ccc} P(y) & \text{- - - op - - →} & Q(y) \\ \downarrow & & \uparrow \\ P'(x) & \text{- - progop - →} & Q'(x) \end{array}$$

so ist die Implementierung korrekt, wenn gilt:

$$\forall y\, \forall x (rep(x)=y \longrightarrow ((P(y) \longrightarrow P'(x)) \wedge (Q'(x) \longrightarrow Q(y)))).$$

Dabei ist die Repräsentationsfunktion rep eine im allgemeinen surjektive aber nicht vollständige Funktion des Wertebereichs von x in den Wertebereich von y. In einem hierarchisch aufgebauten System wird die niedrigste Abstraktionsebene durch den Assembler oder eine höhere Programmiersprache dargestellt. Im allgemeinen enthält ein abstrakter Datentyp weitere Angaben wie z.B. maximale Größen und Initialisierungsbedingungen, die analog behandelt werden können. Synchronisationsprobleme wurden in den bisherigen Abstraktionsmechanismen nicht behandelt. Auf diese Problematik wird in /4/ näher eingegangen.
Obige Beziehung ist eine hinreichende Bedingung für die korrekte Implementierung. Bei Einhaltung dieser Eigenschaft ist es also unwichtig, ob die abstrakte Operation op Elementaroperation einer Anlage oder ein Unterprogrammsprung ist. Sie ist i.a. keine notwendige Bedingung, weil sie Aussagen auch über Objekte macht, die im Rahmen einer konkreten Berechnung nicht unbedingt erreicht werden müssen. In diesem Projekt hat sie sich aber als ausreichend und leicht handhabbar erwiesen.
Es ist also nur darauf zu achten, daß nach der Initialisierung des Systems die initialen konkreten Objekte eine korrekte Repräsentation der initialen abstrakten Objekte darstellen. Soll nach der Initialisierung z.B. die Menge der für einen Prozeß anstehenden Telegramme leer sein, so muß man auch dafür sorgen, daß die diese Menge repräsentierende Warteschlange als leer initialisiert wird.
Die Prädikate P(y) und P'(x) enthalten neben den Invarianzeigenschaften der entsprechenden Objekte auch die Ausführbarkeitsbedingungen der entsprechenden Operationen bzw. Prozeduren. In den Prädikaten Q(y) bzw. Q'(x) werden neben den Invarianzeigenschaften auch die Wirkungen der Operationen bzw. Prozeduren berücksichtigt.
Setzt man die Bedeutung der Invarianzeigenschaft als bekannt voraus, so kann man die obengenannte hinreichende Bedingung folgendermaßen interpretieren: Zu einem beliebigen abstrakten Objekt y eines festgelegten Typs betrachte man alle konkreten Objekte x, die eine Repräsentation von y darstellen (rep(x)=y). Kann bei diesem y die Operation op ausgeführt werden, dann kann auch die Prozedur progop für alle x mit rep(x)=y ausgeführt werden. Laut P'(x){progop} Q'(x), gilt für x nach Ausführung der Prozedur Q'(x). Obige hinreichende Bedingung verlangt nun, daß aus Q'(x) die Beziehung Q(y) mit y=rep(x) folgt.

<u>Beispiel</u>:
Der Abstraktionsmechanismus wird hier am Beispiel der Entgegennahme eines Telegramms durch einen Prozeß erläutert. Um die Übersichtlichkeit zu erhöhen, wurden die relativ komplexen Funktionen des Vermitt-

lungssystems extrem vereinfacht. Auf der Ebene der Anwenderprozesse, die die Dienste des Vermittlungssystems in Anspruch nehmen, wird die Funktion "receive" zur Entgegennahme eines Telegramms zur Verfügung gestellt. Aus der Sicht des Anwenderprozesses bedeutet dies, daß er über die Funktion "receive" aus der Menge der für ihn bestimmten Telegramme eines entnimmt. Auf der Ebene der Implementierung von "receive" sind die für einen Prozeß bestimmten Telegramme in einer Warteschlange angeordnet. Die Implementierung der Funktion "receive" arbeitet auf dieser Datenstruktur. Die Repräsentationsfunktion ordnet also der prozeßspezifischen Telegrammwarteschlange die Menge aller in dieser Warteschlange enthaltenen Telegramme zu.
Dem Anwender steht der abstrakte Datentyp "Telegrammenge" zur Verfügung, auf denen die Operationen "receive" und "send" definiert sind. Mit Hilfe der zweiten Operation kann man dieser Menge neue Telegramme hinzufügen. In der nächsttieferen Abstraktionsebene befindet sich der abstrakte Datentyp "Warteschlange von Telegrammen". Dieser Datentyp enthält u.a. die Operation "unchain", die das erste Element dieser Warteschlange entfernt. Die nächsttiefere Abstraktionsebene enthält den Datentyp "verkettete Liste". Dieser Datentyp stellt Operationen zur Verfügung, mit deren Hilfe man entlang einer Verkettung fortfahren kann und Elemente aus der Liste entfernen bzw. in die Liste eintragen kann. Zusammenfassend ergibt sich folgende Hierarchieeinteilung:

Hierarchiestufe	Datentyp	Operationen
n	Menge	send, receive
n-1	Warteschlange	unchain, chain
n-2	verkettete Liste	erstes Element, nächstes Element, Element entfernen, Element hinzufügen

Die Operationen eines Datentyps werden spezifiziert durch die Angabe ihrer Wirkung (in Prädikatenform) auf Objekte dieses Datentyps. Dagegen werden die Operationen eines Datentyps implementiert, indem man für jede dieser Operationen ein Programm angibt, welches Objekte der tieferliegenden Ebene mit den entsprechenden Operationen manipuliert. Die Operationen des untersten Datentyps (in diesem Fall "verkettete Listen") werden mit Hilfe einer höheren Programmiersprache (hier einer PASCAL-ähnlichen) oder eines Assemblers implementiert. Die abstrakte Operation "receive" wird charakterisiert durch $P(y)$ $\{$receive(Tele)$\}$ $Q(y)$, wobei y eine Variable vom Typ Menge von Telegrammen ist. Weiterhin ist $P(y)=PA(y) \wedge IA(y)$, wobei $PA(y) \equiv y=\{a_1,a_2,...,a_n\} \wedge n \geq 0$ und $IA(y) \equiv y \geq 0$ gilt.

Das Prädikat PA(y) gibt die Ausführbarkeitsbedingung für "receive" an, während IA(y) die Invarianzbedingung für y darstellt. In /4/ wird auf Synchronisationsprobleme eingegangen, die hier auftreten können, falls $|y|=0$ ist und die Operation "receive" aufgerufen wird. Für Q(y) gilt: $Q(y)=QA(y)\wedge IA(y)$ mit $QA(y)\equiv |\{a_1,a_2,...,a_n\}-y|=1\wedge \{Tele\}=\{a_1,a_2,..,a_n\}-y$. Danach wird nach Ausführung von "receive" genau ein Element aus y entfernt und der Variablen Tele zugeordnet. Abstrakte Objekte y vom Typ Menge werden durch Objekte x des Typs Warteschlange repräsentiert. Sowohl Mengen als auch Warteschlangen beziehen sich auf einzelne Prozesse. Die Repräsentationsfunktion ordnet einer Warteschlange $x=\langle a_1,a_2,...,a_n\rangle$ eine Menge $rep(x)=y=\{a_i \text{ kommt in } x \text{ vor}\}$ zu. Im allgemeinen kann eine Warteschlange mehrmals ein Element enthalten. Werden aber, wie in diesem Beispiel, Warteschlangen zur Repräsentation von Mengen benutzt, so muß man bei der Implementierung der abstrakten Operationen des Typs Menge dafür sorgen, daß kein Element mehrmals in die Warteschlange eingetragen wird. Dies muß bei der Implementierung der Operation "send" beachtet werden. Die Operation "receive" wird nun durch die Prozedur "progreceive" implementiert:

```
procedure  progreceive (var Tele)
var t:  Telegramm;
begin
unchain (t);
Tele:=t;
end
```

Die Operation "unchain" liefert als Wert das erste Element der Warteschlange des aufrufenden Prozesses und gleichzeitig entfernt sie dieses Element aus der genannten Warteschlange. Die Prozedur "progreceive" kann durch $P'(x)\ \{progreceive\}\ Q'(x)$ spezifiziert werden. Dabei ist $P'(x) =P'K(x)\wedge IK(x)$ und $Q'(x)=Q'K(x)\wedge IK(x)$, wobei $P'K(x)\equiv x=\langle a_1,a_2,..,a_n\rangle\wedge n\geq 0$ die Ausführbarkeitsbedingung der Prozedur progreceive ist, während $IK(x)\equiv n\geq 0$ die Invarianzeigenschaft von Warteschlangen ist. Das Prädikat $Q'K(x)\equiv x=\langle a_2,...,a_n\rangle\wedge Tele=a_1$ beschreibt die Wirkung der Prozedur "progreceive" auf Warteschlangen. Der Gültigkeitsbeweis der Beziehung $P'(x)\{progreceive\}Q'(x)$ erfolgt nach der klassischen Verifikationstechnik. Der Beweis der Korrektheit der Implementierung der Operation "receive" ist nun sehr einfach. Sei y eine beliebige Menge von Telegrammen und x eine beliebige Warteschlange, so daß $rep(x)=y$ gilt. Dies bedeutet, daß die Warteschlange x die Elemente von y in irgendeiner Reihenfolge enthält. Aus der Definition der Repräsentationsfunktion folgt nun die Gültigkeit der Beziehungen $P(y)\rightarrow P'(x)$ und $Q'(x)\rightarrow Q(y)$.

4. Erfahrungen

Das System wurde von 3 Informatikern erstellt, wobei einer nur mit etwa der Hälfte seiner Arbeitszeit beteiltigt war. Zu Beginn lagen weder mit den eingesetzten Rechnern noch mit derartigen Aufgabenstellungen Erfahrungen vor. Der Gesamtaufwand betrug ca. 23 Mannmonate, davon entfielen 9 Mannmonate auf die Erarbeitung der Spezifikation und 9 auf die Implementierung in einer PASCAL-ähnlichen Sprache und die Verifikation. Die Einarbeitung in das spezielle Betriebssystem, die benötigten Hardwarekenntnisse und die Übertragung in Assemblersprache erforderte 4 Mannmonate. Besonders interessant erscheint, daß der Test des Systems in einer Woche abgeschlossen werden konnte, wobei nach Beseitigung reiner Schreibfehler lediglich ein schwerwiegender Fehler offenbar wurde, der die Übertragung der PASCAL-Notation in Assemblernotation betraf. Während der mittlerweile zehnmonatigen Betriebserfahrung ergaben sich noch einmal Schwierigkeiten, die daher rührten, daß die speziell entwickelte Hardware ihre Spezifikation nicht vollständig einhielt. Diese Unstimmigkeit konnte durch Änderung des Softwaresystems innerhalb von zwei Tagen behoben werden.

Literaturhinweise:

/1/ Parnas, D.L.: A Technique for Software Module Specification with Examples. CACM 15, 5(72), 330-336.

/2/ Hoare, C.A.R.; Wirth, N.: An Axiomatic Definition of the Programming Language PASCAL. Acta Informatica 2, (73), 335-355.

/3/ Guttag, J.V.: Abstract Data Types and the Development of Data Structures. CACM 6(1977), 394-404

/4/ Keramidis, S.; Mackert, L.: Specification and Implementation of parallel activities on abstract objects. 4th International Conference on Software Engineering, Sept. 17-19, 1979, Munich.

/5/ Wulf, A.; London, R.: An Introduction to the Construction and Verification of Alphard Programs. IEEE, Vol.SE-2, Nr.4, Dec.1976, pp.253 ff.

/6/ Liskow, B.; Snyder, A.; Athinson, R.; Schaffert, C.: Abstraction Mechanism in CLU. CACM,Vol.20, Nr.8, Aug.1977, pp.564 ff.

SPEZI - EINE SPRACHE ZUR FORMULIERUNG VON SPEZIFIKATIONEN

(unvollständige Fassung)

Wilfried Koch
Institut für Angewandte Informatik
- Fachgebiet Softwaretechnik -
Technische Universität Berlin

Zusammenfassung: Der Begriff der Spezifikation eines Softwaresystems wird definiert als Abschlußdokument einer Entwicklungsphase zwischen Problemanalyse und Implementierung. Die Konzepte der Spezifikationssprache SPEZI werden kurz umrissen. Auf Sprachdefinition und ein ausführliches Beispiel im Vortrag wird verwiesen.

I Der Begriff der Spezifikation

1. Einordnung in den Software-Herstellungsprozeß

Die Festlegung des Begriffs der Spezifikation ergibt sich aus der Analyse des Herstellungsprozesses eines Softwaresystems. Es wird angenommen, daß sich dieser Prozeß in abgrenzbare Phasen gliedert. Das Ende jeder Phase markiert ein Dokument, welches der Folgephase als Vorgabe dient.

1. Phase: Problemanalyse. Sie dient der Festlegung der Aufgabenstellung eines geplanten Softwaresystems im Kontext der Anwendung durch den Auftraggeber. Eine Benutzerschnittstelle wird festgelegt. Daneben werden benötigte und/oder vorhandene Resourcen angegeben und Randbedingungen des Systems gefordert (Rechner und vorhandene Software, Benutzerprofil, Zeitverhalten des Systems etc.).
   Abschließendes Dokument: Die Anforderungsdefinition (Pflichtenheft) ist aus der Sicht des Auftraggebers die Beschreibung des Softwaresystems als Baustein für seine Gesamtlösung; für den Softwarehersteller ist sie die Aufgabenstellung.

2. Phase: Entwurf des Softwaresystems. Der Entwurf hat eine erste (im allgemeinen nicht ausführbare) Lösung der Aufgabe zum Ziel. Dabei werden bestimmte Methoden angewendet:

- Zerlegung des dargestellten Problems in "Moduln" geringerer Problemkomplexität.
- Festlegung von Import-/Export-Schnittstellen zwischen Moduln.
- Klassifizierung von Moduln (Steueraspekt, Datenaspekt, Prozeßaspekt, Interaktion mit der Außenwelt), um ein algorithmisches Modell in der Vorstellung des Herstellers abzubilden.
- Anordnung von Moduln nach bestimmten Kriterien (Hierarchie und/oder Schichtung etc.).
- Weitestgehende Abstraktion von implementierungstechnischen Details (keine Ablaufformulierung durch Steuerkonstrukte, keine Datenrepräsentation); Darstellung des Systemablaufs nur, soweit dies die Anforderungsdefinition vorschreibt.
- Klassifizierung öffentlicher, d.h. von einem Modul exportierter und nicht öffentlicher Objekte.

Abschließendes Dokument: Spezifikation.

2. Aufgaben der Spezifikation

- Sie beschreibt eine Lösung der Aufgabe der Anforderungsdefinition.
- Sie beschreibt nicht unbedingt den Lösungsweg, d.h. nicht die Begründung der Entwurfsentscheidung, die als zu komplex in ein definierendes Dokument nicht direkt integriert werden kann (→ Entwicklungsdokumentation).
- Sie beschreibt Funktionen des Systems und Objekte, Abläufe und Prozesse durch eindeutige syntaktische Konstrukte mit klarer Semantik. Der benutzte sprachliche Kalkül (Spezifikationssprache) ist von dem der Programmiersprache verschieden.
  Die Beschreibung der Spezifikation muß eine konsistente Überprüfung der Lösung ermöglichen.
- Sie beschreibt mindestens die in der Anforderungsdefinition vorgegebene Benutzerschnittstelle und ermöglicht, Randbedingungen anzugeben und Resourcen zu bestimmten sprachlichen Konstrukten zuzuordnen (Angemessenheit).
- Sie beschreibt die Lösung ohne zusätzliche, nicht aus der Anforderungsdefinition ableitbare Annahmen über das physikalische System (Durchführbarkeit).
- Syntax und Semantik der Spezifikationssprache sind verständlich durch angemessene Formalisierung. Dies gilt sowohl in Bezug auf die Abbildung von Objekten und Funktionen, die in der Anforderungsdefinition bezeichnet werden auf entsprechende sprachliche Formulierungen der Spezifikation als auch in Bezug auf die Übertragbarkeit der Konstruktionen der Spezifikation in eine Implementierungssprache.

Die Spezifikation ist als definierendes Dokument für die Implementierung anzusehen. Die Phase der Implementierung und weitere Phasen des Herstellungsprozesses werden hier nicht dargestellt.

II Konzepte der Spezifikationssprache SPEZI

1. Moduln

Ein Modul ist eine benannte Zusammenfassung von Programmteilen. Er ist weder ein Typ noch eine Prozedur. Deshalb lassen sich mit Hilfe von Moduln sowohl Programmteile mit reinem Kontrollcharakter modellieren als auch Programmteile, in denen der Datenaspekt überwiegt (abstrakte Datenstruktur, abstrakter Datentyp). Lediglich zwei Modularten sind für spezielle Anwendungen vorgesehen:

- der Hauptmodul (main module) enthält die Wurzel des Kontrollbaumes sequentieller Programme
- der Schnittstellenmodul (interface module) beschreibt die Beziehungen zwischen Signalen des physikalischen Systems und Prozedurapplikationen des Softwaresystems.

2. Schnittstellen

Die Beziehungen zwischen Moduln werden ausschließlich durch explizite Schnittstellen beschrieben. Schnittstellen regeln nicht nur den Austausch von Größen zwischen Moduln. Sie sind auch Mittel zur Realisierung des Prinzips des "information hiding". Der Austausch von Größen, die nicht in Schnittstellen vorkommen, ist ebenso verboten wie der Zugriff auf gewisse modulinterne Eigenschaften exportierter Größen.

Zwischen Moduln können nur Prozeduren, Typen und Konstanten ausgetauscht werden. Kein Modul kennt eine Variable, eine Typcharakterisierung oder einen Konstantenzustand in anderen Moduln.

Die Schnittstelle eines Moduls besteht im allgemeinen aus

- einer <u>defines</u>-Liste mit den Namen exportierter Größen
- einer <u>applies</u>-Liste mit den Namen importierter Größen gegliedert nach Herkunftsmoduln
- den zulässigen Aufruffolgen (sequences) exportierter oder importierter Prozeduren des Moduls
- den Prozedurspezifikationen exportierter Prozeduren.

Hauptmoduln exportieren nichts. Schnittstellenmoduln dürfen ausschließlich elementare Typen (wie int, bool, real, char) importieren.

3. Prozedurspezifikationen

SPEZI erlaubt die Spezifikation beliebiger Prozeduren mit beliebiger Parametrisierung (z.B. keine Einschränkung auf seiteneffektfreie Funktionen im mathematischen Sinne). Deshalb können exportierte Prozeduren eines Moduls mit unveränderter Parametrisierung und durch die Prozedurspezifikation festgelegter Semantik in die Phase der Implementierung übernommen werden.

Eine Prozedurspezifikation besteht aus

- der Parameterversorgung
- der Unzulässigkeitsbedingung für den Aufruf
- der Effektspezifikation.

3.1. Die Parameterversorgung

Sie besteht aus der Typangabe eines möglichen Resultats und einer Parameterliste mit Typangabe und Übergabequalifikation (in, out, trans).

3.2. Unzulässigkeitsbedingung

In ihr werden in Form eines boole'schen Ausdrucks die Fälle angegeben, für welche der Aufruf der Prozedur unzulässig ist. Die Konsistenz der Spezifikation verlangt, daß es überprüfbar sein muß, daß in jedem Fall nur zulässige Aufrufvoraussetzungen vorliegen. Mit welchen Mitteln die Implementierung die Einhaltung zulässiger Aufrufvoraussetzungen garantiert ist nicht Gegenstand der Spezifikation.

Unzulässigkeitsbedingungen sind strikt zu unterscheiden von Bedingungen, die zu erwarteten (und damit zu spezifizierenden) aber im Sinne der Systemstabilität unerwünschten Situationen (exceptions) führen.

3.3. Effektspezifikation

Sie beschreibt die Zustandsänderung von Objekten bei Applikation der Prozedur. Dabei muß unterschieden werden, ob Objekte innerhalb des Moduls oder Parameter der Prozedur ihren Zustand ändern (unmittelbarer Effekt) oder über die Applikation importierter Funktionen auch Objekte in anderen Moduln (mittelbarer Effekt).

3.3.1. Unmittelbarer Effekt (inmediate effect)

Der unmittelbare Effekt kann, braucht aber nicht mittels Fallunterscheidungen in Teileffekte gegliedert werden. Wenn jedoch eine Fallunterscheidung vorliegt, so muß sie zusammen mit der Unzulässigkeitsbedingung vollständig sein.

Teileffekte können durch verschiedene Sprachmittel beschrieben werden:

- Wenn eine Ausnahmesituation vorliegt, so wird diese mit einem Namen gekennzeichnet, der an die spezifizierte Prozedur gebunden ist. Die Beschreibung der Reaktion auf eine Ausnahmesituation ist in SPEZI nicht möglich. Sie bleibt der Implementierung vorbehalten. Es werden lediglich, falls erforderlich, die Voraussetzungen für eine Wiederaufnahme der Prozedurausführung (die Ausgangszusicherung des "exception handlers") angegeben.
- Die explizite Effektbeschreibung gibt den Zustand von Modulobjekten und Parametern nach der Prozedurapplikation an.
- Die implizite Effektbeschreibung gibt den Effekt einer Prozedur in seiner Auswirkung auf anderen Prozeduren des gleichen Moduls an. Dabei wird der nach Ausführung einer Sequenz von Prozedurapplikationen mit voller Parametrisierung erreichte Zustand angegeben.

3.3.2. Mittelbarer Effekt (mediate effect)

Mittelbare Effekte werden durch zeitlich geordnete Auflistung der sie bewirkenden Prozedurapplikationen beschrieben. Eine solche Beschreibung hat zwar algorithmischen Charakter, stellt aber in der Regel keinen funktionsfähigen Algorithmus dar. Das Maß der Detaillierung bei der Beschreibung mittelbarer Effekte sollte nur so groß sein, wie zur Erläuterung des Effektes erforderlich ist. Auch der mittelbare Effekt kann durch eine nicht notwendige vollständige Fallunterscheidung in Teileffekte gegliedert werden.

4. Typen und Objekte

Datenrepräsentationen dürfen nicht Gegenstand der Spezifikation sein, da sie den Implementierer in der Wahl der programmiersprachlichen Mittel für diese Repräsentation einschränken würden.

In SPEZI wird deswegen bei der Beschreibung von Objektzuständen zum Zwecke der Effektcharakterisierung der Prozeduren von Werten abstrahiert.

Die in Programmiersprachen durch den Typ beschriebenen Wertebereiche werden in SPEZI in Äquivalenzklassen von Werten unterteilt. Eine Äquivalenzklasse wird durch einen Zustandsvektor beschrieben. Die Zustände genannten Komponenten dieses Vektors werden bei Typdefinition festgelegt, entweder durch Aufzählung und Benennung der Zustände oder durch Angabe eines anderen Typs. Die durch diese Charakterisierung festgelegten Zustandskomponenten eines Objekts vom definierten Typ können durch Selektion ausgewählt werden, sofern die Sichtbarkeitsregeln dies zulassen. Ein Gleichheitsoperator zwischen Objekten und Zuständen ist durch die Sprache vorgegeben.

Neben dem Typ hat jedes definierte Objekt ein weiteres Zugriffsattribut (var, const), welches festlegt, ob sein Zustand geändert werden kann oder nicht.

5. Verborgene Prozeduren und Operatoren

Es gibt Fälle, in denen sich wesentliche Teileffekte nicht mit den Mitteln der Spezifikationssprache oder mit nicht vertretbarem Aufwand ausdrücken lassen. Zu diesem Zwecke können verborgene Prozeduren oder Operatoren (hidden proc oder hidden op) angegeben werden, deren Effekt verbal erfolgen kann.

Verborgene Prozeduren dienen ausschließlich dem Zwecke der Effektspezifikation von exportierten Prozeduren und brauchen nicht in der Implementierung durch entsprechende Prozeduren realisiert zu werden. Für verborgene Funktionen sind die Mittel der impliziten und der mittelbaren Effektspezifikation unzulässig, damit deren Effekt nicht auf weitere Prozedurapplikationen zurückgeführt werden kann.

6. Prozesse

In SPEZI wird ein Sprachkonstrukt zur Beschreibung von Prozessen eingeführt. Wie der Hauptmodul im sequentiellen Fall haben Prozesse Steuerfunktion für die ihnen zugeordneten Moduln.

Wenn ein Problem sich in Prozesse sinnvoll zerlegen läßt, so wird dieser Strukturierungsschritt als primär gegenüber der modularen Zergliederung angesehen. Die Zuordnung von Moduln zu Prozessen erfolgt nicht durch Schachtelung. Dabei ist die Zuordnung von jeweils einer Modulinstanz zu einem Prozeß ebenso möglich wie die Zuordnung einer Modulinstanz zu mehreren Prozessen.

III Schlußbemerkungen

SPEZI, in der Forschungsgruppe Softwaretechnik entworfen, ist bisher im Lehrveranstaltungszyklus "Software Engineering" mit Erfolg mehrmals eingesetzt worden. Die Entwicklung von SPEZI ist noch nicht abgeschlossen. An dieser Stelle muß ausdrücklich nicht nur den Mitveranstaltern der Lehrveranstaltung, sondern besonders unseren überaus konstruktiv kritischen Studenten gedankt werden für das Aufzeigen von Stärken und Schwächen des Werkzeuges SPEZI. Ein größeres Beispiel für eine Spezifikation mit SPEZI aus dem Bereich der Echtzeitsysteme wird auf der GI-Jahrestagung präsentiert werden.

RECHNERGESTÜTZTES ENTWERFEN UND DOKUMENTIEREN VON PROZESSAUTOMATISIERUNGSSYSTEMEN MIT EPOS

R. Lauber

Institut für Regelungstechnik und Prozeßautomatisierung der Universität Stuttgart

Zusammenfassung: Für Methoden zum rechnergestützten und systematischen Entwurf von Prozeßautomatisierungssystemen wird eine Gliederung in Entwurfsstrategien und Entwurfs-unterstützende Techniken eingeführt. Auf der Grundlage eines Ebenenmodells für die verschiedenen Entwurfsarten (prozeduraler, operationeller und auxiliarer Entwurf) wird der Aufbau des Entwurfsunterstützenden Softwarewerkzeugs EPOS erläutert. Die Eigenschaften von EPOS als Hilfsmittel zur Beschreibung der Aufgabenstellung und der Ergebnisse des Entwurfs, sowie zur Durchführung von Prüfungen und zur Erstellung bzw. Änderung der Dokumentation werden dargestellt und anhand einfacher Beispiele veranschaulicht.

1. Rechnergestützte Entwurfsmethoden

Die Möglichkeiten, die der Einsatz von Prozeßrechnern bei der Automatisierung technischer Prozesse bietet, werden von Ingenieuren immer mehr erkannt und genutzt. Auch in den Bereichen des Konstruierens(von Maschinenteilen, Leiterplatten usw.) und der Bürotätigkeit werden zunehmend rechnergestützte Verfahren eingeführt. Nur langsam jedoch setzt sich die Erkenntnis durch, daß sich auch die kreativen Ingenieurtätigkeiten beim Entwurf von Automatisierungssystemen durch Rechner unterstützen, systematisieren und effizienter gestalten lassen. Besonders notwendig ist eine solche Unterstützung bei der Entwicklung großer und komplexer Programmsysteme [1]. Aus diesem Grunde sind die meisten der in den letzten Jahren veröffentlichten sog. Entwurfsmethoden auf die Problematik des Programmentwurfs ausgerichtet.

Grundsätzlich lassen sich 2 Kategorien von Entwurfsmethoden unterscheiden:

1. Entwurfsstrategien oder andere direkte Entwurfsverfahren heißen Methoden, deren Ziel es ist, dem entwerfenden Programmierer bzw. Ingenieur eine Anleitung für das Finden einer optimalen Lösung zu geben.

   In dieser Kategorie kennt man gegenwärtig zwei Arten, wobei die eine vom Datenfluß, die andere von den Datenstrukturen ausgeht. Datenfluß-Strategien wurden in den USA von Constantine, Myers und Yourdon, Datenstruktur-Strategien in England von Jackson, in Frankreich von Warnier und in den USA von Orr entwickelt [2].
2. Entwurfsunterstützende Techniken - sie können auch als "indirekte Entwurfsverfahren" bezeichnet werden - sind Verfahren und Softwarewerkzeuge, die in letzter Zeit unter verschiedenartigen Benennungen (Spezifikationssprachen, Software-Konstruktionssysteme usw.) bekannt wurden [3]. Sie zielen darauf ab, die eigentliche schöpferische Entwurfstätigkeit zwar den beteiligten Menschen zu überlassen, ihnen dabei aber lästige Routinetätigkeiten (wie z.B. Erstellung bzw.

Änderung von Berichten und graphischen Darstellungen) abzunehmen und sie durch rechnergestützte Prüfungen schon während den ersten Entwurfsphasen auf mögliche Irrtümer, Unvollständigkeiten und Widersprüche hinzuweisen, deren zu späte Erkennung sonst hohe Änderungskosten und viel Ärger verursachen könnte.

Das im Folgenden beschriebene Software-Werkzeug EPOS [4,5] gehört in die Kategorie der Entwurfunterstützenden Techniken. Es zeichnet sich durch folgende Eigenschaften aus:

1. Es ist ein rechnergestütztes Hilfsmittel für den Entwurf von Geräte- und Programmsystemen (Hardware-Software-Systemen).
2. Bei EPOS geht es um den Entwurf von Realzeit-Systemen, wie sie in der Prozeßautomatisierung vorkommen.
3. EPOS wird auf einem Minirechner implementiert.
4. Es werden formale, graphische und verbale Beschreibungsformen verwendet, um die Akzeptanz durch Automatisierungsingenieure zu verbessern.
5. EPOS ist so konzipiert, daß die Softwareteile des zu realisierenden Prozeßautomatisierungssystems ohne Schwierigkeiten in der höheren Prozeßprogrammiersprache PEARL codiert werden können. Diese Ausrichtung auf PEARL bedeutet nicht, daß die Anwendung anderer Echtzeitprogrammiersprachen ausgeschlossen ist, sondern ermöglicht die effektive Nutzung des vollen Sprachumfangs von PEARL.

Grundlage des Entwurfswerkzeugs EPOS ist ein Modell zur Beschreibung und Klassifizierung der Entwurfstätigkeiten und Entwurfsarten [6].

Hierbei wird eine Ebenen-Struktur mit Objekten unterschiedlicher Detailliertheit bzw. unterschiedlichen Abstraktionsgraden angesetzt. Diese Objekte kann man sich entweder aufgrund eines Top-Down-Vorgehens oder eines Bottom-up-Vorgehens entstanden denken, d.h. sie sind weitgehend unabhängig von der zeitlichen Vorgehensweise beim Entwurf. Die Beschreibung der Objekte und der Relationen zwischen ihnen in einer maschinenverarbeitbaren Form ermöglicht es, alle bei den Entwurfsschritten anfallenden Informationen in der Datenbank eines Rechners abzuspeichern. Unter Verwendung dieser Informationen können dann mit geeigneten Auswerteprogrammen (sogenannten Software-Werkzeugen) die menschlichen Entwurfstätigkeiten unterstützt und ergänzt werden. Darüber hinaus eröffnet sich die Möglichkeit, die abstrakten Objekte auf den einzelnen Ebenen als "Zwischenergebnisse" des Entwurfs aufzufassen und so die Lenkung und Überwachung des Projektablaufs zu erleichtern.

Auf allen Entwurfsebenen werden dabei 3 Arten von Entwurfstätigkeiten unterschieden:

1. Das Suchen und Finden geeigneter Automatisierungsprinzipien und -verfahren zur Lösung der gestellten Automatisierungsaufgaben. Diese Tätigkeiten seien als <u>prozeduraler Entwurf</u> bezeichnet.
2. Die Konzeption und Entwicklung eines Prozeßrechensystems, mit dem die Automatisierungsverfahren realisiert werden. Alle damit zusammenhängenden Tätigkeiten werden operationeller Entwurf genannt.
3. Die Entwicklung von Hilfsmitteln, wie etwa Testprogrammen und -geräten, Simulationsprogrammen, Schulungsunterlagen usw. Die Herstellung solcher Hilfsmittel läßt sich zu Tätigkeiten eines <u>auxiliaren Ent-</u>

wurfs zusammenfassen.

2. Aufbau des Entwurfsystems EPOS

Das Entwurfsystem EPOS besteht aus folgenden 5 Kompenenten:

- Die Beschreibung der Aufgabenstellung des Prozeßautomatisierungssystem (Requirements) und der aus dem prozeduralen Entwurf resultierenden Anforderungen erfolgt mit den Sprachmitteln von EPOS-R.
- Zur Beschreibung des operationellen Entwurfs wird die formale Spezifikationssprache EPOS-S eingesetzt.
- Prüfungen auf Vollständigkeit, Eindeutigkeit und Widerspruchsfreiheit werden mit dem Analyse-Programm EPOS-A ausgeführt.
- Die Programme zur Erstellung der Dokumentation sind zu einer Komponente EPOS-D zusammengefaßt.
- Der Kommunikation zwischen Anwendern von EPOS und dem Rechner, auf dem EPOS implementiert ist, dient die Komponente EPOS-C.

Die genannten 5 Komponenten werden im Folgenden näher erläutert.

Mit Hilfe von EPOS-R wird der zu automatisierende technische Prozeß zusammen mit seiner Umwelt beschrieben. Darüber hinaus hat der Anwender die Möglichkeit, Anforderungen und einzuhaltende Bedingungen in EPOS-R zu formulieren. Die Anforderungen betreffen sowohl die funktionelle Zielsetzung als auch die Festlegung von Geräten und Softwareprodukten, die benützt werden sollen.

Der verbale Text wird durch ein Gliederungsschema mit Dezimalklassifikation in Abstraktionsebenen, Kapitel, Abschnitte usw. zerlegt, wodurch er überschaubar und leicht zugänglich wird [7].

Graphische Darstellungen werden ebenfalls rechnergestützt gespeichert und sind damit reproduzierbar. Ihre Eingabe erfolgt in einer formalen Strukturbeschreibungssprache.

Die formalen Einschübe sind die Teile von EPOS-R, die vom Rechner ausgewertet werden und die die Schnittstellen zu EPOS-S, der formalen Spezifikationssprache, bilden.

Zur Illustration von EPOS-R ist im folgenden Bild 1 ein Ausschnitt aus der Anforderungsbeschreibung für die Automatisierung einer Gebäudeheizung dargestellt.

```
ABSTRAKTIONSEBENE 0:
                 .
                 .
                 .
                 .
4.     EINZUHALTENDE ANFORDERUNGEN UND BEDINGUNGEN
4.1    ANFORDERUNGEN AN DEN PROZESSABLAUF
4.1.1  REGULÄRER PROZESSABLAUF (NORMALBETRIEB)
       DA ES SICH UM UNABHÄNGIGE WOHNUNGEN HANDELT, SOLL
       DIE TEMPERATUR IN JEDER WOHNUNG GETRENNT EINSTELL-
       BAR SEIN, WOBEI DIE EINSTELLGENAUIGKEIT ± 0,5° C
       BETRAGEN SOLL.
       REQUIREMENT 1:  "GETRENNTE TEMPERATUREINSTELLUNG IN
                        JEDER RAUMZONE."
       REQUIREMENT 2:  "EINSTELLGENAUIGKEIT ± 0,5° C."
                   .
                   .
```

Bild 1: Ausschnitt aus einer EPOS-R-Beschreibung

Der formalen Spezifikationssprache EPOS-S liegt das in Bild 2 dargestellte Beschreibungsmodell mit den Objektarten ACTION, DATA, INTERFACE, EVENT und CONDITION und dem Kontroll- und Datenfluß zwischen diesen Objekten zugrunde. Zusätzlich gibt es in EPOS eine Objektart DEVICE, mit der die gerätetechnische Realisierung beschrieben werden kann.

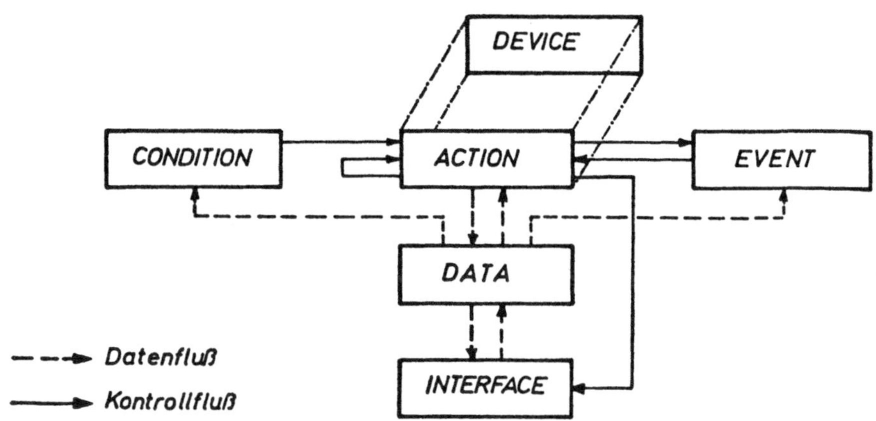

Bild 2: Beschreibungsmodell von EPOS-S

Eine EPOS-Spezifikation setzt sich aus beliebig vielen Beschreibungsbausteinen zusammen, die durch ihren jeweiligen Bezeichner indentifiziert werden können.

Jeder Baustein, d.h. jede Aktionsbeschreibung, jede Datenbeschreibung usw., besteht aus

1. Beschreibungsteil
2. Angabe von Beziehungen zu anderen Bausteinen
3. Eventuelle Verfeinerung des Bausteins.

Im Bild 3 ist der genaue Aufbau des Beschreibungsteils dargestellt. Im Gegensatz zu den anderen Teilen ist der PURPOSE-Teil obligatorisch und beschreibt in verbaler Form die Aufgabe des Bausteins. Im FULFILS-Teil werden die Anforderungen, die in EPOS-R beschrieben sind und die mit diesem Baustein erfüllt werden sollen, aufgelistet. Im NOTE-Teil können allgemeine Anmerkungen wie zum Beispiel Implementierungshinweise, Begründung von Entwurfsentscheidungen, mögliche Alternativen, durchgeführte Änderungen usw. in verbaler Form beschrieben werden.

```
DESCRIPTION:
    PURPOSE:     AUFGABE DIESES BAUSTEINS.
    DATE   :     EINZUHALTENDER TERMIN.
    FULFILS:     ANFORDERUNGEN, DIE DAMIT ERFÜLLT WERDEN SOLLEN.
    TEST   :     TESTPLANUNG.
    PERFORMANCE: AUSFÜHRUNGSANFORDERUNGEN.
    NOTE   :     ALLGEMEINE ANMERKUNGEN.
DESCRIPTIONEND.
```

Bild 3: Aufbau des Beschreibungsteils der EPOS-Bausteine

Im Bild 4 ist ein Beispiel für die Beschreibung eines Objekts ACTION angegeben. Man erkennt, daß die Aktion DATENEINGABE in die Untervorgänge ANFORDERUNG_ERKENNEN, HEIZUNG_ABSCHALTEN und SOLLWERTE_EINLESEN zerlegt wird, wobei zwischen den Untervorgängen ein fest definierter Zusammenhang besteht.

Zur Auswertung der in EPOS-R und EPOS-S formulierten Beschreibungen dient das Analysesystem EPOS-A. Neben einer Prüfung auf bestimmte Spezifikationseigenschaften und der Durchführung von Simulationen, unterstützt EPOS-A den Automatisierungsingenieur durch halbautomatische Prüfung, d.h. der Rechner erzeugt Angaben, die der Benutzer leicht prüfen kann.

```
ACTION          DATENEINGABE: ANFORDERUNG_ERKENNEN;
                              IF ABBRUCHBEDINGUNG
                                 THEN HEIZUNG_ABSCHALTEN
                                 ELSE SOLLWERT_EINLESEN
                              FI.
DESCRIPTION:
    PURPOSE:    "DIESER VORGANG DIENT ZUR EINGABE DER SOLLWERTE
                 FÜR DIE REGELUNGEN. AUSSERDEM KANN DURCH EINGABE
                 EINES ENTSPRECHENDEN KOMMANDOS DER AUTOMATISCHE
                 BETRIEB ABGEBROCHEN WERDEN.".
    DATE:       30.1.79
    FULFILS:    REQUIREMENT 3.
    TEST:       "PRÜFUNG, OB ENTSPRECHEND DER EINGABE DIE RICHTIGEN
                 PFADE DURCHLAUFEN WERDEN.".
DESCRIPTIONEND.
TRIGGERED:      ANFORDERUNG.
INPUT:          ANFORDERUNGSWUNSCH FROM EINGABEGERAET,
                SOLLWERTE FROM EINGABEGERAET.
OUTPUT:         SOLLWERTE.
ACTIONEND.
```

Bild 4: Beispiel für die Beschreibung eines Objekts ACTION

Im einzelnen führt EPOS-A folgende Prüfungen durch:

- Überprüfung des Spezifikation auf jeder Entwurfsebene

  Beispielsweise müssen das Ereignis ANFORDERUNG, die Daten ANFORDERUNGS-WUNSCH und SOLLWERTE und die Prozeßschnittstelle EINGABEGERAET spezifiziert sein, damit die zur Aktion DATENEINGABE (siehe Bild 5) gehörende Entwurfsebene vollständig beschrieben ist.

- Überprüfung auf Namenskonflikte und auf Beschreibungsbausteine, die keinen Zusammenhang zur übrigen Spezifikation haben.
- Überprüfung der Verträglichkeit der Aussagen im Spezifikationstext (Konsistenz).
- Überprüfung des Ablaufs mittels statischer und dynamischer Simulation auf jeder Entwurfsebene.
  Bei der statischen Simulation werden die verschiedenen Pfade des Kontrollflusses durchlaufen und überprüft. Die dynamische Simulation berücksichtigt darüber hinaus noch zeitliche Randbedingungen, zufällige Prozeßereignisse und Schätzwerte für die Laufzeit von Verarbeitungsvorgängen.
- Prüfung auf Termintreue zur Unterstützung des Projektmanagements.

<u>EPOS-D</u> dient zur automatischen Generierung von Dokumenten für die verschiedenen Benutzergruppen, wobei als Dokumentationsarten Text, Graphik, Listen und Reports möglich sind.

Im einzelnen können folgende Dokumente automatisch erzeugt werden:

- Dokumentation der EPOS-S Bausteine sowohl als formatierter Text als auch in einer graphischen Form als Beschreibungsdiagramm (siehe Bild 5).
- Darstellung des hierarchischen Aufbaus der einzelnen Komponenten des Beschreibungssystems (Hierarchiediagramm) (siehe Bild 6).

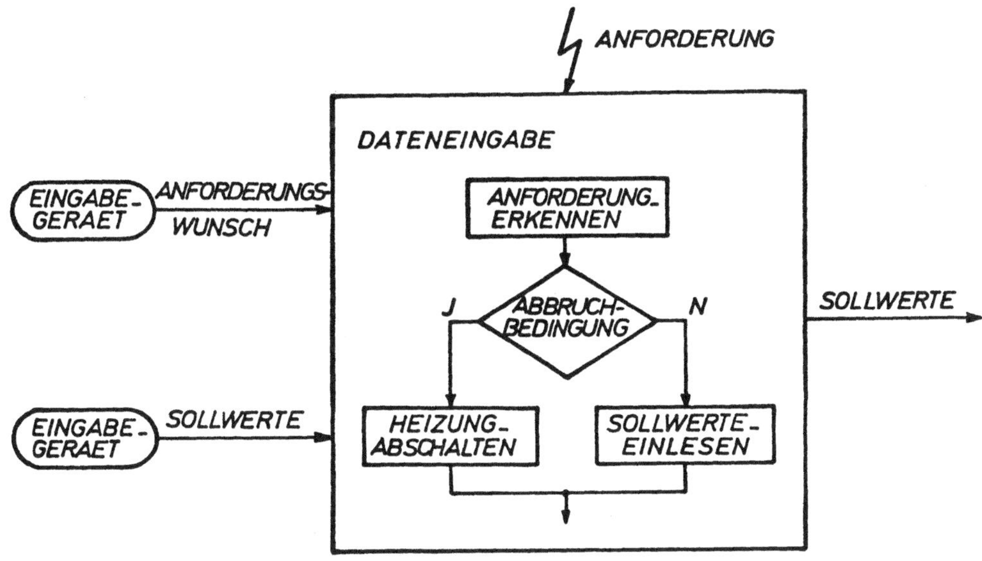

Bild 5: Beispiel für die graphische Beschreibung einer Aktion DATENEINGABE

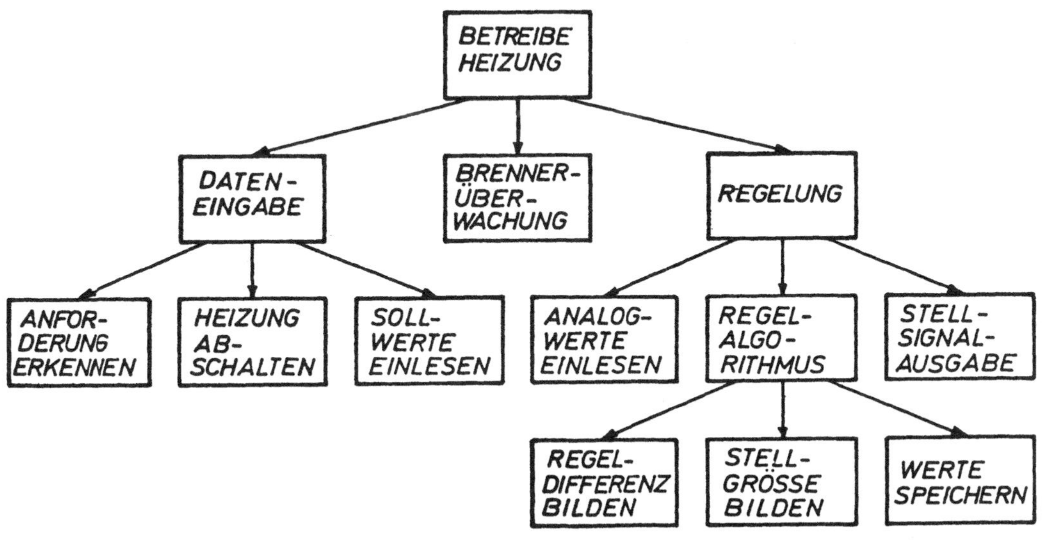

Bild 6: Beispiel für ein Hierarchie-Diagramm

- Darstellung des Kontrollflusses unter Einbeziehung der Hierarchie von Verarbeitungsvorgängen (Ablauf-Hierarchie-Diagramm). Während im Hierarchiediagramm lediglich der hierarchische Zusammenhang ausgedrückt wird, wird im Ablauf-Hierarchie-Diagramm neben der Hierarchie auch der Zusammenhang im Kontrollfluß dargestellt.
- Angabe des Kontrollflusses auf der untersten Entwurfsstufe als Programmieranleitung (Ablaufdiagramm).
- Darstellung des Datenflusses.
- Darstellung von Zusammenhängen zwischen den verschiedenen Beschreibungsbausteinen in Form von Listen (Konnektivitätslisten).
- Darstellung von Managementinformationen.

Mit Hilfe von EPOS-C ist ein flexibler Zugriff auf das EPOS-System möglich, wobei für die unterschiedlichen Benutzer ein jeweils spezifischer Bedienkomfort verfügbar ist. Es gibt drei verschiedene Bedienformen, die die Ausführlichkeit in der Korrespondenz bestimmen.

Darüber hinaus hat der Benutzer die Möglichkeit, durch die Anwahl einer HELP-Funktion, die an jeder beliebigen Stelle durch die Eingabe 'HELP' angewählt werden kann, für diese Eingabe in die Bedienform 'lang' zu springen, um sich zu informieren, welche Möglichkeiten ihm an dieser Stelle zur Verfügung stehen.

Eine weitere wichtige Eigenschaft von EPOS-C ist die Möglichkeit, Benutzermakros zu definieren, wodurch Bedienwünsche zusammengefaßt werden können. Auf diese Weise können sowohl bestimmte Prüfroutinen als auch bestimmte Dokumente zu einem Paket zusammengebunden werden, das mit einem bestimmten Makronamen angestoßen werden kann.

Da vor der Arbeit mit einer EPOS-Datei der Benutzername eingegeben werden muß und das aktuelle Datum ohnehin zur Verfügung steht, kann sowohl der Zeitpunkt der letzten Änderung eines Beschreibungsbausteins als auch der Name des Bearbeiters, der diese Änderung durchgeführt hat, in der Datenbank mit Hilfe von EPOS-C abgelegt werden.

3. Entwicklung und Implementierung von EPOS

Die oben beschriebenen 5 Kompenenten von EPOS werden gegenwärtig auf dem Minirechner AEG 80-20 (128 k Byte Hauptspeicher, 2 M Byte Hintergrundspeicher) implementiert. Die Entwicklung und Implementierung wird in 3 zeitlichen Phasen durchgeführt.

In einer ersten bereits abgeschlossenen Entwicklungsphase wurde im März 1979 ein vorläufiger Umfang der EPOS-Komponenten (als "Basic Version" bezeichnet) fertiggestellt. Bei der Definition von EPOS-S wurden dabei Ergebnisse ausgewertet, die in einem vorausgegangenen Forschungsvorhaben seit 1973 erarbeitet worden waren [8].

In der gegenwärtig laufenden zweiten Entwicklungsphase wird die "Basic Version" von EPOS auf eine Reihe von kleinen Entwurfsaufgaben (vorwiegend im Rahmen von Diplomarbeiten) angewandt und erprobt.

Gleichzeitig mit dieser Anwendung auf kleine Projekte wird eine zweite

Version von EPOS ("Intermediate Version") entwickelt, wobei die inzwischen vorliegende Erfahrung ausgewertet und eingearbeitet wird. Die "Intermediate Version" von EPOS soll Anfang 1980 fertiggestellt sein.
Ab 1980 ist der praktische Einsatz der "Intermediate Version" auf mehrere Pilotprojekte geplant. Unter Auswertung der dabei gewonnenen Erkenntnisse über Anwendbarkeit und Akzeptanz soll dann eine "Full Version" von EPOS entstehen, die für den breiten industriellen Einsatz vorgesehen ist.

4. Danksagung

Die Entwicklung und Realisierung von EPOS wurde seit 1978 aus Mitteln des 3. Datenverarbeitungsförderungsprogramms des BMFT (Projekt PDV) gefördert.

Literatur:

[1] Conn, A.: Specification of reliable large-scale software systems. Dissertation an der University of California in Berkeley (1977).

[2] Yourdon, E.: Umwälzungen auf dem Gebiet der Software-Entwicklung. GMD-Spiegel 8 (1978) S. 5-21

[3] Ludewig, J. und Streng, W.: Überblick und Vergleich verschiedener Mittel für die Spezifikation und den Entwurf von Software.
Kernforschungszentrum Karlsruhe, Bericht KFK 2506 (1978)

[4] Biewald, J., Göhner, P., Lauber, R. and Schelling, H.: EPOS - a specification and design technique for computer controlled real-time automation systems.
4th International Conference on Software Engineering, September 17-19, 1979, München

[5] Biewald, J., Göhner, P., Lauber, R. und Schelling, H.: Das Software-Werkzeug EPOS zur Unterstützung der Ingenieurtätigkeiten beim Entwurf und bei der Wartung von Prozeßautomatisierungssystemen. Regelungstechnik (1979)

[6] Lauber, R.: Modelle zur Beschreibung des Entwurfs von Prozeßautomatisierungssystemen. Regelungstechnik (1979)

[7] Lauber, R., Konakovsky, R. und Reinshagen, K.-P.: Structured Documentation Method for Safety-Related Computer Controlled Systems. Preprints of IFAC-Congress Helsinki (1978) pp.739-746

[8] Koch, W.: Ein Beitrag zur Entwicklung entwurfsunterstützender Spezifikationssprachen für Automatisierungssysteme. Dissertation Universität Stuttgart (1979)

B O I E

EIN INTERAKTIVES ENTWURFSWERKZEUG

Peter Winkler

PSI
Gesellschaft für Prozeßsteuerungs- und
Informationssysteme
Berlin

Zusammenfassung: BOIE leistet interaktiv den Aufbau, die Prüfung und die Änderung von baumartigen Systemstrukturen. Eine anschauliche Bildschirmdarstellung fördert zusammen mit einer einfachen Dialogsprache die leichte Bedienbarkeit. Durch eine flexible Definition von Strukturelementen wird das Grundsystem auf den jeweiligen Anwendungsbereich zugeschnitten. Die Entwurfsinformation kann dann halbgrafisch und textförmig ausgegeben werden, wobei die Textausgabe den jeweiligen Anforderungen angepasst werden kann. Eine erste Ausbaustufe unterstützt eine interaktive Erzeugung hierarchischer Entwurfsstrukturen und deren Ausgabe in verschiedenen Formen.

Software-Entwurf

Der Entwurf von Software wird heute generell als Problem empfunden. Mehr als je zuvor fliesst der Hauptanteil der Softwarekosten in die Änderung oder Korrektur bestehender Software. Darum ist eine vollständige und korrekte Dokumentation des Entwurfs auf allen Ebenen von eminenter Bedeutung. Ihre Erstellung wird durch verschiedene Faktoren behindert:

1. Mit den bisherigen Darstellungsmitteln für den Entwurf ist ein durchgängiges Arbeiten über alle Phasen von der Spezifikation bis zur Codierung nicht möglich.

2. Beim Entwerfen selbst sind die Papier-orientierten Entwurfsdarstellungen ungeeignet, da sie sich nicht leicht ändern lassen.

3. Die Lücke zwischen dem Entwurfsergebnis und dem resultierenden Programm kann mit den manuellen Entwurfsdarstellungen nicht geschlossen werden.

4. Es ist mühselig, Änderungen in der Software nachträglich in die Entwurfsdokumentation aufzunehmen.

5. Eine vollständige Durchführung und gemeinsame Sprache für den Entwurf kann auch in Teams nur durch Druck, Normen und Kontrolle durchgesetzt werden.

Dieser Bericht veröffentlicht Ergebnisse aus einem mit Mitteln des Bundesministers für Forschung und Technologie (Kennzeichen DV 5.505) geförderten Forschungsvorhabens des Projektes Prozeßlenkung mit DV-Anlagen (PDV) im Rahmen des 3. DV-Programms der Bundesregierung. Die Verantwortung für den Inhalt liegt ausschließlich bei den Autoren bzw. den geförderten Unternehmen.

Wir sind der Meinung, daß diesen Problemen mit Entwurfswerkzeugen entgegengetreten werden kann. Leider liefern die Bemühungen auf dem Gebiet der formalen Spezifikation von Software bisher keine für große Systeme praktikablen Ergebnisse. Wir sind aus diesem Grund bei der Konzeption unseres Werkzeuges, also von BOIE (= Baum-orientiertes interaktives Entwurfswerkzeug), pragmatisch vorgegangen und haben versucht, uns an den Bedürfnissen der Software-Praxis zu orientieren.

Die Zielsetzung von BOIE liegt darin, einen Entwurf hierarchisch von der Systementwurfsebene bis hinunter zur Codierungsebene mit den gleichen Mitteln durchzuführen. Die eigentliche Entwurfsinformation wird intern von dem Werkzeug verwaltet. Unter anderem werden Prüfungen der eingegebenen Struktur vorgenommen und gewisse Substrukturen selbständig erzeugt. Die Entwurfsstruktur kann dann auf unterschiedliche Art ausgegeben werden. Speziell soll aus einem vollständigen Programmentwurf automatisch ein übersetzbares Quellprogramm erzeugt werden können. Wir wollen damit verhindern, daß ein Entwurf inaktuell wird und nicht mit dem (richtigen) Programm übereinstimmt. Programmänderungen werden mit BOIE durchgeführt und bringen so eine Aktualisierung der Entwurfsdokumentation mit sich.

Grundzüge des BOIE-Konzeptes

Wir haben versucht, bei der Konzeption unseres Werkeuges von einigen Grundsätzen des Verständnisses von Programmen auszugehen, die wir für hilfreich beim Entwurf von Software halten. Die wesentlichen Ansätze dazu sind die folgenden:

STRUKTURIERTE PROGRAMME SIND HIERARCHISCH AUFGEBAUT

Wir gehen davon aus, daß der Begriff "strukturierte Programmierung" bedeutet: "Konstruktion eines hierarchisch gegliederten Programmes aus einer kleinen Menge von strukturellen Bausteinen". Ein "strukturiertes" Programm - gleich ob rein sequentiell oder parallel arbeitend - besteht in den hierarchisch höhergelegenen Ebenen aus ineinander verschachtelten und aneinandergereihten Modulstrukturen. In den unteren Ebenen gibt es die entsprechend angeordneten Datenstrukturen und Programm-Ablaufstrukturen.

PROGRAMM-ABLAUF IST TRANSFORMATION VON DATEN

Die einzelnen strukturellen Bausteine eines solchen Programmes lassen sich in "aktive" und "passive" unterteilen, in Aktionen und Objekte.

Eine beliebige Aktion A transformiert den Gesamtzustand des Programms. Er wird beschrieben durch die Definiertheits-Zustände und Werte aller in ihm enthaltenen Datenobjekte. Dabei benötigt sie einen Teil I dieser Informationen, um ihre Aufgabe durchführen zu können. Ein anderer Teil O wird von ihr neu definiert (Daten werden beschrieben).

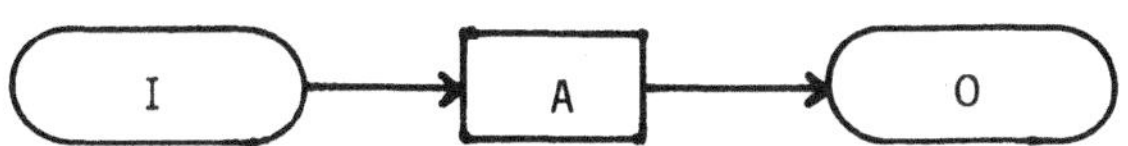

Sei nun die Aktion A zusammengesetzt aus den Teilaktionen A1, A2 und A3, das Objekt I aus den Bestandteilen I1 und I2 und das Objekt O aus O1, O2, O3 und O4.

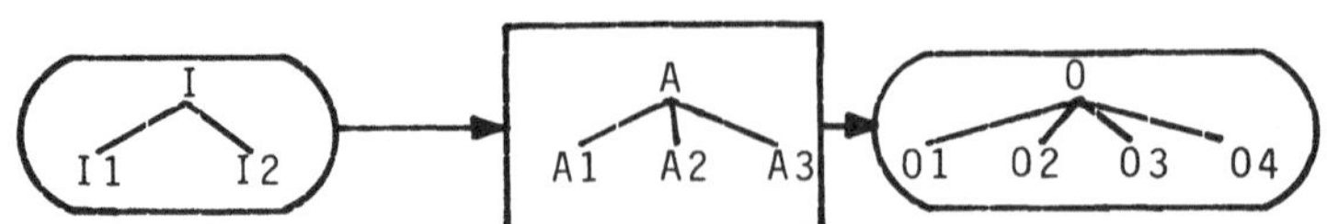

Dann spaltet sich auch die Aktion-Objekt Relation auf, d.h. die Bestandteile von I und 0 können verschiedenen Bestandteilen von A zugeordnet sein. Und es können auf der hierarchisch niedrigeren Ebene auch Zwischenobjekte Z definiert werden, die nach außen nicht in Erscheinung treten. Z. B.:

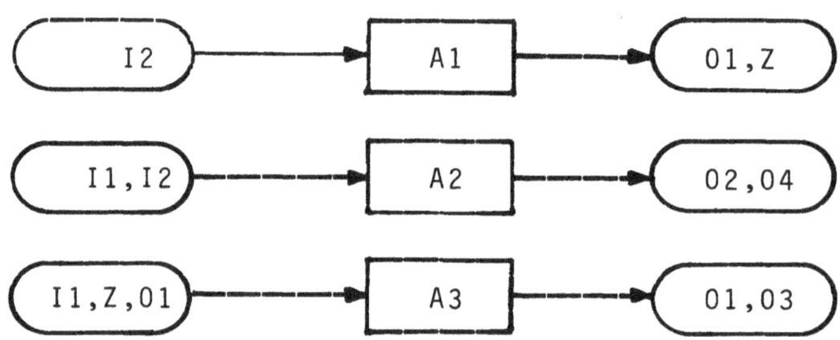

SCHRITTWEISE VERFEINERUNG

Der Begriff der schrittweisen Verfeinerung verbindet den hierarchischen Programmaufbau mit einer Vorgehensweise vom Abstrakten zum Konkreten. Dabei wird jedes Problem in einfachere Teilprobleme zerlegt und die Lösung aus deren Teillösungen zusammengesetzt.

Außerdem hofft man, daß die gebräuchlichen Strukturtypen für Software geeignet sind, um die Struktur realer Probleme adäquat wiederzugeben.

BENUTZERDEFINITION VON KNOTENTYPEN

In Anbetracht der anhaltenden Diskussion um brauchbare Programm-Strukturen speziell auf der Systementwurfsebene wollen wir die Festlegung von BOIE auf einen speziellen Satz von Strukturtypen vermeiden. Sie sollen vom Benutzer vereinbart werden können, indem er dem Namen der Struktur einige Informationen zuteilt wie z. B.

- die Substruktur dieses Strukturtyps (in welche Strukturtypen zerfällt er),
- eventuelle automatische Generierung der Substruktur,
- wie der Informationsinhalt einer Realisierung dieses Strukturtyps in der (Druck-) Ausgabe des Entwurfs verwendet werden soll.

Die Definierbarkeit von Strukturtypen eröffnet auch für andere hierarchische Systeme als Software die Anwendung von BOIE.

Die Definition soll unabhängig vom Entwurfswerkzeug geschehen, indem ein Text in einer einfachen Sprache geschrieben wird, den BOIE dann später interpretiert.

DURCHGÄNGIGER ENTWURF VON DER SYSTEMEBENE ZUR IMPLEMENTIERUNGSEBENE

Die oben aufgeführten Punkte führen zu einer Baumstruktur des Software-Entwurfs, in der die Knoten je nach dem Strukturtyp eine andere Bedeutung haben, aber immer durch Zerlegung oder Konkretisierung aus ihren Vorgängern hervorgehen. Die Kanten bedeuten dabei "besteht aus". Zwischen den aktiven und den passiven Knoten gibt es die oben genannte Relation. Sie wird durch eine Interface-Beschreibung vermittelt, die jedem Knoten zugeordnet ist.

Das niedrigste Niveau enthält in einem vollständigen Entwurf Aktionen und Objekte, die auf der Zielmaschine dargestellt werden können. Die darüber liegenden Knoten tragen Strukturinformation. Aus dem vollständigen Entwurfsbaum läßt sich nun der Quelltext des Programms in der ausgewählten Programmiersprache generieren.

Einerseits entfällt der als störend empfundene qualitative Sprung vom "Feinentwurf" zur "Codierung". Auf der anderen Seite ist hier zusätzliche Entwurfsarbeit notwendig, da bis zur niedrigsten Ebene alle zur Codeerzeugung relevante Information vorhanden sein muß.

Die Struktur der internen Entwurfsdarstellung

Die hierarchische Struktur des Entwurfs mit der Vermaschung durch die Interface-Beschreibung wird vom Entwurfswerkzeug BOIE intern auf einer Datei mit Baumstruktur gehalten und verwaltet. Nur ein Ausschnitt des Baums befindet sich zur Bearbeitung im Hauptspeicher. Entsprechend dem Ziel, auf allen Entwurfsebenen die gleichen Mittel anzuwenden, ist die Information in allen Knoten des Entwurfsbaums gleich strukturiert. Die Bestandteile sind :

- NAME DES STRUKTURELEMENTS

  Eine Zeichenkette, die es dem BOIE-Benutzer erlaubt, Knoten zu identifizieren.

- STRUKTURTYP

  Eine Zeichenkette wie z.B. "TASK" oder "RECORD".

- EIN ATTRIBUT FÜR DIESES STRUKTURELEMENT

  Bei einigen Strukturtypen ist die Angabe einer weiteren Information erforderlich. Z.B. enthalten die Alternativen einer "CASE"-Struktur im Attribut die Bedingungen für ihre Auswahl. Das Attribut ist auch interpretierbar als Bewertung der Kante, die im Baum zu diesem Knoten hinführt.

- INTERFACE-BESCHREIBUNG

  Für einige Sorten von Knotentypen wie die Ablaufknoten und die Datenknoten werden Interface-Beschreibungen benötigt. Sie enthalten Namen von Strukturelementen der zugehörigen anderen Klasse von Strukturtypen. Bei Ablaufknoten stehen in der Interface-Beschreibung also Namen von Datenknoten und umgekehrt. Es gibt jeweils zwei Namenslisten entsprechend der "Benutzt"- und der "Erzeugt"-Beziehung.

- KONTEXT-BESCHREIBUNG

  In einem unstrukturierten Text, der von BOIE nicht interpretiert wird, werden hier Umgebungsbedingungen für ein Strukturelement dokumentiert, die von den anderen Knoteninformationen nicht erfaßt werden. Das könnten z. B. Invarianten für Daten sein oder Randbedingungen für die Anwendung eines Moduls.

- KOMMENTAR-TEXT

  Ein unstrukturierter Text, der beliebig lang sein kann. Er erleichtert die Anwendung von BOIE auch in Gebieten, die oberflächlich nicht zu seinem Aufgabenbereich gehören, nämlich Dokumentation auch von anderen als Software-Systemen und Textverarbeitung.

Unterstützung der Entwurfskorrektheit

Jeder Entwurf verlangt in seiner Struktur syntaktische Restriktionen, d. h. man kann nicht alles mit allem verbinden. Bei manchen Strukturelementen steht von vorneherein fest, welches die Nachbarelemente sein müssen. Bezogen auf den Programmentwurf heißt das z. B., daß es in einer "ARRAY"-Datenstruktur keine Substruktur vom Typ "TASK" geben darf oder daß eine Ablaufsequenz keinen Strukturtyp "INTEGER" enthält.

Für jeden Strukturtyp muß es eine von einem Benutzer vereinbarte Regel geben, wie seine Substruktur aussehen darf. Dieses ist die wesentlichste Eigenschaft, die ihn von den anderen Strukturtypen unterscheidet. BOIE überprüft bei der Angabe einer Substruktur, ob diese Regel verletzt wird und verweigert die Annahme, wenn das der Fall sein sollte. Dadurch wird für ein Minimum an Korrektheit des Entwurfes gesorgt.

Syntaktische Einschränkungen gibt es auch in der Verwendung von Knotennamen für die Interface-Beschreibungen. Knotennamen sind nicht überall im Entwurfsbaum bekannt, weil gewisse Knotentypen auf der Modulebene ihren Gültigkeitsbereich nach oben begrenzen (information hiding). Dieses kann dazu führen, daß ein Eintrag in eine Interface-Beschreibung nicht an dieser Stelle des Entwurfbaumes bekannt ist oder daß er überhaupt noch nicht definiert wurde. Beides wird von BOIE festgestellt und als Entwurfsfehler gemeldet.

Fehler können nur vermieden werden, indem man sie entdeckt oder ihre Eingabe verhindert. Es gibt implizit vorhandene Informationen, deren Angabe nicht dem Benutzer aufgebürdet wird. Ein Beispiel dafür sind die Interface-Beschreibungen, die über mehrere hierarchische Ebenen konsistent gehalten werden müssen. Der manuelle Aufwand hierfür ist nicht zu rechtfertigen. Bei Änderungen in einer solchen Liste sorgt BOIE für die entsprechenden Änderungen auf den darüberliegenden Ebenen. Die Interface-Beschreibungen erlauben dabei gleichzeitig eine Prüfung, ob es Aktionen gibt, die noch nicht definierte Objekte verwenden (Datenfluß-Anomalie).

Einige Strukturtypen erlauben es, das nächstniedrige Niveau ohne manuelle Eingabe direkt zu erzeugen. Nehmen wir das allseits beliebte Beispiel des Stacks und definieren uns einen Strukturtyp "Abstrakte Datenstruktur". Sie besteht aus einem Knoten vom Typ "Daten" und einem vom Typ "Zugriffe". Die "Daten" können weiter zerfallen in Datenstrukturtypen wie "RECORD" oder "ARRAY" oder "INTEGER" etc., während die Töchter eines Zugriffsknotens vom Typ "Prozedur" oder "Funktion" sein müssen.

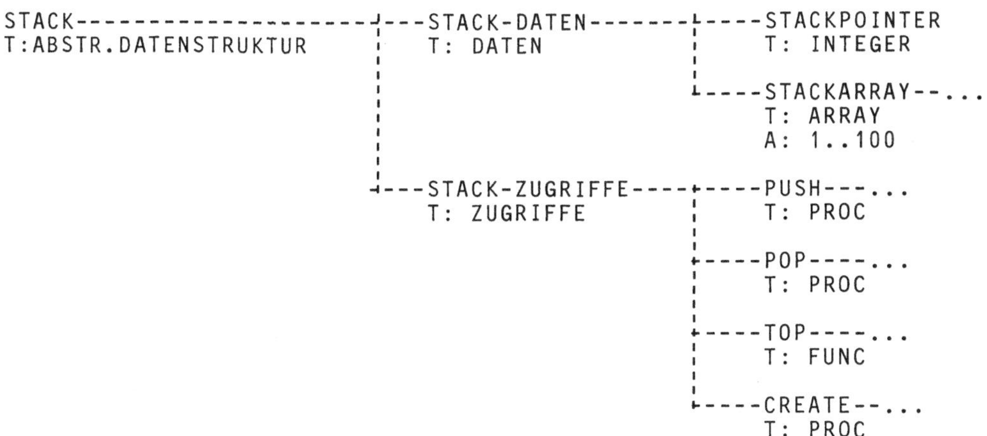

Da wir den Strukturtyp "Abstrakte Datenstruktur" so definiert haben, "weiß" BOIE, daß in der darunterliegenden Ebene genau die beiden Strukturelemente auftreten müssen und erzeugt sie selbst. Die meisten Strukturtypen auf den höheren hierarchischen Ebenen ("Modul-Ebene") verlangen solche Standardbestandteile.

Auf den unteren Ebenen ist manchmal eine andere Verbindung zweier Niveaus verlangt. Ein Beispiel ist ein Knoten vom Typ "LOOP". Im Ablauf wird die Folge seiner Tochter vom Typ "Schleifenabschnitt" solange wiederholt, bis bei einer die in ihrem Attribut gespeicherte Austrittbedingung erfüllt ist. Dann wird die Schleife verlassen.

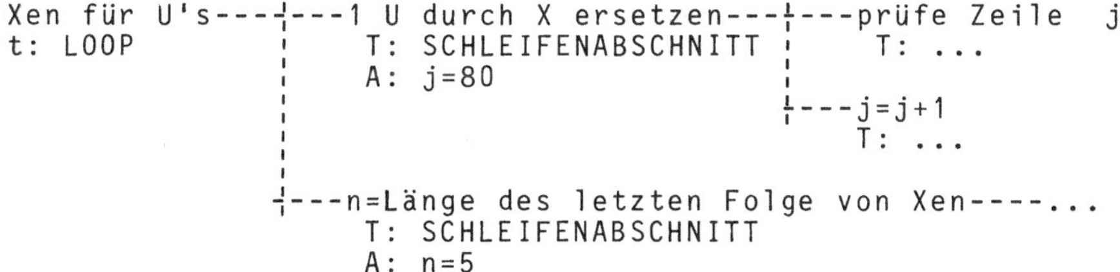

Im Beispiel werden in einer Eingabe-Zeichenkette alle U's durch Xen ersetzt. Der Vorgang wird abgebrochen, wenn entweder 80 Zeichen geprüft worden sind oder wenn die Zahl aufeinanderfolgender Xen größer als 5 geworden ist. Das entsprechende Flußdiagramm ist:

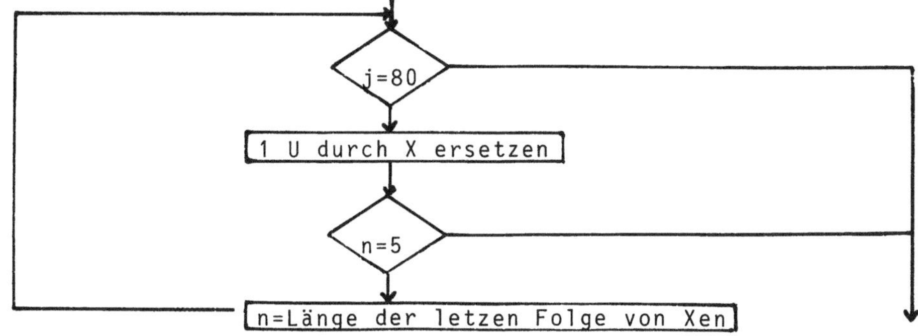

Ein Knoten vom Typ "LOOP" kann beliebig viele Töchter haben, aber nur solche vom Typ "Schleifenabschnitt". Jeder Bestandteil einer Loop-Struktur bekommt darum automatisch den Strukturtyp "Schleifenabschnitt" zugewiesen, der nicht geändert werden kann.

Interaktives Entwerfen mit BOIE

BOIE ist ein interaktives Entwurfssystem. D. h. alle Eingaben zur Konstruktion eines Entwurfsbaumes werden am Terminal angegeben, wobei dem Benutzer ständig das Resultat seiner Eingaben dargestellt wird. Hierbei bringt die Begrenzung des Sichtfeldes auf 24x80 Zeichen einige Schwierigkeiten mit sich.

Die von uns ausgewählte Lösung besteht in der halbgrafischen Darstellung eines Ausschnittes des Entwurfbaumes. Dieses Fenster ist über den ganzen Raum verschiebbar und zeigt einen speziellen Knoten, der im "Brennpunkt der Bearbeitung" steht. Von diesem Fokusknoten sind sein Name, sein Strukturtyp und sein Attribut dargestellt. Um ihn herum sind die Namen seiner Mutter, seiner Geschwister und die seiner Töchter angeordnet. Insgesamt gibt es vier solcher Brennpunkte. Von ihnen kann man sich einen zur Bearbeitung aussuchen, oder ihn unabhängig von den anderen verschieben.

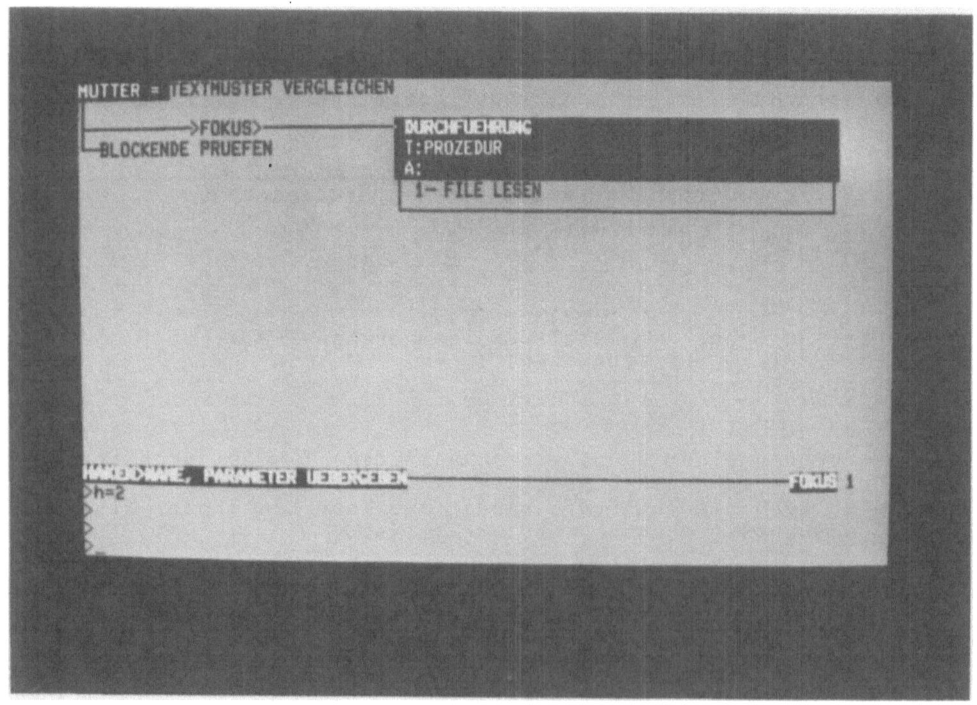

Abb. 1 Die Fokus-Darstellung auf dem Sichtgerät

Eine Kommando-Sprache erlaubt die folgenden Editierfunktionen auf dem Entwurfsbaum :

- Verschieben des Fensters auf dem Baum durch Benutzung der Cursor-Tastatur oder von Suchkommandos,

- Zuweisung von Strukturtyp und Attribut an den Fokusknoten oder Änderung seines Namens, Strukturtyps oder Attributs,

- Herausnehmen eines Knotens aus dem Entwurfsbaum und Einhängen an anderer Stelle,

- Angabe der Substruktur eines Fokusknotens (Konkretisieren),

- Zusammenfassung eines Teils der Substruktur eines Fokusknotens und Einführung einer hierarchischen Zwischenstufe (Abstrahieren),

- Entfernung einer hierarchischen Ebene,

- Umschalten von einem Fenster auf ein anderes.

Zur Bearbeitung der Interface-Beschreibungen wird ein zweites Bild auf dem Sichtgerät erzeugt. Hier können nun ausschließlich Knotennamen in die Listen eingefügt oder gelöscht werden.

Ein drittes Bild ist für das Editieren der Text-Informationen notwendig, die zu einem Entwurfsknoten gehören können. Die Texte werden mit einem in BOIE enthaltenen Cursor-Editor bearbeitet, der wegen seines kleinen Kommandosatzes leicht erlernbar ist.

Vorläufige Bewertung

Einer der wichtigsten Einwände gegen ein interaktives Entwurfswerkzeug und damit auch gegen BOIE besteht in der Ablehnung lang andauernder Arbeit am Terminal. Es ist sicher nicht zumutbar, stundenlang vor dem Bildschirm zu sitzen und über seinem Entwurf zu grübeln. Zur physischen Anstrengung kommt ein mangelnder Überblick über den Gesamtentwurf. Hat der Entwerfer außerdem noch das Gefühl von Zeitdruck und Terminal-Kosten, dann ist seine Kreativität sicher erheblich behindert.

Am Terminal sollte daher eher eine noch änderbare Dokumentation dessen eingegeben werden, was man vorher am Schreibtisch oder im Kopf erfunden hat. Für das Erzeugen von Ideen ist ja selbst das Schreiben auf Papier bereits hinderlich. Der Nutzen eines Entwurfswerkzeugs kommt zum Tragen, wenn aus den noch unstrukturierten Vorstellungen ein sinnvolles und nützliches Objekt erzeugt werden soll. An dieser Stelle zahlen sich die Überprüfungen der Entwurfsstruktur durch BOIE aus. In der ersten Ausbaustufe gibt es allein den Zwang zur hierarchischen Strukturierung und noch keine weitergehenden Fehler- und Konsistenzprüfungen. Das Entwerfen unter diesem Zwang wird zwar anfänglich als ungewohnt empfunden. In Bezug auf das Entwurfsergebnis hat man jedoch größerer Klarheit als bei der traditionellen Notierung auf Papier, da man zu größerer Bewußtheit und genaueren Angaben gezwungen war. Ein Nachteil ist allerdings die in dieser Version noch sehr beschränkte Ausgabe auf dem Drucker. Der Entwurf kann in "Baumform" ausgegeben werden und in "Codeform", einer Art Psudocode.

Das Ändern eines eingegebenen Entwurfs ist sehr einfach. Änderungen beziehen sich nur auf die tatsächlich betroffene Information. Es ist nicht erforderlich, wie beim Zeichnen von Diagrammen oder beim Entwerfen in einem Pseudocode die Umgebung der Änderung ebenfalls neu zu erzeugen. Man führt nur die Änderung durch und fordert eine neue Ausgabe an.

Realisierung

Das Entwurfswerkzeug BOIE wird bei PSI im Rahmen langfristig angelegter Pläne zur Verbesserung der Produktionsmethodik entwickelt. BOIE soll direkt in der Projektarbeit von PSI eingesetzt werden und ist darum leicht erlernbar und ausbaufähig gestaltet worden.

Zur Erstellung wird eine VAX 11/780 benutzt. BOIE wird in einer PDP-11-Version von PASCAL programmiert, die die Benutzung von Random-Access-Files erlaubt. Die endgültige Version soll unter dem Betriebssystem RSX11-M bei Verwendung von VT100-Terminals benutzt werden können.

Zum gegenwärtigen Zeitpunkt (Juli 1979) existiert ein Demonstrationsmodell, das die wesentlichen Editierfunktionen für den Entwurfsbaum und einige grundlegenden Ausgabefunktionen enthält. Das System wird schrittweise erweitert und soll Anfang 1980 für die Erprobung zur Verfügung stehen.

TWO-LEVEL GRAMMAR TRANSLATIONS

Lutz Wegner
Institut für Angewandte Informatik und
Formale Beschreibungsverfahren
7500 Karlsruhe 1, W-Germany

Abstract: Similar to the Attributed Translations of Lewis, Rosenkrantz, and Sterns, pairs of Two-level Grammars (G,G') may be specified which allow a translation of a word $x \in L(G)$ into a word $y \in L(G')$ using the well-known method of Syntax Directed Translations. Here we concentrate on introducing the idea and illustrating its use in a sample translation of ASPLE, a programming language example by Cleaveland and Uzgalis. In addition, we advocate a method of designing such a translation top-down by means of context-free skeleton translations.

1. Introduction

The state of the art in Two-level Grammars (van Wijngaarden Grammars, W-Grammars, TLG's) has considerably advanced through recently introduced concepts and results ([2,3,4,5,11,12]):

- skeleton grammars of given TLG's allow the top-down design of language specifications and give a handle on parsing;
- regular metarules permit partial solutions to the cross-reference problem and give rise to decidability results, yet do not limit applications;
- particular attribute grammar-like interpretations of TLG's allow decidable and practical language definitions.

In short, the syntax and (static) semantics part of language definitions seems to be better understood today, and for various types of TLG's syntax analysis algorithms exist. Common to all of them is that they are not efficient which is, indeed, the main obstacle at present. Possible solutions might come from the ECDL approach of Krämer and Schmidt [8]. A second line of research in TLG's is the specification of run-time semantics. The most complete TLG-example in this area is the ASPLE specification [1,10] which uses the concept of snapshots to depict the effect of source-line execution. The example is a fine illustration of the use of TLG's but suffers from the fact that the Grammar cannot be proven decidable using any of the known methods.

We shall introduce here an alternative approach - the Two-level Grammar Syntax Directed Translation (G,G'), where G and G' are TLG's. The target of the translation is a terminal derivation in G' which specifies the Assembler or intermediate code mapping $x' \in L(G')$ of a given program $x \in L(G)$. The semantics of the programming language $L = L(G)$ is then defined implictly by the semantics of the set of generated Assembler programs $L(G')$. The Compiler-Compiler aspect of such a translation is as follows: The Compiler-Compiler is a program that analyses any given pair of TLG's for decidability according to certain TLG restrictions, well-formedness according to the Syntax Directed Translation scheme, Type of Skeleton Grammar such as LL(k), LR(k), etc. (see below), and - hopefully - can check for restrictions that guarantee efficient parsing. The actual resulting compiler is then nothing but a syntax analyser A for a given type of effectively decidable TLG which, by means of the Syntax Directed Translation, drives a derivation in the second TLG G'. To avoid misunderstandings, it should be stated explicitly that A compiles any source language L into target language L' if L, L' are given by means of the TLG pair (G,G'). Ideally, if L is to be compiled into another language $L'' \neq L'$, then only G' should be changed into G".

We assume that these ideas are well known and it is the method which will be of interest. We shall illustrate this by specifying G and G', where L(G) is ASPLE, a popular language example [1,10], and L(G') is the hypothetical Assembler of a stack computer. In order to stay within the twelve page limit for the proceedings, we have omitted the complete translation of ASPLE (seven pages) and shall concentrate on one construct from ASPLE. However, the author is happy to provide upon request the full translation for anyone interested.

It is also clear that many important aspects of compiling have not been considered, such as error recovery and code optimization.

2. From CF Grammars to Two-level Grammars

We assume that the reader is familiar with Two-level Grammars (TLG's). Instead of giving any formal definitions (see e.g. [4,11,12]) we try to establish our terminology informally and illustrate the ideas by means of examples.

TLG's may be viewed as infinite CFG's. Any particular derivation in a TLG is obtained by choosing a finite subset of CF rules (the *strict rules*) from the infinite set of CF-rules. The infinite set is specified by means of finitely many rule-schemata (the *hyperrules*). Let (L3.21) and (L3.22) below be such hyperrules.

(L3.21) <TABLE conditional>::= if <TABLE bool value>then
<TABLE statement train><TABLE elsend>.

(L3.22) <TABLE elsend>::=fi | else<TABLE statement train>fi.

We note that the hyperrules look like CF rules in BNF and that the nonterminals (*hypernotions*) contain small and capital letter words. We shall call the small letter words *notions*, the capital letter words, like "TABLE", *metanotions*. In order to obtain strict rules one has to replace the metanotions *consistently* by notions. Which notions may take the place of the metanotion is specified by a second set of CF rules, the *metarules*. Thus for "TABLE" above one may obtain e.g. "loc letter a has int" as replacement by spelling out a terminal derivation in the metarules below, where "TABLE" acts as start variable.

Metarules for G

```
ALPHA ::= a | b | ... | z .
BOOL ::= true | false .
EMPTY ::= .
INTBOOL ::= int | bool .
LOC ::= loc TAG has MODE .
LOCS ::= LOC | LOC LOCS .
LOCSETY ::= LOCS | EMPTY .
MODE ::= INTBOOL | ref MODE .
NOTETY ::= NOTION | EMPTY .
NOTION ::= ALPHA | ALPHA NOTION .
TABLE ::= LOCS .
TAG ::= letter ALPHA | letter ALPHA TAG .
TAGETY ::= TAG | EMPTY .
REFSETY ::= ref REFSETY | EMPTY .
```

Thus for (L3.21) above we have (L3.21') as one of the infinitely many strict rules:

```
(L3.21') <loc letter a has int conditional>::=
          if<loc letter a has int bool value> then
          <loc letter a has int statement train>
          <loc letter a has int elsend>.
```

The nonterminals in these strict rules are called *strict notions*.

3. Predicates and Skeleton Grammars

Consider the hyperrules below

```
a) <example>::=<TABLE1 part><TABLE2 part>
               <where TABLE1 is TABLE2>.

b) <TABLE part>::= ....   .

c) <where TABLE is TABLE>::= .
```

with metarules	by convention,
TABLE1:: TABLE.	these metarules
TABLE2:: TABLE.	need not be
TABLE:: ... as above .	specified.

We note that TABLE1 and TABLE2 may be replaced by arbitrary, not necessarily identical notions derivable from TABLE.
However, in order to complete the derivation from <example>, hyperrule c) must be applied to the third nonterminal in a). This in turn implies that the replacement of TABLE1 was identical to that of TABLE2 else c) cannot be applied and the derivation gets stuck.
Hyperrules such as c) which "enforce" certain conditions by deriving the empty word - if the condition is fullfilled else "stick" - are called predicates [13].

Another important tool in dealing with TLG's is the notion of a skeleton grammar [11]. Given a TLG, one would like to indicate which hyperrule(s) can be applied to a strict notion derived by a right-hand side (rhs) hypernotion. This is called cross-referencing and is a generally undecidable problem. If one restricts the TLG G to regular metarules, one may however, compute a superset of the cross-reference by ignoring the consistent substitution requirement.
This cross-reference may then be specified by means of a CFG G_{SK}, the skeleton grammar. This is done by using the lhs hypernotions of G as nonterminals in G_{SK} and replacing each rhs hypernotion by that lhs hypernotion which is indicated by the cross-reference. Terminals and their relative positon in the rules remain the same. As an example assume metarules

N::= n|nN.
and hyperrules
<start>::=<print N>.
<print n>::= n.
<print Nn>::= n<print N>.

The skeleton grammar is trivially seen to be

<start>::= <print n>|<print Nn>.
<print n>::= n.
<print Nn>::= n<print Nn>|n<print n>.

A general property of skeleton grammars is that they generate a superset of the language of their corresponding TLG G, i.e. $L(G) \subseteq L(G_{SK})$.
Skeleton grammars give the CF structure (the skeleton) of a TLG and may in that sense be used for parsing TLG's [11].

Since predicates have no inherent CF structure, it is useful to omit their skeleton rules from the skeleton grammar which obviously does not effect $L(G_{SK})$. To make this seperation more clear, one encloses the predicates in the TLG by curly brackets.

4. Bracketed TLG's

To close our survey of TLG's, we like to mention Bracketed Two-level Grammars, which have been introduced by the author as a practical and yet generally decidable method for language definitions [7,12].
When deriving a word in a TLG, it may happen that, in applying a hyperrule, the replacement of a metavariable is not computable at that point, i.e. it must be guessed giving rise to decidability problems. A possible solution is to set the replacement " aside " for the moment and to continue the derivation, hoping that the replacement will be known upon completion of the subtree derivable from the hypernotion in question. To control this "setting aside", the metavariable is placed in round brackets - thus their name. Furthermore one insists on leftmost derivations from which well-formedness conditions for the bracketing in hyperrules can easily be deducted.

The reader will also recognize immediately that Bracketed TLG's mimic simple Attribute Grammars. The most important properties of Bracketed TLG's are:

- Bracketed TLG's are not a variation of TLG's but constitute a restriction within the general scheme;
- Bracketed TLG's are generally decidable;
- The class of languages generated includes EXSPACE, the class of languages whose space complecity is c^n;
- Bracketed TLG's may include predicates, provided they fulfil decidability criteria (which e.g. the ALGOL 68 predicates do [13]).

We shall illustrate the principle again with an example.

Cleaveland and Uzgalis specify the CF version of the if-then-else of ASPLE as follows ([1], p.103):

```
<conditional>::=if<value>then<statement train><elsend>
<elsend>::=fi | else<statement train>fi.
```

Their TLG version of the same ASPLE construct has been given above (L3.21 and L3.22)

The bracketed TLG version is the same for hyperrule L3.22, but L3.21 changes to

(4.d) <TABLE conditional>::=if<TABLE (MODE TAGETY) value>
{where MODE derefs to bool}then
<TABLE statement train><TABLE elsend>.

Furthermore the metarules specified above have been changed slightly from [1] to fit our needs.

The interpretation is as follows: TABLE contains all declared identifiers with their corresponding mode. It corresponds to an inherited attribute. Passing TABLE on to the right-hand side (rhs), the "value nonterminal" is derived first in a leftmost derivation. MODE and TAGETY are the mode of value (i.e. 'boolean' or 'reference-to-...-to-boolean', resp. 'integer' or 'reference-to-...-to-integer') and the identifier itself, if value is an identifier, empty otherwise. They are marked by means of the otherwise unused symbols "(" and ")" as synthesized attributes. Their replacement is not known until the subtree with root <...(...)value> is complete.

Then the replacement of MODE is known and may be passed on to the predicate {where MODE derefs to bool} to the right. This predicate checks whether the primitive mode of MODE is bool. The TAGETY replacement is not needed and is "thrown away", i.e. it does not occur again on the rhs.

Thus if in a particular derivation a variable 'a' has been declared 'reference to reference to bool a' and the statement 'if a then ...' has to be parsed, MODE would yield 'reference to bool' and TAGETY is 'letter a'. The predicate strips the ref's and yields the empty word since the primitive mode is bool.

Given the CFG of a programming language, writing the bracketed TLG is not overly difficult. For ASPLE it took about two days, for PASCAL-S about two weeks [7].

5. Designing the ASPLE translation

Having thus stocked our shelf of Grammatical tools we shall now try to illustrate with ASPLE,how a TLG translation may be obtained.
As a first step we take the CF specification G_1 of the language which in our case was given [1,10]. This is in accordance with the good practice demands of software engineering, namely top-down design.
The next step is to check G_1 for a certain CF parsing strategy. For the development to follow, we are interested in top-down one pass analysis, but other strategies should also do. The algorithms, e.g. LL(k)-Testing, are naturally on hand. Since we are at present not interested in efficient parsing, we skip this part for ASPLE.

The third step is to construct a TLG G from G_1. As mentioned above, the original Cleaveland/Uzgalis TLG [1,10] won't do for decidability reasons. Instead we take the Bracketed TLG introduced in section 4. For this TLG G with regular metarules we compute the cross-reference and construct from it the CF skeleton grammar G_{SK}. As indicated above, the productions corresponding to predicates are deleted from G_{SK}.

If one succeeds to map the productions of G_1 one-to-one into the non-predicative hyperrules of G then G_1 and G_{SK} are identical and the parsing strategy need not be tested again. Possibly the TLG may ask for certain modifications in the rule structure resulting from the bracketing mechanism. If this is the case, then G_{SK} must be tested to see whether the parsing strategy still works. One then might have to change G and test G_{SK} again, but guessing from the ASPLE experience, this is the exception. However, no guaranty can be given that this process terminates.
We are then ready to take the actual translation step. Using the well known technique of Syntax Directed Translations [9] we construct the CF translation counterpart of G_{SK} which we denote by G_1'. Before going into the details which will also need some explanation of the target language, let us complete the outline of the translation process.

Just like G_1, its counterpart G_1' is, at first, only a design tool. It is used to construct the translation TLG G' which takes care of the non-CF parts of the translation.

From G' we derive the skeleton grammar G_{SK}' just as we did with G and G_{SK}. Of course, the skeleton property holds for G_{SK}' as well, i.e. $L(G') \subseteq L(G_{SK}')$. It should also be mentioned that in a Syntax-Directed Translation (G,G') the source language grammar G is not the straightforward grammar for L(G) but rather a modified one which suits the needs of the translation. In the case of ASPLE, one (!) hyperrule in G had to be changed in order to permit the parallel Assembler code generation in G'. Clearly, other translations might call for more changes and it is not clear under which precise conditions the refinement of G, G_{SK}, G_1', G', G_{SK}' terminates.

6. The if-then-else Translation

To understand the following example, it is sufficient to know that our Assembler Code for the stack machine needs absolute addresses for branching (e.g. BF 1000 ≙ if'stacktop' contains a false value then remove 'stacktop' and continue execution with instruction a address 1000, else remove 'stacktop' and continue execution with instruction at current address + 1). Furthermore "↓" represents "new line" in the generated code, "_" denotes a blank.

Given the skeleton rules in G_{SK} of the form

<conditional>:: = if <value> then <statement train>
<elsend>

<elsend>:: = fi|else < statement train > fi,

the original skeleton translation in G_1' becomes

<if>:: = <value>↓
<instructions>↓
<elsend>

<else end>:: = ε | <instructions>

Any reader familiar with Code Generation knows that this is only half the picture. The crucial part is the branching over the then-part whenever <value> yields false and the unconditional branch over the else-part. This will be the task of the TLG G'. Since this branching is something non-CF this will not show in G_1' initially and we need again somethis like a predicate. However, this time we actually generate a non-empty word and therefore we prefer to call these hyperrules "routines". To distinguish them from those hyperrules corresponding to the skeleton translation, we write them in square brackets.

Below we depict how the if-then-else is in effect resolved and give the corresponding TLG and its new skeleton rules.

address	instructions
N1 . . .	value computation
N2 . . .	value dereferencing
N3	_BF _N4+1 branch on false
N3+1	then instructions
N4	_B _N5
N4+1	else instructions (optional)
N5	...

The new skeleton rules are

<if>:: = <value>↓<deref routine> _ BF _ <address>↓
<instructions>↓_B _ <address>↓<elsend>
<elsend>:: = ε|<instructions>.

They have been obtained from the translation TLG G' whose hyperrules for the if-then-else are shown below. Metavariable N is defined by metarules N:: = Nn|ε and denotes an address in base one.

<if N1 (N5)>:: = <value N1 (N2)>↓
[deref of <u>MODE</u> to bool at N2 (N3)]
_BF_[address N4 n]↓<instructions N3n (N4)>↓
_B_[address N5] ↓<elsend N4n (N5)>.

<elsend N1(N1)>:: = ε.
<elsend N1(N2)>:: = <instructions N1(N2)>.

Let us use these three hyperrules to illustrate the principle of the TLG translation G'.

7. The Translation Grammar

The occurrence of the brackets "(" and ")" in G' should not alarm the reader: we choose a bracketed TLG for G' as well. If metavariables Ni are interpreted as addresses, namely the next free storage cell into which an instruction may be stored, then we note that G' handles 'inherited' and 'synthesized addresses'.

Indeed N1 is the address at which the code for the 'if-statement' starts, while N5 is the last instruction of the 'if' (+1) which is equal to the last instruction of the 'elsend' plus one.

In the Bracketed TLG G well-formedness of attributes was spelled out in terms of leftmost derivations. Clearly, G' does not necessarily generate the translation in a leftmost derivation. Rather, the order in which nonterminals in the sentential forms of G' are expanded is given implicitely by G. Thus well-formedness of G' is a property determined by G and G'. Since we also have routines (hypernotions in square brackets) to handle, we make the order of expansion of the rhs explicit by specifying a vector $e=(i_1,...,i_n) \in \mathbb{N}^n$ for each hyperrule rhs which we shall call the <u>order-of-expansion vector</u>. This vector e tells, by means of its elements $1 \leq i_j \leq n$ $(1 \leq j \leq n)$, that the j'th nonterminal on the rhs is the i_j'th to be expanded.

For the if-then-else hyperrules above, the e-vectors are
<if> (1,2,5,3,6,4)
<else branch> -|(1) {trivial cases}.

Thus, we define well-formedness of the bracketed TLG translation (G,G') as follows:

- G is a Bracketed TLG giving rise to leftmost derivations;
- the e-vectors of G' obey the order of expansion in G (namely left to right for G) for those nonterminals in G' which follow the syntax directed translation rules;
- otherwise the replacement of metavariables (=evaluation of attributes) is computable in the expansion order as given by the e-vector.

Clearly the e-vectors are computable rule-wise by simple inspection of G. As mentioned above, we choose to seperate the set of hyperrules of G into predicates and "non-predicates". Similarly G' has routines and "non-routines", where predicates and routines do not participate in the Syntax Directed Translation (SDT) Scheme.

As the referee pointed out correctly, in the case of the "dereferencing predicate" and the "dereferencing routine", this exemption form the SDT seems unnatural since they correspond exactly to each other.

While this is a true observation it did not seem always possible to link routines and predicates just because the (semantic) tasks in G and G' either have no respective counterpart or no common syntactic structure.

Rather than going into an involved argument about which predicates have matching routines or adding enough dummy hyperrules to stretch the SDT to all hyperrules, we choose the seperation. Clearly this is open for debate.
Another reason for deeling rather freely with the SDT is that TLG translations have another powerful mechanism available: Metavariable Transfer.

8. Metavariable Transfer

Looking again at the if-hyperrule above, we note the occurrence of an unterlined metavariable MODE in the deref-routine. If one considers G' alone, then the replacement of MODE is not computable. However, if we consider (G, G') as a TLG translation, then MODE occurs in the corresponding hyperrule in G and we say "MODE has been transferred form G to G'". Metavariable transfer can only be done between corresponding hyperrules and only from G to G'.

Metavariable Transfer is a debatable feature, in particular, since it does not add computing power to the translation scheme. Anything G "sees" in a derivation and which G passes up or down the derivation tree, G' can also "see" because G and G' work in parallel. However, it might then happen that both G and G' carry the same information up and down their derivation trees.

Let us illustrate this again with ASPLE. If in an ASPLE program a variable is declared as "int x", then G remembers in TABLE that it has seen an identifier 'letter x' which has been assigned a mode reference-to-integer. Whenever x occurs in an applied position, G can "look up" the mode of x in TABLE. The translation of "int x" is a reservation of one cell labeled by x, i.e. G' generates "X_RES↓". G' then immediately forgets about x. Since storage cells for integers and booleans are not distinct, G' never knew what mode x had.

However, in the if-then-else hyperrule, G' is forced to dereference a value which has been placed on top of its stack. If that value is the contents of a reference-to-reference-to-bool storage location labeled x, then the stack computer needs two LAT instructions (load contents of address at stack top and replace stack top by it). Since G' does not know what mode x has and since dereferencing in G occurs in predicates (no translation counterpart), G' must borrow this information form G by means of a Metavariable Transfer. We mark these transferred metavariables by underlining them. Clearly this technique reduces the complexity of the TLG G' but other solutions are possible as well.

9. Conclusion

Testing the above concept with ASPLE was a most pleasing experience. Given G and G_{SK}, it was possible to write down G'_1, G' and subsequently G'_{SK} within about five hours. This should not be underestimated even though ASPLE is A Simple Programming Language Example. While trying to illustrate the idea of Two-level Grammar translations, we have at the same time advocated a methodology in designing such a translation. In going from the CF outline of a programming language to its TLG extension G, then on to the CF translation and from there to the TLG translation G', we adhere to the standards of software engineering: top-down design and modularity. The latter is apparent in the clear distinction between static semantics checking in G and address calculations and run-time semantics provisions in G'. We also observed a close relation to the techniques of Attribute Grammars making the gap between them and TLG's smaller than one might think.

The greatest advantage in our approach is uniformity of description doing away with usually ill-defined Symbol-Table and Run-Time-Stack pointer manipulations.

A great disadvantage is, that with pure grammars, everything is based on string manipulations causing, among other odd features, conversions of unary to decimal and vice versa. Our goal must now be to strive for efficiency. Starting with a formalized concept, this is the point from which one proceeds pragmatically. As for the non-trivial ASPLE experience, the concept of TLG translations has proven successful. Whether that holds true for more complex compiling projects, experience must tell.

References

[1] Cleaveland, J.C., Uzgalis, R.: Grammars for Programming Languages, North-Holland, 1977

[2] Dembiński, P., Maluszyński, J.: Attribute grammars and two-level grammars; a unifying approach, MFCS 1978, Zakopane, LNCS 64, 143-154 (1978).

[3] - : Two-level grammars: CF-Grammars with equation schemes, ICALP 79, Graz, LNCS Springer (to appear).

[4] Deussen, P.: A Decidability Criterion for van Wijngaarden Grammars, Acta Informatica 5, 353-375 (1975)

[5] Deussen, P., Mehlhorn, K.: Van Wijngaarden Grammars and Space Complexity Class EXSPACE, Acta Informatica 8, 193-199 (1977)

[6] Deussen, P., Wegner, L.: A Bibliographie of van Wijngaarden Grammars, Bulletin of the European Ass. for Theoretical Computer Science (EATCS), No. 6, 1978

[7] Jungkind, G.: Geklammerte zweischichtige Grammatiken, Master's Thesis, Institut für Angewandte Informatik und Formale Beschreibungsverfahren, Universität Karlsruhe, Oktober 1978

[8] Krämer, B.: ECDL - eine Compiler Implementierungssprache auf der Basis zweischichtiger Grammatiken, Fachgespräch Compiler - Compiler, GI-78 Berlin, 1978 (Hrsg: W. Henhapl).

[9] Lewis, P.M. and Stearns, R.E.: Syntax - directed translations, Journal of the ACM 15 (1968), 271-281.

[10] Marcotty, M., Ledgard, H.F., Bochmann, G.V.: A Sampler of Formal Definitions, Computing Surveys, 8/2 (1976)

[11] Wegner, L.: Analysis of Two-Level Grammars, Ph.D.thesis, Stuttgart: Hochschul-Verlag 1977

[12] - : Bracketed Two-level Grammars - A Decidable and Practical Approach to Language Definitions, ICALP 79, Graz, LNCS Springer (to appear)

[13] Wijngaarden, A. van, et al. (eds.): Revised Report on the Algorithmic Language ALGOL 68, Berlin-Heidelberg-New York: Springer 1976

AUTOMATIC DETERMINATION OF DATA FLOW

IN EXTENDED AFFIX GRAMMARS

by

Helmut Franzen and Berthold Hoffmann

T U Berlin, Research Group SWT, Project EAGLE[1]

D-1000 Berlin 10, E-Reuter-Pl. 7, TEL18

Version 19.07.1979

Abstract

This paper discusses, how far the denotation of Extended Affix Grammars (EAGs) may be liberated towards that of van-Wijngaarden Grammars (vWGs) without loss of efficiency concerning the parsers derivable from such EAGs.

The result is that "data flow" in EAGs needs not be specified explicitely, but can be determined automatically, if the EAGs satisfy a condition that is very natural and does not restrict their descriptive power. This condition proves useful and decidable for other decidable subclasses of vWGs, too. The transformation algorithm and its degree of complexity is given. Finally, the practical applicability of this result is discussed.

----

[1] The project EAGLE is supported by the Deutsche Forschungsgemeinschaft (DFG) under EH 65/1

1. INTRODUCTION

In the field of programming language description, it is widely accepted that van-Wijngaarden grammars (vWGs, [Ba72], [A68R]) provide a powerful - and yet simple - formalism to describe the syntax and context conditions of programming languages. (See, for instance, the comparison of definition techniques given in [MBL76].)

However, vWGs cannot be used for automatic compiler generation, since the "referencing problem" [Ko74] is not decidable in general. Several proposals have been made to restrict vWGs to decidable subclasses that are suited for automatic parser generation, for example [Ba72], [De75], [KS77], and [We78].

Extended Affix grammars (EAGs, defined in [Wa75]) are of particular interest, since they fill the gap between Two-Level language description in vWG-style, and more compiler-oriented description tools, such as affix grammars (AGs, [Ko71]), and attribute grammars (AttrGs, [Kn68]): EAGs preserve most of the descriptive properties of vWGs, but allow to generate parsers that are as efficient as those generated from AGs and AttrGs.

The EAGLE project is a compiler generator project aiming at using EAG language descriptions for automatic compiler generation. One of the subtasks is to develop a notation which resembles vWGs as closely as possible [FHS78], so that it may serve as a appropriate descriptive tool for both languages and compilers.

In the following, we describe a result which liberates the notation of EAGs from all explicit "data flow information".

We begin with a definition of EAGs in section two, containing in particular the so-called direction condition. In section three, logical sentences ("direction sentences") are constructed according to the direction condition, and an algorithm is given which determines a solution for such a sentence. In section four, finally, the practical applicability of this result is discussed.

2. DEFINITION OF EXTENDED AFFIX GRAMMARS

The basic definitions are sufficient to define the semantics of EAGs, i.e. the derivation of sentences from EAGs.

Domain restrictions, and direction restrictions define properties of the parsers derivable from EAGs. The first simplify the affix operations, the latter introduce "data flow".

2.1 BASIC DEFINITIONS

We define an *Extended Affix Grammar* EAG as the 10-tuple

(1) EAG = (HT,HNT,HR,e,n,AV,AT,ANT,AP,D).

The *affix level* of an EAG is a context-free *affix rule system* ARS described by the triple

(2) ARS = (AT,ANT,AP),

where

AT is a finite set of *affix terminals*,

ANT a finite set of *affix nonterminals*,

AP $\subseteq$ ANT $\times$ (ANT $\cup$ HT)* is a finite set of context-free production rules, the so-called *affix productions*.

For each affix nonterminal A $\in$ ANT, the quadruple

(3) AG(A)= (AT,ANT,AP,A)

is a context-free *affix grammar* with start symbol A.

The terminal sentences derivable from A are termed *affixes* of domain A.

The *hyper level* of an EAG is the *hyper grammar* HG which is defined by the 7-tuple

(4) HG = (HT,HNT,HR,e,n,AV,AT),

where

HT is a finite set of *hyper terminals* which are the terminals of the defined language L(EAG),

HNT is a finite set of *hyper nonterminals*,

HR $\subseteq$ HN $\times$ (HN $\cup$ HT)* is a finite set of *hyper rules*,

e $\in$ HNT is the startsymbol of the HG, and thus of the EAG.

The hyper rules HR above differ from context-free production rules in that they consist of hyper terminals and *hypernotions* rather than *hyper nonterminals*. A hypernotion is defined as a hyper nonterminal augmented with a certain number (defined by the map n) of affix positions (APOS).

(5) n:HNT ----> N

(6) APOS:= {(h,j)| h∈ HNT, 1≤j≤n(h)}

In each occurrence within HR, the affix positions of a hyper nonterminal are occupied by affix forms. Affix forms are sequences of names referring to the affix level of the EAG.

(7) HN := {hn| hn∈ {h}xAF^n,n=n(h),h∈ HNT}

(8) AF ⊂ (AV ∪ AT)*

AT is the finite set of affix terminals that is part of the affix level. AV is a finite set of affix variables. A variable refers to a domain affix nonterminal by the map D.

(9) D: AV -----> ANT

The only difference between these defintitions and vWGs lies in the seperation of the hyper and affix level in a hypernotion: EAGs define affix forms to be "parameters" of hyper nonterminals, whereas vWGs regard a hypernotion as a scheme to generate an infinite set of protonotions by replacement of meta terminals for meta symbols.

2.2 DENOTATION OF EXTENDED AFFIX GRAMMARS

The denotation of EAGs closely resembles the most common notation of vWGs (c.f. [CU77]), as can be seen in Example 1. The main differences are:

1. hyper terminals may be denoted in the hyper rules of an EAG,
2. the affix positions of the hypernotions are bracketed in order to establish a strict distinction between the affix and the hyper level.

2.3 DERIVATION OF SENTENCES

If we replace, throughout a hyper rule

(Z, Z.1 ... Z.n)

Example 1.

An EAG for a Small Block-Oriented Language

```
        ENV:: empty env; ENV and MODE TAG.
        MODEQ:: MODE; undefined.
        MODE::  int; bool.
        TAG:: x; y; z.

 (1) program: block in(empty env).

 (2) block in(ENV):
        'BEGIN'
        statements in(ENV1)extending(ENV)to(ENV1),
        'END'.

 (3) statements in(ENV)extending(ENV1)to(ENV3):
        statements in(ENV)extending(ENV1)to(ENV2),';',
        statement  in(ENV)extending(ENV2)to(ENV3);

 (4)    statement  in(ENV)extending(ENV1)to(ENV3).

 (5) statement in(ENV)
     extending(ENV1)to(ENV1 and MODE TAG):
        (MODE)declaration of(TAG),
        where(TAG)is(undefined)in(ENV1).

 (6) statement in(ENV)extending(ENV1)to(ENV1):
        block in(ENV);

 (7)    (MODE)variable in(ENV), ':=',
        (MODE)variable in(ENV).

 (8) (MODE)declaration of(TAG):
        (MODE)mode,identifier(TAG).

 (9) ( int) mode: 'INT' .     (11) identifier(x): 'x'.
(10) (bool) mode: 'BOOL'.     (12) identifier(y): 'y'.
                              (13) identifier(z): 'z'.

(14) (MODE)variable in(ENV):
        identifier(TAG),where(TAG)is(MODE)in(ENV).
(15) where(TAG)is(undefined)in(empty env):.
(16) where(TAG)is(MODE)in(ENV and MODE TAG):.
(17) where(TAG)is(MODEQ)in(ENV and MODE1 TAG1):
         where(TAG)unequal(TAG1),
         where(TAG)is(MODEQ)in(ENV).
```

each affix variable v by an affix of its domain D(v), such that 'x variables are replaced by identical affixes, the e

(Y, Y.1 ... Y.n)

called a _production_ _rule_, and Y.1 ... Y.n is called a _direct_ _production_ of Y.

The result of the same replacement throughout a single hypernotion is called a _protonotion_. A protonotion which has at least one direct production is called a _notion_, and a _blind_ _alley_ otherwise. In particular, the start symbol (e) is a notion.

A _production_ of a notion X is either a _direct_ _production_ of X, or a string of protonotions and terminals obtained by replacing, in a production of X, some notion Y by a direct production of Y. A _terminal_ _production_ of a notion is one which consists entirely of terminals. A _sentence_ is a terminal production of the distinguished nonterminal e. The _language_ of the EAG is the set of all sentences of the EAG.

2.4 DOMAIN RESTRICTION OF AFFIXES

Watt's definition defines _affixes_ to be _derivation_ _trees_ _of_ _sentences_ corresponding to an affix grammar AG(A), rather then to be sentences themselves. This implies two additional conditions:

1. Each affix position has fixed a _domain_ (given by an affix nonterminal); all affix forms occurring at that positions must be derivable from this nonterminal.

2. The affix grammars AG(A) must be _unambiguous._

In this paper we shall not make use of these conditions. The reader is referred to [Wa75] for a discussion of their implications.

2.5 DIRECTION CONDITION

The affix positions of a WFEAG underly a further restriction that may be described by association of a _direction_ (dir) to each affix position:

(10) dir: APOS -----> {inh,der}

Directions correspond to the properties of procedure parameters to be 'input' (inherited) or 'result' (derived).

By directions, the affix position occurrences APOC(v,r) of an affix variable v in a hyperrule r may be separated into those _defining_ v

(DOC), and those applying v (AOC).

Let $h \in HNT$, $r \in HR$, $v \in AV$

(11)
$$APOC(v,r) := \{(h,i,m) \mid h \text{ is } m\text{-th member of } r \;\&\; v \text{ occurs in } i\text{-th affix form of } h\}$$

(12) $$DOC(v,r) := \{(h,i,m) \mid (h,i,m) \in APOC(v,r) \;\&\; (m=0 \;\&\; dir(h,i)=inh \vee m>0 \;\&\; dir(h,i)=der)\}$$

(13) $$AOC(v,r) := APOC(v,r) - DOC(v,r)$$

The direction condition is that directions must be fixed in such a way that each variable v occurring in a rule r has at least one defining occurrence in r:

(14) $$\textbf{all}\ r \in HR\ \textbf{all}\ v \in AV: \quad APOC(v,r) \neq \{\} \implies DOC(v,r) \neq \{\}$$

Note that this 'data flow restriction' is not as strong as in usual programming languages, where definitions of values are required to occur left of their application. Watt's original definition required a similar condition, thus guaranteeing all affixes to be evaluable in a single phase. For practical programming languages, the less rectrictive condition is more appropriate, allowing the definition of grammars which need several evaluation phases.

Commonly, the map dir is required to be given explicitely in the WFEAG. It can be denoted by an arrow ">" preceeding an affix position to indicate "inherited", or following it to indicate "derived".

We think it desirable to releave the writer of an EAG from specifying directions explicitely. We investigated, whether it was possible to calculate directions for a given EAG automatically, i.e. to construct a map dir such that the above condition holds. The result is given in the next section.

3. DETERMINATION OF DIRECTIONS

Using the fact that each affix position is either inherited, or not, we shall now express the direction condition for an EAG in terms of a propositional sentence over affix positions.

We give an algorithm which deduces a solution from these sentences. It makes use of the structure of the sentences, and of the properties of the EAGs. So its complexity will be polynominal in most cases.

3.1 DIRECTION SENTENCES

We define logical <u>direction variables</u> describing affix positions as

(15) DV := {"ihj"| (h,i)e APOS },

where "ihj" stands for (h,j) to be inherited, and ¬"ihj" for the opposite case.

All sentences are given in <u>conjunctive normal form</u>, and denoted in <u>clause form</u>. A <u>sentence</u> S is a union of terms T.i and denotes the <u>conjunction</u> of these terms. A <u>term</u> T.i is a union of literals L.i.j , and denotes the disjunction of these literals. <u>Literals</u> are <u>positive</u> or <u>negated</u> logical variables.

(16) $S := \bigsqcup_{i=1}^{n} \{T.i\} \quad \longleftrightarrow \quad T.1 \,\&\, T.2 \,\&\ldots\&\, T.n$

(17) $T.i := \bigsqcup_{j=1}^{ki} \{L.i.j\} \quad \longleftrightarrow \quad L.i.1 \vee L.i.2 \ldots \vee L.i.ki$

(18) L.i.j e{"ihj","¬ihj"}   ihj e DV

For each EAG, the <u>direction condition</u> may be described by direction sentences DS of the following form:

(19) $DS := \bigsqcup_{r \in HR} \bigsqcup_{v \in AV(p)} \{DT(v,r)\}$

(20) $DT(v,r) := \bigsqcup_{ac \in APOC(v,r)} DL(ac)$

(21) DL(h,j,m) := ihj if m=0
                  ¬ihj if m>0

Literals DL(ac) describe, in which case an affix position occurrence ac (c.f. (11)) is <u>defining</u>. Terms DT(v,r) describe, in which case at least one occurence of an affix variable v in a hyper rule r is defining. The direction sentence DS describes that for all v and all r the direction condition must hold. The sentence DS for Example 1 is given in Example 2.

3.2 SIMPLIFICATION OF DIRECTION SENTENCES

We shall now define simplification rules applicable to sentences DS and give the algorithms performing them in an abstract "programming language". The total algorithm is given at end of the section.

3.2.1 Erasure of Tautological Terms

All terms containing both a positive and negated literal of the same variable may be removed from DS, since they are always true:

(22) DS= DS′ U T, {a,¬a} C T ==TT=> DS := DS′

Logical laws: a V ¬a <-->*true*,b V *true* <-->*true*,
b & *true* <--> b

```
Algorithm 1:  Erasure of Tautological Terms

proc without TT (sentence DS) sentence:
     begin
     for all T∈ DS
     do for all L∈ T
        do if  neg(L) ∈ T
           then DS′ := DS - {T}
           fi
        od
     od; DS′
     end;

proc neg (lit L) lit:
     if L::a then ¬a
             else  a fi;
```

Algorithm 1 performing this simplification may be applied *once* to each DS; its complexity depends *linearly* on the number of literals in the DS.

```
Algorithm 2:  Erasure of Aggreeing Terms and Contradicting
                          Literals

proc find fixed(ref sentence DS,
                ref set of lit FL,NFL)void:
    begin FL := {}
    for all T∈ DS : T:: {L}
    do DS := DS - T ;
       FL := FL U {L}; NFL U {neg(L)}
    od
    end;

proc devide fixed and bound
     (ref sentence DS, ref set of lit FL,NFL)void:
     begin DS' := DS; inconsistent := false;
     repeat DS := DS'; DS' := {};
            for all T∈ DS
            do if T n FL ≠ {}
                    #Agreeing Term#
               then DS' := DS' - {T}
                    #Contradicting Literal #
               else T'  := T - NFL
                    if T :: {L}
                    then inconsistent := L∈ NFL
                         FL := FL U {L};
                         NFL := NFL U {neg(L)}
                    else inconsistent :=  T'= {}
                         DS' := DS' U T'
                    fi
               fi
            od
     until DS' = DS or DS'={} or inconsistent;
     end;
```

3.2.2 Erasure by the Use of Fixed Literals

All those terms T∈ DS that consist of a single literal L, are called fixed, for DS has a solution only if L is true, i.e. the affix position has the direction described by L.

These fixed literals may be used for two further simplifications:

1. All terms containing a literal L which is fixed are superfluous, they are always true if L is true,

2. all literals L contradicting a literal L which is fixed may be removed from all terms, since they will be always false, if L is true.

Example 2.

Reduction of DS derived from Example 1

v, r	DT(v,r)	Simplification	Result
(ENV,2)	{iblock1, ¬istmts2}	=> CL(ENV1,4)	iblock1
(ENV1,2)	{¬istmts1,¬istmts3}	=> CL(ENV,6)	¬istmts3
(ENV,3)	{istmts1,¬istmts1,¬istmt1}	=> TT	
(ENV1,3)	{istmts2,¬istmts2}	=> TT	
(ENV2,3)	{¬istmts3,¬istmt2}	=> AT(ENV1,2)	
(ENV3,3)	{¬istmt3,istmts3}	=> CL(ENV1,2)	¬istmt3
(ENV,4)	{istmts1,¬istmt1}	=> CL(ENV,5)	istmts1
(ENV1,4)	{istmts2,¬istmt2}	=> CL(ENV1,3)	istmts2
(ENV3,4)	{istmts3,¬istmt3}	=> AT(ENV3,3)	
(ENV,5)	{istmt1}		istmt1
(ENV1,5)	{istmt2,istmt3,¬iwhere3}	=> CL(ENV3,3)	
		=> CL(MODE1,17)	istmt2
(MODE,3)	{istmt3,¬idec11}	=> CL(ENV3,3)	¬idec11
(TAG,3)	{¬idec12,¬iwhere1,istmt3}	=> CL(TAG1,17)	
		=> CL(ENV3,3)	¬idec12
(ENV,6)	{istmt1,¬iblock1}	=> AT(ENV,5)	
(ENV1,6)	{istmt2,istmt3}	=> AT(ENV1,3)	
(ENV,7)	{istmt1,¬ivar1}	=> AT(ENV,5)	
(ENV1,7) = (ENV1,6)			
(MODE,7)	{¬ivar1}		¬ivar1
(MODE,8)	{idec11,¬imode1}	=> CL(MODE,3)	¬imode1
(TAG,8)	{idec12,¬iident1}	=> CL(TAG,3)	¬iident1
(ENV,14)	{ivar2,¬iwhere3}	=> CL(MODE1,12)	ivar2
(MODE,14)	{ivar1,¬iwhere2}	=> CL(MODE,7)	¬iwhere2
(TAG,14)	{¬iident1,¬iwhere1}	=> CL(TAG1,17)	¬iident1
(TAG,13)	{iwhere1}		iwhere1
(TAG,16)	{iwhere1,iwhere3}	=> AT(TAG1,17)	
(MODE,16)	{iwhere2,iwhere3}	=> AT(MODE1,17)	
(ENV,16)	{iwhere3}	=> (MODE1,17)	iwhere3
(ENV,17)	{iwhere3,¬iwhere3}	=> TT	
(MODEQ,17)	{iwhere2,¬iwhere2}	=> TT	
(TAG,17)	{iwhere1,¬iwhere1}	=> TT	
(TAG,17) =(TAG,13)			

(23) DS=DS′ U {T1,T2},T2 = {a}, T1 C T2
=AT=> DS:= DS′ U {T1}

<u>Logical</u> <u>laws</u>: (a v b) & a <--> a

(24) DS= DS′ U {T1,T2}, T1 = L, T2 = T2′ U {¬L}
==CL=> DS:= (DS - T2) U T2′

<u>Logical laws</u>: $a \& (\neg a \vee b) \leftrightarrow (a \& \neg a) \vee (a \& b)$
$\leftrightarrow F \vee (a \& b) \leftrightarrow a \& b$

Algorithm 2 performs the simplification above. Its complexity is proportional to the square of the number of literals in DS, since in the worst case all literals may be fixed by the algorithm, and for each literal a new repetition may be necessary.

Algorithm 2 may terminate with different results:

1. DS is detected to be <u>contradictuous</u> if the set of fixed literals FL demands contradicting directions for some affix position;

2. DS may become <u>empty</u>; then all affix positions are fixed;

3. DS may not be simplified any further, then other simplifications must be tried.

For example 1, algoritms 2 and 1 terminate with situation 2), as is shown in example 2. Our experience is, that this will be the case for most grammars. A counter example to the above situation is 3 this grammar is not reducable by algoritm 2 (see example 4).

Example 3.

A Grammar without "fixed" Literals

```
      N:: one; N one.

(1) z: y(one one one one one one);

(2)    y(one one one one one one one one one).

(3)    y(N one): x(one,N1 one,N1,N).

(4)    x(N,N1,N one,N2 one): x(N1 one,N3 one,N3,N2),'ha'.

(5)    x(N,N1,N one,N1 one): 'ha'.
```

Example 4.

DS for Example 3

```
v, r                DT(v,r)

(N,3)               {iy1,¬ix4} => IL(iy1) iy1
(N1,3)=(N3,4)       {¬ix2,¬ix3}
(N,4)               {ix1,ix3}
(N1,4)              {ix2,¬ix1}
(N2,4)              {ix4,¬ix4}   TT
(N,5)               {ix2,ix4}  => IL(ix4) ix4
```

3.2.3 Interpretation of Pure Literals

If an affix variable v occurs pure in DS(i.e. negated, or positive only), it may be chosen to be true without making DS contradictory (if it was not before).
This simplification does not preserve all possible solutions of DS, since there may be solutions for which the complement of v is true.

Algorithm 3: Interpretation of Pure Literals

```
proc find pure literal
     (sentence DS, ref set of lit LS,NLS) void:
     begin LS := {}; NLS := {};
     for all T∈ DS
     do  for all L∈ T:
             do  if neg(L)∈ LS
                 then LS := LS - {L};
                           NLS := NLS - {neg(L)}
                 else LS := LS U {L};
                           NLS := NLS U {neg(L)}
                 fi
     od      od;
     end;
```

Algorithm 3 performs this simplification. Its complexity depends linearly on the size of the DS.

3.2.4 Interpretation of Two-Literal-Terms

Those terms in a DS resistent to the simplifications described above can be devided into two subsets: D2S containing all terms of two literals, and the rest, RS.

Each term t∈ D2S may be translated into equivalent implications using the law:

(25) l1 V l2 <--> (¬l1 --> l2) & (¬l2 --> l1)

The transitive closure operator may be applied to the resulting sentences ID2S, allowing easy detection of contradictions (pairs (a->¬a) in ID2S+). For non-contradictory sentences, the closure is used to find consistent interpretation of all literals in D2S. Algorithm 4 performs these simplifications. Its degree of complexity is n**2.

Algorithm 4 results in a new set of fixed literals (the interpretations) which is then used for a further simplification of the remaining sentence RS by algorithms 2, 3, and 4. For our example 3, the simplification succeeds in a single step (see example 5).
The complete simplification algorithm is given below (algorithm 5).

3.2.5 Further Remarks on the Simplification

The algorithm given above will succeed in general in reducing RS to the empty set, or by finding an inconsistency.

It is hard to give an example that cannot be completely determined this way.

However,it may happen that some affix positions of an EAG do not occur in the DS from the beginning (if all occurrences are occupied by terminal affixes), or that all the terms describing a certain position are removed from the DS by algorithm 2. We call such positions free, their direction may be chosen freely without influencing the "wellformedness" of the EAG.

For choosing the directions of such free positions, as well as for choosing an interpretation in algorithm 4, one may consider additional criteria that might simplify the parsers generated from the EAG. Typical criteria could be:

1. parsing-oriented restrictions aiming at a minimum number of required evaluation phases.

2. non-circularity criteria demanding that the flow introduced by directions does not produce a circular definition of affixes.

The simplification rules given above are used for automated theorem proving (see [CL73], section 4.6). The determination of the transitive closure ID2S+ is equivalent to resolution on 2-terms.

```
Algorithm 4:  Interpretation of Implicative Sentences

proc devide in 2 or longer
          (sentence DS,
           ref sentence D2S,RS)void:
     begin  D2S := {}; RS := {}
     for all T∈ DS
     do if |T| = 2
        then D2S := D2S U {T}
        else RS := RS U {T}
        fi
     od
     end;

proc implicative form (sentence D2S) set of imp:
     begin IS := {}
     for all T∈ D2S : T :: {L,L'}
         do IS := IS U {(neg(l)->L',(neg(L')->L)} od;
     IS
     end;

proc interprete implications (set of imp IS,
                              set of lit FL)void:
     begin
     IS* := transitive closure(IS);
     for all (L -> L')∈ IS*
     do inconsistent := L=L' od;
     if ¬inconsistent
     then FL := {}
          repeat imp :: (L -> L') := element of(IS*)
          for all (L -> L")∈ IS*
          do FL := FL U {L"}
             IS* := IS* - {L -> L"}
          od
          until IS* = {}
     fi;
     end;
```

Since our problem is, to construct a solution for a sentence DS, we prefer our strategy to pure resolution strategies which are more suited to prove the inconsistency of a sentence.

Example 5.

Interpretation of ID2S of Example 3

```
ID2S    ix2  --> ¬ix3
        ix3  --> ¬ix2
       ¬ix1  -->  ix3
       ¬ix3  -->  ix1
       ¬ix2  --> ¬ix1
        ix1  -->  ix2

ID2S*   ix1  -->  ix2,¬ix3
       ¬ix1  -->  ix3,¬ix2
       ¬ix2  --> ¬ix3, ix1
        ix3  --> ¬ix1,¬ix2
       ¬ix3  -->  ix1, ix2
```

4. CONCLUSION

In the above sections we proposed a method for determining the directions (and the evaluation dependencies) of the affix positions automatically by an algorithm which in normal cases has an acceptable complexity.

We must admit here, that this method has drawback for practical applications. It is rather _sensible to a certain kind of errors_ in an EAG definition.

Assume for instance, that erroneously the lhs of production (6) in Example 1 would read:

"statement in (ENV) extending (ENV1) to (ENV_3_): ..."

Then,since ENV3 occurs in (6), position (statements,3) must be assumed to be _inherited_. This leads to a contradiction, since other productions demand this position to be derived. It is, however, nearly impossible to trace, where the error comes from originally, and the author of the grammar cannot expect much help from the analyzer.

Algorithm 5: Complete Simplification Algorithm

```
proc simplify(sentence DS,ref set of lit FL,
          ref sentence RS) bool:
   begin DS' := without TT (DS);
   find fixed (DS',FL,NFL);
   repeat RS' := RS; RS := {};
      devide fixed and bound (DS,FL,NFL);
      if DS ≠ {} and ¬ inconsistent
      then find pure literals (DS,FL',NFL');
           if FL' ≠ {}
           then devide fixed and bound (DS,FL',NFL')
                FL := FL U FL'
           fi
      fi;
      if DS≠ {} and ¬inconsistent
      then devide in 2 and longer (DS,D2S,RS);
          interprete implications
                    (implicative form(D2S),FL");
          FL := FL U FL";
      fi
   until DS = {} or RS={} or RS=RS' or inconsistent
   end;
```


[Ba72] BAKER, John L. : Grammars with Structured Vocabulary: a Model for the ALGOL-68 Definition. Information & Control 20 (1972), p.351-359

[CL73] CHANG, C.L., LEE, R.C.T. : Symbolic Logic and Mechanical Theorem Proving Academic Press, London (1973)

[CU77] CLEAVELAND, J.C. , UZGALIS, R.C. : Grammmars for Programming Languages. Elsevier Computer Science Library,N. York (1977)

[De75] DEUSSEN, P. : A Decideability Criterion for van-Wijngaarden Grammars. Acta Informatica, p.353-375, (1975)

[Kn68] KNUTH, D.E. : Semantics of Context Free Languages. Math. Systems The., (2), 127-145,(1968) Correction: 5,95 (1971)

[Ko70] KOSTER, C.H.A. : Affix Grammars. In: ALGOL-68 Implementation, J.E.L. Peck (Ed.) North-Holland Publish. Amsterdam-London (1971)

[Ko74] KOSTER, C.H.A. : Two Level Grammars. Lecture Notes in Computer Science 21, Compiler Construction Springer, Berlin- Heidelb.- N. York,p.146-156 (1974)

[KS77] KRAEMER, Bernd SCHMIDT, Heinz-W. : On The Implementation of van Wijngaarden Grammars. Preprint, GMD Bonn, IST-Internal Report 3/77 (1977)

[MLB76] MARCOTTY, LEDGARD, BOCHMANN : A Sampler of Formal Definitions. Computing Surveys, 8/2 (1976)

[Wa75] WATT, D.A. : Analysis-Oriented Two-Level Grammars. Ph.D.thesis,Glasgow 1974. printed TU Berlin, (1975)

[We78] WEGENER, Lutz : Bracketed Two-Level Grammars: A Decidable and Practical Approach to Language Definition. Universitaet Karlsruhe, Bericht 76, (1978)

[Wi69] WIJNGAARDEN, A.v. (Ed.) : Report on the Algorithmic Language ALGOL 68. Numerische Mathematik 14, p.79-218 (1969)

LOCALLY NONDETERMINISTIC AND HYBRID SYNTAX ANALYZERS FROM PARTITIONED TWO-LEVEL GRAMMARS

Bernd Krämer
Heinz W. Schmidt
Institut für Software-Technologie
Gesellschaft für Mathematik und Datenverarbeitung
Postf. 1240, D-5205 St. Augustin 1

Abstract: Considerable effort has been devoted to finding restricted classes of syntax directed translators usually being based on deterministic parsing techniques.

For a language the semantics of which does not fit into such a restriction, this has the infavourable effect that the association of the semantic evaluation with the syntax becomes more complicated and obscure.

To achieve a balance between efficiency and power, we combine partitioned grammars with nondeterminacy restricted to partial grammars. The partitioning of grammars moreover suggests the association of different strategies with different partial grammars. This admits the local adjustment of parsing strategies to the respective constructs of a programming language.

1. Motivation

Considerable effort has been devoted to developing appropriate definition methods for the automatic construction of efficient parsers. But estimations and reflections on properties and qualities of particular parsing methods are reasonable only when considering all parts of language specification and implementation comprising both syntax and semantics.

The conventional analysis methods imply constraints to the syntax demanding special properties (like the LL(k) and the LR(k) conditions). But the adaptation of the syntax of a language is likely to conflict with the semantics. In many cases the specification and implementation of semantic evaluation becomes less transparent and more complicated because of structure clashes.

To reduce such structural conflicts, the syntax description should be semantics oriented, i.e. should be specified along the semantic structure of the concepts in mind. Of course, such an approach makes high demands on the syntax definition language but it has considerable advantages:

- the association of semantics with the syntactic structure can be done straightforward and thus the total implementation effort is diminished;
- the readability and the modifiability of the specification are improved and
- verification is simplified, since most correctness proofs for compilers are based on the homomorphy of syntax and semantics.

2. Two-Level Grammars and Parsers

From the point of view of syntax description, two-level grammars, particularly van Wijngaarden Grammars offer most powerful descriptive means since they allow a context sensitive syntax definition in a comfortable and declarative way. Thereby, van Wijngaarden Grammars meet our demand for descriptive flexibility and may even extend the automated part of implementation, by allowing the generation of context-sensitive parsers. Since the parsing problem for van Wijngaarden Grammars is, however, undecidable in general, we substituted the metarules of van Wijngaarden Grammars by so-called conjugation rules. A conjugation rule defines those derivations of metanotions for a pair of hypernotions which lead to the equality of the hypernotions. This modification provides the premises for solving the parsing problem. We call the resulting type of two-level grammar a Conjugation Grammar (KS78a, SCH79).

Conjugation Grammars are formally equivalent to vWGs, they provide comparable descriptive comfort, and they are suited for parser generation. Informally a parser for a Conjugation Grammar is an extension of some standard parsing method for context free languages completed by a mechanism for handling the meta level. As pointed out in (SCH79), the transfer of restrictions known from context free grammars to Conjugation Grammars allows the automatic generation of particular parsers.

The problem, however, that such parser oriented restrictions may ruin the flexibility of expression remains. Nontrivial programming languages can rarely be formalized adequately by a syntax which, as a whole, satisfies criteria of particular parsing methods such as simple precedence parsing (excluding precedence conflicts) or LL(1) parsing (excluding left recursion). Proceeding from the semantic structure of a language, it may be more adequate to describe parts of the syntax by left recursion, other parts by the use of empty productions, or by local ambiguities.

2.1 Partitioned Two-Level Grammars

Similar to (Swl75), our approach to cope with such inhomogeneous syntactic definitions is to decompose a Conjugation Grammar into a system of subgrammars each of which can be dealt with separately so that

- each subgrammar is complete in a well-defined sense,
- each subgrammar possesses its own separate syntax analyzer, and
- the syntax of a language can be adjusted to the semantic structure by reflecting parser oriented criteria only locally.

Naturally, this concept will have beneficial effects with respect to the requirements discussed above:

- a smaller subgrammar is much more likely to comply with parser oriented properties,
- the readability and flexibility of two-level grammars is provided for defining

parsers, and
- the association of semantics description is facilitated.

Let a grammar $G=(S_i)$ be defined as a finite system of subgrammars $S_i=(N_i,T_i,R_i,s_i)$ where N_i is a set of nonterminals, T_i a set of terminals, $N_i \cap T_i=\emptyset$, R_i a set of production rules, and $s_i \in N_i$ the start notion of S_i, and let s_o of S_o be the start notion of the system G. Then, each subgrammar S_i has its unique start notion s_i such that s_i is either a terminal of another superimposed subgrammar S_j ($s_i \in T_j$) or s_i is the start notion of G ($s_i=s_o$).

Different subgrammars may now have different properties required for different parsing strategies, whereas the system as a whole may fulfil neither of these properties.

2.2 Partitioned Two-Level Parsers

The decomposition of a grammar corresponds to an integration of separate subparsers to one parser for that grammar demanding only one overall parsing strategy which switches from one subparser to the other.

In (SCH79) two general parsing schemes for Conjugation Grammars have been described:
(1) an extension of the well-known recursive descent parser to be constructed from a conjugation subgrammar without left recursion of the underlying context free grammar and
(2) a recursively implemented shift-reduce scheme which can be applied to subgrammars without empty productions in the underlying context free grammar.

In these schemes, with each syntactic notion a recursive boolean procedure is associated:
(1) In the top-down case, the procedure is a straightforward transcription of each production rule comparable to (Kos74a).
(2) In the case of bottom-up parsing this is a reduction procedure which is invoked after a successful reduction to the corresponding notion; the procedure succeeds if the recognized notion is the next open goal or it defines new goals until a new reduction is possible and the corresponding reduction procedure succeeds.

For the sake of simplicity we demand a uniform external behaviour of the subparsers involved, namely that of a recursive boolean procedure which can be invoked from any other subparser of the same system in a uniform way. The parsers operate in the same environment, i.e. they use the same resources (stacks, input file, etc.) and a parser invoking different subparsers must not reflect local properties of its subparsers (e.g. top-down versus bottom-up). Thus, the integration of subparsers realizing different parsing strategies allows a <u>hybrid parsing</u> technique.

3. Restricted Nondeterministic Parsing

Although many nondeterministic context free structures can be parsed deterministically by a context directed two-level parsing scheme (e.g. CLL(k), CLR(k) (SCH79)) whenever a deterministic choice can be made on the basis of left context (incorporated by metanotions which have been derived to the left), one important problem still remains: the necessity to cope with local ambiguities (Kos74a).

In the programming language Algol68 (A68RR), for instance, a programmer might use the if-then-else-fi frame to make the meaning of a choice clause locally evident. Another uses the "(||)" short notation for the same construct, conceiving of the open parenthesis as the beginning of a new range. In this way, Algol68 extends the range of meaningful constructs and provides a flexible notation that allows both a redundant and a concise representation of a program. However, these pragmatical extensions give rise to a number of local ambiguities, as illustrated in the following Algol68 examples:

(1)	(((i+j*k)-m:1oo)INT cents;...)	closed clause
(2)	(((i+j*k)-m)>4|a|0)	conditional clause
(3)	(((i+j*k)-m) | ...,... | ...)	case clause
(4)	(((i+j*k)-m)/z;...)	closed clause

In a locally ambiguous language, the meaning of a construct cannot always be determined by scanning its first n characters, but it may depend on arbitrary large context. I.e. local ambiguities cannot always be parsed deterministically.

A usual way to solve the problem is the separation of the implementation into subsequent compiler passes. But this solution implies that syntactic and semantic structure fall apart. Instead of supporting a declarative definition of the structure of a language and straightforward associating the semantic structure (defining the what), separate passes imperatively define subsequent transformations from some intermediate structure to a more abstract one (defining the how). The complications are only put off and even augmented: One escapes the problems on the side of syntax analysis which can systematically be generated anyway, but inevitably meets the problems just on the side of semantic evaluation which is more difficult to handle.

Therefore we believe it indispensible to accept nondeterministic parsing. This admits a syntactic definition involving prefix sharing and local ambiguity where these express the appropriate structure with respect to the semantics.

The deterministic context directed parsing schemes for Conjugation Grammars introduced in (SCH79) can easily be extended to nondeterministic schemes by the following modification (concerning top-down as well as bottom-up parsing):

(1) Not only the activation record of a procedure is preserved after a successful return but also a so-called backtrack record containing all information necessary for a reactivation of that procedure is pushed onto the stack.

(2) A procedure P always resets the status-quo-ante invocation of a procedure P• after P• fails and then either

   (a) reactivates a previously successful procedure P_x , the corresponding backtrack record of which is on top of stack, iff P• was not the first procedure invoked by P or

   (b) iff P• was the first procedure invoked by P either

      (b1) P tries alternative invocations, if any, or

      (b2) P itself fails (all alternatives were attempted without success).

(Since the manipulation of the meta level also was described by recursive procedures, this extension in particular refers to the resetting of metaderivations, too.)

3.1 Local-Back Parsing

Local ambiguities are generally restricted to a few constructs of a language. The exclusive use of nondeterministic parsing would be inexpedient. The concept of partitioned grammars with hybrid parsing suggests restricting nondeterminacy to subparsers.

However, the embedding of deterministic into nondeterministic parsing would normally imply the reanalysis of unambiguous constructs (recognized by the deterministic parser) due to backtracking in the superimposed nondeterministic parser, as the following example demonstrates. (To simplify the understanding, we confine ourselves to a context free grammar written in van Wijngaarden notation (Kos74b), which is supposed to generate the local ambiguous sentences of section 3.)

```
closed unit:
    conditional clause;
    closed clause;
    ...    .
closed clause:
    open symbol, expression, close symbol.
conditional clause:
    open symbol, bool expr, bar symbol, unit, bar symbol, unit, close symbol.
unit:
    closed unit;
    ...    .
```

Let "closed unit" be the start notion and let "expression" be a terminal of that locally ambiguous subgrammar (to be parsed, say, by a nondeterministic top-down strategy). And suppose "expression" be the startnotion of an unambiguous subgrammar (to be parsed by a deterministic bottom-up strategy) recognizing arithmetic and boolean expressions in a usual sense.

The "closed unit"-subparser, for example, might attempt to recognize a "conditional clause" instead of a "closed clause" when analyzing the input (((i+jxk)-m/z; ...), example 4 of section 3. The "expression"-subparser invoked by the "conditional clause" subparser would build up a parse tree for ((i+jxk)-m)/z recognizing a correct expression. But now, on arriving at the semicolon symbol (;), the "conditional clause" can no longer be the goal. Backtracking is activated. Thereby, the parse tree for the "expression" would normally be disintegrated and then be built up again in the same way on attempting to recognize a "closed clause".

In this way the embedding of deterministic into nondeterministic parsing would imply the reanalysis of unambiguous constructs due to backtracking in a superimposed parser. In the case of context sensitive parsing the waste on backtracking is still augmented by the metanotion manipulation.

Hence, our approach towards an efficient application of nondeterministic parsing is the protection of unambiguous constructs against multiple reanalysis. Each terminal (possibly the start notion of some subgrammar) once recognized is considered recognized forever. The entire details of a successful recognition of a terminal are preserved so that backtracking on the input is performed only virtually. The input is not reanalyzed but represented by the previously recognized terminals.

In the implementation this means that on backtracking only the terminals recognized by the nondeterministic subparser are pushed onto a global terminal stack (together with further relevant parsing information like metaderivations, references to subparsetrees, etc.). When an alternative parse is attempted, each subparser invoked checks whether

- it was previously successful in recognizing the next input (i.e. it can be identified with the top entry of the terminal stack), or
- it can try to find a parse for the stacked terminals and possibly some following input (i.e. the stack is not empty and the top entry does not identify the invoked subparser, or
- it can immediately try to parse the following input (i.e. the terminal stack is empty).

We call this scheme that combines the "terminal protection" philosophy with the concept of subgrammars a <u>local-back scheme</u>; it has different advantages:

- backtracking is optimized since locally unambiguous subconstructs are parsed only once;
- the behaviour of subparsers does not depend on superimposed parsers or sibling parsers but can be understood locally (we call two subparsers sibling parsers if both are invoked by the same superimposed parser).

3.2 Formal Restrictions Due to Local-Back Parsing

The local-back scheme restricts local ambiguity to single subgrammars. Since the reduction to a start notion of a subgrammar is never undone, it must be the correct action in any case in which it might occur. Formally this means:

Given a start notion s_i producing a terminal sentence $y \in L(G)$

$$s_i \overset{+}{\Rightarrow} y$$

and provided the start notion s_0 of the system produces y in some context x,z

$$s_0 \overset{+}{\Rightarrow} xyz$$

then s_0 must also produce the sentence xs_iz :

$$s_0 \overset{+}{\Rightarrow} xs_iz$$

Otherwise, during parsing, a reduction of y to s_i might take place but could never be embedded in the parse

$$s_0 \overset{+}{\Rightarrow} xyz.$$

This requirement is of course not very useful to the language definer. It does not give any hint on how it can be met. But we can guarantee the condition by the following criterion, which is expressed in terms of local properties of subgrammars only:

"The terminal sentences of two subgrammars must not overlap."

Formally this means:

Given two subgrammars $S_i=(N_i,T_i,R_i,s_i)$ and $S_j=(N_j,T_j,R_j,s_j)$ and given two terminal sentences $y_i \in L(S_i) \subset T_i^*$ and $y_j \in L(S_j) \subset T_j^*$ which overlap, i.e.

either $y_i=xy$ and $y_j=yz$

or $y_i= xy_jz$

then $S_i=S_j$ and xz is empty.

It can be shown by induction over the terminal productions (relative to subgrammars) that this prohibition of "overlapping" implies the desired global property.

This condition is still unsatisfying, since it is not yet shown to be decidable, in general. Considering a particular parsing strategy, however, this condition can be weakened and can be guaranteed by sufficient and decidable criteria appropriate for the regarded parsing strategy. (At least this condition is to be verified by inspecting the particular definition.) For example for nondeterministic, recursive descent parsing it is sufficient to reflect overlapping of the form

$$y_i = y_j z \quad \text{(i.e. x is empty)}$$

and a sufficient criterion is for instance:
"In each terminal sentence of a subgrammar under consideration one terminal of this subgrammar occurs which does not occur in any sentence of another subgrammar under consideration."

(In our implementation we demand this global property for each system of subgrammars to avoid conflicts between the corresponding subparsers.)

4. Syntax Directed Transformation

Our concepts were developed for a stepwise and integrated description of syntax and semantics along the semantics from abstract to concrete notions, i.e. each syntactic rule should be associated with the desired transformation on its abstraction level. (Instead of "semantics" we prefer the term "transformation" since in our implementation the "semantics" are still not defined in a mathematically precise way as is for example the denotational semantics; but we allow a grammatical definition of the transformation of syntactic constructs into other syntactic constructs).

For the semantics several specification methods have been proposed (cf. (MLB76)), but there is no agreement which one is suited best for describing the semantics. In the semantic attribute approach (Knu68), for instance, semantic rules and attributes are associated with the production rules of a context free grammar. The semantic rules define the evaluation of semantic attributes and the generation of code by inspecting the decorated parse tree (Jaz74). The parse tree is determined indepedently from the semantic attributes. Some implementations of attribute grammars allow the definition of transformation, i.e. of attribute manipulation, by means of usual programming language constructs (Kas76), others use transformation grammars for this purpose (Gan74).

In ECDL, a compiler definition system on the basis of Conjugation Grammars (Krä78), we offer CDL2 (DKS78), a programming language on the basis of affix grammars (Kos71), for defining transformation by means of recursive algorithms. Conjugation Grammars and CDL2 are conceptually integrated, i.e. an ECDL-rule consists of two parts, one defining the syntax by means of the notions of conjugation subgrammars and another part for defining the transformation, which itself is composed of recursive algorithms and of conjugation subgrammars. Moreover, CDL2 may be used to define affix-directed LL(1)-parsers.

The ECDL-system unfolds the two aspects -- syntax analysis (including the consideration of context conditions) and transformation -- into two subsequent phases. The transformation strictly proceeds from top to bottom and from left to right along the parse tree. Therefore, each subparser must deliver the respective parse tree in a globally uniform representation appropriate for the control of transformation. The symmetry of syntactic and transformational definitions admits to defer parts of the syntax analysis after a transformation phase, for instance, to separate into "mode independent" and "mode dependent" parsing.

5. Experience with our Implementation

First experience in the use of Conjugation Grammars for defining syntax analyzers and of ECDL for defining complete implementations indicates that the definitional facilities provided hold a great promise for more efficient and more systematic approaches to language implementation.

The generative properties of two-level grammars as definition language in fact simplify the specification of language implementation, imply readability and modifications which are supported by largely automated means.

On the other hand, some difficulties of acceptance and some deficiencies of the concepts have appeared. Initial difficulties arose from the interpretation of two-level grammars as special purpose programming language providing nondeterminacy as control construct. Although nondeterministic programming was shown to be useful (Lin78), people first tend to think explicitly in terms of the underlying nondeterministic behaviour. Another complication comes from the discipline demanded for a semantics oriented syntax definition which forces the definer to clarify his conception of the language on the different abstract levels. And finally there are the usual problems in defining error recognition and error handling for nondeterministic parsers generated from Conjugation Grammars.

A further disadvantage of the local-back scheme is due to the strict coupling of the "terminal protection" philosophy with subgrammars: Sometimes, it is desirable to change the parsing strategy independently from protected subgrammars. We rather think of binding the "terminal protection" from reanalysis to properties of the context relations defined by the corresponding subgrammar.

Conclusion

We described a new approach to the generation of two-level parsers: the local-back parsing scheme. We advocated a flexible and powerful definition method which allows a semantics oriented syntax definition. Lest such a definition is not inhibited by parser oriented restrictions we demanded the provision of nondeterministic parsers. To keep the cost of parsing within reason, we introduced the concepts of partitioned Conjugation Grammars and the restriction of nondeterministic parsing to subgrammars.

We outlined that
- the concept of partitioned grammars allows an optimal adjustment of the syntax definition to the semantic structure of a language, because each subgrammar possesses its own separate parser accounting for the particular properties of this subgrammar,
- hence the concept of partitioned grammars enables the definition of hybrid parsing techniques between top-down and bottom-up and between deterministic and nondeterministic parsing,

- the local-back parsing scheme obviates the need for reanalysis of locally unambiguous subconstructs and in this way allows an efficient application of nondeterminism restricted to subgrammars.

We shortly described the experiences with our sample implementation of the concepts incorporating three parser types, a general two-level bottom-up, a general two-level recursive descent parser and an affix-directed LL(1) parser.

References

A68RR A. van Wijngaarden, B.J. Mailloux, J.E.L. Peck, C.H.A. Koster, M. Sintzoff, C.H. Lindsey, L.G.L.T. Meertens and R.G. Fisker: Revised report on the algorithmic language Algol 68. ISBN 3-54o-o7592-5, Springer-Verlag Berlin/Heidelberg/New York (1976).

DKS78 J.P. Dehottay, C.H.A. Koster and H.M. Stahl: Syntaktische Beschreibung von CDL2. Bericht der Forschungsgruppe PC2, FB 2o der Technischen Universität Berlin (1978).

Gan74 H. Ganzinger: Modifizierte attributierte Grammatiken. TR Nr. 742o, Technische Universität München.

Jaz74 M. Jazayeri: On Attribute Grammars and the Semantic Specification of Programming Languages. Report No. 1159, Case Western Reserve University (1974).

Kas76 U. Kastens: Ein Übersetzer-erzeugendes System auf der Basis attributierter Grammatiken. Interner Bericht Nr. 1o der Fakultät f. Informatik, Universität Karlsruhe (1976).

Knu68 D.E. Knuth: Semantics of context free languages. Math. Sytems Theory, vol.2, no. 2 (1968), pp. 127-145.

Kos71 C.H.A. Koster: Affix grammars. Algol 68 Implementation, ed. J.E.L. Peck, North-Hollang Publishing Co. Amsterdam-London (1971), pp. 95-1o9.

Kos74a C.H.A. Koster: A technique for parsing ambiguous languages. Lecture notes in computer science, GI 4. Jahrestagung, vol. 26, ISBN 3-54o-o7141-5, Springer-Verlag Berlin/Heidelberg/New York (1974), pp. 233-246.

Kos74b C.H.A. Koster: Two-level grammars. Lecture notes in computer science 21, Compiler Construction, ISBN 3-54o-o6958-5 Springer-Verlag Berlin/Heidelberg/New York (1974), pp. 146-156.

Krä78 B. Krämer: ECDL - eine Compiler-Implementationssprache auf der Basis zweischichtiger Grammatiken. Tagungsband des Fachgesprächs Compiler-Compiler in Berlin, ed. W. Henhapl, TH Darmstadt, Fachbereich Informatik (1978)

KS78a B. Krämer, H.W. Schmidt: On the implementation of van Wijngaarden Grammars, Part I: Informal introduction to conjugation grammars. IST-Report No. 44,

Institut für Software-Technologie, Gesellschaft für Mathematik und Datenverarbeitung D-52o5 St. Augustin (1978).

KS78b B. Krämer, H.W. Schmidt: Syntactic description of ECDL. Internal Report 1/78, Institut für Software-Technologie, Gesellschaft für Mathematik und Datenverarbeitung D-52o5 St. Augustin (1978).

Lin78 G. Lindstrom: Control Structure Aptness: A Case Study Using Top-Down Parsing. Proceedings of the third international conference on software engineering Atlanta, Georgia (1978), pp. 5-12.

MLB76 M. Marcotty, H.F. Ledgard and G.V. Bochmann: A sampler of formal definitions. Computing surveys, vol. 8, no. 2 (1976), pp.191-276.

SCH79 H.W. Schmidt, P. Schmitz: Parser-Erzeugung für Conjugations-Grammatiken. Institut für Software-Technologie, Gesellschaft für Mathematik und Datenverarbeitung D-52o5 St. Augustin (to be published).

Swl75 F. Schwenkel: Partitioned grammars and syntax analyzers. Lecture notes of economics and math. systems, 1. GI-Fachtagung Programmiersprachen, vol. 75, Springer-Verlag Berlin/Heidelberg/New York (1975), pp. 114-139.

AN APPROACH TO THE DERIVATION OF COMPILER DESCRIPTION CONCEPTS FROM THE MATHEMATICAL SEMANTICS CONCEPT*

H. Ganzinger
Institut für Informatik
der Technischen Universität
Arcisstraße 21
8000 München 2 / Fed. Rep. of Germany

Abstract. This paper analyzes some characteristics of mathematical language definitions and compares them with the corresponding techniques used for describing compilers in the framework of existing compiler-compilers. This motivates a new compiler description concept based on attribute grammars. The concept allows compiler descriptions which can more easily proved to be correct with respect to an original mathematical definition of the language. On the other hand, a simple modification of known attribute evaluation methods assures an automatic generation of efficient compiler modules.

1. INTRODUCTION. Most of the compiler-compilers which have been developed recently are based on the concept of attribute grammars (AGs), as introduced in [Knu 68]. (For an overview see e.g. [Räi 77].) Attribute definition languages have been designed as the basis for formulating the compiler descriptions. The criterion for the design of these languages concern the generality of attribute dependencies, the efficiency of attribute evaluators, redundancy in attribute definitions, or the complexity of the generation of the attribute evaluators. However, one important aspect was almost completely neglected so far: A compiler description should be well-structured and transparent to support correctness proofs with respect to an abstract definition of the language. This is somewhat amazing, since the ultimate goal of the compiler-compiler research is the automatic generation of efficient compilers from abstract definitions of both languages and target machines.

* This research was carried out within the Sonderforschungsbereich 49 - Programmiertechnik - at the Technical University of Munich.

In this paper we try to analyze some of the characteristics of mathematical language definitions in the sense of [ScS 71]. The goal is to derive an attribute grammar concept which allows compiler descriptions that can more easily be proved consistent with such definitions.

The mathematical definition method suggests the use of complex data types (domains) for the language definitions. The data types can be of almost arbitrary functionality and recursivity. By means of a simple example, we shall point out three different kinds of functional data types which one normally finds in any language definition. The AG-concept which we want to derive should allow for a natural and explicit realization of any of these data types.

As we shall see, there is one class of data types which leads to a fundamental extension of the classical AG-concept. The extension allows functions which are determined by attribute dependencies to be values of attributes themselves, which can then be used for the definition of other attributes. Although the descriptional power of AGs is increased considerably by this extension, there is a simple generalization of the well-known attribute evaluation methods permitting efficient attribute evaluation, provided that the user submits additional specifications concerning the concretization of this AG. The compiler description language must offer constructs to formulate such specifications.

In this paper we have to omit any formalisms and to restrict ourselves to the presentation of the basic ideas.

<u>2. NOTATIONAL REMARKS.</u> In this paper we assume that the reader is familiar with the basic concepts of both the attribute grammar and the mathematical semantics method. Subsequently, we list some of the notions and notations used below.

Attribute grammars. The i-th position in a context-free production rule p, as well as the grammar symbol at this position is denoted by X[p,i]. Thus we write the definition rule for an attribute a at this position as $a\llbracket X[p,i]\rrbracket = f(a1\llbracket X[p,i1]\rrbracket,\dots,ak\llbracket X[p,ik]\rrbracket)$, where f is the function and the aj are the actual parameter attributes in the definition of $a\llbracket X[p,i]\rrbracket$. The domain of an attribute a is denoted by D(a). When we refer to nodes u of syntactic trees t, then $u \circ i$, $i \geq 0$, denotes the i-th son of u, if $i > 0$, and u itself, if $i = 0$ holds. The (meta) semantics of an attribute grammar is usually represented by an evaluation function val which associates with any node u of any tree t a value $val(a,t,u) \in D(a)$, for any attribute a which belongs to u. The value is obtained by applying the definition rule for a at u in t to the values of its parameter attributes as given by that rule [Knu 68]. In this case no "inherited" attribute is associated with the start symbol of the underlying cf-grammar. In this paper we shall, additionally, consider a second kind of meta semantics which was e.g. defined for the affix grammars of [Kos 71]. In this case the start symbol has $k \geq 0$ inherited attributes a1,...,ak , and $m \geq 1$ "synthesized" attributes b1,...,bm , and one consideres for any syntactic tree t the function

$$\delta[t] \in D(a1) \times \cdots \times D(ak) \rightarrow D(b1) \times \cdots \times D(bm) ,$$

which specifies the dependency of the synthesized from the inherited attributes at the root of t . That is, if one starts attribute evaluation by assigning values Ai to the ai of the root of t , then the evaluation ends up with a tupel $(B1,\ldots,Bm) = \delta[t](A1,\ldots,Ak)$ of values Bi for the synthesized bi at the root. $\delta[t]$ is called the *(attribute) dependency function* of t .

Domains and basic functions. Domains are complete lattices. B denotes, as usually, the boolean domain $\{\bot, \text{true}, \text{false}, \top\}$. By + and $\times$ we denote the (separated) sum and the product of domains, resp.. $[D \rightarrow D']$ is the domain of continuous functions from D to D'. If $D = \cdots + D' + \cdots$, $x \in D$, then x <u>to</u> D' denotes that $x' \in D'$ which corresponds to x in D. (It yields $\bot_{D'}$, if no such x' exists.) Conversely, x' <u>in</u> D, for $x' \in D'$, yields that $x \in D$ which corresponds to x' in D'. x <u>is</u> D', for $x \in D$, yields true, if x corresponds to some $x' \in D'$, and false otherwise. <u>cond</u>$(b \rightarrow q|r)$ denotes that conditional function, which is call-by-value in *each* of its three arguments b,q,r , <u>if</u>-<u>then</u>-<u>else</u> is the conditional which is doubly strict in the first, the condition argument only. If $D = \cdots \times D' \times \cdots$ then $\downarrow D'$ is the projection from D to D' . For function definitions we use the usual λ-notation (see e.g. [Sto 77]).

3. COMPLEX DATA TYPES IN LANGUAGE DEFINITIONS.

We consider a simple problem which occurs in the definition and implementation of programming languages (e.g. PASCAL) which allow nested record type definitions: For any selection x.s of the field s of a record x the admissibility of s and the resulting component type has to be defined. A denotational definition could look like the following:

```
-- domains:

ID                              -- the (primitive) domain of identifiers
DECL_INF = ... × TYPE_INF × ... -- the type information is part of the
                                declaration information for variables.
TYPE_INF = ... + RECORD_INF + ... -- a type can be a record type
RECORD_INF = [ID → TYPE_INF]    -- a record type is given by associat-
                             ing component types with field identifiers.
ENV = [ID → DECL_INF]           -- environments, associating declara-
                                tion information with identifiers
E = [ENV → ENV]                 -- transformations of environments dur-
                                ing program elaboration


-- meanings associated with syntactic entities:

FIELDLIST     ↦  record_inf ∈ RECORD_INF
TYPE, FIELD   ↦  type_inf ∈ TYPE_INF
FIELD, ID     ↦  id ∈ ID,  field identifiers
DECL          ↦  e ∈ E, the effect of the declaration upon the
                 environment
VAR           ↦  var_type ∈ [ENV → TYPE_INF],  the type of a variable
                 with respect to a given environment.


-- definition of the meanings by induction on the syntactic structure:

1:  FIELDLIST → FIELD  --  last element of a record fieldlist
    record_inf⟦ FIELDLIST⟧ =
    λ id.cond(id = id⟦ FIELD⟧ → type_inf⟦ FIELD⟧ | error_type)
    --  If a FIELDLIST consists of one FIELD then a component type
        exists only for the identifier of this FIELD. It is repre-
        sented by the type information for the FIELD. The remaining
        identifiers possess some error type.

2:  FIELDLIST0 → FIELD; FIELDLIST1  --  field lists containing more
                                        than one element
    record_inf⟦ FIELDLIST0⟧ = λ id.cond(id⟦ FIELD⟧ = id →
        type_inf⟦ FIELD⟧ | record_inf⟦ FIELDLIST1⟧ (id))
    --  The association of component types with field identifiers is
        extended according to the type and selector of the first
        field. (For simplicity, we do not reject multiple uses of
        field identifiers.)

3:  FIELD → ID: TYPE
    id⟦ FIELD⟧ = id⟦ ID⟧ ;  type_inf⟦ FIELD⟧ = type_inf⟦ TYPE⟧

4:  TYPE → record FIELDLIST end
    type_inf⟦ TYPE⟧ = record_inf⟦ FIELDLIST⟧ in TYPE_INF

5:  DECL → var ID: TYPE  --  variable declaration
    e⟦ DECL⟧ = λ env.update(env, id⟦ ID⟧ , type_inf⟦ TYPE⟧ )
    --  The declaration updates the current environment  env  by
        associating the type information with the newly declared
        variable.

6:  VAR → ID  --  applied occurrence of a variable identifier
    var_type⟦ VAR⟧ = λ env. env(id⟦ ID⟧ ) ↓ TYPE_INF
    --  The type of the variable is given by the TYPE_INF-component
        of its declaration information obtained by an actual environ-
        ment env-application to the variable identifier.
```

```
7:    VAR₀ → VAR₁. ID  -- selection of a record field
      var_type⟦ VAR₀⟧ =
      λ env.cond(var_type⟦ VAR₁⟧ (env) is RECORD_INF →
      (var_type ⟦ VAR₁⟧ (env) to RECORD_INF)(id⟦ ID⟧ ) | error_type)
      -- The component type is selected by applying the record type
         to the field identifier. The selection is correct if the re-
         sult is not the error_type.
```

The example shows three different kinds of functional objects which assure the transparency of the above definition. We shall briefly point out their characteristics and aspects of their possible realizations in terms of classical attribute definitions. This will motivate two requirements which should be met by a good attribute definition language.

1. *Tables.* The first type of functional objects are abstractions of tables, arrays, lists, etc. The $env \in ENV = ID \rightarrow DECL\_INF$ of the above example belong to this class. AG-systems are usually based upon some (high-level) programming language L (e.g. PASCAL) which serves for the concretization of the abstract attribute domains and attribute evaluation functions in terms of types and procedures of L. If L allows the definition of complex types then objects like env can be represented naturally by some sort of L-table. The representation can be obtained according to a method of "defunctionalizing" as proposed in [Rey 72]. The problem is that the existing AG-systems do, for reasons of efficiency, not allow the explicit manipulation of complex attributes (like the states of symbol tables); complex global variables have to be used as a substitute. The resulting compiler descriptions, then, are no more applicative, they hide important semantic relationships, and their meaning depends on attribute evaluation strategies. An ideal AG-concept should solve this problem.

2. *Context dependencies.* Context dependencies are handled by a second kind of functional objects. The $var\_type \in [ENV \rightarrow TYPE\text{-}INF]$ belong to this class, representing the types of variables depending on a current environment In a classical AG, one can represent such functions by dependencies between a pair of inherited and synthesized attributes. The (context) arguments of the function are passed down via an inherited attribute, whereas the results are computed bottom-up, using the synthesized attribute. Reformulating (6) and (7) using an attribute pair (i_env, s_var_type), yields:

```
6':   VAR → ID
      s_var_type⟦ VAR⟧ = i_env⟦ VAR⟧ (id⟦ ID⟧ ) ↓ TYPE_INF
```

```
7':     VAR₀ → VAR₁ . ID
        i_env⟦ VAR₁⟧ = i_env⟦ VAR₀⟧
        s_var_type⟦ VAR₀⟧ =
        cond(s_var_type⟦ VAR₁⟧ is RECORD_INF →
        (s_var_type⟦ VAR₁⟧ to RECORD_INF)(id⟦ ID⟧ ) | error_type)
```

The former var_type is now represented by the dependency function between i_env ∈ ENV and s_var_type ∈ TYPE_INF. This exemplifies one of the fundamental differences between denotational definitions and AG-definitions: Whereas denotational definitions define (functional) objects bottom-up (i.e. by structural induction), AG-definitions use inherited attributes for defining functional objects by attribute dependency functions, and for giving additional hints to a more efficient call-by-value elaboration of calls upon such functions. We believe that this AG-representation of such functions is quite natural, since consistency proofs are rather simple [ChM 77, Gan 79b]. The above example contains two more objects of this kind, namely record_inf ∈ [ID → TYPE_INF] and e ∈ E = [ENV → ENV], which can be defunctionalized analogously by

```
1':     FIELDLIST → FIELD
        s_comp_type⟦ FIELDLIST⟧ =
        cond(i_id⟦FIELDLIST ⟧=id ⟦FIELD ⟧ →type_inf⟦FIELD ⟧ |error_type)
2':     FIELDLIST₀ → FIELD; FIELDLIST₁
        s_comp_type⟦ FIELDLIST₀⟧ = cond(i_id⟦ FIELDLIST₀⟧= id⟦ FIELD⟧
        → type_inf⟦ FIELD⟧ | s_comp_type⟦ FIELDLIST₁⟧ )
        i_id⟦ FIELDLIST₁⟧ = i_id⟦ FIELDLIST₀⟧
3':     as 3.
        -- Now, the {i_id ∈ ID ⇝ s_comp_type ∈ TYPE_INF} - dependencies
           reflect the former record_inf.
5':     DECL → var ID: TYPE
        s_env⟦ DECL⟧ = update(i_env⟦DECL ⟧, id⟦ID ⟧, type_inf⟦TYPE ⟧)
        -- The former  e  is now given by the
           {i_env ∈ ENV ⇝ s_env ∈ ENV} - dependencies.
```

3. Abstractions of syntactic objects.

The "trees" type_inf ∈ ··· + RECORD_INF + ···, RECORD_INF = [ID → TYPE_INF], are certain abstractions of the concrete syntactic trees which define the structure of type declarators. They reflect the tree-like nesting of the record types in a given program, which must be available for computing the types of expressions. To represent such objects in a classical AG-environment, one has to construct the type trees explicitly, using auxiliary attributes, and to collect them in some sort of type table. At expressions, the appropriate type tree is selected and traversed when subtypes are to be determined. Apparently, there are two shortcomings of this representation method: First, one arrives at a compiler description which, because of the dependencies between the auxiliary attributes, differs considerably from the original language definition. Secondly, one obtains an unnecessary duplication of data types and data structures: In an automatically generated compiler, the manipulation of the attributed program tree is done by the generated attribute evaluator. If a compiler describer defines additional tree structures as values of attributes, then the functions for the manipulation of such trees, as well as parts of the program tree itself occur twice during compilation. These inefficiencies of the classical AG-concept arise in situations, where parts of a program have to be inspected a number of times, which is not linearly bound by the length of these parts. Then the inspections cannot be implemented by traversing classical attribute dependency graphs. (Examples, which occur frequently, are type trees, scope structures, flow diagrams for data flow analysis, etc.)

The general case is that functions, which could be easily represented by attribute dependency functions, originate somewhere in the program tree and have to be passed to many places in the tree, afterwards. One should be allowed, therefore, to convert dependencies between attributes into (functional) values of normal attributes. In the example one would like to have:

```
4':   TYPE → record FIELDLIST end
      type_inf[[ TYPE ]] = ({i_id ⁓ s_comp_type}[[ FIELDLIST ]] in TYPE_INF
      -- {i_id ⁓ s_comp_type} denotes the dependency between both at-
           tributes, which is the former record_inf.
```

Now we are arrived at a compiler description which meets our requirements concerning the structural similarity with the original definition and which leads, as we shall see, to an efficient compiler module.

To sum up, we put up two requirements which should be met by an attribute definition language:

1. It must be possible to define the manipulation of complex attribute values explicitly without being constrained to accept excessive space inefficiency during attribute evaluation.

2. Attributes must be allowed to have functional values. In particular, the (functional) dependencies between attributes must be convertable into values of attributes. Recursive calls of dependency functions should be possible.

4. THE FORMAL BASIS OF AN ATTRIBUTE DEFINITION LANGUAGE. The second of the above requirements leads us to a new concept for an attribute definition language which we shall present below, whereas the solution with respect to the first requirement will be of a more pragmatic nature, and will be in the framework of this concept.

A compiler description is now represented not by one single attribute grammar, but by a system $[AG_0, AG_1, \ldots, AG_n]$ of $n \geq 0$ (non-circular) attribute grammars with the following meanings and properties:

(1) AG_0 is the *main grammar* which defines the decoration of the syntactic trees with attributes (according to its evaluation function). It, therefore, defines the translation of source programs into attributed trees.

(2) The AG_i, $i \geq 1$, are *auxiliary grammars*, which have the same underlying cf-grammar as AG_0, with the only exception that different nonterminals (or sets of nonterminals) S_i can act as the start symbols. The start symbols possess $k \geq 1$ inherited attributes a1,...,ak and $m \geq 1$ synthesized attributes b1,...,bm. (The k, m, aj, and bj may be different for different indexes i or start symbols.) These grammars can be viewed as procedures to be called by the AG_j, since we are interested not in their evaluation functions, but in the dependency functions $\delta_i[t] \in [D(a1) \times \cdots \times D(ak) \rightarrow D(b1) \times \cdots \times D(bm)]$ which they define at the root of any subtree t of a AG_0-tree t', provided that the root is labelled with one of the AG_i start symbols.

(3) Attribute definition rules of form a⟦ X[p,k]⟧ = dep[i]⟦ X[p,l]⟧ are now additionally permitted in any of the AG_i, if $1 \leq i \leq n$ is the index of one of the auxiliary grammars and X[p,l] is one of its start symbols. Then the value of a at some X[p,k]-node $u \circ k$ in a tree t' is defined to be the function (constant) $\delta_i[t]$ - the dependency function given by the AG_i for the root of the subtree t of t' which is spanned by $u \circ l$.

Our example could now be rewritten as follows:

We define two grammars (i.e. n = 1) AG_0 and AG_1. The auxiliary grammar AG_1 defines for its start symbol FIELDLIST the mapping of field identifiers to type information. It is given by the above rules 1', 2', 3', and by

```
4":   TYPE → record FIELDLIST end
      rtype⟦ TYPE⟧ = dep[1]⟦ FIELDLIST⟧
      - -  converting the {i_id ~ s_comp_type}-dependency into the
           value of an auxiliary local attribute rtype

      type_inf⟦ TYPE⟧ = rtype⟦ TYPE⟧ in TYPE_INF
      - -  Type conversion as in 7'. Note, that the
           {i_id ~ s_comp_type} - dependency now seems to be defined re-
```

cursively, since dep[1] is already referred to in the definition of AG_1. However, this is no real recursivity, since any reference to dep[1] leads one step downwards in the type trees, until one has reached a primitive type.

The main grammar AG_0 defines the evaluation of the s_var_type attribute as before. It is given by 5', 6', 7', and, once more, 4". In 7' occur the calls upon the dependency functions collected in 4".

If the auxiliary grammars do not call themselves mutually recursively, then the explanations in (3) suffice to define the meta-semantics of the AG_i. However, we do not want to forbid recursivities. Thus, we adopt the usual lattice theoretic approach and require:
(4) The attribute domains are domains in our sense, i.e. complete lattices.
(5) The functions which occur in attribute definition rules are continuous.

Then we define the dependency functions $\delta_i[t]$ to be the components of the least fixpoint of the system of equations which contains the attribute dependencies in t, generated by the attribute definition rules of all the auxiliary grammars. (A less informal definition would go beyond the scope of this paper, we refer to [Gan 79b]). The main grammar AG_0, then, defines the attribute values in the classical way, using these $\delta_i[t]$ as described in (3).

This "least fixpoint definition" for the $\delta_i[t]$ differs from the classical notion of attribute evaluation in that it implies a call-by-name evaluation of attributes. In order to adopt common evaluation strategies,we require additionally:
(6) The attributes of the AG_i are classified into *name* and *value attributes*. If a value attribute is used as an argument to a function f in some attribute definition rule, then f must be call-by-value in this argument.
(7) For a name attribute a only definition rules like those of (3) or rules of form $a[\![X[p,i]]\!] = b[\![X[p,j]]\!]$, with b being also a name attribute, are allowed.

The last two conditions imply that nearly all function arguments are to be passed call-by-value. Exceptions are allowed when dependency functions occur at argument positions.

This extension of the classical AG-concept clearly meets our second requirement, since arbitrary attribute dependencies can be defined using auxiliary grammars, and can then be applied in the attribute definition rules of the main grammar.

5. GENERATION OF EFFICIENT ATTRIBUTE EVALUATORS. We outline an extension from the known attribute evaluation methods to the above AG-Extension. The basic idea is the following:

(1) Dependency functions will be represented by a pair (v,i), consisting of the index i of the auxiliary grammar and the node v in the given tree, where it is referred to. Thus, one can think of the rules of form a⟦ X[p,k]⟧ = dep[i]⟦ X[p,l]⟧ as being replaced by classical rules of form a⟦ X[p,k]⟧ = (node⟦ X[p,l]⟧ ,i). (node is assumed to be a standard attribute, yielding unique node identifications.) Now, one can, for each of the AG_i, generate an attribute evaluator according to a strategy which is most suited for the particular grammar. We assume that the evaluators for the auxiliary grammars AG_i, $1 \leq i \leq n$, are evoked by a call

evaluate[i](v,A1,...,Ak),

where v can be any node of the actual tree that is labelled by a start symbol of AG_i and A1,...,Ak being the values of the inherited attributes of AG_i at v. The tupel of values of the synthesized attributes at v (with respect to the Ai) is assumed to be the result of the call (which is obtained after the evaluation of all the AG_i-attributes in the subtree at v).

(2) There has to be some "adequate" language L to implement the abstract domains and functions. L must offer predefined types DEPENDENCIES[i], $1 \leq i \leq n$, implementing the domains of dependency functions. Those operations are available on these types, which are defined on any L-type (e.g. assignment). There is only one specific operation eval which is defined on these types and which denotes the application of a dependency function to a list of arguments. An application eval((v,i),(A1,...,Ak)) is then executed by calling

evaluate[i](v,A1,...,Ak).

Correctness. Because of (6) and (7) of section 4, the above mechanism is correct, if the auxiliary grammars AG_i, $1 \leq i \leq n$, do not define attributes which are irrelevant in some AG_i-tree (i.e. for any attribute there must always be a synthesized output attribute at the root of the tree which depends on this attribute). Then there is no danger for nontermination during evaluating an irrelevant attribute. The implementation of dependency functions guarantees the termination for evaluating call-by-name attributes.

Efficiency. The efficiency is determined by the efficiency of the known attribute evaluation methods. The latter depend strongly on the class of admissible attribute dependencies. The most efficient methods are the pass-oriented ones [Boc 76, JaW 75, Poz 79]. For classical AGs, however, it is not clear whether pass-oriented dependency classes are

sufficiently general for practical purposes. One of the advantages of our AG-concept is that the restriction to pass-oriented dependencies does certainly not restrict practical applications, since dependencies which are (locally) more complex can naturally be simplified, using dependency functions of auxiliary grammars. (The attribute evaluation can be controlled explicitly by applying dependency functions to arguments.) The restriction to pass-oriented dependency classes, then, would already allow an attribute evaluation which meets our first requirement, concerning space efficiency, if one is willing to accept an optimizing evaluation-time storage allocation for the attribute values as proposed in [Räi 79]. Alternatively, one could adopt the more evaluation-time-efficient generation-time allocation method of [Gan 79a] which requires additional constructs of an attribute definition language for formulating representation specifications concerning the space allocation strategy. In any case, the passing of complex parameters to semantic functions by importing global variables, as in EUCLID [Lam 77], has to be specified by the user.
Improvements. There are many obvious improvements to the above evaluation mechanism concerning the re-evaluation of attributes during successive calls of dependency functions and the explicit construction of the syntactic trees in the one-pass case. We cannot go into details here.

6. CONCLUSION AND REMARKS. We suggested a new compiler description concept based on attribute grammars. The concept allows a rather direct adaptation of the definition methods applied in denotational language descriptions. In fact, even the dynamic (run-time) aspects of programs which are part of such descriptions can be formulated adequately using this concept. In this case, attribute evaluation means interpretation of the program. Thus, the extended AGs allow interpreter descriptions and descriptions of the "front end" of compilers (translating source programs into attributed trees) which can more easily proved to be correct with respect to an original denotational definition of the language. (We hope that this aspect has also been illustrated to some extend by our example. A detailed and formal exemplification is to be found in [Gan 79b].)

We have shown that an automatic generation of efficient attribute evaluators is possible, if the user provides additional representation specifications. These include the representation of complex attribute dependencies by pass-oriented ones, the specification of passing mechanisms for complex function parameters, and, if generation-time space allocation is wanted, the specification of a "correct" allocation strategy.

The synthesis of two aspects of AGs, the attribute value and the attribute dependency aspect, allows the well-structured description of correct interpreters and compiler front-ends. It does, however, not yet simplify the structure of the descriptions of optimization and code generation with respect to original language definitions. A refinement of our concept by permitting circular attribute dependencies (which causes no theoretical problems in the lattice-theoretic framework) would solve this problem concerning the description of global data flow analysis [BaJ 78]. Consistency proofs use the abstraction method of [CoC 77]. It seems that another meta-semantics for AGs, which focusses on the flow of attribute values, provides strategies for deriving correct code generation descriptions from interpretative ones [Gan 79b]. Further research will show whether this AG-aspect could be incorporated naturally into the concept presented in this paper, to yield a both theoretically and practically satisfactory formal basis for compiler description languages.

REFERENCES

[BaJ 78] Babich, W.A., Jazayeri, M.: The method of attributes for data flow analysis, parts I, II, Acta Informatica 10 (1978), 245-264, 265-272.

[Boc 76] Bochmann, G.V.: Semantic evaluation from left to right. Comm. ACM, 19 (1976).

[ChM 77] Chirica, L.M., Martin, D.F.: An algebraic formulation of Knuthian semantics. 17th IEEE Symp. on Foundations of Comp. Science, 1977, 127-136.

[CoC 77] Cousot, P., Cousot, R.: Abstract interpretation: A unified lattice model for static analysis of programs by construction or approximation of fix-points. 4th ACM Symp. on Principles of Progr. Languages, 1977, 238-252.

[Gan 79a] Ganzinger, H.: On storage optimization for automatically generated compilers, Lecture Notes in Computer Science 67, Springer 1979, 132-141.

[Gan 79b] Ganzinger, H.: From denotational semantics definitions to abstract compiler descriptions: Outlines of a strategy. Techn. Report, TUM-INFO, Techn. Univ. Munich, to appear in 1979.

[JaW 75] Jazayeri, M., Walter, K.G.: Alternating semantic evaluator, Proc. ACM Ann. Conf., 1975, 230-234.

[Knu 68] Knuth, D.E.: Semantics of context-free languages. Math. Systems Theory 2, (1968), 127-145.

[Kos 71] Koster, C.H.A.: Affix grammars. In Peck, J.E.L. (ed.): ALGOL68 Implementation. North Holland, 1971, 95-109.

[Lam 77] Lampson, B.W., Horning, J.J., London, R.L., Mitchell, J.G., Popek, G.L.: Report on the programming language EUCLID, ACM Sigplan Notices, 12, 2(1977).

[Poz 79] Pozefsky, D.P.: Building efficient pass-oriented attribute grammar evaluators. Univ. North Carolina at Chapel Hill, UNC TR 79-006, 1979.

[Räi 77] Räihä, K.-J.: On attribute grammars and their use in a compiler writing system. Report A-1977-4, Dep. of Comp. Science, Univ. of Helsinki, Helsinki, 1977.

[Räi 79] Räihä, K.-J.: Dynamic allocation of space for attribute instances in multi-pass evaluators of attribute grammars. Proc. SIGPLAN Symp. on Compiler Construction, Boulder, 1979.

[Rey 72] Reynolds, J.C.: Definitional interpreters for higher-order programming languages. Proc. 25th ACM Annual Conf., 1972, 717-740.

[ScS 71] Scott, D., Strachey, C.: Towards a mathematical semantics for computer languages. Techn. Mon. PRG-6, Oxford U. Comp. Lab., 1971.

[Sto 77] Stoy, J.E.: Denotational semantics: The Scott-Strachey approach to programming language theory. The MIT Press, Cambridge, London, 1977.

FORMALE BESCHREIBUNG VON PROGRAMMIERSPRACHEN DURCH GRAPH-GRAMMATIKEN

Wolfgang Brendel

SIEMENS AG, E STE 3 Erlangen

Zusammenfassung: Die einheitliche und vollständige Beschreibung von Syntax, Kontextbedingungen und Semantik einer Programmiersprache erfordert die Verwendung eines formalen Beschreibungsmittels, das die übersichtliche und präzise Darstellung komplexer Abhängigkeiten gestattet. Graph-Grammatiken haben sich dabei bewährt, da sie neben der formalen Definition der Programmiersprache eine einfache Beschreibung der Übersetzung, Fehlerbehandlung, Codeoptimierung und der Maschinencode-Erzeugung eines Compilers ermöglichen.

Werden Syntax und Kontextbedingungen einer Programmiersprache durch eine Graph-Grammatik spezifiziert, erhält man für jedes Programm eine abstrakte Repräsentation als Graph. Dieser Programmgraph kann dann als Datenstruktur des Compilers verwendet werden, da er alle bei konventionellen Compilern in Listen und Tabellen gespeicherten Informationen zum übersetzenden Programm enthält. Die Definition der operationellen Semantik einer Programmiersprache durch Spezifikation eines Interpreters für die entsprechenden Strukturelemente der Programmgraphen kann ebenfalls durch Graph-Grammatiken vorgenommen werden. Für die Klasse der Programmiersprachen, welche diese Strukturelemente als semantische Bausteine besitzen, kann dann ein Compiler-Compiler erstellt werden, der aus der speziellen Graph-Grammatik der Programmiersprache den entsprechenden Compiler generiert.

1. P-Graphen, P-Graph-Produktionen und -Grammatiken

Das Ersetzungsprinzip der Chomsky-Grammatiken für Zeichenketten wurde in der Theorie mehrdimensionaler formaler Sprachen auf Graphen erweitert. Eine Einführung und umfangreiche Literaturhinweise für allgemeine Graph-Ersetzungssysteme enthält [6], während Theorie, Anwendung und Implementierung in [7] umfassend dargestellt sind. Für die formale Definition von Programmiersprachen wird jedoch nur eine stark eingeschränkte Klasse von Graph-Grammatiken benötigt, deren Struktur und Wirkungsweise im folgenden skizziert wird.

P-Graphen bestehen aus Knoten mit terminalen und nichtterminalen Markierungen und sind durch bewertete Kanten verbunden. Nicht markierte Knoten und unbewertete Kanten stehen symbolisch für beliebige Knoten und Kanten.

Definition P-Graph: $G = (K,m,l)$ mit

- K ist endliche Menge von Knoten
- Knotenmarkierung $m : K \rightarrow M_t \cup M_n \cup \{\varepsilon\}$ mit Alphabet terminaler M_t und nichtterminaler Markierungen M_n
- Kanten $l = \langle l_i | i = o..n$, $l_i \subseteq K \times K$ sind zweistellige Relationen über der Knotenmenge K und $(k_1,k_2) \in l_o :=: \neg\exists l_i : (k_1,k_2) \in l_i$, $i \neq o$. Die Relation l_o zeigt an, daß zwischen zwei Knoten keine andere Kante existieren darf und dient zur Vereinfachung der Produktionen (dargestellt durch $\xrightarrow{\varsigma}$).

Terminal markierte Knoten werden dargestellt durch ◯, nichtterminale durch ▭, die Markierung des Knotens wird in diese Symbole eingetragen. Kanten werden durch Pfeile symbolisiert, die mit der Kantenbewertung beschriftet sind (siehe auch Abb. 1).

Auf die Definition der Begriffe Teilgraph sowie Vereinigung und Differenz von Graphen wird verzichtet und die in der Literatur übliche Definition vorausgesetzt (siehe [7]).

Eine sequentielle Graph-Ersetzung wird durch eine P-Graph-Produktion beschrieben, die den im Wirtsgraphen zu ersetzenden Teilgraphen als linke Seite und den dafür neu eingefügten Teilgraphen als rechte Seite enthält. Der Rest des Wirtsgraphen wird durch die Ersetzung nicht verändert. Die Produktion definiert die Einbettung der eingefügten rechten Seite, indem die Verbindungskanten zwischen Wirtsgraph und Knoten der linken Seite auf entsprechende Knoten der rechten Seite übertragen werden. Dabei können vorhandene Verbindungskanten gelöscht oder neue erzeugt werden.

Definition P-Graph-Produktion: $P = (P_l, P_r, e)$ mit

- linke Seite P_l und rechte Seite P_r sind P-Graphen
- Einbettungsüberführung $e \subseteq K_l \times K_r$
- Kontext $P_i = P_l \cap P_r \wedge K_i \times K_i \subseteq e$

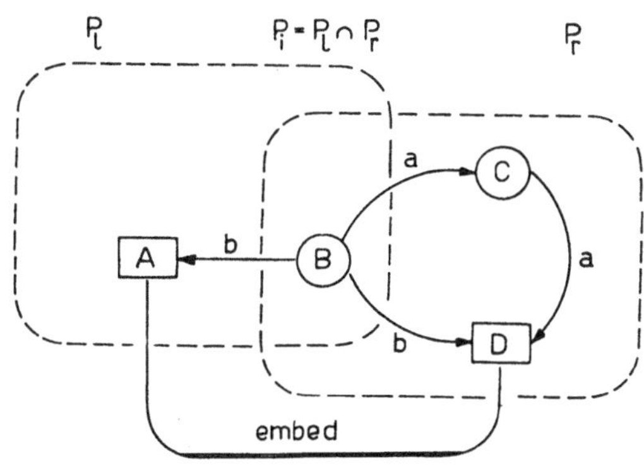

Abbildung 1: P-Graph-Produktion

Eine Produktion wird als Graph dargestellt, wobei linke und rechte Seite sich teilweise überdecken und den unveränderten Kontext p_i als gemeinsamen Teilgraphen enthalten. Für diese gemeinsamen Knoten bleibt die Einbettung im Wirtsgraphen bei der Ersetzung unverändert erhalten, während für einen Teil der Knoten aus p_l-p_i die Verbindungskanten zum Wirtsgraphen durch die Einbettungsüberführung e auf entsprechende Knoten aus p_r-p_i übertragen werden. Gegenüber anderen Ansätzen (vergl. [7]) ist diese Art der Einbettungsüberführung stark eingeschränkt.

Die bei der Anwendung einer Produktion auf einen P-Graphen vorgenommene Ersetzung läßt sich analog zu formalen Sprachen durch den Ableitungsbegriff für P-Graphen definieren.

Definition Ableitbarkeit : $G \xrightarrow[p]{} G'$

Ein P-Graph $G' = (K',m',l')$ ist aus $G = (K,m,l)$ mittels der Produktion $P = (P_l,P_r,e)$ direkt ableitbar ::

- Ersetzung $P_l \subseteq G \wedge P_r \subseteq G'$
- Restgraph $G - P_l = G' - P_r$
- Einbettung $\forall k \in (K - K_l) : (k,k_l) \in l \wedge (k_l,k_r) \in e \rightarrow (k,k_r) \in l'$
  es gibt keine weiteren Verbindungskanten

Eine Produktion ist genau dann anwendbar, wenn alle Knoten und Kanten von P_l in G vorhanden sind. Im Wirtsgraphen können zwischen zwei Knoten aus P_l zusätzliche Kanten existieren, falls dies nicht durch explizite Angabe einer l_o-Kante ausgeschlossen wurde. Kanten, die in der Produktion Knoten aus P_i und P_l-P_i verbinden, werden mit den Knoten aus P_l-P_i gelöscht, Kanten zwischen Knoten aus P_i und P_r-P_i werden im Wirtsgraph zusammen mit den Knoten aus P_r-P_i neu erzeugt. Ein Beispiel einer Ableitung ist in Abbildung 2 gezeichnet.

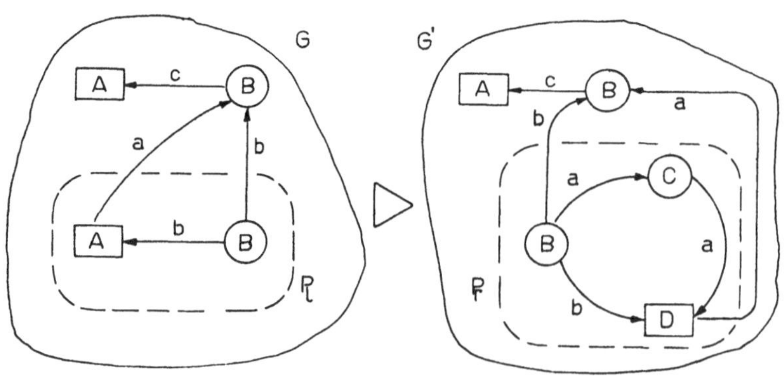

Abbildung 2: Ableitung mittels der Produktion aus Abbildung 1

Definition P-Graph-Grammatik : $\mathcal{G} = (G_0, \mathcal{P})$

Startgraph G_0 ist P-Graph mit mindestens einem nicht-terminal markierten Knoten, die Produktionsmenge $\mathcal{P}$ ist endlich.

Die durch eine P-Graph-Grammatik erzeugte Sprache enthält alle aus dem Startgraphen G_0 durch Anwendung von Produktionen aus ableitbaren P-Graphen, die keine nichtterminalen Knoten enthalten:

$$\mathcal{L}(\mathcal{G}) = \{G \mid \exists G_i,\ i = 1..n : G_{i-1} \xrightarrow[P \in \mathcal{P}]{} G_i \wedge G_n = G \wedge K_n = \emptyset\}.$$

2. Syntax und Kontextbedingungen der Programmiersprache PL/0

Die übliche Definition der Syntax einer Programmiersprache durch eine kontextfreie Grammatik oder Syntaxdiagramme reicht für die automatische Generierung eines Compilers nicht aus, da kontextabhängige Bezüge der Syntax nicht erfaßt werden. Als Beispiel für die formale Beschreibung einer Programmiersprache wurde PL/0 gewählt, da deren Struktur an PASCAL angelehnt ist und in [9] neben Syntaxdiagrammen auch ein Beispiel-Compiler angegeben wird, der bezüglich der nicht definierten Kontextbedingungen einen Vergleich gestattet.

PL/0 enthält Prozeduren, Wiederholungen sowie Verzweigungen als Kontrollstrukturen. Die einzigen Datentypen sind ganzzahlige Konstante und Variable, wodurch die Komplexität der Sprache begrenzt ist (vergleiche Syntax im Anhang). Durch das Prozedurkonzept sind jedoch kontextabhängige Eigenschaften, wie Gültigkeit und Lebensdauer von Prozeduren und Datenobjekten enthalten.

Die Kontextbedingungen zur Syntax gehen in die formale Definition von PL/0 mittels P-Graph-Grammatiken ein und werden zunächst informal, in verschiedene Gruppen gegliedert, beschrieben. Sie wurden teilweise dem in [9] angegebenen Compiler entnommen oder lehnen sich an die Semantik verbreiteter Programmiersprachen an.

Deklaration von Bezeichnern:

D1) Jeder im Programm auftretende Bezeichner ist zu deklarieren

D2) In einer Prozedur kann ein Bezeichner nur einmal deklariert sein

Lebensdauer von Bezeichnern:

L1) Ein Bezeichner existiert nur in der Prozedur, in der er deklariert wurde und in allen dynamisch untergeordneten

Gültigkeit von Bezeichnern:

G1) Bezeichner können nur in der Prozedur verwendet werden, in der sie deklariert wurden und in allen statisch untergeordneten

G2) Wird ein Bezeichner lokal in einer Prozedur deklariert und existiert dafür auch eine globale Deklaration, gilt in der Prozedur der lokale.

G3) Bei global deklarierten Bezeichnern gilt die statisch übergeordnete Deklaration, auch wenn dynamisch eine andere dazwischen liegt.

Auftreten von Bezeichnern:

A1) Auf der linken Seite einer Wertzuweisung darf nur ein Variablen-Bezeichner auftreten

A2) Bei call-Anweisungen dürfen nur Prozedur-Bezeichner auftreten

A3) In einem Ausdruck dürfen keine Prozedur-Bezeichner auftreten

3. Abstrakte Repräsentation von PL/O-Programmen durch P-Graphen

Die in Abschnitt 1 eingeführten P-Graphen ermöglichen die abstrakte Notation eines PL/O-Programmes, wobei sowohl syntaktische und kontextabhängige als auch strukturelle Relationen explizit ausgedrückt werden können. Programmspezifische Objekte werden als Knoten dargestellt, die mit dem aktuell verwendeten Bezeichner, Operator oder einer Relation markiert sind. Die syntaktische Struktur, die im Programm durch spezielle Wortsymbole wie const, var, begin, end etc. notiert wird und die Kontextabhängigkeit der Objekte wird durch Kanten entsprechender Bewertung dargestellt (siehe Abb. 3).

Deklarationen werden durch const-, var- und proc-Kanten vom Prozedurkopf zum entsprechenden Bezeichner-Knoten dargestellt. Deren Gültigkeit wird durch valid-Kanten spezifiziert, die vom Bezeichner-Knoten zu allen statisch untergeordneten Prozeduren zeigen, in denen dieser Bezeichner gültig ist. Das Auftreten eines Bezeichners in einer Anweisung oder einem Ausdruck wird durch occurs-Kanten dargestellt, die vom deklarierten Bezeichner auf dessen aktuelle Verwendung zeigen. Bei Programmen mit abweichender statischer und dynamischer Prozedur-Schachtelung wird so eine eindeutige Zuordnung gemäß der Kontextbedingung G3 erreicht. Der Kontrollfluß wird durch true- bzw. false-Kanten definiert, wenn es sich beim Quell-Knoten um einen Relationen-Knoten handelt, dessen Ergebnis eine Verzweigung bewirkt. Bei allen anderen Knoten mit nur einem Nachfolger kann die Kantenbewertung entfallen, da keine Verwechslung möglich ist.

Die Blockstruktur wird durch block-Kanten definiert, die vom Prozedurkopf ausgehend auf alle im Prozedurrumpf direkt enthaltenen Anweisungen zeigen. Durch die block-Kanten vereinfachen sich die zu definierenden P-Graph-Produktionen wesentlich.

Die Struktur von Wertzuweisungen und Ausdrücken ist baumartig und kann durch left- und right-Kanten dargestellt werden, die bei Operatoren und Relationen auf den linken bzw. rechten Operanden verweisen.

Ein P-Graph zum folgenden PL/0-Programm zur Berechnung des größten gemeinsamen Teilers ist in Abbildung 3 angegeben. Auf eine Strukturierung der Anweisung und die block-Kanten wurde wegen der Übersichtlichkeit verzichtet.

```
program BEISPIEL;
var X, Y, Z;
procedure GGT;
    var F, G;
    begin F:=X; G:= Y;
       while F ≠ G do
           begin if F < G then G:= G-F;
                 if G < F then F:= F-G;
           end
       Z:= F;
    end;
begin X:= 84; Y:= 36; call GGT; end.
```

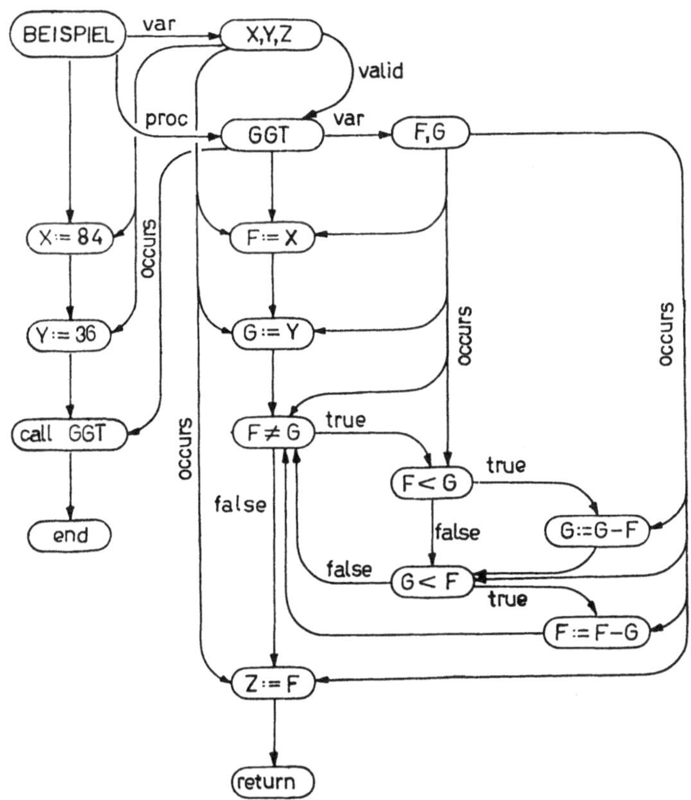

Abbildung 3: P-Graph des BEISPIEL-PROGRAMMES

4. Formale Definition von PL/0 durch eine P-Graph-Grammatik

Syntax und statische Semantik können durch eine P-Graph-Grammatik definiert werden, deren Sprache die Menge aller P-Graphen ist, die syntaktisch korrekte PL/0-Programme repräsentieren. Analog zu der im Anhang angegebenen kontextfreien Grammatik werden P-Graph-Produktionen definiert, die Syntax und kontextabhängige Eigenschaften spezifizieren. Die in den Produktionen auftretenden metasprachlichen Variablen für Bezeichner, Zahlen, Operatoren und Relationen (IDENT, NUM, OP, RELAT) sind bei Anwendung der Produktion durch die aktuellen, programmspezifischen Objekte zu ersetzen. Die Berücksichtigung der in Abschnitt 2 angegebenen Kontextbedingungen wird bei der Erläuterung der einzelnen Produktionen durch Verweise auf die entsprechenden Kennziffern angemerkt.

Der Startgraph enthält als Startknoten den Bezeichner des Programmes und einen nichtterminalen block-Knoten stellvertretend für den Programmrumpf.

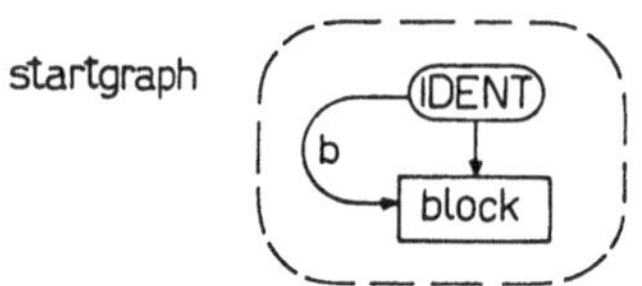

Bemerkung: In den Produktionen wurden die Kantenbewertungen wie folgt abgekürzt (Nachfolgekanten sind unmarkiert).

b :	block-Kante	l :	left-Kante
c :	const-Kante	r :	right-Kante
v :	var-Kante	i :	ident-Kante
p :	proc-Kante	t :	true-Kante
vl:	valid-Kante	f :	false-Kante
o :	occurs-Kante		

Bei Konstantendeklarationen wird eine const-Kante auf den Bezeichner-Knoten der Konstanten erzeugt, falls im gleichen Block nicht bereits ein solcher Bezeichner deklariert ist (Bedingung D2 ; gesichert durch l_o-Kante in prod 1a). Ist in einer statisch übergeordneten Prozedur bereits dieser Bezeichner deklariert (valid-Kante), erlischt dessen Gültigkeit in der aktuellen Prozedur (Bedingungen G2,G3 ; gesichert durch Löschen der valid-Kante in prod 1b). Der im Kontext von prod 1a angegebene, nichtterminale block-Knoten gewährleistet, daß die Deklaration eines Bezeichners am Prozedurkopf eingefügt wird. In prod 1b leistet dies die valid-Kante.

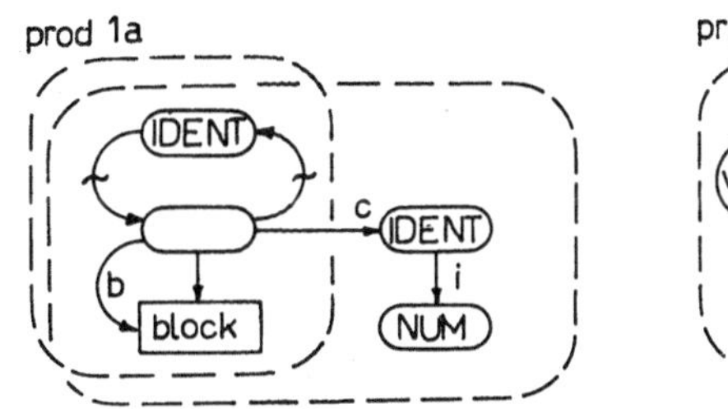

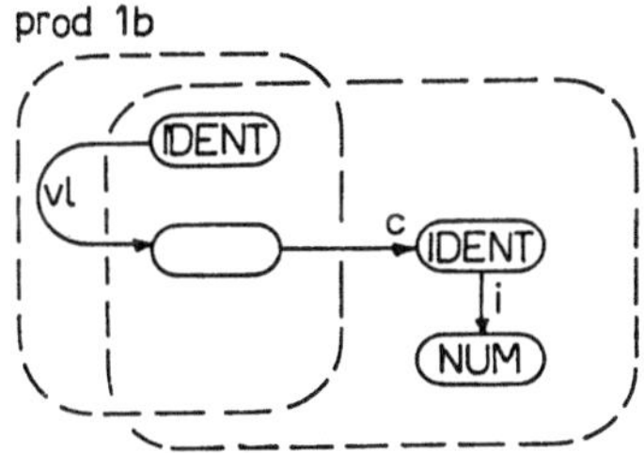

Variablendeklarationen werden analog zu Konstanten definiert.

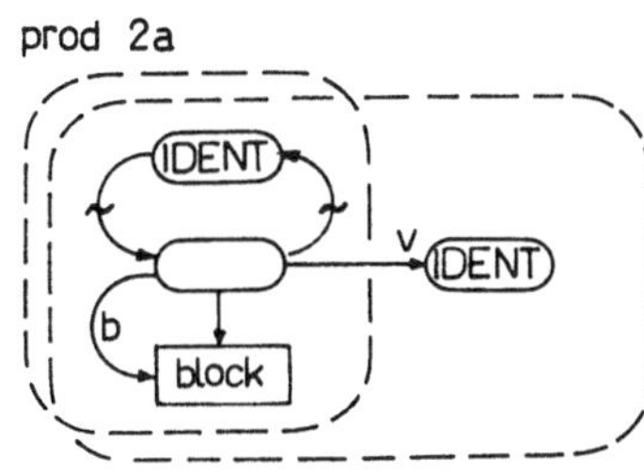

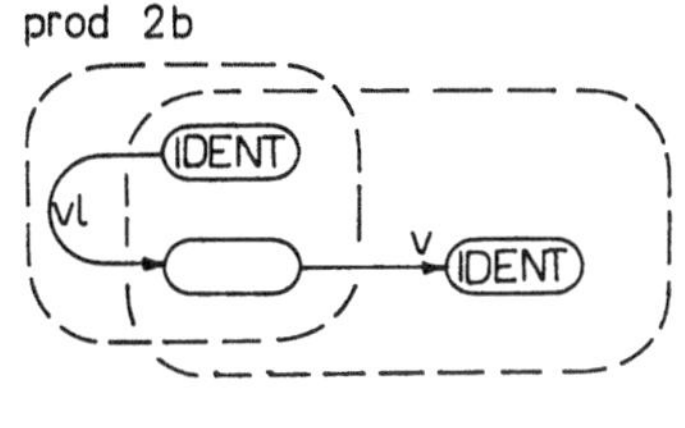

Bei Prozedurdeklarationen gelten für die Produktionen 3a und 3b die gleichen Regeln wie für Konstante, statt des NUM-Knotens wird jedoch ein dem Prozedurrumpf entsprechender block-Knoten erzeugt. Die zusätzlichen Produktionen 3c-3e gewährleisten, daß Bezeichner, die in der umgebenden Prozedur deklariert wurden, in der neu eingeführten Prozedur Gültigkeit besitzen (Bedingung G1; gesichert durch Erzeugung zusätzlicher valid-Kanten). Für Konstantenbezeichner gilt prod 3c, analog dazu sind prod 3d und 3e für Variablen- und Prozedur-Bezeichner zu definieren. Die Übertragung der Gültigkeit global deklarierter Bezeichner wird durch prod 3f vorgenommen.

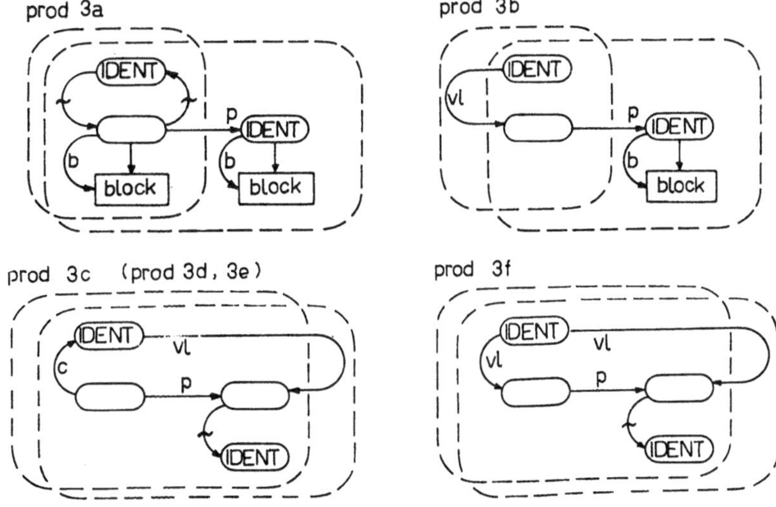

Anweisungen bilden den Rumpf einer Prozedur, wobei der return-Knoten dessen Ende markiert und dazu dient, bei Verzweigungen und Wiederholungen die false-Kanten des Kontrollflusses stets auf einen definierten Knoten führen zu können.

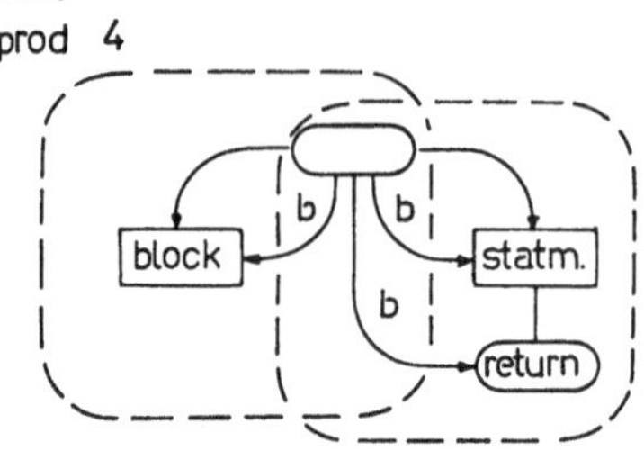

Bei einer Wertzuweisung wird der Zuweisungsoperator erzeugt, dessen linke Seite (left-Kante) eine Variable und dessen rechte Seite (right-Kante) ein Ausdruck ist. Die Einbettung in den Kontrollfluß wird vom nichtterminalen statement-Knoten übernommen. Die Deklaration des Bezeichners als Variable (Bedingung D1,A1) wird durch die in beiden Bezeichner-Knoten als Markierung auftretende Metavariable IDENT gewährleistet (Bedingung G1). Wertzuweisungen an lokale Variable enthält prod 5a, während prod 5b für globale Variable analog definiert wird.

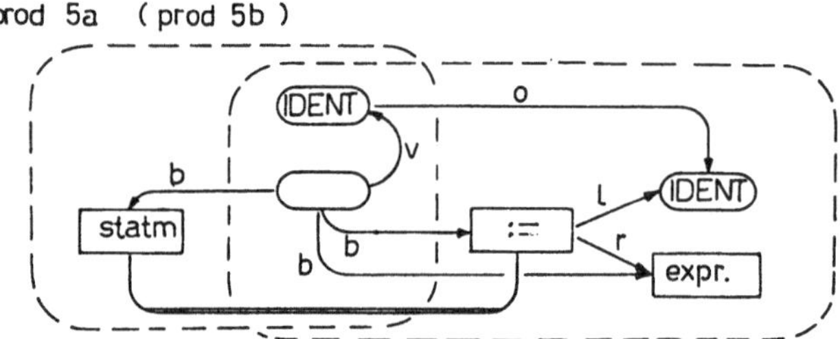

Prozeduraufrufe global deklarierter Prozeduren sind durch prod 6a ableitbar (Bedingungen D1,G1,A2; gesichert durch proc- und valid-Kanten bei gleich markierten Bezeichner-Knoten), während für direkt rekursive Aufrufe in prod 6b der Prozedurkopf den Prozedur-Bezeichner bereits enthält.

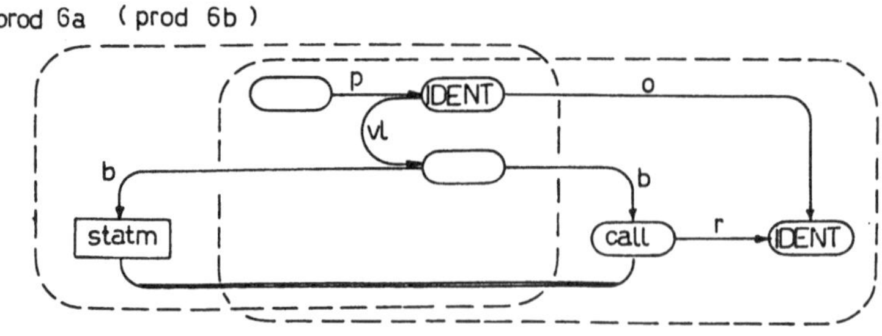

Mehrfache Anweisungen sind in P-Graphen nicht durch begin und end geklammert, da bei prod 7 durch die Übernahme der in den linken statement-Knoten einlaufenden Kontrollfluß-Kanten auf den neu eingefügten Knoten der rechten Seite auch bei Verzweigungen und Wiederholungen neue Anweisungen in deren Rumpf eingebracht werden können.

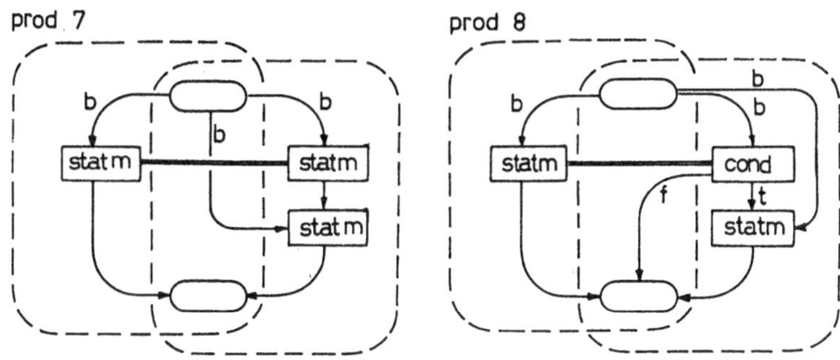

Einseitige Verzweigungen sind mit prod 8 durch Einfügen einer Bedingung vor éinem statement-Knoten möglich, der dann im true-Zweig des Kontrollflusses liegt. Da der return-Knoten eines Prozedurrumpfes stets als letzter Knoten auftritt, ist die Existenz eines Nachfolgerknotens für die false-Kante und die Folgekante der Anweisung gesichert.

Wiederholungsanweisungen werden analog zu Verzweigungen definiert, nur daß bei prod 9 die Nachfolgerkante der Anweisung wieder auf die Bedingung zurückführt.

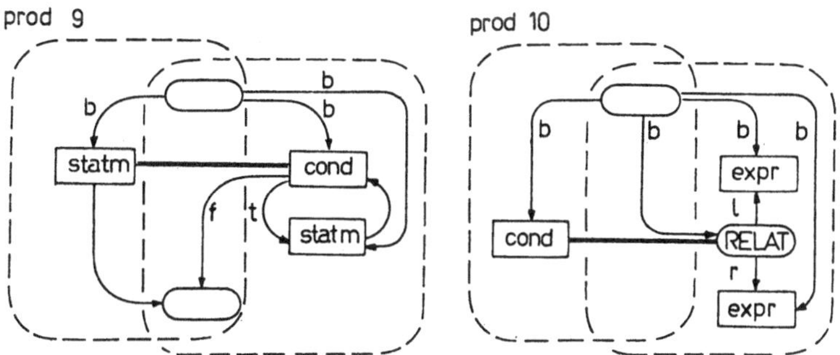

Bei Bedingungen wird mit prod 10 der RELAT-Knoten in den Kontrollfluß eingefügt, wobei left- und right-Kanten auf die beiden zu vergleichenden Ausdrücke verweisen. Um die Produktionen für Ausdrücke zu vereinfachen, werden block-Kanten vom Prozedurkopf zu den expression-Knoten erzeugt und später durch prod 11a-11f wieder entfernt.

Ausdrücke weisen eine baumartige Struktur auf, die durch prod 11a erzeugt wird. Die Blätter dieses Strukturbaumes sind entweder lokal (prod 11b bzw. 11c analog für Konstante) oder global deklarierte Bezeichner (prod 11d bzw. 11e analog für Konstante) bzw. Zahlen (prod 11f). Die Bedingungen D1,G1,A3 sind durch var-, const- und valid-Kanten gesichert. Bei der Ersetzung eines Ausdruckes durch einen terminalen Knoten werden die block-Kanten gelöscht.

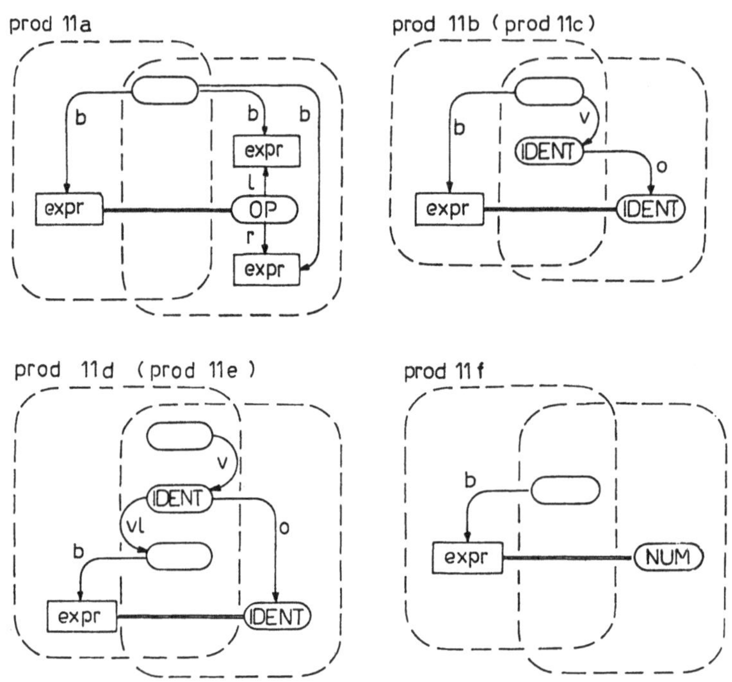

5. Compiler-Generierung durch Graph-Grammatiken

Die Definition einer Programmiersprache durch Graph-Grammatiken enthält zwar deren syntaktische Struktur, die lineare Notation der Programme jedoch nicht unmittelbar. Diese Zuordnung kann bei konventionellen Compilern durch die Angabe einer Paar-Grammatik getroffen werden, die eine Transformation der linearen Notation in P-Graphen ermöglicht. Im Gegensatz dazu erfolgt bei dialogorientierten Compilern die Programmeingabe durch Kommandos, weshalb Graph-Grammatiken für die Generierung solcher interaktiver Programmierumgebungen besonders geeignet sind.

Bei dem in [3] beschriebenen inkrementellen Compiler werden Syntaxanalyse und Übersetzung der Eingabe ebenfalls durch Graph-Grammatiken formalisiert. Der Compiler arbeitet dabei mit einem P-Graphen als universeller Datenstruktur und wendet bei der Übersetzung entsprechende Graph-Produktionen darauf an. Da diese Produktionen Syntax und Kontextbedingungen der zugrunde liegenden Programmiersprache wiederspiegeln, ist ein Compiler-Compiler konstruierbar, der die Sprachdefinition in Form von

P-Graph-Grammatiken, zur Generierung eines solchen inkrementellen Compilers, als Eingabe akzeptiert. Die Semantik der P-Graphen wird dabei als dem Compiler bekannt vorausgesetzt. Der bei einer Programmerstellung durch einen so generierten Compiler entstehende P-Graph läßt sich sehr effektiv in Maschinencode umsetzen (vergl. [2]), da Optimierungsalgorithmen ebenfalls auf Zwischen-Graphen arbeiten.

Bei der Generierung interaktiver Programmierumgebungen ist die Fehlerbehandlung und die Übersetzung unvollständig spezifizierter Programme ein noch weitgehend ungelöstes Problem (vergl. [1]), da Fehleranalyse und Reaktionen des Compilers stark von der speziellen Sprachstruktur abhängen. Eine für Compiler-Compiler wichtige Eigenschaft ist deshalb, daß neben der Sprachdefinition auch die Fehlerbehandlung durch den Sprach-Entwerfer spezifizierbar ist. Dies kann ebenfalls durch Graph-Produktionen geschehen.

6. Schlussbemerkung

Die vorgestellte Methode der Definition von Syntax und statischer Semantik von Programmiersprachen mittels P-Graph-Grammatiken ist insbesondere bezüglich der Datentypen und Datenstrukturen zu erweitern (vergleiche [8]). Dabei treten zusätzliche Kontextbedingungen auf, die speziell die Äquivalenz von Datentypen, Artanpassungen und Parameterübergabe betreffen.

Die Definition einer Programmiersprache durch Graph-Grammatiken ist nicht nur theoretisches Modell, sondern direkt realisierbar. Die in [4] beschriebene Implementierung von Graph-Grammatiken ist verfügbar und geht in der Komplexität der Einbettungsüberführungen von Graph-Produktionen weit über die zur Definition von Programmiersprachen benötigten Funktionen hinaus. Eine Implementierung einer auf Graph-Grammatiken basierenden Compiler-Spezifikation wurde bis jetzt jedoch nicht vorgenommen.

7. Literatur

[1] Austermühl,B./ Henhapl, W./ Kron, H.H./ Lutze, R.:
Die Generierung von interaktiven Programmierumgebungen
Notizen zum Interaktiven Programmieren, Heft 2, 1979

[2] Brendel, W.: Maschinencode-Erzeugung bei inkrementeller Compilation
Arbeitsbericht des IMMD 9, 1, 126-237, Erlangen 1976

[3] Brendel, W./ Bunke, H./ Nagl, M.:
Syntaxgesteuerte Programmierung und inkrementelle Compilation
Informatik Fachberichte 10, 57-74, Berlin: Springer Verlag 1977

[4] Brendel, W./ Nagl, M./ Weber, D.:
Implementation of Sequential and Parallel Graph-Rewriting Systems,
in J.Mühlbacher (Ed.): Datenstrukturen, Graphen, Algorithmen,
Applied Computer Science 8, 79-106, München: Hanser Verlag 1978

[5] Göttler, H.: Semantical description by two-level graph-grammars for quasihierarchical graphs, Proc. Workshop WG 78 on Graphtheoretical Concepts in Computer Science

[6] Nagl, M.: A Tutorial and Bibliographical Survey on Graph-Grammars Proc. Int. Workshop on Graph-Grammars and Their Applications in Comp. Science and Biology, 1978

[7] Nagl, M.: Graph-Grammatiken: Theorie, Anwendungen, Implementierung Wiesbaden, Vieweg Verlag 1979

[8] Weber, D.: Transformation Programs for Data Graphs, a Tool for Specifying, Verifying and Implementing Data Types, Proc. Workshop WG 78 on Graphtheoretic Concepts in Computer Science

[9] Wirth, N.: Algorithms + Data Structures = Programs Prentice Hall Series in Automatic Computation, 1976

8. Anhang: Syntax der Programmiersprache PL/0

```
PROGRAM:       program, IDENT, ';', BLOCK, '.' .
BLOCK:         DECLARATIONS, STATEMENTS.
DECLARATIONS:  DECLARATION, ';', DECLARATIONS; .
DECLARATION:   CONST-DEC; VAR-DEC; PROC-DEC .
CONST-DEC:     const, IDENT, '=', NUMBER; .
VAR-DEC:       var, NAMES; .
NAMES:         IDENT, ',', NAMES; IDENT .
PROC-DEC:      procedure, IDENT, ';', BLOCK; .
STATEMENTS:    STATEMENT, ';', STATEMENTS; .
STATEMENT:     IDENT, ':=', EXPRESSION;
               call, IDENT;
               begin, STATEMENTS, end;
               if, CONDITION, then, STATEMENT;
               while, CONDITION, do, STATEMENT.
CONDITION:     EXPRESSION, RELATION, EXPRESSION.
EXPRESSION:    TERM, OPERATOR, TERM.
TERM:          '(', EXPRESSION, ')'; IDENT; NUMBER.
OPERATOR:      '+'; '-'; '*'; '/'.
RELATION:      '<'; '<='; '='; '≠'; '=>'; '>'.
```

IDENT, NUMBER sind metasprachliche Variable.

A SPECIFICATION LANGUAGE FOR CODE GENERATORS

Rainer Petereit

Institut für Praktische Informatik
Technische Hochschule Darmstadt

Abstract: A language for specifying code generators in terms of the intermediate language, implementation decisions and machine language is described. The general data type for the internal representation of the intermediate and target machine language are attributed trees. The algorithm is similar to recursive descend. Certain conditions for a code generator specification are formulated. From these conditions we derive the consistency of a specification, which means computability of all defined attributes within a process of a finite number of steps.

1. Introduction

The efforts to find solutions on specifying code generators in some formal way have increased during the last years. Nevertheless the known methods don't seem to suffice each in both, formal and practical way. This paper presents in an informal way a language and its properties for specifying code generators in terms of the intermediate language, implementation decisions and machine descriptions [Petereit 79].

It was developed

- to specify code generators in a more formal, machine- and language independent way using concepts like stepwise refinement and modularity,
- to constrain the programmer of code generators to follow a certain engineering based design approach, which allows to say something about the consistency of the resulting code generator,
- and to obtain a runtime version of the required code generator with low, minimal or restricted need of storage and runtime. (This is especially important in view of the fact that we are confrontated with a growing trend to small computers since a few years. So we must be able to keep the implementation of the description language as optimal as possible and to tailor the code generators to each target computer.)

The work contributes to the area of automatic programming of compilers (compiler-compiler) which is still unresolved for the code generation part, i.e. it is still impossible and will perhaps remain impossible to create a code generator from a pure description of intermediate- and target-language for real computers.

Previous work in this area was done by several authors. Wilcox [Wilcox 71] was the first, who designed a code generation technique, by dividing a code generator in two parts, a general program executing machine code defining templates, and the templates itself, which unfortunately are in a very assembly like fashion. Miller [Miller 71] designed a language to specify code generators for register machines, which was later implemented by decision tables by Donegan [Donegan 73]. Further work was done by Newcomer [Newcomer 75], who implemented the automic generation of code templates from machine languages and Wasilew [Wasilew 75]. It is typical for these techniques that they assume a fixed intermediate language. Actual work in this area was done by Ripken [Ripken 77], he suggests attributed tree transformation grammars as formal model of code generation for expressions. Finally Cattell [Catell 78] implemented a model of code generation based on a tree pattern mechanism.

2. The Language

The general data type for the internal representation of the intermediate and target machine language are abstract trees decorated with attributes à la Knuth [Knuth 68].

Trees are described by syntactic rules. The rules defining the intermediate language form an abstract syntax of the source language. Other syntactic rules describe machine instructions and access to the symbol table, which is logically supposed to be integrated to the abstract program tree formed by the intermediate language. This has the advantage, that symbol table processing (allocation of storage and addresses) and retrieval (inspecting of storage attributes) can be described in the same terms as code generation itself.

All three processes are described by a possibly empty list of semantic rules for each syntactic rule, forming a template for corresponding simple subtrees, i.e. subtrees with a root and a finite number of sons. A syntactic rule and its associated list of semantic rules form a so called implementation rule. The language contains two classes of semantic rules, one to handle tree walking and code emitting and the other are a few constructs borrowed from usual programming languages. The tree walking mechanism corresponds to the method of recursive descent starting with the root. It is possible for the user to define the order in which sons are to be visited for each implementation rule. A list of semantic rules is always executed in sequential order.

So far the flow of control is half-automatic in our method, which means, that the vertical flow in the abstract program tree is controlled automatically by the father-son relation of nodes and the horizontal flow from one son to another, is specified by the user. In our experience, this flexibility is necessary in specifying code generators. For alternative components of a subtree the choice of the corresponding implementation rule is done automatically, too. So the method is different from attributed grammars, where the flow of control is determined by the dependencies of attributes. It is also different from Bochmann's model [Bochmann 76], which allows attribute evaluation in one pass over the tree from left to right. The difference to Ripken's work [Ripken 77] is formally that we use a method derived from attributed grammars. The design of the specification language is therefor influenced by the work of Kastens [Kastens 76] who developed a description language for attributed grammars. The method looks a little bit less automatic, then previous ones, but results in a straightforward implementable language definition and this even for minicomputers. On the other hand there is one thing based on Ripken's work, the idea to describe machine instructions by somewhat like small attributed trees.

The specification language has three types of implementation rules:

1. rules, corresponding to the abstract syntax of the source language (primary rules),
2. rules realizing symbol table access from using positions of the program tree (access functions),
3. rules, which describe machine instructions (secondary rules).

These rules differ in the symbol separating the right-hand-side from the left-hand-side of the rule for practical reasons. For primary rules '::' is used to describe tree templates and '=' to define classes of alternative tree components. The separator symbol '→' is used for access functions and secondary rules.

The types of semantic rules are:

1. a) rules, that specify the evaluation of subtrees of the abstract syntax tree corresponding to the right-hand-side of the rule by invoking primary rules or acces functions,
   b) rules, to invoke secondary rules (The corresponding implementation rules allow stepwise refinement and contain finally the description of machine instructions. They form the "procedures" of the language, have no side effects on the tree, and may not be recursive.),
   c) rules to emit a machine instruction,
2. a) rules for the calculation of either inherited or synthesized attributes, which correspond to the assignment statement in usual programming languages,
   b) rules, that correspond to a restricted set of control statements of a usual programming language.

These components form the executable part of the language.

The declarative part contains elements to define symbols (nodes) together with their associated attributes. Attributes are always defined to have a special data type, which corresponds to an elementary type like INTEGER, BOOL or CHARACTER, or user defined types, which can be specified by type definitions. Finally there are elements in the language to specify constant values.

3. Consistency

As far as described, this method could also be realized in a conventional programming language by a set of recursive procedures corresponding to abstract syntax rules and another set of nonrecursive procedures for symbol table access and the stepwise refinement to machine instructions.

However, there are several major reasons to use a special description language:

1. The control- and data structure of the description language is strongly tailored to the problem of code generation. The amount for developing a code generator (design, coding) is strongly reduced. The implementation of the description language is possible by a stack mechanism, where only reference to nodes above the actual visited one and corresponding attribute values have to be stored. On account of its structure we are able to check a code generator specification statically for certain conditions, from which we can prove the consistency of the specification.
2. The implementation of the method in a conventional programming language results in inefficiencies for storage- and runtime requirements because we don't need all facilities of their procedure concepts. Since we see the main application area for our approach in the field of minicomputers these inefficiencies are not acceptable.
3. A programmer, who is allowed to use all features of a programming language, will probably make use of them, although most of them are not necessary for the problem. It is wellknown that error detecting is difficult in such programs.

The conditions for the consistency of a code generator description are:

1. Syntactic rules corresponding to the intermediate language must form an abstract syntax of the source language.
2. Implementation rules describing symbol table access (access functions) may not contain semantic rules for the evaluation of subtrees corresponding to right-hand-side symbols of the syntactic rule. (These subtrees are assumed to be already evaluated - if this is not possible in the same pass then in a previous one.)
3. Implementation rules, describing machine instructions (secondary rules) may not contain semantic rules for the evaluation of subtrees, since they have none, and they may not contain semantic rules to invoke itself directly or indirectly i.e. they may not be used recursivly.
4. For every using reference to an attribute (value) this attribute has to have a defined value, calculated by any previous executed semantic rule or must be initiated in some way.

These four conditions can be checked statically in our language and if they are fullfilled, syntactical and semantical correctness of a code generator specification assumed, we can assert, that for each attribute a value is computable and the process generated from the implementation rules starting at the root of the abstract program tree, terminates after a finite number of steps (at the root).

These two properties are based on the special structure of the description language. The termination property of a specification results from the fact that the language contains no possibilities for the user to define cycles or loops. This is achieved by restricting control statements borrowed from usual programming languages to conditional statements. We are able to achieve the computability by restricting data items to attributes. The test for it is performed by data flow analysis [Aho, Ullmann 77] local for each implementation rule only.

4. Conclusion

Finally, an explanation for the logical and practical function of secondary rules remains to be given. The logical function can be realized, as a description of the machine instructions.

The practical function of these trees is to serve as an logical interface between the program tree and target machine code. The corresponding rules define a class of target machines. For all members of a class it is possible to define code generators only by redefining secondary rules containing the target machine instructions and some constant values. Specially in the area of minicomputers, where the concept of general register machines is dominating this is an economic way to design code generators.

5. Example

Fig. 1. gives an example of the translation of a simple statement into machine code using an attributed abstract tree as intermediate representation.

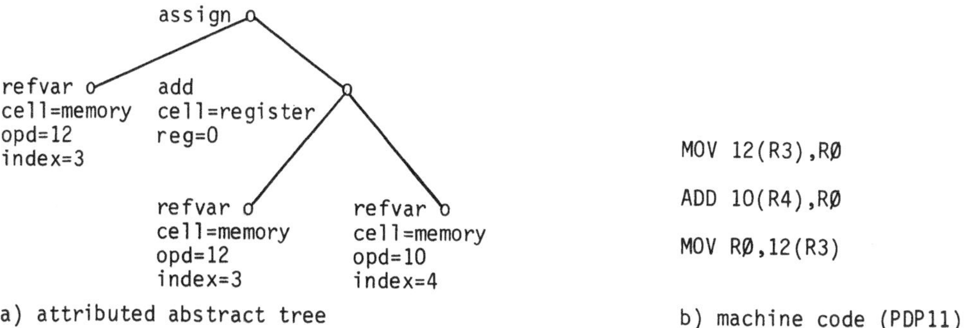

Fig. 1. Translation of the source language statement A := A + B; supposed to be in an inner block into machine code; irrelevant attributes are ommitted. The translation of the abstract tree into machine code can be verified by the following rules (Fig. 4-9) starting with assign. For A we assume a symbol table entry more above in the tree with the name "var" and adr = 12, bnl = 0 (block nesting level) as attributes, for B: var, adr = 10, bnl = 1.

The other figures demonstrate the practical use of the language. It is assumed that the definitions are part of a code generator specification for an ALGOL-like source language and for a PDP 11 as target computer. Optimizations are partly omitted in order to emphasize the main aspects. It is typical for the approach, that optimizations must be specified. We believe that there are too many dependencies from source- respective intermediate and target language to integrate these into a usable code generator generator.

```
SYMBOL add, refvar:
       INHERITED reg: regs, adr: INTEGER,
       SYNTHESIZED cell: cells, opd, reclngth: INTEGER, index: regs,
       INITIALIZED bnl: INTEGER;
SYMBOL assign:
       INHERITED adr: INTEGER,
       SYNTHESIZED reclngth: INTEGER,
       INITIALIZED bnl: INTEGER;
SYMBOL var:
       INHERITED adr: INTEGER,
       INITIALIZED bnl: INTEGER;
SYMBOL massg, madd;
SYMBOL mexpr:
       INITIALIZED reg, index: regs, opd: INTEGER, cell: cells;
```

Fig. 2: Definition of attributed Symbols with their (complete) sets of attributes. The attribute types are defined in Fig. 3. The symbols add, refvar are defined with inherited attributes reg, adr and synthesized attributes cell, opd, reclngth, index etc. Attributes which are calculated in previous passes like semantic analysis or are formal attributes of secondary rules are defined as initialized.

```
TYPE regs: (0,1,2);
TYPE cells: (memory, register, constant);
CONST firstareg = 0, lastareg = 2, firstblir = 3, top = 8;
```

Fig. 3: Type and constant definitions. The type regs ist the set: {0,1,2}, cells the set: memory, register, constant . The constants define the first and last working register and the first block index register and the indexregister, which is assumed to point to the top activation record of the stack for the implementation on the PDP 11.

```
RULE
   expr = add | refvar
END;
```

Fig. 4: This rule defines that expr is always one of symbols (nodes) add or refvar.

```
RULE
   assign :: refvar expr
SEMANTIC
   expr.adr := assign adr;
   expr.reg := firstareg;
   EVALUATE expr;
   massg → expr(cell := register) expr;
   EVALUATE refvar;
   massg → refvar expr;
   assign.reclngth := expr.reclngth;
END;
```

Fig. 5: Primary rule for integer assignment to a simple variable. expr.adr is the next available location on the expression stack, expr.reg is the next available register, expr.reclngth is the maximal length of the activation record (expression stack) used by evaluation of expr. The symbol massg is the root of a secondary rule, whose semantic part generates machine assignments corresponding to actual attribute values.

```
RULE
   refvar → var
SEMANTIC
   refvar.reclngth := refvar.adr;
   refvar.index := IF var.bnl = refvar.bnl
                      THEN top ELSE var.bnl + firstblir; FI;
   refvar.opd := var.adr;
   refvar.cell := memory;
END;
```

Fig. 6: Rule for symbol table access (access function) for simple variables. The symbol table is a tree, too, and subtree to the abstract program tree. It is assumed to precede the subtree forming executable statements for each block.

```
RULE
   add :: expr expr
SEMANTIC
   expr[1].reg := add.reg;
   expr[1].adr := add.adr;
   EVALUATE expr[1];
   expr[2].reg := add.reg + (add.reg = lastareg);
   expr[2].adr := add.adr + (¬(add.reg = last areg));
   EVALUATE expr[2];
   massg → expr[1](cell := register) expr[1];
   madd → expr[1] expr[2];
   add.cell := register;
   add.opd := add.adr;
   add.index := top;
   IF add.reg = lastareg
      THEN massg → add(cell := memory) add; FI;
   add.reclngth := IF expr[1].reclngth > expr[2].reclngth
                      THEN expr[1]. reclngth ELSE expr[2].reclngth FI;
END;
```

Fig. 7: Primary rule for integer addition.expr[1] selects the left, expr[2] the right expr on the right-hand-side of the syntactic rule.

```
RULE
   madd → mexpr mexpr
SEMANTIC
   IF mexpr[1].cell = register
      THEN CASE (mexpr[2].cell)
                register: < ADD R mexpr[2].reg , R mexpr[1].reg >;
                memory:   < ADD mexpr[2].opd ( R mexpr[2].index ), R mexpr[1].reg >;
                constant: < ADD # mexpr[2].opd , R mexpr[1].reg >;
                ELSE error;
           ESAC; FI;
END;
```

Fig. 8: Secondary rule defining the machine addition of the PDP 11. Evaluation of the semantic part results in generating an appropriate instruction corresponding to actual attribute values. Error is to represent shortly a more qualified error message in this context as in Fig. 9.

```
RULE
   massg → mexpr mexpr
SEMANTIC
   CASE (mexpr[1]. cell)
    register: CASE (mexpr[2]. cell)
      register: IF mexpr[1]. reg ≠ mexpr[2].reg
                   THEN < MOV R mexpr[2].reg , R mexpr[1]. reg >; FI;
      memory:   < MOV mexpr[2].opd ( R mexpr[2].index ), R mexpr[1]. reg >;
      constant: < MOV # mexpr[2].opd , R mexpr[1].reg >;
                ESAC;
    memory: IF mexpr[2]. cell = register
              THEN < MOV R mexpr[2].reg , mexpr[1].opd ( R mexpr[1].index ) >;
              ELSE error; FI;
   ESAC;
END;
```

Fig. 9: Secondary rule defining machine assignment (loads, stores).

Bibliography

[Aho, Ullman 77] Aho, A.V., Ullmann, J.D. "Principles of Compiler Design", Addison Wesley, 1977.

[Bochmann 76] Bochmann, G.V. "Semantic Evaluation from Left to Right", Comm. ACM 19, 2, 55-62, 1976.

[Cattell 78] Cattell, R.G.G. "Formalization and Automatic Derivation of Code Generators", Ph.D. dissertation, Carnegie Mellon University, 1978.

[Donegan 73] Donegan, M.K.
"An Approach to the Automatic Generation of Code Generators", Lab. for Computer Science and Engineering, Rice University, Houston, Texas, 1973.

[Kastens 76] Kastens, U.
"Ein Übersetzer-erzeugendes System auf der Basis attributierter grammatiken", Interner Bericht No. 10, Fakultät für Informatik, Universität Karlsruhe, 1976.

[Knuth 68] Knuth, D.E.
"Semantics of Context-Free Languages", Math. Systems Theory, 2,2, 127-145, 1968.

[Miller 70] Miller, P.L.
"Automatic Code-Generation from an Object-Machine Description", MAC TM 18, Massachusetts Institute of Technology, Cambridge, Mass., 1970.

[Newcomer 75] Newcomer, J.M.
"Machine-Independent Generation of Optimal Local Code", Ph.D. dissertation, Computer Science Dept., Carnegie-Mellon University, Pittsburgh, Pa., 1975.

[Petereit 79] Petereit, R.
"Eine Spezifikationssprache für Codeerzeuger", Dissertation, forthcoming 1979.

[Ripken 77] Ripken, K.
"Formale Beschreibung von Maschinen Implementierungen und optimierender Machinencodeerzeugung aus attributierten Programmgraphen". Dissertation Inst. für Informatik, Techn. Univ. München, 1977.

[Wasilew 71] Wasilew, S.G.
"A Compiler Writing System with Optimization Capabilities for Complex Order Structures", Ph.D. dissertation, Northwestern Univ., Evanston, Ill., 1971.

[Wilcox 71] Wilcox, T.R.
"Generating Machine Code for High-Level Programming Languages", Ph.D. dissertation, Cornell Univ. Ithaca, N.Y., 1971.

EXTRA - EIN ERWEITERBARER ÜBERSETZER

Georg Fischer
Abteilung Informatik
Universität Dortmund

Zusammenfassung: Das System EXTRA ermöglicht die interaktive Beschreibung und Benutzung eines Übersetzers für kontextfreie Sprachen. Im Wechsel mit der tatsächlichen Übersetzung können einzelne Teile der Übersetzungsbeschreibung verändert werden. Dadurch kann der Aufwand bei der Entwicklung und Wartung eines Übersetzers deutlich verringert werden.

1 Einführung

Das System EXTRA ("EXtensible TRAnslator") wurde ursprünglich für die Übersetzung zwischen höheren Programmiersprachen entwickelt. Schon bei recht verwandten Quell- und Zielsprachen bietet ein Editor hier kaum noch Hilfen, und auch eine Sprache zur Verarbeitung von Zeichenketten wie SNOBOL4 erweist sich für realistische Anwendungen als zu schwerfällig. Erforderlich wäre das vordere Ende eines üblichen Compilers, der das (normalerweise syntaktisch und semantisch korrekte) Quellprogramm möglichst in einem Lauf einliest und es, gesteuert durch eine syntaktische Analyse, in die Zielsprache übersetzt.

Ein anderer Grund für die Entwicklung von EXTRA liegt in dem hohen Zeitaufwand, der mit der Benutzung bekannter Parsergeneratoren verbunden ist. Die Praxis zeigt, daß die Grammatiken neuer Programmiersprachen doch häufig geändert werden, und auch der Übersetzerbauer vereinfacht sich die Arbeit gern durch zusätzliche Produktionen. Für jeden Generatorlauf fallen dabei Rechenzeiten im Minutenbereich an, außerdem verschieben sich die Produktionsnummern, die Semantikroutinen müssen geändert und neu übersetzt werden usw., obwohl unter Umständen nur eine Produktion eingefügt wurde.

EXTRA bietet nun dem Benutzer einige wenige Beschreibungsmittel für die Grammatiken kontextfreier Sprachen und für die syntaxgesteuerte Übersetzung im Sinne von [LS68]. Im Wechsel mit der Definition des Übersetzers kann dieser mit Programmen der zu übersetzenden Sprache getestet werden.

Im nächsten Abschnitt werden die Beschreibungsmittel von EXTRA vorgestellt. In Abschnitt 3 folgen zwei Beispiele für die Verwendung dieser Beschreibungsmittel, während in Abschnitt 4 auf die Implementierung eingegangen wird. Zum Schluß werden in Abschnitt 5 einige denkbare Anwendungsgebiete genannt.

2 Beschreibung der Übersetzung

Für den Benutzer steht die Eingabe in EXTRA zu jeder Zeit auf einer der folgenden beiden Stufen:

(1) Übersetzungsbeschreibung - es muß angegeben werden, aus welcher Grammatik sich die zu übersetzenden Zeichenfolgen ableiten lassen sollen, und wie übersetzt werden soll.

(2) Quellprogramm - die Zeichenfolgen, die von dem System tatsächlich übersetzt werden sollen.

Für das System verschwimmt diese Unterscheidung weitgehend. Zu jedem Zeitpunkt ist eine Übersetzungsbeschreibung für die gesamte Eingabe (Übersetzungsbeschreibungen und Quellprogramme) bekannt. Anhand der gerade gültigen Beschreibung wird die Eingabe mit einem bottom-up-Verfahren analysiert, bei einer Reduktion wird eine etwa bei der betreffenden Produktion angegebene Übersetzung oder andere semantische Aktion durchgeführt. Solche Aktionen können insbesondere das Hinzufügen oder Löschen von Teilen der Beschreibung bewirken.

Die Sprachmittel für die Übersetzungsbeschreibung zerfallen in einen analytischen Teil in der Form einer Grammatik, und in einen synthetischen Teil, in dem im wesentlichen die Transduktionselemente von [LS68] benutzt werden. Einige zusätzliche Fähigkeiten, die fest in EXTRA eingebaut sind, werden in Abschnitt 2.3 erwähnt.

2.1 Sprachmittel für die Analyse

Die Eingabesprache wird für EXTRA mit einer herkömmlichen kontextfreien Grammatik beschrieben, die LALR(1) sein muß. Die Notation ist an [Wi77] angelehnt, außerdem wurde sie von PL/1 beeinflußt.

Lexikalische Analyse

Aus Effizienzgründen ist der Scanner in EXTRA fest eingebaut. Er orientiert sich zur Zeit an PL/1, vor allem bei der Behandlung von Leerzeichen, Kommentaren und Zeichenketten. Der Scanner gibt Sonderzeichen (-Kombinationen) und die Symbole EOF, IDENTIFIER, NUMBER, STRING einzeln an die syntaktische Analyse weiter.

Syntaktische Analyse

Zu Beginn kennt das System nur die folgende Beschreibung, die die Struktur der gesamten Eingabe festlegt.

```
[AXIOM = SYSTEM_INPUT
.SYSTEM_INPUT =              '[' DESCRIPTION ']' SOURCE_PROGRAM
              | SYSTEM_INPUT '[' DESCRIPTION ']' SOURCE_PROGRAM
.DESCRIPTION = RULES
.RULES = RULE '.'
       | RULES RULE '.'
.RULE = LEFT_SIDE '=' RIGHT_SIDES /* Hinzufügen */
      | LEFT_SIDE '-' RIGHT_SIDES /* Löschen */
.LEFT_SIDE = IDENTIFIER
.RIGHT_SIDES = RIGHT_SIDE
             | RIGHT_SIDES '|' RIGHT_SIDE
.RIGHT_SIDE = MEMBERETIES SEMANTICS
.MEMBERETIES =
             | MEMBERETIES MEMBER
.MEMBER = IDENTIFIER | STRING
.SEMANTICS = /*siehe Abschnitt 2.2 */
.SOURCE_PROGRAM = /* Erweiterungen durch den Benutzer */
.]
```

Der in EXTRA eingebaute LR(1)-Parser benutzt zu Beginn Tabellen, die dieser Grammatik entsprechen. Er liest mit Hilfe des Scanners die Eingabe des Benutzers, dabei werden folgende semantische Aktionen durchgeführt:

(1) Bei einer Reduktion zu RULE werden die genannten Produktionen zwischengespeichert zusammen mit einem Hinweis, ob sie zu der aktuellen Grammatik hinzugefügt oder aus ihr gelöscht werden sollen.

(2) Bei einer Reduktion zu DESCRIPTION werden alle zu löschenden Produktionen gelöscht, danach werden alle neuen Produktionen hinzugefügt.

Bei den MEMBER stehen alle IDENTIFIER, die bisher nicht als LEFT_SIDE vorgekommen sind, und alle STRING "für sich selbst".

Beim Einfügen der neuen Produktionen können einige Besonderheiten auftreten:

(1) Die linke Seite der Produktion ist nicht vom Startsymbol aus erreichbar - die Produktion kann (und braucht) noch nicht eingefügt werden.

(2) Die linke Seite der Produktion produziert (noch) keine terminalen Zeichenfolgen - sie wird eingefügt, der Parser arbeitet trotzdem korrekt.

(3) Die Produktion ist schon in der Grammatik enthalten - sie wird nach einem Hinweis ignoriert, eventuell wird ihr die neue Semantik zugeordnet.

(4) Durch die Produktion ginge die LALR(1)-Eigenschaft verloren - die Produktion wird nach einem Hinweis ignoriert.

(5) Es existiert bereits eine Produktion mit der gleichen linken Seite - die neuen Produktionen werden mit den alten vereinigt.

2.2 Sprachmittel für die Synthese

Einfache Baumtransformationen

Der LR(1)-Parser analysiert die Eingabe bottom-up, dabei kann auf einfache Weise der Strukturbaum aufgebaut werden. Jeder Knoten, der kein Blatt ist, entspricht der linken Seite einer Produktion, seine Söhne sind die MEMBER auf der rechten Seite. Die folgenden Produktionen erlauben es dem Benutzer, diese Söhne und die Reihenfolge ihrer Anordnung zu verändern.

```
.SEMANTICS = TRANSLATIONETY GENERATIONETIES
.TRANSLATIONETY =
                 | '->' ELEMENTETIES
.ELEMENTETIES =
               | ELEMENTETIES ELEMENT
.ELEMENT = STRING
         | IDENTIFIER
         | IDENTIFIER ':' NUMBER
         | '≠' NUMBER
```

Der Knoten für die linke Seite der Produktion hat jetzt die durch ELEMENTETIES bezeichneten Söhne.
Wieder sind einige Bemerkungen zu Spezialfällen angebracht:

(1) Eine leere TRANSLATIONETY zeigt an, daß der Teilbaum für die Produktion unverändert in den Strukturbaum eingefügt wird.

(2) Ein ELEMENT, das auch als MEMBER der Produktion vorkommt, steht für eine Kopie dieses MEMBER.

(3) Kommt ein ELEMENT mehrmals als MEMBER in der Produktion vor, so wird mit Nummern (1, 2, ...) unterschieden.

(4) '≠' NUMBER bezeichnet eine besondere semantische Aktion, die sich nicht mit den Mitteln von EXTRA ausdrücken läßt.

(5) Ein ELEMENT, das nicht als MEMBER vorkommt, muß ein Terminal (oder ein Akkumulator, siehe unten) sein.

Akkumulatoren

Mit den einfachen Baumtransformationen lassen sich etwa arithmetische Ausdrücke von Infix- in Präfix- oder Postfixschreibweise übersetzen, aber oft reichen die Möglichkeiten dieses Beschreibungsmittels nicht aus. Insbesondere ist eine Art Speicher zur Aufbewahrung von Teilbäumen über Produktionen hinweg erwünscht. Die Definition und Verwendung solcher Speicher wird durch die folgenden Produktionen ermöglicht.

```
.GENERATIONETIES =
                  | GENERATIONETIES GENERATION
.GENERATION = '->' ACCUMULATOR '=' ELEMENTETIES
            | '->'             '=' ELEMENTETIES
.ACCUMULATOR = IDENTIFIER
```

Der durch ELEMENTETIES bestimmte Teilbaum wird in einem "Akkumulator" abgespeichert, er kann später wieder verwendet werden, indem der IDENTIFIER des ACCUMULATOR als ELEMENT verwendet wird.

Alle Akkumulatoren mit der gleichen Bezeichnung bilden einen Keller. Bei jeder GENERATION wird der Teilbaum einer neuen Inkarnation des Akkumulators zugewiesen. Nachdem diese Zuweisungen (in beliebiger Reihenfolge) ausgeführt wurden, werden alle dabei als ELEMENT verwendeten Akkumulatoren entkellert. Erst danach werden die neuen Inkarnationen gekellert.

Durch die zweite Produktion für GENERATION können Akkumulatoren explizit gelöscht werden.

Rücksetzen des Parsers

Akkumulatoren lassen sich zwar einfach implementieren und bringen einen deutlichen Fortschritt bei der Beschreibung von Übersetzungen, doch reichen sie nicht immer aus. Es fehlt eine Möglichkeit, die Übersetzung von bereits verarbeiteten Teilen des Quellprogramms abhängig zu machen.

```
.ELEMENT = '•'
         | IDENTIFIER '(' ELEMENTETIES ')'
.
]
```

Die syntaktische Analyse wird modifiziert, die erste Produktion setzt den Lesekopf des Parsers zurück: alle ELEMENT rechts von '•' werden (statt der linken Seite der Produktion) links an die Eingabezeichenfolge angefügt und noch einmal analysiert.

Beim Rücksetzen werden die Teilbäume für Nonterminale und Akkumulatoren normalerweise wieder zu ihren terminalen Blättern expandiert. Will man den dadurch entstehenden Aufwand verringern, so können diese Teilbäume schon beim Aufbau mit Hilfe der zweiten Produktion zu dem Nonterminal IDENTIFIER zusammengefasst werden. Der geklammerte Teil wird dann in nachfolgenden Analyseschritten nicht mehr untersucht.

Da der Parser nun auch Nonterminale lesen kann, tritt eine Schwierigkeit auf: die LALR(1)-Eigenschaft der Grammatik kann verloren gehen. Zum Beispiel hat die folgende LALR(1)-Grammatik einen Konflikt zur Folge, wenn das Nonterminal B als lookahead-Symbol benutzt wird:

```
 H = S EOF
.S = A B x |  D B y
.B =
.A = z
.D = z
```

Dies muß und kann der Benutzer vermeiden, indem er in solchen Fällen die Produktion zum Zusammenfassen zu einem Nonterminal eben nicht benutzt.

Vor allem muß der Benutzer jedoch noch selbst sicherstellen, daß durch das Rücksetzen keine zusätzlichen syntaktischen Fehler auftreten.

2.3 Systemumwelt

Kommandos

Normalerweise wird der Benutzer Änderungen an einer bereits erstellten Übersetzungsbeschreibung vornehmen wollen. Für das interaktive Arbeiten stehen in EXTRA einige einfache Kommandos zur Verfügung. IDENTIFIER ist dabei der Name der bearbeiteten Datei.

```
.DESCRIPTION = COMMAND ':' IDENTIFIER
.COMMAND = STORE /* Abspeichern der internen Tabellen für die
                    augenblickliche Beschreibung */
         | LOAD  /* Laden der Tabellen */
         | READ  /* Eingabe ab jetzt von dieser Datei */
         | WRITE /* Ausgabe der Übersetzung auf diese Datei */
         | PRINT /* Ausgabe der aktuellen Beschreibung in
                    lesbarer Form */
```

Besondere semantische Aktionen

Bei einem ELEMENT der Form #NUMBER verzweigt der Baumtransformator mit Hilfe der angegebenen Zahl zu einem Programmstück, das für den jeweiligen Anwendungsfall von Hand geschrieben werden muß. Typisch ist die Erzeugung eines neuen IDENTIFIER. Dabei ist die Kenntnis interner EXTRA-Schnittstellen erforderlich, doch erschien eine solche "Fluchtmöglichkeit unverzichtbar.
Für die Aktionen "Hinzufügen einer Produktion", "Löschen einer Produktion" und für die SEMANTICS sind eine Reihe von Codes bereits fest vergeben. Dadurch sind auch tiefergreifende Änderungen an DESCRIPTION möglich.

Ausgabe

EXTRA enthält ein einfaches Ausgabeprogramm, das nach jeder Reduktion zu SOURCE_PROGRAM den umgeformten Baum durchläuft und die einzelnen Terminale hintereinander in ihrer externen Darstellung ausgibt. Das Ausgabeprogramm ist das Gegenstück zum Scanner, es muß auch besondere Funktionen wie Tabulierung übernehmen.

3 Beispiele

Übersetzung von PL/1 in FORTRAN

Dieses Beispiel deutet an, wie ein Benutzer nach und nach die Anweisungen beschreiben kann, die in seinen Quellprogrammen auftreten, und wie er sich nach jeder Teilbeschreibung interaktiv von der Wirkung seiner Regeln überzeugen kann.

Es werden drei besondere semantische Aktionen benutzt:

- ⁑2 erzeugt eine neue FORTRAN-Anweisungsnummer
- ⁑1 erzeugt ein Symbol, das das Ausgabeprogramm zur Positionierung auf Spalte 1 der nächsten Zeile veranlaßt
- ⁑7 wie ⁑1, Positionierung auf Spalte 7

Fortsetzungskarten müssen vom Ausgabeprogramm selbständig erzeugt werden. Die Regeln lauten:

```
[SOURCE_PROGRAM = STMTS -> = L1 L2
.STMTS =                   -> L1 = ⁑2 -> L2 = ⁑2
       | STMTS
.ASSIGNMENT_STMT = VARIABLE '=' EXPRESSION ';'
            ->   ⁑7 VARIABLE '=' EXPRESSION
.VARIABLE = IDENTIFIER
.EXPRESSION = NUMBER | IDENTIFIER
.]
A = 1;  B = A;

[TO_LOOP = DO VARIABLE '=' EXPRESSION TO EXPRESSION ';'
              STMTS
           END ';'
  ->            ⁑7 VARIABLE '=' EXPRESSION:1
          ⁑1 L1 ⁑7 'IF(' VARIABLE '.GT.' EXPRESSION:2 ')GOTO ' L2
                   STMTS
                ⁑7 VARIABLE '= 1 + ' VARIABLE
                ⁑7 GOTO L1
          ⁑1 L2 ⁑7 CONTINUE  ->   L1 = ⁑2  ->  L2 = ⁑2
.STMTS =
.]
DO I = 1 TO N; N = N; END;
```

Entfaktorisieren von PL/1-Deklarationen

Dieses Beispiel stammt aus [DR74]. DeRemer schreibt dort:

> We challenge anyone to describe this, or an equivalent effect, in general, in only three lines (thirty are more likely) in any existing "compiler writing language". Of course we are a long way from knowing how to implement the above efficiently, as yet!

Sind A1,...A6 PL/1-Attribute wie FIXED, BINARY usw., so soll etwa

```
DCL (X, (Y, Z A6) A4 A5, W) A1 A2 A3 ;
```

umgeformt werden in

```
DCL X A1 A2 A3, Y A4 A5 A1 A2 A3, Z A6 A4 A5 A1 A2 A3, W A1 A2 A3;
```

Dazu schreibt man in EXTRA:

```
[SOURCE_PROGRAM = DCL DECLARATIONS ';'
.DECLARATIONS = DECLARATION
              | DECLARATIONS ',' DECLARATION
.DECLARATION = IDENTIFIER ATTRIBUTES
             | '(' DCL_LIST  -> • DCL_LIST
                             -> = ACCU
.ATTRIBUTES = ATTRIBUTE | ATTRIBUTES ATTRIBUTE
.DCL_LIST = DCL_ELEMENT ')' ATTRIBUTES
                             -> DCL_ELEMENT(DCL_ELEMENT ATTRIBUTES)
                             -> ACCU = ATTRIBUTES
          | DCL_ELEMENT ',' DCL_LIST
                             -> DCL_ELEMENT(DCL_ELEMENT ACCU)
                                 ',' DCL_LIST
                             -> ACCU = ACCU
.DCL_ELEMENT = IDENTIFIER | DECLARATION
.]
```

Der Parser wird durch die rechtsrekursive Regel fuer DCL_LIST gezwungen, die DCL_ELEMENT einer Liste von rechts nach links zu verarbeiten, dabei werden die Attribute, die in ACCU gespeichert wurden, übertragen.
Zählt man nur die Schreibarbeit für die Übersetzung, so sind das 6 Zeilen. Pro DCL_LIST ergibt sich ein zusätzlicher Aufwand durch Rücksetzen proportional zur Anzahl der DCL_ELEMENT in der Liste.

4 Implementierung

Die Kernstücke des Systems sind der interaktive LALR(1)-Parsergenerator und der Baumtransformator.
Der Parsergenerator hat die Fähigkeit, eine oder mehrere Produktionen zu vorhandenen Tabellen hinzuzufügen oder sie aus ihnen zu löschen. Diese Operationen können eine ganze Reihe von Veränderungen in den Zuständen des LR(1)-Parsers hervorrufen. Lookahead-Symbole einer Reduktion in einem Zustand können hinzukommen oder wegfallen, einzelne Nachfolger von Zuständen müssen neu berechnet werden, ganze Zustände können überflüssig werden.

Obwohl die Möglichkeit der schrittweisen Generierung sehr tief in die Algorithmen des Generators wirkt, ist der Zeitaufwand für die Grammatiken üblicher Programmiersprachen vertretbar. Zum Beispiel werden 3o s CPU-Zeit (Siemens 7.738) benötigt, wenn die XPL-Grammatik als Ganzes eingegeben wird. Die Datenstrukturen des Generators benötigen für realistische Anwendungen beträchtlichen Speicherplatz, z.B. 1oo KB für ALGOL 6o. Nicht mehr benötigte Strukturen werden deshalb fortlaufend in freien Listen abgelegt.

Der Baumtransformator ist ein vergleichsweise einfaches Programmstück. Die SEMANTICS einer Produktion werden in einzelne Befehle zum Kopieren eines ELEMENT, Keller eines ACCUMULATOR usw. übersetzt, und diese Befehle werden dann vom Transformator beim Erreichen der Produktion jedesmal interpretiert.

EXTRA wurde auf einer Siemens 7.738 unter BS2ooo in einer kleinen Untermenge von PL/1 von Horst Rüthing, Manfred Schönhold und dem Verfasser geschrieben. Über den augenblicklichen Zustand gibt die folgende Tabelle Auskunft:

Programmteil	PL/1-Zeilen	Zustand
interaktiver LALR(1)-Parsergenerator	25oo	ausgetestet
Scanner mit Symboltabelle	5oo	"
Parser mit Baumtransformator	4oo	"
Erzeugung der SEMANTICS	2oo	"
Ausgabeprogramm	1oo	codiert
Konsistenzprüfungen für SEMANTICS		geplant
Fehlerkorrektur im Parser		"

5 Schlußbemerkungen

Mit den geschilderten Beschreibungsmitteln lassen sich viele Übersetzungsaufgaben einfach beschreiben und lösen. Neben der bereits genannten Übersetzung zwischen höheren Programmiersprachen sind folgende Anwendungsbereiche denkbar:

(1) Syntax-Makros im Sinne von [LE66]
(2) Präprozessoren für GOTO-freie Programmierung
(3) Erweiterung von Programmiersprachen
(4) konventionelle Codeerzeugung für einfache Sprachen (mit einem geeigneten Ausgabeprogramm)
(5) Formatierprogramme und andere Dokumentationschriften, die syntaktische Strukturen berücksichtigen
(6) Syntaxgesteuerte Formelmanipulation
(7) Erkennung und Ausgleich von Dialekten einer Programmiersprache
(8) Durchsetzung von Programmierkonventionen, Bildung von Teilmengen einer Programmiersprache

Die Stärken von EXTRA liegen in der interaktiven Benutzung, der leichten Erlernbarkeit und der Flexibilität der Beschreibungsmittel. Auf der anderen Seite sind der Anwendbarkeit des Systems natürlich auch Grenzen gesetzt; insbesondere fehlt in der jetzigen Fassung noch ein Mechanismus zu Verarbeitung von Attributen, etwa wie in [PR77].

Literaturverzeichnis

[DR74] DeRemer, F.L.: Transformational Grammars. In: Compiler Construction, An Advanced Course. Lecture Notes in Computer Science, Vol. 21, Springer-Verlag Berlin 1974

[Le66] Leavenworth, B.M.: Syntax Macros and Extended Translation. CACM 9, 11 (Nov. 1966) pp. 79o-793

[LS68] Lewis II, P.M., Stearns, R.E.: Syntax-directed transduction. JACM 15, 3 (July 1968) pp. 464-488

[PR77] Pierce, R.H., Rowell, J.: A transformation-directed compiling system. Comp. J. 2o, 2 (May 1977) pp. 1o9-115

[Wi77] Wirth, N.: What Can We Do about the Unnecessary Diversity of Notations for Syntactic Definitions? CACM 2o, 11 (Nov. 1977) p. 822

DISCUSSION OF SOME ERROR CORRECTION TECHNIQUES

J. Ciesinger
Institut für Informatik
der Technischen Universität
Arcisstraße 21
8000 München 2 / Fed. Rep. of Germany

Summary. Four techniques of error correction will be presented which to our knowledge have not yet been incorporated in a compiler. Three of these techniques allow automatic generation of the error correction module from a given LL(k)-grammar.
They are
- *dynamic reliability checking:* possible corrections are checked, whether they allow for an error free analysis of a dynamically determined number of input symbols following the error place.
- *partial back-up possibility:* back-up information is provided in order to enable the parser to withdraw from error situations into which analysis might have been brought by some erroneous symbols before the place where the error was detected.
- *dialogform of error correction:* the user has the possibility to insert and/or delete symbols around the error place.
- *adaptability to a special user environment:* the system accepts the descriptions of (preferably) the most common errors, recognizes the described error situation and initiates error correction earlier and therefore in a more efficient manner than without such a description.

Although up to now they have been applied only to a LL(k)-based analyser these techniques are applicable to other parsing-methods as well. A more detailed presentation of these techniques is given in [2].

1. LL(k) PARSING. We use the same denotations for context free grammars as they are given in [1] and define a *configuration* of a LL(k)-parser to be a pair $(x_m \ldots x_1,\ a_1 \ldots a_n)$ of parse stack and the (remaining part of the) input-string.

Parsing is considered as a transformation of an initial configuration $(S,\ a_1 \ldots a_n)$ with S the axiom of the grammar and $a_1 \ldots a_n$ the complete input-string, to a final configuration $(\varepsilon, \varepsilon)$ according to the following transformation rules:

(1) $(x_m \ldots x_1,\ a_1 \ldots a_n) \vdash (x_m \ldots x_2,\ a_2 \ldots a_n)$ iff $x_1 = a_1$

(2) $(x_m \ldots x_1,\ a_1 \ldots a_n) \vdash (x_m \ldots x_2,\ y_t \ldots y_1\ \ a_1 \ldots a_n)$ iff $x_1 ::= y_1 \ldots y_t$ is a production of the grammar selected from the LL(k) parser tables according to the lookahead-string $a_1 \ldots a_k$.

(3) $(x_m \ldots x_1,\ a_1 \ldots a_n) \vdash (x'_{m'} \ldots x'_1,\ a'_1 \ldots a'_{n'})$ otherwise. In this last case $(x_m \ldots x_1,\ a_1 \ldots a_n)$ is called an erroneous configuration and $(x'_{m'} \ldots x'_1,\ a'_1 \ldots a'_{n'})$ denotes the configuration which is returned to the parser by the error correction mechanism.

2. OTHER ERROR CORRECTION METHODS FOR LL(k) PARSERS. We know of three methods [3,4,5] which apply to LL(k) based analysers and which can be generated automatically from arbitrary LL(k)-grammars.

The scheme we use to describe these methods will also serve for the presentation of our own method. It describes how certain information about a relationship between parse stack elements and elements of the remaining input-string is used to define a set of possible candidates for correction, how a specific best candidate is selected and how the actual correction is performed.

Intuitively this information contains for each grammar symbol x a set of terminal symbols which can be expected to follow in the remaining input-string when x is an element of the parse stack.

Formally let $x \in N \cup \Sigma$, $a \in \Sigma$ and $\alpha \in \Sigma^*$ then the set $E(x)$ is defined as the set of tripels (x, α, a) such that αa is a possible prefix of a sentence of x. (A terminal symbol a is considered the only sentence for itself, therefore $E(a) = \{(a, \varepsilon, a)\}$.)

Note that $E(x)$ is not necessary finite.

Let $E_Z(x)$ $(Z = T, G, F)$ stand for the subset of $E(x)$ which is computed by the method of Turner, Gries or Fisher respectively.

$$E_T(x) := \begin{cases} \{(x, \varepsilon, x)\} & \text{iff } x \in \Sigma \\ \Phi & \text{otherwise} \end{cases}$$

$$E_G(x) := \{\, (x, \varepsilon, a) \mid (x, \varepsilon, a) \in E(x) \,\}$$

$$E_F(x) := E(x)$$

Clearly $E_T(x) \subseteq E_G(x) \subseteq E_F(x)$ holds for all x.

$E_T(x)$ and $E_G(x)$ can be computed completely before parsing; $E_F(x) = E(x)$ must be stored in some codified form because it is infinite in most cases.

A *candidate for correction* is an element of $\bigcup_{i=1}^{m} E_Z(x_i)$ for all stack elements x_i $(1 \le i \le m)$ of the erroneous configuration.

The *selection of the candidate* (x_i, α, a_j) which the correction is performed with is guided by cost considerations and by the attempt not to destroy too much of the stack content and/or of the remaining input string.

Therefore from the candidates that one or one of those with minimal values of i and j is selected.

Fisher uses only candidates (x_i, α, a_j) with $j = 1$ but in the last section of his paper also considers relaxations of this condition.

The *correction with a special candidate* $(x_{i_o}, \alpha_o, a_{j_o})$ consists of replacing the erroneous configuration $(x_m \ldots x_1, a_1 \ldots a_n)$ by $(x_m \ldots x_1, s(x_1) \ldots s(x_{i_o-1}) \alpha_o a_{j_o} \ldots a_n)$ where $s(x_k)$ $(1 \le k \le i_o - 1)$ denotes some sentence for x_k.

Remark. The inserted $s(x_1) \ldots s(x_{i_o-1})$ will always match the stack symbols $x_{i_o-1} \ldots x_1$ when the parse resumes. The reason for inserting $s(x_1) \ldots s(x_{i_o-1})$ rather than deleting $x_{i_o-1} \ldots x_1$ is that we want the semantic processing to be able to continue in a welldefined manner.

3. PRESENTATION OF OUR APPROACH. Our approach differs from the methods mentioned above in the computation of the error correction information as well as in the selection of the candidate which the correction will be performed with.

These differences are made intuitively clear by the following considerations:

Let $(x_m \ldots x_1, b_1 \ldots b_f \; a_{f+1} \ldots a_n)$ be an erroneous configuration obtained from a correct configuration by inserting f symbols $b_1 \ldots b_f$ such that the parse stack has not been influenced by the erroneous symbols. Then there is among the candidates

1) (x_i, α, a_j) with $i = 1$ and $j = f+1$ a candidate which indicates a consequence error free correction.

(As far as cases are concerned in which the parse stack is influenced by the erroneous symbols we intend to provide the system with a back-up facility as will be described in section 4.)

Let us now consider an erroneous configuration $(x_m \ldots x_1, a_{f+1} = a'_1 \ldots a_n = a'_{n-f})$ which has been obtained from a correct configuration by deleting the first f symbols of the remaining input-string. Then there is among the candidates (x_i, α, a'_j) with

$$2) \quad 1 \le i \le \min_{i'} \left\{ i' \mid |\alpha| + \sum_{k=1}^{i'} |ms(x_k)| > f \right\} \quad \text{and} \quad j = 1$$

$(ms(x_k)$ denotes a shortest sentence for $x_k)$
a candidate which allows for consequence error free analysis.

If the erroneous configuration $(x_m \ldots x_1, b_1 \ldots b_f \; a_{f+1} \ldots a_n)$ has been obtained by replacing the first f symbols $a_1 \ldots a_f$ of the remaining input-string by some erroneous symbols $b_1 \ldots b_f$ such that the parse stack has not been influenced, then there is among the candidates (x_i, α, a_j) with

$$3) \quad 1 \le i \le \min_{i'} \left\{ i' \mid |\alpha| + \sum_{k=1}^{i'} |ms(x_k)| > f \right\} \quad \text{and} \quad j = f+1$$

a candidate which indicates a consequence free error analysis.

For the error correction we therefore only have to know for each element x_i of the current parse stack all terminal symbols a which can occur in a sentence for x_i in the first $f+1$ positions. Therefore we are interested only in those elements (x, α, a) of $E(x)$ with $|\alpha| \le f+1$. We call this subset $E_{f+1}(x)$.

Furthermore we can use the restrictions in 3) on the indices i,j of a candidate (x_i, α, a_j) for correction.

From [6] we learn that most errors are one symbol errors i. e, occur by inserting, deleting or replacing one symbol by another one. Therefore it seems reasonable to try a value of $f = 2$ which we have done in our system. Of course f can be modified to adapt the system to special needs.

As in most cases there is more than one candidate for correction we intuitively would like to select a reliable candidate (x_i, α, a_j) which fits well into the environment of the error place allowing for the error free analysis of a sufficient number of symbols beyond the terminal symbol a_j without having too much symbols to delete and/or insert. This reliability of a candidate is expressed by its value $val(x_i, \alpha, a_j)$ which increases with the number l' of symbols which can be analysed beyond a_j without an error occurring and decreases with the number of deletions and/or insertions necessary (details in [2]).

To determine the optimal candidate, for each candidate (x_i, α, a_j) a tentative parse is performed up to l symbols beyond a_j.
After that the selection process is as follows:

a) if there is a unique candidate with highest value it is selected.
b) otherwise if there is among the candidates with highest value only one with maximal l' $(\leq l)$ (l' = number of error free parsed symbols beyond a_j for a candidate (x_i, α, a_j)) this one is selected.
c) when in case b) there is more than one candidate with maximal l' and $l' < l$ holds, then take any of the candidates with highest value and maximal l'.
d) when in case c) there is more than one candidate with maximal l' and $l' = l$ holds a second tentative analysis starts with a larger l using only those candidates with highest value and maximal l'.

After that the selection among the candidates proceeds as in cases a, b, c.

In case d) one proceeds as under c), i.e. no third tentative analysis will be performed for the sake of efficiency.

In our system the larger l used for the second tentative analysis can be as large as 50 which amounts to one third of the input buffer length. Of course the value of l for the first tentative analysis as well as for the second are changeable and can be easily adapted.

The parameter l in the selection process should be large enough to allow only few candidates to analyse the next l symbols beyond a_j in an error free manner, assuring that the second tentative analysis will be performed with as few candidates as possible.

On the other hand a large l also diminishes the efficiency of error correction and no fixed l large as it may be, can guarantee to select always only one candidate for correction.

Surprisingly we have found values of $l = 3$-5 for the first tentative analysis to be satisfying as far as its "selection power" and its influence on the efficiency of the error correction are concerned. The optimal value of l depends on the language properties, as well as on the language-usage profile i.e. the relative use of certain language constructs. Therefore we think it can be found only by experiments.

We consider a dynamic reliability checking as realized by the two step tentative analysis despite its influence on the speed of error correction better than (or a useful supplement to) the usual checking of static local syntactic correctness conditions for the following reasons:

- space requirements increase significantly if static condition tables with sufficient selection power have to be held in memory.
- the next symbols may be wrong but nevertheless match the entry in a static condition table, such that a wrong candidate is selected.

4. BACK UP FACILITY. The system provides (at least will provide) the possibility to back up to a configuration $(y_r \dots y_1,\ b_1 \dots b_s)$ as it has been at the beginning of the parse or just after the last error correction or in general to the configuration as it was p symbols before the actual error configuration $(x_m \dots x_1,\ a_1 \dots a_n)$ has been reached.

The necessary information is provided by copying the parse stack content $y_r \dots y_1$ together with the index in the inputbuffer of the corresponding inputsymbol b_1 into a dummy stack.
This copy action takes place
- at the beginning of the parse
- after an error has been corrected
- whenever p input symbols have been parsed since the last copy action.

To guarantee that we can always back up at least p symbols we use two dummy stacks alternately.

Furthermore if an input symbol is used for the first time as the first symbol in a lookaheadsequence for a nonterminal, the chosen alternative for that nonterminal is attached as information to that inputsymbol. We call these inputsymbols *headsymbols*, their attached alternatives *head alternatives*.

A *back up candidate for correction* is a pair $(b_n,\ l_1 \dots l_k)$ of a head symbol b_n and a lookahead sequence $l_1 \dots l_k$ for an alternative different from the head alternative. For the sake of efficiency, we restrain ourselves to lookahead sequences which differ from the actual lookahead sequence $b_n \dots b_{n+k-1}$ of the headsymbol b_n by one symbol errors only and set a limit $lb (1 \le n \le lb \le p)$ for the index n of the headsymbol b_n.

The correction with a special back up candidate $(b_n,\ l_1 \dots l_k)$ is performed if one replaces the symbols $b_n \dots b_{n+k-1}$ by the symbols $l_1 \dots l_k$ and resumes parsing with the configuration
$(y_r \dots y_1,\ b_1 \dots b_{n-1}\ \ l_1 \dots l_k\ \ b_{n+k} \dots b_s)$.
Note that the resumed parse will be identical to the original parse up to the point where it is affected by the modified symbols.

To determine the optimal candidate the same selection scheme as given in section 3 is applied.

The back-up facility slows down the parsing process for correct programms, since the necessary information has to be computed before an error occurs, although it doesn't affect the linearity of the time and space complexity of the parsing process.

We think the pay-off to be tolerable for a better error handling but in order not to force anyone the back-up facility will be optional in our system. It should definitely be present in a student-type user community.

If the back up facility is switched off, no copy actions will take place, no back up candidates for correction will be constructed and the selection process as described in section 3 will be restricted on the set of back up free error correction candidates.

Otherwise the back up candidates will be constructed from the back up information and the selection process will take them into account as well as the back up free candidates.

The value of p determines how often the parse-stack will have to be copied and therefore influences the parsing speed. The "back up power" of the system increases with p and lb.

Unfortunately, for consequence error free error correction even if only one symbol error are assumed, unrestricted back up (i.e. $lb = \infty$) is a necessary condition.

On the other hand we have seen a lot of errors where a back-up facility with $lb = 1$ would have been of great help.

Again p and lb denote parameters of the system which can easily be changed in order to determine the most satisfactory values.

5. DIALOGFORM OF ERROR CORRECTION. If an error occurs, the dialog-version of the system displays the surrounding lines of the error place to the user together with the correction which the system would perform. The user has the possibility to insert and/or delete symbols around the error place. If he does, parsing resumes using this altered string, otherwise the correction suggested by the system is performed. If an error occurs while parsing the part of the input-string that was altered by the user the system backs up to the error situation previous to the dialog.

As the main advantage of the dialog-version we consider the possibility for the user to select out of a set of syntactically equivalent elements with different semantic meanings (e.g. identifier) the correct ones, a selection which can not be performed by the system.

6. ADAPTABILITY TO A SPECIAL USER ENVIRONMENT. To adapt to a special user environment the system accepts the description of errors which in general enables the parser to detect an error earlier than without such a description. (The details of the descriptions and the definitions of useful descriptions will be given in [2].)

If for example the following error description "semicolon inserted before an 'END'" is given for an ALGOL-like grammar (no empty statements) the parser always looks whether an 'END' follows after it has read a semicolon. If so, error correction is initiated before any alterations are made on the stack which could have been effected by considering the semicolon alone. Therefore the use of error descriptions is especially helpful if the back up facility is switched off.

Intuitively, error descriptions make the parser more "cautious", causing a lookahead action in situations in which it would have been not necessary without such an error description.

Since that "unnecessary" lookahead-action slows down the parser also for correct programs, only descriptions of the most common errors should be fed into the system.

If for the example "semicolon inserted before 'END'" in most cases the semicolon is the wrong symbol the system could be modified not to initiate the general error correction if the error description matches but simply to delete the semicolon.

Some error descriptions (e.g. "opening parenthesis omitted") require an unbounded lookahead. Such descriptions will be rejected by the system.

7. CONCLUDING REMARKS. Besides being helpful to the user, we regard our system as an experimental tool which will help us to gain a deeper understanding of the different error correction techniques we have presented in this paper. For example a surprising fact we have learned is, that larger values for the parameter f (see section 3) with consequently larger ranges for the indices i and j of correction candidates (x_i, α, a_j) not only requires much more memory space for the $E_f(x)$ tables but also drives the system to make "exotic" corrections if the selection function is not very carefully designed.

The experimental tool character of the system is also a reason why we use such a large number of parameters.

Up to now

- dynamic reliability checking works
- the dialog version is tested
- the back up facility has been designed
  (program parts already written)

- the concept of the error description facility has been finished (program parts are not yet written).

The size of the $E_f(x)$ table $(f = 1)$ for a PASCAL-grammar with 51 terminals, 64 nonterminals and 132 productions is about 4k of 48 bit words. The generation time is about 10 seconds.

We have problems

- with the size of the $E_f(x)$ tables for larger values of f. (20 k for $f = 2$, 60 k for $f = 3$ in the case of the above mentioned PASCAL-grammar.
  This size is a consequence of the straight-forward implementation of the $E_f(x)$ computation. By removing redundancies we are quite sure to reduce the $E_f(x)$ table size significantly.
- with the speed of error correction.
  We have encountered errors whose correction time was in the size of a second (we worked with a value of $f = 4$ in that case and used larger ranges of the indices i and j of a correction candidate (x_i, α, a_j) than indicated by the formula 3, in section 3. We will attack the problem by using smaller values of f, i and j and by experimenting with the evaluation function for error correction candidates in order to diminish the number of candidates the second step of the tentative analysis has to be performed with.

<u>APPENDIX.</u> We now give an example of an erroneous program in an ALGOL-like language together with the corrections performed by the system. Boolean expressions have the syntax:

<Relational operator>(<arithmetic expression>,<arithmetic expression>)

In this example the parameters of our system had the values

$f = 2$ length of terminal prefixes calculated for the $E_f(x)$-tables (section 3)
$l = 5$ length of first tentative analysis
$l = 50$ length of second tentative analysis
No back up was used.

```
BEGIN
   INTEGER A + B , C , D , E  F , G , H , I , , J , L , M ;
                |            |             |
  **ERROR: ADDITION-OPERATOR REPLACED BY KOMMA
  **ERROR: KOMMA INSERTED
  **ERROR: KOMMA DELETED
   A := B ( C + D ;
         |     |
  **ERROR: MULTIPLICATION-OPERATOR INSERTED
  **ERROR: CLOSING BRACKET INSERTED
```

```
230       := 5 ;
        |
      **ERROR: IDENTIFIER INSERTED
240       GE ( A + B * (C + D) , E * (F + G) )  THEN
        |
      **ERROR: IF INSERTED
250       D := A + B
260       FI ;
270       GE ( A + B * (C + D) , E * (F + G) )  DO
        |
      **ERROR: WHILE INSERTED
280       G := I + J   OD
290     END
ERROR(S) IN LINE 210 , 220 , 230 , 240 , 270
8 ERRORS
PARSE TIME: 3.2 sec
```

Without errors the parse time was one second.

The different treatment of the errors in line 210 is explained by the fact, that different costs for insertion and/or deletion can be assigned to different symbols (fine tuning of error correction). In the above cases an identifier was made a more expensive symbol than a comma (- a decision partly motivated by considering semantics). The treatment of the errors in line 240 and 270 respectively differs due to the second tentative analysis feature of the system by which the 'THEN' in line 240 and the 'DO' in line 270 has been used to select the appropriate error correction candidate.

LITERATURE.

[2] AHO, A.V. and ULLMANN, J.D.: The Theory of Parsing, Translation and Compiling, vol. 1, Prentice Hall, Englewood Cliffs, N.J., 1972

[2] CIESINGER, J.: Discussion of Some Error Correction Techniques. Institut für Informatik, Technische Universität München, Technical report (to appear)

[3] FISCHER, C.N., MILTON, D.R. and QUIRING, S.B.: An Efficient Insertion-Only Error Corrector for LL(1) Parsers. Conference Record of the 4th ACM Symposium on the Principles of Programming Languages, 1977, pp. 97-103

[4] GRIES, D.: Compiler Construction for Digital Computers. Wiley, New York, 1971

[5] TURNER, D.A. Error Diagnosis and Recovery in One Pass Compilers. Information Processing Letters, vol. 6, No. 4, 1977, pp.113-115

[6] RIPLEY, G.D. and DRUSEIKIS, F.C.: Towards a Compiler Error Recovery Effectiveness Rating. Technical Report, Computer Science Department, The University of Arizona, Tucson, Arizona, April 1976

METHODENBANK-MONITORSYSTEME UND IHRE EINSATZMÖGLICHKEITEN

Karl-Heinz Hauer
CTM, Konstanz

Zusammenfassung: Es werden im folgenden zwei Gesichtspunkte diskutiert: Einmal wird eine prinzipielle Softwarearchitektur von Methodenbanksystemen vorgestellt. Dabei werden notwendige Begriffsbildungen erörtert. Der zweite Gesichtspunkt richtet sich auf eine Revision gewisser Praktiken der Softwareproduktion und -verwendung, basierend auf dem Einsatz eines geeigneten Monitorsystems.

1. Methodenbank-Monitor-Systeme

Der Gedanke einer Methodenbank ist naheliegend: Es ist die Idee, vorgefertigte Bausteine als "Programmkonserven" so flexibel wie möglich zur Disposition von Anwendern zu haben. Beim Einrichten von Methodenbanken sind folgende drei Grundaufgaben zu lösen:

(G1) Als Daten aufgefaßt sind die Elemente einer Methodenbank (=Bausteine) datentechnisch zu organisieren. Die Zugriffe auf sie sind zu regeln.

(G2) Als Elemente einer Bibliothek sind die Bausteine bibliothekarisch zu verwalten; d.h. sie müssen gemäß fachbezogener Auswahlkriterien in der Bibliothek aufgefunden und mit anderen Bausteinen in Beziehung gebracht werden.

(G3) Als vorgefertigte Werkzeuge müssen sie in handlicher Weise vom Anwender manipulierbar sein; es ist ein System so einzurichten, daß mit den Bausteinen experimentell umgegangen werden kann. Dies soll heissen, daß man einen Baustein durch methodische Varianten ersetzen kann, oder daß man ihn in unterschiedlichen Kontext einsetzen kann.

a) Begriffe: Die Grundlage von Methodenbanken ist der Begriff des Bausteins:

> Ein Baustein ist ein Modul, das eine genau zu definierende Leistung erbringt. Er ist innerhalb eines oder mehrerer Fachgebiete klassifizierbar. Er stellt eine Grundeinheit dar, von der es sich lohnt, sie als Werkzeug präsent zu haben, um hiermit und im Verbund mit anderen Bausteinen komplexere Software-Konstrukte sicher aufbauen zu können.

Um Bausteine gemäß dieser Definition erstellen zu können, müssen drei Arten von Normungen eingerichtet werden:

- Die Externbezüge eines Bausteins, wie z.B. Parameter, aufgerufene Unterprogramme, globale Variable (bei Verwendung blockstrukturierter Programmiersprachen), werden gemäß eines Richtlinienwesens erfaßt. Durch derartige Deskriptordaten gesteuert ist es dann möglich, programmgesteuert einen Baustein in eine Softwareumgebung einzubetten (vgl. Grundaufgabe (G1)).
- Es muß ein Klassifizierungssystem geben, an Hand dessen eine Bausteinsammlung fachlich-inhaltlich geordnet werden kann (vgl. Grundaufgabe (G2)).
- Es muß ferner die Möglichkeit geben, inhaltliche Leistungsbeschreibungen eines Bausteins in weitgehend genormter Weise zu erstellen. Ferner muß es einen Beurteilungsmechanismus geben, an Hand dessen die Übereinstimmung von Realisierung und Leistungsbeschreibung eines Bausteins nachgewiesen werden kann (vgl. Grundaufgabe (G3)).

Die erstgenannte Art von Normungen ist derzeit recht gut beherrschbar. Sie beruht auf den Prinzipien der Modularität, die aufbauend auf den Arbeiten von J.B. DENNIS und D.L. PARNAS z.B. in (KOPE76) dargestellt sind.

Die am wenigsten beherrschte Art von Normungen ist die letztgenannte. Hier ist man über verbale Leistungsbeschreibungen, allenfalls orientiert an einer fachbezogenen einheitlichen Gliederung, bei existierenden Methodenbanksystemen noch nicht hinausgekommen. Die Lösung liegt hier bei der Einführung formaler Spezifikationen (vgl. z.B. (ROUB76)). Dies ist umso zwingender, wenn auf der Idee des Bausteins Einrichtungen zum Programmierverbund und zum Programmaustausch ins Leben gerufen werden (vgl. z.B. EASIT - European Association for Software Acces and Information Transfer). Der Schwerpunkt der folgenden Betrachtungen liegt jedoch auf Monitorsystemen, die vorwiegend die Grundaufgabe (G1) unterstützen. Das Ziel eines solchen Systems ist es, aus vorgefertigten Bausteinen "höhere" Softwarekonstrukte zu erstellen, die eine spezielle Anwendungsaufgabe unterstützen. Dabei kommt man zu folgenden Begriffen:

Ein <u>Baustein</u> besteht datentechnisch aus seinem programmierten Code <u>und</u> einer normierten Beschreibung (Deskriptor). Eine Menge von Bausteinen besteht daher datentechnisch aus einer Bibliothek (Modul-Library) und einer Datei mit Deskriptoren. Eine Menge von Bausteinen wird als materieller Inhalt einer Methodenbank, oder kürzer als <u>Methodenbank</u>, bezeichnet. Um aus Bausteinen "höhere" Softwarekonstrukte erstellen zu können, benötigt man ein geeignetes Sprachmittel. Dieses wird als <u>Verknüpfungssprache</u> bezeichnet. Das Ergebnis einer derartigen Verknüpfung bezeichnen wir im folgenden als Methode. Wir bezeichnen den Vorgang der Verknüpfung auch als Komponieren einer Methode. Unter einem Methodenbank-Monitor-System, manchmal nur als Methodenbanksystem oder Steuersystem bezeichnet, verstehen wir ein System, das neben einer Verknüpfungssprache eine Reihe von Dienstroutinen (Utilities) enthält, die allgemeine Service-Leistungen erbringen, wie:

- Aufnahme und Entfernen von Bausteinen,
- Dateioperationen wie Löschen, Kopieren, Ausgabe von Inhaltsübersichten,
- Verwaltung der komponierten Methoden,
- Information über die Bausteine.

b) Softwarearchitektur: Die zuletzt genannte Definition eines Methodenbank-Monitor-Systems ist in Bild 1 als Grobarchitektur graphisch wiedergegeben. Eine der softwaretechnischen Voraussetzungen zur Implementierung eines solchen Systems ist eine formalisierte Beschreibungstechnik von Bausteinen, realisiert als Utilities. Eine weitere Voraussetzung ist eine Verknüpfungstechnik von Bausteinen. Diese besteht aus drei Komponenten:

- Interpreter einer Verknüpfungssprache,
- Aufbau einer Versorgung von Bausteinen an Hand ihrer normierten Deskriptoren als Steuerdaten (Baustein-Versorger),
- dynamischer Bindelader.

Demnach sind folgende Softwarekomponenten eines Methodenbank-Monitors zu nennen:

(S1) Syntaxprüfer einer Kommandosprache,
(S2) Syntaxprüfer einer Verknüpfungssprache,
(S3) Exekutor von Methoden,
(S4) Baustein-Versorger,
(S5) dynamischer Bindelader,
(S6) Utilities.

Die Utilities sind untergliedert in:

(S6.1) elementare Dateioperationen,
(S6.2) Aktualisierung der Bausteinsammlung,
(S6.3) Aktualisierung der Methodensammlung,
(S6.4) Information über Bausteine und Methoden.

Der zweite Komplex, aus dem ein Methodenbank-Monitor besteht, ist ein System von Dateien, das folgenden Aufbau hat:

(F1) Bibliothek(en) der Bausteine,
(F2) Deskriptoren der Bausteine,
(F3) Bibliothek(en) der Utilities,
(F4) Methodendatei,
(F5) Arbeitsdatei(en),

(F6) Editierungsdatei,
(F7) Problemdateien.

Eine Methodendatei ist dabei eine Datei von Steuerdaten, die als Ergebnis der Methodenkomposition abgelegt werden und durch den Exekutor abgearbeitet werden. Eine Editierungsdatei ist eine Datei, in der Texte mittels eines Editors bearbeitet werden. Allein schon die Notwendigkeit, vorformulierte, in der Verknüpfungssprache abgefaßte Quelltexte aufbereiten zu muessen, erfordert ihren Einsatz. Ein Texteditor kann Teil eines Methodenmonitors sein. Man kann aber durch ein geeignetes Schnittstellenkonzept von Dateien, die sowohl vom Texteditor, als auch vom Methodenmonitor aus verarbeitet werden können, die Aufnahme von Editierungsfunktionen in den Monitor umgehen. Als Dialogsystem sind für eine Methodenbank folgende Sprachebenen von Bedeutung:

(I1) Kommandosprache
(I2) Verknüpfungssprache
(I3) Dialogeingaben in die Bausteine
(I4) 'Editiersprache
(I5) Spezialsprachen

Generell sind bei einem Methodenbanksystem folgende Benutzerklassen zu erkennen:

(B1) Benutzer (Fachbereich): Anwender der komponierten Methoden
(B2) Methodenkompositeur: Anwender der Verknüpfungssprache
(B3) Systemverwalter: Pflege des materiellen Inhalts der Methodenbank
(B4) Bausteinprogrammierer
(B5) Systempfleger (Wartung der Software).

Mit der Festlegung

- der Softwarekomponenten (S1) bis (S6),
- des Systems von Dateien (F1) bis(F7),
- der Dialogebenen (I1) bis (I5) und
- der Benutzerklassen (B1) bis (B5)

ist die Architektur eines Methodenbank-Monitor-Systems definiert (vgl. (HAUE78a)).

c) Bekannte Methodenbanksysteme: Vergleichende Darstellungen bekannter Methodenbanksysteme finden sich in (LOCK78) und (HAUE78a). Weiterhin findet sich in (DICK76) ein Überblick über derartige Systeme. Hier seien vier Systeme erwähnt, die im wesentlichen die beschriebene Softwarestruktur besitzen:

ICES	Messerschmitt-Bölkow-Blohm GmbH
IST	Institut für Allgemeine Bauingenieurmethoden, TU Berlin
METHAPLAN	Fa. Siemens
MEBA	Institut für Angewandte Wirtschaftsforschung, Tübingen und mbp Dortmund.

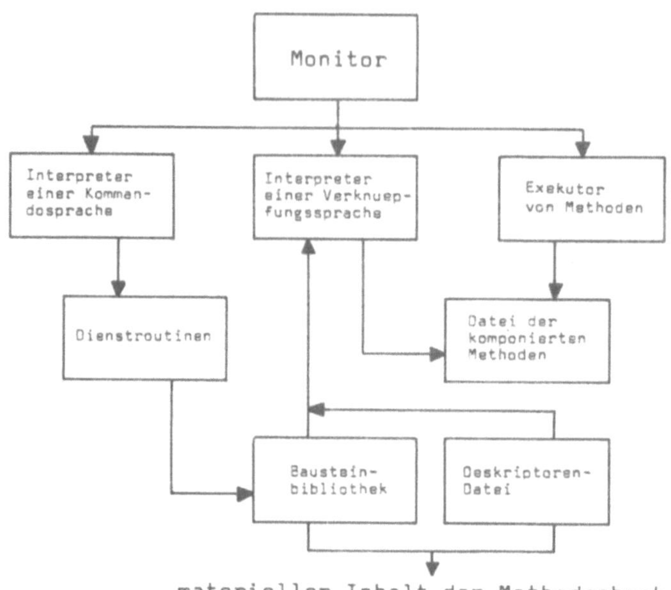

Bild 1: Globalarchitektur eines Methodenbank-Monitor-Systems

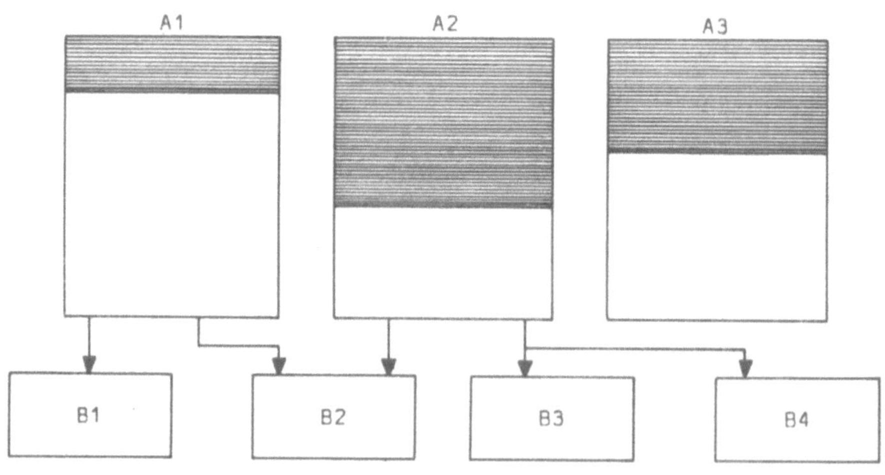

Bild 2: Herkömmliche Organisation einer Bibliothek von Anwendungsprogrammen.

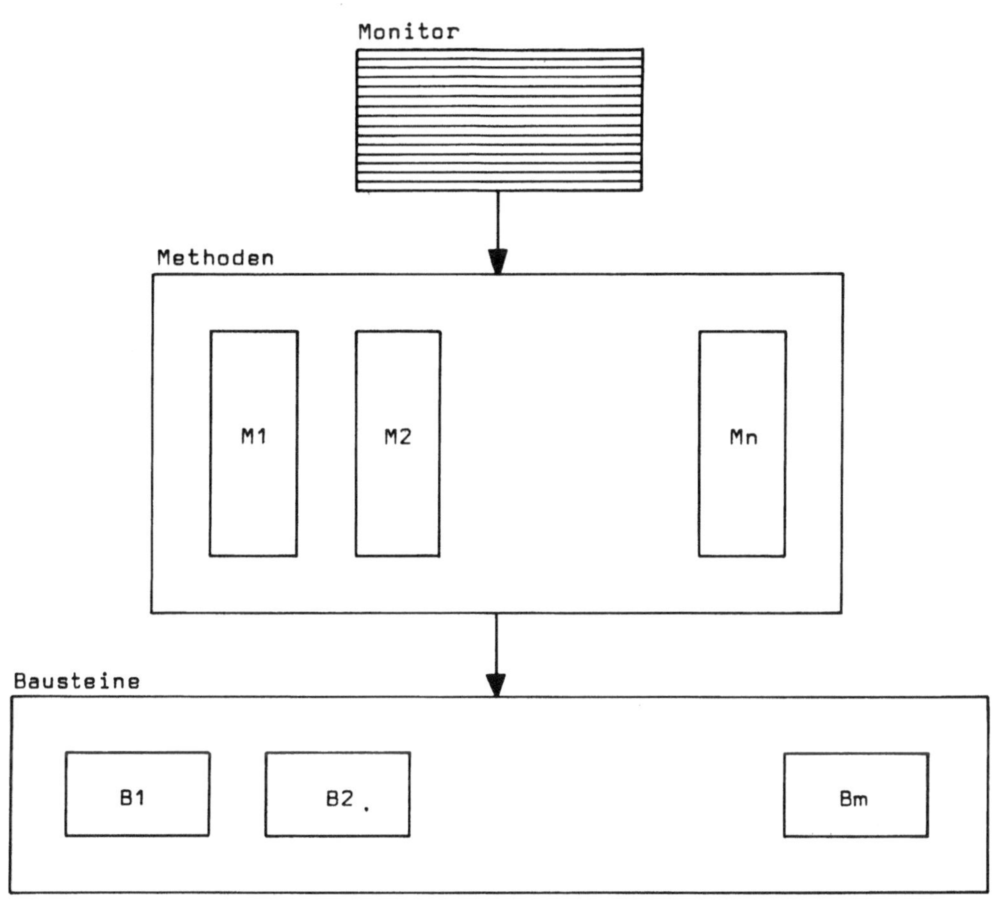

M Methoden (Anwendungen)

B Bausteine

Bild 3: Organisation der Anwendungen durch einen Methodenmonitor

2. Anwendungen

Aus den Techniken und Konstruktionsprinzipien zur Implementierung von Methodenbanksystemen sind eine Reihe von Lehren zu ziehen, die die Methoden der Softwareproduktion und -anwendung betreffen. Im folgenden sollen diese Lehren und ihre Konsequenzen für die Praxis aufgezeigt werden.

a) Qualitative Argumente: Einer der Ausgangspunkte, Methodenbanksysteme einzurichten, besteht in der Vorstellung, daß in einem Baustein Spezialwissen in Form einer "Programmkonserve" (canned program) "enthalten" ist, und daß mittels derartiger Bausteine ein Repertoire von Anwendungsprogrammen geschaffen werden kann, die innerhalb eines Fachgebietes stets eingesetzt werden können (vgl. (BMWI78)). Die herkömmliche Organisation einer Bibliothek von Anwendungsprogrammen ist in Bild 2 dargestellt. Aus einer Sammlung von Bausteinen B1, B2, ... wird durch individuelle Programmierung ein Anwendungsprogramm Ai(i=1,2,...) erstellt. Diese Vorgehensweise trägt folgende Charakteristika:

(C1) Mehrfache Speicherung identischen Codes:
Mittels des Compilers und des Bindeladers werden mehrfach verwendete Bausteine Bi in den Anwendungen Ai eingeschlossen. Dies gilt auch für das Laufzeitsystem des Compilers. Bei einer großen Anzahl von Anwendungen wächst daher der Speicherbedarf für die zugehörige Bibliothek enorm.

(C2) Großer Aufwand bei Änderungen:
Wird ein in mehreren Anwendungen Ai eingeschlossener Baustein verändert, müssen alle diese Ai mit dem geänderten Baustein neu gebunden werden. Dies kann zu einem sehr hohen Verbrauch an Rechenzeit und damit an Kosten führen, vor allem dann, wenn von der Sache her Änderungen des Bausteins häufig notwendig sind.

(C3) Geringe Flexibilität bei Änderungen:
Jede Änderung eines Bausteins zieht Bindeläufe nach sich, die u.U. zeitlich sehr aufwendig sein können, so daß der Änderungshäufigkeit gewisse Grenzen gesetzt sind.

(C4) Heterogene Entwicklung gleicher Teile:
Die einzelnen Anwendungen Ai sind nur durch eine Sammlung von Bausteinen und ggf. durch eine systematische Dokumentation miteinander verbunden. Global und teilglobal verwendete Steuerungsmechanismen, die anfänglich durch ein gutes Design in die einzelnen Ai bei der Programmierung aufgenommen worden sind, werden bei Wartungsvorgängen mehr und mehr inhomogen.

Der Einsatz eines Methodenbank-Monitor-Systems trägt diese Charakteristika nicht. Seine prinzipielle Organisation ist in Bild 3 dargestellt. Bei dieser Vorgehensweise können folgende Argumente genannt werden:

(C1`) <u>Vermeidung redundanter Speicherung von Code:</u>
Durch die Operation des dynamischen Bindens werden die benötigten Bausteine jeweils zur Laufzeit angebunden. Dies belastet jedoch andererseits das Laufzeitverhalten der Methoden Mi. Es ist aber auch das Laufzeitsystem des Compilers nur einmal vorhanden, nämlich im Monitor-System selbst, das als statisch gebundener und in der Regel nicht zu verändernder Softwarekomplex existiert.

(C2`) <u>Kein unnötiger Aufwand an Rechenzeit bei Änderungen:</u>
Durch den Einsatz eines dynamischen Bindeladers entfällt die Notwendigkeit, die komponierten Methoden Mi durch Bindevorgänge aktualisieren zu müssen.

(C3`) <u>Hohe Flexibilität bei Änderungen:</u>
Ein Methodenbank-Monitor-System ist gerade darauf ausgerichtet, Bausteine flexibel auswechseln zu können.

(C4`) <u>Homogene Fortentwicklung:</u>
Bei einem Monitorsystem können einheitliche Steuerungsaufgaben, wie Dialogführung, Interpretation von Benutzerkommandos etc. vom Monitorsystem selbst wahrgenommen werden. Damit entfällt die Notwendigkeit, an sich normierbare Codeteile immer wieder in Anwendungen Ai einschliessen zu müssen. (Dies ist in Bild 2 durch Schraffierung angedeutet.) Dies führt einerseits abermals zur Reduktion von redundantem Code. Andererseits wird eine einheitliche Philosophie von Steuerungsmechanismen in allen Anwendungen Mi erreicht.

Es muß hervorgehoben werden, daß beide Formen der Organisation beim Aufbau eines Repertoires (=Bank) von Anwendungssoftware ihre Berechtigung haben, je nachdem, welche Anforderungen im Vordergrund stehen. Als Anforderungen sind zu sehen:

(A1) Änderungshäufigkeit der einzelnen Bausteine,
(A2) Auswechselbarkeit von Bausteinen,
(A3) Erweiterbarkeit des Anwendungsrepertoires,
(A4) Häufigkeit der Benutzung einer Anwendung.

Stellt man die in den Bildern 2 und 3 enthaltenen Organisationsformen gegenüber, so ergibt sich folgender qualitativer Vergleich der genannten Anforderungen:

	Herkömmliche Bibliothek von Anwendungsprogrammen	Methodenbank-Systeme
A1	gering	hoch
A2	keine	hoch
A3	gering	beliebig
A4	häufig	selten

Bei einer herkömmlichen Bibliothek von Anwendungsprogrammen kann man davon ausgehen, daß der einzelne, in ein Anwendungsprogramm eingebundene Baustein nach Freigabe des Anwendungsprogramms zur allgemeinen Benutzung kaum einer Veränderung unterliegt (vgl. (A1)). Ferner kann man unterstellen, daß hierbei nicht die Anforderung besteht, einen Baustein auszuwechseln (vgl. (A2)), etwa um mit einer methodischen Variante zu experimentieren, wie das z.B. bei einem Textsystem der Fall wäre. Hat man für ein Anwendungsgebiet ein gewisses Repertoire von Programmen erreicht, sind die Wünsche nach Erweiterbarkeit in der Regel begrenzt (vgl. (A3)). Der Einsatz eines Methodenbanksystems ist genau dann sinnvoll, wenn die genannten Kriterien nicht mehr gelten, wenn also, wie in obiger Tabelle angezeigt, die Anforderungen (A1) bis (A3) entsprechend gestellt sind. Da bei jeder Benutzung einer Anwendung (=Methode) bei einem Methodenbanksystem ein Methodenexekutor und ein dynamischer Bindelader involviert sind, ergibt sich bei einer häufigen Verwendung einer Anwendung ein ungünstiges Bild. Hier könnte aber durch eine softwaretechnische Weiterentwicklung Abhilfe geschaffen werden. Neben der vorgeschlagenen Komposition von Methoden auf der Basis eines dynamischen Bindeladers muß es über eine Option möglich sein, eine statisch gebundene Variante einer Methode zu erzeugen. Dabei sind jedoch die Nachteile (C1) bis (C4) in Kauf zu nehmen.

b) Mathematisch-Statistische Analyse: Die Geschichte der computergestützten Datenanalyse durch Verfahren der mathematischen Statistik zeigt (vgl. BMWI78) und (HAUE78a)), daß die Anforderungen (A1) bis (A3) immer häufiger in den Vordergrund treten, so daß der Einsatz von Methodenmonitoren immer zwingender wird. Dies hat drei Gründe:

1. Die einzusetzenden Analysemethoden sind in vielen Fällen komplexe mathematisch-statistische Verfahren, bei deren Anwendung genaue Kenntnisse der numerischen Mathematik erforderlich sind.

2. Das zu untersuchende Datenmaterial ist in der Regel umfangreich, komplex strukturiert und lückenhaft.

3. Bei einer statistischen Datenanalyse sind u.U. eine Reihe alternativer Rechnungen nötig, um Ergebnisse miteinander vergleichen bzw. Einzelergebnisse beurteilen zu können.

c) Test- und Wartungssystem: Tauscht man in der w.o. dargestellten Softwarearchitektur den Begriff "Baustein" mit dem Begriff "Testling" aus, so gelangt man zur Konzeption eines Test- und Wartungssystems (vgl. (HAUE78)). Die Verknüpfungssprache erhält dann hier die Aufgabe, für einen Testling (= zu testendes Unterprogramm, zu testender Baustein) eine geeignete Softwareumgebung und Parameterversorgung aufzubauen, um im Dialog eine Einzelverifikation eines Testlings oder einer Gruppe von Testlingen zu erhalten. In den Bereich der Utilities sind ferner Dienstroutinen aufzunehmen, die es erlauben Test- und Wartungsfälle zu beschreiben, zu erfassen und zu archivieren. Der Einsatz eines solchen Systems führt jedoch zu einer Revision der Praktiken zur Softwareerstellung. Es erzwingt vor allem eine formale Beschreibung eines Moduls, ehe als Testling mittels eines solchen Hilfsmittels bearbeitet werden kann. Diese formale Beschreibung liefert nämlich den Deskriptorsatz, an Hand dessen man mit einer für Testzwecke geeignete Verknüpfungssprache eine Softwareumgebung für einen Testling aufbauen kann. Auf einer derartigen formalen Beschreibungstechnik kann andererseits eine maschinelle Softwaredokumentation aufgebaut werden. Dabei wird unangenehmen Erscheinungen wie Divergenzen zwischen Modul und Dokumentation und Unvollständigkeit der Dokumentation entgegen gewirkt. Ausserdem wird hierdurch die Verlagerung der Hauptaktivitäten einer Softwareentwicklung in die Designphase gefördert. Die Einzelverifikation der Moduln wird zu einer planbaren Projektphase. Ferner entfällt das mühselige Erstellen von Test-Hauptprogrammen, um ein konkretes Modul einzeln testen zu können.

d) Einsatz als Hilfsmittel der Softwaretechnologie: Betrachten wir ein kleines Rechenexempel: J.J. Donovan und S.E. Madnik weisen darauf hin (vgl. (DONO77)), daß die in Rechenzentren übliche Jobbearbeitung bei den Übungsaufgaben am Rechner zu einer Vorlesung zu einem untragbaren finanziellen Problem werden kann. Es sei

n die Anzahl der aktiven Teilnehmer an Übungen einer Vorlesung,
k die Anzahl der Übungsaufgaben pro Semester,
$m_{i,j}$ die Anzahl der Versuche in Form eines abgegebenen Jobs pro Student und pro Übungsaufgabe (i=1,..n, j=1,..k)

Daraus ergibt sich für die Anzahl a der für eine Vorlesung abgegebenen Jobs zu

$$a = \sum_{j=1}^{k} \sum_{i=1}^{n} m_{i,j}$$

Es sei im Schnitt $m_{i,j} = s$. Dann ist $a = skn$.

Bei Kosten 0.50 US$ für eine Jobinitialisierung (vgl. (DONO77)) ergibt sich bei einer Vorlesung mit n=100 und k=10, und bei der Annahme von s=3 eine Belastung von 1500.-- US$. Dies veranlaßte die beiden Autoren ein Monitorsystem zu bauen, bei denen jede Übungsaufgabe zwar nach genauen Normen erstellt werden mußte, mit einer Jobinitialisierung aber alle abgegebenen Übungsprogramme abgearbeitet werden konnten.

Man könnte eine derartige Softwarearchitektur so allgemeingültig entwickeln, daß sie als "Aufsatz" auf ein herkömmliches Betriebssystem eines Großrechners das beliebige Einbetten von Objekten in eine geeignete, genau beschriebene Softwareumgebung zu Test- und Entwicklungszwecken gestattet. Man könnte sogar noch einen Schritt weitergehen: Es wäre sinnvoll, dialogorientierte Betriebssysteme von vorneherein so zu entwickeln, daß das freie Manipulieren und Zusammenfügen von Objekten zu höheren Softwarekonstrukten weitgehend unterstützt wird. Voraussetzungen hierzu sind eine genaue und genormte Beschreibungstechnik von Objekten (Bausteine, Testlinge), sowie eine hinreichend flexible dynamische Bindeoperation.

e) Klassifizierung von Methodenbank-Monitorsystemen: Ausgehend von den in der Zusammenfassung genannten drei Grundaufgaben (G1) bis (G3) von Methodenbanksystemen kann man diese in folgende Klassen einteilen:

- Systeme zur Unterstützung des flexiblen Einsatzes von vorgefertigten Bausteinen. Die Bausteine hier sind meist hochentwickelte und hochspezialisierte mathematische Algorithmen (vgl. (G1) und (G3)),
- Systeme zur Auswahl von und Information über Bausteine (vgl. (G2)),
- Systeme zur Unterstützung des Programmaustausches (vgl. (G3)),
- Systeme zum Einsatz als Hilfsmittel der Softwaretechnologie, insbesondere als Test- und Wartungssystem von Software (vgl. (G1)).

Literatur

(BMWI78) Bundesministerium für Wirtschaft
Ökonometrische Methodenbank - Neues Instrument im Bereich gesamtwirtschaftlicher Analysen und Projektionen.
Studien-Reihe 22, BMWI, Bonn, Juni 1978

(DICK76) S. Dickhoven (Hrg.)
Modellierungs-Software. Proceedings der GMD-Tagung: Status und Anforderungen auf dem Gebiet der Modell-Software.
Bericht IPES 76.102, GMD, Oktober 1976

(DONO77) J.J. Donovan, S.E. Madnik
Software Projects. Mc Graw-Hill, 1977

(HAUE77) K.H. Hauer
Le système de dialogue MEBA: Un système portable pour l`accès interactif aux "bases de méthodes". Colloques IRIA, Premières journées internationales analyse des données et informatique, 7-9 Septembre 1977, Versailles, p.857-863

(HAUE78) K.H. Hauer
Grobkonzept für ein Wartungssystem von portabler Software. Bericht Nr.28, Institut für Angew. Wirtschaftsforschung, Tübingen, Januar 1978

(HAUE78a) K.H. Hauer
Aufbau und Analyse der Effizienz von portablen Dialogsystemen zur Steuerung von Methodenbanken. Dissertation, Universität Dortmund, 1978

(HAUE78b) K.H. Hauer
Softwaretechnische Erfahrungen bei der Entwicklung eines portablen Methodenbankmonitors (TR440/BS3, SIEMENS/BS2000) STARG440, Benutzertagung Konstanz 1978, p.19-1-32 Universität Konstanz, Dezember 1978

(KOPE76) H. Kopetz
Softwarezuverlässigkeit. Carl Hanser Verlag, 1976

(LOCK78) P. Lockemann, H.C. Mayr
Rechnergestützte Informationssysteme. Springer, 1978

(MBB79) MBB GmbH
MBB-ICES Report 3/79
Messerschmitt-Bölkow-Blohm GmbH, München, März 1979

(PAHL73) P.S. Pahl
Informationssystem Technik.
Institut für allgemeine Bauingenieurmethoden, Technische Universität Berlin, Siemens System 4004, Nr. D14/40312, 1973

(ROUB76) O. Roubine
The Design and Use of Specification Languages.
Techn. Report CSL-47, SRI, Menlo Park, Oktober 1976

(SIEM75) Fa. Siemens
MEB Methodenbank, Informationsteil
Siemens System 7.000/4004, Nr. D14/40316, 1975

(SIEM77) Fa. Siemens
Softwareprodukt METHAPLAN
Siemens System 7.000/4004, Nr. D15/5163-02, 1977

Anschrift des Autors:

Dr. Karl-Heinz Hauer
Leiter der Methodenentwicklung
Computer Technik Müller GmbH
Max-Stromeyer-Str. 37
D-7750 Konstanz

DIE REALISIERUNG VON ARCHITEKTURPRINZIPIEN FÜR METHODENBANK-SYSTEME IM MODELLBANKSYSTEM MBS

W. Klösgen
W. Schwarz

Institut für Planungs- und Entscheidungssysteme (IPES) der Gesellschaft f. Mathematik u. Datenverarbeitung (GMD),Bonn

Zusammenfassung: Die dynamischen sozio-ökonomischen Modelle sind zu einem erheblichen Teil zeitliche Fortschreibungsmodelle. Dazu zählen die meisten ökonometrischen sowie alle sogenannten System-Dynamics-Modelle. Zahlreiche zur Planungsunterstützung eingesetzte Modelle sind in einer höheren Programmiersprache wie FORTRAN formuliert und tragen ebenfalls den Charakter der zeitlichen Fortschreibung.

Mit MBS wurde ein Methodenbanksystem realisiert, das viele der in [3] genannten Anforderungen erfüllt, das jedoch in seinem vollen Funktionsumfang vor allem auf die Klasse derjenigen dynamischen Modelle zugeschnitten ist, die formal betrachtet durch einen (Fortschreibungs-)Operator repräsentiert werden. Diese Ausrichtung von MBS findet in allen Phasen der Modellhandhabung sowie in der internen Systemorganisation ihren deutlichen Ausdruck.

Als Programmiersprache für die Erstellung der von MBS akzeptierten Modelle und Methoden zulässig sind FORTRAN und andere Unterprogrammsprachen, deren Übersetzer bei der Parameterübergabe die entsprechenden FORTRAN-Konventionen erfüllen. Der Übernahme und einheitlichen Handhabe von in Fremdsystemen erstellten Modellen kommt MBS mit einer Systemschnittstelle zur Integration von Übersetzern, Interpretern oder Laufzeitkomponenten fremder Modellierungssysteme entgegen. Unter exemplarischer Nutzung dieser Schnittstelle steht die bisher vorliegende MBS-Version mit ihrem vollen Funktionsangebot und ihrer einheitlichen Behandlungsweise auch allen in DYNAMO spezifizierten und allen im ökonometrischen Modellbanksystem MEBA erstellten Modellen offen. Zur Darstellung von Simulationsergebnissen in flexibel gestaltbaren Tabellen und Grafiken verfügt MBS über eine eigens auf diesen Zweck gerichtete Report-/Grafik-Generierungssprache.

Ohne eigene Datenbank läßt sich MBS vermöge einer allgemeinen Datenbankschnittstelle mit nur geringem Aufwand an solche Datenbestände einer jeglichen Datenbank anschließen, die die von MBS geforderten logischen Beschreibungsmerkmale tragen. Eine exemplarische Verbindung besteht derzeit zwischen MBS und einem in der GMD entwickelten Datenbanksystem.

1. Einleitung

Typische Anwendungsfälle der Modellierung sozioökonomischer Realsysteme sind z.B. Untersuchungen der Bevölkerungsentwicklung, des Arbeitsmarktes, der Ausgaben der Rentenversicherung oder von Transfer- und Einzugsgesetzen (wie Wohngeld, Einkommensteuer). Diesen Modellen ist in der Regel folgende Formalstruktur gemeinsam:

- es wird eine zeitliche Entwicklung eines Realsystems abgebildet,
- der Zeitraum wird zu einer Folge von (i.a. äquidistanten) Zeitpunkten diskretisiert. Die Berechnung des Modells erfolgt nacheinander für jeden einzelnen Zeitpunkt gemäß einer festen Vorschrift.
- der Status zu einem Zeitpunkt t berechnet sich aus den Ergebnissen der Vorperioden t-j.

Diese Art einer zeitlichen Fortschreibung vermöge eines Operators, der das Modell im wesentlichen repräsentiert, charakterisiert auch die meisten der ökonometrischen und alle sogenannten System-Dynamics-Modelle, wie sie etwa in der Simulationssprache DYNAMO spezifiziert werden. Es versteht sich freilich von selbst, daß die Operator-Repräsentation keine Frage der Disaggregationsstufe eines Modells ist.

Mit MBS wurde ein Methodenbanksystem realisiert, das in seinem vollen Funktionsumfang vor allem auf die Klasse derjenigen dynamischen Modelle zugeschnitten ist, die formal betrachtet durch einen (Fortschreibungs-)Operator repräsentiert werden. Diese Ausrichtung von MBS findet in allen Phasen der Modellhandhabung, angefangen bei der Entwicklung über die Simulation bis hin zur Ergebnisdarstellung und -analyse, im Sinne einer erhöhten Effizienz gegenüber weniger oder in anderer Weise spezialisierten Methodenbanken [1] ihren Ausdruck. Dies trifft besonders ausgeprägt für die dynamische Verknüpfung von Modellen untereinander, mit Daten aus der Datenbank oder mit Darstellungs- und Analyse-'Operatoren' zu - und zwar sowohl auf der Spezifikationsebene des Benutzers als auch auf der Ebene der internen Systemorganisation.

Als Spezialfall unterstützt MBS jedoch auch die statischen Modelle, so daß ebenso allgemeine Methodenbankanwendungen möglich sind. Bezüglich der Benutzerdokumentation von MBS wird auf [2] verwiesen.

2. Realisierung der Komponenten eines Methodenbanksystems in MBS

2.1 Methodenbank

Der Begriff faßt die Sammlung von Methoden (Methodenbasis) sowie die hierzu erforderlichen Bearbeitungskomponenten des Systems zusammen [3].

2.1.1 Methodenbasis

Die Methodenbasis besteht in MBS aus sogenannten Operatoren, die einerseits sehr anwendungsspezifische Objekte wie z.B. ein spezielles Arbeitsmarktmodell oder seine Report-Tabelle repräsentieren, bei denen es sich auf der anderen Seite aber auch um anwendungsneutrale mathematisch-statistische Verfahren ('Methoden') handeln kann. Dies bedeutet, daß MBS nicht nur einen durch einen Systemspezialisten erweiterbaren Vorrat grundlegender, allgemein einsetzbarer Verfahren benötigt, sondern neben dem Endbenutzer eine weitere Benutzerebene vorsehen muß, in der ein (anwendungsorientierter) Modellkonstrukteur Operatoren entwickeln kann. Zur Abbildung sozio-ökonomischer Systeme mittels dieser Operatoren stehen dem konstruierenden Systemanwender in der aktuellen MBS-Version mit FORTRAN, DYNAMO [4] und indirekt der Programmiersprache des ökonometrischen Modellbanksystems MEBA [5] die gängigsten Simulationssprachen zur Verfügung. Zur Ergänzung der Methodenbasis um sogenannte Darstellungsoperatoren zur Erzeugung von Tabellen und Grafiken stellt MBS eine eigens diesem Zweck dienende Report-/Grafik-Generierungssprache bereit.

2.1.2 Methodenerstellung

Zur Formulierung der Operatoren in FORTRAN und DYNAMO steht ein Editor mit umfangreichen Textbearbeitungsfunktionen zur Verfügung. Da das unter BS2000 verfügbare Editorsystem EDOR als Unterprogramm aufrufbar ist, konnte seine Benutzung innerhalb von MBS realisiert werden. Innerhalb einer MBS-Sitzung kann also an beliebiger Stelle das Editorsystem aufgerufen werden, wobei es nicht erforderlich ist, vorher MBS zu beenden und auf Betriebssystemebene zurückzukehren. Wegen der Verwendung dieses allgemeinen Editor-Instruments zur Quelltext-Eingabe folgt, daß die Schnittstelle zu MBS aus einer Betriebssystemdatei besteht, in der der Quelltext abgespeichert ist. Hiermit wird gleichzeitig auch der Anforderung entsprochen, daß bereits entwickelte Modelle in MBS übernommen werden können.

Bei der Erstellung eines Operators in MEBA und dessen Übernahme in MBS ergibt sich folgende Situation: In einem interativen Prozeß wird zunächst der Strukturkern des Operators in MEBA formuliert und den dortigen Methoden zur Analyse, Bewertung und Ergänzung unterworfen. Das Ergebnis wird in Form eines zu interpretierenden Strukturcodes und zugehöriger Schätzparameter zusammen mit dem Quelltext von MBS mittels der dafür bestimmten Übertragungssoftware übernommen. Nicht zuletzt aus Aufwandsgründen wurde die Modellentwicklung im MEBA-System belassen.

Die Formulierung von Darstellungs-Operatoren erfolgt auf diese Weise: In einem formularorientierten Dialog wird das Layout entworfen, wobei eine direkte Kontrolle des Entwurfs mit Hilfe des auch während der Simulation agierenden Reportinterpreters möglich ist. Der 'Quelltext' wird in komprimierter Form in einer zentralen MBS-Datei abgespeichert (also schon in MBS aufgenommen).

2.1.3 Methodenleiste

Zur Handhabung dieser 'Methoden' benötigt ein Methodenbanksystem neben dem Quell- bzw. Objektcode noch weitere Informationen. Hierfür wird der Begriff 'Methodenleiste' verwendet [6]. In MBS enthält die Methodenleiste ('Operatorleiste') insbesondere die Schnittstellenbeschreibung der Methode in komprimierter Form. Diese beinhaltet Informationen über die Input- und Outputgrößen der 'Methode', auf die bei der Verknüpfung, beim Aufruf und bei der Dokumentation zurückgegriffen wird. Da die Operatoren in der Regel ein dynamisches Modell repräsentieren, ist zusätzlich zu den üblichen Informationen (z.B. Struktur der Variablen: Skalar, Matrix etc.) die Lagstruktur (zeitl. Abstand zum jeweils laufenden Simulationszeitpunkt) mit in die Informationen über eine Schnittstellenvariable aufzunehmen. Neben der Schnittstelleninformation, die für jede der Input- bzw. **Outputvariablen** der Methode vorhanden sein muß, enthält die Methodenleiste Informationen über die Methode selbst, wie z.B. zeitliche Grenzen für ihre Benutzung (Begrenzung des Simulationszeitraums). Die Erzeugung dieser Methodenleisten erfolgt in MBS intern bei der Übernahme der Methode in das System. Die Quellinformationen für die Methodenleisten sind hierbei in für die verschiedenen Methodentypen unterschiedlicher Form vorhanden. So ist in den Quelltext eines 'FORTRAN-Operators' in Form von Kommentar-Anweisungen die benötigte Information in strukturierter Form einzubringen, während die Leiste eines 'ökonometrischen' oder eines 'Reportoperators' automatisch aus dem 'Quelltext' erstellt wird.

2.1.4 Methodenübernahme

Bei der Übernahme der Methoden in das System wird - abgesehen von den MEBA-entwickelten Operatoren - alleine auf den Quelltext zurückgegriffen, der z.T. erweitert ist um spezielle Informationen für die Erzeugung der Methodenleiste. Ergebnis des Übernahmeprozesses ist die Abspeicherung des Quelltextes in einer zentralen Systemdatei (für Dokumentationszwecke), die Aufbereitung der Methodenleiste, sowie die Herstellung einer ablauffähigen Form der Methode. Für die letzte Aufgabe werden in MBS verschiedene Wege in Abhängigkeit vom Typ des Quelltextes beschritten. Für in FORTRAN realisierte Operatoren wird zunächst der Quelltext in einem Vorprozeß ergänzt, so daß eine MBS-spezifische Subroutine erzeugt wird (u.a. Aufbau der Parameterklammer unter Einbeziehung von Systemparametern). Anschließend findet die normale FORTRAN-Übersetzung statt. DYNAMO-Operatoren durchlaufen zunächst eine Vorübersetzung in FORTRAN, anschließend eine MBS-Aufbereitung sowie eine FORTRAN-Übersetzung. FORTRAN- und DYNAMO-Operatoren liegen in der (fast) ablauffähigen Form nämlich als Bindemoduln vor, wobei die Module im Falle von DYNAMO allerdings noch der Ergänzung durch spezielle Laufzeitroutinen bedürfen. Für ökonometrische Operatoren besteht die ablauffähige Form jedoch aus Daten (Strukturkern und Zusatzinformationen), die von einem speziellen Prozessor, im wesentlichen dem Interpreter des Herkunftssystems MEBA zur Laufzeit verarbeitet werden. Die Übernahme von Operatoren aus dem MEBA-System nach MBS bedeutet daher neben der Erstellung der Operatorleiste nur noch die Übertragung des Quelltextes und der entsprechenden 'Objektdaten' aus den MEBA-Dateien in die MBS-Systemdateien. Alternativ zur interpretierenden Verarbeitung wird jedoch insbesondere aus Rechenzeitgründen die Möglichkeit der Transformation eines ökonometrischen Strukturkerns in eine FORTRAN-Routine vorbereitet. Reportoperatoren werden ebenfalls zur Laufzeit interpretiert.

Da die Methoden-Übernahme in MBS anwendungsnah durchgeführt werden muß, wurde hierfür eine Benutzerschnittstelle über einen formularorientierten Dialog bereitgestellt.
Die erforderlichen Übersetzungs-Prozesse werden systemintern aufgerufen und können wahlweise im Dialog- oder Stapelbetrieb (für aufwendigere Übernahmeprozesse) durchge-

führt werden.

2.1.5 Methodenverknüpfung

Auch im Modellbanksystem MBS spielt die Verknüpfung von 'Methoden' (Operatoren) eine wichtige Rolle. Sie erfolgt in der Regel durch den Modellkonstrukteur. Häufig wird auch der Anwendungsfachmann die Verknüpfungsmöglichkeiten benutzen, wenn es z.B. darum geht, ein Modell mit einer speziellen grafischen Darstellung oder mit einem statistischen Auswertungsverfahren zu verknüpfen. Aus diesem Grunde wurden die entsprechenden sprachlichen Mittel in MBS sehr anwendungsnah orientiert und nicht in eine Programmiersprache eingebettet. Mit Hilfe von einfachen Zuweisungsstatements beschreibt man die Zuordnung von Größen der beteiligten 'Methoden'. Ihre Anwendungsbreite entspricht durch zusätzliche Möglichkeiten von arithmetischen Ausdrücken sowie von Aggregierungsfunktionen den Anforderungen des Einsatzgebietes. Eine Verknüpfung findet in MBS nur zwischen 'elementaren' Operatoren statt. D.h., ein aus mehreren 'Partialoperatoren' zusammengesetzter Modelloperator ist selbst nicht mehr als 'Partialoperator' einer weiteren Verknüpfung zulässig.

Eine einzelne Verknüpfungsanweisung verbindet zwei 'Partialoperatoren' implizit über alle Zeitpunkte des (diskreten) Simulationszeitraumes, wobei eventuelle Lagkomponenten der angesprochenen Operatorvariablen die ihnen entsprechende Zuordnung finden. Die Ablaufreihenfolge der miteinander verknüpften Operatoren geht - unabhängig von der Spezifikationsreihenfolge - aus der Gesamtheit der Verknüpfungsanweisungen und der zu erfüllenden Konsistenz implizit hervor. Das Resultat einer auf diese Weise vorgenommenen dynamischen Modellverknüpfung ist selbst wieder ein dynamisches Modell, das durch einen Operator repräsentiert wird, und dessen feed-back-Struktur in vielen Fällen über die Summe der feed-back-Strukturen der beteiligten Komponenten hinausgeht.

Zur Erstellung eines aus mehreren Teilen verknüpften Modelloperators stehen in MBS sowohl der Editor als auch ein Dialogprogramm zur Verfügung. Insbesondere wenn die Verknüpfung eine größere Anzahl von Anweisungen (einschließlich der Kommentare) umfaßt, sind die vielfältigen Editiermöglichkeiten eines Editors hilfreich. Erfolgt die Spezifikation im Dialog, wird eine formale Konsistenzprüfung der beteiligten Operatoren und Variablen vorgenommen, auf die sofort reagiert werden kann.

Bei der Übernahme eines verknüpften Operators (aus einer Editor-Datei bzw. direkt im Dialog) wird der Quelltext in einer zentralen MBS-Datei gespeichert (insbesondere zu Dokumentationszwecken). Ferner wird analog zur 'Operatorleiste' eine sogenannte 'Verknüpfungsleiste' aufgebaut, die den für den Verknüpfungsprozessor in geeigneter Weise vorübersetzten Verknüpfungscode enthält, so daß die systeminterne Darstellung eines zusammengesetzten Modelloperators aus der Verknüpfungsleiste und den Operatorleisten und Objektcodes der beteiligten Operatoren besteht.

2.1.6 Methodenverwaltung

Änderungen von Methoden müssen grundsätzlich am Quelltext durchgeführt werden. Anschließend findet ein erneuter Übernahmeprozeß statt, so daß eine entsprechende Änderung von Methodenleiste und ablauffähiger Methode nachfolgen. Hierbei ist jedoch zu beachten, daß möglicherweise verknüpfte Methoden beeinflußt werden, die die geänderte Methode enthalten. Insbesondere dann, wenn eine Änderung der Schnittstellenstruktur einer Methode vorgenommen wird, muß eine Korrektur der betroffenen Verknüpfungsleiste vorgenommen werden. Zur Sicherstellung der Konsistenz benutzt MBS den Erstellungszeitpunkt (Datum u. Uhrzeit) der Operator- und Verknüpfungsleisten. So wird in der Verknüpfungsphase des Systems zu Beginn der Simulation der Erstellungszeitpunkt der Verknüpfungsleiste mit dem der einzelnen Operatorleisten verglichen. Im Falle der Konsistenzverletzung wird eine Meldung ausgegeben, auf die hin der Benutzer die Korrektur der Verknüpfungsleiste veranlassen kann, oder die er ignorieren kann, weil die Operatorleiste von der Methodenänderung unberührt geblieben ist. Was für die Korrektur gesagt wurde, gilt entsprechend auch für das Entfernen einer Methode aus dem System. Selbstverständlich erfaßt die Elimination alle Darstellungsformen und -komponenten einer Methode.

2.2 Methodenausführung

In diesem Abschnitt werden die Aufgaben bei der Methodenausführung, d.h. beim Aktivieren und Ablauf von Methoden besprochen.

2.2.1 Aktivierung und Ablaufsteuerung von Methoden

Wie schon mehrmals hervorgehoben, zielt MBS vor allem auf die Unterstützung von dynamischen Modellen ab, die sich durch einen Modelloperator - im folgenden auch Simulationsoperator genannt - darstellen lassen. Dies prägt entscheidend diejenige Systemkomponente in MBS, die als Simulationsprozessor bezeichnet wird, und deren Aufgabe es grob gesagt ist, durch wiederholte Aktivierung des Simulationsoperators (zeit-)schrittweise diejenige Zeitreihenmatrix aufzubauen, in der sich das dynamische Modellverhalten widerspiegelt.

Im einzelnen erfüllt der Simulationsprozessor, der in verschiedene Funktionskomponenten zerfällt, die folgenden Aufgaben: Zuerst werden alle Methoden in ihrer ablauffähigen, typabhängigen Form in den Kernspeicher geladen. Dies bedeutet im Falle von 'FORTRAN-' und 'DYNAMO-Operatoren' das dynamische Anbinden ihrer zugehörigen Bindemoduln. In den übrigen Fällen (Report, ökonometrische Operatoren) bedeutet es das Laden des zu interpretierenden Operatorcodes in einen dynamisch angeforderten Kernspeicherbereich. In einem nächsten Schritt wird der Kernspeicherbereich für die Zeitreihenmatrix eingerichtet. D.h., jeder Variablen, soweit sie in einer der Operatorleisten aufgeführt ist, wird der (nicht zusammenhängende) Platz für einen Zeitreihenabschnitt von einer bestimmten Länge zugeordnet. Dabei erhalten durch Verknüpfung einander zugewiesene Variablen ein und denselben Platz. Auf diese Weise wird die Operatorverknüpfung zu einem wesentlichen Teil vollzogen. Mit dem Laden aller exogenen Zeitreihen auf die für sie vorgesehenen Stellen in der Datenmatrix wird die interne Initialphase der Simulation abgeschlossen.

In der eigentlichen Simulationsphase hat der Simulationsprozessor die einzelnen Partialoperatoren in einer vorgegebenen Reihenfolge, die auch unterschiedliche Periodizitäten berücksichtigt, zu aktivieren und unter Mitgabe einer dem laufenden Zeitpunkt angepaßten Adreßliste auf die richtigen Datenplätze zu lenken. Aktivieren des Operators heißt Einsprung in den Objektcode, wenn es sich um einen 'FORTRAN-Operator' handelt. Im Falle der übrigen Operatortypen geht die Kontrolle jeweils an den entsprechenden Subprozessor über, der seinerseits unterschiedliche Aufgaben zu erfüllen hat. So zerfällt der ökonometrische Subprozessor wiederum in einen Teil, der die Gleichungen des ökonometrischen Teilmodells interpretiert und berechnet, sowie in einen Teil, der die Iterationssteuerung und Konvergenzprüfung dieser Berechnung durchführt.

2.2.2 Datenübergabe

Wie schon gesagt werden zur Herstellung der Verbindung zwischen den einzelnen Partialmethoden die Ein- und Ausgänge einer Methode auf entsprechende zentrale Kernspeicherplätze gelenkt, auf denen die im Laufe einer Simulation erzeugten Daten angesammelt und weitgehend festgehalten werden. 'Weitgehend' heißt, daß Teile der Datenmatrix erst dann ausgelagert werden, wenn dies aus Platzgründen unbedingt erforderlich ist.

Der eingeschlagene Weg des Datenaustauschs erweist sich insbesondere dann als sehr effizient, wenn die Partialoperatoren(-Methoden) - und dies ist in MBS beinahe die Regel - sehr häufig für eine Simulation aktiviert werden müssen und eine entsprechende Datenübergabe stattfindet. Zudem sprechen für eine weitgehende Datenhaltung im Kernspeicher einmal die Möglichkeit, eine Simulation zurück- und neuaufzusetzen, und zum anderen, daß unmittelbar nach einer Simulation noch alle Modelldaten für eine eventuelle Ergebnisauswertung oder -analyse zur Verfügung stehen.

2.2.3 Externer Daten-IO

Neben dem internen Datenaustausch zwischen den Partialmethoden nimmt der Simulationsprozessor in MBS auch den 'normalen' Datenverkehr der Methoden mit der Datenbank vor. Somit braucht die Datenversorgung der Methoden in MBS nicht über spezielle Methoden zu erfolgen, die in die Verknüpfung einzubeziehen sind, sondern sie geschieht automatisch durch das System. Diese Lösung konnte realisiert werden, weil die Datenstrukturen des MBS-Anwendungsgebiets in der Regel vorgegeben sind: skalare oder mehrdimensionale Zeitreihen. Der Simulationsprozessor besorgt über ein MBS-internes Datenbankinterface den Datentransfer zu und von den Methoden. Andererseits erfordert dieser Komfort bei der Methodenverknüpfung und -Benutzung, daß die Daten in einem Datenbanksystem gespeichert sind, für das ein Interfaceanschluß an MBS existiert. Ferner müssen die Daten in der Organisationsform vorliegen, die im Interfaceanschluß für die Abbildung der logischen Struktur vorgesehen sind.

Liegen Daten nicht in einer entsprechenden Datenbank oder Organisationsform vor, so ist der externe Daten-IO über spezielle Methoden möglich. Diese können entweder auf der Verknüpfungsebene verknüpft werden oder an das interne Datenbankinterface angepaßt werden. Im letzten Fall braucht der Benutzer auf der Verknüpfungsebene (die in MBS anwendungsnah realisiert wurde) sich ebenfalls nicht um Datenmanagementprobleme zu kümmern.

2.2.4 Benutzerschnittstelle

Eine der Zielsetzungen eines Methodenbanksystems ist die bequeme Handhabe des für den Endbenutzer vorgesehenen Instrumentariums zum Methodenbetrieb. Obwohl die Grenzen zwischen Benutzer und Methoden-Ersteller (Modellkonstrukteur) in MBS fließender sind als bei 'typischen' Methodenbankanwendungen, wurde so etwas wie eine (parametrisierte) Endbenutzerschnittstelle angestrebt. Da auch das Anwendungsgebiet von MBS sehr weit gefaßt ist, und das Einbringen von 'Methoden' durch den Systemanwender erfolgt, sollte auch die Endbenutzerschnittstelle durch den Anwender gegenstandsspezifisch zu entwerfen sein. Dies wird in MBS durch ein Formularkonzept erreicht. Der Dialog zum Aufruf eines Modells kann durch frei gestaltbare Formulare definiert werden. Das System stellt dann beim Aufruf eines Modells diese Formulare zusammen, wobei auf Wunsch für Partialoperatoren vorhandene Formulare benutzt werden oder auch Standardformulare erzeugt werden.

In diesen Formularen sind in erster Linie die durch die Verknüpfung noch nicht abgedeckten Inputschnittstellen der beteiligten Operatoren zu befriedigen. Hierzu können in MBS Direktwerte oder Variablennamen angegeben werden, die sich auf entsprechende in der Datenbank gespeicherte Werte beziehen. Als zusätzliche Vereinfachung können die Formulare bei ihrer Erstellung schon mit Defaultwerten versehen werden. Weiterhin kann von der Möglichkeit der Standardwertzuweisung Gebrauch gemacht werden. Hierbei erfolgt die Datenzuweisung für auszuwählende Variablengruppen automatisch über Namenskonventionen: Der Name der Variablen in der Datenbank muß übereinstimmen mit dem Namen der entsprechenden Schnittstellenvariablen des Operators.

Die Benutzerschnittstelle für den Modell-Methoden-Aufruf deckt zwei Aufgabenbereiche relativ getrennt voneinander ab: die Zusammenstellung der für einen speziellen Modell-Lauf (noch) notwendigen Informationen und seine Überwachung. Zunächst erfolgt die Vorbereitung des Simulationslaufs, indem alle nötigen Informationen zur Definition der Experimentalbedingungen eingegeben werden. Anschließend findet die Durchführung statt, wobei eine Unterbrechung nur in Bezug auf den zeitlichen Fortschritt der Simulation möglich ist. Bei einer Unterbrechung können die Experimentalbedingungen neu definiert werden, und anschließend kann die Simulation zurückgesetzt oder fortgeführt werden.

2.3 Datenbank

Eine Methodenbanksystem soll Methoden aus einer Methodenbank in flexibler Form mit Daten zusammenbringen. Hierbei sind insbesondere die Probleme der Synchronisation der Datenzugriffe, sowie der Datensicherheit und des Datenschutzes zu lösen. Da diese Aufgaben von Datenbanksystemen bearbeitet werden, liegt es nahe, die Datenverwaltung in angeschlossenen Datenbanksystemen vorzunehmen. In Abschnitt 2.2.3 wurde die entsprechende MBS-Realisierung skizziert. Eine ausführliche Diskussion dieses Problemkreises ist in einem eigenen Beitrag vorgesehen.

2.4 Auskunftssystem

Da ein Methodenbanksystem auf die Benutzung durch den Anwendungsfachmann mit geringen DV-Kenntnissen abzielt, ist die dialogtechnische Unterstützung des Benutzers besonders wichtig. Dies betrifft einmal das Dialogkonzept des Systems selbst [7]. Unbedingt erforderlich sind darüberhinaus auch die Dokumentationsmöglichkeiten der Inhalte des Systems, der Systembenutzung, sowie Protokollierungsmöglichkeiten des Benutzerablaufs.

2.4.1 Inhaltliche Dokumentation

Der Benutzer einer Modellbank sollte sich in allen Arbeitsphasen über die dabei aus dem System verwendeten Objekte in unterschiedlicher Detaillierung informieren können. Diesem Zweck dient die schon in Abschnitt 2.1 erwähnte Erfassung von Dokumentationsinformationen. Darüberhinaus bietet MBS die Möglichkeit an, Anwendungskomplexe mit zugehörigen ausführlichen und Kurzbeschreibungen zu installieren, sowie die Zuweisung von Modellen zu diesen Komplexen vorzunehmen. Diese Anwendungskomplexe sind für Modelle (z.B. Bevölkerungsberechnungen, Arbeitsmarktmodelle, gesamtwirtschaftliche Modelle) und für mathematische statistische Verfahren (z.B. elementare Statistik, Validationsmaße) getrennt einzurichten und auszuwerten. In der Benutzungsphase stehen folgende Dokumentationsdienste im Vordergrund: Liste der Anwendungskomplexe, Beschreibung eines Anwendungskomplexes, Liste der zu einem Anwendungskomplex gehörenden Modelle/Verfahren mit Kurzbeschreibung. Bei der Beschreibung eines Modells/Verfahrens ist im Falle der Komposition aus Partialoperatoren zu beachten, ob ein zentraler (zu dokumentierender) Partialoperator vorliegt, um den herum nur Satellitenoperatoren angeordnet sind. Hierbei ist auf die Dokumentation des zentralen Partialoperators zu verweisen. In der Konstruktionsphase werden vor allem die gezielte Dokumentation der Schnittstellen, der Verknüpfungsstruktur und der Quelltexte, sowie Operatorbeschreibungen benötigt. Ferner ist eine Dokumentation der Daten erforderlich. Hierauf wird z.B. zurückgegriffen, wenn in der Benutzungsphase eines Modells Daten zur Simulation zugewiesen werden. Dabei kommt es neben einer inhaltlichen Beschreibung auch auf formale Eigenschaften an wie z.B. Zeitraum der Verfügbarkeit einer Zeitreihe oder Dimensionen einer Matrix.

2.4.2 Anleitung zur Systemhandhabung

Der Dialogaufbau des MBS-Systems wurde auf den Benutzer orientiert, der bereits Kenntnisse im Umgang mit dem System besitzt. Dennoch soll bei jedem Arbeitsschritt ohne zusätzlich notwendige Benutzeraktionen der aktuelle Bearbeitungsstand sowie die möglichen Aufträge an das System erkannt werden können. Für den sehr geübten Benutzer stehen Abkürzungsverfahren z.B. in Form von Kommandokonkatenationen zur Verfügung. Für den ungeübten Benutzer sowie zur detaillierten Information wurde ein Informationssystem entwickelt, das an jeder Stelle im Benutzungsablauf aufgerufen werden kann und situationsbedingte Auskunft erteilt. Diese Auskunft kann sich auf den aktuellen Arbeitsschritt auf die angebotenen Kommandooptionen, auf die Bedeutung einzelner Formularfelder oder auf die detailliertere Erläuterung zu ausgegebenen Fehlertexten beziehen.

2.4.2 Protokollierung des Benutzungsablaufs

Die Benutzung eines Methodenbanksystems geschieht in Form einer Bildschirm-Sitzung, in deren Verlauf eine Folge von Arbeitsschritten abläuft. Auf Wunsch muß das System dem Benutzer ein Protokoll dieser Arbeitsschritte bereitstellen, das die vom Benutzer eingegebenen Aktionen festhält. Zu den Benutzerangaben gehören auch die Eingabedaten für die Methoden. Diese können zwar auch in diesem Protokoll festgehalten werden, andererseits kann man in vielen Fällen nicht auf eine methodenspezifische Protokollierung verzichten, die dann innerhalb der Methoden installiert werden muß. MBS bietet die Möglichkeit, ein Protokoll für einen einzelnen Arbeitsschritt oder eine Folge von Arbeitsschritten anzufordern, das die entsprechenden (durch den Benutzer ausgefüllten) Formulare enthält.

Abschließende Bemerkung

MBS genügt keineswegs allen Anforderungen, die schon heute zurecht an eine Methodenbank gestellt werden [3]. Selbst ein so wichtiger Gesichtspunkt wie der des Datenschutzes blieb bisher unberücksichtigt. Andererseits kam es bei der Entwicklung von MBS vorwiegend darauf an, die wesentlichen Handhabungsprofile einer weiten, sich im Lauf der Zeit herausgeschälten Klasse von sozioökonomischen Modellen zu unterstützen - und dies in einer für den Benutzer möglichst effizienten Weise. So trägt denn MBS - selbst vom Prototyp einer universellen Methodenbank noch weit entfernt - wenigstens dazu bei, die Forderungen an ein solch universelles System für Teilbereiche der Anwendung näher zu präzisieren.

Literatur:

[1] Dickhoven, S., Klösgen, W., Pankoke, U., Schwarz, W.: Software für sozio-ökonomische Modelle - Materialien einer Bestandsaufnahme -, GMD-Bericht IPES76.101, 1976

[2] GMD: Modellbanksystem (Version 1.0) - Anleitung für den Benutzer, GMD-Bericht IPES79.202, 1979

[3] Dittrich, K., Hüber, R., Lockemann, P.: Methodenbanksysteme: Technische Aspekte, Vortragsmanuskript zur GI-Tagung 1979

[4] Pugh, A.L.: DYNAMO III User's Manual, MIT Press, Cambridge, Massachusetts, 1976

[5] Bundesministerium für Wirtschaft (ed): Ökonometrische Methodenbank, BMWi-Studienreihe 22, Bonn 1978

[6] Hauer, K.H.: Aufbau und Analyse der Effizienz von portablen Dialogsystemen zur Steuerung von Methodenbanken, mbp, Dortmund 1978

[7] Licht, U., Pankoke, U.: Konzept eines benutzerfreundlichen Bildschirmdialogs für Methoden und Modellbanksysteme, Vortragsmanuskript zur GI-Tagung 1979

KONZEPT EINES BENUTZERFREUNDLICHEN BILDSCHIRMDIALOGS FÜR METHODEN- UND MODELLBANKSYSTEME

Ulrich Licht
Uta Pankoke
GMD-Ipes
St. Augustin

1. Einleitung

Bisher entwickelte Dialogsysteme sind aus historischen Gründen überwiegend zeilenorientiert. Die immer größere Verbreitung von Bildschirmgeräten als Datenendstationen stellt die Forderung nach Dialogsystemen, die die Bildschirmgegebenheiten voll ausnutzen.

Es gibt eine Reihe von Arbeiten, die sich mit der Bedeutung der Benutzerfreundlichkeit auseinandersetzen und Kriterien aufstellen, an denen man sie messen kann. Nach einer ebenfalls in der GMD durchgeführten Benutzerbefragung sind hier die Merkmale Selbsterklärungsfähigkeit, Kontrollierbarkeit, Problemangemessenheit und Verläßlichkeit von wesentlicher Bedeutung.

Wir stellen hier ein allgemeines Konzept vor, das geeignet ist für den Aufbau von Dialogen für Modell- und andere spezielle Methodenbanksysteme, d.h. für Systeme, die dem Benutzer die Möglichkeit bieten, aus einer Reihe von Standardfunktionen oder -methoden einzelne auszuwählen und mit diesen zu arbeiten.

2. Benutzerklassen

Dieses Konzept wurde entwickelt für den Dialog des Modellbanksystems MBS, einem komplexen System zur Konstruktion und zum Betrieb von Simulationsmodellen. Ein solcher Dialog muß geeignet sein, einem Benutzer mit wenig Erfahrungen im Umgang mit der Datenverarbeitung das Arbeiten mit diesem System zu ermöglichen. Maschinen- oder Betriebssystem-spezifische Funktionen werden von diesem System abgefangen und nicht an den Benutzer weitergegeben. Die Kommunikationssprache und der Ablauf des Systems sollten der Fachsprache und der Arbeitstechnik des Benutzers möglichst ähnlich sein.

Die verschiedenen Benutzerklassen sind bei MBS:

- Die Modellersteller mit Fachkenntnissen in Mathematik, in einer Programmiersprache und über ihre speziellen Modelle
- Die Modellanwender mit geringen oder keinen DV-Kenntnissen, die aber Erfahrung in der Auswertung von Modellergebnissen haben.

Die Benutzungshäufigkeit ist beim Modellersteller phasenweise sehr intensiv. Nach Abschluß der Modellkonzeption wird er Modellkonstruktionshilfen von MBS ausnutzen, um dann anschließend in der Validierungsphase die Simulations- und Datenmanipulationsmöglichkeiten von MBS einzusetzen.

Der Modellanwender wird dagegen zumeist ein sporadischer Benutzer von MBS sein, der nur dann, wenn er spezielle Ergebnisse eines speziellen Modells benötigt, das System benutzt. Beide Benutzerklassen setzen das System nicht regelmäßig ein. Das stellt besonders hohe Anforderungen an die Selbsterklärbarkeit und die Problemangemessenheit der Dialogführung.

Wir haben nach einem allgemeinen Dialogkonzept gesucht, das allen Anforderungen der verschiedenen Aufgaben und Teilaufgaben genügt und eine möglichst starke Vereinfachung des Dialogs der verschiedenen Aufgaben erzwingt, ohne jedoch spezielle Anforderungen einzuschränken. Das Konzept sollte außerdem möglichst einfach sein, da ein einfaches Konzept leicht vom Benutzer adaptiert wird und ihm Orientierungshilfe in allen verschiedenen Aufgabenbereichen bietet. Unser Dialogkonzept bildet den Rahmen für die Entwicklung spezieller Dialoge für die einzelnen Aufgabengebiete und führt hier, auch bei unterschiedlichen Autoren der speziellen Dialoge, zu zu einer Vereinheitlichung.

Das Dialogkonzept besteht aus folgenden Komponenten:

- dem Dialogablauf
- dem Bildschirmaufbau

3. Dialogablauf

Unter Dialogablauf verstehen wir den Ablauf der Kommunikation zwischen dem Benutzer am Bildschirm und einem Programmsystem, wobei der Benutzer durch Auswahl von alternativen Kommandos Einfluß auf den Programmablauf nimmt.

Der Dialogablauf wird in unserem System baumartig strukturiert. Jedem Baumknoten entspricht ein Arbeitsschritt, jeder Kante ein Kommando. Der Programmstart (erster Bildschirm) entspricht der Wurzel des Baumes. Ein Kommando kann nur zu einem der nächstfolgenden Arbeitschritte führen, nicht aber Schritte überspringen. Bei Beendigung eines Arbeitsschrittes wird zu dem darüberliegenden Knoten, d.h. Arbeitsschritt zurückgekehrt. Die parallele Bearbeitung verschiedener Arbeitschritte oder Sprünge zwischen den Arbeitsschritten sind nicht erlaubt, man muß den angefangenen Arbeitschritt beenden und kann dann zurückkehren bis zu der Stelle an, der der gewünschte Arbeitsschritt als Kommando angeboten wird.

Die Aufgaben und Teilaufgaben werden als Unterbäume des Gesamtbaumes abgebildet. Dieses Konzept kann nur in solchen Aufgabengebieten eingesetzt werden, die die Strukturierung und Gliederung in Teilaufgaben und Arbeitsschritte zulassen. Die Erfahrungen im Bereich des strukturierten Programmierens zeigen aber, daß die meisten Aufgaben eine solche Strukturierung erlauben.

Dieser einfache Dialogablauf (Menü-Technik) ist für den Benutzer schnell durchschaubar und erleichtert ihm die Orientierung im System. Eine verwirrende Schachtelung von angefangenen Aufgaben ist nicht möglich. Bei optimaler Strukturierung der Arbeitschritte werden die Kontrollierbarkeit, Problemangemessenheit und die Erlernbarkeit des Systems durch diese Dialogführung erhöht.

Im Projekt MBS wurden die einzelnen Aufgaben, die der Benutzer mit dem System bearbeiten kann, so in Teilaufgaben zerlegt, daß diese dem Benutzerarbeitsstil vertraut sind, d.h. der auf diesem Arbeitsgebiet üblichen Arbeitsphaseneinteilung entsprechen. Bei unserem System mußte die Einteilung außerdem den Benutzerklassen entsprechen, d.h. Aufgaben, die nur eine Benutzerklasse bearbeitet, sind als eigene Aufgaben oder Teilaufgaben im System abgebildet.

Die Systematisierung der anfallenden Teilaufgaben für die Modellerstellung, -datenbereitstellung und -simulation wurde unter besonderer Berücksichtigung der verschiedenen Modelltypen durchgeführt. Daraus ergab sich

für das Modellbanksystem MBS folgende Zerlegung in Teilaufgaben:
- Reportprogrammerstellung
- Grafikprogrammerstellung
- Formularerstellung
- Datenänderung in der Datenbank
- Dokumentation der gespeicherten Objekte
- Editieren von Operatoren
- Übernahme von Operatoren
- Verknüpfung von Operatoren
- Simulation von Modellen
- Analyse von Modellergebnisdaten

Die Strukturierung der Aufgabe der Simulation führte zu folgendem Dialogbaum:

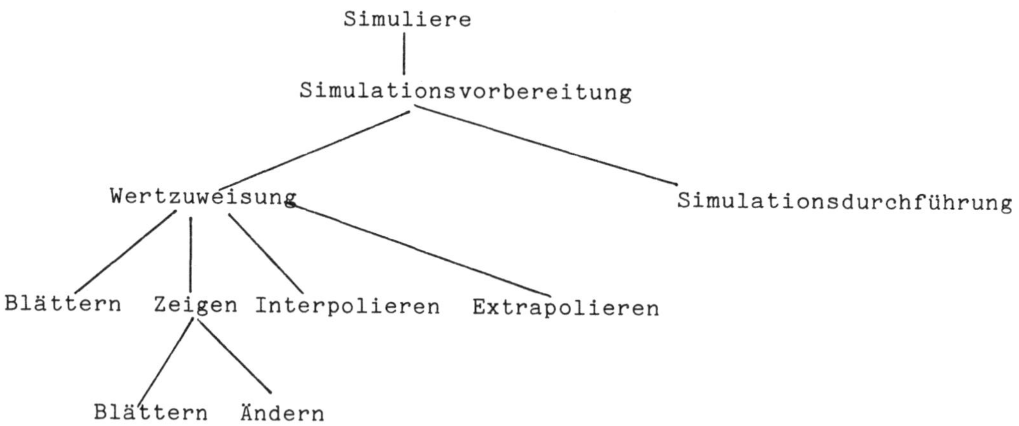

4. Bildschirmaufbau

Der zweite ebenso wichtige Teil des Dialogkonzeptes umfaßt den Aufbau der Bildschirme. Die Orientierung des Benutzers erfordert, daß die Bildschirme einheitlich aufgebaut sind und ihm gleichzeitig verschiedene Informationsarten zur Verfügung stellen.

Im Vordergrund steht hierbei der Kommunikationsteil des konkreten Arbeitsschrittes. Die angeforderte Eingabeinformation läßt sich in zwei Arten unterteilen, die Dateneingabe und die Steuereingabe:

- Unter Dateneingabe verstehen wir hier die Ausfüllung der Programmvariablen und -daten, die der Arbeitsschritt erfordert.
- Unter Steuereingabe verstehen wir eine Benutzereingabe, die den Programmablauf steuert (Kommando).

Es gibt Arbeitsschritte, die keine Dateneingabe anfordern, z.B. Protokoll der bisher eingegebenen Daten, Erklärungsteile. Der Dateneingabeteil besteht aus einem Formular, das kommentiert, welche Informationselemente eingegeben werden sollen. Im Formular sind Schreibfelder für die Benutzereingaben reserviert und markiert.

Folgende Kriterien sind bei der Formulargestaltung von MBS berücksichtigt worden:

- Markierung von Ein / Ausgabefeldern
- Inhaltliche Gruppierung der Felder im Formular
- Übersichtliche Verteilung der Informationen
- Optische Markierung wesentlicher Informationen
- Nicht zu viele verschiedenartige Informationen in einem Formular
- Optisch-ergonomische Raumaufteilung
- Einheitlicher Aufbau verschiedener Fomulare, gleiche Informationen am gleichen Ort

Das Konzept des Dialogablaufes bedingt, daß auf jedem Bildschirm eine Steuereingabe erfolgen muß. Der Benutzer hat damit die Möglichkeit, an jeder Stelle den Programmablauf zu beeinflussen und zwischen Alternativen zu wählen. Die Fortsetzung des Standardablaufes erfordert ebenfalls eine explizite Steuereingabe. Der Benutzer lernt hierdurch eine spezielle Arbeitstechnik, die für alle Dialogphasen und Teilaufgaben gleich ist.

Eine Steuereingabe besteht aus einem Wort, die möglichen Worte stehen im Kommandoangebot. Das Kommadoangebot ist ein Informationstyp, der auf jedem Bildschirm vorhanden ist. Es besteht aus einer Liste aller in dem jeweiligen Dialogschritt möglichen Steuereingaben. Die Kommandoworte sind dem Fachwortschatz der potentiellen Benutzer entnommen worden. Die Wahl von Worten statt Ziffern als Kommandos erfordern zwar mehr Tipparbeit vom Benutzer, sie erhöhen aber die Erlernbarkeit des System erheblich. Der Tippaufwand wird dadurch reduziert, daß es genügt, so viele Zeichen eines Kommandos einzugeben, daß es von den anderen eindeutig unterschieden werden kann.

Die Orientierung des Benutzers im System und die Erlernbarkeit des Systems werden durch die Dateneingabeformulare und das Kommandoangebot sehr erleichtert. Außerdem erhält der Benutzer noch eine Statusmeldung, die ihm sagt, welche Teilaufgabe und welchen Arbeitsschritt er gerade bearbeitet. Je einheitlicher die verschiedenen Dateneingabeformulare aufgebaut sind, desto notwendiger ist diese Statusinformation. Zusammen mit dem Dateneingabeformular und dem Kommandoangebot hat der Benutzer alle Informationen, um zu wissen in welchem Systemzustand er sich gerade befindet.

Stellt man alle Statuszeilen von MBS in der Folge ihres Auftretens als Diagramm dar, dann bilden sie das Strukturdiagramm des gesamten Dialogablaufs.

Eine weitere wesentliche Informationsart, die der Benutzer benötigt, sind Fehlermeldungen. Es stellt eine erhebliche Arbeitserleichterung für den Benutzer dar, wenn die Fehlermeldung gleichzeitig mit dem letzten Eingabebildschirm erscheint, ohne den alten Schirm zu zerstören. Wir haben daher einen eigenen Bereich für diese Informationsart reserviert, der aber auch für Systemmeldungen wie z.B. "Daten erfolgreich übertragen" verwendet wird.

Alle diese Informationsarten sind so auf dem Bildschirm verteilt, daß sie dem Benutzer jederzeit zur Verfügung stehen und ihre Informationsart erkennbar ist, sie aber den Ablauf nicht stören. Außerdem sind für die Gestaltung des Gesamtbildschirmes auch die Kriterien der Dateneingabeformulare berücksichtigt.

Wir haben den Gesamtbildschirm (in unserem Fall 16 Zeilen a 81 Zeichen) in fünf Bereiche unterteilt:

- 1 Zeile Statusmeldung
- 1 Zeile Fehlermeldung
- 12 Zeilen Dateneingabeteil
- 1 Zeile Kommandoangebot
- 1 Zeile Kommandoeingabe

Die Statusmeldung stellt sozusagen die Überschrift des Dialogschritts dar und steht auf der obersten Zeile. Die Fehlermeldung wird im Fehlerfall am Zeilenanfang markiert, sonst steht hier eine Leerzeile zur optischen Trennung von Statusteil und Dateneingabeteil. Das Kommandoangebot folgt dem Dateneingabeteil, die Kommandoeingabe erfolgt auf der letzten Zeile.

Die Statuszeile enthält links die Teilaufgabe und rechts den aktuellen Arbeitsschritt. Das Kommandoangebot enthält linksbündig die schrittspezifischen Kommandos, rechtsbündig die allgemeinen immer gültigen Kommandos (z.B. ?, Halt). Durch die optische Aufteilung innerhalb der Kommando- und Statuszeile setzen sich diese vom Dateneingabeteil deutlich ab und rahmen ihn ein.

Hier als Beispiel der Simulationsvorbereitungsschirm des MBS:

```
M B S:  S i m u l a t i o n                       /Sim. Vorbereitung/


Bitte die folgenden Angaben:

      Modellname:

Simulationszeitraum: >       bis       <



Standardwertzuweisung: ja
   Druckintervall: >  1<

Kommando: Simulation                                           m ? h hh
:
```

Nach der Kommandoeingabe ´Simulation´ erscheint der erste Wertzuweisungs-Bildschirm für das angegebene Modell, in unserem Fall das Kindergartenmodell KIG:

```
Simulation: KIG          von 78   bis 88      Stand: 1978  /Wertzuweisung/


Anteil der Kinder der Altersgruppen 3-4(FKP3), 4-5(FKP4) und 5-6(FKP5),
die einen Kindergartenplatz in Anspruch nehmen.

FKP3        =  0.52
FKP4        =  0.52
FKP5        =  0.52

Verhaeltnis Kinder / Betreuer

FKE         =  18

Kommado: Simulation Zeigen Interpolieren Extrapolieren      + - m ? h hh
:
```

Durch das Kommado 'Simulation' kann man die weitere Wertzuweisung beenden und mit den Standardangaben simulieren. Man kann sich aber auch einzelne Zeitreihen 'Zeigen' lassen:

```
Simulation: KIG          von 78   bis 88  .  Stand: 1978  /Wertzuweisung/

Name der Zeitreihe: FKP3                      Dateiname: SIMUL.-DATEN
Periodizität: 1  Anfangszeitpunkt: 1/1978  Endzeitpunkt: 1/1988
Jahr  Periode
1978  1           0.52
1979  1           0.52
1980  1           0.52
1981  1           0.52
1982  1           0.52
1983  1           0.52
1984  1           0.52
1985  1           0.52
1986  1           0.52
Kommado: Korrektur Naechste Zurueck Anfang                        ? h hh
:
```

Die gleiche Funktion ´Zeige´ tritt auch bei der Eingabe von Daten in die Datenbank auf und ergibt folgenden Bildschirm:

```
M B S: E i n g a b e                    /Protokoll der eingegebenen Daten/

Name der Zeitreihe: FKP3                  Dateiname: MBSDATEN
Periodizität: 1  Anfangszeitpunkt: 1/1978  Endzeitpunkt: 1/1988
Jahr  Periode
1978  1            0.52
1979  1            0.52
1980  1            0.52
1981  1            0.52
1982  1            0.52
1983  1            0.52
1984  1            0.52
1985  1            0.52
1986  1            0.52
Kommado: Korrektur Naechste Zurueck Anfang                    ? h hh
:
```

Beide Bildschirme stellen die gleiche Information dar, daher haben sie auch den gleichen Aufbau. Durch die beiden unterschiedlichen Statuszeilen kann der Benutzer aber erkennen, daß er sich bei der Bearbeitung verschiedener Teilaufgaben befindet.

Die Anzahl der an diesen Stellen möglichen Kommandos zeigt, wie notwendig die Kommandoangebotszeile ist. Gleichzeitig beschränkt die Größe der Kommandoangebotszeile die Anzahl der möglichen Kommandos. Dies hat Auswirkungen auf die Strukturierung des Dialogablaufes, da hier die Anzahl der alternativen Folgearbeitsschritte beschränkt ist. Diese Einschränkung kann durchaus positiv bewertet werden, da sie sicherstellt, daß die Zahl der Alternativen vom Benutzer überblickt werden kann.

Die hier gewählte Anordnung der Informationsarten auf dem Bildschirm ergab sich aus optisch-ergonomischen Gründen. Der gleichartige Aufbau der Gesamtbildschirme hat eine pattern-artige Wirkung. Der Benutzer lernt schnell, sich auf dem Bildschirm zu orientieren und die gerade benötigte

Information zu finden. Die gleichzeitige Verfügbarkeit dieser Informationsarten unterstützt die Selbsterklärbarkeit, die Erlernbarkeit und die Kontrollierbarkeit des Systems.

5. Benutzerdefinierbare Bildschirme

Die Informationsart Dateneingabe wird bei der Modellsimulation benötigt. Jedes Modell hat einen eigenen Dateneingabeteil, der in der Wertzuweisungsphase aufgerufen wird. Der Modellentwickler hat in MBS die Möglichkeit, den Dateneingabeteil seines Modells selbst zu definieren und zu kommentieren.

Der Gesamtbildschirm der Wertzuweisungsphase besteht aus den vom Verarbeitungsprogramm bestimmten Status-, Fehler-, Kommandoangebots- und Kommandoeingabezeile und dem speziellen modellspezifischen Dateneingabeteil.
Im obigen Beispiel der Wertzuweisungsphase des Modells KIG ist dies ein vom Modellersteller entworfener und ins System eingebrachter Schirm.
Die Verbindung zum simulationsausführenden Programm erfolgt über die Namen im Formular, die identisch mit den im Modell vorgegebenen sind (vgl. Klösgen/Schwarz). Die Reihenfolge der Namen im Formular ist beliebig, ebenso die Anzahl der zur Wertzuweisungsphase gehörenden Bildschirme.

6. Standardkomammdos

In MBS gibt es vier Standardkommandos (vgl. Beispiele):
h : Beenden des Arbeitschrittes
hh : Abbruch der Teilaufgabe und Rückkehr in oberste MBS-Ebene
? : Systeminformationen
m : Modellbankdokumentation

Die beiden letztgenannten Kommandos geben dem Benutzer zusätzliche Informationen. Das ´?´ beschränkt sich auf technische Informationen. Im Fehlerfall liefert es eine ausführlichere Fehlermeldung, sonst zeigt es zum gerade aktuellen Bildschirm die Erklärungen der Kommandos und der angeforderten Dateneingaben.

Das Kommando ´m´ liefert inhaltliche Informationen, es zeigt zu den in MBS gespeicherten Objekten (Daten, Modelle, Operatoren) die Dokumentationstexte. Diese inhaltliche Information läuft arbeitsschrittspezifisch ab. Wenn man beispielsweise in der Arbeitsphase Dateneingabe ist, dann wird die Liste der in der Datenbank gespeicherten Daten gezeigt. Wenn man in der Simulationsvorbereitung ist, wird die Liste aller Modelle gezeigt. Ist schon ein Modell spezifiziert, dann wird die Dokumentation des Modells gezeigt etc.

Bei beiden Erklärungsfunktionen erhält der Benutzer arbeitsschrittspezifische Erklärungen. Er muß nicht erst ein Erklärungsbuch bis zu der benötigten Stelle durchblättern, sondern das Buch blättert sich sozusagen parallel mit dem Dialogablauf selbst weiter.

7. Literatur

Dzida,W.;Herda,S.;Itzfeld,W.:
GMD-Factors of User Perceived-Quality of Interactive Systems
GMD, Schloß Birlinghoven, 1978

Gernert,D.:
Benutzernahe Programmiersprachen
Carl Hanser Verlag, München Wien, 1976

Dahl,O.-J.;Dijkstra,E.W.;Hoare,C.A.R.:
Structured Programming
Academic Press, London and New York, 1972

Kupka,I.;Wilsing,N.:
Dialogsprachen
B.G. Teubner Studienbücher, Stuttgart, 1975

Chariton,D.:
A Machine Interface Design for Time Sharing Systems
Proceedings of the ACM Annual Conference 1976

Licht,U.:
Konzepte der Dialogabwicklung in interaktiven Steuersystemen
GI-Jahrestagung ,1979

Klösgen,W.;Schwarz,W.:
Die Realisierung der Architekturprinzipien für Methodenbanksysteme im Modellbanksystem MBS
GI-Jahrestagung, 1979

MBS-Leistungsbeschreibung
GMD, Schloß Birlinghoven 1978

MBS Benutzereinführung - Version1
GMD, Schloß Birlinghoven, 1979

EIN INTEGRIERTES SYSTEM VON SCHÄTZVERFAHREN, SIMULATIONS- UND OPTIMIERUNGSTECHNIKEN ZUR RECHNERGESTÜTZTEN LANGFRISTPLANUNG

F. Drepper
R. Heckler
H.P. Schwefel

Kernforschungsanlage Jülich (KFA)
Programmgruppe Systemforschung
und Technologische Entwicklung (STE)

Zusammenfassung: Als Instrumente für die rechnergestützte Entscheidungshilfe, z.B. auf dem Gebiet der Energiewirtschaft, stehen heute drei Methoden mitunter beziehungslos nebeneinander:

- die Regressionsanalyse historischer Zeitreihen mittels Schätzverfahren,
- das Aufzeigen alternativer Entwicklungspfade mit Hilfe von Simulationsmodellen und
- die Suche nach - im Sinne vorgegebener Kriterien - besten Politiken durch den Einsatz von Optimierverfahren.

Um alle drei Techniken gemeinsam nutzen zu können, wurde in der Programmgruppe Systemforschung und Technologische Entwicklung der Kernforschungsanlage Jülich ein integriertes Methoden- und Modellbanksystem geschaffen.

Dieses, in FORTRAN geschriebene, weitgehend rechnerunabhängige Software-Paket wird anhand eines einfachen Beispiels in seinen wichtigsten Funktionen dargestellt. Es wurde im Zusammenhang mit dem dynamischen Langfrist-Energiemodell der STE /1/ entwickelt, ist aber nicht auf diesen einen Anwendungsfall spezialisiert.

Einleitung: Die wohl älteste Methode zur Unterstützung von Planungen, die in die Zukunft greifen, ist die Analyse und Extrapolation von Entwicklungstrends. Sie wurde zur Prognosetechnik verfeinert durch die Anwendung exakter Schätzverfahren bei vorgegebener Hypothese in Form einfacher (ökonometrischer) Modelle mit nur wenigen freien Parametern. Zur Prognose von Größen, die in ein komplexes System eingebunden sind, ist das einfache Curve Fitting allerdings wenig geeignet. Wohl aber lassen sich mit der Regressions- und Korrelationsanalyse Zusammenhänge zwischen verschiedenen Größen, die als Zeitreihen vorliegen, aufspüren und quantifizieren. Dies ist der erste Schritt beim Aufbau eines analytischen oder algorithmischen Modells, wenn kein exakter Ursache-Wirkungs-Mechanismus bekannt ist. Die Frage des Modellbauers lautet:"Wie sind Ein- und Ausgangsgrößen miteinander verknüpft?" (Abb. 1, oben).

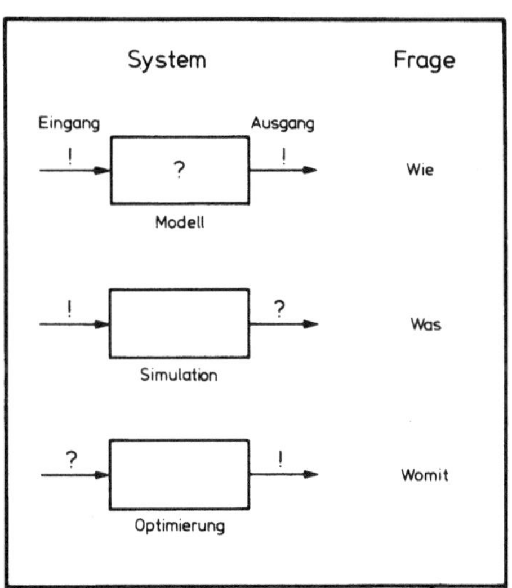

Abb. 1: Drei Fragen an ein System

Das Dialog-geführte Interface for REgression and Correlation Analysis (IRECA) enthält bisher 9 verschiedene nichtlineare Modelle mit bis zu vier freien Parametern und stellt das Rüstzeug für die Beantwortung der ersten Frage dar. Die zweite Frage:"Was geschieht, wenn...?" (Abb. 1, Mitte) führt zur Entwicklung eines Simulationsmodells. Da es in der Regel viele 'Wenns' gibt, werden Simulationsmodelle oft relativ groß und müssen mit entsprechend vielen Alternativannahmen durchgerechnet werden. Nicht immer müssen alle Teile eines umfangreichen Modells mitlaufen, und häufig wird man strukturelle Änderungen an nur einem Teil isoliert testen wollen. Daher sollten große Simulationsmodelle - wie das dynamische Energiemodell der STE /1/ - modular aufgebaut und betrieben werden können.

Hierzu wurde ein DAta Interface for MOdular Simulation (DAIMOS) /2/ entwickelt, das sowohl eine modulare Modellstruktur als auch eine Trennung von Daten und Modellbeziehungen unterstützt. Alle Module sind als Fortran-Unterprogramme zu formulieren. Dadurch unterliegt ein unter DAIMOS formuliertes Modell keinen methodischen Einschänkungen wie sie die meisten Simulationssprachen fordern.

Umfangreiche Modelle bieten mehr Möglichkeiten zu Alternativrechnungen oder Szenarien, als sie mit vertretbarem Aufwand ausgeführt werden können. Gelingt es, die zur Bewertung von Alternativrechnungen ohnehin notwendigen Gütekriterien formal als Zielfunktion zu quantifizieren, so läßt sich durch den Einsatz ableitungsfreier Optimierverfahren der Übergang vom rein deskriptiven Simulationsmodell zu einem normativen Modell erreichen.

Die Frage lautet dann: "Womit kann ein bestimmtes Ziel erreicht werden?" (Abb. 1, unten). Das Optimization And Simulation Integrated System (OASIS) enthält 14 Algorithmen zur sequentiellen Parameteroptimierung. Diese Verfahren wurden bereits beschrieben und einem vergleichenden Leistungstest unterworfen /4/.

Alle drei Interfaces, IRECA, DAIMOS und OASIS, sind Dialog-orientierte FORTRAN-Programmpakete, die durch die Identität der verwendeten Ein- und Ausgabeformate auf ein und dieselbe Datenbasis zugreifen und voll miteinander gekoppelt werden können (Abb. 2). Anstelle der bisher nur isolierten Verwendung der Regressions-, Simulations- und Optimiermethoden, ermöglicht das Gesamtsystem die integrierte Behandlung aller drei Fragen: Wie/Was, wenn/Womit? Es stellt damit einen wichtigen Schritt in Richtung auf bessere rechnergestützte Hilfen zur Entscheidungsvorbereitung dar.

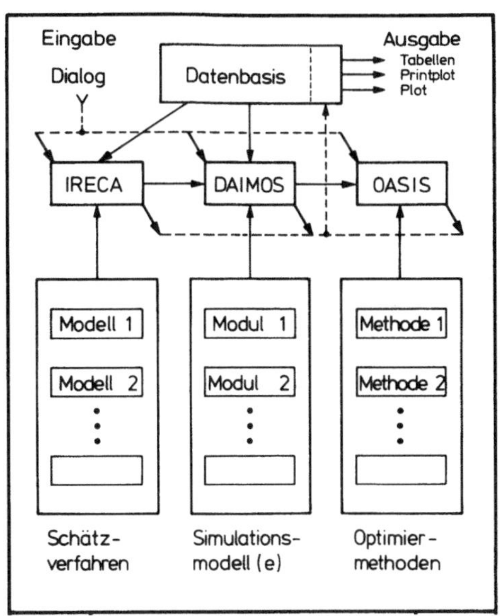

Abb. 2: Methoden- und Modellbanksystem der STE

IRECA - Interface for Regression and Correlation Analysis

Ein wesentlicher Punkt bei der Anwendung von Schätzverfahren, insbesondere im sozio-ökonomischen Bereich, ist die Möglichkeit, Vorurteil mit in den Schätzvorgang einfließen zu lassen. Mit Vorurteil ist hier gemeint, daß der Anwender des Schätzverfahrens einen Kenntnisstand über den zu schätzenden Prozeß hat, der über die reine Modellauswahl hinausgeht. In vielen Fällen kann nur das Zusammenfließen der Objektivität eines Schätzverfahrens mit dem subjektiven Vorurteil des Experten zu einer befriedigenden Beschreibung bzw. Prognose eines Prozesses führen. Hierbei sind im wesentlichen zwei Arten von Vorurteil zu unterscheiden:

- ein Vorurteil über den Wert bestimmter Koeffizienten eines Modellansatzes, bzw.
- ein Vorurteil, das sich in einer unterschiedlichen Gewichtung der einzelnen Eingabewerte ausdrückt.

In jedem Falle kann das Einfließen von Vorurteil in den Schätzvorgang nur durch einen iterativen Prozeß erfolgen. Diese Anforderung legt es nahe, die Schätzverfahren in ein dialogfähiges System einzubetten. Mit IRECA wurde ein System geschaffen, das es ermöglicht, Dateneingabe, Schätzverfahren und numerische sowie graphische Ausgabe in beliebiger Reihenfolge auf einen variablen Datenbestand anzuwenden. Im Hinblick auf die Kopplungsmöglichkeit mit dynamischen Simulationsmodellen ist die gemeinsame Datenbasis von IRECA und DAIMOS (siehe weiter unten) so organisiert, daß alle Daten in Form von Zeitreihen (bzw. Konstanten)vorliegen. Jede Zeitreihe ist durch ihren Namen ansprechbar.

Die in IRECA enthaltenen Regressionsverfahren sind jedoch nicht auf Modelle beschränkt, bei denen die Zeit als erklärende (unabhängige) Variable fungiert. Jede beliebige Reihe kann mit jeder anderen Reihe in Beziehung gebracht werden. Voraussetzung ist nur, daß es ein gemeinsames Zeitnetz beider Reihen gibt.

IRECA enthält neun Modelltypen mit mehr als 50 verschiedenen Regressionsverfahren, wobei das Schwergewicht auf nichtlinearen Modellen liegt und hierbei insbesondere auf Modellen zur Beschreibung von Sättigungsphänomenen. Als typisches Beispiel sei das logistische Modell erwähnt:

$$y = a/(1 + \exp((b-x)\cdot c)) + d \ .$$

Die Schätzverfahren von IRECA lassen sich auch außerhalb des Dialogs direkt vom Simulationsmodell her aufrufen. Hierdurch wird es ermöglicht, Regressionen auch innerhalb der Optimierung (siehe weiter unten) durchzuführen.

<u>DAIMOS</u> - Data Interface for Modular Dynamic Simulation

DAIMOS stellt ein Steuersystem dar, unter dem dynamische Simulationsmodelle ablaufen können. Es ist keine eigene Simulationssprache, sondern lediglich ein System von FORTRAN-Unterprogrammen, die möglichst viele Funktionen übernehmen, die dynamischen Simulationsmodellen gemeinsam sind, bzw. die für dynamische Modelle von Nutzen sind. Die wichtigsten Funktionen sind hierbei:

- automatisches Bereitstellen aller zeitabhängigen und zeitunabhängigen Eingangsdaten, kombiniert mit einer Diagnose bei Unvollständigkeit der Datenbasis;
- automatisches Abspeichern der Ausgangsdaten;
- automatische Handhabung von unsortierten und gekoppelten Gleich-

ungen;

- interaktiver Ausgabemodus für graphische und numerische Formate.

Wesentliche Voraussetzung für die Anwendung von DAIMOS ist, daß das Simulationsmodell zerlegt wird in die eigentlichen Modellbeziehungen und die im allgemeinen zeitabhängigen Eingabedaten. Wie bei der Simulationssprache DYNAMO definiert der Benutzer lediglich einen Zeitschritt des Modells. DAIMOS generiert dann aus den zeitlich inkrementellen Modellbeziehungen das globale Modellverhalten. Dabei stehen dem Modellbauer umfangreiche diagnostische Hilfen zur Verfügung. Hervorstechendste Eigenschaft von DAIMOS ist, daß das Modell modular aufgebaut werden kann. Die einzelnen Moduln werden als normale FORTRAN-Unterprogramme formuliert, wobei der Aufruf standardisiert ist. Das ermöglicht auch den vollen Zugriff zu entsprechenden Bibliotheksprogrammen. Um gleiche Operationen in unterschiedlichen Moduln synchronisieren zu können, dürfen die Moduln in bis zu sechs verschiedene Abschnitte eingeteilt werden, die von DAIMOS getrennt angesprochen werden. Abb. 3 erläutert die Funktion der unterschiedlichen Abschnitte:

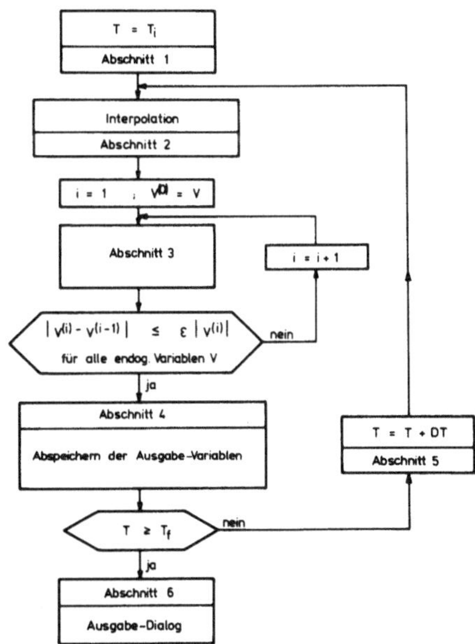

Abb. 3: Flußdiagramm der Modell-Abschnitte

- Abschnitt 1 besorgt alle Initialisierungen,
- Abschnitt 3 enthält rekursive und gekoppelte Gleichungen und
- Abschnitt 5 dient der Ausführung von Integrationen und Differentiationen.

Die Kopplung zwischen den Moduln darf nur im Abschnitt 3 stattfinden. Dieser Abschnitt ist der einzige, in dem die Reihenfolge der Statements wie auch der Moduln ohne Bedeutung ist. Diese Eigenschaft von Abschnitt 3 wird durch einen Gauß-Seidel Iterationsprozeß erreicht. Das Abbruchkriterium dieser Iteration ist, daß die relative Änderung aller endogenen Variablen kleiner als eine vorgebbare Schranke wird.

Die anderen Aktionen von DAIMOS während einer Zeitschleife sind die Interpolationen für alle exogenen Variablen und das Speichern der Outputvariablen in den Output Buffer. Am Ende des Simulationslaufes kann man sich den Inhalt dieses Speichers in einer per Dialog spezifizierten Form ausgeben lassen.

Die Kopplungen zwischen den Modellmoduln erfolgen simultan zu jedem Zeitschritt. Sie entstehen automatisch bei Verwendung gleicher Variablennamen. Softwaremäßig werden diese Kopplungen erzielt durch einen Common Block, der von einem DAIMOS Preprocessor vor der Kompilation in die Quellprogramme der Module eingefügt wird. Außer den Common Statements baut der Preprocessor noch eine sogenannte Global Variable Map (GVM) auf. Dieser Datensatz hat die Form einer Matrix mit je einer Zeile für jede globale Variable und je einer Spalte für jeden Modul des gesamten Modells (Abb. 4). Der Preprocessor hat zwei Funktionen. Einmal speichert er in der GVM die Information über die Variablenstruktur des gesamten Modellsystems, zum anderen garantiert er die Übereinstimmung der Reihenfolge der Variablen in der GVM und im DAIMOS Common Block. Abb. 4 erläutert das Zusammenwirken von Preprocessor, GVM und dem eigentlichen DAIMOS.

Das Zusammenspiel von GVM und DAIMOS Common Block ermöglicht es, die Variablen der in FORTRAN formulierten Module auch außerhalb des Modells unter ihrem (FORTRAN-) Namen anzusprechen. Diese Eigenschaft von DAIMOS bietet die Grundlage für die flexible Ankopplung der Regressions- bzw. Optimierungsverfahren.

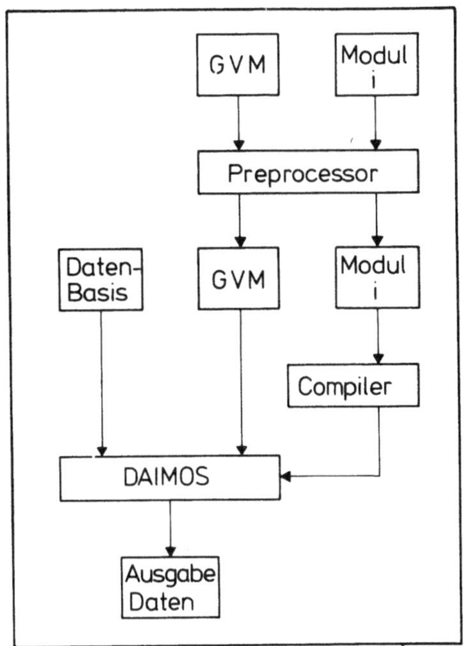

Abb. 4: Flußdiagramm zu DAIMOS und Preprocessor

OASIS - Optimization and Simulation Integrated System

Das Programmsystem OASIS stellt den dritten Baustein des integrierten Konzepts dar. Es ermöglicht die Überlagerung und Steuerung eines unter DAIMOS implementierten Modells mit einem vom Benutzer spezifizierten Optimierverfahren (Abb. 5).

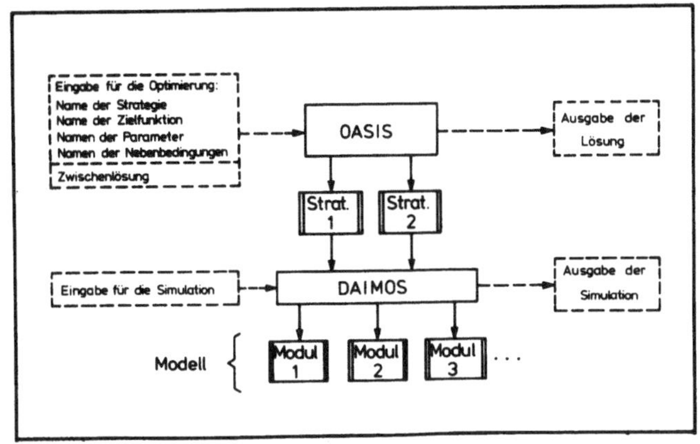

Abb. 5: Zusammenwirken von DAIMOS und OASIS

Dazu müssen zwei Voraussetzungen erfüllt sein:

- die Festlegung der Entscheidungsvariablen $\{x_i;\ i = 1,2\ldots,n\}$
- die Formulierung eines Güte- bzw. Bewertungskriteriums (auch Zielfunktion genannt). $f(x) \longrightarrow$ Min. (oder Max.)

Zusätzlich ist bei einigen Optimierverfahren die Einhaltung von Restriktionen möglich $g_j(x) \leqq 0$ (oder $\geqq 0$); $j = 1,2\ldots,m$.

So hat das allgemeine nichtlineare Optimierproblem die Form

$$\min \{f(x)/x \in \Omega\}, \text{ wobei}$$

$$\Omega = \{x \in \mathbb{R}^n \ /\ g_j(x) \leqq 0,\ j = 1,2,\ldots,m\}$$

den Raum der zulässigen Lösungen darstellt. Bei einem Simulationsmodell handelt es sich vorzugsweise um die mathematische Formulierung eines Systems, für das eine analytische Formulierung nicht in Betracht kommt. Aufgrund einer rein algorithmischen Darstellung ist aber im allgemeinen eine analytische Bestimmung des Gradienten

$$\nabla F = \{\frac{\partial F}{\partial x_i},\ i = 1,2,\ldots,n\}$$

nicht möglich. Das heißt, für die Optimierung von Simulationsmodellen kommen nur solche Verfahren in Betracht, die statt der Ableitungen nur eine Folge von Zielfunktionswerten benötigen. Diese Methoden, deren Arbeitsweise auf einem schrittweisen Vergleich der Zielfunktionswerte beruht, werden als direkte Suchverfahren bezeichnet. Dabei wird ausgehend von einem Punkt $x^{(k-1)}$ ein neuer Punkt $x^{(k)}$ gesucht, so daß gilt

$$f(x^{(k)}) < f\ (x^{(k-1)}).$$

Da ein allgemeingültiges Optimierverfahren, das für alle Problemklassen geeignet ist, nicht existiert, ist man gezwungen, auf eine Vielzahl von speziellen Lösungsverfahren zurückzugreifen. Zur Zeit sind im Programmsystem OASIS die in Abb. 6 aufgeführten Algorithmen enthalten:

```
CODE  Optimierverfahren
-------------------------------------------------------------------

      Koordinatenstrategie   (Gauss-Seidel-Verfahren)
FIBO   - mit Fibonacci - Intervallteilung
GOLD   - mit Intervallteilung nach dem Goldenen Schnitt
LAGR   - mit Lagrange'scher Interpolation

HOJE   - Muster Suche  (Hooke und Jeeves)

      Strategie der rotierenden Koordinaten
ROSE   - ohne lineare Suche (Rosenbrock)
        mit linearer Suche (Davies, Swann und Campey)
DSCG      - mit Orthonormierung nach Gram und Schmidt
DSCP      - mit Orthonormierung nach Palmer

POWE  Strategie der konjugierten Richtungen (Powell)

DFPS  Srategie der variablen Metrik (Davidon, Fletscher und Powell)
      mit numerischer Gradientenbestimmung nach Stewart und Lill

SIMP  Simplex-Strategie von Nelder und Mead
COMP  Complex-Strategie von M.J. Box

      Evolutionsstrategie
EVOL   - zweigliedrig (Rechenberg)
KORR   - mehrgliedrige mit Korrelation (Schwefel)
BREM   - zufaellige Richtung und kubische Interpolation
                                          (Bremermann,Milstein)
-------------------------------------------------------------------
```

Abb. 6: Ableitungsfreie Optimierverfahren

Über ein Dialogsystem kann der Benutzer den Einsatz der einzelnen Verfahren steuern und die Informationen erhalten, um das für sein Problem am besten geeignete Verfahren zu ermitteln. Dazu sind keine zusätzlichen Programmierarbeiten zu leisten. So ist es zum Beispiel möglich, mit einem Verfahren nach einer zulässigen Lösung zu suchen und dann sogleich mit einem anderen Verfahren die Suche nach dem Optimum anzuschließen.

Eine modulare Trennung von Strategie- und Problemprogrammen ergab sich dadurch, daß die Optimierung grundsätzlich in zwei sich abwechselnden Schritten abläuft:

- Auf der Grundlage einer Lösungsstrategie werden die Entscheidungsvariablen bestimmt.

$$x^{(k)} = x^{(k-1)} + \Delta x$$

- Für die jeweiligen Variablen $x^{(k)}$ werden die entsprechenden Funktionen $f(x^{(k)})$ und $g(x^{(k)})$ berechnet.

Die Verknüpfung eines Simulationsmodells mit einem Optimierverfahren kann auf zwei prinzipiell unterschiedlichen Wegen erfolgen:

- Optimierung innerhalb einer Simulation:
  Der Optimieralgorithmus wird zu bestimmten Zeitschritten während eines Simulationslaufs aufgerufen.

- Simulation innerhalb einer Optimierung:
  Das Modell wird bei jeder Iteration des Optimierungsablaufs jeweils einmal aufgerufen.

Für ein dynamisches Modell führt die Optimierung zu einzelnen Zeitschritten nicht notwendigerweise zu einer für den gesamten Zeithorizont optimalen Lösung, da der Verlauf eines dynamischen Prozesses für ein definiertes System durch Systemparameter wie Anfangswerte oder Zeitkonstanten bestimmt wird. Das heißt, um eine für den gesamten Zeithorizont optimale Lösung zu erhalten, ist es notwendig, nach jeder Parameteränderung einen vollständigen Simulationslauf zu starten, also den zweiten der beiden o.g. Wege zu gehen.

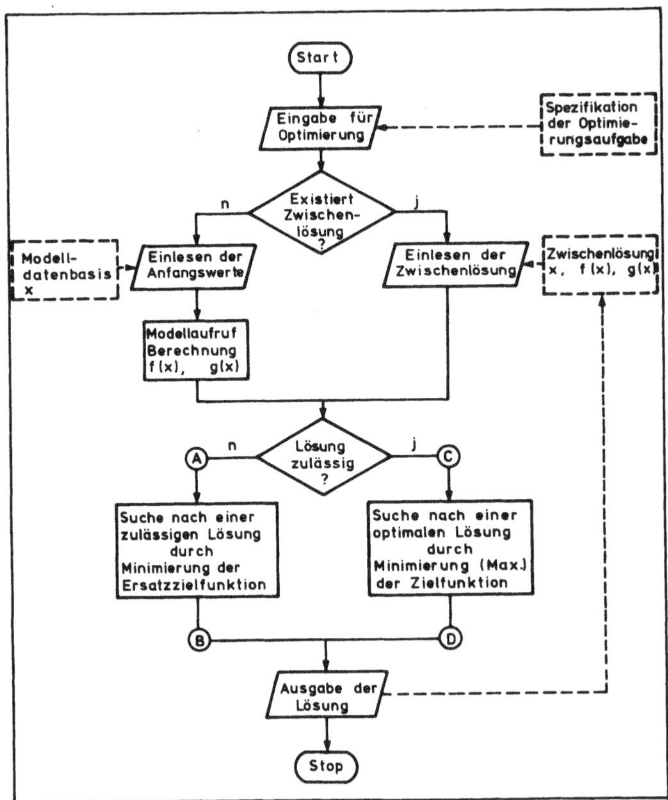

Abb. 7: Flußdiagramm von OASIS

Um nun ein Lösungsverfahren aufzurufen, sind keine Eingriffe am Modell erforderlich, sondern es sind lediglich die Größen zu deklarieren, deren Werte zwischen Modell und Optimieralgorithmus ständig übergeben werden, wie Parameter, Zielfunktion und Restriktionen. Dann ist ein Verfahren zu benennen, mit dem die Suche nach dem Optimum aufgenommen wird, sowie ein Abbruchkriterium zu spezifizieren. Diese Angaben werden auf einem externen Datensatz gespeichert.

Nach dem Einlesen des Datensatzes zur Spezifikation des Optimierproblems gibt es in OASIS zwei Alternativen (Abb. 7).

1.) Es existiert eine Zwischenlösung bestehend aus dem Parametersatz x, der Zielfunktion f(x) und den Nebenbedingungen g(x).

2.) Eine Ausgangslösung existiert nicht. Dann werden zur Initialisierung der Ausgangslösung die Parameter mit den in der Modelldatenbasis angegebenen Werten belegt. Zur Berechnung der Zielfunktion und der Nebenbedingungen wird das Modell einmal aufgerufen.

Nach diesem Schritt wird von OASIS geprüft, ob die vorliegende Ausgangslösung zulässig ist. Liegt der Startpunkt außerhalb des zulässigen Bereichs, so erlauben einige Verfahren die Suche nach einer zulässigen Lösung. Dazu wird aus der Summe der verletzten Restriktionen eine Ersatzzielfunktion gebildet, die minimiert wird. Wird der Wert dieser Funktion zu Null, so sind alle Restriktionen erfüllt, und ein zulässiger Punkt ist gefunden.

Nach Erreichen einer zulässigen Lösung kann dann die Suche nach dem eigentlichen Optimum aufgenommen werden. Ist ein Abbruchkriterium erfüllt, können die aktuell berechneten Parameterwerte und die korrespondierenden Schrittweiten als Lösung extern abgespeichert werden, um als Eingabe für eine weitere Optimieraufgabe z.B. mit einem anderen Verfahren oder mit geänderten Bedingungen zu dienen.

Ausblick:

Die softwaremäßige Integration von Simulation und nichtlinearer Optimierung erlaubt den fließenden Übergang von rein deskriptiven Modellen zu normativen Modellen. Der modulare Aufbau der drei Programmpakete IRECA, DAIMOS und OASIS läßt darüberhinaus viele Optionen für einen weiteren Ausbau des Gesamtsystems offen. Dieses gilt sowohl für den Ausbau des Energiemodells selbst, wie auch für weitere Regressions- und Optimiermethoden.

Es bestehen bereits konkrete Plände bzgl. Straffunktionsmethoden zur Behandlung von Nebenbedingungen sowie Optimierverfahren zur Berücksichtigung mehrfacher evtl. konkurrierender Ziele.

Literatur

/1/ Schmitz, K.: Langfristplanung in der Energiewirtschaft, Birkhäuser Verlag, Basel 1979

/2/ Drepper, F.: A Data-Model Interface for Modular Dynamic Simulation, Proc. Winter Simulation Conference, Miami Beach, 4.-6.12.1978, S. 313-321

/3/ Heckler, R. und Schwefel, H.P.: Superimposing Direct Search Methods for Parameter Optimization onto Dynamic Simulation Models, Proc. Winter Simulation Conference, Miami Beach, 4.-6.12.1978, S. 173-181

/4/ Schwefel, H.P.: Numerische Optimierung von Computer-Modellen mittels der Evolutionsstrategie, Birkäuser Verlag, Basel, 1977

B O S S - EIN GENERALISIERTES INFORMATIONSSYSTEM

B.E. Meyer
H.-J. Schneider

Institut für Angewandte Informatik
Technische Universität Berlin

Zusammenfassung: Dieser Beitrag stellt die Systemarchitektur und die einzelnen Komponenten des Methoden- und Modellbanksystems BOSS (Berlin method and mOdel baSe System) vor. Insbesondere wird auf die Anforderungen der Benutzer an solche Systeme und auf die Realisierung der Benutzerschnittstelle mit Hilfe eines generalisierten interaktiven Systems (GIAS) eingegangen.

1. Einführung

Immer mehr eingeschränkte Ressourcen und die immer grössere Komplexität der zu lösenden Probleme erfordern in zunehmendem Masse computergestützte Hilfsmittel. Die anstehenden Probleme sind nicht mehr von einzelnen Fachleuten zu lösen, sondern es ist dringend die interdisziplinäre Teamarbeit von Verwaltungsfachleuten, Wissenschaftlern, Praktikern, Managern und Politikern notwendig. Die auf uns hereinstürzende Informationslawine hat eine derartige Komplexität erreicht, dass wir sie nicht mehr manuell bewältigen können, sondern dazu generalisierte computergestützte Informationssysteme benötigen, die interdisziplinär für ganz verschiedenartige Anwendungsbereiche eingesetzt werden können (s./1/,/2/).

In Industrie , im Handel und in der öffentlichen Verwaltung werden mehr und mehr sogenannte Methoden- und Modellbanksysteme als Hilfsmittel zur Planung und Realisierung eingesetzt.(siehe z.B./3/,/4/,/5/,/6/) Diese Systeme gestatten es auch einem Nicht-EDV-Fachmann, seine Probleme mit Computerunterstützung schnell zu lösen. Er braucht nicht mehr der absolute Spezialist, z.B. in Statistik und Matrizenlehre, in OR-Verfahren oder Simulationstechniken zu sein; das System führt ihn und informiert ihn über die richtige Methoden- und Modellauswahl.

Diese Arbeit beschäftigt sich mit den Anforderungen an solche Methoden- und Modellbanksysteme aus der Benutzersicht heraus und mit einem generalisierten Ansatz für ein solches System (genannt BOSS). Insbesondere wird hierbei auf die Benutzerschnittstelle dieses Systems eingegangen, die mit Hilfe eines generalisierten interaktiven Systems erstellt wurde, das im wesentlichen ein (halb-) automatisches Hilfsmittel zur Erzeugung beliebiger Dialogprogramme darstellt.

2. Anforderungen an ein Methoden- und Modellbanksystem aus der Sicht der Benutzer

Wenn wir uns mit Methoden- und Modellbanksystemen beschäftigen, so können wir dies nicht losgelöst sehen von den Benutzern dieser Systeme. Wir unterscheiden im wesentlichen folgende drei Benutzerklassen:

1. der Experte im Hinblick auf die unterschiedlichsten Anwendungsgebiete (z.B. den Manager, den Planer, den Fachstatistiker etc.), der oft auch als gelegentlicher Benutzer oder Normalbenutzer bezeichnet wird,
2. der Anwendungsprogrammierer und Systemspezialist,
3. der Modell-, Methoden- und Datenbankadministrator.

Da alle diese Benutzerklassen in irgendeiner Weise mit dem System verbunden sind, müssen ihnen allen Hilfsmittel zur Verfügung gestellt werden, die es erlauben, das System benutzerorientiert und ihren Kenntnissen entsprechend zu handhaben.

Die Benutzerklasse 1 spielt in bezug auf Methoden- und Modellbanksysteme eine besondere Rolle, da sich die Entwicklung dieser Systeme aus den Anforderungen dieser Benutzer ableiten läßt. In diesem Zusammenhang lassen sich Methoden- und Modellbanksysteme, allerdings nur sehr vage, als Systeme definieren, welche den gelegentlichen Benutzern innerhalb einer Mehr-Benutzer-Umgebung die Möglichkeit bieten, seine Probleme mit minimalem Programmieraufwand und maximaler Systemunterstützung leicht und schnell zu lösen (s. /4/).

Diese Benutzerklasse möchte nicht immerfort gezwungen sein, neue Eingabenformate zu lernen, neue Job-Kontroll-Kartenfolgen, neue Dialog-Führungs-Versionen und neue Layouts, sie möchte nicht immer gezwungen sein, sich in neue Benutzer- Handbücher und Dokumentations-Konventionen einarbeiten zu müssen. Diese Benutzer sind in erster Linie an ihrer Problemlösung interessiert und nicht an solch (relativ) unwichtigen Details oder am Schreiben komplexer Programmpakete. Diese Problemlösung sollte vornehmlich computergestützt interaktiv stattfinden, weshalb es notwendig ist, für sehr komfortable Dialoginstrumente zu sorgen; diese sollten den Benutzern zusätzlich die Möglichkeiten bieten, ihre Probleme zu strukturieren sowie Modelle und Methoden zu generieren.

Innerhalb der Entwicklung der Methoden- und Modellbanksysteme ist es wichtig, den verschiedenen Benutzersichten soviel Freiheit wie möglich zu geben. Daher benötigt man Methoden, verschiedene Benutzersichten eines Informationssystems zu integrieren, die dazu dienen, die konzeptuelle Distanz zwischen den Benutzersichten und der Systemsicht zu vermindern.

Betrachtet man die Entwicklung von Informationssystemen in der Industrie oder in der öffentlichen Verwaltung, so lässt sich feststellen, dass z.B. in unterschiedlichen Abteilungen unabhängige Lösungen mit Hilfe von spezifisch angepassten Modellen und Methoden produziert wurden. Schnittstellen zwischen den einzelnen Abteilungen, d.h. zwischen den Problembereichen, wurden nicht oder nur in geringem Masse berücksichtigt. Grundlage dieser Modelle waren oft sehr unterschiedliche Methodologien,und sie wurden in verschiedenen Programmiersprachen geschrieben. Um den wachsenden Bedürfnissen der Benutzer Rechnung zu tragen, ist es notwendig, Modelle, Methoden und Daten in ein Gesamtsystem zu integrieren und die entsprechenden Schnittstellen zu realisieren (s. /4/). Dafür muss man die notwendige softwaretechnische Unterstützung bereitstellen, welche die Kommunikation zwischen verschiedenen Programmen, geschrieben in unterschiedlichen Programmiersprachen, erlauben, wobei diese Kommunikation vom System kontrolliert werden sollte.

Die Problemlösungsunterstützung seitens des Systems beinhaltet, neben vielem anderen, dass es einen grossen Teil der Verantwortung bei der Selektierung, Anwendung und Manipulation von Modellen, Methoden und Daten übernimmt. Problemlösungswege für bestimmte Problemklassen können vom Computer bereitgestellt werden, Daten- und Methodenwörterbücher (Informationsbanken) können verwendet werden, welche die Benutzer über alle zur Verfügung stehenden Modelle, Methoden, Hilfsmittel und Möglichkeiten informieren.
Bei Datenschutz und Datensicherheit lassen sich innerhalb der Methoden- und Modellbanksysteme, die uns schon von den Datenbanksystemen her bekannten Methoden verwenden. Weitere wichtige Aspekte sind die Unterstützung der Dokumentation, benutzerfreundliche Konsistenzprüfungen und Fehlererkennung während der verschiedenen Phasen des Problemlösungsprozesses, aber auch komfortable graphische Schnittstellen.

Die Reihe der Anforderungen an solche Systeme muss, allein schon aus Platzgründen, unvollständig sein. Sie liesse sich natürlich beliebig fortsetzen.

3. Die Systemkomponenten von BOSS

Das Schwergewicht der Systembeschreibung soll in diesem Bericht auf die Realisierung der Benutzerschnittstelle durch das generalisierte interaktive System GIAS (Kap. 4) gelegt werden. Das folgende Kapitel enthält daher nur einen groben Überblick bezüglich der anderen Systemkomponenten (wie z.B. Methodenbank, Modellbank und Datenbank).

3.1 Die Systemarchitektur

Zentrale Komponente des Systems ist der System-Monitor, der die Kommunikation zwischen dem Modell-, Methoden- und Datenbanksystem und den Benutzern realisiert und kontrolliert (s. Bild 1). Zusätzlich wurden Schnittstellen zu einer Programmbibliothek und einer Reihe externer Programmsysteme geschaffen.

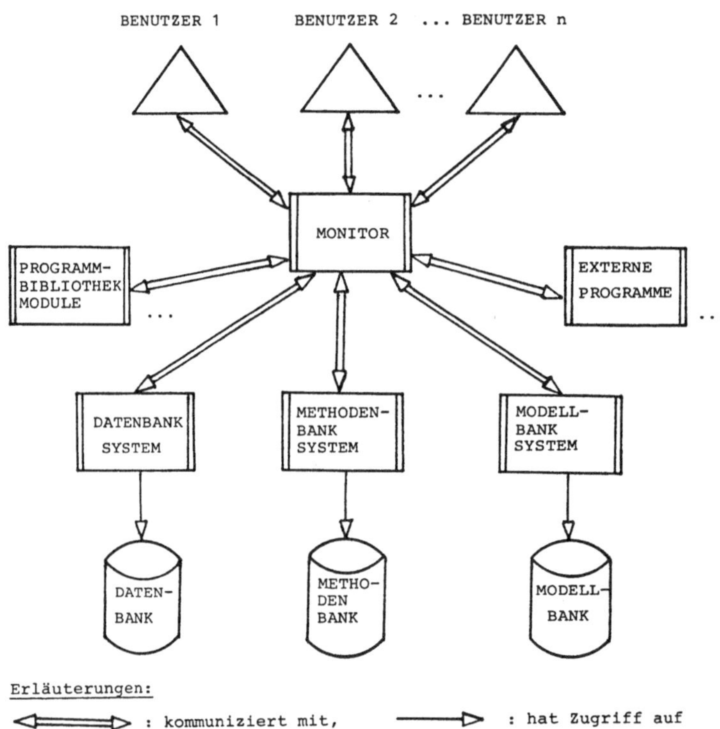

Bild 1: Systemarchitektur von BOSS /4/.

Die Kommunikation und Kontrolle zwischen einzelnen Modellen (siehe unten) fällt ebenfalls in den Aufgabenbereich des Monitors.

Die Modelle und Methoden sind in unterschiedlichen Programmiersprachen geschrieben (z.B. FORTRAN, SIMULA, PL/1, CSMP, DYNAMO). Das System ist so konzipiert, daß beliebige Modelle und Methoden, für die entsprechende Compiler-Versionen zur Verfügung stehen, und beliebige Daten hinzugefügt, geändert oder gelöscht werden können.

Bei den Modellen der Modellbank handelt es sich überwiegend um Simulationsmodelle im sozio-ökonomischen und sozio-technischen Bereich, bei den Methoden in der Methodenbank im wesentlichen um statistische Verfahren zur Gültigkeitsprüfung dieser Modelle. Entsprechend der im Dialog vom Benutzer spezifizierten Aufgaben, führt der System-Monitor von BOSS die gewünschten Instruktionen automatisch bzw. halb-automatisch aus, so wird z.B. eine spezifische Kalibrierungsmethode auf ein Modell angewendet, werden Modelle und Methoden mit den gewünschten Daten aus der Datenbank versorgt, spezifische Ausgaben entsprechend bestimmter Benutzeroptionen erstellt.

Ein wesentlicher Teil des Monitors ist das System GIAS (s./7/ und Kapitel 4) das vor allem die Benutzerschnittstelle realisiert und mit dessen Hilfe beliebige Dialoge systemunterstützt generiert werden können.

Der Systemmonitor kontrolliert die Handhabung des Systems durch unterschiedliche Benutzerklassen. Entsprechend der Benutzerwünsche führt der Monitor die spezifizierten Aufgaben in unterschiedlicher Art und Weise aus: Antworten, die Reaktionen auf Fragen, die in Menüform bzw. als Ja/ Nein-Form gestellt sind, werden in eine Monitor- (bzw. Dialog-) Sprache übersetzt und die korrespondierende Aktion wird ausgeführt. Kommandos und Optionen während verschiedener Dialogversionen können in der entsprechenden Monitorsprache formuliert und ausgeführt werden. Darüber hinaus existiert eine Option, verfügbare Programmiersprachen zur Modell- und Methodenhandhabung zu verwenden und den Zugriff auf die Datenbank mittels einer Datenbanksprache durchzuführen.

Um die zeitliche Synchronisation zwischen Modellen auf der einen Seite und Modellen und Methoden auf der anderen zu realisieren, wurde ein Prozesssystem (s./10/) integriert, das die Kommunikation der in verschiedenen Sprachen geschriebenen Modelle und Methoden erlaubt.

Modellbank

Wie schon erwähnt handelt es sich hierbei im wesentlichen um sozio-ökonomische und sozio-technische Simulationsmodelle. Selbständige Modelle, d.h. Modelle, die spezifische Anwendungsbereiche beschreiben und simulieren sind in Sprachen, wie z.B. DYNAMO II und III, CSMP III und SIMULA geschrieben. Ein Vertreter dieser Modelle ist das IFICUS-System von STÜBEL /9/. Dieses System, das auf dem System Dynamics Ansatz von FORRESTER /12/ basiert, kann als ein Entscheidungs- und Prognosemodell für die Top- und Middle-Management-Ebene einer Unternehmung betrachtet werden. Die Anfangswerte für die einzelnen Modellrechnungen werden aus der Datenbank zur Verfügung gestellt. Mit Modellen dieser Art können Fragen wie "Was passiert ... (z.B. mit der Liquidität), wenn ... (z.B. das Werbebudget um 10 % erhöht wird)" beantwortet werden. Eine weitere Anwendung sind Petrinetz- und Funktionsnetzmodelle, die im sozio-technischen Bereich eingesetzt werden und z.B. Produktionsprozesse beschreiben und simulieren /11/. Diese Modelle sind in PL/1 und SIMULA geschrieben. Die Handhabung dieser Modelle geschieht einmal via dem Dialogsystem und zum anderen besteht die Möglichkeit, mittels einer speziellen Netzsprache beliebige Netzmodelle sehr einfach zu generieren. Darüber hinaus wurde noch das Modellsystem von TRIER /8/ integriert, das für Planungszwecke innerhalb einer Unternehmung verschiedene Simulationsmodelle, die in den Sprachen CSMP und FORTRAN geschrieben sind und unterschiedliche Anwendungsbereiche beschreiben, miteinander koppelt.

Methodenbank

Hierbei handelt es sich überwiegend um Methoden zur Validierung von Simulationsmodellen. Die Abbildung relevanter Ausschnitte der Realität in Modelle ist nur ein kleiner Schritt, eine der Hauptaufgaben besteht darin, die Gültigkeit dieser Modelle zu prüfen. Dies kann z.B. darin bestehen, das reale Systemverhalten mit dem Verhalten des Modells zu vergleichen (z.B. Zeitreihenvergleich). Wichtige Hilfestellung erhält man durch Methoden der Verifikation, der Kalibrierung, der Sensitivitätsanalyse und Validierung. Die meisten von ihnen basieren auf statistischen Verfahren, die integrierte Komponenten der Methodenbank darstellen. Wegen der Komplexität und der Menge der Modelle und Verfahren ist es nicht mehr möglich, die Anwendung 'von Hand' durchzuführen, hierfür bedarf es computergestützter Hilfe z.B. bei der Kalibrierung und Sensitivitätsanalyse. Ein Beispiel hierfür ist der im System verfügbare automatische Kalibrator von STÜBEL /9/.

Datenbank

Bei dem in unser System integrierten Datenbanksystem handelt es sich um das WELL-System in MUNZ /12/. Es enthält im wesentlichen ein sogenanntes "binary" Datenmodell auf der logischen Ebene, wobei Objekte und ihre Beziehungen mittels graphen-ähnlicher Datenstrukturen mit benannten Kanten und Knoten beschrieben werden können. Zur Manipulation der Daten und zum Zugriff auf die Datenbank wird eine mächtige Graph-Pattern-Matching-Technik verwendet. Die entsprechenden Operationen werden mit Hilfe der Datenbanksprache WELL ausgeführt, die eine assoziative, inhaltsadressierende Methode verwendet. Innerhalb von BOSS gibt es zwei Möglichkeiten, dieses Datenbanksystem zu benutzen. Einmal wird entsprechend der Benutzerspezifikationen innerhalb eines Dialogs (via dem Monitorsystem) der Zugriff auf die Datenbank direkt und automatisch ausgeführt, um z.B. Modelle und Methoden mit entsprechenden Daten zu versorgen. Zum anderen hat der Methoden- und Modellbankexperte oder auch der mehr geübte Benutzer die Möglichkeit, direkt mittels der WELL-Sprache mit der Datenbank zu kommunizieren, um sich z.B. entsprechende Datenfiles für bestimmte Modell-Läufe zu generieren.

Module der Programmbibliothek und externe Programme

In der Programmbibliothek sind Programme verzeichnet, die den Bewertungsprozess von Modellen und Methoden unterstützen und handhaben.

Innerhalb der sozio-ökonomischen Simulationsmodelle haben wir z.B. eine ganze Reihe von Entscheidungsregeln und Hypothesen in Gleichungsform. In diesem Zusammenhang wurde für den Benutzer ein Programmsystem entwickelt, das erlaubt, interaktiv am Bildschirm sich die entsprechenden Entscheidungsregeln und Hypothesen ausgeben zu lassen und diese zu verändern. Die geänderte Version kann dann sofort automatisch im entsprechenden Modell eingebaut und deren Auswirkung getestet werden.

Des weiteren existieren in der Programmbibliothek eine ganze Reihe von Dienstleistungsprogrammen, die z.B. die Strukturen von Systemen wie Rückkopplungskreise o.ä. untersuchen, mit deren Hilfe Programme automatisch dokumentiert werden können und die Hilfsmittel für verschiedene Ausgabe-Formen (wie z.B. einen Graphik-Anschluss zur dreidimensionalen Ergebnisdarstellung von Simulationsresultaten) bereitstellen.

Als Beispiel für ein externes Programmsystem sei der Anschluß an das System FAKYR genannt. FAKYR ist ein Dokumenten-Retrieval-System, das einmal zu Forschungs- und Lehraufgaben dient und zum anderen innerhalb der Universitätsverwaltung eine konkrete Anwendung findet (s. /13/).

4. GIAS - Ein generalisiertes interaktives System

Die Tendenz der letzten Jahre, besonders innerhalb der betrieblichen Datenverarbeitung, hin zu Dialoganwendungen wurde schon vielfach aufgezeigt, diskutiert und motiviert (siehe z.B. /14/, /16/, /17/). Die Forderung nach einer komfortablen Dialogschnittstelle für ein Methoden- und Modellbanksystem wurde besonders im Hinblick auf die Benutzerklasse der gelegentlichen Benutzer erhoben. Ein Benutzer, der in der Vergangenheit seine Probleme mit Hilfe eines Computers lösen wollte, mußte entweder ein Computer-Spezialist sein oder von einem solchen unterstützt werden. Betrachtet man die große Menge unterschiedlicher Programmiersprachen, so fällt es den Nicht-EDV-Spezialisten sehr schwer, diese Programmiersprachen zu lernen, ihre Probleme darin zu formulieren oder sich in ein spezifisches Software-Produkt einzuarbeiten. Die sorgfältige Systemanalyse und die Strukturierung der Probleme bis hinab zu einer sehr prozeduralen Ebene sind die Hauptgründe, warum sich eine Vielzahl von Benutzern vor einer Computerunterstützung scheut.

Daher benötigen wir Hilfsmittel für diese Benutzerklasse, die es ihnen erlauben, ihre Probleme auf einem sehr hohen Niveau zu formulieren und die diese Benutzer nicht zwingen, Kenntnisse bezüglich der system-

orientierten Eigenschaften oder der Kommandos (z.B. in Hinblick auf die Kopplung von Daten-, Methoden- und Modellbank) zu haben. In diesem Zusammenhang sind Entwicklungen generalisierter interaktive Systeme (s. auch /7/, /16/, /17/) wirksame Hilfsmittel für bessere Problemlösungen.
GIAS ist ein Instrument zur Spezifikation und zur automatischen Generierung von Dialogprogrammen. Das System erlaubt Benutzern mit unterschiedlichen Kenntnissen, die verschiedenen Systemkomponenten einheitlich und konsistent zu verwenden. Nach Generierung der entsprechenden Dialoge durch einen Dialog-Programm-Autor, der ebenfalls nicht notwendigerweise ein EDV-Spezialist sein muß, ist es dem Dialog-Programm-Benutzer sehr einfach möglich, mittels eines deskriptiven Bildschirmdialogs alle Möglichkeiten der Systemkomponenten auszunutzen. Falls gewünscht, kann sowohl der Dialog-Programm-Autor beim Erstellen von Dialogprogrammen als auch der Dialog-Programm-Benutzer während des Dialogs mit allen bezüglich der Ausführung seiner Tätigkeit notwendigen Informationen versorgt und in seinem Problemlösungsprozess vom System angeleitet werden.

Ehe wir auf die Architektur und die Systemkomponenten von GIAS eingehen, soll kurz ein Überblick bezüglich weiterer Eigenschaften des Systems und der damit erzeugbaren Dialoge gegeben werden.

Als Benutzer des Systems unterscheiden wir, wie oben schon erwähnt, im wesentlichen zwei Arten von Benutzern: Den Dialog-Programm-Autor und den Dialog-Programm-Benutzer.

Der Dialog-Programm-Autor hat die Möglichkeit, mit wenigen deskriptiven Kommandos und Funktionen beliebige Dialogstrukturen zu realisieren (Dialog-Sequenzen, Dialog-Bäume, beliebige Sprünge etc.). Die Erzeugung der Dialogprogramme wird ausgeführt und kontrolliert mittels eines bildschirm-kontrollierten Dialogs. Für unterschiedliche Benutzerklassen wurden entsprechend deren Kenntnissen verschiedene Dialog-Features realisiert. Im Hinblick auf die verschiedenen Anwendungen, Modelle und Methoden werden verschiedene Dialog-Versionen zur Verfügung gestellt, z.B. wurden zur Handhabung der DYNAMO-, CSMP-, PL/1- und SIMULA-Modelle je unterschiedliche Dialoge geschrieben.

Die Eingabe-Spezifikationsmöglichkeiten sind für den Dialog-Programm-Benutzer abhängig von seinen Kenntnissen und Fähigkeiten. Der Benutzer hat folgende drei Möglichkeiten: (1) Antworten in der sogenannten Menü-Technik; der Benutzer muss eine Auswahl innerhalb mehrerer angebotener Spezifikationen treffen, (2) Antworten in der sog. Ja/Nein-Form, z.B. um spezifische Aufgaben (Ausgabe, Protokoll, Dokumentation,

Parameteränderung etc.) ausführen zu lassen. (3) Direkten Zugang zu allen Komponenten des Gesamtsystems unter direkter Kontrolle des Monitorsystems mittels einer Kommandosprache, Programmiersprache oder Datenbanksprache.

Mit Hilfe einer HELP-Funktion kann der Benutzer Informationen sowohl globaler als auch lokaler Art erhalten (global im Hinblick auf das Gesamtsystem, lokal im Hinblick auf die aktuelle Verzweigungsinformation) So kann er z.B. informiert werden über (a) das Dialogsystem selbst, (b) spezielle Simulations-Dialoge, (c) verschiedene Spezifikationstechniken, (d) Eingabe-Spezifikationen, (e) Fehlerhandhabung, (f) die Systemkontrolle, (g) einzelne Systemkomponenten (Modellbank, Methodenbank etc.), (h) und die Dialogsprache.

Alle für die Methoden- und Modellbankanwendungen relevanten Funktionen werden direkt über den Dialog und die Dialogsprache abgewickelt (wie z.B. Print-Funktionen, Editor-Funktionen, Rest-Hilfsmittel, I/O Funktionen, automatische Dokumentation).

Um den Benutzer bei seiner Problemlösung zu unterstützen und seine Kenntnisse bezüglich der verschiedenen Problemlösungswege für diese Problemlösung und der zur Verfügung stehenden Methoden zu verbessern, wird zur Zeit an einer graphischen Schnittstelle gearbeitet, mit deren Hilfe dieser vom System durch den entsprechenden Problemlösungsbaum geführt werden kann. Ähnlich wie in DIABAS /16/ soll GIAS durch Befehle erweitert werden, die es erlauben, dass der Benutzer an einer beliebigen Stelle sogenannte Stützpunkte spezifizieren kann, zu denen er, nach weiterem Durchschreiten seines Dialogbaumes, wieder zurückkehren kann und er bezüglich seiner Problemumgebung denselben damaligen Systemzustand wiederfindet.

Die GIAS-Architektur

Der Dialog-Programm-Autor entwickelt mit Hilfe eines Funktionen-Generators (s. Bild 2) und unter Einbeziehung von Informationen aus der Informationsbank das Dialogprogramm interaktiv. Das erzeugte Dialogprogramm kann dann vom Dialog-Programm-Benutzer verwendet werden.

Der Funktionengenerator bietet dem Autor eines Dialogprogramms sogenannte Dialogeinheiten (Frames) an, die folgende Funktionen enthalten (siehe auch Beispieldialog für den Dialog-Programm- Autor, Bild 3c): (a) Den Namen der Dialogeinheit, (b) den Ausgabetext für den Dialog-Programm-Benutzer, (c) die Eingabeformate für den Text des Dialog-Programm-Benutzers, (d) die Möglichkeit, zusätzliche Funktionen zu erstellen, (e) die Analyse der Benutzereingabe und die entsprechende

Verzweigungsinformation.

Mit diesen Spezifikationen hat der Autor die Möglichkeit, von einander unabhängige, selbstbeschreibende Dialogeinheiten zu definieren, die ihrerseits wiederum andere Dialogeinheiten, Module der Programmbibliothek, Datenbank, Methodenbank oder Modellbank aufrufen können (Verzweigungsinformation).

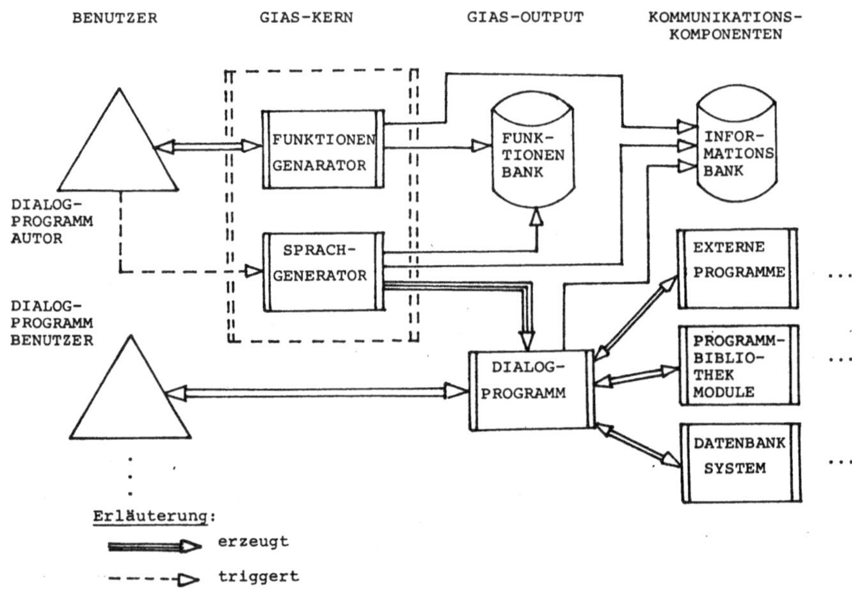

Bild 2: GIAS-Systemarchitektur

Der Funktionengenerator besitzt bezüglich der Sprache unterschiedliche Module für den gelegentlichen Benutzer und den Administrator als Dialog-Programm-Autoren. Der Funktionengenerator enthält einen eigenen Editor, der im wesentlichen die Funktionen Einsetzen, Ändern, Löschen und Zeigen von Frames umfasst; hinzu kommen Konsistenzprüfungsmechanismen.

Die Funktionenbank enthält alle Informationen für die Erzeugung des späteren Programms (bezüglich der Funktionen und der einzelnen Dialogeinheiten), zusätzliche Dateien für Hashing, einen Generator zur Erzeugung der Dialogstrukturen, Stützpunktinformationen und -funktionen, Gedächtnisfunktionen bezüglich der Dialoghistorie.

Ein Code-Modul des Sprachgenerators erzeugt das Dialog-Programm, wobei hier mittels Routinen dafür gesorgt wird, dass dem Benutzer des Dialogprogramms die entsprechenden Dialogeinheiten gezeigt werden (siehe Bild 3c).

Frame-Name

[<Ausgabetext>]

<Analyse- und Verzweigungsinformation>

[<Eingabemöglichkeiten>]

Bild 3a: Schema einer Dialogeinheit für den Dialog-Programm-Benutzer

Nationalität

Wählen Sie eine der Bevölkerungsgruppen

1 ----> Deutsche	2 ----> Nichtdeutsche

Bild 3b: Das für den Dialog-Programm-Benutzer zu erzeugende Frame

Frame-Name

Bitte geben Sie den Namen eines Frame ein

. Nationalität

Ausgabe

Bitte geben Sie den Ausgabetext der Frame ein

. Wählen Sie eine der Bevölkerungsgruppen

Eingabe

Wählen Sie eine der aufgeführten Eingabeformate

1 ----> binär	2 ----> Zahl
3 ----> unformatiert	

. 2

Verzweigung

Wählen Sie eine der angegebenen Verzweigungsarten

1 ----> VFRAME	2 ----> VSYSTEM
3 ----> VMODULE	4 ----> VINFO

. 1

Dialogeinheit

Geben Sie den Namen des Frames an, zu dem verzweigt werden soll

. Deutsche

Verzweigung

Wählen Sie eine der angegebenen Verzweigungsarten

1 ----> VFRAME	2 ----> VSYSTEM
3 ----> VMODULE	4 ----> VINFO

. 1

Dialogeinheit

Geben Sie den Namen des Frames an, zu dem verzweigt werden soll

. Nichtdeutsche

Bild 3c: Dialog des Dialog-Programm-Autors

Die interaktiv erstellten Dialogeinheiten werden in der Funktionenbank abgespeichert und nach Beendigung des Funktionen-Generator-Dialogs in Programme einer gewünschten Programmiersprache (hier FORTRAN, später auch COBOL) übersetzt.

Bild 3c soll anhand eines sehr einfachen Beispiels die Erzeugung einer Dialogeinheit für ein Dialogprogramm vom Dialog-Programm-Autor illustrieren. Die dem Autor vom System angebotenen Frames haben einen ähnlichen Aufbau, wie die der Benutzer. Bild 3b zeigt das erzeugte Frame für den Dialog-Programm-Benutzer.

Nach Definition eines Frame-Namens spezifiziert der Autor den Ausgabetext für den Benutzer, die Eingabeformate für den Benutzer-Eingabetext, die Verzweigungsart usw.

Wenn es sich hierbei auch um ein sehr simples Beispiel handelt, so zeigt es doch, wie man mit einfachen deskriptiven Mitteln Dialogprogramme in einer Methoden- und Modellbankumgebung generieren und handhaben kann.

5. Zusammenfassung

Das Methoden- und Modellbanksystem BOSS bietet den unterschiedlichen Benutzerklassen, insbesondere aber dem gelegentlichen Benutzer, die Möglichkeit, Methoden, Modelle und Daten in einer einheitlichen und konsistenten Art und Weise zu handhaben. Dieses System kann als ein wichtiges Instrumentarium zur Analyse, zum Entwurf, zur Bewertung und zur Realisierung von Informationssystemen betrachtet werden. Es bietet unterschiedlichen Anwendern interaktive Unterstützung bei ihren Problemlösungen.

Betrachtet man den heutigen Entwicklungsstand bei den Methoden- und Modellbanksystemen, betrachtet man die Komplexität dieser Systeme und die in Zukunft anstehenden Probleme, dann können folgende Feststellungen getroffen werden: Zur Planung, Handhabung und Realisierung solcher Systeme müssen neue Ideen und Konzeptionen entwickelt werden. Dies kann einmal geschehen durch die Entwicklung besserer Sprach- und Dialogschnittstellen, durch die Entwicklung neuer Techniken zur verbesserten Systemunterstützung bei den Problemlösungsprozessen, durch die Entwicklung sogenannter wachsender Systeme und durch verteilte Methoden- und Modellbanksysteme.

6. Literatur

/1/ SCHNEIDER, H.-J.: Möglichkeiten und Grenzen normativer Ansätze für die Gestaltung von Informationssystemen, in: Fachberichte und Referate/Lectures and Tutorials, Band 6, Entwicklungstendenzen der Systemanalyse, R. Oldenbourg Verlag, München-Wien, 1978

/2/ MEYER, B.E.; SCHNEIDER, H.-J.: Tools for Information System Design and Realization, in: Proceedings of the IFIP TC 8 Conference on 'Formal Models and Practical Tools for Information System Design', Oxford, April 1979, North-Holland, Amsterdam, 1979.

/3/ ESPRESTER, A.C.: Datenbank und Methodenbank, data report 9, Heft 3 und 4, 1974

/4/ IBM(Hrsg.), IBM System/370 Planning, Control and Decision Evaluation System/Standard (PLANCODE/S) - OS/VS - Program Reference Manual, Program No. 5740-XX9, Paris 1975

/5/ National Bureau of Economic Research: "TROLL User's Guide" Cambridge, Mass.

/6/ TEICHROEW, D.; HERSHEY III., E.A.: PSL/PSA: A Computer-Aided Technique for Structured Documentation and Analysis of Information Processing Systems, IEEE Transactions on Software-Engineering, Vol. SE-3, No. 1, Jan. 1977

/7/ MEYER, B.E.; PFLUGBEIL, G.; SCHNEIDER, H.-J.: A Generalized Interactiv System for Automatic Generation of Dialog Programs, Interner CIS-Bericht 11/78, Inst.f.Ang. Informatik, Techn.Univ.Berlin

/8/ TRIER, B.: Die Theorie der parallelen Prozesse als Instrument zur Modellierung und Simulation sozio-technischer Systeme, Diss., Universität Stuttgart, 1977

/9/ STÜBEL, G.: Methodologische und Software-engineering-orientierte Untersuchungen für ein Unternehmensmodell verschiedener Strukturiertheitsgrade, Diss., Universität Stuttgart, 1975

/10/ FORRESTER, J.W.: Principles of Systems, Wright/ Allan Press, Cambridge, Mass., 1971

/11/ GODBERSEN, H.; MEYER, B.E.: Function Nets as a Tool for the Simulation of Information Systems, in: Proc. of the Summer Computer Simulation Conference, Newport/California, 1978

/12/ MUNZ, R.: The WELL-System: A Multi-User Database System Based on Binary Relationships and Graph-Pattern-Matching, Information Systems, Vol. 3, No. 2, pp. 99-116, 1978

/13/ BOLLMANN, P.; KONRAD, E.; SCHNEIDER, H.-J.; ZUSE, H.: Das FAKYR-Projekt 1972-78, Fachbereich Informatik, Techn.Univ.Berlin, 1978

/14/ Diebold Research Program DPR-Report T 23-IIIA, Trends in System Architecture, in: Diebold Deutschland GmbH (Hrsg.), Einsatzmöglichkeiten software-technologischer Methoden mit Normungseffekt, Frankfurt, 1976

/15/ DZIDA, W.; HERDA, S.; ITZFELD, W.: GMD-Factors of User-Perceived-Quality of Interactive Systems, Gesellschaft für Mathematik und Datenverarbeitung, Schloss Birlinghoven, 1978

/16/ GRIESE, J.; ÖSTERLE, H.; PLESCH, M.: DIABAS- eine Dialog-Basis, in: Angewandte Informatik 12/78

/17/ PERNARDS, P.: Der DIMPLE- Dialoggenerator, Projektbericht, Fa. Philips GmbH, Forschungslaboratorium, Hamburg, 1978

DAS KARAMBA METHODENBANKSYSTEM

Rainer Hüber
Klaus R. Dittrich
Peter C. Lockemann

Institut für Informatik II
Universität Karlsruhe

Zusammenfassung: Die Entwicklung von Anwendungssystemen, die den Benutzer beim Problemlösungsprozeß unterstützen sollen, führte bisher auf eine Vielzahl spezieller Systeme und ist damit geprägt von Mehrfachprogrammierung, langen Herstellungszeiten und hohen Kosten. Da solche Systeme eine Reihe von Gemeinsamkeiten aufzeigen, erscheint es sinnvoll, diese zu einer Art Grundsystem zusammenzufassen, das dann als Basis für beliebige Methodenbanksysteme dient. Der vorliegende Beitrag diskutiert die Architektur sowie einige Realisierungsaspekte eines solchen Grundsystems, das hinsichtlich Daten und Methoden erweiterbar ist und die Einrichtung angepaßter Benutzerschnittstellen unterstützt.

1. Einleitung

Technischer Fortschritt und fallende Preise für Rechner und periphere Einrichtungen eröffnen einem wachsenden Kreis von Anwendern einen wirtschaftlichen Zugang zum Rechner. Als Hindernis stellen sich dem Rechnereinsatz jedoch die hohen Herstellungskosten und -zeiten für die Anwendersoftware entgegen. Für deren Entwicklung müssen rationellere Wege gefunden werden. Methodenbanksysteme sind ein Schritt in diese Richtung und gewinnen deshalb zunehmend an Interesse in Forschung und Entwicklung.

Nach [DHL79] versteht man unter einem Methodenbanksystem eine erweiterbare Sammlung von Programmbausteinen (Methodenbank) zusammen mit einer Komponente zum Anschluß beliebiger Datenbestände (Datenbank), beides vereinigt durch ein System zur Anpassung an verschiedene Anwendungsbereiche und zur Kommunikation mit dem Benutzer. [DHL79] schlagen dazu vor, die Einrichtung eines Methodenbanksystems in zwei Schritte aufzuteilen. Zunächst sollen die allen Anwendungen gemeinsamen Systembestandteile zu einem sog. Methodenbank-Grundsystem zusammengefasst und in einem vorbereitenden Arbeitsschritt ein einziges Mal erstellt werden. Diese gemeinsame Basis kann anschließend durch anwendungsspezifische Elemente zu einem Methodenbanksystem für eine spezielle Anwendung erweitert werden.

Der prinzipielle Aufbau eines solchen Grundsystems sowie der Prozess der Anpassung an eine Anwendung werden in [DHL79] ausführlich diskutiert. Hiernach weist ein Methodenbanksystem drei Systemebenen mit folgenden Profilen auf:

(E1) die Anwendungsebene mit einer oder mehreren Schnittstellen für den DV-ungeschulten Endbenutzer,

(E2) die Anpassungsebene als Schnittstelle für den DV-Spezialisten, der die softwaretechnischen Lösungen in einer den Bedürfnissen des Endbenutzers angepassten Form bereitstellt,

(E3) die Grundebene, in der die vorgefertigten Bestandteile des Grundsystems, nämlich die Methodenverwaltung, die Datenverwaltung, die Ablaufsteuerung, das Auskunfts- und das Schutzsystem zugänglich sind.

Dem Prozess der Anpassung wird - nicht zuletzt aus Gründen der Flexibilität und der Akzeptanz - besondere Bedeutung zugemessen. Anpassungsaufgaben zerfallen in folgende vier Gruppen:

(A1) die Einrichtung einer Methodenbasis, d.h. das Füllen der Methodenbank mit den benötigten Unterprogrammen (Methoden),

(A2) das Aufbereiten von Methoden hinsichtlich einer einfachen Handhabung durch den Endbenutzer,

(A3) das Verknüpfen mehrerer Methoden miteinander zu komplexeren Anwendungsfunktionen,

(A4) das Koppeln von Daten und Methoden.

Dem Ziel einer Verringerung der Softwarekosten käme man besonders nahe mit der Konzeption eines Grundsystems, das ein breites Spektrum unterschiedlicher Anwendungen unterstützen kann. Einen Versuch in dieser Richtung stellt das 'Karlsruher Rahmensystem für Methodenbanken' (KARAMBA) dar, das derzeit an der Universität Karlsruhe entwickelt wird. Kap.2 behandelt die Systemarchitektur von KARAMBA und stellt einige Überlegungen hinsichtlich eines praktischen Einsatzes an. Angesichts einer breiten Anwendbarkeit spielen bequeme und mächtige Hilfsmittel für die Verwaltung, Handhabung und Verknüpfung von Daten und Methoden eine wichtige Rolle. Auf sie wird in Kap.3 näher eingegangen.

2. Das KARAMBA-System

2.1 Systemarchitektur

Um ein Rahmensystem entwerfen zu können, müssen die Anforderungen eines möglichst breiten Spektrums möglicher Anwendungen bekannt sein. Dem Systementwurf von KARAMBA ging daher zunächst eine umfassende Analyse verschiedener Anwendungsgebiete voraus, wie z.B.

- Konstruktion sozioökonomischer Modelle
- Simulation
- Operations Research und Unternehmensplanung
- Anwendungsprogrammierung im öffentlichen Bereich
- Ingenieurwesen (CAD).

Auf den hieraus gewonnenen Erkenntnissen aufbauend wurde versucht, anwendungsneutrale Komponenten eines Methodenbanksystems von anwendungsspezifischen im Sinne eines Grundsystems [DHL 79] zu trennen. Ergebnis war die nachfolgend beschriebene, dreischichtige Systemarchitektur (Bild 1).

Die höchste Ebene ist die Anwendungsebene, auch Application Level (AL) genannt. Sie ist auf die Bedürfnisse DV-ungeschulter Anwendungsfachleute (Endbenutzer) ausgerichtet. Da insbesondere auch die Sprache, in der der Anwender mit dem System verkehrt, an dessen Fachterminologie angepasst sein soll, kommen unterschiedlichen Anwendungsgebieten in der Regel verschiedene Benutzerschnittstellen zu. Oft ist es zweckmässig, zwischen "parametrischen" und "modellierenden" Endbenutzern zu unterscheiden. Ersterer ist der "Problemlöser", der zur Lösung eines speziellen Problems die zutreffende Anwendungsfunktion auswählt, sie mit aktuellen Parametern versieht und sie vom Rechner ausführen lässt. Demzufolge sind nicht-prozedurale Dialogsprachen (Very-high-level-(VHL)Sprachen) typische Vertreter für AL-Sprachen parametrischer Benutzer. Der modellierende Benutzer sieht hingegen seine Aufgabe nicht im Lösen von Problemen, sondern vielmehr im Schaffen von Problemlösungsverfahren, deren Bereitstellung durch den DV-Spezialisten (s.u.) im voraus nicht möglich oder (aus Gründen andersartiger Vorbildung) nicht zweckmässig ist. Deshalb werden gerade für derartige "Model-level"-(ML-) Schnittstellen deskriptive Problembeschreibungssprachen Anwendung finden. Beispiele hierfür finden sich im Bereich der Konstruktion sozioökonomischer Modelle in Form von Verhaltensgleichungen. Der Anwender eines so erstellten Modells wäre dann ein typischer parametrischer Benutzer, etwa ein hoher Regierungsbeamter, der zur Vorbereitung wirtschaftspolitischer Entscheidungen auf die Modellsimulation zurückgreift.

Auf der zweiten Ebene, der High-level-(HL) Ebene wird die Anpassung an eine gewählte Anwendung durchgeführt. Die Bezeichnung "High-level" rührt von der Wahl einer höheren Programmiersprache zur Formulierung des Anpassungsprozesses her. Ziel ist es dabei, sämtliche auf AL benötigten Anwendungsfunktionen als "HL-Prozeduren" vorab zu definieren, sämtliche Objekttypen vorab zu deklarieren und implizite Steuerungsfunktionen zur Kontrolle des Ablaufs sowie der Kopplung von Methoden mit - insbesondere permanent gespeicherten - Daten zu implementieren. Damit wird das Ziel verfolgt, den Abbildungsprozess von AL-Eingaben beliebiger semantischer Komplexität auf vorhandene Daten und Methoden zu vereinfachen. Im Idealfall lässt sich jeder AL-Anweisung eine HL-Prozedur zuordnen. Damit bleiben die Aufgaben eines AL-Interpreters auf eine syntaktische Umsetzung von AL-Eingaben sowie auf eine komfortable Dialogführung beschränkt. Benutzer der HL-Ebene sind Anwendungsprogrammierer, die der hier verwendeten höheren (HL-) Programmiersprache kundig sind und imstande sein müssen, zu den benötigten AL-Funktionen effiziente software-technische Lösungen zu implementieren.

Die unterste Ebene ist die Grundebene, auch Low-Level-(LL) Ebene genannt. Sie enthält die zu einem Grundsystem gehörenden, vorgefertigten Bestandteile (z.B. Methoden- und Datenverwaltung) und ist ausschliesslich dem Systempfleger zugänglich. Für dessen Aufgaben sieht KARAMBA Kommandoschnittstellen zum Einbringen und Verwalten von Methoden, zum Einschränken von Benutzungsrechten auf Teile der Methodenbank und zum Regeln der Ausführung von Methoden über gespeicherten Daten vor. Der Systempfleger ist ferner für den Anschluß eines Datenbanksystems an KARAMBA zuständig.

2.2 Realisierungsaspekte

Hinsichtlich eines praktischen Einsatzes muß ein Grundsystem, in KARAMBA also die LL- und die HL-Ebene, drei wichtige Zielsetzungen verfolgen:

(1) Vermeidung von Mehrfachprogrammierung.
Ein potentieller Anwender muß in die Lage versetzt werden, bereits in seinem Besitz befindliche oder von dritter Seite erhältliche Programme, vor allem also FORTRAN-, Assembler- und COBOL-Programme, in das Methodenbanksystem mit aufzunehmen. Darüberhinaus muß die Möglichkeit geschaffen werden, vorhandene Systemsoftware zu nutzen, also beispielsweise Editier-, Datenbank- oder Programmverwaltungsfunktionen über bereits auf der DV-Anlage vorhandene Programmsysteme abzuwickeln.

(2) Bereitstellung geeigneter sprachlicher Mittel für den Anpassungsprozess.
Wie in [DHL 79] empfohlen, wurde hierfür die Verwendung einer Programmiersprache vorgesehen, die mächtig genug ist, um Methodenschnittstellen (z.B. Vorbesetzung von Parametern, Einschränkung von Parameter-Wertebereichen) und Kriterien für die Methodenauswahl zu formulieren sowie Methoden untereinander beliebig zu verknüpfen und mit gespeicherten Daten zu versehen. Ferner sollte diese Programmiersprache das strukturierte Programmieren unterstützen und Möglichkeiten zur Definition von komplex strukturierten Typen anbieten.

(3) Portabilität, Transparenz und Wartbarkeit.
Es ist eine klare und möglichst knappe Schnittstelle zum zugrundeliegenden Betriebssystem zu schaffen. Darüberhinaus sollte die Implementierung des Grundsystems in einer (höheren) Programmiersprache erfolgen, die als Systemimplementierungssprache geeignet ist, da dann die Frage der Portabilität weitgehend an den Übersetzer für diese Sprache delegiert werden kann.

Eine detaillierte Untersuchung der Punkte (1) bis (3) führte zunächst zu einer Art Pflichtenheft für die HL-Sprache [DIT 77, KOE 78]. Da einerseits aus Aufwandsgründen von der Implementierung eines neuen Übersetzers abgesehen werden mußte, andererseits die Portabilität des Gesamtsystems von der Portabilität des Übersetzers abhängt und auch Wartungsfragen zu berücksichtigen waren, kam als HL-Sprache nur eine in der Praxis bereits vorhandene Programmiersprache infrage, die die geforderten Sprachkonzepte hinreichend erfüllen kann. Die Auswahl fiel dabei auf die Systemimplementierungssprache LIS [WEI78, SIE78]. LIS ist eine PASCAL-ähnliche höhere Programmiersprache, sie unterstützt getrennte Übersetzung von Moduln, strukturierte Programmierung und ermöglicht über sog. 'Interfaces', Maschinenbefehle in den vom Übersetzer erzeugten Code einzustreuen und Prozeduren aufzurufen, die in anderen Programmiersprachen geschrieben sind. LIS selbst kann als ein Vorläufer der im Auftrag des US Department of Defense entwickelten Sprache ADA [ADA 79] betrachtet werden, die auf eine weite Verbreitung hoffen lässt. Da das ADA-Sprachkonzept weitgehend eine Obermenge zum LIS-Sprachkonzept bildet, wird auch ADA ein interessanter Kandidat sein, sobald entsprechende Übersetzer zur Verfügung stehen.

3. Handhabung des Systems bei der Anpassung

Nach Abschnitt 2 stellt sich das Grundsystem dar als eine Menge von Komponenten der LL-Ebene zusammen mit einer durch eine höhere Programmiersprache realisierte Sprachschnittstelle, in der Methoden und Daten einheitlich angesprochen und untereinander verknüpft werden können. Auf die für ein Methodenbanksystem wohl bedeutsamsten Aufgaben, nämlich die Verwaltung, Handhabung und Verknüpfung von Methoden und Daten, soll in den folgenden beiden Abschnitten näher eingegangen und ihre Lösung in KARAMBA vorgestellt werden.

3.1 Methodenbasis

3.1.1 Aufbau der Methodenbasis

Der Aufbau einer KARAMBA-Methodenbasis für ein spezielles Anwendungsgebiet vollzieht sich in drei wohldefinierten Schritten:

(1) Auswahl und Beschaffung geeigneter Methoden,
Aufgrund ihrer beliebigen Herkunft werden diese im folgenden als importierte Methoden bezeichnet. Sie dürfen in beliebigen Programmiersprachen erstellt sein und können als Quellcode oder

als Objektprogramm vorliegen. Im ersten Fall muß auf der benutzten Anlage ein entsprechender Übersetzer zur Verfügung stehen; im zweiten Fall muß das Programm auf der Anlage lauffähig sein. Hinsichtlich ihrer Ablauflogik sind zunächst nur Unterprogramme als importierbare Methoden zugelassen. (In sich abgeschlossene Hauptprogramme, die also keinen Rücksprung in das KARAMBA-Steuerprogramm enthalten, bedürfen einer speziellen Behandlung).

(2) Aufbereiten importierter Methoden.
Zu jeder importierten Methode wird ein Rahmen erzeugt, der die sprachspezifischen Aufrufkonventionen unterschiedlicher Übersetzer verdeckt und eine einheitliche Aufrufform in KARAMBA ermöglicht. Syntaktisch ist der Rahmen eine in der HL-Sprache formulierte Prozedur, deren Rumpf die korrekte Parameterübergabe regelt und den eigentlichen Aufruf der importierten Methode enthält. Die HL-Sprache wird somit prozedural um die Methoden der Methodenbank erweitert.

(3) Erweitern der Methodenbasis.
Funktionen, die beispielsweise in einer Anwendung (AL-Ebene) benötigt, aber noch nicht oder nicht in der gewünschten Form vorliegen, sind als Unterprogramme in der HL-Sprache LIS zu erstellen. Solche "LIS-Methoden" haben demnach die gleiche syntaktische Form wie die "umrahmten" importierten Methoden, nämlich die einer LIS-Prozedur. Eine "LIS-Methode" kann entweder ein ausschliesslich LIS-Elemente verwendendes Programm, eine reine Sequenz von Aufrufen bereits vorhandener Methoden oder eine beliebige Mischung beider Programmformen sein.

Ein für Antwortzeit- bzw. Effizienzverhalten wichtiger Faktor ist die Tatsache, daß alle Methoden, also insbesondere diejenigen, die den Anwendungsfunktionen entsprechen, in übersetzter Form vorliegen. Die in einer solchen Funktion enthaltene Semantik wird also bereits vom HL-Übersetzer in eine entsprechende Ablauflogik des Objektprogramms umgesetzt. Das LIS-Laufzeitsystem stellt somit einen (bereits vorgefertigten) Teil der KARAMBA- Ablaufsteuerung dar (der andere Teil beinhaltet ausschliesslich syntaktische Umsetzung von AL-Eingaben auf Aufrufe der entsprechenden HL-Prozeduren).

In den folgenden beiden Abschnitten wird erläutert, wie Methoden als Objekte der Methodenbasis-Verwaltung sowie als sprachliche Objekte der HL-Sprache gehandhabt werden.

3.1.2 Verwaltung der Methodenbasis

Strukturierung der Methodenbasis

Die Grundform einer Methode, also diejenige Form, in der die Methode dem Verwaltungssystem übergeben wird, ist ein HL-Quellprogramm, nämlich eine LIS-Prozedur (im Falle einer importierten Methode nur der in LIS geschriebene Prozedurrahmen; das eigentliche Methodenobjektprogramm wird automatisch angebunden). Dabei stellt sich die Frage, ob eine Methode einzeln oder im Kontext mit weiteren Methoden zu einem ausführbaren Modul gebunden werden soll. Erstere Vorgehensweise bietet zwar höhere Flexibilität, verursacht aber eine große Zahl zu verwaltender Moduln. Zudem muß - dynamisches Binden vorausgesetzt - mit erhöhtem Laufzeitaufwand gerechnet werden. In KARAMBA werden stattdessen jeweils mehrere Methoden zu Teilmengen zusammengefaßt. Eine daraus resultierende Strukturierung der Methodenbasis ist ferner aus Gründen des Schutzes (Autorisierung unterschiedlicher Benutzergruppen) sowie der besseren Übersichtlichkeit für den Benutzer erforderlich. In KARAMBA sind 4 Strukturierungsebenen definiert:

(a) Methodenebene: einzelne Methoden.
(b) (Methoden-)Gruppenebene: Zusammenfassung von Methoden nach ihrer Funktion und/oder Verwendungszweck (Beispiel: Methoden der Matrixrechnung).
(c) Standardumgebungen: Für jede Benutzerklasse werden mehrere Methoden-Gruppen entsprechend der Bedürfnisse und/oder Benutzungsrechte zu sogenannten Standardumgebungen zusammengefaßt.
(d) Methodenbank: Vereinigung sämtlicher, in der Regel nicht disjunkter Standardumgebungen.

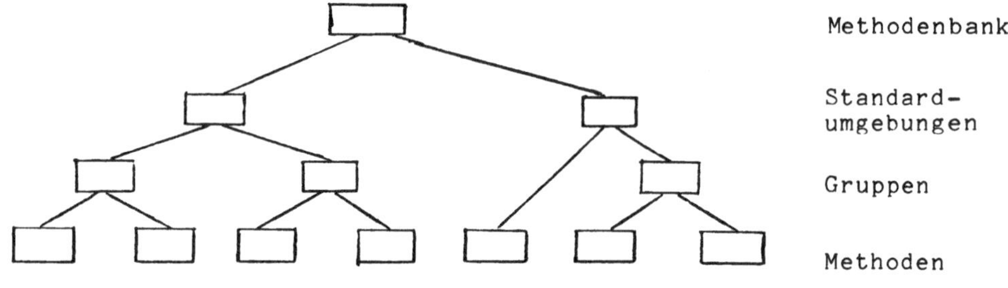

Methoden-Objektprogramme

Methoden werden jeweils im Kontext einer Standardumgebung gebunden. Die Übersetzung erfolgt gruppenweise, da damit einerseits Bezugnahmen der Methoden untereinander (Aufrufhierarchien) effizient vom Übersetzer aufgelöst werden können, andererseits unter Ausnutzung einiger binde-vorbereitender Funktionen des LIS-Übersetzers ein sehr schnelles Zusammenfügen von "Gruppen-Bindemoduln" zu gebundenen Standardumgebungen möglich ist.

Ändern von Methoden

Änderungen an Methoden sind stets kritisch, da sie leicht zu Inkonsistenzen der Methodenbasis führen können. In KARAMBA werden hinsichtlich ihrer Auswirkung auf andere Programme zweierlei Arten von Änderungen an Methoden unterschieden:

- Die Schnittstelle, also der HL-Prozedurkopf, bleibt unverändert, lediglich der Rumpf der Prozedur wird durch eine neue Version ersetzt. Dies wird durch die von LIS geforderte strikte Trennung von Prozedurdeklaration und Prozedurrumpf (Ablage in getrennten Übersetzungseinheiten) wesentlich unterstützt. Programme, die diese Methode aufrufen, bleiben von der Änderung unbetroffen, lediglich ein Neubinden mit der neuen Version ist für solche Programme erforderlich.
- Die Schnittstelle wird (ebenfalls) verändert. Wird die Methode in anderen Programmen verwendet, so muß die syntaktische Form des Methodenaufrufs in diesen entsprechend angepasst werden (semantische Änderungen haben noch weitreichendere Folgen). Der LIS-Übersetzer führt über gegenseitige Bezugnahmen zwischen Programmoduln genau Buch und gibt von Änderungen betroffene Moduln (einer Standardumgebung) zum Neubinden erst dann frei, wenn sie neu übersetzt wurden. Damit bleibt die syntaktische Korrektheit von in Betrieb befindlichen Programmen stets erhalten. Nach jeder durchgeführten Änderung stellt das System anhand interner Listen alle betroffenen Programme (bzw. Standardumgebungen) fest und markiert sie als Kandidaten für einen Aktualisierungslauf. Der tatsächliche Zeitpunkt der Aktualisierung wird von außen bestimmt.

Kommandoschnittstelle der Methodenverwaltung

Die Methodenbasis-Verwaltung bietet dem Systempfleger Unterstützung, indem sie für typische Funktionen geeignete Kommandos zur Verfügung stellt. Die wichtigsten solcher Verwaltungsfunktionen seien nachfolgend skizziert.

- Logisches Aufnehmen in die Methodenbank: Übernahme der Methode in zentrale Quelltextdatei, Beschaffung und Speicherung von Angaben über Herkunft, Zeit und (Verweis auf) Dokumentation einer Methode.

- Ändern eines Methoden-Quellprogramms: Lokalisieren in zentraler Quelltextdatei, Kopieren in Editor-Arbeitsdatei, Rückschreiben, Konsistenzprüfung.

- Löschen einer Methode: Konsistenzprüfung, logisches und physisches Löschen.

- Gruppenbildung: Anlegen, Benennen und Füllen entsprechender "Gruppen-Quelltextdateien".

- Definieren von Standardumgebungen: Angabe der Gruppen, LIS-spezifische Aufbereitungen, Benennung.

- Generierung von Objektmoduln (Phasen): Übersetzen und Binden einer Standardumgebung.

- Ausgabe von Auskünften, etwa über
  * Inhalte von Gruppen oder Standardumgebungen
  * Verwaltungsangaben
  * Dokumentation einer Methode (mittelbar über Verweis)

3.1.3 Methoden-Aufbereitung

Der LIS-Rahmen lässt sich zugleich dazu benutzen, importierte Methoden auf die Verhältnisse einer bestimmten Anwendung zuzuschneiden. So können in LIS (ähnlich PASCAL) Parametertypen wesentlich differenzierter beschrieben werden als etwa in den beiden für Methoden meistverwendeten Sprachen FORTRAN und COBOL. Beispielsweise ist es möglich, den Wertebereich für einen Parameter PARAM vom Typ MONATSTAG wie folgt einzuschränken:

```
:
type    MONATSTAG=(1..31);
:
PARAM : MONATSTAG;
:
```

Weiterhin können für die Parameter einer Prozedur Vorbesetzungen (Defaultwerte) angegeben werden.

Denkbar ist auch, daß mehrere importierte Methoden zwar gleiche Schnittstelle und Funktion besitzen, ihre Anwendbarkeit jedoch jeweils von Eigenschaften gewisser Parameter abhängt (Beispiel: Zwei Methoden zur Matrixinvertierung mit verschiedenen Invertierungstechniken für unterschiedliche Matrixgrößen oder -arten). In KARAMBA wird für derartige Methoden zusammen nur ein einziger Prozedurrahmen erstellt. Der Rumpf der Prozedur enthält dann neben den Methodenaufrufen zusätzlich das zugehörige Selektionskriterium zur Auswahl der jeweils zutreffenden Methode. Wesentliche Voraussetzung ist dabei natürlich, daß die Formulierung der Methodenauswahlkriterien mit LIS-Mitteln möglich ist, und daß deren Verdeckung nach "aussen hin" zur HL-Ebene im Sinne des HL-Benutzers ist, d.h. daß die Unterscheidungsmerkmale der Methoden für ihn nicht signifikant sind.

Da Methoden sich in LIS als Prozeduren repräsentieren, gelten zu deren weiterer Verknüpfung die in LIS üblichen Konventionen zur Erstellung von Prozeduren. Da das Ergebnis einer Verknüpfung ebenfalls wieder eine LIS-Prozedur ist, kann dieser Vorgang über mehrere Stufen hinweg fortgesetzt werden, d.h. es lassen sich beliebige Aufrufhierarchien bilden. LIS unterstützt hierbei das Prinzip der strukturierten Programmierung durch getrennte Übersetzbarkeit (jede Stufe in der Programmhierarchie kann als Übersetzungseinheit vereinbart werden) und durch strikte Trennung von Prozedurdeklaration und Prozedurrumpf; neue Prozedurrümpfe können eingebracht werden, ohne daß darauf bezugnehmende Programme neu übersetzt werden müssen.

3.2 Datenverwaltung

3.2.1 Annahmen und Voraussetzungen

Zur Realisierung der für das Methodenbanksystem erforderlichen Datenverwaltung soll keine Eigenentwicklung betrieben werden, vielmehr sollen sich existierende Produkte einsetzen lassen. Dies hat zweierlei Gründe. Zum einen ist es ein generelles Ziel von KARAMBA, soweit möglich Mehrfachprogrammierung zu vermeiden und vorhandene Software zu nutzen. Zum anderen muß man davon ausgehen, daß viele Benutzer unabhängig vom Methodenbanksystem ohnehin ein Datenbanksystem (DBS) betreiben und dann die dort gespeicherten Daten mit Hilfe von KARAMBA bearbeiten wollen.

Soll KARAMBA bei einem Anwender eingesetzt werden, für den diese Unterstellung nicht zutrifft, so ist ein auf seine Erfordernisse abgestimmtes Datenbanksystem auszuwählen oder - falls trotz des Aufwandes für notwendig erachtet - zu erstellen. Auch das Datenverwaltungssystem des jeweiligen Betriebssystem kann zu diesem Zweck herangezogen werden. Die Forderung lautet damit, nicht ein bestimmtes Datenverwaltungssystem an KARAMBA anzukoppeln, sondern eine Anschlußmöglichkeit an (soweit erreichbar) beliebige solche Systeme zu ermöglichen.

Gemäß der KARAMBA Systemarchitektur ist die HL-Ebene diejenige Ebene, von der aus Zugriffe auf gespeicherte Daten erfolgen. Somit ist die dort verwendete Sprache (LIS) Trägersprache für die zum DBS gehörenden Operatoren. Aus der Sicht des Datenbanksystems ist der Methodenbankbenutzer ein "gewöhnlicher" Datenbankanwender, so daß seinen Zugriffen wie üblich Schema, Subschema, Views und dergl. zugrunde liegen.

Für ein anzuschließendes Datenbanksystem müssen eine Reihe technischer Voraussetzungen erfüllt sein:

- Das Datenbanksystem muß eine sog. CALL-Schnittstelle besitzen, d.h. es muß über Moduln verfügen, die die Einbettung der DML-Operatoren als Gastsprache in eine beliebige Programmiersprache erlauben.

- Diese Moduln müssen in bindefähiger Form vorliegen, da sie jedem Anwenderprogramm hinzuzubinden sind. Dabei ist es unerheblich, ob das eigentliche Datenverwaltungssystem mit in diesen Moduln enthalten ist ("linked-in"-Version nach [HAE 78]) oder als eigenständiger Prozeß im Betriebssystem aktiviert wird und nur über die genannten Moduln mit dem Anwenderprogramm kommuniziert ("independent"-Version).

- Sofern bei Zugriffen Subschemata, Views etc. zu beachten sind, müssen diese den Anwenderprogrammen zugeordnet werden können.

3.2.2 Schnittstelle zum DBS

Bei der Einbettung der CALL-Schnittstelle in eine höhere Programmiersprache (hier LIS) sind folgende logische Abbildungen und Zuordnungen durchzuführen:

(1) Das Anwenderprogramm muß einen Verständigungsbereich zur Kommunikation mit dem DBS bereitstellen. Format und Inhalt dieses Bereiches werden durch das DBS bestimmt.

(2) DML-Operationen des DBS werden auf der HL-Ebene als LIS-Prozeduren repräsentiert. Ebenso wie bereits bei der Integration von Methoden (siehe 3.1) ist ein geeigneter LIS-Prozedurrahmen zu erstellen, der die Parameterübergabe regelt und den eigentlichen Aufruf der DML-Funktionen veranlaßt.

(3) In hierarchischen und Netzwerkdatenmodellen sind dem Anwenderprogramm per Subschema bestimmte Teile der Datenbasis zugänglich. Der eigentliche Informationsaustausch zwischen Anwenderprogramm und Datenbanksystem erfolgt in Form von Records, während die auf diesen aufbauenden Strukturen dem Anwenderprogramm nur mittels geeigneter DML-Operatoren zum Durchlaufen und Manipulieren (z.B. von CODASYL-sets) sichtbar werden. Jede Recordstruktur ist innerhalb LIS nachzubilden. Hierzu ist zu jedem vorgegebenen Recordtyp (z.B. die COBOL-ähnliche CODASYL-Record Deklaration) eine entsprechende Typdeklaration in LIS zu formulieren.

(4) Bei der Übergabe von Operanden sind Formatkonvertierungen (LIS-interne Speicherstruktur nach DBS-interne Speicherstruktur bzw. umgekehrt) durchzuführen.

Zu den beiden Aufgaben (2) und (3) kann es auch gehören, nur einen Teil der Operatoren eines sehr mächtigen DBS, nämlich soweit für die jeweilige Anwendung erforderlich, in der HL-Sprache zugänglich zu machen.

3.2.3 Anschluß von UDS an das System KARAMBA

Erste Erfahrung zu den Einbettungsaufgaben aus 3.2.2 wurden mit dem Anschluß des Datenbanksystems UDS der Firma Siemens gewonnen. UDS realisiert in erster Näherung den CODASYL-Vorschlag für ein Netzwerk-Datenmodell. Die Einbettung von UDS in die HL-Ebene von KARAMBA erfolgte in 3 Schritten:

1. Schritt: Beschaffung der Module, die laut Hersteller die "CALL-Schnittstelle" realisieren.

2. Schritt: Erstellen von Aufrufschnittstellen für die Operatoren der CALL-DML-Operationen in LIS analog zum Aufruf von importierten Methoden. In diesem Schritt werden auch Parameterübergabebereiche und der Verständigungsbereich definiert.

3. Schritt: Aufbereitung und Anpassung der CALL-Schnittstelle: Zur Verwendung der zuvor integrierten CALL-Operatoren ist die Einhaltung vieler (Datenübergabe-) Konventionen unabdingbar, wozu detaillierte Kenntnisse von UDS notwendig sind. Aus diesem Grund wurde die aus Schritt 2 resultierende UDS-Schnittstelle zu einer benutzerfreundlicheren Schnittstelle überarbeitet. Letztere repräsentiert sich als eine Menge von zu den DML-Funktionen äquivalenten LIS-Prozeduren, deren Rümpfe diese Konventionen in einer für den LIS-Benutzer bequemen Weise regeln, etwa hinsichtlich der Angabe von Suchschlüsseln, Handhabung von Currency-Informationen, oder Aufbau von Parameterbereichen.

Da Methodenbankanwender ohnehin oft nicht den vollen UDS-Umfang ausnutzen wollen, wurden für die HL-Ebene vier verschiedene, hinsichtlich ihrer Mächtigkeit abgestufte Schnittstellen geschaffen [BEV 79].

3.3 Kopplung von Daten und Methoden

Methodenbanksysteme greifen auf Daten zu, um sie weiterzuverarbeiten. Damit sichergestellt ist, daß Methoden stets nur die für sie geeigneten Daten verwenden, lehnt sich KARAMBA an das Prinzip des Abstrakten Datentyps (ADT) in seiner pragmatischen Form nach Liskov/Zilles [LZ 75] an. Danach wird ein Typ allein durch die Menge der auf Objekte dieses Typs anwendbaren Operatoren definiert. Zudem bleibt die interne Darstellung eines Objekts dieses Typs ebenso wie die Implementierung der Operatoren nach außen hin verdeckt.

Mit diesem Prinzip läßt sich in KARAMBA erreichen, daß alle auf Daten eines bestimmten Typs anwendbaren Operatoren völlig unabhängig vom verwendeten Datenverwaltungssystem sind. Leseoperatoren des Typs beschaffen die zu verarbeitenden Daten mittels der nach 3.2.2 verfügbaren Operatoren und legen sie in einem Puffer innerhalb des ADT ab. Auswerteoperatoren rufen bei ihrer Ausführung eine oder mehrere Methoden mit den Daten des Puffers auf. Innerhalb eines ADT müssen spezielle Eigenschaften der Daten und die jeweilige Mächtigkeit der DB-Schnittstelle berücksichtigt und ggf. ergänzt werden, aber nur dort. Außerhalb des ADT bleiben derartige Datenabhängigkeiten verborgen. Auf diese Weise kann auch die Umstellung auf ein anderes Datenbanksystem innerhalb des ADT abgefangen werden.

Ein besonderes Problem werfen Methoden auf, die unmittelbar und nicht über den Puffer auf gespeicherte Daten zugreifen. Hierzu sind zusätzliche Maßnahmen erforderlich, z.B. eine Prüfung, ob ein Mittelwertoperator auf Elemente einer Postleitzahl-Datei, nämlich auf die Postleitzahlen selbst angewendet werden soll (die Überprüfung muß hier ergeben, daß der Mittelwertoperator - sinnvollerweise - nicht zum ADT 'POSTLEITZAHL' gehört). Entsprechende Erweiterungen des ADT-Konzepts werden derzeit ausgearbeitet.

Wir wollen die Vorgehensweise am Beispiel von Zeitreihen illustrieren, die in vielen Methodenbankanwendungen eine wichtige Rolle spielen. Eine Zeitreihe stellt eine Folge von Daten und/oder Meßwerten (den Zeitreihenelementen) dar, die zeitlich geordnet gespeichert sind. In ihrer Gesamtheit bildet eine Zeitreihe eine n x m-Matrix mit n Zeitpunkten und m Merkmalen (z.B. Alter, Beruf, Gehalt). Da n und m beliebig groß werden können, nimmt man üblicherweise eine Zerlegung in Speichereinheiten (records) entweder zeilenweise (zeitpunktorientiert) oder spaltenweise (merkmalorientiert) vor. Zur Auswertung (Transformation) von Zeitreihen werden importierte Methoden verwendet. Dem Benutzer stellt sich gemäß dem ADT-Prinzip eine Zeitreihe als ein Objekt dar, von dem er nur weiß, daß eine Reihe von Operatoren auf dieses Objekt anwendbar sind. Solche können sein:

- Operatoren zum Identifizieren z.B. IDENT (ZRNAME).
- Operatoren zum Selektieren von Zeitreihenelementen in Abhängigkeit von der Zeit, z.B. LIESELEMENT (ZRNAME, T).
- Operatoren zum Transformieren und Auswerten von Zeitreihen, z.B. TRANSFORM (ZRNAMEEIN, ZRNAMERESULT).
- Operatoren zum Speichern einer manipulierten oder neu erzeugten Zeitreihe.
- Operatoren zum Ausgeben einer Zeitreihe über Drucker oder Graphikgerät.

Die Realisierung der drei beispielhaft erwähnten Operatoren sei kurz skizziert:

- IDENT: schafft logischen Zugang zur gespeicherten Zeitreihe ZRNAME (Eröffnen einer Datei bzw. Lokalisieren der Datenstruktur im Datenbanksystem).
- LIESELEMENT: liest das Element für den Zeitpunkt T einer zuvor identifizierten Zeitreihe ZRNAME. Die Realisierung hängt davon ab, ob die Zeitreihe zeilenweise oder spaltenweise gespeichert ist. Im letzten Fall müssen sämtliche Spalten (=Merkmale) durchlaufen, die Teileinträge zum Zeitpunkt T herausgefiltert und zu einer "virtuellen Zeile" zusammengesetzt werden.
- TRANSFORM: ruft intern die zugehörige importierte Methode auf, nachdem sie zuvor die Versorgung der Methode mit (richtig formatierten) Daten von ZRNAMEEIN geregelt hat. Anschließend wird das Ergebnis in die Datei bzw. Datenstruktur mit dem Bezeichner ZRNAMERESULT abgelegt.

4 Schlußbemerkung und Ausblick

Wir erhoffen uns von KARAMBA, daß es Hersteller dabei unterstützt, offene, erweiterbare Anwendungssysteme mit klaren Schnittstellen zu existierenden Datenbanksystemen zu schaffen. Aufgrund der vielfach vorhandenen Software wird dabei deren Übernahme in ein Gesamtsystem eine wesentliche wirtschaftliche Bedeutung erhalten.

Die Schwierigkeiten bei der Übernahme vorhandener Methodensoftware wird allerdings gerne unterschätzt. So sind der Übernahme von Methoden, die nicht in Form von parametrisierbaren Unterprogrammen, sondern als Hauptprogramme oder - schlimmer noch - als Programmsysteme vorliegen, softwaretechnische Grenzen seitens der Betriebssysteme gesetzt. Meist muß für jedes derzeit verfügbare Betriebssystem eine eigene Lösung geschaffen werden.

KARAMBA wird augenblicklich an der Universität Karlsruhe im Rahmen eines Forschungsprojektes auf einer Siemens Anlage 7755 unter BS2000 implementiert. Die Brauchbarkeit des Ansatzes soll dabei anhand einer Pilotanwendung geprüft werden. KARAMBA wird gefördert durch den Bundesminister für Forschung und Technologie (DV 081 5120) und der Siemens AG, UB D.

5. Literatur

[ADA 79] : Preliminary ADA Reference Manual, ACM SIGPLAN Notices 14(1979) 6

[BEV 79] : M. Bever, Anschluß eines speziellen Datenbanksystems an ein Methodenbanksystem. Diplomarbeit, Institut für Informatik II, Universität Karlsruhe, 1979

[BOE 75] : B. W. Boehm, The high cost of software, in: E. Horowitz ed. Practical strategies for developing large software systems, Addison-Wesley, Reading (Mass.), 1975

[DHL 79] : K.R. Dittrich, R. Hüber, P.C. Lockemann, Methodenbanken: Ein Werkzeug zum Maßschneidern von Anwendungssoftware, erscheint im Informatik-Spektrum

[DIT 77] : K.R. Dittrich, Anwendungsspezifische Anforderungen an eine Programmiersprache für ein Methodenbanksystem, Interner Bericht, Fakultät für Informatik, Universität Karlsruhe, 1977

[HAE 78] : T. Härder, Implementierung von Datenbanksystemen, Carl-Hanser Verlag, 1978

[HUE 78] : R. Hüber, Verwaltung von Programmbausteinen, KARAMBA-Projektbericht, 1978

[KOE 78] : R. Köllner, Überlegungen zum HL-Sprachentwurf, KARAMBA-Projektbericht, 1978

[LIS 78] : LIS Reference Manual, Siemens AG, München, 1978

[LZ 79] : B. Liskov, S. Zilles, Programming with Abstract Data Types, SIGPLAN notices, 9(1974) 4, 50-59

[SIE 78] : Siemens Druckschrift: Software Produkt UDS, Subschema DDL und DML, Best. Nr. D15/5168-02 1978

[WEI 78] : R. Weicker, Neuere Konzepte und Entwürfe für Programmiersprachen, Informatik-Spektrum 1 (1978) 2, 101-112

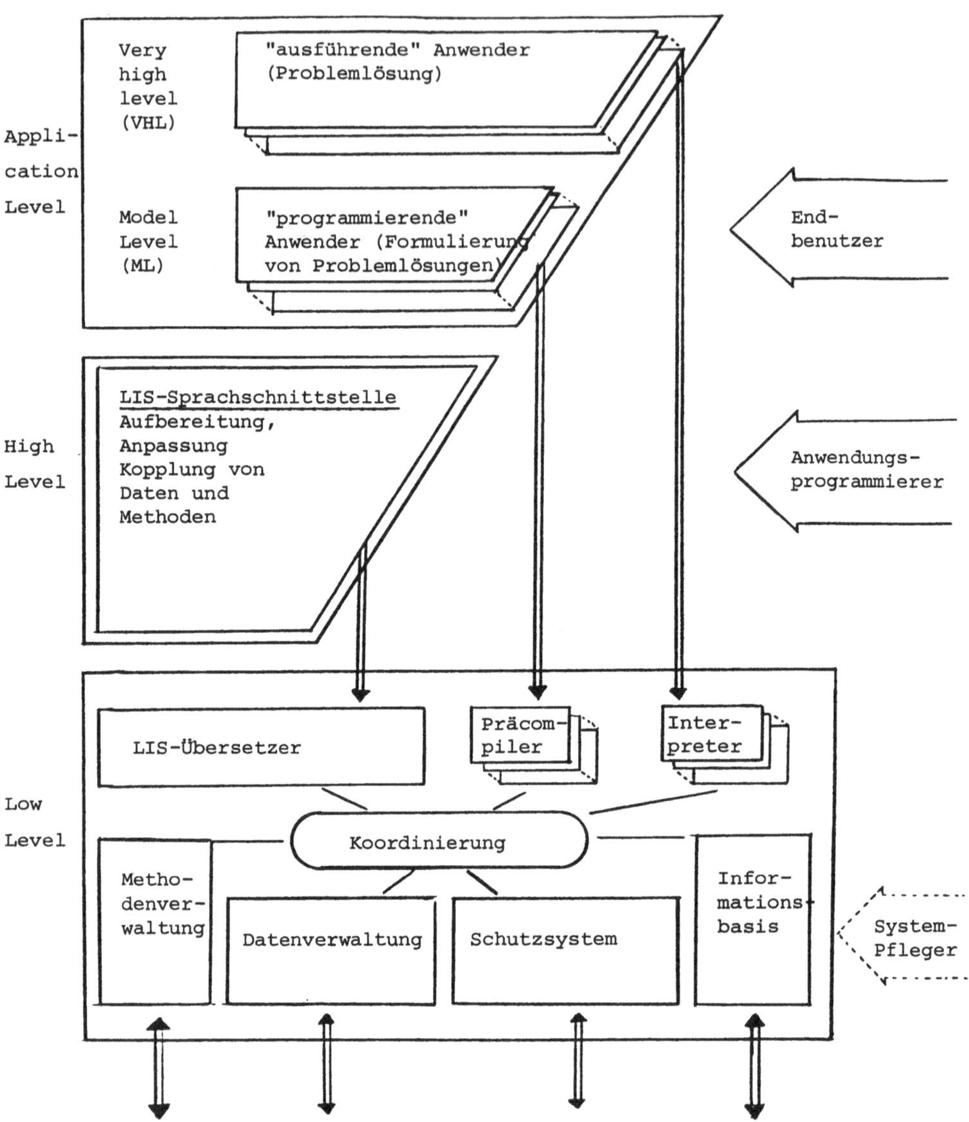

B E T R I E B S S Y S T E M

Bild 1:
KARAMBA - System-
architektur

APPLICATION DEVELOPMENT AND APPLICATION SUPPORT IN THE DISTRIBUTED DATA BASE MANAGEMENT SYSTEM POREL

E.J. Neuhold
R. Studer
Institut für Informatik
Universität Stuttgart

Abstract

Using data base systems for application oriented activities requires the development of suitable data base interfaces. In this paper the application support system which will be built on top of the distributed DBMS POREL is presented. Emphasis is placed on the structuring principles developed for the description of applications and corresponding application operators. These structuring principles result in graph structures which are generalized AND/OR graphs. Also discussed are the enduser functions which are based on this descriptive information.

1. Introduction

Traditionally data base management systems were used by data base specialists and programmers. This was mostly due to the fact that the type of interfaces defined for the data bases did require users to have a detailed knowledge of programming languages and of the underlying data base system organization. In the last few years, however, the users of data bases changed more and more to become application specialists doing their job with the help of the data base management system. This trend has been further increased by the development of powerful, yet cheap minicomputers and distributed data base systems. As a consequence it has promoted research in the areas of high level data base interfaces and of program library organization.

In the data base language area two approaches have been developed: natural language interfaces (for example TORUS (Mylopoulos et al. [10]) and RENDEZVOUS (Codd et al. [4])) and graphically oriented languages (for example CUPID (McDonald [9]) and Query by Example (Zloof [13])). In the area of program libraries the integration of data bases and program libraries did allow the development of application functions which now can be used by application specialists, e.g. engineers, and not only by programmers.

By coupling a program library via a suitable interface to a data base system powerful methods for manipulating the data of the data base are provided, which can be used e.g. by engineers during the design process, or by clerks for handling incoming orders in an enterprise. For an effective use of these application systems by such application specialists, which are no programmers in the traditional sense, several things are required:

(1) The user system interface must be tailored to this type of users, i.e. the concepts used for the user system communication should be application oriented and should not require detailed knowledge of data bases and programming languages. The system should offer a flexible dialog which can be adapted to the state of knowledge of the system user.

(2) The system must support the user during the process of finding a suitable program for his application activity. Therefore a suitable description of the different applications is required. Furthermore the system should be open-ended in the sense that the user can develop, with assistance of the system, his application functions if these functions are not provided by the system.

(3) The system has to assist the user in specifying the input data for the selected programs and in interpreting the results.

Let us now briefly discuss some features of the system IDAMS (Integrated Data Analysis and Management System) (Hartwig [8]) and compare it with the criteria (1) - (3).

In the system IDAMS one can distinguish two phases during the user-system communication: the information phase and the manipulation phase. During the manipulation phase the system offers the high level language "Extended Query by Example" which combines the facilities of Query by Example (Zloof [13]) and APL. The user specifies data by entering names into tables and formulating constraints in APL-notation. During the information phase the user communicates with the IUGS-subsystem (Interactive User Guidance System) (Erbe et al. [5]) which offers information about application programs and data. IUGS provides two dialog modes: the prompting mode for the naive user who must be guided along by the system and the command mode for the experienced user. The description of the applications is based on so-called information networks: nodes are representing information elements about an application area, arcs are leading from nodes with general information to nodes with more detailed information, i.e. an application subarea. The end nodes in these information networks represent methods and programs. A comparison of IDAMS with the criteria (1) - (3) shows that IDAMS has rather good features with respect to (1), but is not sufficiently developed with respect to (2) and (3) because the structuring principles provided by information networks are too restrictive (see our discussion section 3.3), the user cannot combine the defined application functions into more complex functions (see section 3.5), and no dialog support is offered for interpreting the output data (see section 3.4).

In this paper we describe the Application Support System (ASS) which will be integrated as a top level interface into the distributed DBMS POREL [11]. ASS provides features for building arbitrary applications on technical and commercial areas. The techniques used in ASS and described in this paper are not restricted to special application areas and specific applications. Instead of developing a new application system in a stand alone fashion it is only necessary to provide the required descriptive information about the application and a set of functions forming the basis for the calculations required in the application. These functions and the descriptive information then only have to be integrated into the existing ASS to provide the full application support.

In section 2 the environment of ASS is discussed. Especially the important features of the POREL language interfaces which will be used by ASS will be outlined and investigated.

In section 3 we describe ASS in detail. We begin by presenting the main components of ASS. In section 3.2 two types of ASS users are introduced: the application administrator and the enduser. In section 3.3 the principles developed for structuring an application are described. These principles result in an application structuring graph. In section 3.4 the concepts "operator" and "operator structuring graph" are defined. We also describe the possible types of input data for an application operator and the techniques used for supporting the user in specifying the input data and interpreting the output data. The last part of section 3 deals with the principles developed for combining application operators to so-called complex operators.

In section 4 the enduser functions of ASS are described. We discuss the two dialog modes provided by ASS and outline the steps the enduser has to carry out in order to perform his application activity.

2. The Environment of ASS

We now briefly describe the user interfaces defined for POREL, since they form the basis, i.e. the system environment, which has to be used when running ASS. A detailed description of the architecture of POREL can be found in POREL [12]. The various interfaces provided for ASS are shown in Figure 1.

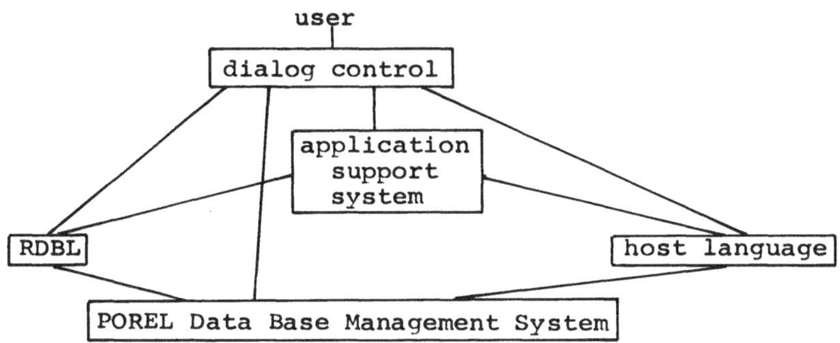

Figure 1: The POREL User Interfaces

The dialog control handles all communication between the user and the system and incorporates the following facilities:
- provides a dialog support for the system user and offers a HELP function for explanations and examples,
- activates the other user interfaces, i.e. ASS, the RDBL-, and the host language interface, passes the user input to these interfaces and formats the system output data,
- maintains the different program libraries.

The relational data base language RDBL is a non-procedural very high level language similar to SEQUEL (Chamberlin et al. [3]) which can be used for the definition and manipulation of the data kept in the data base.

The host language interface consists of a subset of RDBL embedded in PASCAL or other procedural languages extended by the cursor concept allowing a tuple-at-a-time processing of data.

ASS accesses the DBMS POREL via the host language or RDBL interface: all application functions of ASS are mapped to RDBL- or host language transactions (programs).

3. The Application Support System

We begin this section with a description of the architecture of ASS and an characterization of the two types of ASS users. Then we describe in detail the different features of ASS.

3.1 The Architecture of ASS

The main components of ASS are shown in Figure 2.

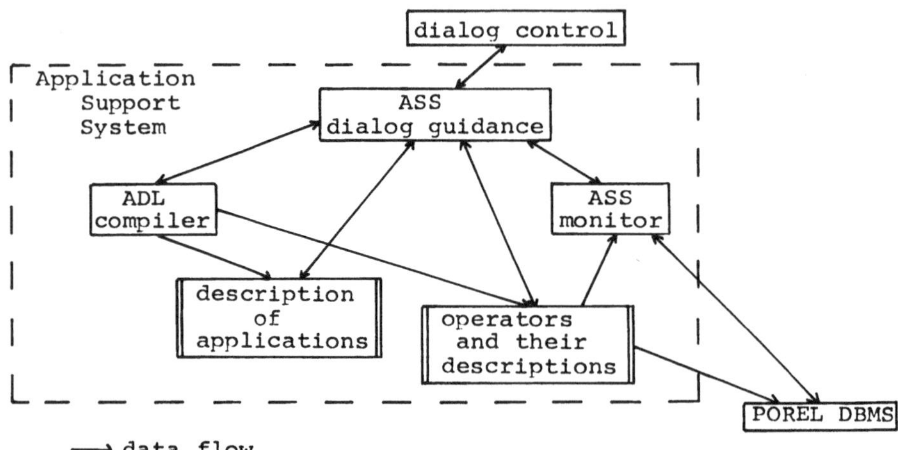

Figure 2: The Architecture of ASS

For the description of applications the Application Description Language (ADL) is used. ADL is an extension of the concept description language CDL (Glatthaar [6]). In addition, ADL is used for describing application operators (see section 3.4), writing the dialog parts of the operators, and for defining complex operators (see section 3.5). The ADL compiler transforms these descriptions and definitions into a system internal form which can be interpreted by the ASS dialog guidance module. Thus the dialog guidance module provides a dialog supported description of applications and operators. Privileged ASS users can modify these descriptions interactively using one of the two dialog modes provided by the ASS dialog guidance module.

The execution of an operator is controlled by the ASS monitor which initiates the dialog between the user and the dialog guidance module for specifying the operator input data and for interpreting the operator output data. The ASS monitor transfers the operator for execution to the DBMS POREL. If a complex operator is executed the ASS monitor interpretes the internal form of the operator definition and thus determines which suboperator has to be executed next.

3.2 The Users of ASS

Let us now characterize the two types of users of ASS: the application administrator and the enduser. The application administrator is a specialist of the application and he has to have a good knowledge of programming languages and data base management systems. He describes the structure of his application by defining an application structuring graph in ADL (see section 3.3) and provides the application operators required for performing the different application activities. For each operator he has to write the dialog part and has to provide the operator description. Finally he describes the different associations existing between the operators in an operator structuring graph (see section 3.4). This graph is the basis for building complex operators which can be defined by the application administrator as well as by the enduser.

The enduser of ASS uses ASS for performing his application activities. He has to have a good knowledge of the application, but is expected to have only little knowledge of data base management systems and their properties. He may not even have detailed knowledge about the contents of the data bases and of the program libraries. When performing an application activity the enduser exercises four steps. Firstly he exactly specifies and finally identifies the activity by "navigating" through the structured description of the application. Then he selects a suitable application operator or defines a complex operator if no such operator is available. If he has chosen an operator for execution he then specifies the operator input data in cooperation with the ASS dialog guidance module and starts the execution of the operator. Finally the dialog guidance module offers the enduser a dialog supported interpretation of the operator output data.

3.3 The Description of Applications

In general, the application specialist who wants to use an application support system for performing an activity does not know which method, i.e. program, is the right one for him. Therefore the system has to assist the application specialist in finding the required program. For providing this assistance the system has to contain suitable information about the corresponding application. In IDAMS (Hartwig [8]) the information about an application is structured according to the following principle:

The most general activity of an application is divided into different subactivities, each representing an alternative in the sense, that only one of these subactivities is performed. This process of dividing a (sub)activity into more specific subactivities is continued until (elementary) activities are reached which can be performed by executing the corresponding application programs available in the system. Thus the leaves of these graph- and tree-structures are representing the programs. However, we shall see that this structuring method is not satisfactory according to the requirements stated in section 1.

In a more flexible system a general activity must not only be dividable into subactivities which are alternatives, but also into subactivities, which when performed together represent the general activity. In addition, one or more relationships can exist between the subactivities of the second type. That is, there exist three structuring principles for the graph which have been developed originally in a theory about thinking described by Bruner et al. [2].

In ASS the applications are structured by an Application Structuring Graph (ASG) which is a generalized AND/OR graph defined in the following way (the examples given below all refer to the simple ASG of Figure 3 and they describe some aspects of handling orders for merchandise in an enterprise):

(i) An ASG is a directed graph with three types of nodes: disjunctive, conjunctive, and relational nodes. Each node represents an application activity or subactivity.

(ii) An arc is leading from a node representing an application activity to each of the nodes representing a corresponding subactivity.

(iii) A node dn is a disjunctive node if the subactivities corresponding to the successor nodes of dn are alternatives, i.e. only one of these subactivities is performed. For example, the node "price calculation" is a disjunctive node: either a special price or the normal price is calculated for an ordered article, but we never need both types of prices at the same time.

(iv) A node cn is a conjunctive node if all subactivities corresponding to the successor nodes of cn must be performed and then represent the activity corresponding to cn. In our example it is assumed that for "processing of orders" the two activities "order checking" and "maintenance of orders on hand" must be performed, i.e. "processing of orders" is a conjunctive node.

(v) A node rn is a relational node if it is a conjunctive node and if, in addition, one or more relationships exist between the subactivities corresponding to the successor nodes of rn. The relationships can be formulated as a relation holding between the results of the subactivities. In our example "order checking" is a relational node. For "order checking" one has to perform "price calculation" and "available credit calculation". In addition the calculated price must be less than or equal to the available credit of the customer.

A node with only one or no successor node is assumed to be disjunctive. Cycles are not allowed in an ASG in order to facilitate the graph manipulation algorithms. However, a node of an ASG can have more than one predecessor nodes, i.e. one subactivity may belong to different superior activities. In Figure 3 some of the activities belonging to the administration of orders are structured according to this principle. Three alternative subactivities are shown: the "administration of customer data", including for example the modification of the customer address, the "discount calculation" and the "processing of orders" in the strict sense.

The information which must be specified for each node of the ASG are required for supporting the enduser functions described in section 4. The unique name and number of a node as well as the list of attributes characterizing the activity which is associated with the node can be used for identifying the node. For each node there exist differently detailed descriptions of the activity represented. These descriptions can be accessed and read by the enduser. In addition to these descriptions the ASG has to specify the application operator which is available for performing the activity represented by the node. Operators can not only be associated with the leaves of the ASG as in the system IDAMS for example. Instead, it is possible to adjoin to every ASG node on operator which may be used to perform the described activity. This feature is a consequence of the ASS mechanism for defining complex operators (see section 3.5).

The application administrator designs the ASG for his application and describes it in the application description language ADL. Since the structure of ADL reflects exactly the structuring principles mentioned above an ASG can easily be described in ADL. The system

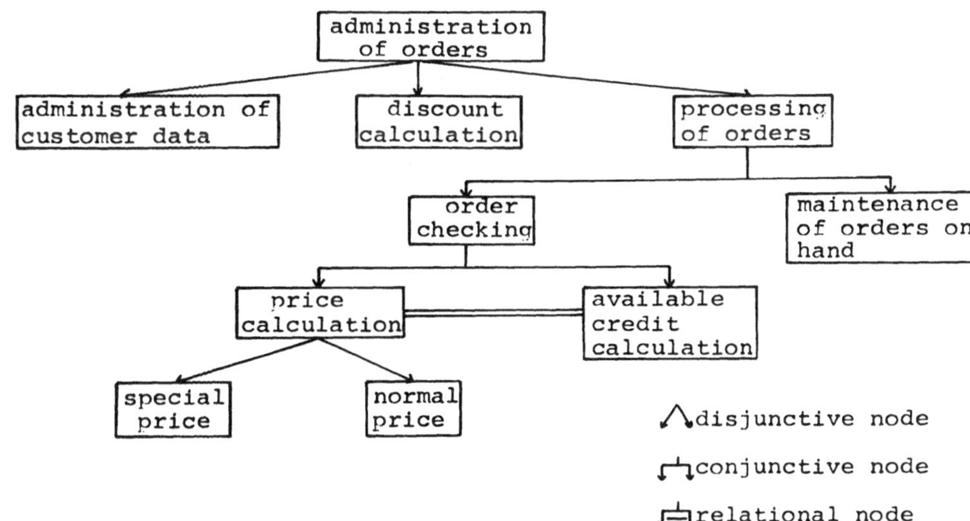

Figure 3: An ASG for the Administration of Orders

internal form of the ASG description which is generated by the ADL compiler is interpreted by the ASS dialog guidance module for guiding the enduser through the ASG (see section 4).

3.4 The Operators

In ASS an operator is defined as the realization of an application function - consisting of a computation part and a dialog part (Glatthaar [5]). The computation part contains the algorithms required for performing the application activity and is formulated in the host language and/or RDBL. The dialog part consists of a description of the input and output data of the operator and is written in ADL. This description is structured according to the same principles as used for structuring an application.

If, for example, an operator expects in its input the name of a customer and if, in addition, this name can be specified by the enduser either explicitly or implicitly, i.e. by defining a data base query, then these two alternatives are described using a disjunctive node. Similarly the input/output data can be structured with conjunctive or relational nodes. The description of the output data also includes a semantical interpretation of the output values.

The ADL compiler transforms the dialog part of an operator into a system internal form similar to that of the ASG description. The internal form can be interpreted by the ASS dialog guidance module, thus providing a dialog support for the specification of the operator input data as well as for displaying and interpreting the output data.

3.4.1 The Operator Structuring Graph

An operator description must be made available for every operator of ASS. The operator description contains all information required for the selection and execution of an operator: (a) The name of the operator or its identifying number in the operator structuring graph (see below) can be alternatively employed for selecting the operator. (b) The description of the algorithms contained in the operator can be displayed to the enduser on request. (c) The name of the ASG node, to which the operator is assigned, can be used to establish the interconnections between the operator structuring graph and the ASG. (d) The structure description of a complex operator can be interpreted by the ASS monitor during the execution of the operator.

The operators, i.e. their descriptions, are embedded in a graph structure which is called Operator Structuring Graph (OSG). An OSG is similar to an ASG and it is the basis for the system supported definition facility for complex operators (see section 3.5).

An OSG is defined according to the following rules (see Figure 4 for an illustration showing the OSG corresponding to the ASG of Figure 3. The operators which are drawn with a dotted line do not exist in our OSG since we do not assume that an operator is available at each node of the ASG. In conjunction with the lines, which are drawn with a dotted line and do not belong to the OSG too, they are used to show the structural similarity between an OSG and its corresponding ASG):

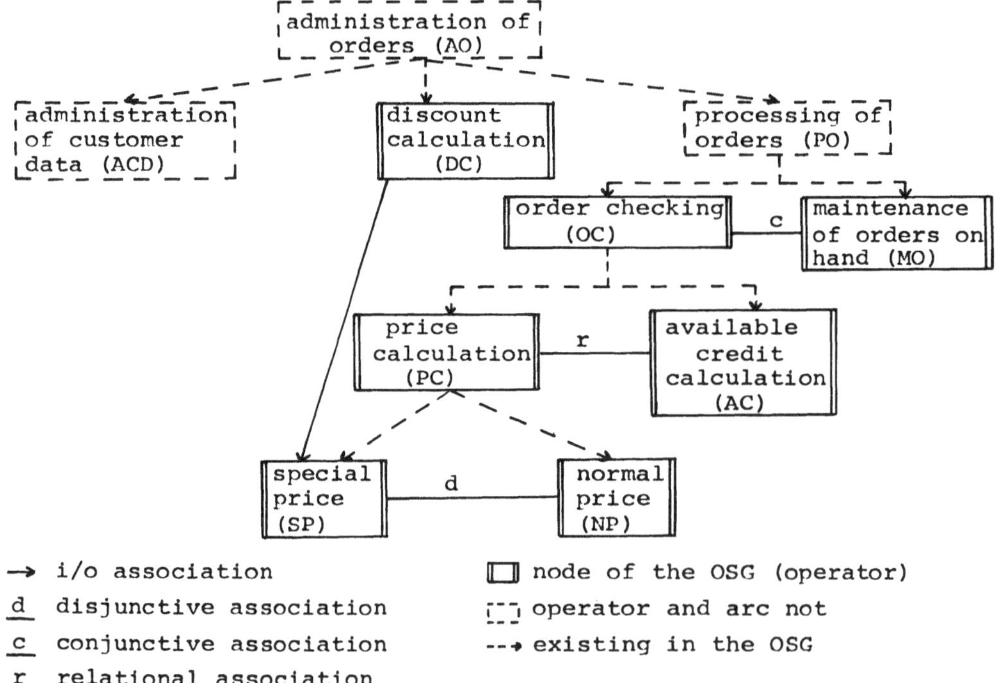

Figure 4: An OSG for the Administration of Orders

a) An OSG is a graph with nodes representing operators, i.e. their descriptions, and four types of arcs representing respectively three different structural associations and an input/output association between operators.

b) A structural association is connecting node i with node j if the operator of node i and the operator of node j are both linked to successor nodes of the same node p in the ASG.

c) A structural association is a d-arc (disjunctive association) if p is a disjunctive node. For each d-arc a logical expression has to be defined determining which of the two connected operators is relevant in which situation. In our example (see Figure 4) a d-arc is connecting the operators SP (special price) and NP (normal price) because "price calculation" is a disjunctive node in our ASG. Assuming that a special price is calculated for orders of more than 1000 units of a product the necessary logical expression can be given by "ordered number greater than 1000" (actually, this expression has to be specified in more formal terms referring to the data base or the user input; however in this paper we shall restrict ourselves to the more informal representation).

d) A structural association is a c-arc (conjunctive association) if p is a conjunctive node. However, a logical expression is not required since both operators connected by a c-arc have to be executed. In our example, the operators OC (order checking) and MO (maintenance of orders on hand) are associated conjunctively since "processing of orders" is a conjunctive node.

e) A structural association is a r-arc (relational association) if p is a relational node. A logical expression describes the relationship between the two operators, i.e. the corresponding subactivities. In our example a r-arc is associating the operators PC (price calculation) and AC (available credit calculation) because "order checking" is a relational node of the ASG. The logical expression is given by "calculated price less than or equal to available credit".

f) An i/o-arc (input/output association) is a directed arc leading from node i to node j if the operator of node i computes an output value eventually used as input value by the operator of node j. For each i/o-arc it has to be specified which value can be transferred between the two operators connected by the arc. The data types that can be transferred from one operator to the other corresponds to the different types of input data that can be specified for an operator (see section 3.4.2). In Figure 4 an i/o-arc is connecting the operator DC (discount calculation) and the operator SP (special price). That is we assume that the discount value is to be used as one of the inputs for SP.

We can see that an OSG normally will consist of many subgraphs which are not connected to each other. Whether the subgraphs are connected or not heavily depends on the i/o-associations defined in the OSG.

The operator description and the OSG are both described in ADL by the application administrator. The ADL compiler transforms these descriptions into an internal form which can be interpreted by the ASS dialog guidance module. Thus the enduser can get at the information contained in the operator description by communicating with the dialog guidance module. Furthermore he can navigate through the subgraphs of the OSG in the same way as through the ASG in order to get the information required for building complex operators (see section 3.5).

3.4.2 The Operator Input Data

For the operators of ASS various types of input data are defined. Actually the operators have to be seen as operator skeletons which are transferred into special operator occurrences by specifying the required input data. The concept of operator skeleton is used in order to achieve a flexible connection between the operators of ASS and the relations kept in the DBS. Flexible here means that the operator of ASS does not depend on concrete relations in the DBS. Therefore the RDBL parts of each operator skeleton may contain descriptions of the used relations and, correspondingly, only partially defined RDBL statements. They are completed by using the actual operator input data and the relation descriptions.

In ASS operators the following types of input data are allowed:

a) <relation name> [,<attribute name list>]:

If <relation name> specifies a relation existing in the data base system, the schema definition (see POREL [12]) of this relation in the data base system must correspond to the schema description given in the operator. The optional <attribute name list> allows the specification of a projection. If <relation name> denotes a new relation the schema of this relation has to be defined in the operator and the enduser has to choose the appropriate names.

b) A set of tuples for a relation:

A set of tuples can be specified in two ways: the enduser can either define an explicit relation, i.e. explicitly specify a set of tuples, or he can implicitly define a set of tuples by means of a <query expr> (see POREL [12]). The number of elements in a tuple and the domain of the attributes must correspond to the schema description of the relation.

c) <constant>:

The enduser can specify a numeric or string constant for an <expr> of RDBL. Thus a data base query contained in an operator can be restricted, for example, to these orders which must be delivered to the customer with number 4711.

d) A value for a host language parameter:

An input value can be specified for the host language parts of the operator by using the parameter concept of the host language. The type of the input value must be a standard data type of the host language since ADL does not provide for any additional conversions into and from these standard data types.

During the specification of these input data the enduser may be assisted by the ASS dialog guidance module according to the structured description of the input data given in the dialog part of the operator. In particular, the dialog allows the stepwise specification of input values, e.g. to assist in using the query facility of RDBL. With this dialog support the enduser does not have to be familiar with RDBL. In addition, the dialog provides examples, explanations, and default values for the required input data.

3.5 Building Complex Operators

In this section we discuss the principles which were developed for building complex application functions from already definded simpler functions. These facilities can be used both by the application administrator and by the enduser. Therefore the enduser in our system can define his own application support functions.

A simple (application) operator is an operator that cannot be subdivided into suboperators, i.e. a simple operator is elementary. A complex (application) operator is composed of other simple or complex operators, called suboperators, by using
(1) the associations defined between operators in the OSG or
(2) the three control structure elements "sequence", "condition", and "iteration" as they can be found in programming languages.

Complex operators can be defined by the application administrator using ADL or by the enduser with the help of one of the dialog modes provided by ASS. These definitions are transformed into the same internal form by ASS. The internal form is interpreted at execution time by the ASS monitor which controls the execution of all operators. ASS completely supports the definition of a complex operator as long as only the associations defined in the OSG are used: one simply has to specify the defined associations which are to be included in the definition of the complex operator. However, if any of the control structure elements are required ASS can not fully assist the construction of the complex operator since ASS does not have semantical information which would, for example, allow to check whether a logical expression given for an iteration was correctly formulated. Therefore in our system these control structure elements are made available only to sufficiently experienced users.

Let us now investigate in some more detail the structuring principles introduced for building complex operators.

Corresponding to the types of input data defined for an operator a whole relation, a projection of a relation, or a set of tuples can be transferred from one operator to another by using an i/o-association.

If suboperators are associated disjunctively exactly one of these suboperators is executed at execution time. This suboperator is chosen by evaluating the logical expressions which are defined for each disjunctive association. At the time the operator definition is transformed into its internal form, these logical expressions together with some auxiliary information (e.g. whether the data used in the logical expression are data base data or user input data) are used to generate a so-called evaluation operator which normally will be a RDBL/host language operator. This evaluation operator contains statements for gathering the data required for the logical expressions and for evaluating these logical expressions. The ASS monitor then uses the calculated truth values of these expressions to select the proper suboperator for execution.

If suboperators are associated conjunctively all of them must be executed. The sequence of execution can be chosen arbitrarily.

If suboperators are associated relationally the execution of all the suboperators is required. In additon, we have to evaluate the logical expressions defined for the relational associations between the suboperators. This evaluation follows the same principles as for disjunctively associated suboperators. That is, at the time the operator definition is transformed into its internal form, an evaluation operator is constructed which is then used during execution. In our example (see Figures 4 and 5) we can build a complex operator OC ("order checking") from the relationally associated suboperators PC (price calculation) and AC (available credit calculation). Using the logical expression "calculated price less than or equal to avail-

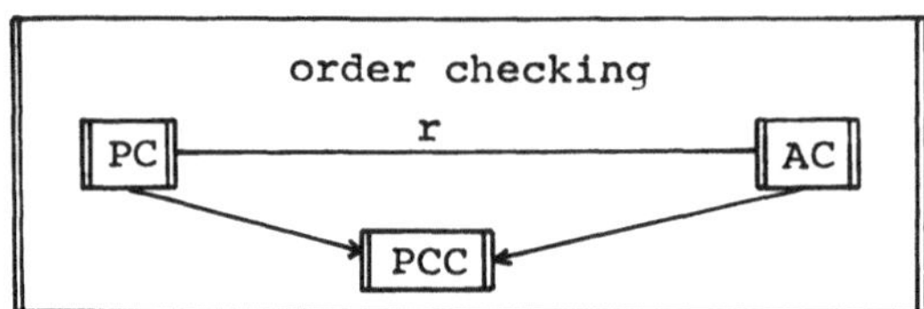

Figure 5: Graphical Representation of the Complex Operator OC (order checking)

able credit" attached to the r-arc in the OSG and the information how the necessary values can be found in the DB the evaluation operator PCC (price credit comparison) is generated. At execution time the ASS monitor selects PC and AC for processing. After these two suboperators have been executed PCC is started to evaluate the logical expression.

Whenever the control structure element <u>sequence</u> is used for building a complex operator the corresponding suboperators are simply executed one after the other.

The control structure element <u>condition</u> allows suboperators to be selected for execution depending on a conditional expression. In the same way as for the disjunctive association an evaluation operator is generated for evaluating the specified condition. However, the logical expression representing the condition, has explicitly to be specified in the definition of the complex operator and is not found in the OSG. The logical expression can depend on enduser input values and DB values. If we assume that the operators ACD (administration of customer data) and PO (processing of orders) are available in our system (compare Figure 4) a new complex operator can be defined from ACD and PO using the control structure element "condition". The conditional expression can be given by "modification of customer address equal YES". Thus the complex operator allows either the modification of the customer address with the help of ACD or the processing of orders with the help of PO.

An <u>iteration</u> can be used for combining up to n suboperators. These suboperators are executed iteratively until a logical expression associated with the iteration becomes false. These logical expressions are handled identically to those in a condition, i.e. they must be defined explicitely and are evaluated via evaluation operators.

These structuring mechanisms for building complex operators allow the construction of a great variety of complex application functions from the original set of simple operators. By using the predefined ASG and the associations between operators even the unexperienced user is able to define his own special application functions. The experienced user who has knowledge of programming languages and data bases can in addition use the control structure elements for defining his application functions independently from the predefined associations.

4. The Enduser Functions

Up to now we only have investigated the information and structural descriptions available in ASS and now we have to consider the enduser functions which can be based on these facilities.

The communication between ASS and the enduser is controlled by the ASS dialog guidance module (see Figure 2). It offers for the experienced user a command mode with English-like command keywords and parameters, for the naive user a system-guided dialog based on menus and forms (Erbe/Walch [5], Hall [7]). At each moment the enduser can switch between the two modes to adjust the dialog to his actual state of knowledge at the various dialog phases. In addition, a HELP function is included to provide explanations and examples.

In order to execute an activity it is necessary that an exact and complete description of the activity is made available to the system. Using ASS an activity is considered specified as soon as the enduser has found a node in the ASG assigned to the activity he wants to perform. The enduser can select a node of the ASG in three different ways:

(1) He can directly choose a node by entering its name or number.
(2) He can specify a list of attributes describing his activity. If this attribute list does not identify a unique node of the ASG, ASS provides a dialog for selecting a unique node.
(3) He can walk through the ASG until he has found the appropriate activity, i.e. node. By walking through the ASG the user is informed in addition about the structure of his application. The dialog guidance module provides a suitable set of commands (compare Erbe/Walch [5]) for walking through the ASG. The user can investigate the environment of a node and display the information available about a node in the ASG.

After identifying the activity to be performed, the enduser has to select a suitable operator. If an operator exists for the activity the enduser has to decide whether he will choose this operator or not. He can use the information contained in the operator descriptions as a basis for this decision. If no operator is available or the enduser cannot use the available operator, for example because he does not know the required input data, he can define his own complex operator using the structuring principles described in section 3. To get information about the available associations between the operators he can walk through the OSG similarly to his walk through the ASG. If, for example, the enduser selects the operator "special price" (SP) (compare Figure 4) for execution but does not know the discount which will be one of the input values of SP, the OSG provides him with the information that the operator DC can produce the required discount value. By using the i/o-association between the operators DC and SP he now can define a complex operator consisting of DC and SP for later use.

If the enduser has selected an operator he can start the execution which is controlled by the ASS monitor in the following way:

a) If the operator is simple the enduser is requested to enter the input data. The ASS dialog guidance module offers a dialog support by interpreting the internal form of the operator dialog part. As soon as the enduser has specified all input data the ASS monitor transfers the operator to the DBMS POREL for execution.

b) If the operator is complex the ASS monitor interpretes the structure description of the operator thus determining which suboperator is to be executed next. The ASS monitor then activates the dialog guidance module for supporting the enduser in specifying the input data for this suboperator. Subsequently, this suboperator is transferred to the DBMS POREL for execution.

   If the ASS monitor has to choose among several alternatives, e.g. has to decide which of the suboperators associated disjunctively is to be executed, it activates the corresponding evaluation operator for evaluating the logical expressions defined for these alternatives. In general, the evaluation operator will use enduser input data and (or) data kept in the DB for calculating the necessary values. Using the output data of the evaluation operator, the ASS monitor selects one of these suboperators for execution.

If an (sub)operator generates output data for the enduser the ASS monitor activates the dialog guidance module as soon as the (sub)-operator has been executed and the output data have been transmitted from the DBMS POREL to ASS. The dialog guidance module provides a dialog supported description and interpretation of the output data using their structured description in the dialog part of the operator.

Besides these enduser functions which are to be used by the general non-programming enduser there exist a number of privileged functions for the application administrator. These privileged functions allow the modification of the ASG and OSG (e.g. inserting a node (arc), deleting a node (arc), changing the node description) but are not further explained here.

5. Conclusion

In this paper we have given an overwiew of the application support system ASS that is currently being built on top of the distributed DBMS POREL. Using the ASG an arbitrary application can be structured and described. The OSG provides a facility to associate operators with the ASG and to represent the interconnections between operators. The ability of the enduser to construct his own personalized (complex) operators provides a large amount of system flexibility and contributes to user satisfaction and therefore to the usability of the system.

By using the same structuring principles in the dialog part of an operator and for the description of an application a homogeneous dialog style can be guaranteed for all different kinds of enduser functions. The enduser has only to become familiar with one dialog structure and his communication with the system is always oriented towards his application.

Acknowledgement

The authors would like to thank Mr. Th. Olnhoff and all other members of the POREL research group (K. Böhme, U. Fauser, G. Peter, S. Poschik, R. Pröll, H. Schäfer, B. Walter, I. Walter) for many fruitful discussions and Mrs. Günthör for typing this paper.

References

[1] Buneman, O.P. et al.: Display Facilities for DSS Support: The DAISY Approach, Data Base 8, 3 (Winter 1977)

[2] Bruner, J.S. et al.: A Study of Thinking, John Wiley a. Sons, Inc., New York, 1956

[3] Chamberlin, D.D. et al.: SEQUEL2: A Unified Approach to Data Definition, Manipulation, and Control, IBM Research San José, RJ 1798, 1976

[4] Codd, E.F. et al.: RENDEZVOUS Version 1: An Experimental English-Language Query Formulation System for Casual Users of Relational Data Bases, Res. Rep. RJ 2144, IBM Research Laboratory San José, January 1978

[5] Erbe, R.; Walch, G.: A General Interactive Guidance for Information Retrieval and Processing Systems, Proc. APL 76, Ottawa, September 1976

[6] Glatthaar, W.: A Problem Oriented Input Processor Supporting Problem Solving, Institut für Informatik, University of Stuttgart, Technical Report 2/75, 1975

[7] Hall, P.A.V.: Man-Computer Dialogues for Many Levels of Competence, Proc. Information Systems Methodology, Venice, 1978

[8] Hartwig, R.: Interactive Manipulation and Analysis of Scientific Data, IBM Scientific Center Heidelberg, TR 76.07.003, July 1976

[9] McDonald, N.H.: CUPID: A Graphics Oriented Facility for Support of Non-Programmer Interactions with a Data Base, Memorandum No. ERL-M 563 Electronics Research Laboratory, University of California, Berkeley, November 1975

[10] Mylopoulos, J. et al.: TORUS: A Step towards Bridging the Gap between Data Bases and the Casual User, Information Systems 2, 2 (1976)

[11] Neuhold, E.J.; Biller, H.: POREL: A Distributed Data Base System on an Inhomogeneous Computer Network, Proc. 3rd Int. Conf. on Very Large Data Bases, Tokyo, 1977

[12] POREL Design Specification, Institut für Informatik, University of Stuttgart, Technical Reports 4/78 - 13/78, December 1978 (in German)

[13] Zloof, M.M.: Query-by-Example, Proc. AFIPS 1975 NCC, Vol. 44

ZUR ANWENDUNG OPTIMALER BEDIENSTRATEGIEN IN RECHNERN*

Bernhard Walke
AEG-TELEFUNKEN
Forschungsinstitut Ulm
7900 Ulm/Donau

Zusammenfassung: Es wird die Anwendung eines bekannten Kriteriums [1,2] zur kostenminimalen Bedienung wartender Aufgaben anhand von Beispielen erläutert. Das Kriterium ist vor allem bei stark streuenden Bediendauerverteilungen der Aufgaben nützlich. Für diesen Fall wird gezeigt wie -durch geschickte Modellierung- eine einfache praktikable Bedienstrategie entsteht, deren mittlere Wartezeit analytisch berechenbar ist.

1. EINLEITUNG

Bei der rechnerischen Behandlung von Verkehrsmodellen zur Nachbildung von Betriebsmitteln (z.B. Rechnerkern, Transportkanal, Hauptspeicher, usw.) einer Rechenanlage kann man zwei Aufgabenstellungen unterscheiden:

- die Berechnung charakteristischer Größen, wie Durchsatz, Wartezeitverteilung (oder deren Momente), Warteschlangenlänge, usw. bei gegebener Bedienungsstrategie; diese Aufgabe wird Analyse genannt.
- die Bestimmung der Bedienungsstrategie so, daß eine betrachtete charakteristische Größe optimiert (z.B. die mittlere Wartezeit minimiert) wird; diese Aufgabe wird Synthese genannt.

Während die erste Aufgabe mit Methoden der Warteschlangen-Theorie (queueing theory) gelöst wird, verwendet man zur Lösung der zweiten Aufgabe die Hilfsmittel der Bedienungs-Theorie (scheduling theory).

Im Themenkreis der Bedienungstheorie kann man wieder zwei Schwerpunkte bilden. Sie behandeln

- die optimale Ablauforganisation mit vorausbekannter Last, z.B. die Bearbeitung von n vorliegenden Aufgaben auf m Verarbeitungseinheiten in möglichst kurzer Zeit, wobei die Bediendauern der Aufgaben bekannt sind (job shop problem),
- den stochastischen Betriebsfall mit zufällig ankommenden Aufgaben, deren Bediendauern bekannten Wahrscheinlichkeitsverteilungen gehorchen.

* Die Arbeiten wurden zu 50 % durch das 3. DV-Programm der Deutschen Bundesregierung FKZ 081 2248 gefördert.

Im folgenden beschäftigen wir uns ausschließlich mit dem letztgenannten Fall. Es soll die Anwendung eines fundamentalen Ergebnisses von Olivier [1,2] anhand von Beispielen gezeigt werden, wie sie in der praktischen Anwendung bei Rechenanlagen im Echtzeitbetrieb auftreten. Eingeschlossen sind dabei sowohl Teilnehmer- wie Prozeßrechensysteme.

2. DAS MODELL

Wir betrachten zunächst ein Modell eines Rechners mit einem Poisson-Ankunftsprozeß mit der Ankunftsrate λ [Aufgaben pro Zeiteinheit] entsprechend Bild 1. Alle ankommenden Aufgaben

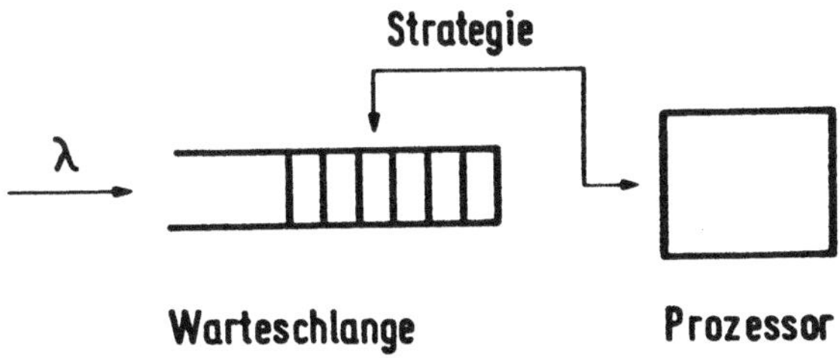

Bild 1: Modell vom Typ M/G/1 zur Nachbildung der Bedienung von Aufgaben eines Rechners. λ : Ankunftsrate pro Zeiteinheit (= Durchsatz).

warten in dem als Warteschlange dargestellten Warteraum, bis sie fertig bearbeitet sind. Die Bediendauern b aller Anforderungen gehorchen einer Verteilungsfunktion $B(t) = P(b \leq t)$. Gesteuert durch eine Bedienungsstrategie wählt der Prozessor eine der wartenden Aufgaben aus dem Warteraum zur Bearbeitung aus und bedient sie solange bis

- sie fertiggestellt ist oder
- die Bedienungsstrategie diese Bearbeitung abbricht - was zu einer Verdrängung der Aufgabe aus dem Prozessor zurück in den Warteraum führt - um eine andere Aufgabe zu bearbeiten.

Eine in ihrer Bearbeitung unterbrochene Aufgabe wird später fortgesetzt, ohne daß schon geleistete Prozessorarbeit wiederholt wird. In einer für Wartemodelle üblichen Abkürzungsform [5,Kap.1.5] handelt es sich um ein Modell des Typs M/G/1.

Gesucht ist eine Bedienungsstrategie, bei der die erwartete Wartezeit W aller Aufgaben minimal wird. Die Wartezeit w ist definiert

w = Fertigstellungs- minus Ankunftszeitpunkt minus Bediendauer.

Es ist $W = E\{w\}$ der Erwartungswert der Wartezeit aller Aufgaben.

Das Modell nach Bild 1 läßt sich im Rahmen dieser Fragestellung so verallgemeinern, daß N verschiedene Typen von Aufgaben nebeneinander erlaubt sind, deren gemeinsame erwartete Wartezeit minimiert werden soll, Bild 2.

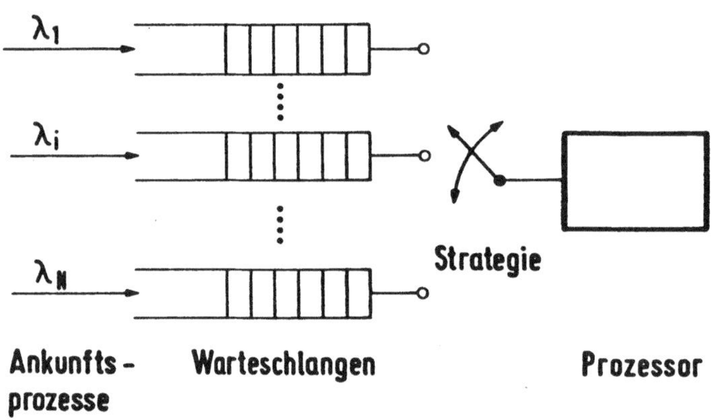

Bild 2: Modell eines Rechners mit -im Unterschied zu Bild 1- N Typen von Aufgaben mit je individueller Bediendauerverteilung.

Die Ankunftsrate von Aufgaben des Typs ist jetzt λ_i und die Bediendauer-Verteilungsfunktion $B_i(t)$. Es werden unabhängige Poisson-Ankunftsprozesse und unabhängige Bediendauerverteilungen angenommen.

Es ist üblich, bei der Optimierung der Bedienung von Aufgaben auch vom Typ abhängige Kostenfunktionen $g_i(t)$ zuzulassen. Eine Aufgabe, die insgesamt die Dauer t durch den Prozessor bedient wurde und bisher die Dauer w_i gewartet hat, hat die Wartekosten $g_i(t)w_i$. Die Wartezeit geht linear in die Kosten ein, während die Kosten beliebig von der tatsächlichen Bediendauer einer individuellen Aufgabe abhängen dürfen. Optimierungsziel ist nun die Minimierung der erwarteten Wartekosten.

$$K = E\left\{\sum_{i=1}^{N} g_i(t)w_i\right\} .$$

Anstelle der Wartezeit w_i könnte man auch die Verweilzeit $v_i = b_i+w_i$ mit Kosten belegen. Dieser Ansatz führt jedoch auf dasselbe Optimierungsziel.

Wegen $K' = E\left\{\sum_{i=1}^{N} g_i(t)[w_i+b_i]\right\} = K + E\left\{\sum_{i=1}^{N} g_i(t)b_i\right\} = K + K''$

enthält K' offenbar einen strategieunabhängigen additiven Anteil K", so daß weiterhin die erwarteten Wartekosten K allein (über die Wartezeit w_i) strategieabhängig sind.

Bild 3 zeigt Beispiele für Kostenfunktionen: In der praktischen An-

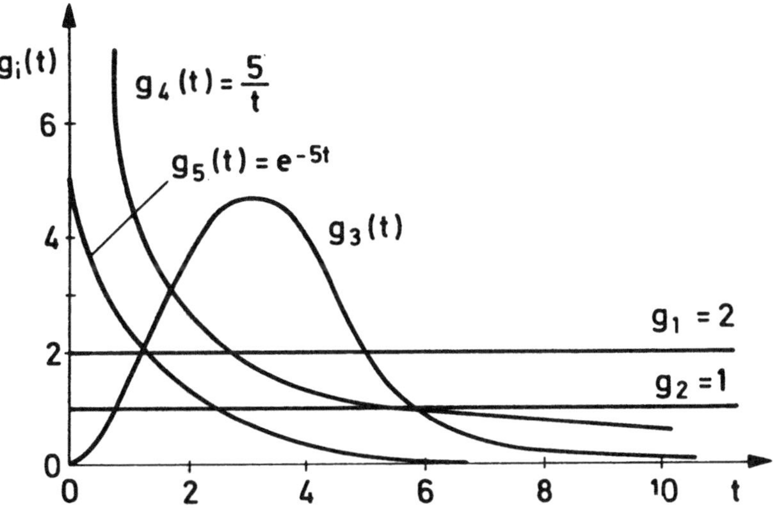

Bild 3: Beispiele für Kostenfunktionen.

wendung haben konstante Kostenfunktionen, z.B. $g_i=a$ (a = natürliche Zahl), die größte Bedeutung. Mit zunehmender Bediendauer t fallende Kostenfunktionen führen zu einer starken Bevorzugung von Aufgaben mit kurzer Bediendauer. Die Kostenfunktion $g_3(t)$ in Bild 3 fördert besonders die Bedienung von Aufgaben, die höchstens 4 Zeiteinheiten Bediendauer haben. Aufgaben mit größeren Bediendauern müssen hier ein Vielfaches an Wartezeit aufweisen, um mit kurzen Aufgaben konkurrieren zu können.

Bild 4 zeigt den typischen Verlauf der Wartezeit-Verteilungsfunktion von Aufgaben für ein Belastungsbeispiel mit zwei Typen i = 1,2 von Aufgaben des Modells nach Bild 2 bei optimaler Bearbeitung. An der Ordinate steht die Wahrscheinlichkeit, daß eine Wartezeit w_i kleiner

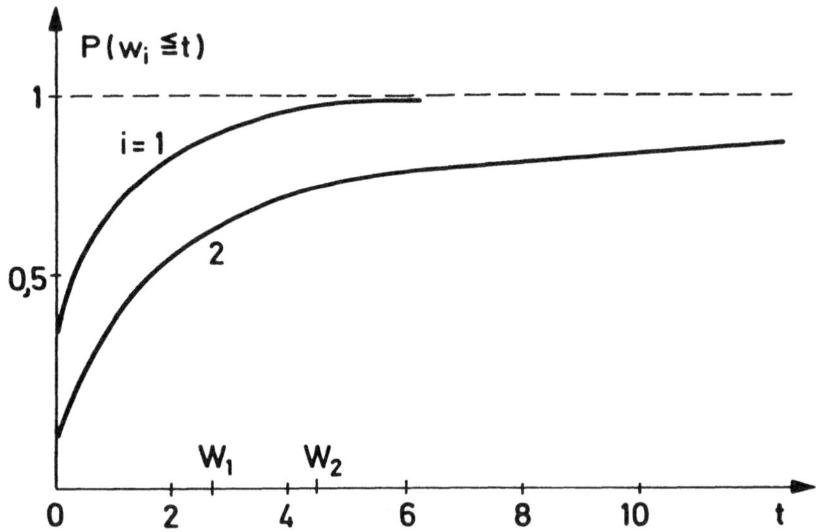

Bild 4: Beispiele für Wartezeit-VFn
W_1, W_2 sind die Erwartungswerte der Wartezeit für Aufgaben des Typs 1 bzw. 2.

oder gleich t ist. Mit hoher Wahrscheinlichkeit sind Wartezeiten unterdurchschnittlich klein, selten überdurchschnittlich groß.

In der praktischen Anwendung ist das Problem zu lösen, bei bekannten Bediendauerverteilungen der Aufgaben Kostenfunktionen so zu wählen, daß ein gewünschter Verlauf der Wartezeitverteilungen resultiert. Alle Kostenfunktionen in Bild 3 haben die Eigenschaft, daß kurze Aufgaben gegenüber längeren bevorzugt werden. Darüber hinaus gehende Forderungen lassen sich nur schwer begründen und dafür passende Kostenfunktionen kaum ermitteln. Deshalb begnügt man sich meist mit konstanten Kostenfunktionen.

Im Modell nach Bild 1 (mit nur einem Typ von Aufgaben) verbleibt dann als Optimierungsziel die minimale erwartete Wartezeit W. Entsprechend ist das Optimierungsziel im Modell nach Bild 2 die Summe der mit den Kostenfunktionen gewichteten mittleren Wartezeiten

$$K = \sum_{i=1}^{N} g_i W_i \ .$$

3. KRITERIUM FÜR KOSTENMINIMALE BEDIENUNGSSTRATEGIEN

In früheren Arbeiten [1,2] konnte gezeigt werden, daß sich -im Rahmen der betrachteten Modelle- eine kostenminimale Bedienstrategie ergibt, wenn zu jedem Zeitpunkt eine Kenngröße $\varphi^*(i,t)$ für jede wartende Aufgabe des Typs i bestimmt und die Aufgabe mit maximaler Kenngröße bedient wird.

Die Herleitung dieses Verfahrens und der Beweis der Optimalität ist kompliziert. Wir wollen die Anwendung des Ergebnisses besprechen. Dazu wiederholen wir zunächst Ergebnisse aus [2].

Eine Aufgabe mit der Bediendauer-Verteilung $b_i(x) = dB_i(x)/dx$ sei schon die Dauer t bedient worden. In einem zukünftigen Bedienintervall der Länge δ wird diese Aufgabe fertiggestellt mit der Wahrscheinlichkeit

$$\int_t^{t+\delta} \frac{b_i(x)dx}{1-B_i(t)} \ .$$

Unter Verwendung einer allgemeinen Kostenfunktion $g_i(x)$ sind die erwarteten Kosten des Intervalls

$$E\{k_i\} = \int_t^{t+\delta} \frac{g_i(x)b_i(x)dx}{1-B_i(t)} \ . \tag{3.1}$$

Der Ausdruck $K=g_i(t)b_i(t)/[1-B_i(t)]$ ist die bewertete Erfolgsrate von Aufgaben des Typs i. (3.2)

Der Erwartungswert der effektiven Dauer des Intervalls δ (evtl. wird die Aufgabe ja schon früher fertig) ist

$$E\{\delta\} = [\int_t^{t+\delta}(x-t)b_i(x)dx + \delta\int_{t+\delta}^{\infty} b_i(x)dx]/[1-B_i(x)]. \tag{3.3}$$

Die Kenngröße $\varphi^*(i,t)$, Leistung genannt, ist

$$\varphi^*(i,t) = \max_{\delta \geq 0} \frac{E\{k_i\}}{E\{\delta\}}. \tag{3.4}$$

Eine Vereinfachung dieses Ausdruckes ergibt sich, wenn die bewertete Erfolgsrate, Gl.(3.2), monoton mit t steigt. Dann wird

$$\varphi^*(i,t) = \frac{\int_t^\infty g_i(x)b_i(x)dx}{\int_t^\infty (x-t)b_i(x)dx} \,. \tag{3.5}$$

Fällt die bewertete Erfolgsrate monoton mit t, dann wird

$$\varphi^*(i,t) = \frac{g_i(t)b_i(t)}{1-B_i(t)} \,, \tag{3.6}$$

also gleich dieser Rate selbst.

Diese Monotonie-Eigenschaften findet man bei den meisten üblichen Bediendauerverteilungen (Bild 5). Z.B. sind für $g_i(t) = g_i$ die Erfolgsraten monoton für negativ exponentielle, hyperexponentielle, entartet exponentielle, n-Punkt, Erlang-k-Verteilungen sowie Sonderfälle anderer Verteilungen (z.B. der stückweise exponentiellen und der allgemeinen Erlangverteilung).

Es könnte nun der Eindruck entstehen, daß die Verwirklichung einer kostenminimalen Bedienstrategie den ständigen Vergleich der Leistungen $\varphi^*(i,t)$ (i=1,2,...,N) aller wartenden Aufgaben und, als Voraussetzung dafür, die ständige Ermittlung von $\varphi^*(i,t)$ erforderlich macht. Die folgenden Beispiele sollen zeigen, daß solche Rechnungen und Vergleiche u.U. nur selten nötig sind. Für pathologische Fälle, bei denen solche Rechnungen ständig erforderlich sind, wird eine Möglichkeit gezeigt, durch eine unbedeutende Änderung der Voraussetzungen die Entscheidungshäufigkeit der Bedienstrategie ebenfalls sehr klein zu machen. Das eben eingeführte Kriterium zur Auswahl einer wartenden Aufgabe zur Bedienung ist unverändert auch anwendbar, wenn anstelle nur eines Prozessors gleichzeitig mehrere parallele Prozessoren vorhanden sind.

4. ANWENDUNGSBEISPIELE MIT KOSTENMINIMALER BEDIENSTRATEGIE

In den folgenden Beispielen nehmen wir konstante Kostenfunktionen $g_i(t) = g_i$ an.

4.1 Erlang-K, negativ exponentielle und konstante Verteilungen

Die Erlang-k-Verteilung (E_k) enthält als Grenzfälle für k=1 die negativ exponentielle (M) und für $k \to \infty$ die konstante (D) Verteilung, vgl. Bild 5a, b. Verteilungsfunktion B(t) und Verteilung b(t) lauten

$$B(t) = 1-\exp(-k\mu t) \sum_{j=o}^{k-1} \frac{(k\mu t)^j}{j!}; \quad b(t) = \frac{(k\mu)^k}{(k-1)!} t^{k-1} \exp(-k\mu t).$$

Für diese Klasse von Verteilungen steigt die bewertete Erfolgsrate nach Gl.(3.2) monoton bzw. ist konstant (für k=1); die Leistung kann nach Gl.(3.5) bestimmt werden zu

$$\varphi^*(i,t) = g_i \frac{k\mu \sum_{j=o}^{k-1} \frac{(k\mu_i)^j}{j!} t^j}{\sum_{j=o}^{k-1} \frac{(k-j)(k\mu_i)^j}{j!} t^j}, \tag{4.1}$$

wobei i der Typ der Aufgabe und t ihre schon verbrauchte Bedienzeit ist.

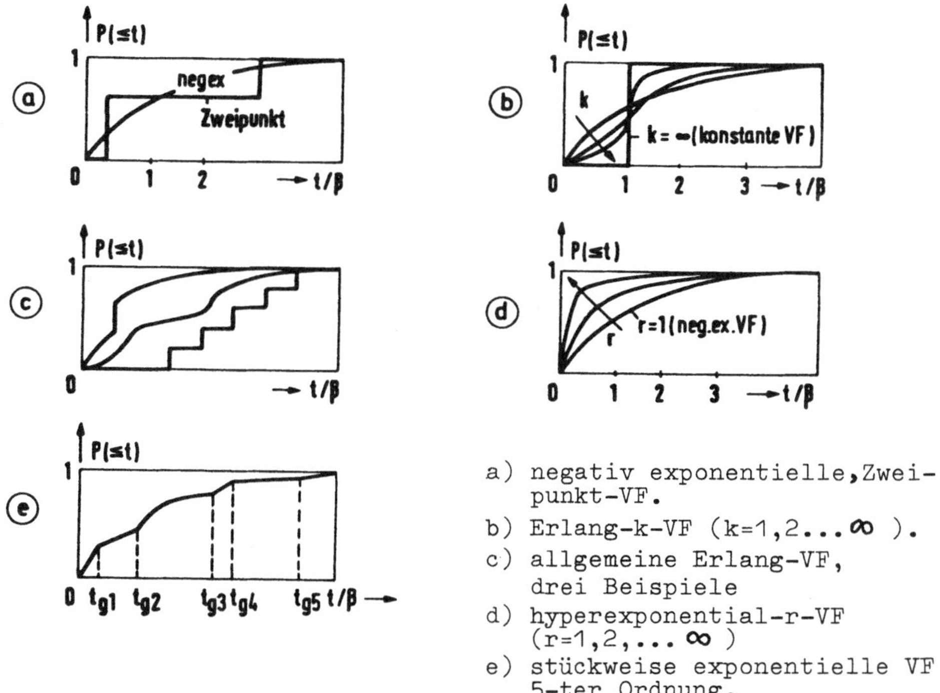

a) negativ exponentielle, Zweipunkt-VF.
b) Erlang-k-VF (k=1,2...∞).
c) allgemeine Erlang-VF, drei Beispiele
d) hyperexponential-r-VF (r=1,2,... ∞)
e) stückweise exponentielle VF 5-ter Ordnung.

Bild 5: Häufig verwendete Verteilungsfunktionen für Prozesse verkehrstheoretischer Modelle.

Warten nur Aufgaben mit derselben E_k, M oder D Bediendauerverteilung, dann muß die Bedienstrategie unter allen wartenden Aufgaben, diejenige mit größter Leistung auswählen und ihr eine unbegrenzte Rechenfrist zuteilen. Die Leistung einer in Bedienung befindlichen Aufgabe wächst monoton, kann also von keiner der anderen wartenden Aufgaben übertroffen werden.

Unbearbeitete Aufgaben haben gleiche Leistung $\varphi^*(i,0)=\mu_i$ und sind deshalb gleichberechtigt. Beispielsweise ist die Bediendauer in der Reihenfolge der Ankunft (first come first serve, FCFS) optimal. Entscheidungszeitpunkte der Bedienstrategie sind allein die Fertigstellungszeitpunkte von Aufgaben.

Die Leistung von Aufgaben mit sehr großer Bediendauer strebt asymptotisch gegen den Wert $\varphi^*(i,t)=k\mu_i$.
$t \to \infty$

Für interessante Fälle der E_k-Verteilung ergibt sich

E_2-Verteilung: $$\varphi^*(i,t) = \frac{g_i\mu_i(1+2\ \mu_i(t)}{1+\mu_i t}$$

M-Verteilung: (d.h. k=1) $$\varphi^*(i,t) = \mu_i$$

D-Verteilung: (d.h. $k \longrightarrow \infty$) $$\varphi^*(i,t) = \frac{g_i\mu_i}{1-\mu_i t}\ .$$

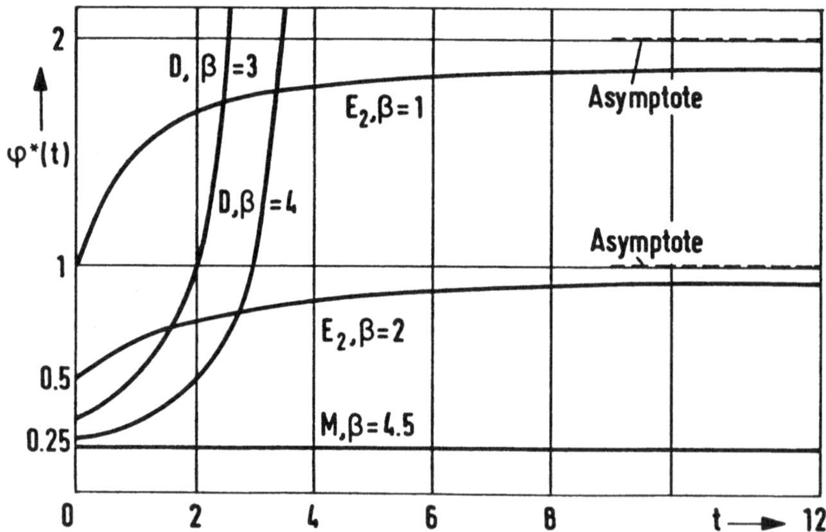

Bild 6: Maximale Leistung für Gewichtsfaktoren g_i=1 bei drei Bediendauer-VFn D, M und E_2 in Abhängigkeit von der schon verbrauchten Bearbeitungszeit t. Parameter ist $\beta = 1/\mu$.

Bild 6 zeigt diese Leistungen in Abhängigkeit der verbrauchten Bediendauer t für beispielhaft gewählte Verteilungsparameter.

Für Aufgaben mit E_2-Verteilung überschreitet die Leistung niemals den durch die Asymptote gegebenen Wert. Aufgaben mit M-Verteilung haben eine konstante Leistung (unbearbeitete und bearbeitete Aufgaben sind gleichberechtigt). Die Leistung von Aufgaben mit konstanter Bediendauer steigt umso steiler, je näher man der Fertigstellung kommt und ist unmittelbar vor Fertigstellung unbegrenzt groß.

Konkurrieren Aufgaben mit unterschiedlichen Bediendauer-Verteilungen, z.B. wie in Bild 6 angenommen, dann sind neben den Fertigstellungszeitpunkten auch die Ankunftszeitpunkte Entscheidungszeitpunkte der Bedienstrategie. Es ist nämlich dann möglich, daß eine ankommende Aufgabe einem Typ j angehört, der bisher nicht wartete und eine besonders hohe Startleistung $\varphi^*(j,0)$ besitzt:

Eine unbearbeitete Aufgabe i, die zum Zeitpunkt t_o wegen ihrer hohen Leistung $\varphi^*(i,0)$ in Arbeit genommen wurde, hat eine konstante oder anmonoton steigende Leistung. Sie kann jedoch von einer zur Zeit t_o+t kommenden Aufgabe j mit $\varphi^*(j,0) > \varphi^*(i,t)$ unterbrochen werden.

Im Beispiel nach Bild 6 unterbricht eine ankommende Aufgabe vom Typ (E_2, β=1) eine andere vom Typ D, β=3), solange letztere noch nicht die Dauer t=2.0 Zeiteinheiten bedient wurde. Andernfalls findet keine Unterbrechung statt. Für eine Unterbrechungsentscheidung ist es ohne Belang, wie sich die Leistung der unterbrochenen Aufgabe, verglichen mit der der unterbrechenden, bei weiterer Bedienung entwickelt.

4.2 Hyperexponentielle Verteilungen

Die Hyperexponential-r (H_r-) Verteilung enthält als Grenzfall für r=1 die negativ exponentielle (M-) Verteilung, vgl. Bild 5d. Verteilungsfunktion und Dichte lauten

$$B(t) = 1 - \sum_{j=1}^{r} p_j \exp(-\mu_j t); \qquad b(t) = \sum_{j=1}^{r} p_j \mu_j \exp(-\mu_j t) \qquad \text{mit} \qquad \sum_{j=1}^{r} p_j = 1.$$

Für Verteilungen mit r > 1 fällt die bewertete Erfolgsrate, Gl.(3.2), monoton mit der aufgenommenen Bediendauer; die Leistung kann nach Gl.(3.6) bestimmt werden zu

$$\varphi^*(i,t) = g_i \frac{\sum_{j=1}^{r} p_{ij}\, \mu_{ij} \exp(-\mu_{ij} t)}{\sum_{j=1}^{r} p_{ij} \exp(-\mu_{ij} t)} , \qquad (4.2)$$

wobei i der Typ der Aufgabe und t ihre verbrauchte Bedienzeit ist.

Für unbediente Aufgaben ist $\varphi^*(i,t) = \sum_{j=1}^{r} p_{ij}\, \mu_{ij}$,

für $t \to \infty$ erhält man $\lim_{t\to\infty} \varphi^*(i,t) = \mu_{ir}$, wobei μ_{ir} der kleinste Wert unter allen μ_{ij} ist.

Bild 7 zeigt ein Beispiel für zwei Typen von Aufgaben i=1,2, die beide H_2-Bediendauerverteilungen (aber verschiedene Parameter μ_{ij}) haben. Konkurrieren mehrere Aufgaben desselben Typs um den Prozessor, dann gibt es Situationen, in denen zwei oder mehr Aufgaben dieselbe Bedienzeit t aufweisen und gleiche Leistung haben.

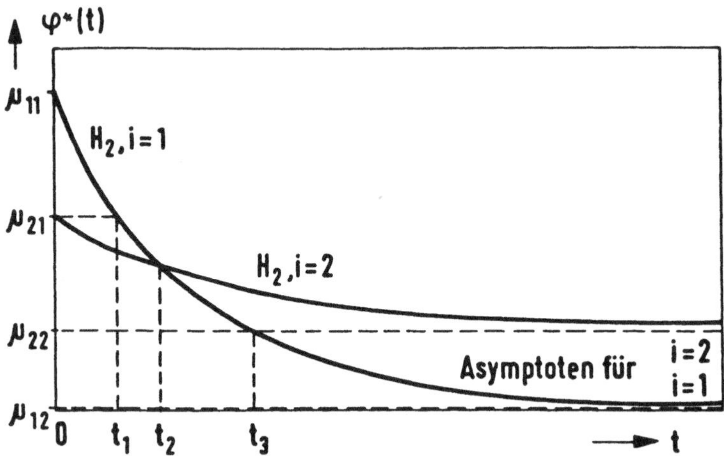

Bild 7: Maximale Leistung für Gewichtsfaktoren g_i=1 für zwei Typen i=1,2 von Aufgaben mit unterschiedlichen H_2-Bediendauer-VFn. in Abhängigkeit von der verbrauchten Prozessorzeit t.

Sobald eine beliebige dieser Aufgaben die Dauer $\Delta > 0$ bedient wurde, ist ihre Leistung gefallen, sie muß zugunsten einer anderen abgebrochen werden. Dasselbe Schicksal erleidet kurze Zeit später die unterbrechende Aufgabe und das setzt sich so fort. Eine neue ankommende Anforderung desselben Typs darf unterbrechen und wird solange ununterbrochen (falls nicht eine weitere Aufgabe ankommt) bedient, bis sie mit den schon vorhandenen um infinitesmal kurze Zeitscheiben Δ konkurrieren muß.

Die Bedienung beider Typen von Aufgaben des Beispiels in Bild 7 erfolgt so:

* Aufgaben des Typs i=1 mit $t \leq t_1$ (Klasse 1) werden bedient, als gäbe es nur diesen einen Typ. Falls solche nicht warten, konkurrieren
* Aufgaben des Typs 1 mit $t_1 < t \leq t_2$ und des Typs 2 mit $0 \leq t \leq t_2$ (zusammen: Klasse 2), u.U. mit kleinen Zeitscheiben Δ um Bedienung. Falls weder Aufgaben der Klassen 1 noch 2 warten, konkurrieren
* Aufgaben des Typs 1 mit $t_2 < t \leq t_3$ und des Typs 2 mit $t > t_2$ (zusammen: Klasse 3). Falls die Klassen 1 bis 3 unbesetzt sind, konkurrieren
* Aufgaben des Typs 1 mit $t > t_3$ (Klasse 4) allein untereinander.

Kommt während der Bedienung von Aufgaben der Klasse j eine Aufgabe der Klasse $i \leq j$ an, dann wird die solange bedient, bis sie dieselbe Bediendauer t aufweist (oder fertiggestellt wird) wie die vorher bedienten Aufgaben der Klasse j. Diese Bedienung kann durch weitere Ankünfte unterbrochen werden. Die Bedienung von Aufgaben mit H_r-Verteilung erfordert sehr häufig Unterbrechungen und führt in der praktischen Anwendung zu einem unvertretbar hohen Verwaltungaufwand. Dieses Problem wird entschärft, wenn man -wie allgemein üblich- anstelle sehr kleiner Rechenfristen Δ endliche Zeitscheiben Q zuteilt. Dabei geht die Optimalität der Bedienstrategie verloren. Bei geschickter Wahl der Zeitscheibendauer Q bleibt die Strategie "praktisch kostenoptimal" [7].

Ein anderer Weg, dieses Problem zu meistern, ist durch Ersatz der H_r-Verteilungen durch geeignete stückweise exponentielle (Piecewise Markovian-n) Verteilungen n-ter Ordnung möglich.

4.3 Stückweise exponentielle Verteilungen

PM-n Verteilungen wurden in [3], [4] eingeführt, um zu praktikablen optimalen Bedienstrategien und berechenbaren Wartemodellen zu kommen. Geht man davon aus, daß in Modellen vorkommende H_r-Verteilungen Näherungen für in der praktischen Anwendung vorkommende Verteilungen sind, dann spricht nichts dagegen, andere vergleichbare Funktionen zur Approximation zu wählen, vgl. Bild 5e. Verteilungsfunktion und Verteilung lauten [4]

$$B(t) = 1-\exp[-\sum_{k=1}^{j} t_{g_k}(\mu_k-\mu_{k+1})-\mu_{j+1}t];$$

$$b(t) = \mu_{j+1} \exp[- \sum_{k=1}^{j} t_{gk}(\mu_k-\mu_{k+1})-\mu_{j+1}t]$$

$$\text{für } t_{gj} < t \leq t_{gj+1}, \quad j=0,1,\ldots n;$$

$$0 = t_{go} < t_{g1} < \ldots t_{gn} < t_{gn+1} = \infty .$$

Für n=0 erhält man die M-Verteilung.
Wir beschränken uns hier auf den Fall der Nachbildung des Verlaufs von H_r-Verteilungen und machen eine geeignete Einschränkung:

$$\mu_1 > \mu_2 > \ldots \mu_i > \ldots > \mu_{n+1} .$$

Unter dieser Voraussetzung fällt für alle PM-n Verteilungen die Leistung mit wachsender Bediendauer t treppenförmig, ist also stückweise konstant. Für eine PM-Verteilung ist

$$\varphi^*(i,t) = \begin{cases} g_i\mu_{i1} & t+\delta \leq t_{gi1} \\ g_i\mu_{i2} & t+\delta \leq t_{gi2} \\ \vdots \quad \text{für} & \vdots \\ g_i\mu_{in} & t+\delta \leq t_{gin} \\ g_i\mu_{i(n+1)} & t > t_{gin},\ \delta \text{ beliebig} \end{cases}$$

(Dabei ist δ die Rechenfrist, die zu dieser Lösung führt; andere (größere) Fristen sind nicht kostenminimal).

Da es sich um eine stückweise exponentielle Verteilung handelt, ist zu erwarten, daß die Leistung sich in Abhängigkeit der Bediendauer t so verhält, wie das dem zugehörigen exponentiellen Stück $t_{gj} < t \leq t_{gj+1}$ der Bediendauer-Verteilung entspricht.

Bild 8 zeigt ein Beispiel mit zwei Typen von Aufgaben i=1,2 und verschiedenen PM-1 Verteilungen. Dieses Beispiel entspricht dem von Bild 7.
Aufgaben mit gleicher Leistung sind gleichwertig für die kostenminimale Bearbeitung. Ihre Reihenfolge ist beliebig, z.B. ist die Bedienstrategie FCFS optimal. Wählt man für gleichberechtigte Aufgaben die Reihenfolge FCFS, dann gibt es nur Zeitscheiben der Dauer t_{g1} für Aufgaben des Typs 1 mit t=0 (wird nie unterbrochen), t_{g2} für Aufgaben des Typs 2 mit $t < t_{g2}$ (wird bei Ankunft einer Aufgabe vom Typ 1 unterbrochen, später fortgesetzt) oder q = unbegrenzt (wobei Aufgaben vom Typ 2 bevorzugt vor denen vom Typ 1 fertiggestellt werden).

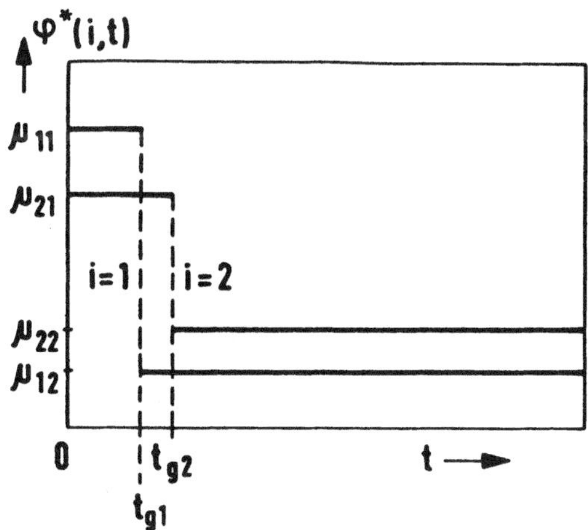

Bild 8: Maximale Leistung für zwei stückweise exponentielle VFn 1. Ordnung über der verbrauchten Prozessorzeit t.

Die unbegrenzte Zeitscheibe q wird bei Ankunft einer Aufgabe unterbrochen.

Anstelle des komplizierten Bedienungsschemas bei H_r-Bediendauerverteilungen mit zeitweise sehr vielen Unterbrechungen und sehr kleinen Zeitscheiben sind bei vergleichbaren PM-1 Verteilungen nur wenige Unterbrechungen nötig.

Man muß sich klar darüber sein, daß die Wahl der Bedienzeiten t_{gk} (vgl. Bild 5e) bei der Konstruktion einer PM-n Verteilung gleichzeitig die optimalen Zeitscheibenlängen $t_{gk+1} - t_{gk}$ festlegt. Wegen der großen möglichen Zahl der Parameter bei PM-n Verteilungen gibt es immer viele gleich gute Lösungen, eine gegebene statistische Verteilung zu approximieren. Das gilt jedoch allgemein auch für die Approximation durch H_r-Verteilungen. Für PM-n Verteilungen sollte eine Näherung mit wenigen exponentiellen Stücken angestrebt werden.

Während man bei Voraussetzung von H_r-Bediendauerverteilungen minimale Zeitscheibendauern Q definieren mußte, um eine praktikable nur näherungsweise optimale Bedienstrategie zu erhalten, führt die Voraussetzung von PM-n Verteilungen auf eine optimale Bedienstrategie mit großen Zeitscheiben und wenigen Unterbrechungen.

5. ZUR ANALYSE VON WARTEMODELLEN MIT OPTIMALER BEDIENSTRATEGIE

Ergebnisse von Überlegungen zu optimalen Bedienstrategien haben besonders dann praktische Bedeutung, wenn

- die resultierenden Strategien anwendbar sind und
- Zahlenwerte für die optimierten charakteristischen Größen berechenbar sind.

Im Rahmen der hier betrachteten Modelle mit unbegrenztem Warteraum und einem Prozessor sind charakteristische Größen des Anwendungsbeispiels nach Abschnitt 4.1 für konstante Kostenfunktionen nur geschlossen berechenbar, wenn keine Unterbrechungen zugelassen sind: Dann ist die Anfangsleistung $\varphi^*(i,o)$ unbearbeiteter Aufgaben des Typs i(i=1,2,...N) alleiniges Entscheidungskriterium für die Bedienstrategie und Aufgaben desselben Typs werden FCFS bedient.

Diese (wegen des Verbots von Unterbrechungen) <u>nicht</u> optimale Strategie führt unmittelbar auf das bekannte Modelll M/G/1 mit statischen nicht-unterbrechenden Prioritäten, dessen Ergebnisse z.B. in [5, Abschnitt 4] zu finden sind.

Es erscheint nicht aussichtslos, auch für die optimale unterbrechende Strategie charakteristische Größen zu bestimmen. Bisher sind jedoch keine Ergebnisse bekannt.

Streuen die Bediendauern stark, wie in den Abschnitten 4.2 und 4.3 angenommen, dann gelingt eine analytische Berechnung unter optimaler Bedienstrategie, wenn man nur einen Typ von Aufgaben mit PM-n Verteilung zuläßt [4]. Der Fall mehrerer konkurrierender Typen von Aufgaben mit unterschiedlichen PM-Verteilungen kann näherungsweise behandelt werden, indem man eine gemeinsame PM-Verteilung ersatzweise bildet, die für alle Aufgaben gilt. Dann ist das Problem auf den Fall mit nur einem Typ von Aufgaben zurückgeführt. Der Näherungscharakter liegt darin, daß man ursprünglich verfügbare Information über die Typ-Zugehörigkeit einer Aufgabe nicht nutzt und dabei z.B. unbearbeiteten Aufgaben eine erste Zeitscheibe $t_{gk} = \min \{ t_{gi}, i=1...N\}$ gleichberechtigt zuteilt (vgl. dagegen die optimale Zuteilung des Beispiels nach Bild 8, Abschnitt 4.3).

In [6] ist gezeigt, daß die Berechnung charakteristischer Größen auch noch gelingt, wenn N Typen von Aufgaben konkurrieren, wobei jeder Typ eine beliebige PM-n Bediendauer-VF haben darf, jeder Typ aber eine eigene statische unterbrechende Priorität besitzt (vgl. Bild 2).

Für den Fall hyperexponentiell verteilter Bediendauern ist kein einziges Modell bekannt, für das die Berechnung charakteristischer Grössen bei optimaler Bedienstrategie gelungen ist.

6. VERALLGEMEINERUNG

Nach [2] ist das Verfahren zur Bestimmung einer optimalen Bedienstrategie über den Leistungsvergleich konkurrierender Aufgaben auch optimal, wenn anstelle von Poisson beliebige homogene Ankunftsprozesse vorliegen. Das Verfahren bleibt optimal, wenn der Ankunftsprozeß nicht homogen aber unabhängig von gegenwärtigen oder vergangenen Systemzuständen ist und die Leistung aller Aufgaben monoton schwach fällt. Im allgemeinen unbeschränkten Fall G/G/1 (ohne Beschränkungen für Ankunftsprozesse und Bediendauerverteilungen) sind nachweislich Bedienstrategien optimal, die Prognosen über zukünftige Ankünfte verarbeiten.

LITERATURZITATE

[1] Olivier, G.: Optimale Zeitzuteilung für wartende Rechenaufgaben. Elektron. Rechenanl. 9 (1967), H.5, S.218-224.

[2] Olivier, G.: Kostenminimale Prioritäten in Wartesystemen vom Typ M/G/1. Elektron. Rechenanl. 14 (1972), H.6, S.262-271.

[3] Marte, G.: Optimal time scheduling for time-shared computer systems with piecewise exponential computing-time distribution. Intern. Computing Symposium, Bonn, Mai 1970, Vorabdruck Bd.1, S. 182-206.

[4] Walke, B., Küspert, H.J.: Teilnehmerrechensysteme: Mittlere Verweilzeiten bei optimaler Rechenzeitzuteilung. Elektron. Rechenanl. 13 (1971), H.5, S.193-199.

[5] Walke, B.: Realzeitrechner-Modelle, Theorie und Anwendung. R. Oldenbourg Verlag München Wien, Reihe Datenverarbeitung, 1978.

[6] Walke, B., Static-priority queue with time slicing. 9th Intern. Teletraffic Congress, Oct. 1979, Torremolinos, Spain.

[7] Walke, B.: Entwicklung optimaler Zuteilungsstrategien für Rechnermodelle durch Simulation und Rechnung. Elektron. Rechenanl. 16 (1974), H.1, S.9-17.

WARTE-VERLUST-SYSTEME VOM TYP M/G/1 MIT UNTERBRECHENDEN PRIORITÄTEN

Manfred Kramer
Institut für Informatik
der Universität Bonn
Wegelerstr. 6, 5300 Bonn

Zusammenfassung: *Für das Wartesystem M/G/1/N und das zugehörige K-stufige Prioritätenmodell $M_K/G_K/1/N_K$ mit der Prioritätsregel preemptive resume werden die Verteilungen der Betriebsperioden und der stationären Warteschlangenlängen unter der Voraussetzung endlicher Warteräume hergeleitet. Die stationären Zustandswahrscheinlichkeiten sind durch Reihenentwicklung erzeugender Funktionen exakt berechenbar.*

O. Einleitung

Die vorliegende Untersuchung beschäftigt sich mit zwei Varianten des M/G/1-Modells, die sich aus der Annahme eines endlichen Warteraums und prioritätengesteuerter Bedienungsordnung ergeben.

Zunächst wird für das beschränkte Wartesystem M/G/1/N der Betriebsperiodenprozeß analysiert und die stationäre Schlangenlängenverteilung bestimmt. Darauf aufbauend wird das K-stufige Prioritätswartesystem $M_K/G_K/1/N_K$ mit endlichen Warteräumen und unterbrechender Strategie (preemptive resume) untersucht. Aus den L-transformierten Verteilungsdichten der Residenzzeiten und Betriebsperioden können die stationären Verteilungen der Schlangenlängen in jeder Prioritätsklasse durch Reihenentwicklung berechnet werden.

Warteschlangensysteme dieser Art finden wegen ihrer Verwandtschaft zu zyklischen Zweiprozessormodellen als stochastische Modelle von Rechensystemen mit Mehrprogrammbetrieb und Bedarfsseitenzuteilung vielseitige Anwendungen. [5,7,8]

I. Grundmodell M/G/1/N

I.o Problemstellung

Das Hauptziel dieses Abschnitts ist die Untersuchung des Warteschlangenprozesses im Grundmodell M/G/1/N, speziell während der ersten Betriebsperiode. Die zugrundeliegenden Modellannahmen sind folgende:

(i) Der Strom der eintreffenden Einheiten bildet einen unabhängigen POISSON-Prozeß mit der Intensität λ.

(ii) Die Bedienungszeiten sind unabhängig und identisch verteilt mit der Verteilungsdichte $h(t)$ und dem Erwartungswert ν.

(iii) Es ist ein Prozessor und ein Warteraum der Größe N vorhanden. Überzählige Einheiten werden abgewiesen.

(iv) Der Prozessor bedient die wartenden Einheiten in der Reihenfolge ihrer Ankunft.

Sei $(U_r)_{r=1,2...}$ die Folge der Abgangszeitpunkte bedienter Einheiten. Die Zufallsvariablen N_t bzw. M_r bezeichnen die Anzahl der Einheiten im System (Warteschlangenlänge) zum Zeitpunkt t bzw. unmittelbar nach dem Zeitpunkt U_r. Der Warteschlangenprozeß $(N_t)_{t\geq o}$ beginne zur Zeit t=o mit N_o=i Einheiten und einer neuen Bedienungsphase. Sei ferner C_o bzw. C_1 die Länge einer Betriebsperiode bzw. die Anzahl bedienter Einheiten während dieser Zeitspanne.

I.1 Betriebsperiode

Die Untersuchung des Betriebsperiodenprozesses bildet den Ausgangspunkt zur Berechnung der stationären Schlangenlängenverteilung.

Daher werden für den eingebetteten Prozeß $(M_r,U_r)_{r=1,2...}$ die Wahrscheinlichkeiten

$$p_n^i(r,t)dt \doteq P_i\{M_r=n, t\leq U_r<t+dt, U_r\leq C_o\}$$

des Ereignisses definiert, daß die r-te Einheit innerhalb der ersten Betriebsperiode das System im Zeitintervall $[t,t+dt)$ verläßt und n Einheiten zurückbleiben. Der obere Index wird in allen Bezeichnungen unterdrückt, wenn i=1 gilt.

Analogen Herleitungen in [2] folgend ergibt sich für die Übergangswahrscheinlichkeiten des ersten Schrittes

$$p_{n-1}^i(1,t) = \frac{(\lambda t)^{n-i}}{(n-i)!} e^{-\lambda t}h(t) \quad , n=i,...,N-1 \tag{1.1.a}$$

$$p_{N-1}^i(1,t) = (1-\sum_{m=o}^{N-1-i}\frac{(\lambda t)^m}{m!} e^{-\lambda t})h(t) \tag{1.1.b}$$

Durch Zerlegung des Prozesses nach dem letzten Übergang erhält man weiter für r=2,3...

$$p_{n-1}^i(r,t) = \sum_{m=1}^{n}\int_o^t p_m^i(r-1,t-x)\frac{(\lambda x)^{n-m}}{(n-m)!} e^{-\lambda x}h(x)dx \tag{1.2.a}$$

$$p_{N-1}^i(r,t) = \sum_{m=1}^{N}\int_o^t p_m^i(r-1,t-x)(1-\sum_{k=o}^{N-1-m}\frac{(\lambda x)^k}{k!} e^{-\lambda x})h(x)dx \tag{1.2.b}$$

Die Lösung dieses Integralgleichungssystems erfolgt durch Übergang zu den L-transformierten erzeugenden Funktionen

$$\pi_n^i(u,s) \doteq \sum_{r=1}^{\infty}\int_o^{\infty} e^{-st}p_n^i(r,t)dtu^r$$

unter Einführung von

$$\phi(s) \doteq \int_o^{\infty} e^{-st}h(t)dt ,$$

der formalen TAYLOR-Entwicklung

$$\phi(s+\lambda-\lambda\alpha) \doteq \sum_{n=o}^{\infty} \alpha_n(s)\alpha^n$$

sowie den assoziierten Funktionen

$$A_N(s) \doteq \phi(s) - \sum_{n=o}^{N-1} \alpha_n(s) \quad , N=o,1\ldots$$

Man erhält

$$\pi_{n-1}^i(u,s) - \sum_{m=1}^{n} u\alpha_{n-m}(s)\pi_m^i(u,s) = u\alpha_{n-i}(s) \quad , n=1,\ldots,N-1 \tag{1.3.a}$$

$$\bar{\pi}_{N-1}^i(u,s) - \sum_{m=1}^{N} uA_{N-m}(s)\pi_m^i(u,s) = uA_{N-i}(s) \tag{1.3.b}$$

Die Dichtefunktion der Betriebsperiode sei

$$c^i(r,t)dt \doteq P_i\{t\leq C_o<t+dt, C_1=r\}$$

und ihre L-Transformierte

$$\gamma^i(u,s) \doteq \sum_{r=o}^{\infty} \int_o^{\infty} e^{-st}c^i(r,t)dtu^r$$

In den folgenden Herleitungen wird noch die erzeugende Funktion

$$\beta(\alpha,u,s) \doteq \frac{u\phi(s+\lambda-\lambda\alpha)}{u\phi(s+\lambda-\lambda\alpha)-\alpha}$$

und deren Reihenentwicklung

$$\beta(\alpha,u,s) \doteq \sum_{n=o}^{\infty} \beta_n(u,s)\alpha^n$$

benötigt. Damit sind auch die Koeffizienten

$$\delta_N(u,s) \doteq u\phi(s) + (1-u\phi(s))\cdot \sum_{n=o}^{N-1} \beta_n(u,s) \quad , N=o,1\ldots$$

erklärt.

Die Lösung des algebraischen Gleichungssystems (1.3) wird in folgendem Satz angegeben [6].

Satz 1:

$$\pi_n^i(u,s) = \gamma^i(u,s)\beta_n(u,s) - \beta_{n-i}(u,s) \quad , n=o,\ldots,N-1 \tag{1.4.a}$$

$$\gamma^i(u,s) = \frac{\delta_{N-i}(u,s)}{\delta_N(u,s)} \tag{1.4.b}$$

Die Erwartungswerte $c_o^i \doteq E_i\{C_o\}$ und $c_1^i \doteq E_i\{C_1\}$ berechnet man aus (1.4.b) zu

$$c_o^i = \nu c_1^i \tag{1.5.a}$$

$$c_1^i = \delta_N - \delta_{N-i} \quad , \tag{1.5.b}$$

wobei $\beta_n \doteq \beta_n(1,o)$ und $\delta_N \doteq \sum_{n=o}^{N-1} \beta_n$ gesetzt wurde.

In gleicher Weise kann der Anfangsbetriebsperiodenprozeß analysiert werden, der entsteht, wenn der Prozessor bei leerem System zu Beginn der Zeitrechnung für eine zufällige Sperrzeit blockiert ist. Die Dauer dieser Sperrzeit sei durch die Verteilungsdichte $w(t)$ und den Erwartungswert w bestimmt.

Führt man die L-Transformierte

$$\omega(s) \doteq \int_0^\infty e^{-st} w(t)\,dt$$

und deren Reihenentwicklung

$$\omega(s+\lambda-\lambda\alpha) \doteq \sum_{n=o}^{\infty} \omega_n(s)\alpha^n$$

ein und kennzeichnet gleichartige Systemgrößen bei nunmehr veränderter Anfangsbedingung durch einen oberen Index ω, so kann man zeigen [6]

Satz 2:

$$\pi_n^\omega(u,s) = \gamma^\omega(u,s)\beta_n(u,s) - \sum_{m=o}^{n} \omega_{n-m}(s)\beta_m(u,s) \quad , n=o,\ldots,N-1 \tag{1.6.a}$$

$$\gamma^\omega(u,s) = \sum_{n=o}^{N-1} \omega_n(s)\gamma^n(u,s) + (\omega(s) - \sum_{n=o}^{N-1} \omega_n(s))\gamma^N(u,s) \tag{1.6.b}$$

Für die Erwartungswerte c_o^ω und c_1^ω ergibt sich

$$c_o^\omega = w + \nu c_1^\omega \tag{1.7.a}$$

$$c_1^\omega = \delta_N - \sum_{n=o}^{N} \omega_{N-n}\delta_n \tag{1.7.b}$$

I.2 Schlangenlänge

Die wichtigen Grenzverteilungen der Schlangenlänge

$$\hat{\Pi}_n \doteq \lim_{t\to\infty} P\{N_t=n\}$$

und der eingebetteten Schlangenlängen in Abgangszeitpunkten

$$\hat{\pi}_n \doteq \lim_{r\to\infty} P\{M_r=n\}$$

sind in folgendem Satz enthalten

Satz 3:

(i) $$\hat{\Pi}_n = \hat{e}(\beta_n - \beta_{n-1}) \quad , n=o,\ldots,N-1 \tag{2.1.a}$$

$$\hat{\Pi}_N = 1 - \sum_{n=o}^{N-1} \hat{\Pi}_n \tag{2.1.b}$$

$$\hat{e} = \frac{1}{1+\lambda c_o} \tag{2.1.c}$$

(ii) $$\hat{\pi}_n = \hat{\varepsilon}(\beta_n - \beta_{n-1}) \quad , n=o,\ldots,N-1 \tag{2.2.a}$$

$$\hat{\varepsilon} = \frac{1}{c_1} \tag{2.2.b}$$

Beweis: Sei (X) die Indikatorfunktion des Ereignisses X. Ein Satz über regenerative Prozesse [3] liefert

$$\lim_{t\to\infty} P\{N_t=n\} = \frac{E\{\int_{t=o}^{C_o} (N_t=n)\,dt\}}{1/\lambda + E\{C_o\}} \tag{2.3.a}$$

$$\lim_{r\to\infty} P\{M_r=n\} = \frac{E\{\sum_{r=1}^{C_1} (M_r=n)\}}{E\{C_1\}} \tag{2.3.b}$$

Da die Anzahl der Über- und Unterschreitungen einer vorgegebenen Länge der Warteschlange innerhalb einer Regenerationsperiode gleich ist, folgt wegen der Stationarität des POISSON-Prozesses [1]

$$E\{\sum_{r=1}^{C_1} (M_r=n)\} = \lambda\cdot E\{\int_{t=o}^{C_o} (N_t=n)\,dt\} \tag{2.4}$$

Nun gilt aber

$$E\{\sum_{r=1}^{C_1} (M_r=n)\} = \sum_{r=1}^{\infty} P\{M_r=n, U_r\le C_o\} = \sum_{r=1}^{\infty} \int_o^{\infty} p_n(r,t)\,dt \tag{2.5}$$

Die obengenannten Beziehungen zusammengenommen führen mit (1.4) auf die Ausdrücke (2.1) und (2.2). ◊

II. Prioritätenmodell $M_K/G_K/1/N_K$

II.o Problemstellung

Dem im ersten Abschnitt untersuchten Grundmodell wird nun eine Prioritätenstruktur auferlegt. Das entstehende und mit dem Kurzsymbol $M_K/G_K/1/N_K$ bezeichnete Wartesystem ist durch folgende Annahmen charakterisiert:

(i) Jede Einheit gehört genau einer der Prioritätsklassen 1,...,K an. Der Strom der eintreffenden Einheiten aus Klasse k (k-Einheiten) bildet einen unabhängigen POISSON-Prozeß mit der Intensität λ_k. (k=1,...,K)

(ii) Die Bedienungszeiten von k-Einheiten sind unabhängig und identisch verteilt mit der Verteilungsdichte $h_k(t)$ und dem Erwartungswert ν_k.

(iii) Für jede Prioritätsklasse k ist ein separater Warteraum der Größe N_k vorhanden, überzählige Einheiten werden abgewiesen.

(iv) Die Bedienung erfolgt nach der unterbrechenden Strategie mit Fortsetzung (preemptive resume).

Sei $(U_{r_k})_{r_k=1,2...}$ die Folge der Abgangszeitpunkte bedienter k-Einheiten. Die Zufallsvariablen N_t^k bzw. $M_{r_k}^k$ bezeichnen die Anzahlen der k-Einheiten im System (Warteschlangenlänge) zum Zeitpunkt t bzw. unmittelbar nach dem Zeitpunkt $U_{r_k}^k$. Zur Zeit t=o sei keine Einheit im Wartesystem vorhanden.

Eine k-Residenzzeit ist durch Bedienungsbeginn- und Abgangszeitpunkt einer k-Einheit bestimmt und werde mit F_o^k bezeichnet.

Ein zusammenhängendes Zeitintervall, in dem der Prozessor ausschließlich Einheiten der Prioritätsklassen 1,...,k bedient, stellt eine k-Betriebsperiode dar. Sei C_o^k bzw. $C_{1,k}^{(k)}$ die Länge einer k-Betriebsperiode bzw. die zugehörige Anzahl bedienter k-Einheiten.

II.1 Residenzzeit und Betriebsperiode

Der Prioritätswarteschlangenprozeß $(N_t^k)_{t\geq o}$ kann durch Zerlegung nach eingebetteten Residenzzeiten auf den im Grundmodell auftretenden Prozeß $(N_t)_{t\geq o}$ rekursiv zurückgeführt werden, da die Äquivalenzbedingung [4] erfüllt ist.

Sei

$$f_k(t)dt \doteq P\{t\leq F_o^k<t+dt\}$$

bzw.

$$c_k(r_k,t)dt \doteq P\{t\leq C_o^k<t+dt, C_1^k=r_k\}$$

die Dichtefunktion der k-Residenzzeiten bzw. der k-Betriebsperioden, ferner werde definiert

$$\phi_k(s) \doteq \int_o^\infty e^{-st}h_k(t)dt$$

$$\Phi_k(s) \doteq \int_o^\infty e^{-st}f_k(t)dt$$

$$\gamma_k(u_k,s) \doteq \sum_{r_k=o}^\infty \int_o^\infty e^{-st}c_k(r_k,t)dtu_k^{r_k}$$

mit $\gamma_k(s) \doteq \gamma_k(1,s)$. Zur Abkürzung wird auch $\Lambda_k \doteq \sum_{j=1}^k \lambda_j$ geschrieben.

Wie im Fall des unbeschränkten M/G/1-Systems [5] zeigt man [6]

<u>Satz</u> 4:

$$\Phi_k(s) = \phi_k(s+\Lambda_{k-1}-\Lambda_{k-1}\gamma_{k-1}(s)) \tag{3.1}$$

Für die Erwartungswerte $\nu_o^{(k)} \doteq E\{F_o^k\}$ und $c_o^{(k-1)} \doteq E\{C_o^{k-1}\}$ erhält man daraus die Beziehung

$$\nu_o^{(k)} = \nu_k(1+\Lambda_{k-1}c_o^{(k-1)}) \tag{3.2}$$

Die oben erwähnte Zerlegungsmethode motiviert zunächst die Einführung der folgenden erzeugenden Funktionen und Reihenentwicklungen, die aus den entsprechenden des Grundmodells durch Ersetzung der Bedienungs- durch Residenzzeitverteilungen hervorgehen.

$$\beta^{(k)}(\alpha_k,u_k,s) \doteq \frac{u_k\Phi_k(s+\lambda_k-\lambda_k\alpha_k)}{u_k\Phi_k(s+\lambda_k-\lambda_k\alpha_k)-\alpha_k}$$

$$\beta^{(k)}(\alpha_k,u_k,s) \doteq \sum_{n_k=o}^{\infty} \beta^{(k)}_{n_k}(u_k,s)\alpha_k^{n_k}$$

$$\delta^{(k)}_{N_k}(u_k,s) \doteq u_k\Phi_k(s) + (1-u_k\Phi_k(s))\cdot \sum_{n_k=o}^{N_k-1} \beta^{(k)}_{n_k}(u_k,s) \quad , N_k=o,1\ldots$$

Außerdem werde definiert

$$\gamma_{k-1}(s+\lambda_k-\lambda_k\alpha_k) \doteq \sum_{n_k=o}^{\infty} \gamma^{(k-1)}_{n_k}(s)\alpha_k^{n_k}$$

Zum Beweis des folgenden Resultats genügt es zu bemerken, daß eine k-Betriebsperiode entweder durch die Ankunft einer k-Einheit oder einer Einheit der Priorität < k ausgelöst wird. Im letzteren Fall läuft eine Anfangsbetriebsperiode mit der Sperrzeit C_o^{k-1} ab. [4]

Satz 5:

$$\Lambda_k\gamma_k(u_k,s) = \lambda_k\Gamma_k(u_k,s) + \Lambda_{k-1}\Gamma_k^{\gamma_{k-1}}(u_k,s) \tag{3.3.a}$$

$$\Gamma_k^{n_k}(u_k,s) = \frac{\delta^{(k)}_{N_k-n_k}(u_k,s)}{\delta^{(k)}_{N_k}(u_k,s)} \tag{3.3.b}$$

$$\Gamma_k^{\gamma_{k-1}}(u_k,s) = \sum_{n_k=o}^{N_k-1} \gamma^{(k-1)}_{n_k}(s)\Gamma_k^{n_k}(u_k,s) + (\gamma_{k-1}(s) - \sum_{n_k=o}^{N_k-1}\gamma^{(k-1)}_{n_k}(s))\Gamma_k^{N_k}(u_k,s) \tag{3.3.c}$$

Die Erwartungswerte $c_o^{(k)} \doteq E\{C_o^k\}$ und $c_{1,k}^{(k)} \doteq E\{C_{1,k}^{(k)}\}$ sind durch die Ausdrücke

$$\Lambda_k c_o^{(k)} = \Lambda_{k-1}c_o^{(k-1)} + \Lambda_k\nu_o^{(k)}c_{1,k}^{(k)} \tag{3.4.a}$$

$$\Lambda_k c_{1,k}^{(k)} = \lambda_k(\delta^{(k)}_{N_k} - \delta^{(k)}_{N_k-1}) + \Lambda_{k-1}(\delta^{(k)}_{N_k} - \sum_{n_k=o}^{N_k-1}\gamma^{(k-1)}_{n_k}\delta^{(k)}_{N_k-n_k}) \tag{3.4.b}$$

gegeben, wo $\beta^{(k)}_{n_k} \doteq \beta^{(k)}_{n_k}(1,o)$, $\delta^{(k)}_{N_k} \doteq \sum_{n_k=o}^{N_k-1}\beta^{(k)}_{n_k}$ und $\gamma^{(k-1)}_{n_k} \doteq \gamma^{(k-1)}_{n_k}(o)$ ist.

II.2 Schlangenlängen

Das wichtigste Ziel der Analyse stellen die stationären Verteilungen der Schlangenlängen

$$\hat{\Pi}^{(k)}_{n_k} \doteq \lim_{t\to\infty} P\{N_t^k=n_k\}$$

und

$$\hat{\pi}^{(k)}_{n_k} \doteq \lim_{r_k \to \infty} P\{M^k_{r_k} = n_k\}$$

dar.

Betrachtet man die für den Anstoß einer k-Betriebsperiode verantwortlichen Ereignisse und die Niveaudurchgänge während dieser Zeitspanne, so erhält man aufgrund der Äquivalenzbedingung aus den Sätzen 3 und 4

Satz 6:

(i)
$$\hat{\Pi}^{(k)}_{n_k} = \hat{e}_k\{\lambda_k(\beta^{(k)}_{n_k} - \beta^{(k)}_{n_k-1}) + \Lambda_{k-1}(\beta^{(k)}_{n_k} - \sum_{m_k=o}^{n_k} \gamma^{(k-1)}_{n_k-m_k}\beta^{(k)}_{m_k})\},\ n_k=o,\ldots,N_k-1 \quad (4.1.a)$$

$$\hat{\Pi}^{(k)}_{N_k} = 1 - \sum_{n_k=o}^{N_k-1} \hat{\Pi}^{(k)}_{n_k} \quad (4.1.b)$$

$$\hat{e}_k = \frac{1/\lambda_k}{1 + \Lambda_k c^{(k)}_o} \quad (4.1.c)$$

(ii)
$$\hat{\pi}^{(k)}_{n_k} = \hat{\varepsilon}_k\{\lambda_k(\beta^{(k)}_{n_k} - \beta^{(k)}_{n_k-1}) + \Lambda_{k-1}(\beta^{(k)}_{n_k} - \sum_{m_k=o}^{n_k} \gamma^{(k-1)}_{n_k-m_k}\beta^{(k)}_{m_k})\},\ n_k=o,\ldots,N_k-1 \quad (4.2.a)$$

$$\hat{\varepsilon}_k = \frac{1}{\Lambda_k c^{(k)}_{1,k}} \quad (4.2.b)$$

III. **Schlußbemerkungen**

Abschließend soll noch auf einige algorithmische Aspekte des Prioritätswartesystems $M_K/G_K/1/N_K$ hingewiesen werden. Aus dem Aufbau der angegebenen Formeln folgt, daß die auftretenden erzeugenden Funktionen rational sind, wenn alle Bedienungszeitverteilungsfunktionen eine rationale L-Transformierte besitzen. Die Grenzwahrscheinlichkeiten der Schlangenlänge in Prioritätsklasse k enthalten lediglich die Entwicklungskoeffizienten $\beta^{(k)}_{n_k}$ und $\gamma^{(k-1)}_{n_k}$, $n_k=o,\ldots,N_k-1$, die aus der Reihenentwicklung der Funktionen $\Phi_k(s)$ und $\gamma_{k-1}(s)$ resultieren. Letztere sind aber durch (3.1) und (3.3) rekursiv definiert. Dieses rekursive Berechnungsschema kann in ein iteratives überführt werden, Einzelheiten siehe [6].

Literatur

[1] CINLAR, E., Introduction to stochastic processes, Prentice-Hall, Englewood Cliffs, N.J. 1975

[2] COHEN, J.W., The single server queue, North-Holland, Amsterdam 1969

[3] COHEN,J.W., On regenerative processes in queuing theory, Springer, Berlin-Heidelberg-New York 1976

[4] JAISWAL,N.K., Priority queues, Academic Press, New York 1968

[5] JOHNSON,P.A., Approximate open priority queue model for determining total delay including overhead in a real-time virtual memory system, Proc. Int. Comp. Symp. 1973, 173-178

[6] KRAMER,M., Das Wartesystem M/G/1 mit endlicher Schlange und unterbrechenden Prioritäten, erscheint demnächst als Informatik-Bericht

[7] REISER,M., KOBAYASHI,H., The effects of service time distributions on system performance Proc. IFIP Cong. 1974, 23o-234

[8] TOMKO,J., Processor utilization study, Comp. & Math. w. Appl. 1 (1975), 337-344

ANALYSE EINES MODELLS ZUR EA-STEUERUNG

Wolfram Dölken
Institut für Informatik der Universität Bonn
Wegelerstr. 6, 53oo Bonn 1

Zusammenfassung Durch ein allgemeines Modell zur EA-Steuerung wird die Abwicklung von EA-Aufträgen an einen peripheren Speicher beschrieben. Als peripherer Speicher wird die Zusammenfassung einer vorgegebenen Anzahl von Vorrichtungen zur Aufnahme von Datenträgereinheiten eines bestimmten Typs mit einer zugehörigen Steuerung bezeichnet. Ein EA-Auftrag ist eine Anforderung auf Datentransport zwischen einer in einem periphen Speicher montierten Datenträgereinheit und dem Arbeitsspeicher. Das allgemeine Modell zur EA-Steuerung wird als Prozeßkommunikationsmodell entwickelt. Es wird umgeformt in ein analytisches Modell, das mittels einer M/G/1- und einer $G/E_k/1$-Analyse untersucht wird. Als Kenngröße für das allgemeine Modell wird insbesondere die Zugriffszeit für EA-Aufträge, das ist die Zeit vom Erzeugen eines EA-Auftrags bis zur Beendigung seiner Bearbeitung, herangezogen. Die Ergebnisse der Analyse werden mit denen der Analyse eines geeigneten Simulationsmodells verglichen, die in der Form von Konfidenzintervallen für bestimmte Kenngrößen vorliegen. Weiter wird der Effekt untersucht, den eine Variierung der Anzahl der in einem peripheren Speicher zusammengefaßten Datenträgereinheiten auf die beobachteten Kenngrößen hat, wenn die Ankunftsraten für EA-Aufträge an die Datenträgereinheiten gleich bleiben.

o. Einleitung

Wegen der hohen Realisierungskosten für Speicher, deren Zugriffszeiten in der Grössenordnung von Zykluszeiten von Rechnerkernen liegen, ist es notwendig, eine Speicherhierarchie aufzubauen. Für die vorliegende Arbeit wird nur zwischen Arbeitsspeicher und den peripheren Speichern unterschieden. Die Übertragungsrate für Daten zwischen dem Arbeitsspeicher und den peripheren Speichern stellt eine der Haupteinflußgrößen für die Bewertungsmaße einer Rechenanlage dar. Unter diesem Gesichtspunkt sind Analysen von Systemen zur EA-Steuerung von großer Bedeutung.

1. Ein allgemeines Modell zur EA-Steuerung

Das allgemeine Modell wird als ein Prozeßkommunikationsmodell aufgebaut. Ein Prozeß ist eine organisatorische Arbeitseinheit, deren Ablauf durch die Ausführung eines sequentiellen Programms auf einem Prozessor bestimmt ist. Als Kommunikationsmodell wird das Botschaft-Antwort-Modell von Hansen / 4 / zugrunde gelegt. Es werden vier Klassen von Prozessen und Prozessoren unterschieden.

1. N-Prozesse: Sie erzeugen EA-Aufträge und übergeben diese an EA-Prozesse. Ein EA-Auftrag stellt eine Anforderung auf Datentransport zwischen dem Arbeitsspeicher und einem peripheren Speicher bzw. einer dort montierten Datenträgereinheit dar. N-Pro-

zesse laufen auf Rechnerkernen ab.

2. EA-Prozesse: Ihre Aufgabe ist es, die Abwicklung eines EA-Auftrags zu steuern. EA-Prozesse laufen auf den EA-Prozessoren ab, die als von den Rechnerkernen unabhängige Funktionseinheiten anzusehen sind. Ein EA-Prozessor kann den Ablauf mehrerer EA-Prozesse quasiparallel bewerkstelligen.

3. K-Prozesse: K-Prozesse haben die Aufgabe, den Datenfluß zwischen dem Arbeitsspeicher und den peripheren Speichern zu steuern. Sie laufen auf K-Prozessoren ab. Ein K-Prozeß wird genau einem K-Prozessor zugeordnet, den er während seiner Existenz zur Ausführung von Programmstücken belegen darf. Ein K-Prozessor kann mehrere K-Prozesse quasiparallel fortführen.

4. PS-Prozesse: Ein peripherer Speicher ist die Zusammenfassung einer vorgegebenen Anzahl von Vorrichtungen zur Aufnahme jeweils einer Datenträgereinheit eines bestimmten Typs (z.B. Platte, Magnetband u.s.w.) und einer Steuerung, die als PS-Prozessor bezeichnet wird. Für jede Vorrichtung zur Aufnahme einer Datenträgereinheit läuft in dem PS-Prozessor ein PS-Prozeß ab, über den die Zugriffe auf eine montierte Datenträgereinheit durchgeführt werden.

Es wird eine Modellkomponete vorausgesetzt, die sich mit den Problemen der Existenz und der Lebensdauer der Prozesse befaßt.

Zur Abwicklung eines EA-Auftrags läßt sich ein N-Prozeß als exklusiver Benutzer eines EA-Prozesses registrieren, der die Bearbeitung des EA-Auftrags übernimmt. Hierfür benötigt dieser eine Zusammenarbeit mit einem K-Prozeß und indirekt über den K-Prozeß mit dem PS-Prozeß, der den Zugriff auf die geforderte Datenträgereinheit verwaltet. Die Zusammenarbeit wird über Registrierungen als exklusiver Benutzer gewährleistet. Der EA-Auftrag ist durch eine Folge von Aufträgen spezifiziert, die der EA-Prozeß an den K-Prozeß bzw. über den K-Prozeß an den PS-Prozeß weiterzugeben hat.

Sobald ein N-Prozeß als exklusiver Benutzer eines EA-Prozesses registriert ist, wird dieser in einen Warteraum eingeordnet, in dem sich alle EA-Prozesse mit EA-Aufträgen für dieselbe Datenträgereinheit befinden. Nur die Prozesse, die an der ersten Stelle ihres Warteraums stehen, werden bei der Vergabe der EA-Prozessoren berücksichtigt. Sie können von dieser Position nicht mehr verdrängt werden, bis sie nach der Beendigung der Bearbeitung des EA-Auftrags aus dem Warteraum entfernt werden.

Auf einem K-Prozessor laufen nur K-Prozesse für einen peripheren Speicher ab. Die Folge der Aufträge, die einen EA-Auftrag darstellt, wird in die zwei Teilfolgen Rüstphase (RP) und Transferphase (TP) zerlegt. Durch die Aufträge aus der Rüstphase wird der PS-Prozeß mit Leitdaten für den eigentlichen Datentransport, der durch die Transferphase spezifiziert wird, versorgt. Die Zerlegung wird vorgenommen, da die Belegzeit des K-Prozessors durch einen K-Prozeß für einen Auftrag aus der Rüstphase im Mittel kurz ist gegenüber der für einen Auftrag aus der Transferphase. Der Algorithmus für die K-Prozessorzuteilung wird durch Abb. 1.1. dargestellt. Die Warteräume W1 und W2 werden nach einer nichtunterbrechenden Prioritätenregel abgearbeitet, wobei W1 höhere Priorität als W2 hat.

Abb. 1.1.

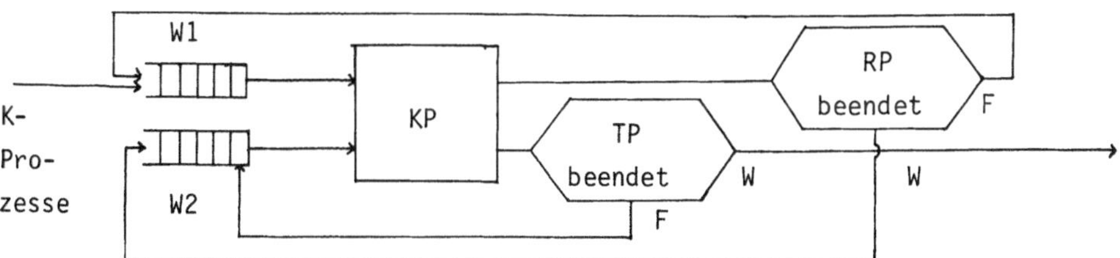

KP: K-Prozessor

W1: Warteraum für K-Prozesse auf Prozessorzuteilung während der Rüstphasenbearbeitung

W2: Warteraum für K-Prozesse auf Prozessorzuteilung während der Transferphasenbearbeitung

2. Ein analytisches Modell

Als Bewertungsmaß für das allgemeine Modell dient die Aufenthaltsdauer eines EA-Prozesses in einem der in Kap. 1. beschriebenen Warteräume. Sie wird als Zugriffszeit (Z) bezeichnet. Z läßt sich in fünf Teilintervalle zerlegen:

1. Wartezeit (W): die Zeit, die der EA-Prozeß in dem Warteraum verbringt, bis er die erste Position erreicht hat,
2. erste Kanalwerkwartezeit (K1): die Zeit nach der Wartezeit bis zur ersten K-Prozessorzuteilung während der Rüstphasenbearbeitung,
3. Rüstzeit (R): die Zeit nach der ersten Kanalwerkwartezeit bis zur Beendigung der Rüstphasenbearbeitung (letzte K-Prozessorfreigabe bei der Rüstphasenbearbeitung),
4. zweite Kanalwerkwartezeit (K2): die Zeit, die der entsprechende K-Prozeß in W2 wartet, bis er dort die erste Position erreicht hat,
5. Transferzeit (T): sie zerfällt in zwei Teilintervalle:

5.a Übertragungswartezeit (UW): die Zeit nach der zweiten Kanalwerkwartezeit bis zur ersten K-Prozessorzuteilung während der Transferphasenbearbeitung,

5.b Datenübertragungszeit (U): die Zeit nach der Übertragungswartezeit bis zur Beendigung der Transferphasenbearbeitung (Entnahme des EA-Prozesses aus dem Warteraum).

Als Servicezeit (S) wird die Differenz zwischen Z und W bezeichnet.

Der zu analysierende periphere Speicher umfasse $n \in \mathbb{N}^+$ Datenträgereinheiten DTE_i, $i \in \{1,\ldots,n\}$. Das Zeitverhalten bei der Abwicklung von EA-Aufträgen wird durch ein Geflecht von Bedienungsstationen und Warteräumen gemäß Abb. 2.1. dargestellt, durch das die EA-Aufträge geschleust werden. $D_1,\ldots,D_n$ dienen zur Modellierung von K1, $B_1,\ldots,B_n$ zur Modellierung von R und B_{n+1} zur Modellierung von T. Durch die Aufenthalte in den Warteräumen vor den D_i, $i \in \{1,\ldots,n\}$ wird W bzw. durch die Aufenthalte in dem Warteraum vor B_{n+1} wird K2 modelliert. Die Bezeichnungen für die Intervalle werden im folgenden mit den Bezeichnungen für die stochastischen Variablen identifiziert, die ihre Längen beschreiben.

Die Analyse des Modells erfolgt für eine beliebige, fest gewählte Datenträgereinheit DTE_i, $i \in \{1,\ldots,n\}$ unter den folgenden Voraussetzungen:

Abb. 2.1.

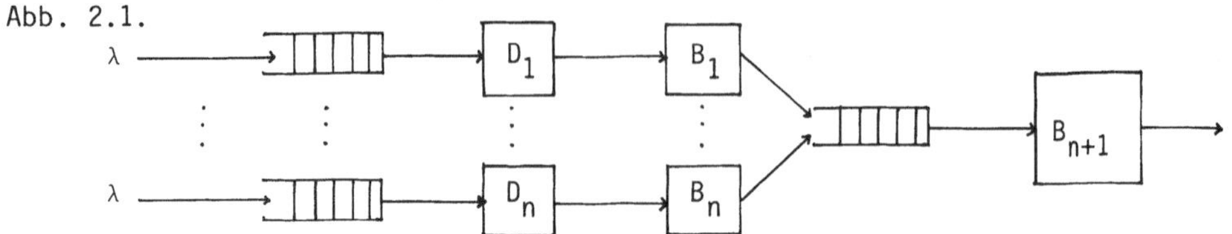

a) Die Charakteristika der in einem peripheren Speicher zusammengefaßten Datenträgereinheiten sind identisch, d.h. $D_1,\dots,D_n$ bzw. $B_1,\dots,B_n$ haben jeweils identisch verteilte Bedienzeiten, und T ist für beliebige EA-Aufträge identisch verteilt.

b) Der Ankunftsprozeß für EA-Aufträge bezügl. einer beliebigen Datenträgereinheit ist ein Poissonprozeß mit dem Parameter $\lambda > o$.

c) Die Komponenten einer Zugriffszeit sind unabhängig voneinander.

d) Aufeinanderfolgende Servicezeiten bezügl. derselben Datenträgereinheit sind unabhängig.

e) Der Ankunftsprozeß für beliebige EA-Aufträge in den Warteraum vor B_{n+1} ist ein Erneuerungsprozeß.

f) Zugriffszeiten bezügl. beliebiger Datenträgereinheiten sind unabhängig.

Abb. 2.2. zeigt die graphische Darstellung zur Durchführung der mathematischen Analyse des Modells bezügl. einer beliebigen, fest gewählten Datenträgereinheit DTE_i, $i\varepsilon\{1,\dots,n\}$.

Abb. 2.2.

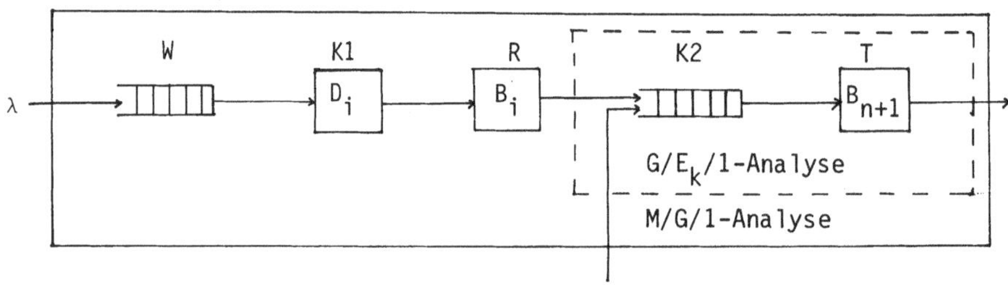

3. Methoden zur Durchführung der mathematischen Analyse

3.1. Analyse des $G/E_k/1$-Modells

Die Analyse folgt der bei Takacs / 5 /. Die Zwischenankunftszeiten für Aufträge an die Bedienungsstation werden durch die stochastische Variable F mit der Verteilungsfunktion F(x) und der Laplace-Stieltjes-Transformierten (LST) $\Phi(s)$ beschrieben. Die Bedienzeiten der Aufträge werden durch die stochastische Variable B beschrieben, die Erlang-k-verteilt ist mit dem Parameter $\mu > o$. Die Bedienzeit eines Auftrags läßt sich also in k exponentialverteilte Phasen mit Erwartungswert $1/\mu$ aufspalten. Q_n sei die stochastische Variable, die die Anzahl der unausgeführten Bedienzeitphasen in dem

Modell unmittelbar vor der Ankunft des n-ten Auftrags, $n\in\mathbb{N}$, beschreibt. Durch $(Q_n|n\in\mathbb{N})$ wird eine irreduzible, aperiodische Markovkette gebildet. Eine notwendige und hinreichende Bedingung für die positive Rekurrenz dieser eingebetteten Markovkette lautet:

(3.1.) $\rho := E(B)/E(F) = k/(E(F)\mu)<1$.

Satz 3.1.: Für $\rho<1$ existiert die Grenzverteilung $\lim_{n\to\infty} P(Q_n=l) =: p_l$, $l\in\mathbb{N}$. Sie ist unabhängig von der Verteilung des Anfangszustands.

(3.2.) $\sum_{l=0}^{\infty} p_l z^l = \prod_{r=1}^{k} \frac{1-d_r}{1-zd_r}$, $|z|\leq 1$

d_r, $r\in\{1,\ldots,k\}$ sind die k Wurzeln in z der Gleichung

(3.3.) $z^k = \Phi(\mu(1-z))$ für $|z|<1$, Vielfachheiten eingerechnet.

Die p_l, $l\in\mathbb{N}$ erhält man aus (3.2.) über einen Koeffizientenvergleich.

Satz 3.2.: $\Phi(s)$, $Re(s)\geq o$ sei LST von F. Für die Wurzeln in z von $z^k = \Phi(\mu(1-z))$, $k\in\mathbb{N}^+$, $\mu>o$ gilt: Ist z Wurzel der Gleichung, dann ist auch $\bar{z}$ eine Wurzel.

Die Suche nach den Wurzeln von (3.3.) kann beschränkt werden auf $\{z\in\mathbb{C}|\ |z|<1, Im(z)\geq o\}$.

3.2. Analyse des M/G/1-Modells

Die Zwischenankunftszeiten für Aufträge an die Bedienungsstation werden durch die stochastische Variable F beschrieben, die exponentialverteilt ist mit dem Parameter $\lambda>o$. Die Bedienzeiten der Aufträge werden durch die stochastische Variable B mit der Verteilungsfunktion B(t) und der LST $\beta(s)$ beschrieben. Die Analyse des Modells erfolgt analog zu der in Kap. 3.1. über eine eingebettete Markovkette. Sei $\rho := \lambda E(B)$.

Die folgenden Ergebnisse werden benötigt:

Die Verweilzeit bzw. die Wartezeit eines Auftrags werden durch die stochastischen Variablen V mit der LST $\xi(s)$ bzw. W mit der LST $\psi(s)$ beschrieben. Für die Strategie FCFS erhält man:

(3.4.) $\xi_{FCFS}(s) = (1-\rho)\beta(s)s/(\lambda\beta(s)-\lambda+s)$, $Re(s)\geq o$,

(3.5.) $\psi_{FCFS}(s) = (1-\rho)s/(\lambda\beta(s)-\lambda+s)$, $Re(s)\geq o$.

3.3. Berechnung einer stochastischen Variablen als Funktion von zwei unabhängigen stochastischen Variablen

3.3.1. Der allgemeine Fall

Satz 3.3.: Seien Y, Z unabhängige, positive, stetige stochastische Variable mit den Dichten f_Y bzw. f_Z. Sei $W := Y-Z|Y-Z\geq o$. Dann gilt für die Dichte f_W von W:

(3.6.) $f_W(w) = \int_o^\infty f_Y(w+t)f_Z(t)dt/\int_o^\infty\int_o^\infty f_Y(w+t)f_Z(t)dtdw$, $w\geq o$.

Beispiel: Y sei exponentialverteilt mit dem Parameter $\mu\geq o$.
Z sei beliebig verteilt mit der Dichte f_Z.

$$f_W(w) = \int_0^\infty \mu e^{-\mu(w+t)} f_Z(t)dt \;/\; \int_0^\infty\int_0^\infty \mu e^{-\mu(w+t)} f_Z(t)dtdw = \mu e^{-\mu w},\quad w \geq o$$

Satz 3.4.: Sei W eine stochastische Variable gemäß Satz 3.3.. Für die stochastische Variable X mit $X := ((E(Y)-E(Z))/E(W))\times W$ und $E(Y) \neq E(Z)$ gilt: $E(X) = E(Y)-E(Z)$. Sei $a := (E(Y)-E(Z))/E(W)$. Die Dichte f_X von X lautet:

(3.7.) $f_X(x) = (1/a)f_W(x/a),\ x \geq o$.

Satz 3.5.: Sei A eine positive, stetige stochastische Variable, die die Länge eines Intervalls I beschreibt. Die stochastische Variable $\hat{A}$ beschreibe die Länge des Restintervalls von I. Sei $E(A)>o$. ($A(t)$ sei Verteilungsfunktion von A.)

(3.8.) $f_{\hat{A}}(t) = (1-A(t))/E(A)$

(3.9.) $E(\hat{A}^n) = E(A^{n+1})/((n+1)E(A)),\ n\in\mathbb{N}$

3.3.2. Ein Spezialfall

Y sei Erlang-k-verteilt mit dem Parameter $\mu>o$: $f_Y(y) := (\mu^k)/(k-1)!y^{k-1}e^{-\mu y},\ y \geq o$, $\mu>o$, $k\in\mathbb{N}^+$. Z sei Erlang-l-verteilt mit dem Parameter $\nu>o$. Nach Satz 3.3. gilt:

$$f_W(w) = \mu^k e^{-\mu w}\left(\sum_{i=o}^{k-1} \frac{(l+i-1)!}{i!(k-i-1)!}\frac{w^{k-i-1}}{(\mu+\nu)^i}\right) \Big/ \left(\sum_{i=o}^{k-1}\frac{(l+i-1)!}{i!}\left(\frac{\mu}{\mu+\nu}\right)^i\right),\quad w \geq o.$$

Nach Satz 3.4. gilt: $a := (k\nu - l\mu)/(E(W)\nu\mu)$; $a \neq o \iff k\nu \neq l\mu$;

$$f_X(x) = \left(\frac{\mu}{a}\right)^k e^{-(\mu/a)x}\left(\sum_{i=o}^{k-1}\frac{(l+i-1)!}{i!(k-i-1)!}\left(\frac{a}{\mu+\nu}\right)^i x^{k-i-1}\right) \Big/ \left(\sum_{i=o}^{k-1}\frac{(l+i-1)!}{i!}\left(\frac{\mu}{\mu+\nu}\right)^i\right),\quad x \geq o.$$

$$(3.1o.)\quad E(X^n) = a^n E(W^n) = \left(\frac{a}{\mu}\right)^n \frac{\sum_{i=o}^{k-1}\frac{(l+i-1)!}{i!(k-i-1)!}\left(\frac{\mu}{\mu+\nu}\right)^i (k-i-1+n)!}{\sum_{i=o}^{k-1}\frac{(l+i-1)!}{i!}\left(\frac{\mu}{\mu+\nu}\right)^i},\quad n\in\mathbb{N}$$

Zur Berechnung der Dichte von $\hat{X}$ benötigt man den Hilfssatz 3.1.:

Hilfssatz 3.1.: Seien $c\in\mathbb{R}$, $c \neq o$, $x\in\mathbb{R}$, $j\in\mathbb{N}$.

$$\frac{d^j}{dc^j}\frac{1}{c}e^{-cx} = (-1)^j \sum_{r=o}^{j} n_{j,r}\left(\frac{1}{c}\right)^{r+1} x^{j-r}e^{-cx} \quad \text{mit: } n_{j,r} := \begin{cases} 1 & , r=o \\ n_{j-1,r}+ \\ n_{j-1,r-1}r & , r\in\{1,\dots,j-1\} \\ j! & , r=j \end{cases}$$

Nach Hilfssatz 3.1. und (3.8.) erhält man:

$$(3.11.)\quad f_{\hat{X}}(x) = \frac{\nu\mu}{k\nu - l\mu}\left(\frac{\mu}{a}\right)^k e^{-(\mu/a)x} \times$$

$$\frac{\sum_{i=o}^{k-1}\frac{(l+i-1)!}{i!(k-i-1)!}\left(\frac{a}{\mu+\nu}\right)^i \sum_{r=o}^{k-i-1} n_{k-i-1,r}\left(\frac{a}{\mu}\right)^{r+1} x^{k-i-1-r}}{\sum_{i=o}^{k-1}\frac{(l+i-1)!}{i!}\left(\frac{\mu}{\mu+\nu}\right)^i},\quad x \geq o.$$

Die Momente von $\hat{X}$ erhält man gemäß (3.9.).

4. Mathematische Analyse des analytischen Modells

4.1. Der Ankunftsprozeß in den Warteraum vor B_{n+1}

Der Ankunftsprozeß von EA-Aufträgen in den Warteraum vor B_{n+1} wird durch zwei wesentliche Faktoren bestimmt:

1. In diesem Warteraum kann sich maximal ein EA-Auftrag befinden, der aus ein und demselben B_i, $i\varepsilon\{1,\ldots,n\}$ abgegangen ist.
2. Solange ein von B_i abgegangener EA-Auftrag sich in dem Warteraum vor B_{n+1} befindet, kann kein neuer EA-Auftrag von D_i bedient werden.

Die Dichte der stochastischen Variablen für die Länge der Zwischenankunftsintervalle für EA-Aufträge aus einem festen B_i ist identisch mit der Dichte für die Zwischenabgangsintervalle für EA-Aufträge bezügl. einer D_i-B_i-B_{n+1}-Kombination, die als M/G/1-Modell analysiert wird. Der Abgangsprozeß aus dem M/G/1-Modell ist im allgemeinen allerdings kein Erneuerungsprozeß. Der Gesamtankunftsprozeß für EA-Aufträge in den Warteraum vor B_{n+1} ergibt sich als Überlagerung der Abgangsprozesse aus den B_i, $i\varepsilon\{1,\ldots,n\}$. Er soll dieselben Charakteristika haben wie der Gesamtabgangsprozeß der EA-Aufträge aus dem analytischen Modell. Um Analysierbarkeit zu erhalten, muß der Gesamtankunftsprozeß in den Warteraum als Erneuerungsprozeß angesehen werden.

Die Verteilungsfunktion F(x) für Zwischenabgangsintervalle F von EA-Aufträgen aus dem Gesamtmodell wird in dem Intervall $[o,t_m]$ durch einen Polygonzug $F^*(x)$ mit m+1 Stützstellen approximiert. t_m ist geeignet groß zu wählen. Die Funktionswerte an den Stützstellen werden anhand der Ergebnisse von Simulationsläufen bestimmt. $F^*(x)$ wird als Verteilungsfunktion der Zwischenankunftsintervalle für beliebige EA-Aufträge in den Warteraum vor B_{n+1} gewählt. Die Gleichung $y := a_jx+b_j$, $x\varepsilon\,[t_j,t_{j+1})$, $j\varepsilon\{o,\ldots,m-1\}$ mit $t_o := o$ definiert das j-te Geradenstück von $F^*(x)$. a_j und b_j sind aus den Stützstellenpaaren zu berechnen. $\Phi^*(s)$ sei LST von F^*.

$$(4.1.)\quad \Phi^*(s) = \sum_{j=o}^{m-1} a_j(e^{-t_js}-e^{-t_{j+1}s})/s,\ \mathrm{Re}(s)\geqq o;\quad E(F^*) = \sum_{j=o}^{m-1} a_j\frac{t_{j+1}^2-t_j^2}{2}$$

Auf einer einfachen Stichprobe von während jeweils einem Simulationslauf gemessenen Wertepaaren für aufeinanderfolgende Abgangsintervalle werden ein Unabhängigkeitstest nach Fisz / 3 / durchgeführt und der Korrelationskoeffizient r der Stichprobe berechnet. Die Ergebnisse des Unabhängigkeitstests erlauben die Annahme der Hypothese, daß der Abgangsprozeß von EA-Aufträgen aus dem Modell und damit auch der Ankunftsprozeß in den Warteraum vor B_{n+1} ein Erneuerungsprozeß ist. Die Ergebnisse der Berechnung des Korrelationskoeffizienten stützen die Annahme der Hypothese unter der Einschränkung, daß der Korrelationskoeffizient ein Maß für die lineare Abhängigkeit zweier stochastischer Variablen darstellt.

4.2. Dichte und LST von K2 und ihre Momente

T sei Erlang-k-verteilt mit dem Parameter $\mu>o$, $k\varepsilon\mathbb{N}^+$. Die LST der Zwischenankunftszeiten für beliebige EA-Aufträge in den Warteraum vor B_{n+1} sei gemäß (4.1.) gegeben.

Sei $\rho_T := k/(E(F^*)\mu)<1$. Die Erzeugende-Funktion der Zustandswahrscheinlichkeiten zu Ankunftszeiten für das entsprechende $G/E_k/1$-Modell lautet nach Satz 3.1.:

$P(z) = \prod_{r=1}^{k} \frac{1-d_r}{1-zd_r}$, $|z|\leqq 1$, wobei die d_r, $r\varepsilon\{1,\ldots,k\}$ die k Wurzeln in z der Gleichung $z^k = \Phi(\mu(1-z))$, $|z|<1$ sind.

Gemäß der Beschreibung des allgemeinen Modells können sich maximal $u := k\times n$ unausgeführte Phasen von Transferzeiten, das entspricht n EA-Aufträgen, in dem Warteraum befinden. q_i, $i\varepsilon\{1,\ldots,u-k\}$ sei die Wahrscheinlichkeit, daß sich genau i unausgeführte Phasen von Transferzeiten bei der Ankunft eines EA-Auftrags in dem Warteraum befinden unter der Bedingung, daß sich maximal u-k unausgeführte Phasen zu einem solchen Zeitpunkt dort befinden können. (Notation gemäß Kap. 3.1.)

$q_i := p_i / \sum_{j=o}^{u-k} p_j$, $i\varepsilon\{o,\ldots,u-k\}$. Für die LST $\kappa 2$ bzw. die Dichte f_{K2} von K2 erhält man:

(4.2.) $\kappa 2(s) = \sum_{i=o}^{u-k} q_i (\mu/\mu+s)^i$, $Re(s)\geqq o$,

(4.3.) $f_{K2}(t) = q_o u_o(t) + \sum_{i=1}^{u-k} q_i \mu^i/(i-1)!\ t^{i-1} e^{-\mu t}$, $t\geqq o$.

$u_o(t)$ ist die Einheitsimpulsfunktion mit dem Impuls bei t=o.

(4.4.) $E(K2) = \sum_{i=o}^{u-k} q_i \frac{i}{\mu}$; $E(K2^2) = \sum_{i=o}^{u-k} q_i \frac{i(i+1)}{\mu^2}$

4.3. Dichte und LST von K1 und ihre Momente

K1 wird in dem analytischen Modell über die Bedienungsstationen D_i, $i\varepsilon\{1,\ldots,n\}$ modelliert. K1 wird als stochastische Variable für das Restintervall von UW berechnet. UW ergibt sich als Differenz der voneinander unabhängig vorausgesetzten stochastischen Variablen T und U. Aus Kapitel 3.3.2. erhält man die Formeln für die Dichte und die Momente von K1 für den Fall, daß T Erlang-k-verteilt mit dem Parameter $\mu>o$ und U Erlang-l-verteilt ist mit dem Parameter $\nu>o$, $k,l\varepsilon\mathbb{N}^+$. Für k := 2, l := 1 erhält man:

(4.5.) $f_{K1}(t) = \frac{\nu\mu}{2\nu-\mu}\,\frac{\mu+\nu}{2\mu+\nu}\,\frac{\mu}{a}\,e^{-(\mu/a)t}\left[t+\frac{a(2\mu+\nu)}{\mu(\mu+\nu)}\right]$, $t\geqq o$ mit $a := \frac{(2\nu-\mu)(2\mu+\nu)}{\nu(3\mu+2\nu)}$,

(4.6.) $\kappa 1(s) = \frac{\nu\mu}{2\nu-\mu}\left[\frac{\mu+\nu}{2\mu+\nu}\,\frac{\mu/a}{((\mu/a)+s)^2} + \frac{1}{(\mu/a)+s}\right]$, $Re(s)\geqq o$,

(4.7.) $E(K1) = \frac{(2\nu-\mu)(2\mu+\nu)(8\mu+6\nu)}{2\nu\mu(3\mu+2\nu)^2}$,

(4.8.) $E(K1^2) = 2\,\frac{(2\nu-\mu)^2(2\mu+\nu)^2(5\mu+4\nu)}{(\nu\mu)^2(3\mu+2\nu)^3}$.

4.4. Dichte und LST von S und ihre Momente

Die Servicezeit S ergibt sich als Summe der vier stochastischen Variablen K1, R, K2, und T Nach Voraussetzung c) aus Kap. 2. sind diese unabhängig voneinander.

(4.9.) $f_S(t) = \int_o^t f_{K1}(u)\int_o^{t-u} f_R(v)\int_o^{t-u-v} f_{K2}(w)f_T(t-u-v-w)dwdvdu, \; t \geq o$

$\sigma(s)$, $\pi(s)$ bzw. $\tau(s)$ seien die LST von S, R bzw. T.

(4.1o.) $\sigma(s) = \kappa 1(s)\pi(s)\kappa 2(s)\tau(s), \; Re(s) \geq o$

(4.11.) $E(S) = E(K1)+E(R)+E(K2)+E(T)$

$E(S^2) = E((K1+R+K2+T)^2)$

Der Auslastungsfaktor des analytischen Modells bezügl. einer Datenträgereinheit wird mit ρ_{DTE} bezeichnet. Dann gilt: $\rho_{DTE} := \lambda E(S)$. Für die Gesamtauslastung ρ_M erhält man nach Voraussetzung f) aus Kap. 2.:

$\rho_M := \sum_{i=1}^{n} \frac{1}{n} \rho_{DTE} = \rho_{DTE}$. Die Analyse des Modells läßt sich ohne Schwierigkeiten auch auf den Fall erweitern, daß unterschiedliche Ankunftsraten an die einzelnen Datenträgereinheiten und unterschiedlich verteilte Rüstzeiten für die einzelnen Datenträgereinheiten angenommen werden können.

4.5. LST von W bzw. Z und ihre Momente

Die Strategie zur Abarbeitung von EA-Aufträgen in den Warteräumen vor den D_i, $i\epsilon\{1,...,n\}$ sei FCFS. Die LST von W wird mit $\psi(s)$, die von Z mit $\xi(s)$ bezeichnet. Aus (3.4.) und (3.5.) erhält man:

(4.12.) $\xi_{FCFS}(s) = (1-\rho_{DTE})\sigma(s)s/(\lambda\sigma(s)-\lambda+s), \; Re(s) \geq o,$

(4.13.) $\psi_{FCFS}(s) = (1-\rho_{DTE})s/(\lambda\sigma(s)-\lambda+s), \; Re(s) \geq o.$

Die Momente von W und Z erhält man aus (4.12.) und (4.13.). Für die hier durchgeführte Analyse sind nur die ersten Momente von W und Z von Interesse.

(4.14.) $E(Z_{FCFS}) = E(S)+\lambda E(S^2)/(2(1-\rho_{DTE}))$

(4.15.) $E(W_{FCFS}) = \lambda E(S^2)/(2(1-\rho_{DTE}))$

5. Beschreibung des Simulationsmodells

Die Beschreibung des analytischen Modells in Kap. 2. bildet den Ausgangspunkt für die Konstruktion des Simulationsmodells. Die Analyse des Simulationsmodells dient u.a. zur Validisierung einiger der in Kap. 2. aufgestellten Voraussetzungen zur Analyse des analytischen Modells. Die Warteräume und die Bedienungsstationen des analytischen Modells sowie die zwischen ihnen auftretenden unmittelbaren Wechselwirkungen werden durch Programmstücke beschrieben. Die einzelnen Programmstücke werden zu dem Simulationsprogramm zusammengefaßt, das das gewünschte Simulationsmodell darstellt. Mittels der verwendeten Simulationstechnik wird beschrieben, wie bestimmte Objekte, hier EA-Aufträge, durch das Modell geschleust werden. Als Simulationssprache wird SIMULA / 1 / verwendet.

6. Analyseergebnisse für das analytische Modell und das Simulationsmodell

Für $\rho_M<1$ nimmt das analytische Modell mit einer Wahrscheinlichkeit p>o nach endlicher Zeit wieder den Anfangszustand ein, in dem in keinem seiner Warteräume ein EA-Auftrag vorliegt. Mit a_l, $l\epsilon\mathbb{N}$ werden die Zeitpunkte bezeichnet, an denen ein abgehender EA-

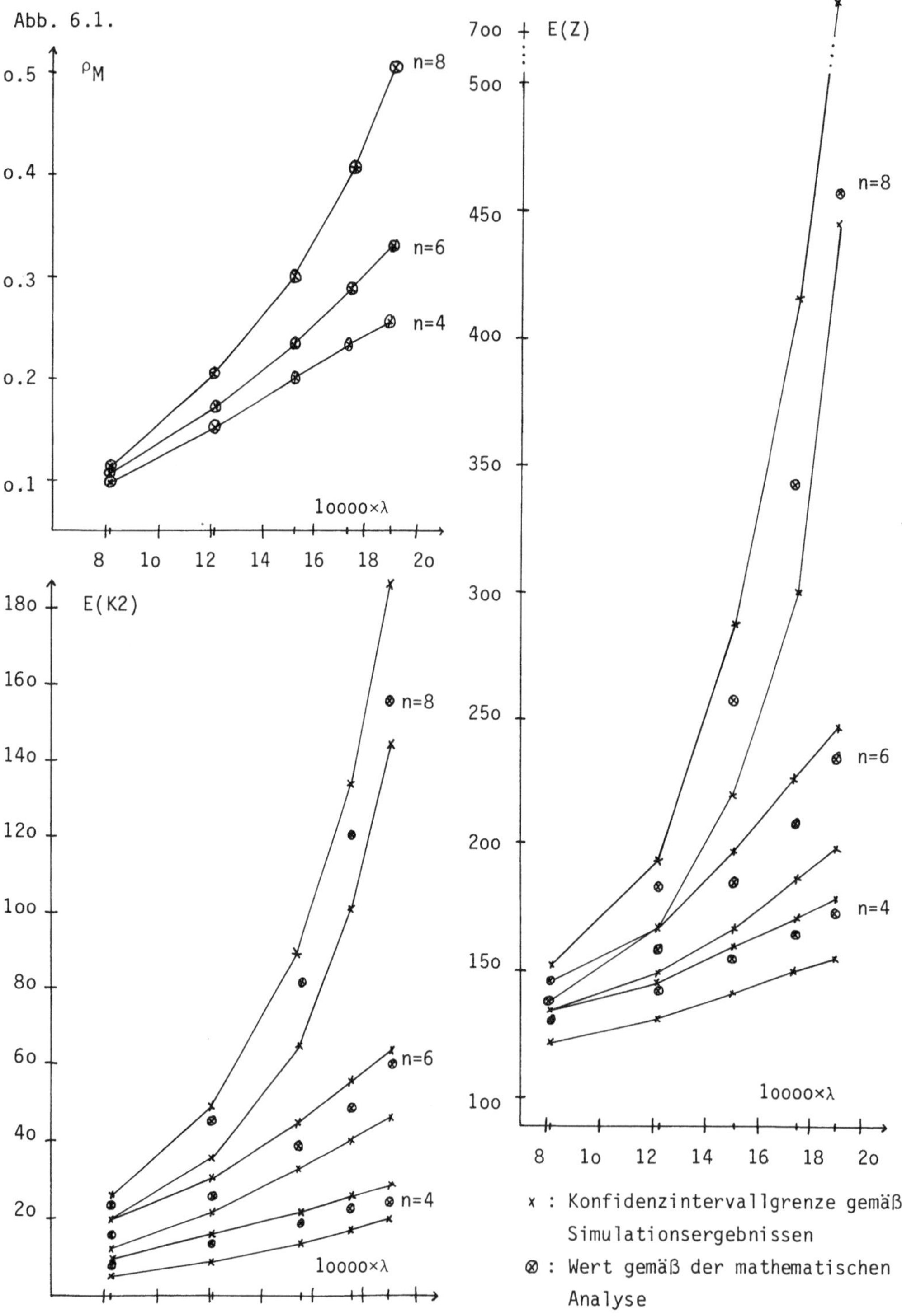
Abb. 6.1.
ρM
n=8
n=6
n=4
1oooo×λ
E(K2)
E(Z)
x : Konfidenzintervallgrenze gemäß Simulationsergebnissen
⊗ : Wert gemäß der mathematischen Analyse

Abb. 6.2.

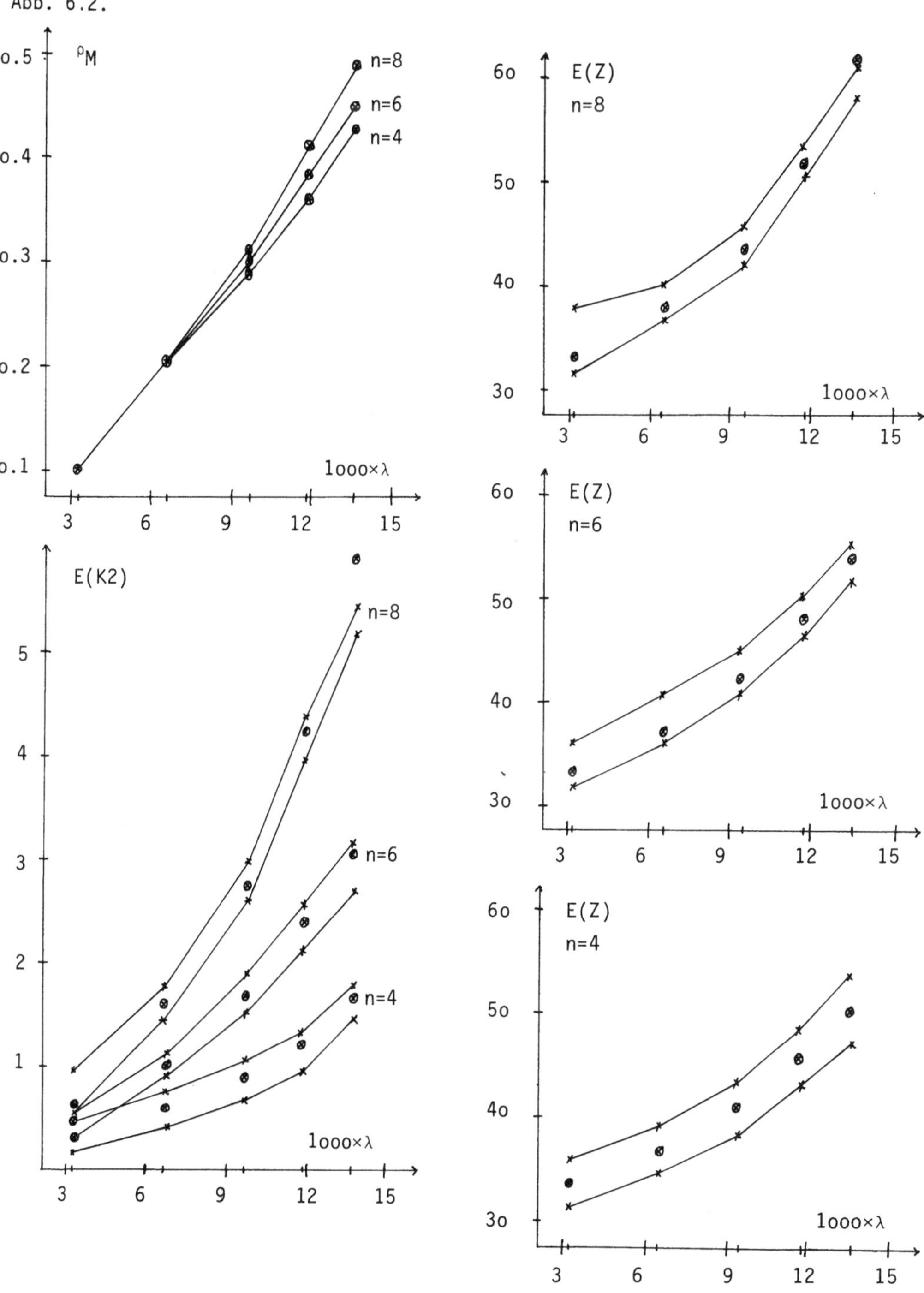

0.5
0.4
0.3
0.2
0.1
ρ_M
n=8
n=6
n=4
1000×λ
3
6
9
12
15
E(K2)
n=8
n=6
n=4
5
4
3
2
1
1000×λ
60
50
40
30
E(Z)
n=8
1000×λ
E(Z)
n=6
1000×λ
E(Z)
n=4
1000×λ

Auftrag das gesamte Modell leer zurückläßt (a_o := o). Die Längen der Intervalle $[a_l, a_{l+1})$, $l \in \mathbb{N}$ sind unabhängig und identisch verteilt. Durch $(a_l | l \in \mathbb{N})$ wird ein Erneuerungsprozeß gebildet. Nach dem bei Crane, Iglehart / 2 / beschriebenen Verfahren werden approximierte Konfidenzintervalle für E(K2) und E(Z) zu dem Konfidenzniveau von 99% bestimmt. Pro Simulationslauf werden 1ooo Erneuerungsintervalle simuliert.

Abb. 6.1. enthält die graphische Darstellung der Ergebnisse für
a) E(R) = 4o.o, E(T) = 6o.o, E(U) = 45.o, Abb. 6.2. die für
b) E(R) = 23.o, E(T) = 6.o, E(U) = 5.o. R und U sind als exponentialverteilte und T als Erlang-2-verteilte stochastische Variable gewählt. Allen Zeitangaben liegt die Einheit msec zugrunde. Die Anzahl der in einem peripheren Speicher zusammengefaßten Datenträgereinheiten wird variiert für n = 4, 6 und 8. Bei den Fällen a) und b) sind weniger die angegebenen Werte als das Größenverhältnis zwischen E(R) und E(T) von Interesse.

Die Abhängigkeit der Kenngrößen des Modells von dem Größenverhältnis zwischen E(R) und E(T) bei einer Variierung von n zeigt sich insbesondere in den Werten für ρ_M und E(Z). Für den Fall a) sind größere Differenzen bei den Werten für ρ_M bzw. E(Z) zu beobachten als im Fall b). Die Tabellen 6.1. bzw. 6.2. erfassen die prozentuale Steigerung für den Wert E(Z) aus der mathematischen Analyse für die Fälle a) bzw. b).

Tab. 6.1.

λ \ n	8	6	4
o.ooo81	111.4%	1o4.6%	1oo.o%
o.oo123	131.4%	111.7%	1oo.o%
o.oo153	165.5%	119.4%	1oo.o%
o.oo174	2o8.4%	128.o%	1oo.o%
o.oo189	263.6%	135.1%	1oo.o%

Tab. 6.2.

λ \ n	8	6	4
o.oo333	1o1.3%	1oo.6%	1oo.o%
o.oo667	1o3.6%	1o1.6%	1oo.o%
o.oo944	1o7.4%	1o3.1%	1oo.o%
o.o119o	113.3%	1o5.4%	1oo.o%
o.o137o	123.2%	1o3.9%	1oo.o%

Bei gleichbleibenden Werten für ρ_M wächst die mittlere Zugriffszeit bei einer Vergrößerung von n erheblich schneller für $E(R)<E(T)$ als für $E(R)>E(T)$. Dieser Effekt tritt insbesondere bei hohen Werten für die Auslastung ρ_M auf. Die Ergebnisse für E(K2) wurden in die Dokumentation zur Validisierung der Analysemethode aufgenommen.

7. Literaturverzeichnis

/ 1 / Birtwistle et al.: SIMULA BEGIN, Studentlitteratur Sweden, Auerbach Publishers Inc. Philadelphia, Philadelphia, 1973

/ 2 / Crane, Iglehart: Simulating Stable Stochastic Systems I, JACM, Vol.21, 1974, S. 1o3-113

/ 3 / Fisz: Wahrscheinlichkeitsrechnung und math. Statistik, VEB, Berlin, 1971

/ 4 / Hansen: The Nucleus of a Multiprogramming System, CACM, Vol.13, 197o, S. 238-241, 25o

/ 5 / Takacs: Introduction to the Theory of Queues, University Press, New York - Oxford, 1962

ZUR VERBESSERUNG DES LOKALITÄTSVERHALTENS VON PROGRAMMEN DURCH OPTIMALE ZERLEGUNG DES PROGRAMMGRAPHEN

Werner Schröck
Institut für Informatik
der Universität Bonn
53oo Bonn

Zusammenfassung: Reale Programme erfüllen oft nicht die Annahmen über ihr Referenzverhalten im Adreßraum wie sie den meisten Modellen über das Programmverhalten im virtuellen Speicher mit Seiteneinteilung zugrunde liegen. Durch Lösung eines Graphenzerlegungsproblems wird ein exaktes Verfahren angegeben, nach dem die Programmteile im Adreßraum zu plazieren sind, so daß ein besseres Referenzverhalten zu erwarten ist.

Das Allgemeine Programmstrukturierungsproblem

Viele der heute im Einsatz befindlichen Betriebssysteme verwenden zur Speicherverwaltung das Konzept des "virtuellen Speichers" bei fester vorgegebener Seitengröße /COF73/. Kennzeichnend für die meisten der hierfür verwandten Strategien ist das Nachladen einer einzelnen Seite bei Auftreten eines Seitenfehlers. Sie unterscheiden sich darin, wieviele und welche Seiten des Adreßraums eines auszuführenden Programms zu einem beliebigen Zeitpunkt im Arbeitsspeicher präsent gehalten werden. Die Auswahl dieser Teilmenge von Programmseiten wird unter gewissen Annahmen über das Verhalten des Programms in seinem Adreßraum, insbesondere der Folge von referierten Adressen (Referenzkette), getroffen. Allen Modellen über das Programmverhalten ist die Annahme eines gewissen "Lokalitätsverhaltens" des Programms gemeinsam. Verschiedene Modellannahmen dieser Art führten dann zu unterschiedlichen (bzgl. eines gegebenen Leistungsmaßes wie Seitenfehlrate, Raum-Zeit-Produkt etc) "optimalen" Algorithmen der Speicherverwaltung bei Einzelseiten-Anforderung im Fall eines Seitenfehlers.

Messungen an realen Programmen zeigen /MEU78/, daß die Annahmen nicht immer in einem Maß zutreffen, das zu einem befriedigenden tatsächlichen Programmverhalten unter der jeweiligen implementierten Strategie führt. Dies trifft insbesondere auf Programme in höheren Programmiersprachen zu, die von einem Compiler übersetzt und einem Binder zusammen mit zugehörigen Laufzeit-Routinen des Programmiersystems zu einem ausführfähigen Programm gebunden werden.

Die Ursache ist darin zu suchen, daß Übersetzer und Binder bei Plazierung der Objekte des Programms (Befehle und Daten sowohl der Haupt- wie Unterprogramme) im Adreßraum oft von der textuellen Aufschreibung des

Quellprogramms und der Reihenfolge der Referenzen (von Datenobjekten und Unterprogrammen) in dieser Aufschreibung ausgehen. Die daraus resultierende Struktur des ausführbaren Programms ist daher das Ergebnis des Programmierstils des Programmierers (Anpassung der Programmaufschreibung an die Programmstruktur und den Programmablauf). Über den Adreßraum des so übersetzten Programms wird dann der Raster einer festen Seiteneinteilung gelegt /ROG75/.

Man erhält das folgende Allgemeine Programmstrukturierungsproblem:

> Gegeben sei eine Seiteneinteilung des Adreßraums eines Programm(system)s bei fester Seitengröße. Wie sind die Objekte des Programm(system)s im Adreßraum, d.h. den Seiten des Adreßraums, abzulegen, so daß ein möglichst gutes Programmverhalten bzgl. eines gegebenen Leistungsmaßes unter der Speicherverwaltungsstrategie des Betriebssystems erwartet werden kann?

Dasselbe Problem läßt sich für eine andere Zwei-Stufen-Speicherhierarchie formulieren, nämlich für den Arbeitsspeicher und einen schnellen Cache-Speicher (mit kleinerer, der Seite entsprechenden Verwaltungseinheit)/LIP68/. Entsprechend sind die folgenden Untersuchungen mutatis mutandis gültig.

Ansätze zur Lösung des Allgemeinen Programmstrukturierungsproblems wurden schon sehr früh gemacht /RAM66/ und später immer wieder aufgegriffen und verfeinert. Diese Ansätze basieren zum Teil auf heuristischen Überlegungen aufgrund einer Programmstruktur wie sie sich bei statischer Programmanalyse durch einen Compiler darbietet /LOW69,LOW7o,HOE71,BAE72/, zum Teil auf durch zusätzliche Verwendung von aus gemessenen Referenzketten gewonnenen Daten über das Programmverhalten /HAT71,FER74a,FER74b, MAS74,BAB77/. Die Auswertung dieser Daten zur Plazierung der Programmobjekte erfolgt hierbei jedoch nach heuristischen bzw. approximativen Verfahren.

Die Verbesserungen, die mit diesen Ansätzen erzielt werden konnten /HAT71,BAB77/, zeigen, daß eine Programm(um)strukturierung zur Lösung des oben allgemein formulierten Problems sinnvoll und notwendig ist.

Das Allgemeine Graphenzerlegungsproblem

Mithilfe der Darstellung eines Programm(system)s durch einen gerichteten Graphen mit bewerteten (gewichteten) Knoten und Kanten (Programmgraph) wird das im vorigen Abschnitt beschriebene Problem präzisiert und formalisiert.

Ein Programm besteht (im Rahmen dieser Arbeit) aus einer Menge von Programmeinheiten, zerlegt in eine Teilmenge von Befehlseinheiten und eine Teilmenge von Dateneinheiten. Eine Befehls- bzw. Dateneinheit besteht im allgemeinen aus mehreren im Sinne des Programms elementaren Befehlsobjekten (z.B. Maschinenbefehlen) bzw. Datenobjekten (z.B. einfache Variablen). Die Zusammenfassung von elementaren Programmobjekten zu Programmeinheiten kann auf vielerlei Weise definiert werden und wird im allgemeinen von der zugrunde liegenden Quellsprache oder der Zwischensprache abhängen. Zweckmäßigerweise wird man als Programmeinheiten eine Zusammenfassung von Programmobjekten wählen wie sie in der Kontroll- und Datenflußanalyse /HEC77/ bei der Übersetzung von Programmen benutzt werden (also etwa Basisblöcke, Intervalle, Regionen, ALGOL-Blöcke, Prozeduren bzw. Unterprogramme als Befehlseinheiten; die zugehörigen Datenobjekte werden in (zusätzlich zu spezifizierenden) Dateneinheiten zusammengefaßt).

Im folgenden werden Programmeinheiten als <u>atomar</u> angesehen, deren innerer Aufbau nicht weiter interessiert. Die Beziehungen zwischen den Programmobjekten wie etwa Übergang des Kontrollflusses zwischen Befehlsobjekten oder Referenz eines Datenobjektes durch ein Befehlsobjekt übertragen sich dann auf natürliche Weise auf die Programmeinheiten.

Wir wollen nun ein Programm durch seinen <u>Programmeinheiten-Graphen</u>, kurz <u>Programmgraphen</u>, darstellen. Ein solcher Programmgraph mit den bei der statischen Programmanalyse zu ermittelnden Daten kann leicht während der Kontroll- und Datenflußanalyse in der Übersetzungsphase erstellt werden.

Der Programmgraph G eines Programms P ist das Quadrupel (K, R, w, c), bestehend aus

- $K = K_B \cup K_D$, der Menge der Programmeinheiten als Knotenmenge, wobei K_B die Menge der Befehls- und K_D die Menge der Dateneinheiten ist;
- $R = R_B \cup R_D$, der Kantenmenge, definiert durch die Übergänge des Kontrollflusses und die Datenreferenzen;
- $w : K \rightarrow \mathbb{R}^{n_w}$, der Knotengewichtsfunktion;
- $c : R \rightarrow \mathbb{R}^{n_c}$, der Kantengewichtsfunktion.

Wir können eine Kante in R_B zwischen den Knoten a und b, $a,b \in K_B$ als vom Anfangsknoten a zum Endknoten b gerichtet ansehen, wenn ein Übergang von der Befehlseinheit a zur Befehlseinheit b möglich ist. Gerichtete Kanten werden durch (a,b) bezeichnet[1]. Es gilt somit $R_B \subseteq K_B \times K_B$. Die Kanten in R_D zwischen Knoten in K_B und Knoten in K_D, die die Datenreferenzen darstellen, nehmen wir als ungerichtet an und stellen sie durch $[a,b]$, $a \in K_B$, $b \in K_D$, dar. Soll die Richtung einer Kante $(a,b) \in R_B$ unberücksichtigt bleiben, so bezeichnen wir sie gleichfalls mit $[a,b]$ (Abb. 1).

Den durch (K_B, R_B, w_B, c_B) mit $w_B = w|_{K_B}$ und $c_B = c|_{R_B}$ defi-

---

[1] Hierdurch wird impliziert, daß keine parallelen Kanten auftreten; eine Einschränkung, die im vorliegenden Rahmen keine Rolle spielt.

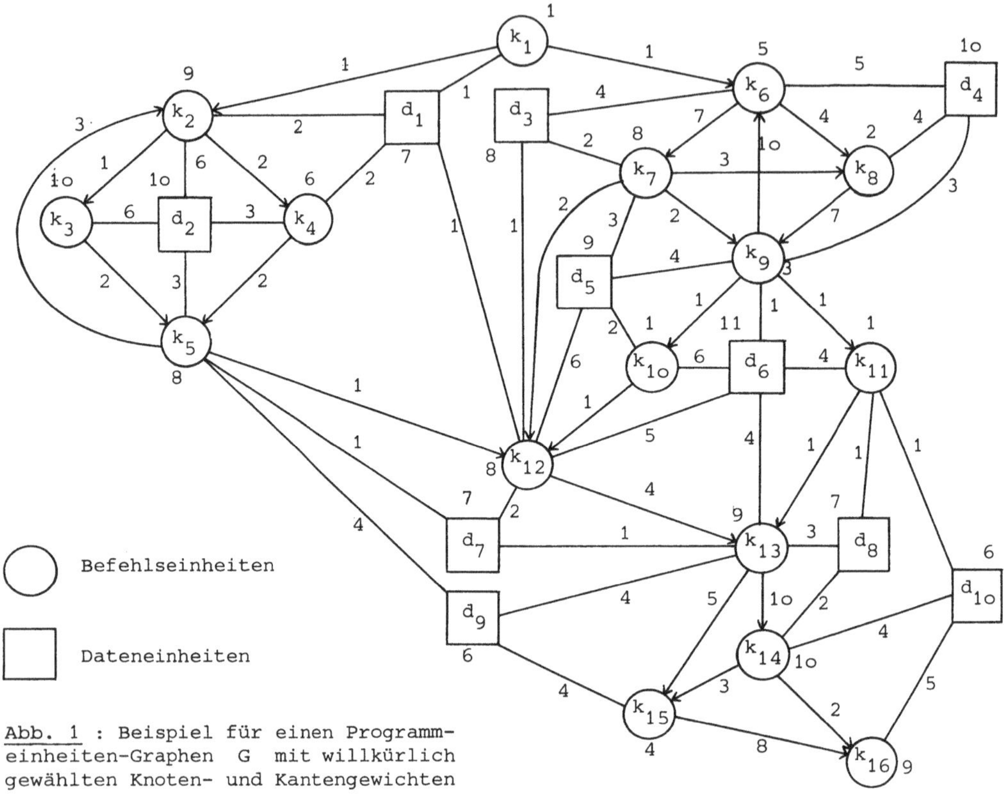

Befehlseinheiten

Dateneinheiten

Abb. 1 : Beispiel für einen Programmeinheiten-Graphen G mit willkürlich gewählten Knoten- und Kantengewichten

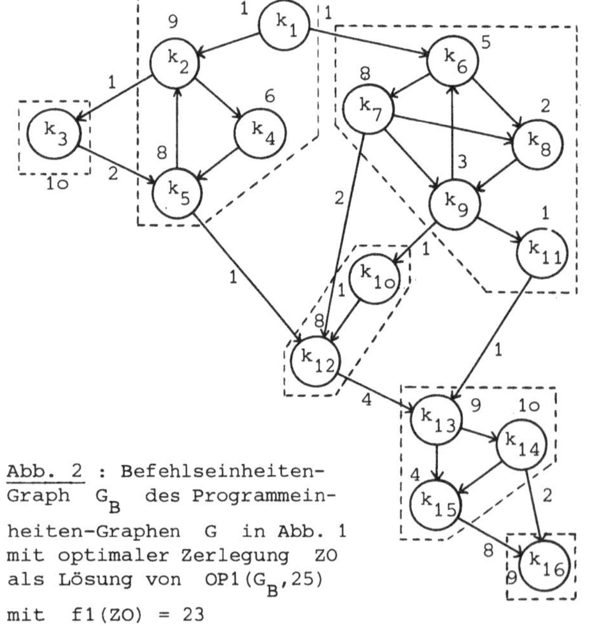

Abb. 2 : Befehlseinheiten-Graph G_B des Programmeinheiten-Graphen G in Abb. 1 mit optimaler Zerlegung ZO als Lösung von $OP1(G_B, 25)$ mit $f1(ZO) = 23$

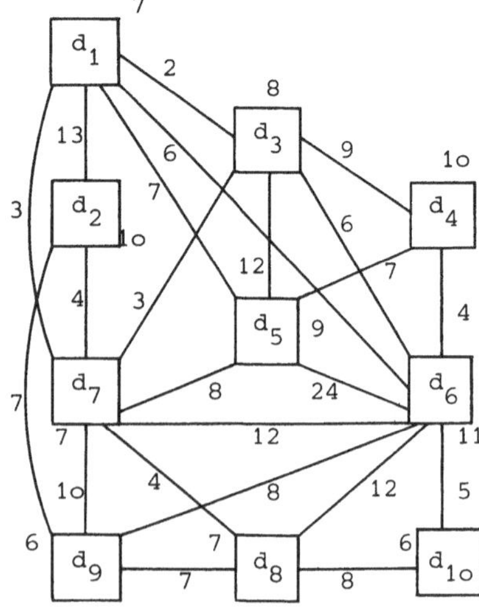

Abb. 3 : Aus dem Programmeinheiten-Graph G der Abb. 1 abgeleiteter Dateneinheiten-Graph G'_D

nierten gerichteten Untergraphen G_B bezeichnen wir als Befehlseinheiten-Graph (Abb. 2).
Eine Zerlegung $ZK = \{ z_1 , \ldots , z_l \}$ der Knotenmenge K des Graphen G induziert auf natürliche Weise eine Zerlegung der Kantenmenge R in die Teilmenge RIZ der internen und REZ der externen Kanten:
für eine Kante $r = (a,b) \in R$ bzw. $r = [a,b] \in R$ gilt $r \in RIZ$ genau dann, wenn ein Index $i \in N(l) := \{ 1 , \ldots , l \}$ existiert mit $a,b \in z_i$ bzw. es gilt $z \in REZ$ genau dann, wenn verschiedene Indizes $i,j \in N(l)$ existieren mit $a \in z_i$ und $b \in z_j$.
In diesen Kantenmengen RIZ und REZ werden durch ZK Zerlegungen ZRI und ZRE induziert, wobei $zr \in ZRI$ die Menge der in einem Zerlegungselement $z \in ZK$ internen Kanten ist und $zr \in ZRE$ die Menge der Kanten zwischen zwei verschiedenen Zerlegungselementen $z_i,z_j \in ZK$ ist.
Dann gilt $ZRI \cap ZRE = \emptyset$ und $ZR = ZRI \cup ZRE$ ist die von der Zerlegung ZK der Knotenmenge K des Graphen G induzierte Zerlegung der Kantenmenge R von G .
Das Paar $Z = (ZK , ZR)$ bezeichnen wir als Zerlegung des Graphen G und die Menge der Zerlegungen von G mit $ZERL(G)$.
Mithilfe dieser Begriffe läßt sich das Allgemeine Graphenzerlegungsproblem formulieren:

> Seien $f : ZERL(G) \rightarrow \mathbb{R}$ und $NB : ZERL(G) \rightarrow \{ \underline{true},\underline{false} \}$ zwei Funktionen auf der Menge der Zerlegungen eines Graphen G , die mit Zielfunktion und Nebenbedingung bezeichnet werden.
> Finde eine Zerlegung $ZO \in ZERL(G)$ mit $NB(ZO) = \underline{true}$, für die
>
> $$\forall\ Z \in ZERL(G) : NB(Z) = \underline{true} \implies f(Z) \begin{smallmatrix}\leq\\ \geq\end{smallmatrix} f(ZO)$$
>
> gilt. Entsprechend unterscheiden wir zwischen Maximierungs- und Minimierungsproblemen. Eine Zerlegung Z mit $NB(Z) = \underline{true}$ nennen wir zulässig (bzgl. der Nebenbedingung NB).

In Abhängigkeit von der Art der Zielfunktion f und der Nebenbedingung NB lassen sich verschiedene Methoden zur Lösung dieses Problems der kombinatorischen Optimierung anwenden. Darunter fallen so unterschiedliche Probleme wie beispielsweise Färbungsprobleme oder die Bestimmung eines maximalen Flusses/minimalen Schnittes in einem Netzwerk.

Ein spezielles Graphenzerlegungsproblem

Mithilfe der dynamischen Optimierung wird in /LUK75/ und mit zusätzlicher Verwendung verschärfter Dominanzrelationen und branch-and-bound-Methoden in /SCH79/ das folgende Problem gelöst:
Man betrachte $G = (K , R , w , c)$ mit $w : K \rightarrow \mathbb{N}$ und $c : R \rightarrow \mathbb{R}^+$ und erweitere w und c auf Teilmengen $K' \subseteq K$ bzw. $R' \subseteq R$ durch $w(K') := \sum_{k \in K'} w(k)$ und $c(R') := \sum_{r \in R'} w(r)$ mit $w(\emptyset) := o$ und $c(\emptyset) := o$.

Seien nun RIZ die Menge der internen und REZ die der externen Kanten einer Zerlegung $Z = (ZK , ZR) \in ZERL(G)$ mit $ZK = \{ z_1 , \ldots , z_l \}$. Dann definiere man als Nebenbedingung

$$NB1 : \forall z \in ZK : w(z) \leq M$$

mit einer gegebenen positiven Schranke M und als Zielfunktion(en) $f1 : ZERL(G) \rightarrow \mathbb{R}_o^+$ bzw. $f1_d : ZERL(G) \rightarrow \mathbb{R}_o^+$ durch

$$f1(Z) := c(REZ) \quad \text{bzw.} \quad f1_d := c(RIZ) ,$$

so daß man folgendes <u>Optimierungsproblem</u> OP1(G,M) erhält:

minimiere f1(Z) unter der Nebenbedingung NB1 ,

bzw. das dazu "duale" Optimierungsproblem $OP1_d(G,M)$:

maximiere $f1_d(Z)$ unter der Nebenbedingung NB1 .

Es gilt der folgende

<u>Satz</u> /LUK75,SCH79/: Eine Zerlegung $Z \in ZERL(G)$ ist minimale (zulässige) Lösung von OP1(G,M) , genau wenn Z maximale (zulässige) Lösung von $OP1_d(G,m)$ ist.

Die Verbindung des Optimierungsproblems OP1(G,M) zum Allgemeinen Programmstrukturierungsproblem wird durch folgende Interpretation hergestellt:

Sei M die Seitengröße im virtuellen Speicher (oder ein Vielfaches davon) und G der Programmeinheiten-Graph eines Programms P , wobei $w : K \rightarrow \mathbb{N}$ jeder Programmeinheit $a \in K$ ihren Speicherplatzbedarf w(a) (gemessen in Bytes, Worten o.ä.) zuordnet und $c : R \rightarrow \mathbb{R}^+$ jeder Kante $r \in R$ eine reelle Zahl $c(r) > o$ zuordnet, die die Zusammengehörigkeit der durch sie verbundenen Programmeinheiten ausdrückt.

Gibt c beispielsweise die Zahl der Übergänge bzw. Referenzen während eines oder mehrerer Ausführungen des Programms P wieder und stellt man dann $c : R \rightarrow \mathbb{N}$ als Matrix dar, erhält man die in /HAT71/ benutzte "nearness matrix". Dann minimiert eine Zerlegung Z , die optimale Lösung von OP1(G,M) ist, die Zahl der Seitenfehler in der Ausführung, die der Messung von c zugrunde liegt, unter der Annahme eines Ein-Seiten-Arbeitsspeichers für das Programm P .

<u>Lösung des Optimierungsproblems</u> OP1(G,M)

Die Lösung des Optimierungsproblems OP1(G,M) ist Gegenstand von /SCH79/ und soll hier nur kurz dargestellt werden. Die Methode kann beschrieben werden als "breadth-first-search"-Verfahren mit einem Suchbaum, dessen Knoten Partialzerlegungen von G entsprechen. Dabei heiße eine Zerlegung $Z' = (ZK' , ZR') \in ZERL(G')$ eines Untergraphen G' von G <u>Partialzerlegung</u> von G . Eine Partialzerlegung Z" von G (=Zerlegung eines Untergraphen G" von G) heißt <u>Erweiterung</u> von Z' , wenn Z" die Zerlegung Z' in G' induziert. (d.h. G' ist Untergraph von G" und ZK" induziert ZK' in K' und die Kanten-Partialzerlegung ZR"

induziert die Kanten-Partialzerlegung ZR' in G').
Die Knoten des Graphen G werden von 1 bis $n := |K|$ numeriert und die zulässigen Partialzerlegungen der Stufe i - das sind die zulässigen Zerlegungen des durch $K(i) := \{ k_1 , \ldots , k_i \}$ definierten Untergraphen G(i) von G - aus denen der Stufe i - 1 gebildet, indem der Knoten k_i zu jeweils einem Element z der zulässigen Partialzerlegungen der Stufe i - 1 sowie als eigenes Zerlegungselement hinzugefügt wird (, sofern wegen der Nebenbedingung NB1 möglich) (s. Abb. 4). Wurzel des Suchbaums ist die (einzige) Partialzerlegung $(\{k_1\},\emptyset)$ der 1. Stufe.
Um die Zahl der zu bildenden Partialzerlegungen möglichst gering zu halten, werden nur <u>relevante</u> Partialzerlegungen Z von G betrachtet, die die folgenden drei Bedingungen erfüllen müssen:

1. Die durch die Zerlegungselemente $z \in ZK$ definierten Untergraphen von G sind <u>zusammenhängend</u>, bzw. lassen sich durch Knoten aus der Menge $\{ k_{i+1} , \ldots , k_n \}$ zu zusammenhängenden Untergraphen erweitern, ohne die Gewichtsbeschränkung durch M (=Nebenbedingung NB1) zu verletzen (Zusammenhangsbedingung).
2. Von je zwei Partialzerlegungen Z1 und Z2 derselben Stufe i ist weder Z1 über Z2 <u>dominant</u> noch Z2 über Z1 , wobei eine Partialzerlegung Z1 über eine Partialzerlegung Z2 derselben Stufe dominant ist, wenn es zu jeder Erweiterung von Z2 zu einer zulässigen Zerlegung $X2 \in ZERL(G)$ eine zulässige Erweiterung $X1 \in ZERL(G)$ von Z1 gibt mit $f1(X1) \leq f1(X2)$.
3. Sei f1a(Z) eine Abschätzung der Werte der Zielfunktion f1 für alle zulässigen Erweiterungen $X \in ZERL(G)$ von Z , d.h. es gilt:
   $\forall X \in ZERL(G)$, X zul. Erw. von Z : $f1a(Z) \leq f1(X)$.
   Wenn ZA eine beliebige zulässige Lösung von OP1(G,M) ist, dann gilt $f1a(Z) \leq f1(ZA)$. (Andernfalls könnte die Partialzerlegung Z nicht zu einer optimalen Zerlegung von OP1(G,M) erweitert werden.)

Es zeigt sich, daß dieses Verfahren zu einem Dekompositionsverfahren (insbesondere zur Behandlung großer Graphen) erweitert werden kann. Wenn nämlich eine geeignete Zerlegung $\{ G'(i) \mid i \in N(m) \}$ von G in m (zusammenhängende) Untergraphen G'(i) gegeben ist, können diese zunächst unabhängig voneinander in relevante Zerlegungen zerlegt werden, aus denen dann eine optimale Zerlegung von G kombiniert werden kann.

<u>Anwendung in einem Programmiersystem</u>

Betrachten wir nun Programme in einem Programmiersystem aus Compilern, Laufzeitsystem(en) und einem Binder. Für ein Programm P sei sein Programmgraph G gegeben (auf die Bestimmung der Knoten- und Kantengewichte gehen wir weiter unten ein).

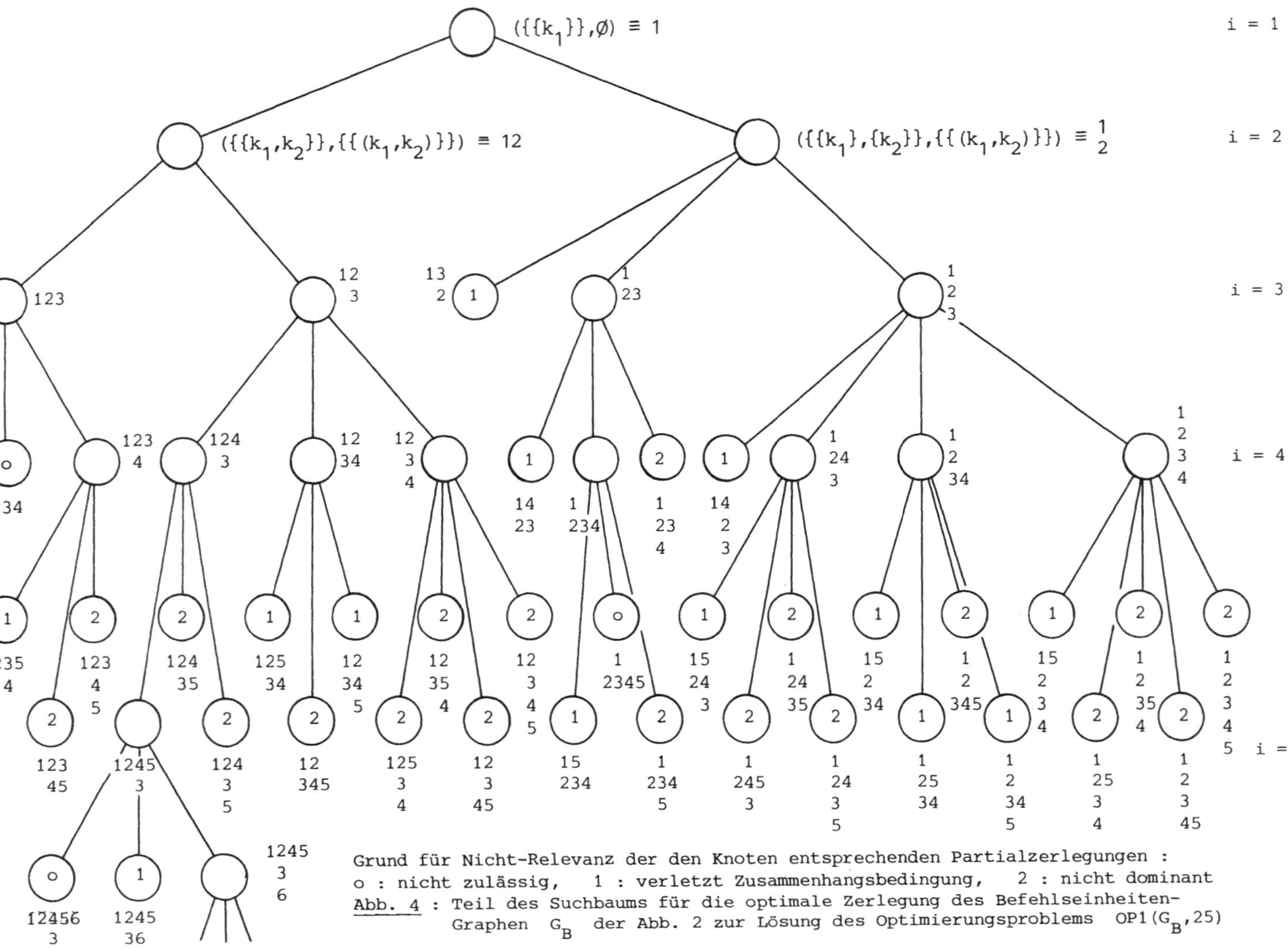

Grund für Nicht-Relevanz der den Knoten entsprechenden Partialzerlegungen :
o : nicht zulässig, 1 : verletzt Zusammenhangsbedingung, 2 : nicht dominant

Abb. 4 : Teil des Suchbaums für die optimale Zerlegung des Befehlseinheiten-Graphen G_B der Abb. 2 zur Lösung des Optimierungsproblems $OP1(G_B,25)$

Die Lösung des Graphenzerlegungsproblems OP1(G,M) führt auf eine optimale Strukturierung von P in dem Sinne wie er durch die Interpretation der Knoten- und Kantengewichte gegeben ist. Dabei würden jedoch Befehls- und Dateneinheiten jeweils in einer Programmseite plaziert. Da dies jedoch aus verschiedenen Gründen oft nicht wünschenswert ist, soll im folgenden ein Verfahren diskutiert werden, bei dem eine Trennung der Bereiche im Adreßraum für Befehls- und Dateneinheiten möglich ist, denn die Dateneinheiten, die von den in einer Befehlsseite zusammengefaßten Befehlseinheiten referiert werden, brauchen nicht auf derselben Seite plaziert zu werden, da ein Programm im allgemeinen mehr als einen Seitenrahmen im Arbeitsspeicher belegen darf.
Dazu betrachten wir zunächst den durch K_B definierten Befehlseinheiten-Graphen G_B als Untergraph des Programmgraphen G (Abb. 2). Die Lösung von $OP1(G_B,M)$ liefert dann eine Seiteneinteilung für den Befehlsbereich des Programms P . Die Plazierung der Befehlseinheiten in den Seiten gemäß einer optimalen Lösung von $OP1(G_B,M)$ wird durch eine zusätzliche Ausführung einer (Strukturierungs-)Phase des Übersetzers/Binders durchgeführt, wobei vorausgesetzt werden muß, daß das Programm in einer Form vorliegt, in der die Programmeinheiten noch im Adreßraum verschieblich sind, so daß eine Umstrukturierung gegenüber der ursprünglichen Form möglich ist.
Um nun zu einer entsprechenden Plazierung der Dateneinheiten zu kommen, leiten wir aus den Befehlseinheiten zunächst einen Dateneinheiten-Graphen $G'_D = (K_D , R'_D , w_D , c'_D)$ ab, wobei K_D und w_D aus der Definition des Programmeinheiten-Graphen G stammen und R'_D und c'_D wie folgt definiert sind:

zwischen zwei Dateneinheiten $d_1,d_2 \in K_D$ existiere in G'_D eine Kante $r' = [d_1,d_2] \in R'_D$ genau dann, wenn eine Befehlseinheit $a \in K_B$ existiert mit $[a,d_1],[a,d_2] \in R_D$, d.h. die Dateneinheiten d_1 und d_2 werden von derselben Befehlseinheit a referiert. Das Gewicht $c'_D(r')$ dieser Kante r' sei dann durch

$$c'_D(r') := \sum_{\substack{a \in K_B \\ [a,d_1]\in R_D \\ [a,d_2]\in R_D}} c([a,d_1]) + c([a,d_2])$$

definiert (s. Abb. 3). Es ist damit ein Maß für die Zusammengehörigkeit der Dateneinheiten, die durch diese Kante verbunden und damit von gemeinsamen Befehlseinheiten referiert werden. Für diesen abgeleiteten Dateneinheiten-Graphen G'_D löse man dann das Optimierungsproblem $OP1(G'_D,M)$. Man erhält als Ergebnis eine Zusammenfassung von Dateneinheiten (im Rahmen einer Seite), die am stärksten von gemeinsamen Befehlseinheiten referiert werden.

Bei der Bildung von Programmeinheiten ist darauf zu achten, daß deren Gewicht $w(a)$, $a \in K$, deutlich kleiner als die Seitengröße M ist, so daß eine Vereinigung mit anderen Programmeinheiten möglich ist. Diese Forderung wird jedoch nicht immer erfüllbar sein, insbesondere nicht bei Dateneinheiten, die zusammengesetzten Datenobjekten wie z.B. Feldern entsprechen. In solchen Fällen bietet sich folgendes Vorgehen an: $\left\lceil \frac{w(a)}{M} \right\rceil$ (im Adreßraum aufeinanderfolgende) Seiten werden vollständig gefüllt und der "überstehende" Rest a' der Programmeinheit a mit $w(a') := w(a) - M \cdot \left\lceil \frac{w(a)}{M} \right\rceil$ bildet eine neue Programmeinheit, durch die a im Programmeinheiten-Graph G ersetzt wird. Die Programmeinheit a' kann dann gegebenenfalls mit anderen zusammengefaßt werden.
Dies ist der einzige Fall, in dem die Teilung von Programmeinheiten auf verschiedene Programmseiten zugelassen werden muß. Ansonsten betrachten wir sie als unteilbare Einheiten.
Da eine optimale Lösung $Z = (ZK, ZR)$ von OP1(G,M) für einen Graphen G die Eigenschaft besitzt, daß die Zerlegungselemente (, die im Fall von Programmgraphen Programmseiten entsprechen sollen,) zusammenhängende Untergraphen von G definieren, ist es möglich, daß die entstehenden Programmseiten nur sehr unvollständig gefüllt sind, d.h.

$$\exists\, z_1, z_2 \in ZK : w(z_1) + w(z_2) = w(z_1 \cup z_2) \leq M$$

kann gelten. Um den dadurch entstehenden Zersiedelungseffekt möglichst gering zu halten, können die diesen Zerlegungselementen z_1 und z_2 entsprechenden Programmseiten zu einer einzigen Seite zusammengefaßt werden. Entscheidungskriterium für diese Vereinigung von Zerlegungselementen können z.B. die Minimierung der Gesamtzahl von Programmseiten oder die Berücksichtigung von Zusammenhangsverhältnissen sein. Das erstgenannte führt auf das "klassische" "bin-packing"-Problem, für dessen Lösung jedoch in diesem Zusammenhang Algorithmen wie "first-fit-increasing" etc. /COF77/, die i.a. nur suboptimale Lösungen liefern, ausreichend sind.

Erfassung der Meßdaten

Die Gewichte $w(b)$, $b \in K_B$, der Befehlseinheiten und der statischen Dateneinheiten sind zur Übersetzungszeit bekannt und können also bereits durch den Compiler festgelegt werden. Die Kantengewichte (z.B. als Übergangshäufigkeit interpretiert) hingegegen sind im allgemeinen nicht oder nicht vollständig bekannt und müssen also zusammen mit den Gewichten der dynamischen Dateneinheiten durch Messungen am laufenden Programm (mit zunächst beliebiger Struktur) bestimmt werden. Dieses wird dann mithilfe der Meßdaten in einer Phase des Compilers/Binders umstrukturiert.
Aus der Existenz eines Dekompositionsverfahrens zur Lösung von OP1(G,M) folgt die Möglichkeit, Teile eines Programms (z.B. das Laufzeitsystem) unabhängig von anderen Teilen in relevante Zerlegungen zu zerlegen. Dies

entspricht etwa der (vom Hauptprogramm getrennten) Übersetzung externer Unterprogramme. Notwendig für die separate Zerlegung ist, daß die Werte der Knoten- und Kantengewichtsfunktion für die Programmeinheiten innerhalb dieser Teile in ihrem Verhältnis zueinander weitgehend unabhängig von denen aller anderen Teile sind. Diese Annahme der Unabhängigkeit ist insofern berechtigt, als gewisse Laufzeit-Routinen sich gegenseitig bedingen und andere wiederum keinerlei Verbindung miteinander haben.
Die Bestimmung der Meßdaten kann in die Programmausführung integriert werden, indem durch den Compiler in den Befehlseinheiten Code für das Inkrementieren von Zählern etc. erzeugt wird (ggf. in Abhängigkeit von einer Option wie der COUNT-Option im PL1 Optimizing Compiler /IBM74/). In Abhängigkeit von solchen Optionen können Messungen (auch etwa nur für Teile eines Programms) ggf. wiederholt werden, um die einmal durchgeführte Strukturierung zu überprüfen und das Programm dann evtl. neu zu strukturieren. Wegen der in /HAT71,FER73,BAB77/ beobachteten geringen Abhängigkeit dieser Meßdaten von den Eingabe-Daten für das gemessene Programm ist zu erwarten, daß der Meß- und Umstrukturierungszyklus nicht allzu häufig durchlaufen werden muß, um zu einer stabilen Programmstruktur zu gelangen.
Durch solche Messungen erhält man einen Überblick über die dynamischen Beziehungen zwischen Programmeinheiten, die auch für den Programmierer selbst (etwa zum Zweck der Programmoptimierung) von Interesse sein können, während in /BAB77/ nur die Übergänge bzw. Referenzen registriert werden, die bei einer vorgegebenen Strukturierung zu Seitenfehlern führen, so daß die Meßdaten in hohem Maß von der Anfangsstruktur abhängen.

Erweiterung auf andere Zielfunktionen und Nebenbedingungen

Die obige Methode zur Programmstrukturierung wurde anhand des einfachen Optimierungsproblems OP1(G,M) vorgestellt, weil hierfür ein vollständiges exaktes Lösungsverfahren vorliegt, das praktikabel erscheint. Wünschenswert und wohl auch möglich ist die Übertragung auf realistischere Zielfunktionen (etwa abhängig von der zugrunde liegenden Speicherverwaltungsstrategie) und damit komplexere Optimierungsprobleme, die eine engere Beziehung zum Allgemeinen Programmstrukturierungsproblem besitzen. Mit dem folgenden Beispiel zur Segmentierung von Programmen soll ein Ausblick auf eine Richtung für weitergehende Untersuchungen gegeben werden.
Wir gehen von dem Programmeinheiten-Graphen $G = (K, R, w, c)$ aus, in dem K und R wie oben, die Gewichtsfunktionen $w : K \longrightarrow \mathbb{N}$ und $c = (c_p, c_t) : R \longrightarrow (o,1] \times \mathbb{R}^+$ wie folgt definiert sind:

$w(b)$, $b \in K_B$, gibt die Größe des zur Ausführung der Befehlseinheit b benötigten Speichers (einschl. der von b referierten Dateneinheiten) an; $w(d)$, $d \in K_D$, ist wie oben definiert.

$c_p : R_B \rightarrow (o,1]$ gibt mit $c_p((a,b))$ die Wahrscheinlichkeit an, daß die Befehlseinheit b unmittelbar nach a ausgeführt wird, und

$c_t : R_B \rightarrow \mathbb{R}^+$ gibt mit $c_t((a,b))$ die Ausführungszeit der Befehlseinheit a an unter der Bedingung, daß anschließend die Befehlseinheit b ausgeführt wird.

Dann kann man das folgende Optimierungsproblem OP2(G,T) formulieren:

Gesucht ist eine Zerlegung $Z_B = (ZK_B , ZR_B)$ von zunächst dem Befehlseinheiten-Graphen G_B in Befehlssegmente $z \in ZK_B = \{ z_1 ,..., z_l \}$, für die die maximale bzw. mittlere Speicheranforderung minimal ist, d.h.

$$\text{minimiere} \quad \max_{1 \leq p \leq l} w(z_p) \quad \text{bzw.} \quad \frac{1}{l} \sum_{p=1}^{l} w(z_p) \; ,$$

unter der Nebenbedingung, daß die zu erwartende Verweilzeit in jedem Segment $z \in ZK_B$ vor Übergang zu einem Nachfolger-Befehlssegment eine gegebene untere Schranke T übersteigt.

Eine Zerlegung der Menge der Dateneinheiten K_D in Datensegmente wird dann durch ZK_B induziert.

Für ein derart segmentiertes Programm ist beim Betreten eines Befehlssegmentes die Menge der (noch) zu ladenden Datensegmente bekannt und die zu erwartende Zeit bis zum nächsten Segmentwechsel, Informationen, auf denen prepaging-Strategien zur Speicherverwaltung aufgebaut werden können /SCH78/.

Literatur

/BAB77/ J. Y. BABONNEAU et al.: "Automatic and General Solution to the Adaptation of Programs in a Paging Environment" Proc. 6th ACM Symp. on Operating System Princ., 1977, S. 1o9-116

/BAE72/ J.-L. BAER, R. CAUGHEY : " Segmentation and Optimization of Programs from Cyclic Structure Analysis" Proc. AFIPS Spring Joint Computer Conference, 1972, S. 23-35

/COF73/ E. G. COFFMAN, P. J. DENNING : "Operating Systems Theory" Prentice-Hall, 1973

/COF77/ E. G. COFFMAN, J. Y.-T. LEUNG : "Combinatorial Analysis of an Efficient Algorithm for Processor and Storage Allocation" Proc. 18th Ann. Symp. on Found. of Comp. Sc., 1977, S. 214-221

/FER74a/ D. FERRARI :"Improving Program Locality by Strategy-oriented Restructuring", IFIP 1974, S. 266-27o

/FER74b/ D. FERRARI : "Improving Locality by Critical Working Sets" CACM, 17 (1974), S. 614-62o

/HAT71/ D. J. HATFIELD, J. GERALD: "Program Restructuring for Virtual Memory", IBM Syst. J., 1o (1971), S. 168-192

/HEC77/ M. S. HECHT : "Flow Analysis of Computer Programs" North-Holland Publ. Co., 1977

/HOE71/ E. W. VER HOEF : "Automatic Program Segmentation Based on Boolean Connectivity" Proc. AFIPS Spring Joint Computer Conference, 1971, S. 491-495

/IBM74/ OS/37o PL1 Optimizing Compiler : Programmer's Guide International Business Machines Co., SC33-ooo6-3, 1974

/LIP68/ J. S. LIPTAY : "Structural Aspects of the System/36o Model 85, II: The Cache", IBM Syst. J., 7 (1968), S. 15-21

/LOW69/ T. C. LOWE : "Analysis of Boolean Program Models for Time-Shared, Paged Environments", CACM, 12 (1969), S. 199-2o5

/LOW7o/ T. C. LOWE : "Automatic Segmentation of Cyclic Program-Structures Based on Connectivity and Processor Timing" CACM, 13 (197o), S. 3-6,9

/LUK75/ J. A. LUKES : "Combinatorial Solution for the Partitioning of General Graphs", IBM J. Res. & Devel., 19 (1975), S. 17o-18o

/MAS74/ T. MASUDA et al.: "Optimization of Program Organization by Cluster Analysis", IFIP 1974, S. 261-265

/MEU78/ H. AN DE MEULEN : "Strategien zur Verwaltung des Speicherraums von SIMULA-Programmen in einer Paging-Umgebung" Universität Bonn, Inst. f. Informatik, Dipl.arbeit, 1978

/RAM66/ C. V. RAMAMOORTHY : "The Analytic Design of a Dynamic Look-Ahead and Program Segmenting System for Multiprogrammed Computers" Proc. 21st ACM Computer Conf., 1966, S. 229-239

/ROG75/ J. G. ROGERS : "Structured Programming for Virtual Storage Systems", IBM Syst. J., 14 (1975), S. 385-4o6

/SCH78/ U. SCHINDLER : "Die Segmentierung von FORTRAN-Programmen" Universität Bonn, Inst. f. Informatik, Dipl.arbeit, 1978

/SCH79/ W. SCHRÖCK : "Konstruktion optimaler Zerlegungen endlicher Graphen mit gewichteten Knoten und Kanten" Universität Bonn, Inst. f. Informatik, Informatik-Bericht Nr. 27 1979

THE EFFECT OF SHARING ON PAGE REPLACEMENT*

Helmut G. Stiegler
Siemens AG, Dv WS SP TP
München, Hofmannstraße 51

Abstract

The influence of sharing on page replacement on demand is discussed. An explicit formula is presented which calculates the probability of a shared page to be in main memory out of the probabilities in case of the single programs running in isolation. Based on this formula two applications of the same page replacement algorithm which mainly differ with respect to the handling of shared pages are compared. Some illustrative numbers are derived by heuristic evaluation.

* This paper was produced under project A4 - Struktur von Betriebssystemen und ihre Verpflanzung - of the Sonderforschungsbereich 49, Programmiertechnik, München.

1. Introduction

In traditional (mono processor) operating systems information within main memory is quite rarely shared between several programs [MONTGOMERY 77] . So, page replacement strategies usually neglect sharing at all [DENNING 78] and employ page replacement in a program-wise manner. It was suggested that sharing of pages should be taken into consideration for page replacement on demand only in this way, i.e. the most reduced way [DIJKSTRA 76] . The resulting page fault rates would be quite near - also in case of sharing - to the case of more elaborate approaches. The topic of this paper is to quantify the difference of page fault rates in case of the above mentioned employment and another one which is expected to take better advantage from shared pages. This difference is meaningful in case of systems in which information is more heavily shared than in traditional ones (e.g. due to particular configurations of processors or some database applications).

We describe two alternative applications of a rather arbitrary replacement algorithm which have been opposed to one another in [DIJKSTRA 76] (cf. sect. 2). For this purpose we need residence probabilities of shared pages if we know the residence probabilities of the pages in case of isolated executions of the single programs. This obviously basic problem is not handled in the literature. E.g. [WELCH 76] proposes in his model to determine those stationary probabilities by approximation via simultaneous equations which are solved iteratively.

We restrict to the case that the reference string on a given page is an independent identically distributed sequence of random variables, but we allow a wide range of replacement algorithms to be considered. The difficulty in case of sharing is that - although Markov chains are an appropriate means in order to determine the required stationary probabilities (cf. section 3) - they lead in already simple cases to sets of equations which are apparently intractable. So, we take a very basic example which we can treat by means of Markov chains, and then generalize the result via the employment of an appropriate induction principle (cf. section 4). We compare the effect of the alternative applications of page replacement by heuristical evaluation of the obtained formulas (cf. section 5).

2. Alternatives

We distinguish two ways of installing page replacement on demand in a system in which programs are executed concurrently. The first way is to keep track of the page reference frequency globally, i.e. irrespectively of the program which causes a reference, and to replace pages as belonging ideally to one program. The second way is to handle pages separately for each concurrently executed program: reference frequencies are determined separately for each program, and pages of a program are replaced only by pages used by the same program. In order to comply with pages shared by several programs a connection rule is obeyed: if program A refers to a page s which is in the main memory fraction of pages used by program B, program A uses page s within the page frame of the memory fraction of program B.

It is not clear at the first glance, which way will yield fewer page faults for the same programs being executed, since both ways take advantage from the sharing of pages (cf. section 5).

We start with an arbitrary replacement algorithm as an abstract specification in which way pages are selected in order to free a page frame. The term algorithm is used according to the description of the second chance algorithm which can be found in [DIJKSTRA 76] : "... a boolean is associated with each page frame, a boolean which is set to true at each reference to the corresponding page. In the case of a page fault these booleans are scanned in cyclic order: if the boolean is true, it is set to false and the scanning proceeds to the next one, if the boolean is false, the victim is found. At the next page fault scanning will start with the next boolean ...". Consequently, we consider the algorithm represented in our system as a piece of code which implements such kind of specification. It operates on the status of a fraction of the main memory and a page reference as input parameters, yielding the identification of a page, which is to be replaced, as an output parameter.

We obtain the global application of the algorithm as the basic replacement algorithm working within the whole main memory. We obtain the local application as the combination of several instances of the algorithm each of which working within a separate fraction of main memory but obeying the connection rule for shared pages.

We do not make any assumption in which way the algorithm decides which page is to be replaced, but a few about its external behavior. (Not that the connection rule does not interfere with the decisions of replacement, but can be viewed as a modification of the sequence of page references which is obtained by omitting some references.) We restrict our attention to small periods of time. Therefore, we neglect the influence of adaptions of the faction size (with the local application) which become necessary in greater periods [DIJKSTRA 76] , and assume fractions of constant size. For each period of inspection we classify the pages within one memory fraction:

class 1 : pages which remain in main memory for the whole period
class 2 : pages which remain in main memory only for a while
class 3 : pages which are not in main memory for the whole period.

The problem we started with in the introduction now reads in terms of classes: assume that there are shared pages which are of class 2 under the local application of an algorithm, but which are of class 1 under the global application, what is the difference of the page fault rate per program.

In order to do so we have to make a <u>fairness assumption</u> about the way the basic algorithm works: If page r is of class 1 and page s is of class 2 and q_r and q_s are the probabilities of the pages to be referenced, then q_r q_s holds.

This assumption expresses a minimum of fairness in selecting a page for replacement with respect to the reference probabilities. The assumption is a modest idealization of real world replacement processes: the "greater"-relation between reference probabilities is easier to be estimated than the probabilities themselves.

The local application was proposed in [DIJKSTRA 76] for the second chance algorithm instead of a global one in order to obtain a system which is less sensitive to workload characteristics.

3. Basic Models

We consider two programs P_1, P_2, each of which consists of three pages r, s, x and r', s', x'. Let the programs be executed with the help of 4 page frames in main memory. For all replacement procedures to be considered it is a prerequisite that pages r and r' remain in the main store all the time. s is identical with s' and denotes a page shared by both of the programs.

Concerning the referencing of pages we assume that at any time t the probability, that the reference is caused by P_1 be p_i (i = 1, 2) and $p_1 + p_2 = 1$. We define the random variable

$$R_t := \begin{cases} 1, & \text{if the reference is caused by } P_1 \\ 2, & \text{if the reference is caused by } P_2 \end{cases}$$

That means:

$$p_1 = \text{Prob}\ (R_1 = i\ ) \text{ for } i = 1,\ 2 \text{ and } t = 1,\ 2,\ \ldots$$

The behavior of each of the programs is to be described by the random variable Z_t, which takes values in the set {r, s, x, r', s', x'} and denotes the page referenced at time t. We define the following (conditional) probabilities:

$q_{11} := \text{Prob}(Z_t = r | R_t = 1)$, $q_{21} := \text{Prob}(Z_t = r' | R_t = 2)$

$q_{12} := \text{Prob}(Z_t = s | R_t = 1)$, $q_{22} := \text{Prob}(Z_t = s' | R_t = 2)$

$q_{13} := \text{Prob}(Z_t = x | R_t = 1)$, $q_{23} := \text{Prob}(Z_t = x' | R_t = 2)$

with $\sum_{j=1}^{3} q_{ij} = 1 \quad (i = 1, 2)$

Knowing the way in which page references take place in our model we have to incorporate replacement of pages in some way. In this section we try to be independent of any peculiar replacement algorithm. We restrict, therefore, our consideration to three different ways in which the pages of the two programs are replaced - called separated, connected and reduced replacing - which do not refer to assumptions concerning the selection of pages for replacement.

Informally, they can be characterized as follows:
In the separated case main memory is divided into two fractions of the same size, each fraction is allocated to one of the programs. Page replacement is performed completely independently for the two memory fractions. If the shared page is used by both programs simultaneously, it is loaded twice (let us assume that the shared page is only read in this case). In the connected case memory is divided as above but the connection rule is obeyed, i.e. the shared page is not loaded a second time when used by both programs. In the reduced case the shared page is kept in main memory all the time and the programs compete for the remaining page frame in order to place their third page.

Now the different cases of page replacement are described more formally in order to compute the expected page fault rates.

3.1 Separated Replacing

The possible states of main memory in this case are the following: numbered by 1 through 4

r	r'	s	x'	(1)
r	r'	s'	x	(2)
r	r'	x	x'	(3)
r	r'	s	s'	(4)

The state transition diagram of the possible states of main memory is shown in figure 1:

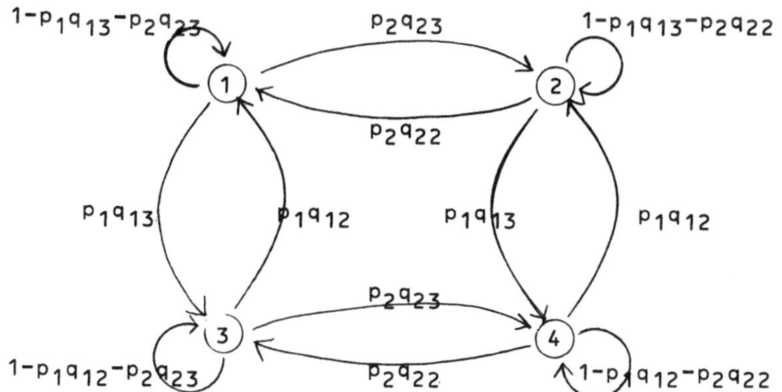

Fig. 1: State transition diagram for the separated case

If we assume that the probabilities p_i, q_{ij} for i = 1,2; j = 2,3 are positive (the other cases may be dealt with separately) the sequence of main store states is an irreducible Markov chain with a transition matrix P_s.

$$P_s = \begin{vmatrix} 1-p_1q_{13}-p_2q_{23} & p_2q_{22} & p_1q_{12} & 0 \\ p_2q_{23} & 1-p_1q_{13}-p_2q_{22} & 0 & p_1q_{12} \\ p_1q_{13} & 0 & 1-p_1q_{12}-p_2q_{23} & p_2q_{22} \\ 0 & p_1q_{13} & p_2q_{23} & 1-p_1q_{12}-p_2q_{22} \end{vmatrix}$$

It follows that a unique stationary probability distribution exists which satisfies the equilibrium equation. Let π^s be the vector of equilibrium probabilities, then the equilibrium equation is:

$$\pi^s = \pi^s P_s$$

and with $\pi^s = (\pi_1^s, \pi_2^s, \pi_3^s, \pi_4^s)$ the normalization criterion can be written as

$$\sum_{i=1}^{4} \pi_i^s = 1.$$

Solving the equilibrium equation leads to the following equilibrium probabilities:

$$\pi_1^s = q_{12}q_{22}/N_s \qquad \pi_2^s = q_{12}q_{23}/N_s$$
$$\pi_3^s = q_{13}q_{22}/N_s \qquad \pi_4^s = q_{13}q_{23}/N_s \tag{1}$$

with $N_s = (q_{12} + q_{13})\,(q_{22} + q_{23})$.

Using this distribution, the expected page fault rate R_s for the separated case is:

$$R_s = \sum_{i=1}^{4} \pi_i^s \text{ Prob (page fault in state i)}$$

$$R_s = 2p_1q_{13}q_{12}/(q_{12}+q_{13}) + 2p_2q_{22}q_{23}/(q_{22}+q_{23}) \tag{2}$$

3.2 Connected Replacing

In this case only three memory states are possible:

r	r'	s	x'	①
r	r'	s'	x	②
r	r'	x	x'	③

The state transition diagram reads:

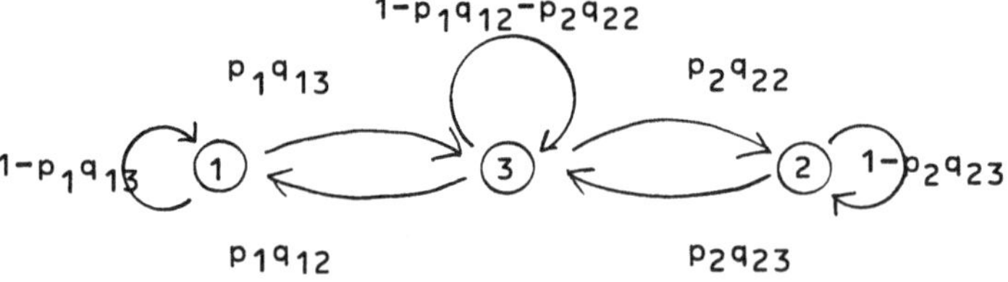

Fig. 2: State transition diagram for the connected case

Assuming again that all probabilities p_i, q_{ij} are positive leads to an irreducible Markov chain.

Using the same procedure as before we obtain the stationary probabilities $\pi^c = (\pi_1^c, \pi_2^c, \pi_3^c)$:

$$\pi_1^c = q_{12}q_{23}/N_c \qquad \pi_2^c = q_{13}q_{22}/N_c \qquad \pi_3^c = q_{13}q_{23}/N_c$$

$$\text{with } N_c = q_{13}q_{23}+q_{12}q_{23}+q_{13}q_{22}. \tag{3}$$

Computation of the expected page fault rate R_c for the connected case yields

$$R_c = (p_1q_{12}+p_2q_{22}) \cdot 2q_{13}q_{23}/N_c \tag{4}$$

3.3 Reduced Replacing

Page s is not replaced at all residing all the time in main memory. There are only two states to be considered:

r	r'	s	x'	(1)
r	r'	s	x	(2)

The memory state transition diagram is:

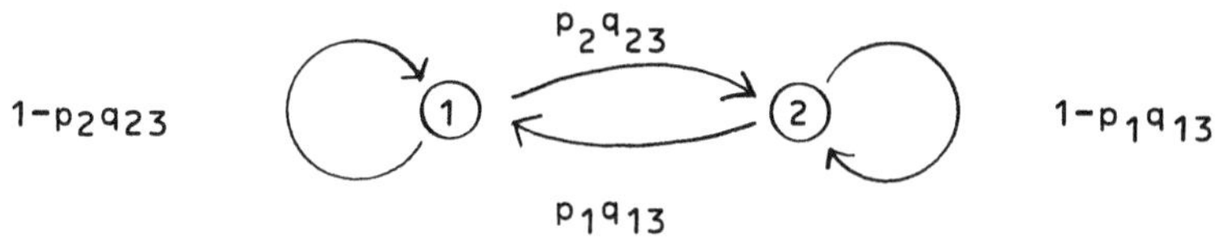

p_2q_{23}

$1-p_2q_{23}$ (1) (2) $1-p_1q_{13}$

p_1q_{13}

Fig. 3: State transition diagram for the reduced case

As before we obtain the equilibrium probabilities:

$$\pi_1 = p_1q_{13}/(p_1q_{13}+p_2q_{23}) \quad \pi_2=p_2q_{23}/(p_1q_{13}+p_2q_{23}) \tag{5}$$

and the expected page fault rate

$$R_r = 2p_1p_2q_{13}q_{23}/(p_1q_{13}+p_2q_{23}) \tag{6}$$

4. Residence Probability of Pages shared by several Programs

We are now interested in the case of several programs $P_1, \ldots, P_n$ which are independently executed sharing a page s and referencing an arbitrary number of pages. Reference probabilities to the pages shall be constant in time. Solving the equations for an arbitrary number n which describe these cases is beyond the author's capability. Therefore, we try to apply Markov processes iteratively in order to generalize the examples of section 3. We can view $P_1, \ldots, P_{n-1}$ as a program P^1 and P_n as a program P^2 and have to inspect only two programs at a time as in section 3. The results of section 3 should be transferrable if we restrict to observing the memory state with respect to s. It is hard to prove, however, that the transition probabilities for the states with programs P^1, P^2 do not depend on the number i of P_i which represents P^1 at an instance of time. In terms of Markov processes we have to ensure that "lumpability" conditions hold (cf. [KEMENY 60] p. 134) in order to obtain stationary probabilities for P^1, P^2.

The reader which is familiar with Markov processes may easily verify that lumpability is achieved if P_1 through P_n are instances of the same program which run uniformly distributed, i.e. that the probabilities that a program P_i issues a page reference are independently and uniformly distributed over $i=1, \ldots, n$. Unfortunately, lumpability does not hold in general, although we know that the Markov process yields a stationary probability for page s to be in main memory. We have to make an assumption which guarantees that (so called "weak") lumpability holds for some appropriate initial probabilities of page s to be in the main memory fractions of $P_1, \ldots, P_n$.

We produce the initial probabilities iteratively: we take the stationary probability of the case of $P_1,\ldots,P_m$ as initial probability for the case of $P_1,\ldots,P_{m+1}$ (for all m n). In fact, this is in accordance with the way in which approximation of stationary probabilities is likely to take place in practice.

The technical <u>convergency assumption</u> reads:

For any tuple $P_1,\ldots,P_m$ for m n of $P_1,\ldots,P_n$ there are the following conditional probabilities constant in time:

q^m_{in} , that page s is swapped-in under the condition that page s is not in main memory.

q^m_{out} , that page s is swapped-out under the condition that page s is in main memory.

Lemma:
Let P be a program accessing the pages s, $x_1,\ldots,x_l$. No sharing with other programs shall take place. Let p_s be the probability of page s to be in main memory at time t and q_{in}, q_{out} be the conditional probabilities of page s to be swapped in under the condition of s being not in main memory, and to be swapped out under the condition of s being in main memory at time t for t = 1,2, ... then

$$p_s/(1-p_s) = q_{in}/q_{out}. \tag{7}$$

Proof:
We define in analogy to section 3 the random variable

$$R_t := \begin{cases} 1 \text{ , if at time t page s is in main memory} \\ 2 \text{ , otherwise} \end{cases}$$

We distinguish two states of main memory:

(1) main memory contains s

(2) main memory does not contain s

and have the following transition diagram

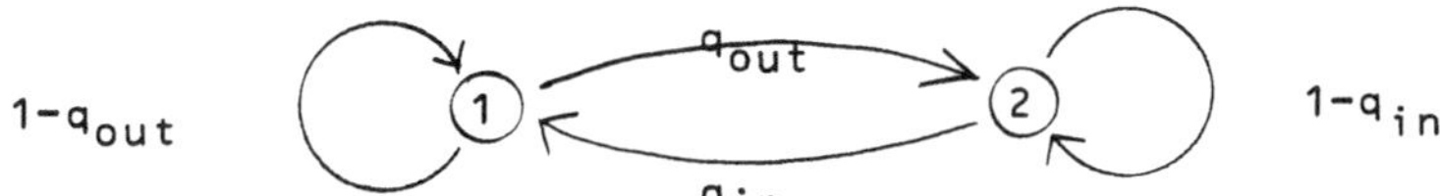

Fig. 4 State transition diagram for page s

Figure 4 yields immediately $\ _1/\ _2 = q_{in}/q_{out}$. Q. e. d.

Theorem 1: Let $P_1,\ldots, P_n$ be instances of a program sharing a page s which run independently under a local application of a replacement algorithm. The convergency assumption for page s shall be fulfilled. Then the probability $q^{(n)}$ of page s to be in main memory is

$$q^{(n)} = nq/(1+(n-1)q) \tag{8}$$

where q is the probability that page s is in main memory if only one instance of the program runs in isolation.

Proof:
We will prove this by induction:
For n=1 we have to show $q^{(1)}=q$ which is true by proposition. We want to do the induction step by considering only two programs. Let us introduce the following notation: P^2 stands for the program P_{n+1}, P^1 stands for the combination of $P_1,\ldots, P_n$ considered as one program running concurrently with P^2. This only makes sense if combining programs is associative which clearly is true for programs running separated by replacing within different store fractions. We have to convince ourselves that the connection rule (section 2) is associative, too. This is true: a page s is in the main memory fraction of P^1 or of P^2 independently from in-

specting $P_1, \ldots, P_n, P_{n+1}$ or inspecting P^1, P_{n+1}.

Let P^1 access the pages s and $x_1, \ldots, x_l$, and P^2 access the pages s and $x_1, \ldots, x_{l'}$. P^1 and P^2 are independently executed and the connection rule with respect to page s is obeyed. Then we distinguish three states of main memory:

① main-memory fraction of P^1 contains page s
② main-memory fraction of P^2 contains page s
③ page s not in main memory at all

We define in analogy to chapter 3 the random variables

$$R_t := \begin{cases} 1, & \text{if the reference at time } t \text{ is caused by } P^1 \\ 2, & \text{if the reference is caused by } P^2 \end{cases}$$

and Z_t describing now the behavior of the two instances of the replacement algorithm connected via page s. Z_t takes the values:

- "r ", if no change with respect to s in memory fraction of P^1
- "r'", if no change with respect to s in memory fraction of P^2
- "s ", if reference to s by P^1 and s not in fraction of P^1
- "s'", if reference to s by P^2 and s not in fraction of P^2
- "x ", if reference to x_i by P^1 and swap out of s from fraction of P^1, $i \in (1, \ldots, l)$
- "x'", if reference to x_i by P^2 and swap out of s from fraction of P^2, $i \in (1, \ldots, l')$

As in section 3 we define probabilities q_{ij} and p_i for i = 1, 2 and j = 1, 2, 3. The possible changes of memory state are now exactly as in figure 2 and we can apply result (3) of section 3.

Applying the lemma to program P^1 and program P^2, we obtain constants c_1, c_2 such that

$$q_{12} = c_1 \cdot q \quad \text{and} \quad q_{13} = c_1(1-q),$$

$$q_{22} = c_2 \cdot q^{(n)} \quad \text{and} \quad q_{23} = c_2(1-q^{(n)}) \text{ holds.}$$

If we now substitute this into the result (3) of section 3, we obtain the stationary probability for page s to be in main memory:

$$q^{(n+1)} = 1 - (1-q^{(n)})(1-q)/((1-q^{(n)})+q^{(n)}(1-q))$$

By induction proposition we obtain

$$q^{(n+1)} = 1 - \frac{\frac{1-q}{1+(n-1)q}(1-q)}{\frac{1-q}{1+(n-1)q} + \frac{nq}{1+(n-1)q}(1-q)} = \frac{(n+1)q}{1++ nq}$$

Q.e.d.

Theorem 2: Let $P_1, \ldots, P_n$ be arbitrary programs sharing a page s which run independently under a local application of a replacement algorithm. The convergency assumption for page s shall be fulfilled. Then the probability $q^{(n)}$ of page s to be in main memory is

$$q^{(n)} = 1 - \frac{\prod_{j=1}^{n}(1-q_j)}{\prod_{j=1}^{n}(1-q_j) + \sum_{j=1}^{n}(q_j \prod_{k \neq j}^{n}(1-q_k))} \qquad (9)$$

and the probability $p_{i,n}$ of page s to be in the memory fraction of program P_i is

$$p_{i,n} = \frac{q_i \cdot \prod_{j \neq i}^{n}(1-q_j)}{\prod_{j=1}^{n}(1-q_j) + \sum_{j=1}^{n}(q_j \prod_{k \neq j}^{n}(1-q_k))} \qquad (10)$$

where q_i ($\neq 1$) $i=1,\ldots,n$ are the probabilities that page s is in main memory if program P_i runs in isolation.

Proof: In full analogy to theorem 1 by induction.

In order to consider several pages to be shared by programs we have to apply the theorems iteratively for each page, i.e. to consider that sharing involves one page after the other. Clearly, the probability of a page x to be in the main memory fraction of P_1 is increased when - as a consequence of the connection rule - the probability $p_{1,s}$ of page s to be in the main memory fraction of P_1 becomes smaller.

If the probabilities q, q_{x_i} of the pages s and x_i to be in main memory are constant in time (i = 1, ...,l) we have

$$q + \sum_{i=1}^{l} q_{x_i} = z ,$$

where z is the number of page frames which are occupied by pages of class 2 within the memory fraction of P_1. We can conclude that in case of sharing of page s also

$$p_{1,s} + \sum_{i=1}^{l} q'_{x_i} = z \text{ holds,}$$

where q'_{x_i} is the probability of page x_i to be in main memory in this case (i = 1, ...,l) and

$$q'_{x_i} = \sum_{i=1}^{l} q_{x_i} \frac{z - p_{1,s}}{z - q} .$$

In case of instances of one program as in theorem 1 we obtain

$$\begin{aligned} q'_{x_i} &= q_{x_i} \frac{z - \frac{q}{1+(n-1)q}}{z - q} = q_{x_i} \frac{z + z(n-1)q - q}{(1+(n-1)q)(z-q)} = \\ &= q_{x_i} \frac{\alpha}{\alpha - (n-1)q^2} , \end{aligned} \qquad (11)$$

where $\alpha = z+z(n-1)q - q$.

5. Heuristic evaluation of the different applications

5.1 The case of three pages competing for two page frames

Let us return to the results of section 3. We have assumed that each page which is of class 1 within a store fraction has greater probability to be accessed within this fraction than any page which is not of class 1. Therefore, if three pages compete for two frames

$$p_1 q_{12} + p_2 q_{22} \geqslant \max (p_1 q_{13}, p_2 q_{23}) \qquad (12)$$

is necessary for s to be of class 1 under the global application. As a consequence of the fairness condition (cf. section 2) therefore, condition (12) is necessary for the global application to effect "reduced" page replacing of section 3. Clearly, the local application effects independently of (12) "connected" page replacing. (If page s is not resident under the global application the application cannot be modelled - even in our very simple example - without further assumptions on page-replacement decision, e.g. a probability distribution for selection of the different pages.) The results (4) and (6) answer the question of section 2 to what extent the local and the global applications differ in our simple example: we have to compare R_r, R_c under the assumption that condition (12) holds. We obtain $R_r \leqslant R_c$ and if we choose for instance, $p_i = q_{ij} = 1/2$ for i = 1,2; j = 2, 3; we obtain

$$R_r : R_c : R_s = 1/4 : 1/3 : 1/2 .$$

We see that the local application results in 33% more page faults than the global application.

Following section 4 we could obtain similar values for the case of several programs, pages and frames. The number of pages to be shared would have to be increased together with the total number of pages which are replaced. Then, the effects of sharing several pages and their mutual interference have to be considered. We know from (11) that the reaction of sharing a page s on the residence probability of another page x decreases with order 2 for small residence probabilities q of s. For typical values as, for instance, z = 10, n = 5, q = 0,1 we obtain $q'_x = q_x(13,9/13,6) = 1,003\ q_x$. So, in case of many pages and rather few frames, i.e. if residence probabilities are small, we may neglect interference at all, and simply add the effects of sharing the single pages.

In the following section we will compute such an example taking into account an additional complication by which the difference of the two applications may be reduced to a certain extent.

5.2 Dislodging of pages resident all the time with the local application

The results, up to now, do not cover the case in which the number of resident pages can no longer be increased in case of the global application such that all shared pages become resident. As a consequence, pages have to be dislodged with the global application which are resident with the local one. Shared pages will become resident instead of them.

Let $P_1, \ldots, P_n$ be identical programs as in chapter 4.
Each program may reference pages of the following categories, forming sets of constant size:

S_o : pages being resident (class 1) in the period of inspection under the local application
S_1 : shared pages of class 1 under the global application but of class 2 under the local application
S_2 : pages of class 2 under both the applications
S_3 : pages of class 1 under the local application and of class 2 under the global application
$S'_o = (S_o \setminus S_3) \cup S_1$, pages of class 1 under the global application.

We assume that pages of the same set S_i for i = 1, 2, 3 have equal reference probabilities q_i.
Let k be the number of page frames per program which are occupied by pages of class 2. Let $\tilde{q}_i$ denote the probability of a page out of S_i (i=1, 2, 3) to be in main memory, then the probability of a page to occupy a given page frame f is $\tilde{q}_i/k$. Let m_i denote the number of pages of one program belonging to S_i we obtain additionally, if we assume that the same number of page frames per program is employed for page replacement for the three cases: one program running in isolation, sharing under the local (L) and under the global (G) application,

$$\tilde{q}_1 m_1 + \tilde{q}_2 m_2 = k \text{ , } \tilde{q}_1^L m_1 + \tilde{q}_2^L n \cdot m_2 = n \cdot k \quad \text{and}$$
$$\tilde{q}_3^G n \cdot m_3 + \tilde{q}_2^G n \cdot m_2 = n k \qquad (13)$$

In order to compute the expected number of page faults E_L and E_G for the local and the global application we have to make a further assumption about the way the algorithm selects a page in order to free a page frame if there are more than one page for candidate.
We take for our limited purpose a second kind of fairness assumption: the residence probabilities of pages of class 2 and their reference probabilities shall be proportional. So we can state for the memory fractions of single programs under the local application and for the whole memory under the global application

$$q_1/q_2 = \tilde{q}_1/\tilde{q}_2 \quad \text{and} \quad q_2/q_3 = \tilde{q}_2^G/\tilde{q}_3^G \qquad (14)$$

(This assumption holds, for instance, if there is only one frame for all pages to be replaced.)

We can compute

$$E_L = n\,(m_1 \cdot q_1 \cdot (1-\tilde{q}_1^L) + m_2 \cdot q_2 \cdot (1-\tilde{q}_2^L)\,)$$

using results (8) and (13) in order to obtain $\tilde{q}_1^L$ and $\tilde{q}_2^L$:

$$\tilde{q}_1^L = n\tilde{q}_1/(1-(n-1)\tilde{q}_1) \quad , \quad \tilde{q}_2^L = (nk-\tilde{q}_1^L \cdot m_1)/n \cdot m_2$$

and we can compute

$$E_G = n\,(m_3 \cdot q_3 \cdot (1-\tilde{q}_3^G) + m_2 \cdot q_2 \cdot (1-\tilde{q}_2^G)\,)$$

using equations (13) and (14) in order to determine $\tilde{q}_3^G$ and $\tilde{q}_2^G$.

As a numerical example we take three programs each containing the same number of shared and of not-shared pages under the local application. No assumption on the number of resident pages is made, except that there are not-shared resident pages which become dislodged under the global application, when the shared pages become resident. Those dislodged pages are according to the fairness assumption of section 2 more frequently referenced by each individual program than the shared pages. We assume 50% more references. The probability of not shared pages to be in main memory - when a single program runs in isolation - is assumed to be 1/10. I.e. $n=3$, $m_1 = m_2 = 3m_3$, $q_1 = q_2 = 2/3q_3$, $\tilde{q}_2 = 1/10$, we obtain $\tilde{q}_1^L = 3/8$, $\tilde{q}_2^L = 3/40$, $\tilde{q}_3^G = 2/10$, $\tilde{q}_2^G = 4/30$ and $E_L = 1.55\ n\ m_1\ q_1$, $E_G = 1.27\ n\ m_1\ q_1$. So, the increase of the page fault rate in case of the local application is 22% compared to the case of the global application.

The increase of page faults inspite of dislodged pages can be shown without assumption (14). We consider the case in which $\tilde{q}_i$ is very small. For $m_1 = m_2 = n\ m_3$, $q_1 = q_2 = c\ q_3$ with $0<c<1$ the quotient E_l/E_G converges to $2 \cdot n \cdot c/(1+n \cdot c)$ when q_i becomes smaller and smaller. A typical value of c is 2/3, yielding for n = 2, 3, 4, 5 an increase of the page fault rate in case of the local application of 14%, 33%, 45% and 53%.

6. Conclusion

We started with the comparison of two alternative ways of applying a given page replacement algorithm in a system. The aim was to obtain better intuitive comprehension of the influence of sharing on page replacement. The presented formula on residence probabilities is a very elementary and modest step in this direction.

The resulting numbers seem to be surprising. They suggest that even if sharing takes place only occasionally it may have substantial effects or sideeffects. Interpretation of the numbers with respect to a given system, however, depends on many circumstances, e.g., structural decomposition of the system itself, number of processors and characteristics of the system load. So, they are as such rather meaningless. The result that the "local application" is quite half way between restricting sharing at all and the "global application" indicates, however, that the "application" chosen can be important. It is well known that quite large and fast computers which do not allow information sharing within main memory do not comply with particular load requirements fulfilled by smaller and slower computers which do allow sharing. So, it also may turn out that the way of taking sharing into account within page replacement supports or restricts particular applications of a system.

Acknowledgments:
I am grateful to all persons who commented on previous versions of the paper. I am much indebted, however, to F. Lehmann for fruitful discussions and an essential contribution: the basic examples presented in section 3 are due to him.

References

[BARD 75]

Bard, Y.: Application of the page survival index (PSI) to virtual memory system performance. IBM J. R and D 19, 212-220 (1975)

[COFFMAN 73]

Coffman Jr., Edward G., Denning, Peter J.: Operating Systems Theory. Prentice Hall, Inc., Englewood Cliffs 1973

[DENNING 78]

Denning, Peter, J.: Working sets: then and now. Proc. Second Int. Symposium on Operating Systems, IRIA, Rocquencourt, 1978

[DIJKSTRA 76]

Dijkstra, Edsger W.: A time-wise hierarchy imposed upon the use of a two level store. EDW408 (1973) or in Language Hierarchies and Interfaces, Bauer, F.L. and Samelson, K. (eds.), Lecture Notes in Computer Science 46, p. 345-356, (1976)

[KEMENY 60]

Kemeny, John G., Snell, Laurie J.: Finite Markov Chains. D. Van Nostrand Company, Inc., Princeton, New Jersey, 1960

[MONTGOMERY 77]

Montgomery, W., A.: Measurements of sharing in Multics. Proc. SOSP-6, 84-90, 1977

[WELCH 76]

Welch, Peter D.: On the self-containing modelling of DB/DC systems. Acta Informatica 7, 227-247 (1976)

MODELL ZUM AUFWANDS- UND LEISTUNGSVERGLEICH HARDWAREGESTÜTZTER ASSOZIATIVDATENVERWALTUNGSSYSTEME MIT KONVENTIONELLEN INVERTED FILE- BZW. MEHRDIMENSIONALEN HASH-SYSTEMEN

Wolfgang König
Institut für Wirtschaftsinformatik
Universität Frankfurt
Mertonstr. 17
D 6000 Frankfurt

Zusammenfassung: In diesem Beitrag wird ein allgemeines Vergleichsmodell einer hardwaregestützten Assoziativdatenverwaltung gegenüber konventionellen Inverted File- bzw. mehrdimensionalen Hash-Systemen vorgestellt. Zu Beginn erfolgt die Ableitung allgemeingültiger Aufwands- und Leistungsgleichungen für parametrisch definierte Abfrage- und Aktualisierungsfunktionen sowie für Flexibilitätsgrößen der verschiedenen Datenverwaltungssysteme und deren Speicherplatzbedarf. Anschließend werden Möglichkeiten eines benutzerindividuellen Vergleichs durch die anwendungsorientierte Auswahl der Systemparameter aufgezeigt. Abschließend erfolgt ein allgemeiner Vergleich der Aufwands- und Leistungsgrößen auf der Basis von Mittelwerten für verteilte Variable, um eine globale Ergebnisbeurteilung bei Wertänderungen der Systemparameter vornehmen zu können.

1. Einleitung

Ziel dieses Beitrags ist die Erarbeitung eines allgemeinen Vergleichsmodells einer hardwaregestützten assoziativen Datenverwaltung gegenüber einer konventionellen Datenverwaltung, um eine Quantifizierung der verfahrensmäßigen Vorteilhaftigkeit der hardwaregestützten assoziativen Datenverwaltung zu erhalten. Wir gehen von dem logischen Verarbeitungsmodell eines Assoziativspeichers einerseits und eines konventionellen positionsadressierten Hauptspeichers andererseits aus, ohne nähere Annahmen über deren Hardwarerealisation zu treffen.
Ein quantitatives Vergleichsmodell der Aufwands- und Leistungsgrößen beider Verarbeitungsansätze wird vorgestellt. Für Abfrage- und Aktualisierungsfunktionen wird eine Untersuchung der Anzahl der Datenzugriffe zur Funktionsausführung vorgenommen. Ebenso wird ein Flexibilitätsvergleich beider Ansätze durchgeführt und der jeweilige Speicherplatzbedarf ermittelt.
Der Assoziativspeicher kann sowohl eine geringe Ausführungszeit der Verwaltungsfunktionen als auch gute Strukturierungsmöglichkeiten der Daten

anbieten, was in konventionellen Datenverwaltungssystemen nur schwer zu kombinieren ist. Daher wurden der assoziativen Datenverwaltung zwei konventionelle Lösungsansätze gegenübergestellt: Ein Invertierungssystem (Inverted File, IF) betont die Strukturierungsmöglichkeiten der Daten in einer konventionellen Datenverwaltung. Eine mehrdimensionale gestreute Speicherung (Multi Hash, MH) betont hingegen die geringe Ausführungszeit der Verwaltungsfunktionen.

2. Ableitung allgemeingültiger Aufwands- und Leistungsgleichungen

Als Vergleichsbasis sei eine hierarchisch strukturierte Datenbank gegeben mit einer variablen Anzahl von Hierarchiestufen und einer variablen Anzahl von Datenfeldern, die eine Hierarchiestufe realisieren (siehe folgendes Beispiel in Abb.1):

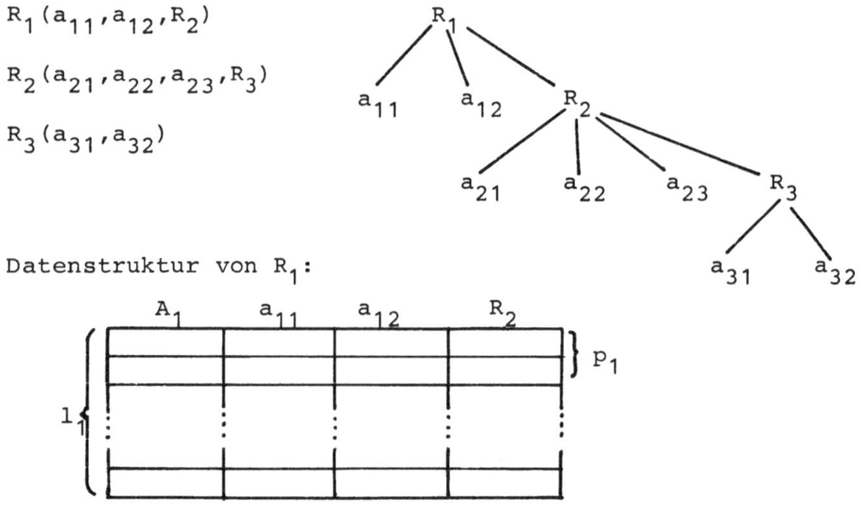

l_1 ≙ Mächtigkeit der Relation R_1

p_1 ≙ Untermenge der Relation R_1 (durch Deskriptorwerte spezifiziert)

A_1 ≙ Adresse oder Kennung der Relation R_1

R_2 ≙ Adresse der Relation R_2 oder Verbindungsparameter zur Relation R_2

Abb. 1: Beispiel einer 3-Ebenen-Datenbankhierarchie

Das IF arbeitet nach dem Prinzip der Trennung von Primär- und Sekundärdaten /Mar,319/. Die Primärdaten werden satzweise entsprechend der Kombination von Datenfeldern gespeichert. Schlüsselfelder werden invertiert, so daß für jeden Schlüsselwert ein Eintrag in einer zusätzlichen sortierten Indextabelle vorliegt. Da ein Assoziativspeicher eine Invertierung aller Felder erlaubt /YaF,5/ und das Anwendersystem in der Regel Verar-

beitungen auf der Feldebene vornimmt, wird im IF eine Invertierung aller Felder angenommen und auf eine Invertierung von Teilschlüsselwerten verzichtet. Die Einführung hierarchischer Datenstrukturen erfolgt über eine Adreßverkettung im Primärdatenbereich.
Das MH nimmt für jedes Schlüsselfeld eine gestreute Speicherung in dem verfügbaren Speicherraum vor /Mar,344/, um eine geringe Ausführungszeit der Verwaltungsfunktionen zu realisieren. Für jeden Schlüsselwert werden alle zugehörigen Primärdaten satzweise gespeichert. Zur Vereinfachung der Mehrfachbelegungsproblematik werden im MH nur eineindeutige Schlüsselwerte angenommen. Da der Assoziativspeicher einen gleichmaßen schnellen Zugriff auf alle Felder eines Satzes anbietet /YaF,5/, erfolgt im MH eine mehrdimensionale gestreute Speicherung für alle Felder. Die Datenstrukturierung erfolgt durch Adreßverkettung im Primärdatenbereich.
Beide Ansätze werden einem assoziativen Datenbanksystem (AD) gegenübergestellt. Das AD basiert auf der Speicherung multirelationaler nichtzusammengesetzter Domänen /StB,332/, so daß Hierarchiebeziehungen über nichtzusammengesetzte Verbindungsparameter gleichen Werts definiert werden müssen.

2.1 Abfragefunktion

In einer allgemeinen Datenstruktur

$$R_1(a_{11}, a_{12}, \dots, a_{1m_1}, R_2)$$
$$R_2(a_{21}, a_{22}, \dots, a_{2m_2}, R_3)$$
$$\vdots$$
$$R_{n-1}(a_{n-1,1}, a_{n-1,2}, \dots, a_{n-1,m_{n-1}}, R_n)$$
$$R_n(a_{n1}, a_{n2}, \dots, a_{nm_n})$$

liegen im IF über allen a_{ij} geordnete Indizes vor, die durch das Verfahren der binären Suche recht schnell durchsucht werden können. Zur Realisation einer zusammengesetzten Abfrage müssen zuerst die einzelnen p_i-Listen durch Adreßmanipulation der entsprechenden a_{ij}-Abfragen und die Verknüpfung der entsprechenden $|r_{ij}|$ "Treffer" pro Datenfeld zusammengestellt werden. Bei einem Umfang der Ergebnisliste einer Satzart i von Z_i ergibt sich eine Funktion der Zugriffsanzahl $N(Z_i)$ zur Kombination der r_{ij}-Teillisten. Über alle Datenbankebenen soll eine Ergebnisliste mit K Positionen erarbeitet werden, so daß die Funktion der Zugriffsanzahl zur logischen Verknüpfung der Teilergebnisse über die verschiedenen Datenbankebenen N(K) lautet. N variiert benutzerindividuell; Näherungswerte werden in Kapitel 3 abgeleitet. Die Summe der Zugriffe eines IF für eine zusammengesetzte Abfragefunktion lautet allgemein /Fio,38/:

$$(1)\quad Z_{Ab}(IF) = \sum_{i=1}^{n} \left(\sum_{j=1}^{m_i} (c_{ij} * (Ilog_2\, l_i + |r_{ij}|)) + N(Z_i) \right) + N(K)$$

mit c_{ij} ≙ Anzahl der Suchwerte des Datenfelds a_{ij};
$Ilog_2\, l_i$ ≙ durch die binäre Suche im Index entstehender Logarithmus-Ausdruck, aufgerundet auf die nächstgrößere ganze Zahl (Approximation).

Im MH setzen wir bei der Schlüsseltransformation gleichverteilte Satzadressen voraus, so daß die Anzahl der Zugriffe als Funktion der Belegungsquote in dem entsprechenden Speicherraum definiert werden kann. Die Speicherbelegungsquote ist für jeden Speicherraum (für jedes Datenfeld) zu differenzieren. Die mittlere Anzahl der Überläuferzugriffe $F(SBQ_{ij})$ ist bereits für mehrere Überlaufverfahren analytisch bzw. durch Simulation quantifiziert worden (z.B. /Hop,39/). Die Summe der Zugriffe für eine zusammengesetzte Abfragefunktion lautet allgemein /Koe,106/:

$$(2)\quad Z_{Ab}(MH) = \sum_{i=1}^{n} \left(\sum_{j=1}^{m_i} c_{ij} * (1 + F(SBQ_{ij})) + N(Z_i) \right) + N(K)$$

Im AD ergibt sich durch die Parameterverknüpfung folgende allgemeine Datenbankstruktur (siehe Abb. 2):

$R_1(a_{11}, a_{12}, \ldots, a_{1m_1}, P_1)$

$R_2(a_{21}, a_{22}, \ldots, a_{2m_2}, P_1, P_2)$

⋮

$R_{n-1}(a_{n-1,1}, a_{n-1,2}, \ldots, a_{n-1,m_{n-1}}, P_1, P_2, \ldots, P_{n-1})$

$R_n(a_{n1}, a_{n2}, \ldots, a_{nm_n}, P_1, P_2, \ldots, P_{n-1})$

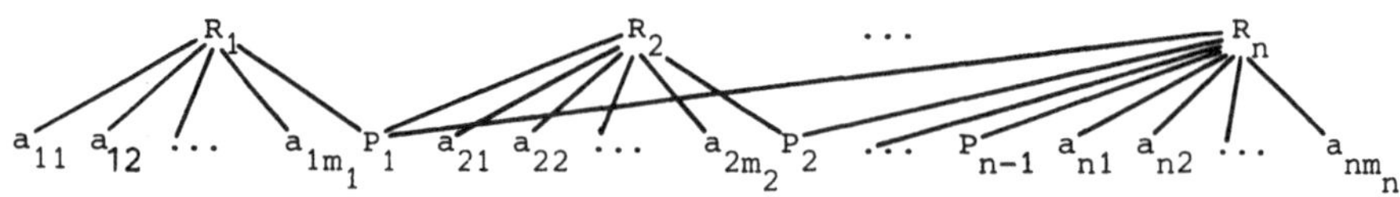

Abb. 2: n-stufige assoziativ-relationale Datenbankstruktur

Assoziativspeicher bieten in der Regel Boolesche Funktionen und Wertebereichsfunktionen im Ablauf nur eines Datenzugriffs an /YaF,5/, so daß für eine zusammengesetzte Abfragefunktion einer Relation R_i nur ein Datenzugriff benötigt wird. Zur Verknüpfung dieser Teillisten p_i über alle Relationen wird jeweils nur die Länge der Ergebnisliste der logisch übergeordneten Spezifikation eingehen ($|p_{i-1}|$). Die Summe der Zugriffe des AD ergibt sich mit

$$(3) \quad Z_{Ab}(AD) = \sum_{i=1}^{n} \sum_{j=1}^{m_i} c_{ij} + \sum_{i=1}^{n-1} |p_i| \quad \text{für } n \geq 2 \quad .$$

2.2 Aktualisierungsfunktion

Die Aufwandsgrößen der Aktualisierungsfunktion werden auf die Wertänderung eines Datenfelds bei gleichbleibender Struktur der Datenbank bezogen.

Im IF muß zuerst der entsprechende Feldwert im Index gesucht werden, dann ist der Index zu reorganisieren und abschließend erfolgt die Berichtigung der Primärdaten. Der Index-Suchzugriff erfolgt nach dem Verfahren der binären Suche, ebenso soll das Reorganisationsverfahren aus Gründen der Softwarestandardisierung dieses Verfahren verwenden. Bei $|r_{ij}|$ zu verbessernden Primärdatensätzen ergibt sich als Gesamtzahl der Zugriffe

$$(4) \quad Z_{Ak}(IF) = Ilog_2\, l_i + l_i * Ilog_2\, l_i + |r_{ij}| \; .$$

Für das MH nehmen wir an, daß durch die Aktualisierung die Gleichverteilung der transformierten Schlüsselwerte nicht signifikant beeinträchtigt wird. Um einen a_{ij}-Wert zu aktualisieren, müssen wir zuerst auf das betroffene Element in den verschiedenen Speicherräumen zugreifen, und sie dann verändert zurückschreiben. Als Gesamtanzahl der Zugriffe ergibt sich

$$(5) \quad Z_{Ak}(MH) = 2 * \sum_{j=1}^{m_i} (1 + F(SBQ_{ij})) \; .$$

Das AD benötigt zur Aktualisierung eines Datenfelds genau einen Zugriff, um die r_{ij}-Liste der zu verändernden Elemente zu finden, und $|r_{ij}|$ Zugriffe, um die aktualisierten Werte zurückzuschreiben:

$$(6) \quad Z_{Ak}(AD) = 1 + |r_{ij}|$$

2.3 Flexibilität

Unter Flexibilität eines Datenverwaltungssystems versteht man die Anpassungsfähigkeit an veränderte Systembedingungen. Man kann bezüglich der Strukturierungsmöglichkeiten einer Datenbank eine Aufwärtsflexibilität f^{auf} und eine Abwärtsflexibilität f^{ab} definieren /Fio,26/. Wenn man von

einer übergeordneten Satzart (Relation) R_i maximal zu einer Relation R_{i+1} zugreifen kann, so ist $f^{ab} = 1$; allgemein ausgedrückt: Wenn man von einer übergeordneten Relation R_i zu einer Relation R_{i+h} direkt zugreifen kann, auch auf R_{i+1}, R_{i+2}, ... , R_{i+h-1}, so ist $f^{ab} = h$. Das Gleiche gilt in entsprechender Weise für die Größe f^{auf}.
Im IF ist in der Regel nur eine einfache Aufwärts- bzw. Abwärtsflexibilität vorgesehen, so daß man alle zwischenliegenden Satzarten durchlaufen muß, um auf eine mehrstufig untergeordnete Satzart zugreifen zu können:

(7) $f^{auf}_{IF} = f^{ab}_{IF} = 1$

Auch die Strukturierungsmöglichkeiten des MH werden sich in der Regel auf diese Größen beschränken, um einen weitergehenden Speicherungs- und Aktualisierungsaufwand zu umgehen. In reinen Auskunftssystemen wird oftmals keine Datenstrukturierung auf der Ebene der Primärdaten unterstützt.

Im AD ist durch die Einführung der nichtzusammengesetzten Verbindungsparameter sichergestellt, daß man von einer Relation R_i zu jeder beliebigen Relation $R_{i\pm h}$ mit einem Zugriff gelangen kann:

(8) $f^{auf}_{AD} = f^{ab}_{AD} = h$

Ein weiteres Flexibilitätskriterium ist die Anzahl der Indizes pro Datenfeld, die sogenannte Indexflexibilität f^{in}_{ij} /Fio,66/. In konventionellen Systemen ist sie in der Regel gleich 1 (IF) oder gleich O (MH). Bei Steigerung des Werts der Indexflexibilität geht dieser multiplikativ in die Aufwandsgleichungen der Aktualisierungsfunktion ein.
Das AD ermöglicht eine Indexierung über alle Datenfelder bis auf die Ebene eines Bits oder einer Kombination von Bits. Falls ein Datenfeld durch g Zeichen definiert ist, so ist die Anzahl seiner Indizes

(9) $f^{in}_{ij,AD} \geqq g$

2.4 Speicherplatzbedarf

Der Speicherplatzbedarf errechnet sich im IF aus der Primärdatenspeicherung sowie der Speicherung der Indizes über den Datenfeldern und der Zeigerfelder zur Strukturierung der Datenbank. Wenn wir mit $\underline{a}_{ij}$ die Feldgröße in zu speichernden Bits und mit $\underline{A}_i$ die Adreßgröße in zu speichernden Bits bezeichnen /Fio,58/, so benötigt man als Speicherplatzbedarf für alle Satzarten mit den entsprechenden Indizes jedoch ohne die Strukturierungszeiger in Bits:

$$(10)\quad \sum_{i=1}^{n} \sum_{j=1}^{m_i} (2 * l_i * \underline{a}_{ij} + l_i * \underline{A}_i)$$

Der Speicherplatzbedarf der Zeiger ist abhängig von der Aufwärts- bzw. der Abwärtsflexibilität des Systems. Falls $f_{IF}^{ab} = f_{IF}^{auf} = 0$ bzw. $n = 1$, so wird keine Folgeadressierung vorgenommen und es entsteht kein Speicherplatzbedarf. Unter Vernachlässigung des zusätzlichen Speicherplatzbedarfs zur Implementierung variabel langer Adreßlisten ist der Speicherplatzbedarf für die Abwärtszeiger gleich /Koe,117/

$$(11)\quad s_{Z,IF}^{ab} = \sum_{e=1}^{f_{IF}^{ab}} \sum_{d=1}^{n-e} l_{e+d} * \underline{A}_{e+d} \qquad n \geq 2$$

und für die Aufwärtszeiger gleich

$$(12)\quad s_{Z,IF}^{auf} = \sum_{e=1}^{f_{IF}^{auf}} \sum_{d=1}^{n-e} l_{e+d} * \underline{A}_{d} \qquad n \geq 2 \quad .$$

Als Gesamtspeicherplatzbedarf des IF ergibt sich die Summe der Terme aus den Gleichungen (10), (11) und (12).

Der Speicherplatzbedarf des MH setzt sich zusammen aus der Primärdatenspeicherung der Satzarten in allen Speicherräumen sowie der Zeigerfelder zur Strukturierung der Datenbank. Hierbei unterliegt für jede Satzart R_i die Primärdatenspeicherung einschließlich des Speicherplatzbedarfs für die Strukturierungszeiger der Speicherbelegungsquote SBQ_{ij} für die verschiedenen Datenfelder a_{ij}. Bei m_i Speicherräumen und n Datenbankebenen ergibt sich /Koe,118-119/

$$(13)\quad S(MH) = \sum_{i=1}^{n} \sum_{j=1}^{m_i} \left(\frac{1}{SBQ_{ij}} * \left(\sum_{j_1=1}^{m_i} l_i * \underline{a}_{ij_1} + s_{Z,MH}^{auf}(i) + s_{Z,MH}^{ab}(i) \right)\right)$$

mit

$$(14)\quad s_{Z,MH}^{auf}(i) = \sum_{e=1}^{f_{MH}^{auf}} l_i * \underline{A}_{i-e} \qquad f_{MH}^{auf} \leqq i-1$$

$$(15)\quad s_{Z,MH}^{ab}(i) = \sum_{e=1}^{f_{MH}^{ab}} l_{e+i} * \underline{A}_{e+i} \qquad f_{MH}^{ab} \leqq n-i$$

Der Speicherplatzbedarf des AD resultiert aus der Speicherung der Relationen R_i und der entsprechenden Verbindungsparameter zur Strukturierung der Datenbank. Die Relation R_i setzt sich zusammen aus ihrer Kennung K_i und den ihr zugehörigen Datenfeldern. Ohne Verbindungsparameter ergibt sich ein Speicherplatzbedarf von

$$(16) \quad \sum_{i=1}^{n} l_i * \underline{K}_i + \sum_{i=1}^{n} \sum_{j=1}^{m_i} l_i * \underline{a}_{ij}$$

mit $\underline{K}_i \mathrel{\hat{=}}$ Größe der Kennung in Bits .

Die Verbindung von R_1 nach R_2 erfordert l_1+l_2 Verbindungsparameter der Länge $\underline{P}_1$, so daß sich verallgemeinert ein Speicherplatzbedarf von

$$(17) \quad \sum_{i=1}^{n-1} \sum_{e=i}^{n} l_e * \underline{P}_i \qquad n \geq 2$$

ergibt /Koe,119/. Der Gesamtspeicherplatzbedarf des AD ist die Summe der Terme aus den Gleichungen (16) und (17).

3. Vergleich der Aufwands- und Leistungsgrößen

Die abgeleiteten Aufwands- und Leistungsgrößen für die einzelnen Datenverwaltungsfunktionen können nun quantitativ verglichen werden, indem wir für jede Funktion diese Größen in einem Bruchausdruck gegenüberstellen. Mit B_1 wird der Bruchausdruck des IF zum AD benannt, mit B_2 der des MH zum AD. Eine Gleichgüte der jeweils gegenübergestellten Verfahren würde einen Bruchausdruck von 1 ergeben; sollten die Terme größer als 1 sein, so würde der Funktionswert die Überlegenheit des AD bezeichnen. Die Vernachlässigung der in der Geschwindigkeit der internen Logik ablaufenden "Hilfsprozesse" für die Datenverwaltung, wie z.B. Adreßumrechnungen, Vergleiche, Verzweigungen usw., erlaubt im Rahmen des logischen Verarbeitungsmodells keinen volldetaillierten Vergleich, sondern zeigt Gültigkeitsbereiche und Genauigkeitsgrade erster Ordnung auf /OSS,176/. Es werden ausschließlich stabile Grundtendenzen beachtet und eine Optimierung der jeweiligen Implementierung unterbleibt.

Der Anwender ist in der Lage, das Vergleichsmodell durch die individuelle Auswahl der Systemparameter seinen Forderungen anzupassen. Dies betrifft

- die Struktur der zugrundeliegenden Datenbank (z.B. Auswahl von n, m_i, f_{ij}^{in}, f^{ab}, f^{auf}),
- den Umfang der zugrundeliegenden Datenbestände (z.B. Auswahl von l_i, $\underline{A}_i$, $\underline{K}_i$, $\underline{P}_i$, $\underline{a}_{ij}$, SBQ_{ij}) sowie
- die Spezifikation der Anwendungsparameter einer Abfrage oder Aktualisierung (z.B. Auswahl von c_{ij}, $|r_{ij}|$, $N(Z_i)$, $N(K)$, $|p_i|$).

Im Rahmen dieses Beitrags soll ein allgemeiner Vergleich vorgenommen werden, indem eine "mittlere" Bearbeitungssituation simuliert wird. Die Definition von Mittelwerten für verteilte Systemvariable ermöglicht eine globale Beurteilung des Einflusses grundlegender Wertänderungen dieser

Parameter.

3.1 Allgemeiner Vergleich der Abfragegrößen

Wir nehmen folgende Mittelwerte an:

c für alle c_{ij}
m für alle m_i
l für alle l_i
$|r|$ für alle $|r_{ij}|$
$|p|$ für alle $|p_i|$

Die Zugriffsfunktion für die logische Verknüpfung mehrerer r_{ij}-Listen $N(Z_i)$ bzw. mehrerer p_i-Listen $N(K)$ soll wie folgt angenähert werden. Es wird ein paarweiser Vergleich der einzelnen Elemente der Listen als notwendig angenommen, der in der Abb. 3 am Beispiel variabel großer r_{i1}-Listen demonstriert wird:

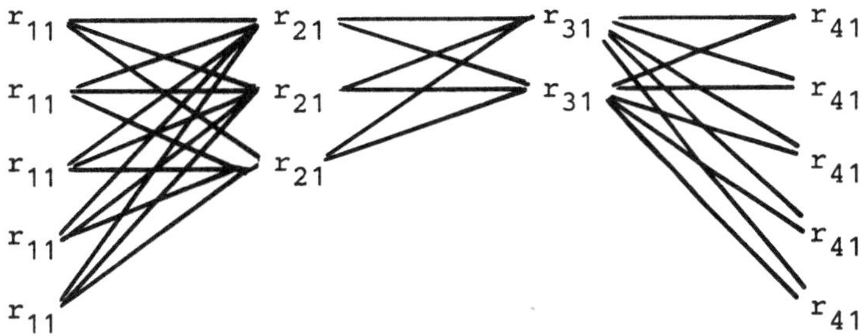

Abb. 3: Durchführung logischer Operationen auf die r_{i1}-Listen

Für eine mittlere Listenlänge $|r_1|$ ergibt sich, daß für die n Verknüpfungen insgesamt

(18) $(n - 1) * |r_1|^2$

Zugriffe zu tätigen sind. Bei Ersetzung der N-Funktionen durch den Term der paarweisen Verknüpfung ergibt sich entsprechend

(19) $N(Z_i) = (m - 1) * |r|^2$

(20) $N(K) = (n - 1) * |p|^2$.

B_1 ist nun in Abhängigkeit von l funktional darstellbar, wobei die Parameterwerte für m, n, c, $|p|$, und $|r|$ variierbar sind.

Für das MH sind zusätzliche Annahmen zu treffen. Vorausgesetzt wurde eine eineindeutige Schlüsselzuordnung zu einem Satz, so daß $|r| = 1$ ist. Weiterhin nehmen wir für alle Speicherräume eine mittlere Speicherbelegungsquote SBQ an. Im Rahmen der für diese Untersuchung eingegangenen Prämissen ist es zu vertreten, zur Bewertung von F(SBQ) die Simulationsergebnisse von Peterson /Hop,39/ heranzuziehen. B_2 ist in Abhängigkeit von SBQ funktional darstellbar, wobei die Parameterwerte für m, n, c, $|p|$, und $|r|$ variierbar sind.

3.2 Allgemeiner Vergleich der Aktualisierungsgrößen

B_1 ist in Abhängigkeit von l_i funktional darstellbar, wobei $|r_{ij}|$ zwischen den Extremwerten 1 und l_i gewählt werden kann (d.h. Aktualisierung eines Elements oder der gesamten Datei oder Relation).
Zur Quantifizierung von B_2 nehmen wir eine mittlere Speicherbelegungsquote SBQ_i für alle m_i Speicherräume des Satztyps (Relation) R_i an. B_2 ist in Abhängigkeit von SBQ_i funktional darstellbar, wobei der Parameterwert für m_i variierbar ist.

3.3 Allgemeiner Vergleich der Flexibilität

Die von Benutzern konventioneller Systeme oft akzeptierte Beschränkung aller Flexibilitätsfaktoren auf 1 benachteiligt das AD im Vergleich. Die Einführung von $f_{ij}^{in} > 1$ führt zu einer Steigerung der Zugriffsverhältnisse für die Aktualisierungsfunktion und die Einführung von $f^{ab} > 1$ und $f^{auf} > 1$ zu größeren Speicherplatzverhältnissen. Darüberhinaus erschweren höhere Flexibilitätsfaktoren in konventionellen Systemen Strukturänderungen der Datenbank, da die Verweislisten zu reorganisieren sind. Neben der Neuordnung der Zugriffswege im System muß eine Prüfung der Anwendungsprogramme erfolgen, um zugriffsabhängige inhaltsorientierte Kriterien der neuen Zugriffsordnung anzupassen.
Im Vergleich zum MH entfällt im AD das Rehashing bei Überschreitung des ursprünglich definierten Speicherplatzkontingents.

3.4 Allgemeiner Vergleich der Speicherplatzbedarfsgrößen

Wir nehmen folgende Mittelwerte an:

$\underline{A}$ für alle $\underline{A}_i$ und $\underline{P}_i$
$\underline{a}$ für alle $\underline{a}_{ij}$
l für alle l_i
m für alle m_i

Schließlich wählen wir alle Flexibilitätsfaktoren gleich 1 (siehe Kap.3.3)

B_1 ist in Abhängigkeit von $\underline{a}$ funktional darstellbar, wobei die Parameterwerte für $\underline{A}$, n und m variierbar sind.
Unter der zusätzlichen Annahme einer mittleren Speicherbelegungsquote SBQ für alle Speicherräume ist B_2 in Abhängigkeit von SBQ funktional darstellbar, wobei die Parameterwerte für $\underline{a}$, $\underline{A}$, n und m variierbar sind.

3.5 Ergebnisse des allgemeinen Vergleichs

Ein Vergleich des IF mit dem AD und des MH mit dem AD zeigt, daß das AD diesen konventionellen Datenverwaltungsverfahren überlegen ist, da alle Verhältniszahlen größer gleich 1 sind und das Wertespektrum dieses Verhältnisses bis zu mehreren Hunderttausend zu Eins reicht.
Die Abfragefunktion weist für eine mittlere Abfrage an die Datenbank (z.B. $c = 3$, $n = 3$, $m = 5$, $|p| = 3$, $|r| = 12$) ein Zugriffsverhältnis des IF zum AD in der Größenordnung von 50 : 1 aus. Durch die Mehrfachspeicherung der Primärdaten ist das Verhältnis des MH zum AD im Idealfall von SBQ → 0 gleich 1 : 1. Allerdings gestaltet sich im MH die logische Verknüpfung der r- bzw. p-Listen aufwendiger als im AD. Für SBQ ≈ 0.8 ergibt sich ein Zugriffsverhältnis von etwa 3 : 1.
Die Aktualisierung eines Datenfeldwerts erbringt im Rahmen der Mittelwertdefinitionen ($l_i \approx 20\,000$) ein Zugriffsverhältnis von mehr als Hunderttausend zu Eins des IF gegenüber dem AD. Auch hier unterbietet das MH diesen Wert mit einem Verhältnis in der Größenordnung von 50 : 1 für $m_i = 15$ und SBQ ≈ 0.8. Falls die gesamte Datei (Relation) aktualisiert werden soll, ergibt sich ein Zugriffverhältnis des IF zum AD von etwa 15 : 1.
Der Speicherplatzvergleich zeigt ein Verhältnis von größer gleich 2 : 1 des IF zum AD. Das Speicherplatzverhältnis des MH zum AD ist multiplikativ abhängig von der Anzahl der Datenfelder des betreffenden Satztyps (R_i) und erreicht z.B. bei $m = 15$ und SBQ ≈ 0.8 einen Wert von etwa 18 : 1.
Man sieht, daß die konventionellen Systeme einzelne Aufwands- und Leistungsgrößen einseitig zum Nachteil anderer Größen bevorzugen. Das MH bietet eine schnelle Abfrage bei Restriktionen der Abfragespezifikation auf maximal einen Treffer pro Datenfeld, sehr großem Aktualisierungsaufwand bei der Aktualisierung mehrerer Datenfeldwerte und einem sehr großen Speicherplatzbedarf. Es bietet zudem relativ schlechte Anpassungsfähigkeiten an geänderte Systembedingungen. Das IF hingegen benötigt bei einer relativ freien Abfragespezifikation und einem geringeren Speicherplatzbedarf erheblich mehr Zugriffe zur Durchführung der Verarbeitungsfunktionen.
Will man die schlechten Leistungseigenschaften der konventionellen Syste-

me durch die Einführung höherer Flexibilitätsparameter verbessern, so schafft man zwar mehr Zugriffswege in die Datenbank, benötigt jedoch wiederum einen höheren Aktualisierungsaufwand und mehr Speicherplatz. Sowohl für das IF als auch für das MH sinkt darüberhinaus durch die sequentielle Verarbeitung der Durchsatz bei logischen Verknüpfungen der r- und p-Listen.

4 Literatur

Fio Casper de Fiore:
An Analysis of Associative Processing Methods in Data Management, In-House Report of RADC, Job No. 55500114, New York, 1972

Hop F.R.A. Hopgood:
Compiler - Die Übersetzung von Programmiersprachen, München, 1970

Koe Wolfgang König:
Hardwareunterstützte Parallelisierung betrieblicher Planungssysteme, Diss., Frankfurt, 1979

Mar James Martin:
Computer Data-Base Organization, 2nd Ed., Englewood Cliffs, 1977

OSS E.A. Ozkarahan, S.A. Schuster, and K.C. Smith:
Performance Evaluation of a Relational Associative Processor, in: ACM TDBS, Vol. 2, No. 2, June 1977, pp. 175 - 195

StB Neil J. Stillman, and P. Bruce Berra:
A Comparison of Hardware and Software Associative Memories in the Context of Computer Graphics, in: CACM, Vol. 20, No. 5, May 1977, pp. 331- 339

YaF S.S. Yau, and H.S. Fung:
Associative Processor Architecture - A Survey, in: ACM Computing Surveys, Vol. 9, No. 1, March 1977, pp. 3 - 27

TOCS - EIN PROGRAMMSYSTEM ZUR SIMULATION VON RECHENSYSTEMEN

Heinz Mühlenbein
GMD
St. Augustin

Zusammenfassung:

Moderne Rechnerarchitekturen werden immer komplexer, so daß zur Beurteilung von unterschiedlichen Architekturen die Verwendung von Modellen unumgänglich ist. TOCS (transaction oriented computer system simulation) ist ein Programmsystem, mit dem sehr einfach zentrale Betriebssystemalgorithmen (Scheduler) und Hardwarearchitekturen simuliert werden können. In dieser Arbeit wird die Anwendung von TOCS bei der Beurteilung von drei Task Scheduling Strategien des Siemens Betriebssystems BS2000 vorgestellt. Weiter werden kurz Probleme aufgezeigt, die bei der Simulation von Mehrprozessorkonfigurationen auftraten.

1. Einleitung:

Ein Simulationsprogramm von Rechensystemen muß auf drei Elementen aufbauen

1. ein Modell der Anwendungen
2. ein Modell der Systemsoftware
3. ein Modell der Systemhardware

Das Modell der Anwendungen muß für jeden Benutzerauftrag den Bedarf an Betriebsmitteln (Soft- und Hardware) angeben sowie den zeitlichen Verlauf der Auftragseingänge. Das Modell der Systemsoftware muß die Zuteilung der Betriebsmittel zu den Prozessen regeln und den Bedarf der Systemsoftware an Betriebsmitteln festlegen. Das Hardwaremodell muß die Arbeitsweise der einzelnen Geräte durch charakteristische Größen kennzeichnen. Bei Magnetplatten z.B. sind die Positionierzeit, die Suchzeit und die Übertragungszeit wesentliche Größen.

Der Detaillierungsgrad aller drei Modelle muß aufeinander abgestimmt sein. Das Simulationsprogramm hat dann die Aufgabe, das funktionale Zusammenspiel der drei Modelle im zeitlichen Ablauf nachzuvollziehen.

In diesem Beitrag wird das Programm TOCS (transaction oriented computer system simulation) vorgestellt. Mit dem Simulationsprogramm können sehr detailliert Strategien der Systemsoftware für die Betriebsmittelzuteilung sowie Hard- und Softwarearchitekturen von Mehrrechnersystemen nachgebildet werden können. Als Programmiersprache wurde SIMULA gewählt. Mit den SIMULA CLASS Strukturen ist es möglich, in etwa das Monitor Konzept |2| zum Schutz von gemeinsam benutzten Datenbereichen zu realisieren. Ein Monitor hat die Aufgabe, den Zugriff zu diesen Daten zu kontrollieren und sicherzustellen, daß nur vordefinierte Operationen mit diesen Daten durchgeführt werden.

Der Kern von TOCS hat die folgende Struktur (Fig. 1):

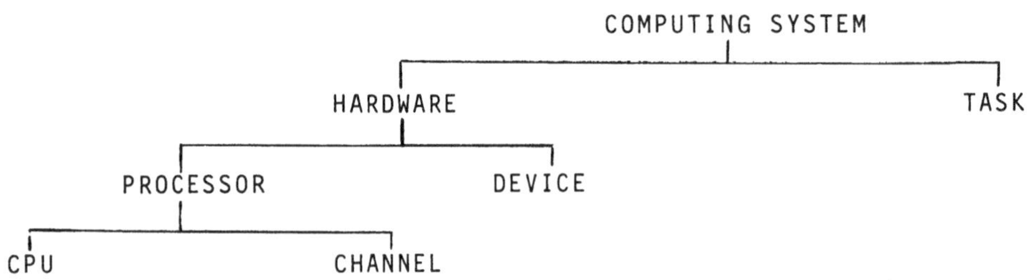

Fig. 1: Prozeßklassen von TOCS

CPU, CHANNEL, DEVICE und TASK sind die SIMULA Prozeßklassen, die in der Ereignisliste verwaltet werden. Die Systemsoftware ist nicht als eigene Prozeßklasse realisiert, sondern durch Prozeduraufrufe innerhalb der CLASS CPU. Diese Implementation erspart Rechenzeit und entspricht dem realen Ablauf.

TOCS ist aufgeteilt in einen festen Rahmen und einen variablen Teil, der durch den Anwender frei programmiert werden kann. Der Rahmen modelliert die Grundstrukturen, die vielen Rechensystemen gemeinsam sind. In dem variablen Teil können existierende Systeme detailliert modelliert werden. In einem Top-Down Verfahren ist inzwischen ein Modell des Siemens Betriebssystems BS2000 entwickelt worden.

Im Abschnitt 6 dieser Arbeit wird die Anwendung des BS2000 Modells zur Simulation von Task Scheduling Verfahren geschildert. Diese Anwendung ist in Zusammenarbeit mit der Siemens AG durchgeführt worden. Im Abschnitt 7 wird eine Analyse von Mehrprozessorarchitekturen durchgeführt.

2. Das Modell der Benutzerbelastung

Die interaktive Benutzung des Rechensystems wird in TOCS durch Anwendungsklassen (SCRIPTS) beschrieben. Jede Anwendungsklasse wird durch die folgenden Größen charakterisiert:

N	:	Zahl der Benutzer
TH	:	Denkzeit der Benutzer
T(r 1 ,r 2 ,r 3)	:	Betriebsmittelbedarf einer Transaktion

Hierbei bedeutet:

r 1	:	Zahl der CPU-Instruktionen
r 2	:	CPU-Instruktionen zwischen zwei E/A's
r 3	:	angesprochene Geräte (DEVICES)

Zur Anwendung dieses Modells bei realen Systemen vgl. |5|.
Der Hauptspeicherbedarf der Anwendungen wird über die Working Set Größe oder über den durchschnittlichen Mehrprogramm-Faktor MPL angegeben.

Die SCRIPTS können in Form einer Verteilung (DISTRIBUTION) oder als Folge von Aufträgen (SEQUENCE) definiert werden. Wenn Verteilung spezifiziert ist, werden alle Transaktionen aus der jeweiligen diskreten Häufigkeitsverteilung generiert. Wenn Sequenz angegeben ist, werden die Transaktionen genau in der angegebenen Reihenfolge verarbeitet.

Das folgende Beispiel soll einen Eindruck davon geben, wie die Belastung in TOCS spezifiziert werden kann.

```
CREATE SCRIPT DISTRIBUTION ANWENDUNG1
    THINKTIME BUCKET UNIT 2 FLOW 0 0 5 10 5 20 50 20
    CPU INSTRUCTIONS BUCKET UNIT 0.06E6 FLOW 0 200 60 30
    IO BUCKET UNIT 20 FLOW 100 10 2 3 9 20 60 40 20 7
    DEVICE BUCKETS            0 4 3 3 2 2 1 1 1 1
    ENDSCRIPT
```

Beispiel 1: Beschreibung der Belastung

Es können hier nicht alle Möglichkeiten, die TOCS zur Definition der Belastung bietet, erläutert werden. In Beispiel 1 gibt BUCKET UNIT die Breite der Intervalle der Häufigkeitsverteilung an. FLOW zeigt an, daß die Werte innerhalb der einzelnen Intervalle verteilt werden sollen (d.h. es sollen nicht nur die Mittelpunkte der Intervalle als Werte verwendet werden). In den IO BUCKETS werden die Zahl der IO's pro eine Million Instruktionen spezifiziert (inverser Wert von r 2). In den

DEVICE BUCKETS ist die Verteilung der Ein/Ausgabe auf die einzelnen Geräte D01 bis D09 beschrieben.

Es muß an dieser Stelle darauf hingewiesen werden, daß die Belastung bei der Beschreibung eines realen Systems als mehrdimensionale Häufigkeitsverteilung angegeben werden sollte. Die CPU-Instruktionen und die IO BUCKETS sind z.B. keine unabhängigen Variablen. Sogar die Denkzeit hängt oft von der CPU-Zeit der vorhergehenden Transaktion ab. Die Ermittlung dieser mehrdimensionalen Verteilung ist jedoch sehr aufwendig, so daß auf diese in TOCS verzichtet wurde.

Die oben definierten Verteilungen können für das Siemens Betriebssystem BS2000 mit dem Monitor ZWOSTEIN |4| ermittelt werden, die Sequenzen mit dem Trace Monitor COSMOS.

3. Das Modell der Systemsoftware

Die Systemsoftware wird in TOCS durch den Interrupthandler und den Task Scheduler repräsentiert. Die folgenden Ereignisse führen zu einer Unterbrechung.

START IO, END IO, INTERVAL-TIMER, START TRANSACTION,
END TRANSACTION, LOGON, LOGOFF

Zur Interprozessorkommunikation stehen die Befehle

CPU INTERRUPT, SIGNAL CPU

zur Verfügung. Bei dem Befehl CPU INTERRUPT wartet der Prozessor auf die Annahme des Interrupts durch den angesprochenen Prozessor, bei dem Befehl SIGNAL CPU arbeitet der Prozessor nach Abgabe des Signals weiter. Diese Architektur ist bei IBM und Siemens Rechensystemen vorhanden |3|.

Die Behandlung der einzelnen Unterbrechungen ist abhängig von dem jeweiligen Betriebssystem. Im folgenden wird daher die Nachbildung des Betriebssystems BS2000 von Siemens erläutert. In diesem Modell sind fünf Warteschlangen des BS2000 realisiert.

Q00 : Warteschlange der rechnenden Prozesse
Q01 : Warteschlange der rechenwilligen Prozesse
Q04 : Warteschlange der E/A-Prozesse
Q05 : Warteschlange der Prozesse vor dem Hauptspeicher
Q12 : Warteschlange der Prozesse vor den Datensichtstationen

Der CPU-Zeit Bedarf der Systemsoftware wird in der Form Zahl der Instruktionen, die bei den einzelnen Warteschlangenübergängen von der Systemsoftware ausgeführt werden (Pfadlängen) angegeben. Unzulässige Warteschlangenübergänge werden bei der Eingabe mit der Pfadlänge Null gekennzeichnet.

	QUEUES					
	OUT	Q00	Q01	Q04	Q05	Q12
OUT	0	0	0	0	0	4000
Q00	0	0	1	2000	500	1000
Q01	0	1	0	0	0	0
Q04	0	0	2000	0	0	0
Q05	0	0	3000	0	0	0
Q12	4000	0	0	0	500	0

Beispiel 2: Pfadlängen des BS2000 (willkürliche Werte)

Die Bestimmung der Pfadlängen von realen Systemen kann am besten mit statistischen Verfahren durchgeführt werden |6|.

Zur Unterstützung von Mehrprozessorarchitekturen stehen der Systemsoftware Semaphore zur Verfügung. Alle Speicherbereiche und Warteschlangen, auf die von mehreren Prozessoren zugegriffen wird, werden durch Semaphore geschützt. Mit den Semaphoren dürfen nur die üblichen Operationen P und V durchgeführt werden.

```
PROCEDURE P(S)
REF (SEMAPHOR) S;
INSPECT S DO BEGIN
  IF CONTENTS = 0 THEN WAIT (WAIT-QUEUE);
  CONTENTS = CONTENTS-1;
END P;
```

Beispiel 3: Semaphoroperation P

Die Anwendung der Semaphoren soll an einem einfachen Beispiel erläutert werden.

```
END_TRANSACTION
    INSPECT INT_COMPUTING_SYSTEM QUA TASK DO BEGIN
    FREE_MEMORY (INT_COMPUTING_SYSTEM);
    P (Q1.ASS_SEMAPHOR);
    JOINT_LAST (Q12, INT_COMPUTING_SYSTEM);
    V (Q1.ASS_SEMAPHOR);
    .
    .
    .
```

Beispiel 4: Unterbrechung END_TRANSACTION

Neben den Pfadlängen der Warteschlangenübergänge ist die Spezifikation beliebiger anderer Pfade, die im Zustand P3 (supervisor state) durchlaufen werden, möglich. Die Eingabe dieser Pfadlängen geschieht über das Kommando OVERHEAD.

4. Das Modell der Hardware

Das Hardwaremodell besteht aus den Komponenten CPU, CHANNEL und DEVICE. Die Prozessoren (CPU, CHANNEL) werden charakterisiert durch die Instruktionsrate (MIPS), die E/A-Geräte durch ihre Transferrate und die Positionierzeit.
Die zugelassenen Verbindungen der Komponenten, die Zugriffspfade, werden in Form einer Matrix eingegeben. Zur Erläuterung sei ein Rechensystem mit drei CPU's betrachtet.

```
CREATE
    CPUS     C01     C02     C03     1MIPS
    CHANNELS  CH01    CH02    CH03      1MIPS
    DEVICES   D01 D02 D03 D04 D05 8E5 0.025   30%
    ENDCREATE
CONNECT
              C01     C02    C03
    CH01      1       1      0
    CH02      0       1      1
    CH03      1       0      1
```

Beispiel 5: Beschreibung der Hardware

In diesem Beispiel sind die Kanäle jeweils an zwei CPU's angeschlossen. Die Auswahl der Zugriffspfade und die Verwaltung der Warteschlangen wird in der Software der Prozessoren durchgeführt. Während des Simulationslaufes ist gesichert, daß nur zugelassene Pfade benutzt werden.

Die Hardware-Komponenten kommunizieren untereinander über Unterbrechungen. Die möglichen Unterbrechungsursachen der CPU sind schon im Abschnitt 3 beschrieben worden. Die Kanäle kennen die Unterbrechungen SEEK, TRANSFER und INTERRUPT.

5. Bemerkungen

Bei der Implementation des Simulationsprogramms wurde Wert darauf gelegt, Rechnerarchitekturen realitätsnah nachzubilden. Im Idealfall sollte es möglich sein, im Simulator ausgetestete Algorithmen direkt für das reale System zu übernehmen. Bei den IBM und Siemens Systemen ist dies leider nicht möglich, da diese Systeme zum größten Teil ASSEMBLER verwenden. Der Ausschnitt aus dem Burroughs Betriebssystem MCP (Procedure NORMAL GEORGE) zeigt jedoch, daß der Idealfall durchaus zu erreichen ist.

```
SEEWHOISUP:
           IF READYQHEAD ISNT 0 THEN
AROUND:       BEGIN
                 IF STACKSTATE(SNR) IS ALIVE THEN
                 ...
                 MYREADYON: = CLOCK;
                 INSERTSTACK(READYQHEAD,SNR);
              END;
              T:=READYQHEAD;
                 ...
                 ALLOW;
                 COMMENT HANDLE ANY INTERRUPTS;
                 DISALLOW;
```

Beispiel 6: Ausschnitt aus MCP

Die Verwendung von SIMULA hat sich als sehr hilfreich erwiesen, sowohl bei der Konzipierung des Programms als auch beim Austesten. Im zeitlichen Ablauf hat das Programm schon eine solche Komplexität, daß für die Überprüfung von Algorithmen ein "event tracing" eingebaut werden mußte. Weiter ist in TOCS ein Software Monitor implementiert, der eine Vielzahl von Daten sammelt und zum Teil auch kumulativ auswertet.

6. Der Vergleich von Zuteilungsalgorithmen

Die folgenden Schedulerstrategien wurden mit dem BS2000 Modul von TOCS untersucht

a) TNIO (time to next IO)
b) FB3 (feedback level 3)
c) HRN (highest response-ratio next 1)

TNIO ist der aktuelle Task Scheduler des BS2000. Bei diesem Scheduler wird versucht, die Prozesse in Q1 nach ihrer IO-Intensität zu ordnen.

FB3 ist ein erweiterter Round Robin Algorithmus. Die Transaktionen werden bei dieser Strategie entsprechend ihrem CPU-Zeit-Verbrauch in die Gruppen E (Express), N (Normal) und L (Lang) eingereiht. Das Rechenzentrum kann über Parameter steuern, daß kurze Transaktionen bevorzugt werden (Beispiel 7).

Die in TOCS implementierte Version des HRN Schedulers berücksichtigt sowohl statische Prioritäten als auch die Response-Ratio (Verhältnis CPU-Zeit zu Verweilzeit). Der Algorithmus und die Steuerungsparameter können hier nicht näher beschrieben werden.

```
COMMENT CHECK WHICH TASK TO INITIATE (FB3)
FOR I=1,2 DO BEGIN
   IF SCHEDULE_COUNT(Q1E.INDEX)<N1 THEN BEGIN
      SCHEDULE_COUNT(Q1L.INDEX): =0;
      IF NOT EMPTY(Q1E) THEN BEGIN
         SCHEDULE(Q1E);
         GO TO INIT_TASK;
      END;
   END;
IF SCHEDULE_COUNT(Q1N.INDEX)<N2 THEN BEGIN
   SCHEDULE COUNT(Q1E.INDEX): =0;
   ...
```

Beispiel 7: Modifizierter FB3-Algorithmus

Alle drei Zuteilungsalgorithmen haben durch das Rechenzentrum einstellbare Parameter. Die Algorithmen sind mit verschiedenen Konfigurationen getestet worden. Es soll hier die Simulation einer 7.748 (0.5 MIPS) mit 1.5 Megabytes Hauptspeicher und 6 Plattenlaufwerken geschildert werden. Als Anwendung laufen 36 Dialog- und 4 Stapelaufträge.

Bei allen Schedulern wurde versucht, durch Parametereinstellung den Dialogbetrieb zu bevorzugen. Soweit dies durch Parameter steuerbar war, wurde garantiert, daß mindestens ein Stapelauftrag aktiv war. Da alle Scheduler adaptiv sind, konnte nicht garantiert werden, daß die vorgegebene Last in einer vordefinierten Reihenfolge bearbeitet wurde. Dies erklärt die Schwankungen in der Belastung. Die Last ist auf der simulierten Konfiguration CPU-intensiv.

Aufgrund der Ergebnisse kann nicht eindeutig gefolgert werden, welcher Algorithmus der beste ist. Hierzu muß erst das Beurteilungskriterium festgelegt werden. HRN liefert z.B. die besten Dialogantwortzeiten, TNIO die kleinsten Stapelantwortzeiten. Auf den ersten Blick verblüffend ist das Resultat, daß der TNIO-Scheduler den kleinsten IO-Durchsatz hat. Dies erklärt sich daraus, daß bei diesem Scheduler die Dialogaufträge nicht genügend bevorzugt werden. Die bei der Simulation verwendeten Stapelaufträge haben jedoch eine geringere IO-Intensität als die Dialogaufträge.

	TNIO	FB3	HRN
CPU/Trans	0.251	0.262	0.246
IO/Trans	30	30	39
Trans/Sec	1.3	1.7	1.8
Antwortzeit	15.03	10.02	8.01
max. Antw.	173.02	127.92	46.67

Tabelle 1: Simulationsergebnisse der Dialogaufträge

	TNIO	FB3	HRN
CPU/Job	4.866	3.854	3.655
IO/Job	160	110	126
Jobs/Sec	0.043	0.017	0.013
Antwortzeit	93.98	212.67	261.48
max. Antw.	156.80	381.00	388.42

Tabelle 2: Simulationsergebnisse der Stapelaufträge

	TNIO	FB3	HRN
P1 (User State)	54.14	49.46	47.67
P3 (System State)	45.86	50.53	52.33
IO / Sec	46.1	50.2	53.7

Tabelle 3: Systemauslastung

Simulationsläufe mit anderen Konfigurationen brachten ähnliche Resultate. Das Ziel der Task Scheduler kann man allgemein gesehen so definieren: die Betriebsmittel nach den von dem Rechenzentrum genau definierten Vorstellungen auf die einzelnen Anwendungen zu verteilen. Von den hier simulierten Verfahren kann der HRN-Algorithmus am besten auf die Rechenzentrumsanforderungen eingestellt werden. Im Unterschied zu dem FB3-Scheduler, der drei durch das Rechenzentrum einstellbare Parameter hat, verwendet der HRN-Scheduler eine erheblich größere Anzahl von Stellgrößen. Die optimale Einstellung eines solchen Schedulers erfordert daher einen sehr viel größeren Aufwand durch das Rechenzentrum. Zur Minimierung dieses Aufwandes erscheint der Einsatz eines Simulationsprogramms unumgänglich.

7. Analyse von Mehrprozessorarchitekturen

Das in Abschnitt 4 beschriebene Hardwaremodell ermöglicht die Simulation vieler bereits realisierter oder vorgeschlagener Mehrprozessorarchitekturen. Von den mit TOCS durchgeführten Simulationen soll hier nur das Experiment erläutert werden, bei dem mit einem leicht erweiterten BS2000 Modell die zentrale Steuerung und Kontrolle des Mehrrechnersystems durchgeführt wurde. Das Betriebssystem war bei dieser Simulation nur einmal im Hauptspeicher vorhanden. Verschiedene Teile des Betriebssystems konnten gleichzeitig auf mehreren CPU's laufen.

Es wurden die folgenden Konfigurationen simuliert

K1 : eine CPU mit 3 MIPS
K2 : drei CPU's mit 1.0 MIPS
K3 : sechs CPU's mit 0.5 MIPS

Bei allen Konfigurationen waren drei Kanäle und neun E/A-Geräte vorhanden. Es wurden 60 Benutzer simuliert. Einige Pfadlängen des Betriebssystems sind in Beispiel 2 angegeben.

	K1	K2	K3	K1/K2	K2/K3
User State x)	77.2	70.7	53.2	1.09	1.32
System State x)	20.7	24.3	33.2	0.85	0.72
Sem. Lock	0.6	20.5	124.6	0.029	0.16
IO / Sec	118.9	104.2	84.8	1.13	1.22
Trans / Sec	4.84	4.64	4.35	1.04	1.06
Antwortzeit	2.27	2.29	2.94	0.99	0.78

Tabelle 4: Mehrrechnersimulation (x) = Wert pro CPU)

Die Konfiguration K1 erbringt eindeutig die beste Leistung. Der Grund für dieses Ergebnis liegt darin, daß für die Prozessorkommunikation bei Mehrrechnersystemen ein erhöhter Aufwand notwendig ist. Dies sieht man deutlich bei der Sperrzeit des Semaphors (Sem. Lock). Dieser Semaphor schützt die zentralen Systemwarteschlangen vor dem gleichzeitigen Zugriff durch die CPU's und die Kanäle.

Die folgende Tabelle gibt einen Aufschluß über die Aufteilung des System State nach den einzelnen Ursachen.

System State	K1	K2	K3
IO	15.7	41.6	67.7
Task Switch	3.4	10.9	18.9
Time Slice	0.1	1.9	6.2
Activate	0.6	2.8	4.5
Sem. Lock CPU	0	14.5	100.2
Sonst	0	1.2	2.1
Summe	19.8	72.9	199.6

Tabelle 5: Aufteilung des System State

In dem System mit sechs CPU's macht die Sperrzeit des Semaphors schon 50% des gesamten System State aus. Die Sperrzeit ist damit um den Faktor 6-7 höher als bei der Konfiguration mit drei CPU's.

In weiteren Experimenten wurde der Einfluß der Pfadlängen, die innerhalb des durch den Semaphor geschützten Bereichs liegen, auf die Gesamtsperrzeit untersucht. Bei einer sechs CPU-Konfiguration ergaben sich quadratische Abhängigkeiten, d.h. eine Verdopplung der Pfadlängen führte zu einer Vervierfachung der Sperrzeiten.

Diese Beispiele demonstrieren, daß existierende Betriebssysteme nur mit erheblichen Leistungseinbußen auf größeren Mehrrechnerkonfigurationen ablaufen. Zur effektiven Unterstützung solcher Systeme sind neuartige Algorithmen notwendig.

Anmerkung:
Der Verfasser dankt den Herren Franz und Grabau von der Siemens AG München für die Implementierung des HRN Schedulers.

Literaturhinweise:

|1| Brinch Hansen, P. (1973): Operating System Principles Prentice- Hall, New Yersey

|2| Hoare, C.A.R. (1974): Monitors: An Operating System Structuring Concept, CACM 17, 549-557

|3| Fischer, U.E. (1975): Zum Mehrprozessorbetrieb des IBM Systems /370, IBM-Form F12-1605

|4| Jirka, F.A. (1978): Simulation und Analyse von Dialoglast, Int. GMD-Bericht, RZ.BI-78.206

|5| Mühlenbein, H. (1977): Ein Vorschlag zur Leistungsbeschreibung von DV-Systemen, Inf. Fachber. 15, 213-233

|6| Mühlenbein, H. (1978): Leistungsdaten von DV-Systemen Int. GMD-Bericht RZ.BI-78.213

ITS - EIN SYSTEM ZUR SIMULATION DES VERHALTENS VON BETRIEBSSYSTEMEN

Stefan Eichholz
Institut für Informatik
Technische Universität München

Zusammenfassung: Das Informatics Teaching System (ITS) stellt ein Programmsystem zur Verfügung, mit dessen Hilfe es möglich ist, sich über den inneren Aufbau, das Zusammenspiel der Komponenten und das dynamische Verhalten von Betriebssystemen anhand von Modellen zu informieren. Die Struktur von ITS und sein Einsatz im Rahmen mehrerer Beispiele werden skizziert.

1. Einleitung

Das Informatics Teaching System (kurz: ITS) wurde zur praktischen - und soweit möglich auch theoretischen - Informatik-Ausbildung auf Universitätsniveau entwickelt [1]. Dabei sollen Aufgaben unterschiedlichen Umfangs von Studenten selbständig bearbeitet werden, z.B. in Form von vorlesungsbegleitenden Übungen, in Form von Praktika (mit einer Bearbeitungsdauer von 1 - 2 Semestern) oder im Rahmen von Diplomarbeiten.

Im Rahmen des Teilgebietes OS Demonstration Kit des ITS (kurz: OS Kit) wird ein Programmsystem zur Verfügung gestellt, mit dessen Hilfe es Studenten ermöglicht wird, sich über den internen Aufbau, das Zusammenspiel der Komponenten und das dynamische Verhalten von Betriebssystemen anhand von Modellen detailliert zu informieren.

Das Teilgebiet OS Kit des ITS wurde in den Jahren 1973 bis 1978 an der Technischen Universität München entwickelt und auf einem TR440-Rechner vollständig implementiert [2,3,4,5,7,10]. Gleichzeitig wurde an der Universität Warschau eine etwas andere Struktur für OS Kit entworfen, deren Implementierung zur Zeit durchgeführt wird. [9] enthält einen Vergleich der beiden Entwürfe, soweit dies im Jahre 1977 bereits möglich war.

2. Struktur des Systems

Sowohl für die HW (Hardware) als auch für die Last und das BS (Betriebssystem) werden im Rahmen von OS Kit Modelle verwendet.

Das HW-Modell wird durch Aufzählung seiner Komponenten beschrieben; deren dynamisches Verhalten wird ebenso angegeben wie deren Attribute.

Das BS-Modell ist stets modular aufgebaut. Seine zusätzliche Einteilung in zwei oder mehr Schichten (wie z.B. in [8]) kann vom Anwender bestimmt werden, ebenso wie die Aufgabenbereiche der einzelnen BS-Moduln und weite Teile des Kommunikationsmechanismus. Ganze BS-Moduln oder auch Teile von BS-Moduln können unter Verwendung einer Algorithmen-Bibliothek ausgetauscht werden.

Die Last wird aus synthetischen Programmen aufgebaut, deren Beschreibung einerseits speziell auf die Zwecke der Simulation zugeschnitten ist, aber andererseits sehr nahe bei heute üblichen Kommando- oder Programmiersprachen liegt.

Für Messungen stehen verschiedene Meß- und Zählroutinen sowie mehrere modulare Statistik-Pakete zur Verfügung, deren Anwendung sich in keiner Weise von der Anwendung der Algorithmen-Bibliothek unterscheidet, wodurch sie an jeder beliebigen Stelle eines BS-Modells einsetzbar sind. Außerdem kann eine graphische Ausgabe auf einem Zeichengerät zum detaillierten Studium dynamischer Vorgänge benutzt werden.

Die Durchführung einer Simulation erfolgt unter Verwendung einer Ereigniskette, in der für alle aktuellen bzw. zukünftigen Aktionen eines jeden Rechnerkerns und eines jeden BS-Moduls - soweit diese zum jeweiligen Zeitpunkt bereits bekannt sind - Ereignisse enthalten sind, die dann gemäß ihrer Eintreffzeit abgearbeitet werden.

Insgesamt fünf Anwendersprachen werden benutzt, wenn ein komplettes BS-Modell, das ihm zugrundeliegende HW-Modell und die auf dem BS-Modell zu simulierende Last spezifiziert werden sollen (Abbildung 1):

- MDL (Module Description Language) Beschreibung von Bausteinen des BS-Modells, also den BS-Moduln
- CSDL (Configuration and System Description Language) Zusammenbau des HW- und des BS-Modells
- DLL (Data Management Level Language) Beschreibung von Bausteinen der Last
- PLL (Program Level Language) Beschreibung von Bausteinen der Last
- LDL (Load Description Language) Zusammenbau der Last

Natürlich ergeben sich aus der Verwendung eines Rahmens, in den die einzelnen BS-Moduln eingefügt werden, Einschränkungen hinsichtlich der Menge der simulierbaren BS-Modelle. Diese sind jedoch nicht einschneidend, da z.B. alle BS-Moduln, aus denen ein BS-Modell besteht, austauschbar sind. Dadurch ist sowohl die Basisschicht (BS-Kern) als auch die Prozeßschicht durch den Anwender modellierbar. Andererseits gibt es Erscheinungen in realen Betriebssystemen (z.B. Geräte, die über mehrere Kanäle betrieben werden können), die nicht oder nur auf umständliche Art und Weise dargestellt werden können. Ebenso mag die Ermittlung von Zeiten, auf die die Simulation aufbauen soll, problematisch sein, wenn quantitative Ergebnisse erwartet werden.

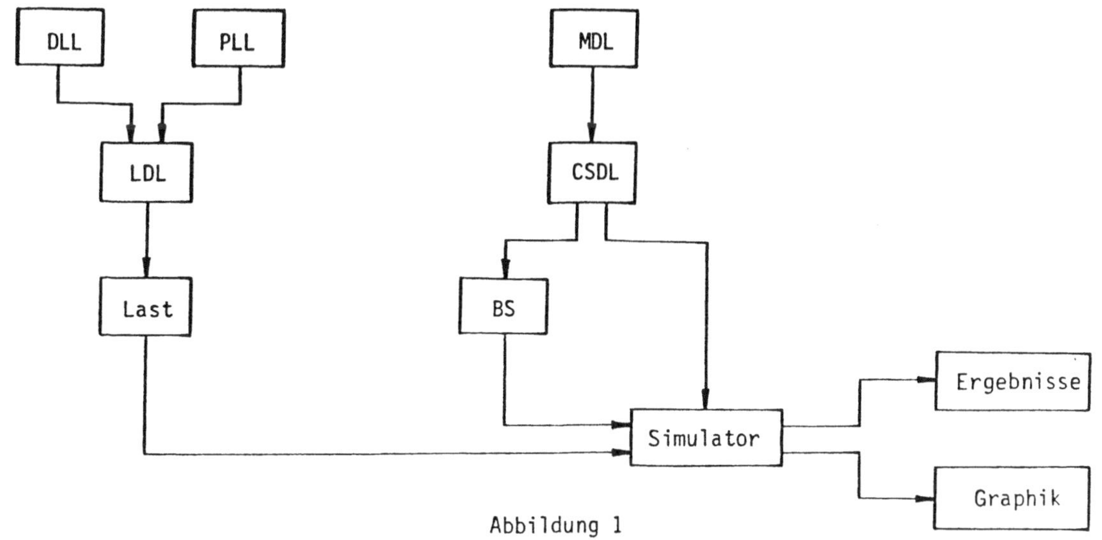

Abbildung 1

3. Anwendersprachen

3.1. MDL

Mit Hilfe der Programmiersprache MDL [4,5] wird ein BS-Modul beschrieben, also ein Baustein eines BS-Modells. Jeder BS-Modul besitzt entweder das Attribut "unterbrechbar" oder das Attribut "nicht unterbrechbar", d.h. er ist - in der Terminologie von OS Kit - entweder ein Prozeß oder ein Basisschicht-Modul.

Jeder Rumpf eines BS-Moduls ist ein strikt sequentieller Algorithmus, der zu jedem Zeitpunkt der Simulation von höchstens einem Rechnerkern des HW-Modells ausgeführt wird. Die Anweisungen des Rumpfes eines BS-Moduls sind modullokale Anweisungen und Kommunikationsanweisungen. Modullokale Anweisungen sind die üblichen Anweisungen zur Ablaufsteuerung (do, goto, if) und Unterprogramm-Aufrufe. Letztere stellen die Sprachschicht dar, auf der MDL aufgesetzt ist, denn diese Unterprogramme werden nicht im betreffenden MDL-Quelltext deklariert, sondern gehören sämtlich dem MDL-Laufzeitsystem an. Die für die Ausführung dieser Unterprogramm-Aufrufe zu verbuchende Simulationszeit kann vom Anwender spezifiziert werden.

Alle Unterprogramme sind in einer Unterprogramm-Bibliothek enthalten, die erweiterbar ist. Durch die Verwendung derartiger Unterprogramme wird einerseits der Austausch komplexer Algorithmen stark vereinfacht und andererseits dem Anwender von OS Kit das oft langwierige Ausprogrammieren dieser Algorithmen abgenommen. Außerdem entfällt dadurch auf der Ebene von MDL jegliche Verwaltung komplizierter Datenstrukturen, wie sie häufig in realen Betriebssystemen auftreten.

Die Kommunikationsanweisungen unterteilen sich in Kommunikationen per Botschaft, die im wesentlichen innerhalb der Prozeßschicht eines BS-Modells Verwendung finden, und in Kommunikationen per Aufruf, die ausschließlich innerhalb der Basisschicht eines BS-Modells auftreten.

Bei Verwendung von Botschaften werden vier Typen (send, send and wait, answer, wait) angeboten, deren Interpretation zwar durch die Wahl ihrer Bezeichnungen nahegelegt werden soll, trotzdem jedoch dem Anwender von OS Kit völlig freigestellt ist.

Kommunikationen per Aufruf stellen Maßnahmen zur Synchronisation parallel ablaufender BS-Moduln dar und bieten den Aufruf mit und ohne Rückkehr zum Aufrufer an, wodurch z.B. kritische Bereiche u.ä. einfach realisiert werden können. Außerdem stellen sie Sprachelemente zum Übergang in die Prozeßschicht zur Verfügung.

Neben all diesen Anweisungen tritt noch die Unterbrechungs-Ankündigung auf. Sie dient dazu, zu einem (ggf. zukünftigen) Zeitpunkt auf einem Rechnerkern des HW-Modells eine Unterbrechung eines frei wählbaren Typs zu erzeugen, der dann dort zum Start des angegebenen Basisschicht-Moduls führt.

Nachfolgend wird als Beispiel für einen MDL-Quelltext ein BS-Modul angegeben, der eine einfache Rechnerkernvergabe (PCA: processor allocator) für eine Mehrprozessor-Rechenanlage realisiert [6]:

```
module PCA is [ non interruptable : (module UNTERBR, integer RKNR) :
    / Parameter des BS-Moduls sind der ggf. bei Eintritt in die Basisschicht unterbro-
      chene Prozeß und die Nummer des Rechnerkerns, auf dem PCA gerade läuft /
    integer INKONSRK;            / Verursacher einer Inkonsistenz /
    module FORTPROZESS;          / ggf. fortzusetzender Prozeß /
    boolean EXIST, KONSISTENZ:   / Hilfsgrößen /
    call CHECKINTP (UNTERBR, EXIST);
    if   EXIST
    then call CHECKCONS (KONSISTENZ) after 1;
         if   not KONSISTENZ
         then call GETPRLOW (INKONSRK) after 1;
              interrupt module ALH (service PRALARM) on INKONSRK
                   / Prozessoralarm für den entsprechenden Rechnerkern veranlassen /
         fi
    fi;
    call GETPRCAND (EXIST, FORTPROZESS) after 1;
    if   EXIST
    then call ACTIVATE (FORTPROZESS, RKNR) after 1;
         leave basis (FORTPROZESS)
```

```
else call UPDACTTAB (false, RKNR) after 1;
    leave basis   / Rechnerkern wird frei /
fi ]
```

Die dabei verwendeten Unterprogramme erfüllen folgende Aufgaben:

Bezeichnung	Wirkung [5]
CHECKINTP	testen, ob der als Parameter angegebene Prozeß unterbrochen wurde
CHECKCONS	Konsistenz der Rechnerkernbelegung prüfen
GETPRLOW	Rechnerkern bestimmen, auf dem der Prozeß niedrigster Priorität rechnet
GETPRCAND	rechenwilligen Prozeß höchster Priorität bestimmen
ACTIVATE	angegebenen Prozeß als rechnend verbuchen
UPDACTTAB	Rechnerkernbelegung in der Aktivtabelle verbuchen

3.2. CSDL

Die Programmiersprache CSDL [5,7] dient im wesentlichen der Beschreibung des HW-Modells, sowie der Montage des BS-Modells. Ferner wird die Montage des zum BS-Modell gehörigen Simulators gesteuert.

Jeder Simulation wird als HW-Modell das Modell einer digitalen Rechenanlage zugrundegelegt, das aus r>0 Rechnerkernen, k>0 Kanälen, g>1 Geräten, sowie einem für alle Rechnerkerne und Kanäle gemeinsamen Arbeitsspeicher besteht.

Zur Spezifikation des BS-Modells gehört neben der Auswahl der BS-Moduln u.a. die Angabe einer wesentlichen Eigenschaft der Basisschicht: Darf sich zu jedem Zeitpunkt der Simulation höchstens ein Rechnerkern in der gesamten Basisschicht des BS-Modells befinden, so wird dies als einläufige Basisschicht bezeichnet, andernfalls als mehrläufige Basisschicht.

CSDL gibt ferner noch Verträglichkeitsbedingungen zwischen Last und BS-Modell an (z.B. Adressierungsformen, Prioritätenvergaben u.ä.), die in beiden Bestandteilen natürlich übereinstimmend verwendet werden müssen.

Jedem BS-Modell muß ein Simulator zugeordnet werden, der über alle Unterprogramme verfügt, die von den BS-Moduln des BS-Modells angefordert werden. Dies geschieht automatisch, so daß im Rahmen von CSDL nur noch die zu verwendenden Strategien zu spezifizieren sind, was durch die Auswahl geeigneter Elemente aus der Algorithmen-Bibliothek erfolgt. In ihr besitzen z.B. Unterprogramme, die gleiche Leistungen nach verschiedenen Strategien erbringen, gleiche Namen, so daß Strategiewechsel unproblematisch sind.

3.3. DLL

DLL [2] ist die Programmiersprache zur Beschreibung einer Klasse von Bausteinen, aus denen die Last aufgebaut werden kann. Sie beschreibt alle Aktionen der Datenverwaltung des BS-Modells, soweit diese von den zu simulierenden Aufträgen direkt veranlaßt werden.

Wesentliche Bestandteile von DLL sind - neben der Beschreibung der Hintergrundspeicherbelegung zu Simulationsbeginn - die Beschreibung paralleler Zugriffe auf den Hintergrundspeicher und das Verhalten der einzelnen Benutzer. Ersteres geschieht durch das Benutzer-Auftrags-Konzept, letzteres durch die angebotenen Sprachelemente, wie z.B. kreieren, löschen, transportieren oder bearbeiten von Dateien.

Um verschiedene Implementierungsformen für die Datenverwaltung realisieren zu können, werden - neben einer variablen Seiten- bzw. Puffergröße - verschiedene Parameter angeboten: So werden Dateien mit und ohne Satzschlüssel unterschieden, vier verschiedene Implementierungsformen für Dateien (Satzkette, Sortierung, B-Baum, Hashcodierung) realisiert und zwei Modi der Zuteilung von Hintergrundspeicher-Bereichen (statisch, dynamisch) bereitgestellt.

Ausgabe des DLL-Übersetzers ist ein sogenannter Referenz-String. Seine einzelnen Elemente beschreiben im wesentlichen je einen Transport zwischen einem Hintergrundspeicher- und einem Arbeitsspeicher-Bereich. Alle Aktionen der Datenverwaltung, wie z.B. die Führung von Katalogen und die Prüfung von Zugriffsrechten, die umgebungsunabhängig ausführbar sind, werden also vom DLL-Übersetzer bereits vor Beginn der Simulation erledigt.

3.4. PLL

PLL [10] ist die Programmiersprache zur Beschreibung einer weiteren Klasse von Bausteinen, aus denen die Last aufgebaut werden kann, und beschränkt sich hauptsächlich auf die Beschreibung der Verwendung des Arbeitsspeichers durch Benutzerprogramme. Auch im Falle von PLL wird ein Referenz-String erzeugt. Seine Elemente enthalten die Angabe eines Arbeitsspeicher-Bereiches und die Dauer des Zugriffs darauf.

PLL stellt im wesentlichen eine Abstraktion einer ALGOL-ähnlichen Sprache dar, in der nur diejenigen Aspekte enthalten sind, die für die Erzeugung des Referenz-Strings von Bedeutung sind. Sprachkonstruktionen hierzu sind Datenstrukturen (Puffer, Felder, einfache Variable) und Ablaufsteuerungen (Prozeduren und die üblichen Anweisungen), sowie Ein/Ausgabe-Anweisungen.

PLL bietet - ggf. neben einer variablen Seitengröße - als Parameter drei Adressierungsformen (Seitenadressierung, Segmentierung, Segmentierung mit Seitenadressierung) an.

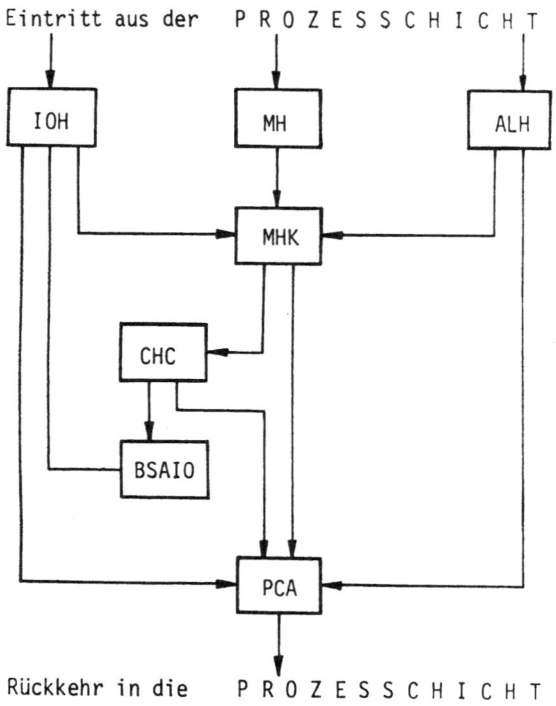

Eintritt aus der PROZESSCHICHT

IOH
MH
ALH
MHK
CHC
BSAIO
PCA

Rückkehr in die PROZESSCHICHT

ALH	Alarm Handler
BSAIO	Base Service Administrator For I/O
CHC	Channel Controller
IOH	I/O-Interrupt Handler
MH	Message Handler
MHK	Message Handler Kernel
PCA	Processor Allocator

Abbildung 2

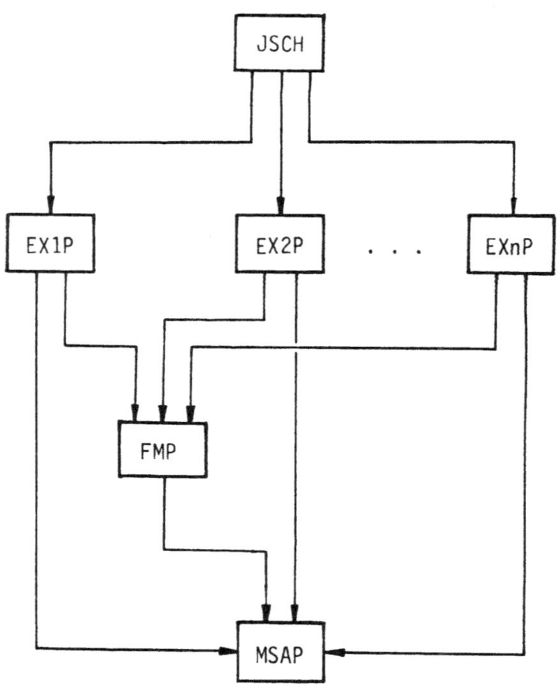

EX1P	Executer 1 For Paging
EX2P	Executer 2 For Paging
EXnP	Executer n For Paging
FMP	File Manager For Paging
JSCH	Job Scheduler
MSAP	Main Store Administrator For Paging

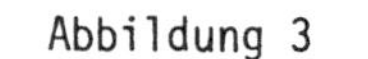

Abbildung 3

3.5. LDL

Aufgabe von LDL [3] ist es, aus verschiedenen DLL- und PLL-Referenz-Strings eine Last aufzubauen. Dabei werden zusätzlich noch Eintreffzeitpunkte und Prioritäten an die einzelnen Aufträge vergeben, so daß deren dynamisches Verhalten beschrieben werden kann.

Die als Ausgabe des LDL-Übersetzers erzeugte Last kann dann auf dem mit Hilfe von MDL und CSDL beschriebenen HW- und BS-Modell simuliert werden.

4. Anwendungen

Allen drei Anwendungsbeispielen, die nachfolgend beschrieben werden, wird das gleiche, einfache BS-Modell zugrundegelegt [6]. Dieses BS-Modell besteht aus einer Basisschicht (Abbildung 2), auf die eine vierschichtige Prozeßschicht (Abbildung 3) aufgesetzt ist.

4.1. Belastungsmessung

Der BS-Modul JSCH übernimmt die Funktion der Betriebsplanung und veranlaßt bei den Abwicklern (EX1P,...,EXnP) die Durchführung der Aufträge (z.B. [8]). Diese Beauftragung wird durch Verwendung einer send-to-Anweisung folgender Form realisiert:

<Anweisung 1>;
send to <Abwickler> for service EXECUTE (<Auftrag>) identified by <Kennzeichen>;
<Anweisung 2>;

Der BS-Modul JSCH bleibt also nach Ausführung dieser Kommunikationsanweisung rechenwillig. Andererseits aber sind die Prioritäten der BS-Moduln, nach denen die Rechnerkernvergabe (PCA) durchgeführt wird, so zugeteilt, daß für alle Abwickler EXiP gilt:

$$\text{Priorität (JSCH)} < \text{Priorität (EXiP)} \qquad (i = 1,\dots,n)$$

Dies hat zur Folge, daß - falls nicht alle rechenwilligen Prozesse rechnend gesetzt werden können - stets der BS-Modul JSCH eine gewisse Zeitspanne t_v verdrängt wird. Diese kann durch Messung der Simulationszeit bei Ausführung von <Anweisung 1> und <Anweisung 2> sehr leicht festgestellt und als Maß für die Belastung der Rechenanlage bzw. zur Feststellung von Engpässen verwendet werden.

Abbildung 4 enthält bei gleicher Last und gleichem BS-Modell die Meßergebnisse für t_v für folgende HW-Modelle und BS-Parameter:

A) 3 Rechnerkerne, mehrläufige Basisschicht
B) 3 Rechnerkerne, einläufige Basisschicht

C) 2 Rechnerkerne, mehrläufige Basisschicht

D) 2 Rechnerkerne, einläufige Basisschicht

E) 1 Rechnerkern (Ein- bzw. Mehrläufigkeit ist hier ohne Belang)

Abbildung 4 zeigt, neben anderen Effekten, daß erst bei Verwendung von 3 oder mehr Rechnerkernen eine einläufige Basisschicht zum Engpaß würde, was bei 2 Rechnerkernen noch nicht der Fall wäre; bei 2 Rechnerkernen allerdings ist in allen Fällen die mittlere Verzögerungszeit schon beträchtlich höher. Bei Verwendung eines einzigen Rechnerkerns stellt sich deutlich die starke Be- bzw. Überlastung heraus.

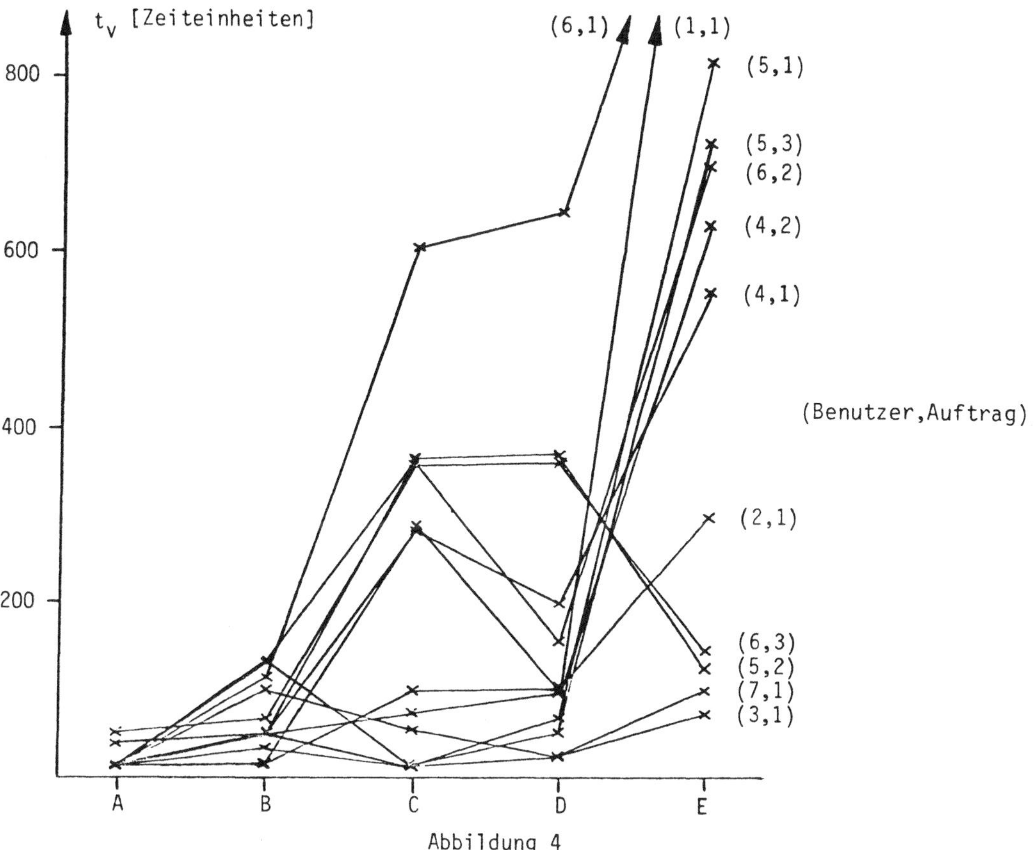

Abbildung 4

4.2. Konsistenz der Rechnerkernbelegung

In diesem Beispiel soll bei gleichem HW-Modell, gleicher Last und gleichem BS-Modell der Einfluß verschiedener Strategien der Rechnerkern-Vergabe untersucht werden. Dazu werden folgende Definitionen des Begriffs "konsistenter Rechnerkern-Belegung" verwendet: Konsistenz liegt genau dann vor, wenn

NORMAL: a) kein Prozeß rechenwillig ist oder

b) mindestens ein Prozeß rechenwillig ist und jeder rechnende Prozeß eine höhere Priorität hat und kein Rechnerkern frei ist.

OPTIMIERT: a) kein Prozeß rechenwillig ist oder

b) genau ein Prozeß rechenwillig ist oder

c) mindestens zwei Prozesse rechenwillig sind, kein Rechnerkern frei ist und die Priorität desjenigen Prozesses, der die zweithöchste Priorität unter allen rechenwilligen Prozessen hat, nicht größer als das Minimum der Prioritäten aller rechnenden Prozesse ist.

Die mit NORMAL bezeichnete Version ist wohl die nächstliegende. In der mit OPTIMIERT bezeichneten Version hingegen wird ausgenutzt, daß nur die Rechnerkernvergabe die Konsistenzprüfung durchführt und der Rechnerkern, auf dem die Rechnerkernvergabe gerade aktiv ist, den rechenwilligen Prozeß höchster Priorität als nächsten fortsetzen wird. Wie die auf einem Zeichengerät erzeugten Abbildungen 5 und 6 zeigen (bei denen aus Gründen der Übersichtlichkeit die Last nur aus einem einzigen Auftrag besteht), werden im NORMAL-Fall (Abbildung 6) unnötige Prozessoralarme verursacht (Zeitpunkte 45, 74 und 94). Bei normaler bzw. starker Belastung der Rechenanlage hätte dies eine erhebliche Verschlechterung ihres Verhaltens zur Folge, was auch Durchsatzmessungen bzw. Messungen der Verweildauer von Aufträgen deutlich zeigen.

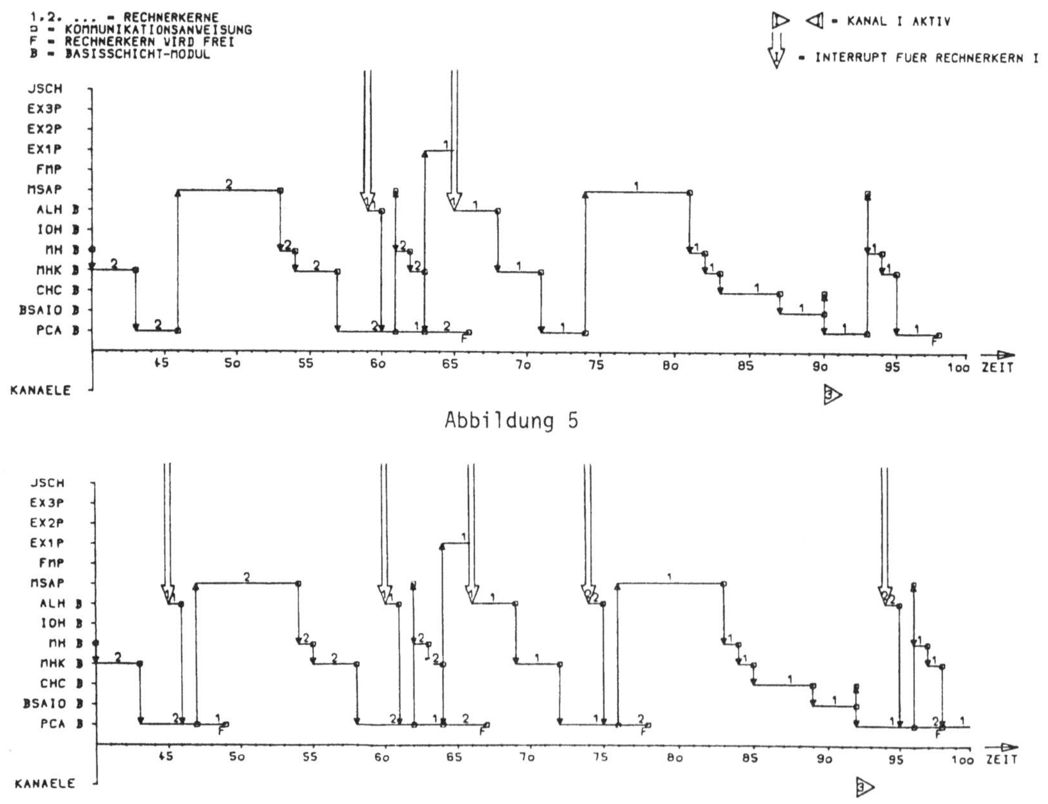

Abbildung 5

Abbildung 6

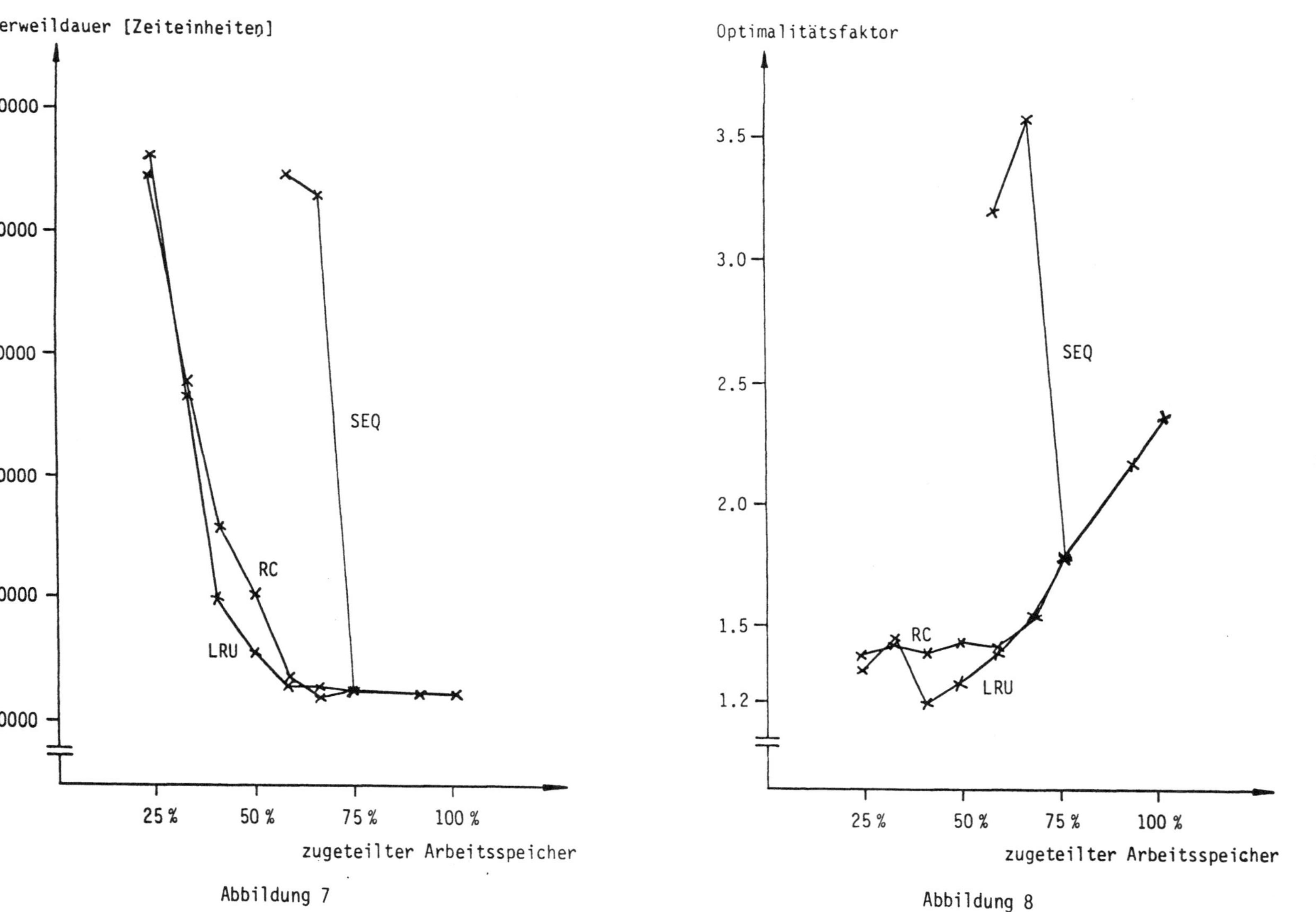

Abbildung 7

Abbildung 8

4.3. Seitenaustausch-Strategien

In diesem Beispiel soll eine bereits aus der Theorie der Seitenaustausch-Strategien (z.B. [1]) bekannte Erscheinung experimentell untersucht werden. Bei gleichem HW-Modell und gleicher Last werden in der Arbeitsspeicherverwaltung drei verschiedene Strategien zur Seitenersetzung verwendet:

SEQ sequential: Aus der Menge aller in den Arbeitsspeicher geladenen Seiten eines Auftrages wird die erste ersetzbare bestimmt und ersetzt.

RC random choice: Wie SEQ, jedoch wird hier die Suche mit einem zufällig bestimmten Eintrag in der Seitenkacheltabelle des Auftrags begonnen.

LRU least recently used: Es wird die Seite des Auftrages ersetzt, auf die am längsten nicht zugegriffen worden ist.

Die Meßergebnisse sind in den Abbildungen 7 und 8 dargestellt und zeigen deutlich die theoretisch vorausgesagten Effekte. Der dort angegebene Optimalitätsfaktor wurde dabei nach folgender Formel berechnet:

$$\text{benötigter Arbeitsspeicher} * \text{benötigte Rechnerkernzeit} * 10^{-7}$$

Literatur

[1] Brinch Hansen, P.: Operating Systems Principles. London, Sydney, Toronto, New Delhi, Tokyo: Prentice Hall 1973.

[2] Eichholz, St.: Benutzersprache für die Datenverwaltung eines Betriebssystem-Modells. Institut für Informatik der Technischen Universität München, Diplomarbeit, 1976.

[3] Eichholz, St.: Benutzersprache für "OS Demonstration Kit": Load Description Language. Institut für Informatik der Technischen Universität München, Bericht 7744.

[4] Eichholz, St.: Benutzersprache für "OS Demonstration Kit": Module Description Language. Institut für Informatik der Technischen Universität München, Bericht 7816.

[5] Eichholz, St.: Unterprogramm-Bibliothek für "OS Demonstration Kit". Institut für Informatik der Technischen Universität München, Bericht 7817. (laufende Nachträge hierzu erscheinen als interne Berichte)

[6] Eichholz, St.: Ein Betriebssystem-Modell für ITS. Institut für Informatik der Technischen Universität München, Bericht 7829.

[7] Eichholz, St.: Benutzersprache für "OS Demonstration Kit": Configuration and System Description Language. Institut für Informatik der Technischen Universität München, Bericht 7903.

[8] Lagally, K. (Hrsg.): Das Projekt Betriebssystem BSM. Leibniz-Rechenzentrum der Bayerischen Akademie der Wissenschaften, München, Bericht 7502/1.

[9] Leppert, M., Madey, J., Schroff, R.: ITS - Status Report. Institut für Informatik der Technischen Universität München, Bericht 7739.

[10] Madey, J.: Users' Language for "OS Demonstration Kit" Part I: Program Level Language. Mathematisches Institut der Technischen Universität München, Bericht 7430.

[11] Madey, J.: "ITS" Project - Towards Specification. Mathematisches Institut der Technischen Universität München, Bericht 7501.

RESPONSE SURFACE ANALYSE EINES RECHNERMODELLS MIT EA-PUFFERUNG

Wolfgang Seiler
Dornier System GmbH
Planungsberatung
7990 Friedrichshafen

Zusammenfassung: Es wird ein Modell einer Rechenanlage mit zwei Prozessoren, einem Rechnerkern RK und einem EA-Prozessor EA, und m Typen seriell benutzbarer Betriebsmittel, worunter insbesondere Hauptspeicherbereiche fallen, in Form eines Semi-Markov-Prozesses angegeben. Die strategischen Maßnahmen des Betriebsprogramms ermöglichen eine Form von Multiprogramming und die Pufferung von EA-Operationen. Da eine analytische Bestimmung "guter" Pufferspeicherplatzvergabestrategien illusorisch erscheint, wird eine Methode angegeben, die die Optimierung der Leistung einer Rechenanlage bzgl. eines Kenndatums erlaubt und lediglich voraussetzt, daß bzgl. dieses Kenndatums Meßwerte bestimmbar sind. Mithilfe dieser Methode werden geeignete Pufferspeicherplatzvergabestrategien bestimmt, wobei als Bewertungsmaß die mittlere Verweilzeit eines Auftrags in der Rechenanlage zugrunde gelegt wird und die Meßwerte aus Simulationsexperimenten gewonnen werden.

1. Modell einer Rechenanlage

Die betrachtete Rechenanlage besteht aus zwei möglicherweise simultan arbeitenden Prozessoren RK und EA sowie aus weiteren m Typen seriell benutzbarer Betriebsmittel, wobei vom Typ i n_i Exemplare existieren und die Betriebsmittel vom Typ 1 mit den Worten des Hauptspeichers identifiziert werden. Aufträge fordern die Ausführung einer Folge von sich gegenseitig abwechselnden RK-Phasen und EA-Phasen sowie die exklusive Benutzung einer nichtleeren Menge von Betriebsmitteln für die Dauer ihrer Ausführung an. In der Speicherhierarchie der Rechenanlage können sich gleichzeitig mehrere Aufträge befinden, jedoch kann RK (bzw. EA) zu jeder Zeit höchstens eine RK-Phase (bzw. EA-Phase) ausführen. Das Betriebsprogramm der Rechenanlage beinhaltet eine Strategie zur Abarbeitung der Aufträge, die im folgenden erläutert wird.

Bzgl. jedes Auftrags besteht eine strategische Maßnahme des Betriebsprogramms darin, eine Anzahl von RK-Phasen zusammenhängend auszuführen. Dazu wird jedem Auftrag gemäß einer Pufferspeicherplatzvergabestrategie (PSPVS) neben dem von ihm angeforderten ein zusätzlicher Hauptspeicherbereich für die Dauer seiner Ausführung zur exklusiven Benutzung zur Verfügung gestellt, der zur Pufferung der während der EA-Phasen durchzuführenden Nachrichtentransporte zwischen dem Hauptspeicher und den peripheren Geräten verwendet und bei der Betriebsmittelzuteilung in Ein- und Ausgabepuffer aufgeteilt wird. Die Größe des Eingabepuffers (bzw. Ausgabepuffers) wird so gewählt, daß er mindestens einen während einer EA-Phase von einem peripheren Gerät zum Hauptspeicher (bzw. vom Hauptspeicher zu einem peripheren Gerät) zu übertragenden Datensatz aufnehmen kann. Die Forderung eines Auftrags nach Ausführung einer EA-Phase resultiert dann i.a. in einem Nachrichtentransport zwischen dem von einem Auftrag angeforderten und dem dem Auftrag zusätzlich zugeteilten Hauptspeicherbereich. Ist nach einem solchen Nachrichtentransport nicht sichergestellt, daß der Ausgabepuffer den in der nächsten EA-Phase eventuell vom Hauptspeicher zu einem peripheren Gerät zu übertragenden Datensatz aufnehmen kann, so wird er geleert, d.h. EA überträgt die im Ausgabepuffer vorhandenen Datensätze zu den peripheren Geräten. Der Eingabepuffer wird gefüllt, d.h. EA überträgt die in den folgenden EA-Phasen eventuell von einem peripheren Gerät zum Hauptspeicher zu übertragenden Datensätze vorausschauend zum Eingabepuffer, falls dieser nicht mit Sicherheit den in der nächsten EA-Phase eventuell zum Hauptspeicher zu übertragenden Datensatz enthält, wobei die Anzahl der vorausschauend zu übertragenden Datensätze durch die Größe des Eingabepuffers nach oben beschränkt ist und eventuell noch im Eingabepuffer vorhandene Teildatensätze verloren gehen. Weiterhin wird der Eingabepuffer vor Ausführung der ersten von einem Auftrag angeforderten RK-Phase gefüllt und der Ausgabepuffer nach Ausführung der letzten RK-Phase geleert. Da Nachrichtentransporte innerhalb des Hauptspeichers von RK ausgeführt werden, erlauben diese Maßnahmen einem Auftrag eine ununterbrochene Belegung des Rechnerkerns RK für die Ausführung einer Anzahl aufeinanderfolgender RK-Phasen. Eine maximale Folge zusammenhängender, d.h. ohne zwischenzeitliches Füllen des Eingabepuffers und Leeren des Ausgabepuffers ausführbarer RK-Phasen wird mit RK-Block, die zum Füllen des Eingabepuffers oder Leeren des Ausgabepuffers benötigte Zeitspanne wird mit EA-Block bezeichnet.

Die weiteren strategischen Maßnahmen zur Ausführung von Aufträgen bestehen aus einer Art von Multiprogramming, die im folgenden erläutert wird. Dazu wird ein Warteschlangenmodell angegeben. Ein Auftrag, unbearbeitet oder teilweise bearbeitet, befindet sich während seiner Verweilzeit in der Rechenanlage logisch stets in einem Warteraum oder auf einem Bedienplatz. Die Überführung von einem Platz zu einem anderen geschieht durch spezielle Teile des Betriebsprogramms, die mit Betriebsprogrammfunktionen bezeichnet und von RK ausgeführt werden. Es existieren folgende Warteräume, Bedienplätze und Betriebsprogrammfunktionen:

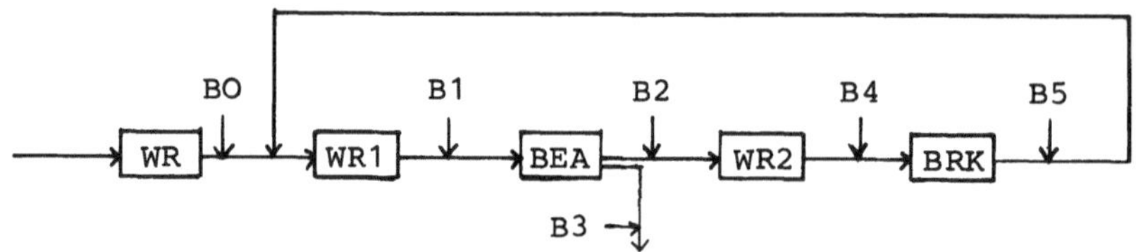

WR : Warteraum für Aufträge, die auf Betriebsmittelzuteilung warten.
WR1: Warteraum für Aufträge, die auf Ausführung eines EA-Blocks warten.
WR2: Warteraum für Aufträge, die auf Ausführung eines RK-Blocks warten.
BEA: Bedienplatz von EA. BRK: Bedienplatz von RK.

Die Bi ($i \in \{0,..,5\}$) leisten die Überführungen und haben in realen Rechenanlagen etwa die folgende Bedeutung:

BO : Betriebsmittelzuteilung, Pufferzuteilung, Überführen eines Auftrags von WR nach WR2.
B1 : Auswahl eines Auftrags aus WR1, Vorbereiten von EA auf die Ausführung eines EA-Blocks, Überführung des ausgewählten Auftrags nach BEA.
B2 : Auswertung der EA-Fertigmeldung, Überführen des Auftrags von BEA nach WR2.
B3 : Auswertung der EA-Fertigmeldung, Betriebsmittelrückgabe, Abschieben des Auftrags.
B4 : Auswahl eines Auftrags aus WR2, Vorbereiten von RK auf die Ausführung eines RK-Blocks, Überführung des ausgewählten Auftrags nach BRK.
B5 : Überführen des Auftrags von BRK nach WR1, Formulierung der EA-Operation.

Es wird angenommen, daß die Auswahl von Aufträgen aus WR, WR1 und WR2 gemäß FCFS erfolgt. Weiterhin nehme WR höchstens n Aufträge auf, so daß ankommende Aufträge abgewiesen werden, falls WR schon n Aufträge enthält. Da jeder Auftrag mindestens ein Betriebsmittel anfordert und nur endliche viele Betriebsmittel vorhanden sind, befinden sich somit zu jedem Zeitpunkt höchstens endlich viele Aufträge in der Rechenanlage.

Zur groben Skizzierung der durch das Betriebsprogramm realisierten Strategie zur Abarbeitung von Aufträgen sei zunächst bemerkt, daß RK neben seiner Grundtätigkeit, d.h. der Ausführung von

```
while true do
begin
   L: if "WR2 ist nicht leer" then "führe B4 aus" else
   begin
      "warte auf Unterbrechung";
      go to L
   end;
   "führe einen RK-Block aus";
   "führe B5 aus";
   if "EA wartet" then "führe B1 aus"
end
```

die Behandlung von EA- und A-Unterbrechungen durchführt, wobei sich eventuell Verzögerungen ergeben, weil die Betriebsprogrammfunktionen und die EA-Unterbrechungsbehandlung als ununterbrechbar angenommen werden. EA-Unterbrechungen werden erzeugt, wenn ein Auftrag auf BEA die Ausführung eines EA-Blocks beendet, und gemäß

```
begin
   "führe B2 oder B3 aus";
   if "WR1 ist nicht leer" then "führe B1 aus"
end
```

behandelt. Nach Ausführung von B3 oder beim Eintreffen eines Auftrags im leeren Warteraum WR wird eine A-Unterbrechung erzeugt, um die Möglichkeit der Überführung eines Auftrags von WR nach WR1 bevorzugt zu überprüfen. Die Behandlung einer A-Unterbrechung besteht in der Ausführung von

```
begin
   "führe BO aus";
   if "EA wartet" and "WR1 ist nicht leer" then "führe B1 aus";
   while "während der letzten BO-Ausführung wurde ein Auftrag von WR nach
   WR1 überführt" do
   begin
      "führe BO aus";
      if "EA wartet" and "WR1 ist nicht leer" then "führe B1 aus"
   end
end
```

Nach einer Unterbrechungsbehandlung nimmt RK seine ursprüngliche Tätigkeit ohne Verlust wieder auf.

Die Konstruktion eines mathematischen Modells für die hier betrachtete Rechenanlage folgt /Kröge 77/. Zunächst werden wahrscheinlichkeitstheoretische Annahmen getroffen, die es ermöglichen, innerhalb der Menge der Aufträge Wichtungen vorzunehmen und die wesentlichen Eigenschaften der Rechenanlage festzulegen. Dazu sei $(\Omega,S,Prob)$ ein W-Raum, auf dem alle verwendeten Zufallsvariablen definiert sind, für den die Wahrscheinlichkeiten aller auftretenden Mengen existieren und der im folgenden als gegeben angenommen wird.

Die benötigten stetigen Zufallsvariablen beschreiben die Dauer von Zwischenankunftszeiten, Bi-Ausführungen, RK-Phasen bzw. RK-Blöcken und EA-Phasen bzw. EA-Blöcken (aufgespaltet in Positionierungsdauer und Anzahl der zu übertragenden Worte • Übertragungsdauer pro Wort), die benötigten diskreten Zufallsvariablen beschreiben die Forderungen der Aufträge (Betriebsmittelforderungen, Anzahl der auszuführenden RK-Phasen), die Typen (Ein- oder Ausgabephase) von EA-Phasen und die Länge der in EA-Phasen zu übertragenden Datensätze, wobei angenommen wird, daß sich erst aus der Ausführung einer RK-Phase der Typ der folgenden EA-Phase und die Länge des in dieser zu übertragenden Datensatzes ergibt. Alle hier genannten Zufallsvariablen seien voneinander unabhängig.

Zur formalen (zeitunabhängigen) Beschreibung der oben skizzierten Strategie ist in /Seile 79/ die Menge der Zustände Z der Rechenanlage, für $z \varepsilon Z$ die Menge E_z der in z möglichen Ereignisse, die eine Zustandsänderung hervorrufen, und eine Abbildung g angegeben, die für jeden Zustand $z \varepsilon Z$ und jedes mögliche Ereignis $e \varepsilon E_z$ den Nachfolgezustand g(z,e) bestimmt.

Bei Zustandsübergängen ist es notwendig, Informationen bzgl. der Restausführungsdauern von RK-Blöcken, EA-Blöcken, Bi-Ausführungen und der Zeitspanne bis zur Ankunft des nächsten Auftrags in den Folgezustand zu übernehmen, ohne etwa die Zustandsmenge Z der Rechenanlage durch Abspeichern von Ausführungsdauern oder Restausführungsdauern im Zustand zu einer überabzählbaren Menge aufzublähen. Dazu wird ein in /Seile 79/ angegebenes auf /Schaß 73/ aufbauendes Verfahren zur Approximation einer stetigen Verteilungsfunktion einer nichtnegativen Zufallsvariablen X durch eine endliche Mischung

$$\sum_{k=1}^{c} a_k \exp_u^{(k)} (\cdot)$$

von Erlang-k-Verteilungsfunktionen mit dem Parameter u benutzt. Dann ist a_k die Wahrscheinlichkeit, daß die Zufallsvariable X aus k unabhängigen, identisch mit Parameter u exponentiell-verteilten Stücken, die im folgenden Quanten genannt werden, besteht. Faßt man eine Realisierung von X so auf, daß zunächst eine Anzahl k von Quanten gemäß der Verteilung $\{a_k\}_{k \varepsilon \{1,..,c\}}$ bestimmt wird und dann k Quanten ausgeführt werden, so ist die Verteilungsfunktion der Restausführungsdauer von X bei einer Unterbrechung während der Ausführung des i. Quantums durch eine Erlang-(k-i)-Verteilungsfunktion mit Parameter u gegeben. Um die Verteilung der Restausführungsdauer von X zu kennen, braucht also lediglich nach jedem Zustandsübergang die Anzahl der noch nicht vollständig ausgeführten Quanten bekannt zu sein.

Obigen Ausführungen entsprechend werden alle auftretenden Verteilungsfunktionen, deren Stetigkeit vorausgesetzt wird, durch endliche Mischungen von Erlang-Verteilungsfunktionen approximiert und die Zustandsmenge Z der Rechenanlage um vier zählende Komponenten a,b,c,d erweitert, die nach einem Zustandsübergang die Anzahl der noch verbleibenden Quanten einer Zwischenankunftszeit, eines RK-Blocks, eines EA-Blocks und einer Bi-Ausführung angeben. Sei nun $G' := \{(z,a,b,c,d) \mid z \varepsilon Z, (a,b,c,d) \varepsilon M\}, M \subset N^4, |M| < \infty$. In /Seile 79/ sind für alle $r \varepsilon G'$ die Menge Suc(r) der möglichen Nachfolgezustände von r sowie die Wahrscheinlichkeiten $A_{rs}(t)$ aufgeführt, daß ein Zustandsübergang von r nach $s \varepsilon Suc(r)$ in einer Zeit kleiner oder gleich t erfolgt. Ist $G \subseteq G'$ die Menge aller vom

Leerzustand der Rechenanlage mit positiver Wahrscheinlichkeit erreichbaren Zustände, so wird durch die Semi-Markov-Matrix $(A_{rs}(t))_{r,s\varepsilon G}$ mit $A_{rs}(t)\equiv 0$ für $s\notin Suc(r)$ ein Semi-Markov-Prozeß induziert. Für den Beweis der positiven Rekurrenz dieses Semi-Markov-Prozesses genügt die Voraussetzung, daß die Anzahl der von einem Auftrag forderbaren RK-Phasenausführungen beschränkt und die Erwartungswerte aller auftretenden Zufallsvariablen endlich sind.

Änderungen der PSPVS haben weitläufige Konsequenzen. Eine Erhöhung des Erwartungswerts des einem Auftrag zur Pufferung zugeteilten Hauptspeicherbereichs bringt i.a. eine Verringerung des Erwartungswerts der Anzahl der pro Auftrag benötigten RK-Blöcke und EA-Blöcke, also eine Reduzierung des zu leistenden Overheads (Bi-Ausführungen, EA-Positionierungszeit) mit sich. Wartezeiten in WR1 und WR2 treten seltener auf, ihre Dauer steigt jedoch i.a. an, was zu einer Benachteiligung der Aufträge führt, die die Ausführung nur weniger RK-Phasen anfordern. Darüber hinaus wird, sofern die Betriebsmittel vom Typ 1 (Worte des Hauptspeichers) im Verhältnis zu den anderen Betriebsmitteln nicht reichlich vorhanden sind, eine solche Erhöhung meist eine Verringerung des Multiprogramminggrades und eine Änderung der Auslastung der Rechenanlage mit sich bringen. Diese Feststellungen und die Komplexität der Übergangswahrscheinlichkeiten des die Rechenanlage beschreibenden Semi-Markov-Prozesses lassen eine analytische Bestimmung "guter" PSPVS illusorisch erscheinen.

2. Response Surface Methodology

Die Response Surface Methodology ist ein Verfahren zur Minimierung von Funktionen $f:C\to R, C\subset R^n$, deren Definition nicht in mathematischer Form, sondern durch ein System S gegeben ist, das für jede Eingabe $x\varepsilon C$ eine Ausgabe $f(x)+Z$ liefert, wobei Z eine Zufallsvariable ist, die sich als zufälliger Meßfehler interpretieren läßt.

Def. 1: Sei $f:C\to R, C\subset R^n$ eine Funktion und Z eine mit Erwartungswert O und endlicher Varianz verteilte Zufallsvariable. Dann heißt die Menge der Zufallsvariablen $\{Y(x)|x\varepsilon C\}$ mit $Y(x)=f(x)+Z, x\varepsilon C$ ein f definierendes System.

2.1. Geschätzte Modelle

Bei geeignet gewähltem $D\subset C, |D|\geq(n+d)!/(n!d!)$ lassen sich bei Kenntnis von Meßwerten $f(\xi)+Z, \xi\varepsilon D$ unter Verwendung von Regressionstechniken die Varianz der Meßfehler und ein Polynom $P_{d,C}$ vom Grad d in n Variablen schätzen, das als (zunächst nur mehr oder weniger gute) Approximation von f betrachtet werden kann. Weiterhin läßt sich für $x\varepsilon C$ VAR $(P_{d,C}(x))$ berechnen, und statistische Tests (F-Tests, t-Tests) ermöglichen die Verifikation von statistischen Hypothesen bzgl. der Erwartungswerte der Polynomkoeffizienten.

Def. 2: Ein geschätztes Modell vom Grad d einer durch ein System $\{f(x)+Z|x\varepsilon C\}$ definierten Funktion f ist ein Polynom

$$P_{d,C} : \quad C \to R$$
$$(x_1,..,x_n) \to \sum_{(i_1,..,i_n)\varepsilon I(d)} b_{i_1..i_n} x_1^{i_1} .. x_n^{i_n} ,$$
$$I(d):=\{(i_1,..,i_n) \mid (i_1,..,i_n)\varepsilon N^n, i_1+..+i_n \leq d\},$$

dessen Koeffizienten unter Verwendung von Meßwerten des f definierenden Systems geschätzt worden sind.

2.2. Adäquat geschätzte Modelle

Will man sicherstellen, daß bei der Bestimmung des geschätzten Modells keine Approximationsfehler $f(\xi)-P_{d,C}(\xi),\xi\varepsilon D$ den Meßfehlern zugeschrieben werden, so sind für $\xi\varepsilon D$ $n_\xi>1$ Meßwerte zu bestimmen. Dann lassen sich wiederum unter Verwendung von Regressionstechniken die Koeffizienten einer Approximation

$$P_{d,C} + \sum_{\xi\varepsilon D} \text{ind}(\xi,\cdot)\ t_\xi$$

von f schätzen, wobei t_ξ als $f(\xi)-P_{d,C}(\xi)$ zu interpretieren ist. Bestätigt ein statistischer Test die Hypothese H : $E(t_\xi)=0,\xi\varepsilon D$ nicht, so wird angenommen, daß das geschätzte Modell $P_{d,C}$ f nicht genügend genau approximiert und somit unbrauchbar ist. Andernfalls heißt $P_{d,C}$ <u>adäquat geschätztes Modell</u> von f, wobei meist darauf verzichtet wird, für jedes $\xi\varepsilon D$ mehrere Meßwerte zu bestimmen, um die Zahl der zu ermittelnden Meßwerte möglichst klein zu halten.

2.3. Interessensregionen und Minimierungsziele

Da der Grad d eines adäquat geschätzten Modells $P_{d,C}$ von f, dessen Existenz im folgenden vorausgesetzt wird, und damit die Anzahl der zur Bestimmung von $P_{d,C}$ benötigten Meßwerte i.a. unvertretbar groß ist, unterteilt man C in nicht notwendigerweise disjunkte <u>Interessensregionen</u> $C^i,i\varepsilon I\subset N, \bigcup_{i\varepsilon I} C^i=C$ in der Hoffnung, daß sich für $f_{|C^i}$ ein adäquat geschätztes Modell P_{d^i,C^i} von im Vergleich zu d kleinen Grad d^i finden läßt. Ist das Ziel der Minimierung von f die Bestimmung eines lokalen Minimums oder die Bestimmung eines $x\varepsilon C$ mit $f(x)\leq r+s\text{VAR}(Z),s\varepsilon R^+$, wobei $r\varepsilon R$ eine bekannte untere Schranke von f ist, so ist es wünschenswert, nicht für alle Interessensregionen $C^i,i\varepsilon I$ ein adäquat geschätztes Modell von $f_{|C^i}$ zu berechnen, sondern iterativ vorzugehen, d.h. jeweils nach Interpretation der Koeffizienten des bzgl. der gerade betrachteten Interessensregion adäquat geschätzten Modells als nächste Interessensregion eine solche zu betrachten, in der kleinere Funktionswerte zu erwarten sind, und die Minimierung von f abzuschließen, falls das Ziel erreicht ist. Da einfach durchzuführende Interpretationsvorschriften (siehe Kapitel 2.7.) für die Koeffizienten eines adäquat geschätzten Modells vom Grad d' nur für $d'\leq 2$ existieren, beschränkt man sich hierbei auf adäquat geschätzte Modelle vom Grad $d'\leq 2$ und spaltet, falls sich für eine Interessensregion C' kein Modell vom Grad $d'\leq 2$ schätzen läßt, diese in zwei Interessensregionen auf und betrachtet im nächsten Schritt eine der beiden so entstandenen Interessensregionen.

Zur Bestimmung absoluter Minima von f ist C i.a. durch adäquat geschätzte Modelle vom Grad $d' \leq 2$ zu überdecken.

2.4. Minimierung der mittleren Modellinadäquaz

Die mittlere Modellinadäquaz J eines bzgl. einer Interessensregion $C' \subset C$ unter Verwendung von Meßwerten $f(\xi)+Z, \xi \varepsilon D' \subset C'$ geschätzten Modells $P_{d',C'}$ von $f|_{C'}$, d.h. die über C' gemittelte quadratische Abweichung zwischen $P_{d',C'}$ und einem (unbekannten) Polynom $P_{d,C'}, d \geq d'$, dessen Koeffizienten durch die Erwartungswerte der Koeffizienten eines adäquat geschätzten Modells vom Grad d von f gegeben sind, läßt sich weitgehend unabhängig von VAR(Z) und $|D'|$ durch eine geeignete Wahl von D' reduzieren.

Def. 3: Sei $X=(x_{ij})$ eine reellwertige (k,n)-Matrix, $P_{l,C'}$ ein Polynom vom Grad $l \varepsilon N$ in n Variablen, $GN:=\{2i | i \varepsilon N\}$ und $(i_1,..,i_n) \varepsilon N^n$.

1.
$$[i_1..i_n] := \frac{1}{k} \sum_{j=1}^{k} x_{j1}^{i_1} .. x_{jn}^{i_n}$$
heißt Moment vom Grad $i_1+..+i_n$ von X.

2. Das Moment $[i_1..i_n]$ heißt genau dann gerade, wenn $(i_1,..,i_n) \varepsilon GN^n$ gilt.

3. Der Koeffizient von
$$x_1^{i_1} .. x_n^{i_n} \text{ in } P_{l,C'}$$
hat den Grad $i_1+..+i_n$.

Seien die Zeilen der $(|D'|,n)$-Matrix X die Elemente von D'. J ist i.w. abhängig von X und dem unbekannten Vektor b der Koeffizienten von $P_{d,C}$ vom Grad $l \varepsilon \{d'+1,..,d\}$ und läßt sich aufspalten in einen durch die Meßfehler hervorgerufenen Varianzanteil V und einen bei der Schätzung von $P_{d',C'}$ durch die Vernachlässigung der Koeffizienten vom Grad $l \varepsilon \{d'+1,..,d\}$ hervorgerufenen Bias-Anteil B. Eine (unabhängig von b mögliche) Minimierung von B liefert, falls nicht V>>B ist, "fast-minimale" Werte von J. Eine hinreichende Bedingung für die Minimalität von B ist (vgl. /BoDra 59/), daß die Momente vom Grad $l \leq d'+d$ von X mit den entsprechenden Momenten einer auf C' gleichverteilten n-dimensionalen Zufallsvariablen übereinstimmen.

2.5. Designmatrizen und Skalierungen

Um Untersuchungen von zur Bestimmung geschätzter Modelle verwendeten Meßpunktmengen D', die auch häufig Designs genannt werden, und die Anwendung der Ergebnisse des vorigen Kapitels weitgehend unabhängig von der "Größe" der betrachteten Interessensregion und deren relativer Lage zum Nullpunkt durchführen zu können, wird der Begriff der Designmatrix eingeführt.

Def. 4: Eine reellwertige (k,n)-Matrix heißt Designmatrix mit der Designskalierungskonstanten (DSK) $\sqrt{c}$, falls die Momente vom Grad 1 von X gleich O und alle geraden Momente vom Grad 2 von X gleich $1/\sqrt{c}$ sind.

Die folgenden Betrachtungen beschränken sich auf Designmatrizen mit der DSK $\sqrt{c} \geq 1$, deren Zeilenmengen als Designs bzgl. der Einheitskugel (euklidische Norm) als Interessensregion interpretiert werden können. Ist dann für eine beliebige Interessensregion C' ein Design zu konstruieren, so wird diese zunächst durch Wahl eines Designzentrums $\bar{\xi}\varepsilon R^n$ und eines Variablenskalierungsvektors (VSV) $V\varepsilon(R^+)^n$ in eine "möglichst kleine" Obermenge bzw. "möglichst große" Teilmenge der Einheitskugel transformiert und anschließend eine Designmatrix X mit einer DSK $\sqrt{c}\geq 1$ festgelegt. Ein unter Verwendung von X als Meßpunktmatrix in dem gemäß $\bar{\xi}$,V skalierten R^n geschätztes Modell liefert dann nach einer Rücktransformation ein in der Standardskalierung des R^n skaliertes geschätztes Modell. Bzgl. der Wahl der DSK $\sqrt{c}$ sei bemerkt, daß mit wachsendem c der Varianzanteil der mittleren Modellinadäquaz steigt (negative Auswirkungen auf die Regressionssignifikanztests) und der Bias-Anteil der mittleren Modellinadäquaz fällt (positive Auswirkungen auf den Adäquaztest), so daß die mittlere Modellinadäquaz eines geschätzten Modells weitgehend unabhängig von c ist.

2.6. Orientierungsunabhängige Designmatrizen

Zur Anwendung der in Kapitel 2.4. gemachten Aussagen auf Designmatrizen sind die Momente einer auf der Einheitskugel gleichverteilten n-dimensionalen Zufallsvariablen Y zu berechnen und Designmatrizen X zu finden, deren Momente vom Grad $1\leq d+d'$ mit denen von Y übereinstimmen. Die so entstehenden Designmatrizen haben die Eigenschaft, daß für ein unter ihrer Verwendung geschätztes Modell $P_{d',C'}$ für $x\varepsilon R^n$ $VAR(P_{d',C'}(x))$ ein Polynom in $||x||^2$ ist.

Def. 5: Eine (k,n)-Designmatrix X heißt d'-orientierungsunabhängig, wenn für ein unter Verwendung von X geschätztes Modell $P_{d',C'}$ für $x\varepsilon R^n$ $VAR(P_{d',C'}(x))$ ein Polynom in $||x||^2$ ist.

d'-orientierungsunabhängige Designmatrizen berücksichtigen in genügendem Maße die Ergebnisse von Kapitel 2.4. und bieten für $d'\leq 2$ einfach zu handhabende Klassen von Designmatrizen, die genügend Einflußmöglichkeiten (z.B. freie Wahl der DSK) auf die bei der Modellschätzung von der Designmatrix beeinflußten Größen lassen. Der folgende Satz ist ein Spezialfall eines in /Myers 71/ bewiesenen Satzes.

Satz 6: Sei X eine (k,n)-Designmatrix mit der DSK $\sqrt{c}$.

1. X ist genau dann 1-orientierungsunabhängig, wenn alle ungeraden Momente vom Grad 2 von X gleich O sind.
2. X ist genau dann 2-orientierungsunabhängig, wenn gilt
   a) Alle ungeraden Momente von X vom Grad $1\leq 4$ sind gleich O.
   b) Für $(i_1,..,i_n)\varepsilon I(4)\cap\{0,4\}^n$, $(j_1,..,j_n)\varepsilon I(4)\cap\{0,2\}^n$ gilt $[i_1..i_n] = 3\,[j_1..j_n]$.

1- und 2-orientierungsunabhängige Designmatrizen lassen sich aus den Eckpunkten regulärer Figuren des R^n erzeugen. Zum Beispiel definiert jede Projektion eines (k-1)-dimensionalen regulären Simplexes auf R^n eine 1-orientierungsunabhängige (k,n)-Designmatrix. Der folgende Satz gibt die gebräuchlichsten Klassen 1- und 2-orientierungsunabhängiger Designmatrizen an.

Satz 7: 1. Sei G Basismatrix eines binären (n,k)-Linearcodes C mit Minimalgewicht $R\geq 3$, H eine Kontrollmatrix von C, C^d der durch H (als Basismatrix aufgefaßt) definierte

$(n,n-k)$-Linearcode, $X=(x_{ij})$ die $(2^{n-k},n)$-Matrix mit den Elementen von C^d als Zeilen und $f:\{0,1\}\to\{1/c,-1/c\}, f(0)=1/c, f(1)=-1/c, c\varepsilon R^+$. Dann ist die $(2^{n-k},n)$-Matrix $X'=(f(x_{ij}))$ eine 1-orientierungsunabhängige Designmatrix (, die durch G generierte 2^{n-k}-Designmatrix mit der Resolution R genannt wird,) mit der DSK c. (Beweis in /Seile 79/).

2. Sei X_1 eine 2^{n-k}-Designmatrix mit der Resolution $R\geq 5$ und der DSK $c\varepsilon R^+$, $X_2:=2^{(n-k)/4}/c\cdot I$ und $X_3:=2^{(n-k)/4}/c\cdot I$ ($I\hat{=}(n,n)$-Einheitsmatrix). Dann ist die Matrix X, die alle Zeilen der Matrizen X_1, X_2 und X_3 genau einmal enthält, eine 2-orientierungsunabhängige Designmatrix (, die (k,c)-Central-Composite-Designmatrix genannt wird). (Beweis in /Myers 71/).

Durch Duplizieren von d'-orientierungsunabhängigen Designmatrizen oder Erweitern von d'-orientierungsunabhängigen Designmatrizen durch mehrere Meßpunkte im Designzentrum entstehen Designmatrizen, die wiederum d'-orientierungsunabhängig sind und die Voraussetzung für den Test der Adäquaz eines unter ihrer Verwendung geschätzten Modells gemäß Kapitel 2.2. erfüllen.

2.7. Analyse adäquat geschätzter Modelle

Für adäquat geschätzte Modelle $P_{1,C'}:C'\to R, (x_1,..,x_n)\to b_0+b_1x_1+..+b_nx_n$ von $f_{|C'}$ läßt sich der Vektor $(b_1,..,b_n)$ als Grad $f_{|C'}$ interpretieren und die Analyse von $P_{1,C'}$ ist entsprechend den Gradientenverfahren des Operations Research durchzuführen, wozu i.a. weitere Meßwerte benötigt werden.

Adäquat geschätzte Modelle $P_{2,C'}$ vom Grad 2 lassen sich in der Form $P_{2,C'}:C'\to R$, $x\to b_{00}+x^Tb+x^TBx, b\varepsilon\mathfrak{M}(n,1), B\varepsilon\mathfrak{M}(n,n)$ darstellen und werden einer auf der Methode der Lagrangemultiplikanden aufbauenden, skalierungsinvarianten Ridge-Analyse unterzogen, die für vorgegebenes $r\varepsilon R^+$ die Bestimmung absoluter Minima von $P_{2,C'}$ auf Sphären vom Radius r mit dem Designzentrum als Mittelpunkt erlaubt und daher vor der Rücktransformation des in dem gemäß $\bar{\xi}, V$ skalierten R^n adäquat geschätzten Modells $P_{2,C'}$ (d.h. C' Einheitskugel, vgl. Kapitel 2.5.) vorgenommen wird. Sie beruht auf dem folgenden in /Drape 63/ bewiesenen Satz.

<u>Satz 8:</u> Sei $P:R^n\to R, x\to b_{00}+x^Tb+x^TBx$ ein Polynom vom Grad 2 und λ_1 der kleinste Eigenwert von B. Für $\mu\varepsilon(-\infty,\lambda_1)$ sei $x(\mu)$ eine Lösung des Gleichungssystems $(B-\mu I)x=-b/2$, $r(\mu)^2:=x(\mu)^Tx(\mu)$ und $C''(\mu):=\{x|x\varepsilon R^n, x^Tx=r(\mu)^2\}$. Dann gilt:

1. $\lim_{\mu\to-\infty} r(\mu) = 0$, $\lim_{\mu\to\lambda_1} r(\mu) = \infty$,
2. r ist auf $(-\infty,\lambda_1)$ monoton steigend.
3. Für $\mu\varepsilon(-\infty,\lambda_1)$ nimmt $P_{|C''(\mu)}$ an der Stelle $x(\mu)$ ein (lokales und) absolutes Minimum an.
4. Gilt $\lambda_1>0$, so nimmt P an der Stelle $x(0)$ ein lokales Minimum an.

Ist $\mu'\varepsilon(-\infty,\lambda_1)$ mit $r(\mu')^2=1$, so läßt sich gemäß Satz 8 durch inkrementelles oder binäres Suchen in $\mu\varepsilon(-\infty,\mu')$ ein μ^* bestimmen, so daß $P_{2,C'}$ an der Stelle $x(\mu^*)$ ein "fastabsolutes" Minimum annimmt. $x(\mu^*)$ ist i.a. zum Designzentrum der nächsten zu betrachtenden Interessensregion zu wählen.

Eine nur unter Verwendung von Satz 8 4. durchgeführte Analyse ist unter dem Namen kanonische Analyse bekannt.

3. Pufferspeicherplatzvergabestrategien

Zur Bestimmung einer geeigneten (Bewertungsmaß mittlere Verweilzeit E(V) eines Auftrags in der Rechenanlage) PSPVS für das in Kapitel 1 vorgestellte Modell einer Rechenanlage unter Verwendung der in Kapitel 2 angegebenen Methode waren die Parameter (insbesondere Verteilungen, Verteilungsfunktionen) dieses Modells festzulegen. Es wurde angenommen, daß die Rechenanlage 3 Typen seriell benutzbarer Betriebsmittel besitzt, wobei ein Auftrag im Schnitt 8.03% (von 512 K) vom Typ 1, 10.94% vom Typ 2 und 7.81% vom Typ 3, sowie die Ausführung von 500 RK-Phasen und die Übertragung einer Menge von Datensätzen der Gesamtlänge 70.81 K (bzw. 71.88 K) zu den peripheren Geräten (bzw. zum Hauptspeicher) fordert. Der Erwartungswert der Zwischenankunftszeiten war 6 2/3, der Erwartungswert der Bedienzeit E(B) lag zwischen 4.50 (bei Verwendung einer PSPVS, die jedem Auftrag einen Ein- und Ausgabepuffer minimaler Größe zuordnet, so daß dieser alle von ihm geforderten RK-Phasen in einem RK-Block ausführen kann) und 30.43 (bei Verwendung einer Puffer minimaler Größe zuteilenden PSPVS), so daß als Minimierungsziel die Bestimmung einer PSPVS mit $E(V)\leq 6.0$ gewählt wurde.

Unter Berücksichtigung der getroffenen Festlegungen wurde E(V) durch ein Simulationsprogramm des in Kapitel 1 angegebenen Modells einer Rechenanlage definiert, das für jeden Parametersatz einer PSPVS als Eingabe einen Schätzwert von E(V) als Ausgabe liefert. Die hierfür von der IBM 370/168 des RHRZ Bonn benötigte CPU-Zeit lag zwischen 9.0 und 15.0 min, die geschätzten Varianzen der Meßfehler waren von der Größenordnung 0.01.

Zunächst wurde eine die wesentlichen Komponenten des Zustands der Rechenanlage und der Forderungen eines Auftrags berücksichtigende RSPVS untersucht. In den beiden ersten Schritten wurden unter Verwendung einer 2^{7-3}-Designmatrix mit der Resolution R=4 und der DSK 2.94 nach Hinzunahme von 4 Meßpunkten im Designzentrum (vgl. /Myers 71/) adäquat geschätzte Modelle vom Grad 1 von E(V) bestimmt und jeweils mit Hilfe von Gradientenverfahren das Designzentrum der nächsten zu betrachtenden Interessensregion festgelegt, wobei das Designzentrum der ersten zu betrachtenden Interessensregion unter Beachtung der für E(B) berechneten Schranken so gewählt wurde, daß die resultierende PSPVS eine "großzügige" Pufferspeicherplatzzuteilung garantiert.

Im dritten Schritt ließ sich für die betrachtete Interessensregion kein signifikantes Modell schätzen, was vor allen Dingen darin begründet lag, daß E(V) in dieser Interessensregion i.w. von dem Erwartungswert der Größe des einem Auftrag zugeteilten Pufferspeicherplatzes und weniger von den einzelnen Komponenten des Zustands der Rechenanlage und der Betriebsmittelforderungen der Aufträge abhängig ist.

Es erschien daher sinnvoll, eine von den Parametern a,b,c abhängige PSPVS der Form

$$PSP = b\cdot(a\cdot ANZP/E(ANZP) + (1-a)\cdot ANZP^2/E(ANZP^2)),$$

$$EPSP = c\cdot PSP, \qquad APSP = (1-c)\cdot PSP$$

zu untersuchen, wobei ANZP die Anzahl der von einem Auftrag angeforderten RK-Phasenausführungen und EPSP (bzw. APSP) die Größe des diesem Auftrag zuzuteilenden Eingabepuffers (bzw. Ausgabepuffers) angibt und E(PSP)=b gilt. Das Designzentrum der im folgenden vierten Schritt zu betrachtenden Interessensregion wurde so berechnet, daß es bzgl. des Erwartungswerts der Größe des einem Auftrag zugeteilten Pufferbereichs mit dem im dritten Schritt betrachteten Designzentrum vergleichbar ist. Im vierten und fünften Schritt ließen sich keine adäquat geschätzten Modelle vom Grad 1 von E(V) bestimmen, und es wurden unter Verwendung einer (0,2.041)-Central-Composite-Designmatrix nach Hinzunahme von zwei Meßpunkten im Designzentrum (vgl. /Myers 71/) adäquat geschätzte Modelle vom Grad 2 von E(V) berechnet, wobei eine Ridge-Analyse des im vierten Schritt geschätzten Modells das Designzentrum $\bar{\xi}$=(1.97,92036.26,0.35) der im fünften Schritt zu betrachtenden Interessensregion festlegte. Das in diesem Schritt adäquat geschätzte, gemäß $\bar{\xi}$ und V':=(0.25,14132.7,0.075) skalierte Modell

$$E(V) = 6.07 + 0.22\,a + 0.15\,b + 0.06\,c + 0.38\,a^2 + 0.18\,b^2 + 0.24\,c^2$$

vom Grad 2 von E(V) hat gemäß Satz 8 4. an der Stelle (-0.29,-0.12,-0.42) ein lokales Minimum und den Funktionswert 6.00.

Die untenstehende Tabelle gibt für jeden Schritt den minimalen (≙ min) und maximalen (≙ max) Meßwert von E(V), einen Meßwert von E(V) im Designzentrum und darüber hinaus Schätzwerte für den Erwartungswert der Verweilzeit VWR in WR, der RK-Bedienzeit RKZ und der EA-Bedienzeit EAZ eines Auftrags an. In den drei letzten Schritten wurden zusätzlich Schätzwerte für die mittlere Anzahl AIR von Aufträgen in der Rechenanlage, für die Speicherauslastung P_{SP} und die Wahrscheinlichkeit P_O, daß sich kein Auftrag in der Rechenanlage befindet, bestimmt. Die an der Stelle des lokalen Minimums des im fünften Schritt geschätzten Modells gemessenen Werte sind in der Tabelle unter min* eingetragen.

	E(V)	E(VWR)	E(EAZ)	E(RKZ)	E(AIR)	P_{SP}	P_O
1. Schritt, min	7.84	1.93	2.58	2.48	-	-	-
1. Schritt, max	14.51	8.63	2.46	3.42	-	-	-
1. Schritt, $\bar{\xi}$	11.56	6.17	2.47	2.86	-	-	-
2. Schritt, min	6.29	0.45	2.19	2.51	-	-	-
2. Schritt, max	11.22	5.86	2.81	2.47	-	-	-
2. Schritt, $\bar{\xi}$	7.80	1.87	2.55	2.52	-	-	-
3. Schritt, min	6.05	0.35	2.16	2.38	0.60	0.19	0.58
3. Schritt, max	35.30	3.54	7.00	2.63	3.63	0.30	0.06
3. Schritt, $\bar{\xi}$	6.53	0.35	2.32	2.35	0.65	0.17	0.55
4. Schritt, min	6.27	0.20	2.21	2.38	0.64	0.16	0.59
4. Schritt, max	7.02	0.68	2.22	2.47	0.70	0.23	0.54
4. Schritt, $\bar{\xi}$	6.67	0.33	2.14	2.47	0.70	0.20	0.56
5. Schritt, min	6.26	0.15	2.15	2.50	0.65	0.17	0.58
5. Schritt, max	6.81	0.18	2.43	2.50	0.70	0.18	0.54
5. Schritt, $\bar{\xi}$	6.26	0.20	2.16	2.47	0.61	0.17	0.60
min*	5.98	0.07	2.11	2.45	0.62	0.16	0.59

4. Literaturverzeichnis

/BoDra 59/ G.E.P. Box, N.R. Draper, A basis for the selection of a response surface design, J. Amer. Statist. Assoc., Vol. 54, 1959

/Drape 63/ N.R. Draper, Ridge Analysis of Response Surfaces, Technometrics, Vol. 5, 1963

/Kröge 77/ R. Kröger, Zur Analyse eines Rechnermodells mit Rechnerkern- und EA-Phasen unter Berücksichtigung von Rüstzeiten, Universität Bonn, Informatik Berichte, Nr. 16, 1977

/Myers 71/ R.H. Myers, Response Surface Methodology, Allan & Bacon, Boston, 1971

/Schaß 73/ T. Schaßberger, Warteschlangen, Springer Verlag, Berlin, 1973

/Seile 79/ W. Seiler, Response Surface Analyse eines Rechnermodells mit EA-Pufferung, Diplomarbeit, Universität Bonn, 1979

INSTRUMENTIERUNG EINES PROZESSOR-FELDES

Uwe Hercksen
Rainer Klar
Joachim Stelzner

Institut für Mathematische Maschinen und Datenverarbeitung (III)
der Universität Erlangen-Nürnberg, Lehrstuhl für Rechnerstrukturen

Kurzfassung:
Es wird dargestellt, wie ein Hardware-Monitor in einem Prozessorfeld mit begrenzten Nachbarschaften (Projekt EGPA) zur Messung und Bewertung eingesetzt wird. Im ersten Teil dieser Untersuchung wird beschrieben, welche Hilfsmittel erforderlich sind, wenn in allen Prozessoren simultane Realzeitmessungen erfolgen sollen, die den tatsächlichen Befehls- und Datenfluß erfassen. Ein zweiter Teil zeigt, daß erst besondere Eigenschaften der Prozessoren (AEG 80-60) die Erfassung von Software-Ereignissen mit Hardware-Messungen möglich macht.

Abstract:
The project of a General Purpose Array (EGPA) which is under construction at the university of Erlangen is beeing instrumented by a hardware monitor. The first part of this paper analyses what hardware means are necessary for simultaneous measurements in all processors and for evaluation of data and instruction flow in the system. The second part demonstrates that special features of the used processor type (AEG 80-60) are an essential prerequisite for hardware measurement of software events.

I Einleitung

Moderne Rechensysteme, in denen Systemprogramme die Betriebsmittel verwalten und den Anwenderwünschen entsprechend zuteilen, greifen stets auf die Technik des Multiprogramming zurück, wobei zumindest Parallelarbeit von Rechnerkern- und Ein-Ausgabeaktivitäten vorgesehen wird. Damit sind in der Regel mehrere Aufträge gleichzeitig im Rechner und es ist schwer zu entscheiden, welcher Auftrag in einem Beobachtungszeitpunkt gerade behandelt wird, wie lange ein Auftrag zu seiner Ausführung wirklich braucht, welche Betriebsmittel einen Engpaß darstellen. In installierten Systemen kann über die Buchführungsinformation [1], [2], [3] ein gewisser Einblick in die vergangene Lastsituation gewonnen werden, jedoch fehlen dort meist Einzelheiten, auch sind die ausgewiesenen Zeitangaben, die ja in erster Linie die Abrechnung der gebotenen Dienstleistung ermöglichen sollen [4], für die Bewertung des Ablaufgeschehens nicht immer aussagekräftig. Während der Entwicklung neuer Systeme stehen derartige Hilfsmittel i.a. noch nicht zur Verfügung und es sind zudem möglichst präzise Aussagen über Dauer und Reihenfolge verschiedener Aktivitäten als Entwurfskriterien erwünscht. So liegt es nahe, die Entwicklung neuer Systeme durch exakte Messung des Ablaufgeschenes zu unterstützen.

Eine unkonventionelle Struktur wie ein Prozessor-Feld zeichnet sich durch besondere Komplexität des Ablaufgeschehens aus, eine Unterstützung der Systementwicklung durch begleitende Messung erscheint deshalb gerade hier aussichtsreich. Das Projekt EGPA [5] widmet sich der Aufgabe, ein größenmodulares Feld von Prozessoren zu konstruieren, das durch verschiedene Betriebsarten für ein breites Aufgabenspektrum geeignet ist. Die Forderung nach Größenmodularität führte zu einer Pyramidenstruktur, die je nach der benötigten Rechenkapazität durch weitere Ebenen vergrößert werden kann, ohne daß die Einzelprozessoren und ihre Verbindungselemente geändert werden müßten, vgl. Abb. 1.

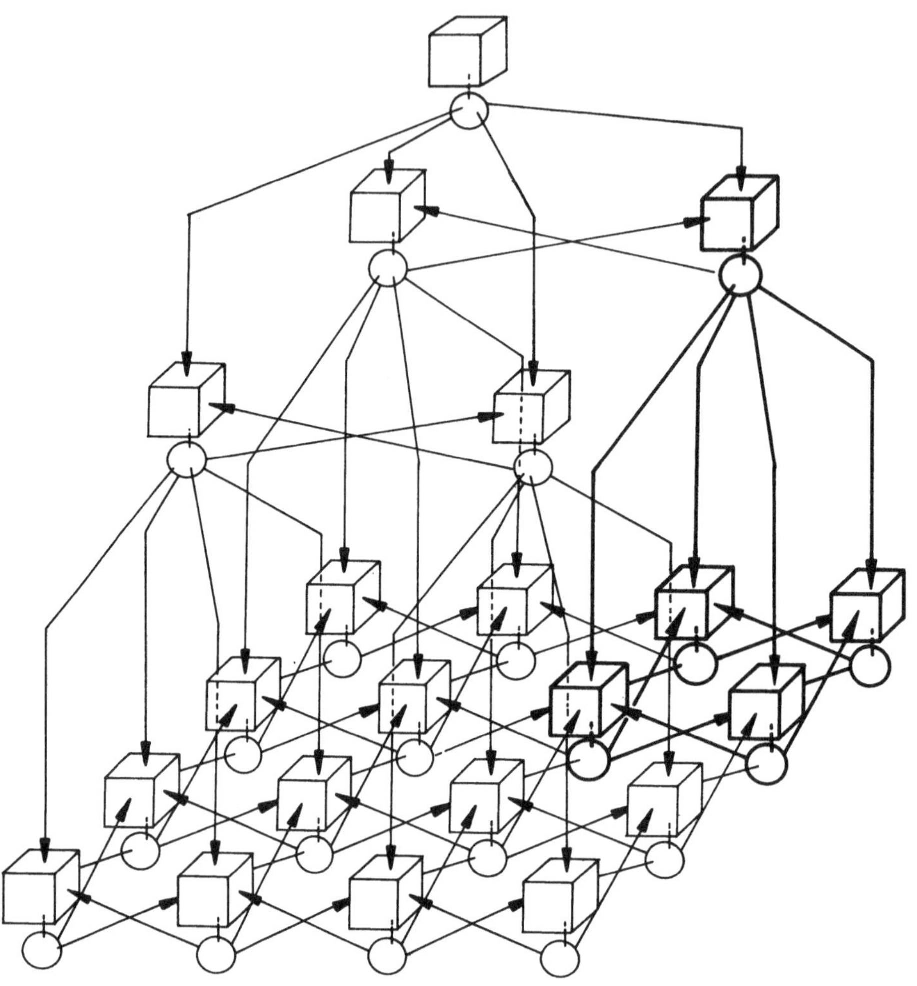

Abb. 1: Das EGPA-System als größenmodulare Pyramidenstruktur

Innerhalb der Ebenen existiert eine Verbindungsstruktur, die "Nord"-, "Süd"-, "Ost"- und "West"-Verbindungen zwischen benachbarten Prozessoren kennt und die der Homogenität wegen zum Torus geschlossen ist.

Eine Teilaufgabe des EGPA-Projekts ist die Messung und Bewertung des Verkehrsgeschehens zwischen den einzelnen Prozessoren, die Erfassung von Prozessor- und Speicherauslastung. Da während der Entwicklungszeit des Projekts noch keine typische Last vorliegt, geht es zunächst weniger darum, die Pyramide als Rechnerstruktur zu bewerten, vielmehr sollen die Messungen während des Entwicklungsprozesses Aufschluß geben über die Auswirkungen verschiedener Betriebsparameter auf Laufzeit, Speicherauslastung, Reihenfolge von Teilaufgaben etc.. Das vorliegende Papier greift aus der Vielzahl der für die Systementwicklung interessanten Meßgrößen exemplarisch eine, die sogenannte Komplexnummer, heraus. Sie erwies sich in der Startphase des Projekts als besonders wichtig, weil sich an ihr die Reihenfolge der Betriebssystemaktivitäten ablesen ließ. Eine kurze Darstellung der apparativen Ausstattung zeigt vorweg die Konsequenzen der Forderung nach simultaner Messung an allen Prozessoren der Pyramide.

II Apparative Probleme der Instrumentierung eines Prozessorfeldes

Hardware-Messungen von einzelnen Ereignisströmen, wie z. B. der Folge der Befehle auf einem Einzelprozessor, der Zugriffsfolge zu Seiten eines Arbeitsspeichers, sind in den vergangenen Jahren wiederholt von der Universität Erlangen ausgeführt worden [6], [7], [8], [9], [10]. Die apparative Ausrüstung für diese Messungen bestand aus einem 8-Kanal-Hardware-Meßgerät mit automatischer Vergleichseinrichtung für eine Folge von Bitmustern von maximal 8 Binärstellen. Dieses Instrument, der ZÄHLMONITOR II, ist in [11] ausführlich beschrieben.

Die Meßmöglichkeiten des ZÄHLMONITOR II sind auch für Messungen an der EGPA-Pyramide ausreichend, solange nur ein Ereignisstrom gleichzeitig gemessen werden soll. So wurde mit Erfolg die später dargestellte Komplexnummernfolge an einem einzelnen Prozessor gemessen. Wenn dagegen das Zusammenspiel aller 5 Rechner im realen Zeitablauf festgehalten werden soll, muß simultan an allen Objekt-Rechnern gemessen und für jeden Objektrechner eine automatische Vergleichseinrichtung für n-Bit-Ereignisse bereitgestellt werden. Dieser Forderung trägt eine weitere Ausbaustufe des Meßgerätes, der ZÄHLMONITOR III, Rechnung.

Der ZÄHLMONITOR III zeichnet sich besonders durch folgende neue Merkmale aus; vgl. Abb. 2 :

- simultane Messung von maximal 6 Ereignisströmen
- Erweiterung der Ereignisdarstellung von 8 auf 16 Bit
- rechnergesteuerter Meßablauf
- Möglichkeit einer on-line Vorverarbeitung
- Möglichkeit einer on-line Resultatanzeige
- selbstjustierende Zähler (vgl. Anhang)

Neben der apparativen Erweiterung gegenüber ZÄHLMONITOR II ist besonders die Verbindung zwischen Meßapparatur und Kommunikationssystem der EGPA-Pyramide zu erwähnen, die eine unmittelbare Rückkopplung von Meßergebnissen in das Objektsystem ermöglicht.

Auch mit der parallelen und simultanen Erfassung der Ereignisströme ist das Problem, die reale Reihenfolge der Ereignisse, den genauen zeitlichen Ablauf an allen beobachteten Rechnern zu erfassen, nicht völlig gelöst, da die Meßdaten von allen Meßpunkten schließlich im Zählmonitor zu einem Strom von Resultat-Daten zusammengeführt werden müssen. Um selbst fast gleichzeitige Ereigniswechsel richtig erfassen zu können und von zwei tatsächlich gleichzeitigen Ereigniswechseln keinen zu verlieren, ist eine zusätzliche Hardware-Einrichtung vorgesehen.

Diese Ablaufsteuerung mißt den Zeitabstand zwischen zwei Ereigniswechseln von allen beteiligten Quellen und legt die Ereignisse und die zugehörigen Zeitmeßwerte im Pufferspeicher ab. Die Nummer der Quelle wird zusammen mit dem Ereignis abgespeichert. Aus den so gespeicherten Daten kann die Zeitdauer jedes Ereignisses und der Abstand zwischen zwei Ereignissen auch verschiedener Quellen berechnet werden. Auch wenn kurzzeitig mehrere Ereigniswechsel schneller aufeinanderfolgen, als sie im Pufferspeicher abgelegt werden können, so sollen sie trotzdem noch in der Originalreihenfolge abgespeichert werden.

Die zweite wesentliche Erweiterung ist der Einsatz eines kleinen Steuerrechners, dessen wichtigste Aufgabe in der ersten Projektphase die Vorbereitung, Steuerung und Überwachung des Meßvorganges ist. Die rein manuelle Einstellung aller Meßparameter hat sich in der Vergangenheit wegen der Vielzahl zu beachtender Einstellmöglichkeiten als ernsthafte Fehlerquelle erwiesen. Von der programmgesteuerten Einstellung

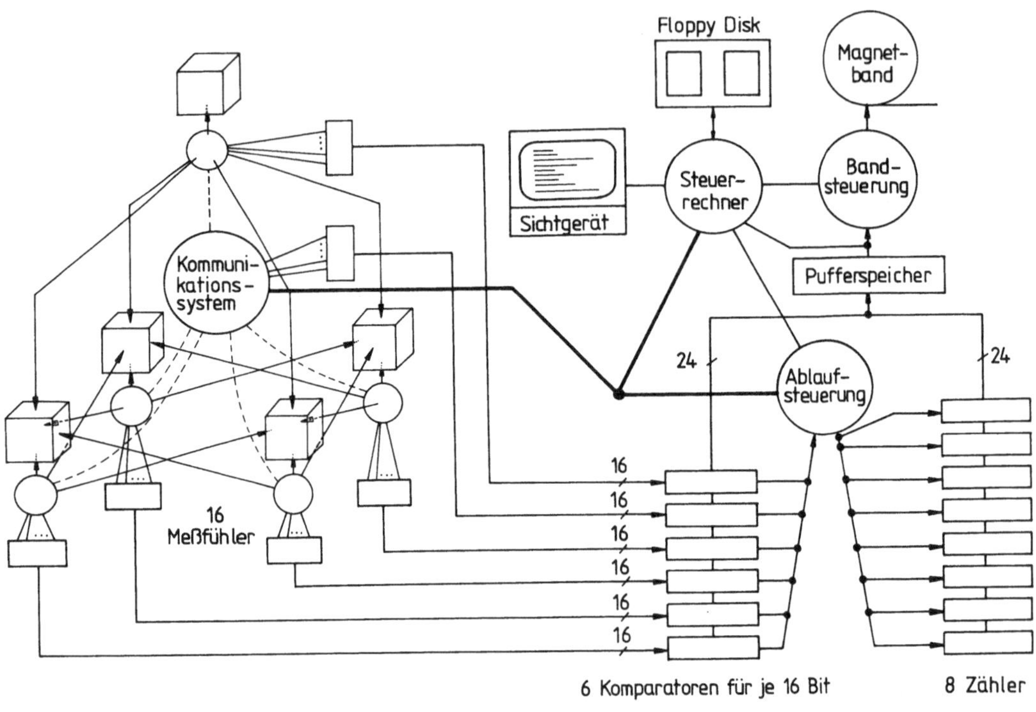

Abb. 2: Die Integration des Zählmonitors III in die EGPA-Pyramide.

kann höhere Zuverlässigkeit erwartet werden. Zudem besteht die Möglichkeit, die gesamte Meßapparatur vor einer Messung einem programmierten Funktionstest zu unterwerfen.

Die im Prinzip vorhandene Möglichkeit, den Steuerrechner auch mit einer Auswertung der einlaufenden Meßdaten zu beauftragen, bietet den Vorteil einer unverzüglichen Datenreduktion, der angesichts der i.a. auftretenden Datenflut hoch einzuschätzen ist. Trotz dieses unverkennbaren Vorzugs einer unmittelbaren Auswertung wird eine Rechnerbewertung aus der Sicht des Rechnerarchitekten das klassische Verfahren der Aufzeichnung des vollständigen Ereignisstromes anwenden. Die Betrachtung der zunächst gefragten Charakteristika eines Ereignisstromes wirft nämlich in aller Regel weitere Fragen auf, die i.a. nur dann beantwortet werden können, wenn die originalen Meßdaten noch zur Verfügung stehen. Dieser Erfahrung folgend wird die erste Projektphase sich völlig auf die vollständige Aufzeichnung mit nachträglicher (off-line) Auswertung stützen. In einer zweiten Projektphase sind dann auch on-line Auswertung und insbesondere Direktanzeige von Lastzuständen etc. vorgesehen, wie sie von kommerziellen Meßgeräten [12], von der DV-Industrie [13] oder Hochschulen [14] verwendet bzw. vorgeschlagen werden.

III Hardwaremessungen des Ablaufgeschehens auf Prozeßebene

Eine Hardwaremessung, die mit Meßfühlern Bitmuster von Registern oder Datenpfaden abgreift, kann in aller Regel zwar die Folge der Bitmuster in der Objektrechner-Hardware erfassen, eine Zuordnung dieser Bitmuster zu den verursachenden Software-Prozessen ist aber i.a. eine nichttrivale Aufgabe. Ein Konstruktionsmerkmal der in der EGPA-Pyramide verwendeten Rechner (AEG 80-60), nämlich die hardwareunterstützte Verwaltung der Prozeßprioritäten und die eindeutige Darstellung der aktuellen Prozeßpriorität in einem Hardware-Register, dem Systemregister SYR, bietet die Möglichkeit, unmittelbar von einer Hardwaremessung auf die auslösenden Prozesse rückzuschließen. Nachdem gerade während der Entwicklung der EGPA-Pyramide Aussagen über Häufigkeit, Dauer und Reihenfolge von Prozessen wichtige Hilfsmittel für die Wahl der günstigsten Strategien für Arbeitsverteilung und Betriebsmittelvergabe im System sind, lag es nahe, mit Messungen des Prozeßablaufgeschehens zu beginnen. Die nachfolgend dargestellten Ergebnisse beziehen sich auf Messungen an einem Einzelprozessor, die mit dem Zählmonitor II ausgeführt wurden.

Das Meßverfahren

Im Prozeßrechner AEG 80-60 enthält das Systemregister eine "Komplexnummer" genannte Systemgröße von 8 Bit Länge. Jeder lauffähige System- und Benutzerprozeß besitzt während der Lebenszeit eines lauffähigen Ensembles aus Prozessen, genannt Teilsystem, seine eigene Komplexnummer, sodaß am Inhalt dieses Registers der gerade laufende Prozeß identifiziert werden kann. Die Komplexnummern stellen gleichzeitig die Priorität des Prozesses dar, und zwar wächst die Priorität mit abnehmender Komplexnummer. Bei Regiewechsel infolge Interrupts oder Prozessorabgabe durch den gerade laufenden Komplex werden per Mikroprogramm entsprechende Listen durchsucht, um den rechenwilligen Prozeß mit der höchsten Priorität zu finden. Da alle mit dem Komplexwechsel verbundenen Vorgänge durch Firmware vorgenommen werden, wäre eine Softwaremessung des Regiewechsels nur durch Änderung des Mikroprogramms möglich. Ein solcher Eingriff in das Mikroprogramm ist sehr schwerwiegend, im vorliegenden Fall wegen der Komplexität der Mikrobefehlsformate auch kompliziert. Die Hardwaremessung dagegen kann in diesem Fall als das ideale Verfahren angesehen werden, weil der beobachtete Ablauf unbeeinflußt bleibt und auf Grund der oben erwähnten Charakteristika der Bezug zur Software gegeben ist. Die Hardwaremessung lieferte eine geschlossene Folge der auftretenden Komplexe mit der Zeitdauer der einzelnen Aktivitätsphasen. Wegen der geringen Frequenz der Komplexwechsel war es möglich, diese Folge ohne Unterbrechung auf Magnetband abzulegen. Aus diesen Meßdaten wurden dann off-line mit verschiedenen Auswerteprogrammen für die auftretenden Prozesse die Häufigkeit ihres Auftretens, ihre mittlere Dauer, der gesamte Zeitverbrauch und die Übergangswahrscheinlichkeit zu anderen Prozessen berechnet.

Beispiel eines Prozeßablaufgeschehens: Ein Übersetzungsvorgang

Kurz nach Installation des Systems wurde ein erster, sehr einfacher Ansatz einer Analyse gemacht. Der Zählmonitor erfaßte (via Komplexnummer) das Ablaufgeschehen in folgender Konfiguration:

1 RECHNER – 1 AUFTRAG

Als Auftrag wurde ein Übersetzungsvorgang gewählt, weil er leicht reproduzierbar ist, und weil der betrachtete Compiler im Rahmen des Projekts eine gewisse Relevanz hat (1). Die Übersetzung wurde während einer Gesamtmeßzeit von 230 Sekunden beobachtet, wobei sich diese Zeit wie folgt aufteilte: (2).

Prozeß - Funktion	Prozeß Nr.	Zahl der Prozesse	Häufigkeit	Zeitanteil
Wecker, Zeitfortschaltung	9, 16	2	4,8 %	1,3 %
Kanal-Interrupt-Verarbeitung	13, 14, 15	3	39,6 %	2,8 %
Kommando-Entschlüsselung	17	1	1,1 %	2,0 %
Teilsystem-Laden	19	1	3,6 %	1,7 %
Dateiverwaltung	30	1	18,9 %	2,5 %
Sonstige Systemaufgaben	23, 24	2	0,7 %	0,3 %
Codegenerierung	118, 120	2	4,8 %	6,7 %
Compilertätigkeit	125, 126, 127	3	9,6 %	13,6 %
Warteprozeß	255	1	16,9 %	69,1 %
		14	100 %	100 %

Diese tabellarische Aufschlüsselung zeigt, daß für den eigentlichen Übersetzungsvorgang einschließlich der Codegenerierung lediglich 20% der Gesamtzeit verwendet werden; rund 7% der Zeit benötigen die Prozesse, die sich um die Bereitstellung der jeweils benötigten Programme und Daten kümmern: Interrupt-Verwaltung, Datei-Verwaltung und Teilsystem-Laden.

Trotz des relativ kleinen Zeitanteils von 7% verbirgt sich hinter diesen Informationstransfers auch die Ursache für den Löwenanteil, die Wartezeit von rund 69%, denn rund 40% aller auftretenden Prozesse sind solche für Interrupt-Verarbeitung. Sie zeigen an, wie bedeutsam das Warten auf diese E/A-Prozesse sein muß. Weitere Messungen an einem Rechner unter der Last mehrerer Aufträge bestätigen diese Interpretation: der Anteil des Warte-Prozesses geht drastisch zurück, sobald Multiprogramming vorliegt.

Die Messung liefert über die summarische Darstellung der Aktivitätsschwerpunkte hinaus auch Aussagen über die strukturellen Zusammenhänge des Prozeß-Ablaufgeschehens. Der Graph der Übergangsmatrix , vgl. Abb. 3, läßt deutlich erkennen, wie vom Warteprozeß ausgehend zwei Wege existieren:

1. Das Warten wird durch den Weckerprozeß 9 unterbrochen, der noch den Zeitüberwachungsprozeß 16 anstößt.

2. Ein E/A-Interrupt (Prozeß 13) führt zur Überprüfung der E/A-Rückmeldungen (Prozeß 15), dieser aktiviert die Dateiverwaltung (Prozeß 30) usw.

Erst wenn die Informationsbereitstellung erfolgreich war, kann der eigentliche Übersetzungsvorgang initiiert werden (Prozesse 118 bis 127).

-----

(1) Für den Rechner AEG 80-60 gibt es eine sehr interessante höhere Programmiersprache SL3 auf der Basis von ALGOL 68, die um maschinenorientierte Elemente erweitert ist.
(2) Die angebenen Zeiten stammen von Messungen an einer Maintenance-Version aus dem Jahre 1978.

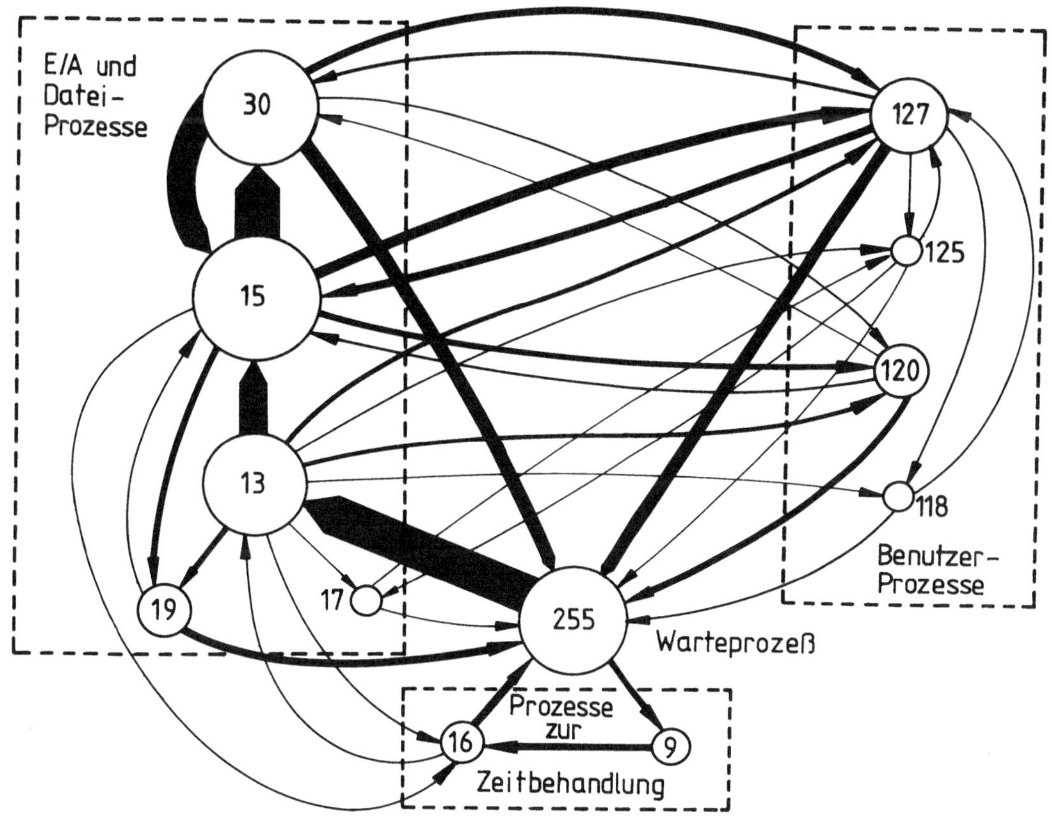

Abb. 3: Graph des Prozeßablaufgeschehens bei einem einzigen Benutzerauftrag.

Die Bedeutung eines Prozesses im Umfeld seiner Nachbarn läßt sich in einer auf W. Händler zurückgehenden zweidimensionalen Darstellung leicht ablesen, vgl. Abb. 4, da dort sowohl die mittlere Aktivitätsdauer eines Prozesses als auch der Anteil, den er von der Gesamtzeit beansprucht, auf einen Blick abgelesen werden kann. Zudem besteht die Möglichkeit, strukturelle Aussagen in dieses Schema aufzunehmen. In Abb. 4 ist dies geschehen mit der Darstellung der wichtigsten Prozeßwechsel in Form gerichteter und gewichteter Kanten.

Die dargestellten Messungen haben sich bereits am Einzelprozessor als sehr nützliches Hilfsmittel bei der Systementwicklung erwiesen. Eine Ausdehnung auf die Simultanmessung läßt noch wichtigere Resultate am Mehrprozessorsystem erwarten, da dort erhebliche Synchronisierungsprobleme auf Systemebene zu bewältigen sind.

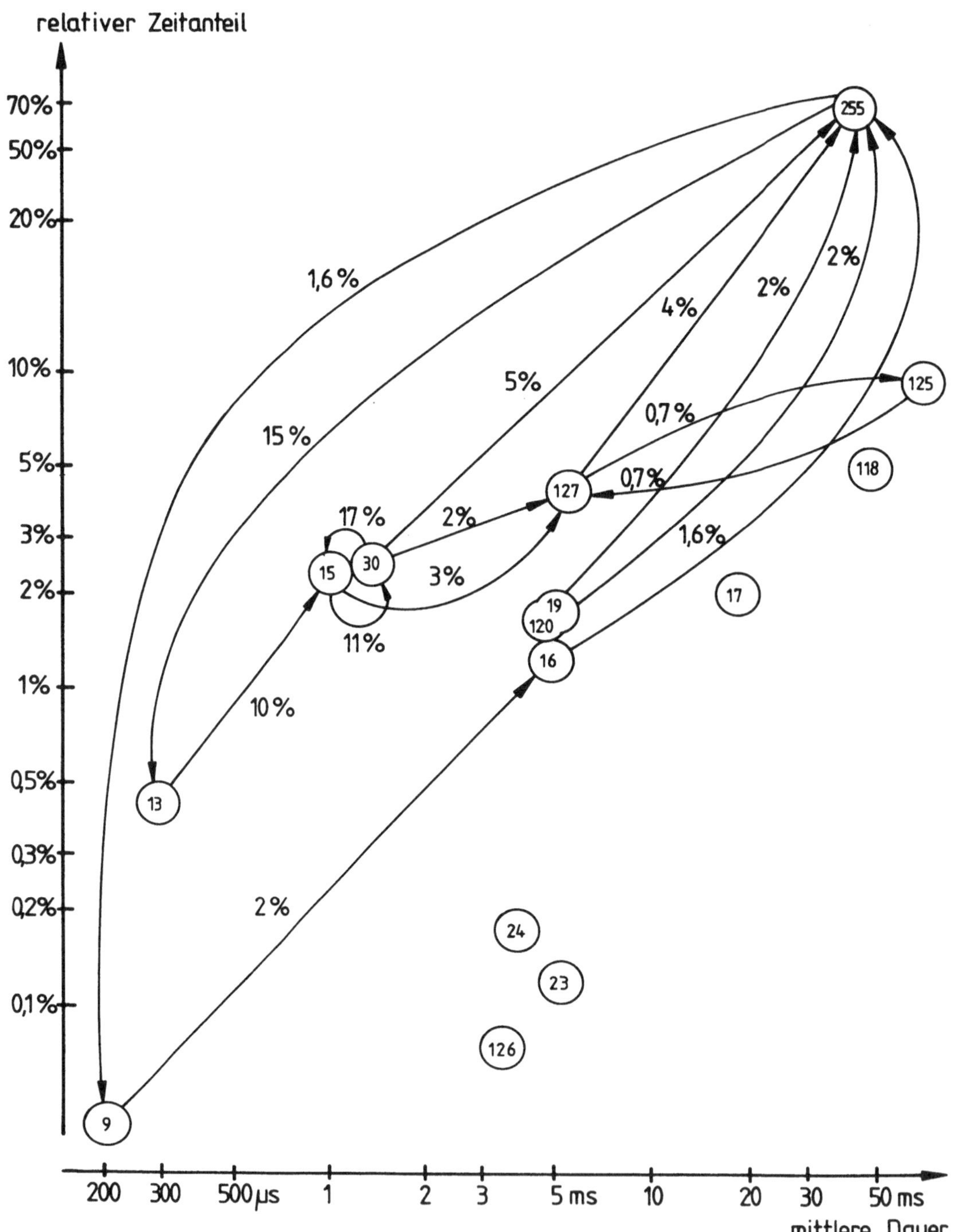

Abb. 4: Die Bedeutung der Prozesse als Funktion ihrer mittleren Aktivitätsdauer und ihres relativen Aktivitätsanteils.

Anhang: Selbstjustierende Zähler

Im Zählmonitor II waren für Zeitmessungen und Ereignismessungen acht Zählkanäle vorgesehen, jeder bestand aus einem 14 Bit Binärzähler und 8 verschiedenen vorwählbaren Untersetzerstufen von 1:1, 1:10, 1:16, 1:100, 1:160, 1:1000, 1:1600, 1:16000.

Da aber zur Festlegung der Untersetzung schon vor der Messung die zu erwartende Größenordnung der Meßwerte bekannt sein mußte, und außerdem erfahrungsgemäß innerhalb einer Messung Werte um ganze Größenordnungen schwanken, war dieses Verfahren unbefriedigend.

Daher wurde ein Zähler entwickelt, der seine Untersetzung selbständig dynamisch im Bereich von 1:1 bis $2:2^{28}$ den Erfordernissen anpaßt. Er ermöglicht den gleichen Bereich wie ein 32 Bit-Binärzähler, enthält intern auch 32 Binärstellen, extern wird aber nur eine 16 Bit-Codierung weiter verarbeitet, die der in vielen Digitalrechnern verwendeten Gleitpunktzahlendarstellung sehr ähnlich ist.

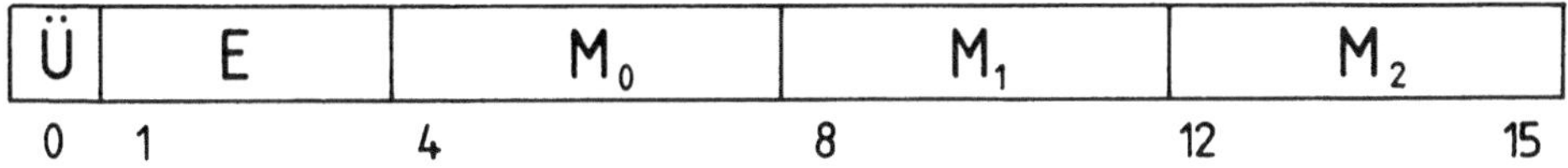

Abb. A 1: Datenformat der selbstjustierenden Zähler

Diese Codierung ist in Abb. A 1 dargestellt, dabei ist die Bedeutung der einzelnen Felder:

Ü — Überlaufbit, es zeigt einen Zählerüberlauf bei Überschreitung des Meßbereichs an.

E — Exponent, Darstellung der Untersetzung von $1:16^E$, wobei $0 < E < 7$ gilt.

M_0 bis M_2 — Mantisse als drei hexadezimale Ziffern, sie enthält immer die drei signifikantesten aller intern vorhandenen acht Stellen, aber ohne führende Nullen.

Der Zahlenwert A dieser Codierung läßt sich leicht angeben, es gilt:

$$A = 16^E \cdot \sum_{n=0}^{2} M_n 16^{-n}, \qquad 0 \leq A < 2^{32}$$

Mit dieser Art der Zahlendarstellung verliert man beim Übergang von kleinen Zeit- bzw. Häufigkeitswerten zu großen absolut an Genauigkeit, sobald die Zahl der eingelaufenen Impulse 2^{12} überschreitet. Dieser absolute Genauigkeitsverlust tritt periodisch bei 2^{16}, 2^{20}, etc. wieder auf, wie Abb. A 2 zeigt. Dieses an eine Darstellung von Buchholz [15] angelehnte Bild läßt aber auch erkennen, daß die relative Genauigkeit mit $1:2^8$ durchaus zufriedenstellend ist.

Bei der Auswertung der Messungen kann diese Darstellung sehr einfach in die Gleitpunktzahlendarstellung des verwendeten Digitalrechners umgeformt werden. Die technische Verwirklichung des selbstjustierenden Zählers beruht auf dem Gedanken, daß ein Exponentenregister (Zähler), das im Startzustand stets eine Null enthält, dafür ausschlaggebend ist, auf welche Weise die einlaufenden Zählimpulse gewertet

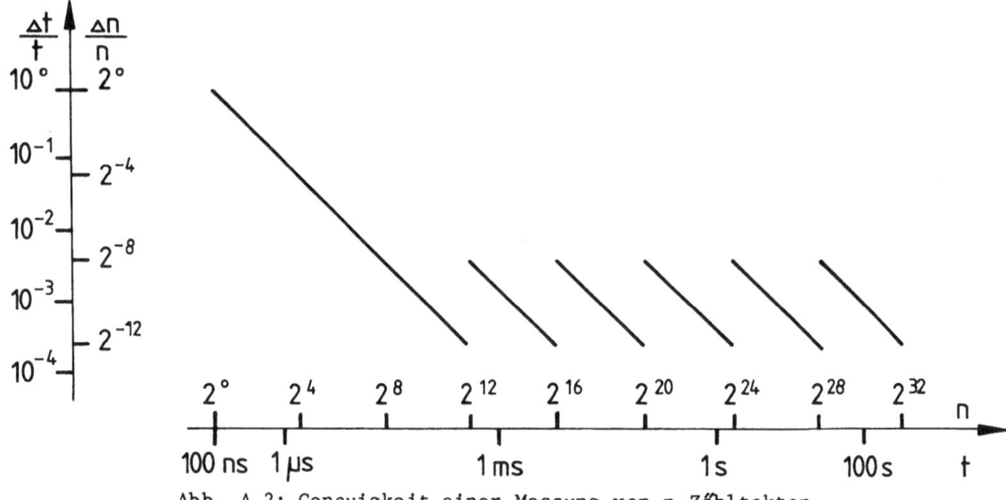

Abb. A 2: Genauigkeit einer Messung von n Zähltakten

werden. Im Mittelpunkt des Zählkanals stehen vier Binärzähler Ü.E, M_0, M_1, M_2 mit je 4 Bit, die am Ende jeder Messung das Resultat in der in Abb. A 1 dargestellten Form enthalten. Der Ablauf eines Zählvorganges ist der folgenden Tabelle zu entnehmen.

Zahl der Zähltakte	Zustand des Zählers		
0	E=0 ,	M_0 =	0
2^0	E=0 ,	M_0 =	1
$2^4 - 1$	E=0 ,	M_0 =	F
2^4	E=1 ,	$M_0 \cdot M_1$ =	10
$2^8 - 1$	E=1 ,	$M_0 \cdot M_1$ =	FF
2^8	E=2 ,	$M_0 \cdot M_1 \cdot M_2$ =	100
$2^{12} - 1$	E=2 ,	$M_0 \cdot M_1 \cdot M_2$ =	FFF
2^{12}	E=3 ,	$M_0 \cdot M_1 \cdot M_2 \cdot M_3$ =	1000
$2^{16} - 1$	E=3 ,	$M_0 \cdot M_1 \cdot M_2 \cdot M_3$ =	FFFF
2^{16}	E=4 ,	$M_0 \cdot M_1 \cdot M_2 \cdot M_3 \cdot F_0$ =	10000
$2^{20} - 1$	E=4 ,	$M_0 \cdot M_1 \cdot M_2 \cdot M_3 \cdot F_0$ =	FFFFF
2^{20}	E=5 ,	$M_0 \cdot M_1 \cdot M_2 \cdot M_3 \cdot F_1 \cdot F_0$ =	100000
⋮	⋮		⋮
2^{28}	E=7 ,	$M_0 \cdot M_1 \cdot M_2 \cdot M_3 \cdot F_3 \cdot F_2 \cdot F_1 \cdot F_0$ =	10000000
$2^{32} - 1$	E=7 ,	$M_0 \cdot M_1 \cdot M_2 \cdot M_3 \cdot F_3 \cdot F_2 \cdot F_1 \cdot F_0$ =	FFFFFFFF

$\geq 2^{32}$ Ü = 1 Überlauf

Bei jeder Erhöhung des Exponenten (verursacht durch Überlauf in den Mantissenstellen) werden auch die Zähltakte durch den Demultiplexer stellengerecht umgeleitet. Dieses Verfahren wird bis E=3 homogen so durchgeführt, daß die Zähltakte durch den Demultiplexer zu der jeweils niedrigstwertigen Stelle geleitet werden. Wegen der sich addierenden Übertragsdurchlaufzeiten bis zum Exponenten hätte eine homogene Fortführung des Verfahrens die zeitliche Auflösung, die jetzt bei 100 ns liegt, beeinträchtigt. Ein Auflösungsvermögen von 100 ns erschien aber unverzichtbar, und so wurde die in Abb. A 3 unten dargestellte Lösung gewählt, bereits untersetzte Zähltakte über einen Multiplexer weiterzuleiten.

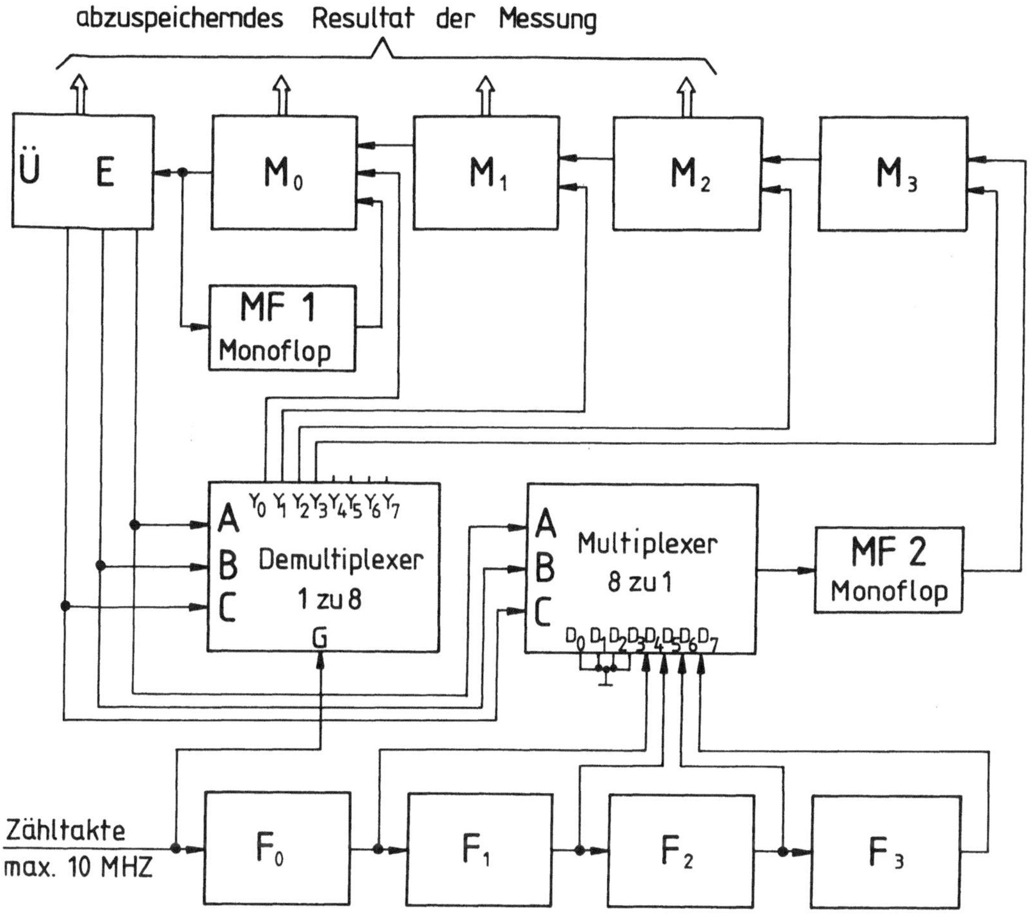

Abb. A 3: Struktur des selbstjustierenden Zählkanals.

Literatur

[1] A.K. Agrawala, J.M. Mohr, R.M. Bryant: An approach to the workload characterization problem.
Computer, Vol. 9, No (1976), 18-32

[2] W.I. Stanley: Measurement of system operational statistics.
IBM Syst. J., Vol. 8, No. 4 (1969), 299-308

[3] R.L. Mead, H.D. Schwetman: Job scripts - A workload description based on system event data.
Proc. AFIPS, Vol. 47 (NCC 1978), 457-464

[4] G.J. Silverman, R.N. Sauer: A SENSOR-BASED programmed monitor system.
Proc. 1st annual ACM-SIGME-Symposium on measurement and evaluation, Palo Alto (1973), 143 - 146

[5] W. Händler, F. Hofmann, H.J. Schneider: A General Purpose Array with a Broad Spectrum of Applications.
1st Workshop on Computer Architecture, Erlangen, May 1975, Informatik Fachberichte Bd. 4, Springer Berlin, 2 (1975), 311-334

[6] R. Klar: A counting monitor for measurements of dynamic program behaviour in memory.
Proc. intern. comp. symp., Bonn (1970)

[7] R. Klar: Messung von Rechneraktivitäten.
Arbeitsberichte des IMMD, Erlangen, Vol. 4, No. 2 (1971)

[8] R. Klar: Hardware-Messungen und ihre Anwendungen auf die Ermittlung von Befehlsstatistiken.
NTG-GI-Fachtagung Rechnerstrukturen und Betriebssysteme. Lecture Notes in Computer Science, Springer-Verlag (1974)

[9] H. Schreiber: Hardware measurement of CPU activities.
In H. Beilner, E. Gelenbe (eds.):
Modeling and performance evaluation of computer systems.
North Holland Amsterdam, New York (1977)

[10] H. Schreiber: Hardware-Messung und Analyse des Ablaufgeschehens in Rechnerkernen.
Arbeitsberichte des IMMD, Erlangen, Vol. 11, No. 7 (1978)

[11] R. Klar, H. Schreiber, H.C. Widjaja: Messungen mit dem Zählmonitor II.
Arbeitsberichte des IMMD, Erlangen, Vol. 8, No. 9 (1975)

[12] Tesdata: Warum Hardware-Messung? Eine Einführung in die Leistungsmessung an EDV-Anlagen mit Hardware-Monitoren.
ONLINE, Zeitschrift für Datenverarbeitung No. 9, 10, (1974)

[13] W. Nonnenmacher: Das Siemens Datenverarbeitungssystem 3003
Siemens-Zeitschrift, Vol. 38, No. 3 (1964), 141 - 152

[14] R. Klar: Die optische Darstellung der Inhalte von Registern eines Rechenautomaten.
Interner Bericht (1968)

[15] W. Buchholz: Planning a Computer System.
Mc Graw Hill, New York-Toronto-London (1962)

LOKALE DIFFUSIONSNETZE MIT BENUTZER- UND LASTUNABHÄNGIGEM OVERHEAD

- C^3SMA-SYSTEME -

Franz-Joachim KAUFFELS

Otto SPANIOL

Institut für Informatik
der Universität Bonn
Wegelerstraße 6
D - 5300 BONN

Zusammenfassung: *In den letzten Jahren ist eine Reihe von Protokollen für die Übertragung von Daten über ein gemeinsames Kommunikationsmedium ("multiple-access"-Technik) diskutiert worden. Die einfacheren dieser Protokolle zeichnen sich durch geringen Overhead aus, was durch die Möglichkeit der unbegrenzten Wiederholung von Konflikten erkauft wird. Durch aufwendigere Protokolle kann die Übertragung konfliktfrei gestaltet werden, jedoch wächst bei den bisher bekannten Verfahren der dabei benötigte Overhead linear mit der Gesamtzahl N der Systembenutzer.*
Daneben gibt es die Möglichkeit, Protokolle mit limitierter Kollisionszahl pro Übertragung einzuführen (Reservierungstechnik des SLOTTED ETHERNET-Systems [Sp79]); hierbei ist der Overhead abhängig von der aktuellen Belastung des Systems.

In der vorliegenden Arbeit wird eine Klasse von neuen Protokollen (C^3SMA-Systeme) vorgestellt, die für verschiedene Übertragungstechniken und -medien einsetzbar sind. In dieser Klasse liegen (je nach dem auf der Sender- bzw. Empfängerseite investierten technischen Aufwand) sowohl konfliktbehaftete als auch konfliktfreie Protokolle. Unterschiedliche C^3SMA-Systeme lassen sich durch Einführung von Benutzerklassen mit jeweils unterschiedlichen Prioritäten und Protokollarten miteinander kombinieren. Der Overhead kann für alle C^3SMA-Systeme auf eine kleine Konstante begrenzt werden, die unabhängig von der Systembelastung und der Gesamtzahl der Systembenutzer ist.

Die Protokolle der C^3SMA-Klasse lassen sich unter bestimmten Voraussetzungen mathematisch analysieren; die hierbei erhaltenen Ergebnisse für Durchsatz und Wartezeiten werden den entsprechenden - bedingt vergleichbaren - Resultaten für zwei von Scholl ([Sc76]) eingeführte Protokolle gegenübergestellt.

Summary: *Various multiplexing techniques for broadcast packet switching computer networks have been discussed in the recent past. Most of the simpler protocols have a small overhead but are susceptible to repeated collisions. Conflictfree transmission is possible by introducing more sophisticated protocols; usually, in this case the overhead grows linearly with the number of system users.*
There is at least one protocol which limits the total number of collisions of any particular packet (SLOTTED ETHERNET, see [Sp79]); in this system the overhead depends on the actual load of the system.

The present paper defines a new class of protocols (C^3SMA-systems) which can be used for various transmission techniques. Both conflicting and conflictfree protocols are members of this class. Different C^3SMA systems are combined by introducing user classes with different priorities and protocols. It will be shown that the overhead of C^3SMA systems is a small constant which doesnot depend on the actual load and the total number of users.

The performance of C^3SMA systems is analyzed by mathematical methods; the results of the analysis are compared with the corresponding results which are obtained for two protocols which have been introduced by Scholl ([Sc76]) in his Ph. D. Thesis.

1. EINLEITUNG

1.1. *Zielsetzung der Arbeit*

In der vorliegenden Arbeit werden zusätzlich zu den bisher bekannten Protokollen für den Mehrfachzugriff auf einen gemeinsamen Übertragungskanal in Diffusionsnetzen vier weitere Protokolle vorgestellt, die hinsichtlich der Kanalkapazität und der Art der Verständigung der Stationen untereinander einen Kompromiß zwischen ungesteuerten Systemen (geringer Overhead, aber Kollisionen) und Reservierungssystemen (relativ hoher Overhead, aber kollisionsfrei bzw. limitierte Kollisionszahl) darstellen.

Dieses Ziel wird durch Anwendung einer bisher für diesen Zweck noch ungenutzten Technik erreicht. Das neue C^3SMA-System (Clock Chirp Carrier Sense Multiple Access) ermöglicht eine Steuerung aller beteiligten "Multiple Access"-Stationen mit benutzer- und lastunabhängigem Overhead; es kann als Verallgemeinerung der Übertragungsprotokolle MACS (Mixed ALOHA Carrier Sense) und MAPCS (Mixed Alternating Priorities Carrier Sense) (siehe [Sc76]) aufgefaßt werden. Vier Versionen des C^3SMA-Systems werden diskutiert, die das Spektrum zwischen MACS und MAPCS ausfüllen.

1.2. *Übertragungsprotokolle für lokale Diffusionsnetze*

Wir gehen davon aus, daß N Benutzer Datenpakete über einen gemeinsamen Übertragungskanal senden und daß die geographische Distanz zwischen den beteiligten Benutzern vergleichsweise niedrig ist, d.h. sehr kurze Signallaufzeit im Vergleich zur Paketübertragungsdauer. Die maximale Signallaufzeit zwischen zwei Benutzern bezeichnen wir als einen Minislot.

Wir beschreiben im folgenden einige in der Literatur diskutierte Übertragungsprotokolle. Für Einzelheiten und weitere Protokolle verweisen wir auf Scholl [Sc76] und die anderen im Literaturverzeichnis zitierten Arbeiten.

1.2.1. *CSMA (Carrier Sense Multiple Access) [To74]*

Der Kanal wird einen Minislot lang abgehört und als frei interpretiert, wenn kein Träger festgestellt wurde. Kollisionen treten immer dann auf, wenn mehrere Benutzer innerhalb desselben Minislots eine Übertragung starten. Da ein kollidierendes Paket nicht abgebrochen wird, ist der Kanal sehr stark durch unbrauchbare Übertragungen belastet.

1.2.2. *ETHERNET ([MB76])*

Wie CSMA, aber kollidierende Übertragungen werden abgebrochen. In Abhängigkeit von der Kollisionszahl eines Pakets wird die mittlere Verzögerungszeit bis zum nächsten Sendeversuch erhöht (siehe dazu [Ba78] und [Mo79]).

1.2.3. *Polling, MSAP (Minislotted Alternating Priorities) [Sc76]*

Zyklische Anordnung $U_o,\dots,U_{N-1}$ der N Benutzer. Nach Beendigung einer Sendung von Benutzer U_i startet Benutzer $U_{i+1 \bmod N}$ nach einem Minislot (MSAP) bzw. nach

Erhalt einer "Polling Message" (Polling) seine Übertragungen.

Nachteil: das System kann durch Benutzer mit extrem hoher Sendedauer monopolisiert werden.

Vorteil: hoher Durchsatz (am höchsten bei Monopolisierung des Systems), geringer Overhead.

1.2.4. *Alternating Priorities (AP), Random Order, HOL (Head of the Line), Round Robin ([Sc76], [Gf78])*

In [Sc76] werden die Eigenschaften der vier erwähnten kollisionsfreien Protokolle untersucht; ein ähnliches Protokoll wurde von Gfeller [Gf78] für eine spezielle Anwendung ("Office Automation") vorgeschlagen. Kollisionsfreiheit wird in allen Fällen dadurch erreicht, daß eine Übertragungseinheit aus einer "Auswahlphase" und einer "Datenphase" besteht; in der Auswahlphase erfolgt die Reservierung der Datenphase für den Benutzer höchster Priorität; auf diese Weise werden Kollisionen während der Datenphase ausgeschlossen. Die Auswahlphase besteht aus N-1 Minislots, die den Systembenutzern aufgrund ihrer Priorität zugeteilt werden (früherer Minislot = höhere Priorität). Alle Sendungen während der Auswahlphase werden von allen sendewilligen Benutzern mitgehört. Die Datenphase ist für denjenigen Benutzer reserviert, der als erster einen Sendewunsch startet (durch Sendung eines Trägers in "seinem" Minislot sowie für die folgenden Minislots bis zum Ende der Auswahlphase). Die Anmeldung eines Sendewunsches ist unzulässig, wenn die Trägerfrequenz bereits (durch einen Benutzer höherer Priorität) belegt ist. Der Benutzer niedrigster Priorität kann sofort senden, wenn er sendewillig ist und am Ende der Auswahlphase keinen Sendewunsch (Träger) vorfindet. Um eine Monopolisierung des Kanals zu vermeiden, muß man die Benutzerreihenfolge in der Auswahlphase im Laufe der Zeit variieren (z.B. durch zyklische Umnumerierung der Benutzer); aus den verschiedenen Möglichkeiten hierzu resultieren unter anderem die von Scholl angegebenen vier Übertragungsprotokolle. Wegen des hohen Overheads (N Minislots pro Übertragungseinheit) sind die Protokolle nur bei einer relativ kleinen Benutzerpopulation effizient.

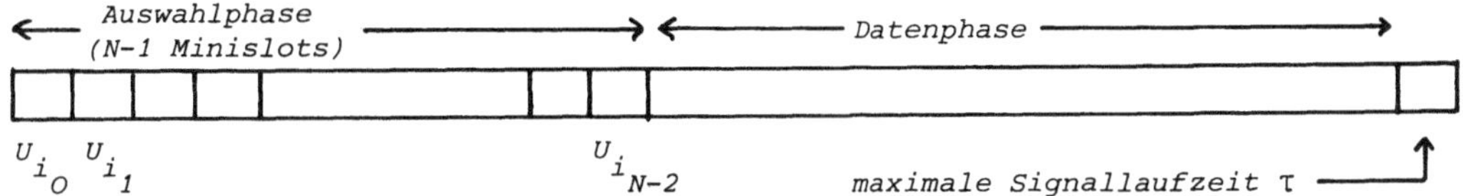

1.2.5. *Das "Large User Model", Mixed ALOHA Carrier Sense (MACS), Mixed Alternating Priorities Carrier Sense (MAPCS)*

Um die Effizienz der Protokolle bei unterschiedlichem Benutzerverhalten zu erhöhen, unterteilen wir die N Benutzer in N-1 "kleine" Benutzer ("small users", Abk. S.U.), die unabhängig voneinander arbeiten, und in einen "großen" Benutzer ("large user", Abk. L.U.) niedrigster Priorität mit unbegrenzter Pufferkapazität und hoher Inputrate. Alle Sendungen beziehen sich auf Pakete fester Länge und sind synchronisiert.

1.2.5.1. *MACS (Mixed ALOHA Carrier Sense)*

3 Fälle sind zu unterscheiden:

a. Genau ein S.U. startet eine Sendung zu Beginn eines Slots: keine Kollision.

b. Mindestens zwei S.U. starten gleichzeitig eine Sendung: alle beteiligten Benutzer kollidieren.

c. Kein S.U. startet eine Übertragung. Dieses Ereignis wird vom L.U. nach Ablauf eines Minislots erkannt. Der Slot kann vom L.U. zur Übertragung genutzt werden.

Der Overhead beträgt zwei Minislots pro Übertragungseinheit.

1.2.5.2. *MAPCS (Mixed Alternating Priorities Carrier Sense)*

Diese Strategie entsteht aus den in 1.2.4. beschriebenen durch Einführung des "Large User"-Konzepts, d.h. eines Benutzers niedrigster Priorität mit eigenem Protokoll. MAPCS arbeitet konfliktfrei, benötigt aber N Minislots an Overhead pro Übertragungseinheit. Die Datenphase ist für den Benutzer höchster Priorität reserviert.

Zahl der Sendewünsche der S.U.	MACS	MAPCS
1	Small User	S.U. höchster Priorität (← N-1 Minislots →)
≥ 2	Konflikt	
0	Large User	Large User

1.2.6. *SLOTTED ETHERNET ([Sp79])*

Bei diesem System wird die Zahl der Kollisionen pro Paket auf maximal 1 begrenzt. Bei auftretenden Kollisionen erfolgt eine Prioritätsmeldung aller beteiligten Benutzer in N eigens dafür vorgesehenen Bereichen innerhalb dieses Kollisionstakts. Entsprechend viele Nachfolgetakte sind zur (kollisionsfreien) Übertragung der beteiligten Benutzer reserviert; das Reservierungssignal wird durch die betroffenen Benutzer jeweils zu Beginn dieser Takte gegeben. Im Gegensatz zu den übrigen betrachteten Protokollen ist der Overhead des SLOTTED ETHERNET-Systems lastabhängig, da nach Kollisionen ein ganzer Takt zur Steuerung einer unterschiedlichen Zahl von Nachfolgetakten verwendet wird. Besonders klein (ca. 3 Minislots pro Slot abgesehen vom ACK-Bereich) wird der Overhead bei schwach belasteten Systemen (nur wenige Kollisionen) bzw. bei extrem hoher Last (Steuerung zahlreicher Nachfolgetakte in einem einzigen Slot).

Slotaufbau:

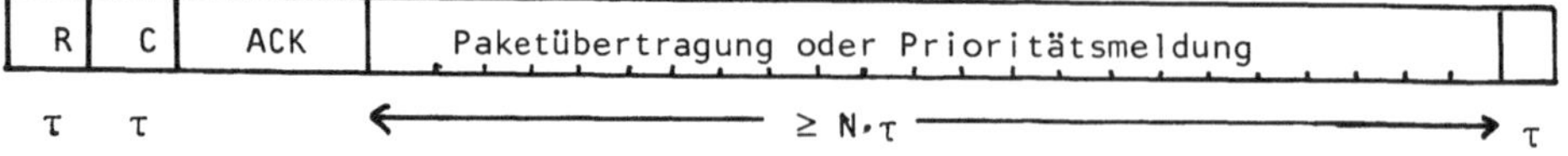

R = Reservierungsindikation, C = Kollisionserkennung in nicht reserviertem Slot, ACK = Acknowledgment des im vorigen Takt übertragenen Pakets, τ = Signallaufzeit.

2. DAS C^3SMA-SYSTEM

2.1 *Grundlegende Eigenschaften*

In diesem Abschnitt wird ein neues System mit folgenden Eigenschaften eingeführt:

(1) Vermeidung von Kollisionen ganzer Pakete durch Mithören von Sendungen und Abbruch bei Auftreten eines Konflikts (im Gegensatz zu CSMA).

(2) Overhead unabhängig von der Benutzerzahl (im Gegensatz zu AP, MAPCS,...) sowie unabhängig von der Belastung des Systems (im Gegensatz zu SLOTTED ETHERNET).

(3) Universelle Einsetzbarkeit auch in mobilen Funknetzen, keine zentrale Steuerung.

(4) Ermöglichung von unterschiedlichen, aber miteinander kompatiblen Protokollen für verschiedene Benutzercharakteristiken und -klassen.

2.2. *Vereinbarungen*

Wir betrachten eine Population von N Benutzern, die miteinander über einen Kanal mit Bandbreite W kommunizieren. Die folgenden Vereinbarungen orientieren sich an den von Scholl [Sc76] getroffenen Annahmen:

(1) Konstante Paketlänge, b_m = Bitzahl pro Paket, $T := b_m/W$ = Übertragungszeit eines Pakets, ein Slot enthält ein Paket sowie den zur Organisation benötigten Overhead.

(2) Das System ist synchronisiert.

(3) Der Kanal ist störungsfrei.

(4) Acknowledgments werden entweder über einen separaten Kanal oder aber in einem speziell dafür reservierten Abschnitt des Nachfolgetakts gegeben.

(5) Kein Einfang-Effekt, d.h. bei Überlagerung von mindestens zwei Paketen kann keines davon korrekt empfangen werden.

(6) Die maximale Quelle-Ziel-Verzögerung τ ist klein gegenüber T, d.h. $a := \tau/T \ll 1$.

(7) Alle Benutzer stehen in direktem Kontakt miteinander.

(8) Die Trägerdetektionszeit bzw. eine eventuelle Auswertung von Prioritäten nach einem vereinbarten Schema sind gegenüber τ vernachlässigbar.

2.3. *Struktur der Senderseite im C^3SMA-System*

Jeder Benutzer hat zusätzlich zu der Möglichkeit, den Träger mit einem Informationspaket zu modulieren, auch die Fähigkeit, einen "Chirp" zu generieren. Der "Chirp" ist eine dem Benutzer zugeteilte eigene Frequenz. Es gibt mindestens zwei Realisierungsarten für einen Chirp (siehe unten). Darüberhinaus kann die Synchronisation des gesamten Systems mit einem speziellen Chirp durchgeführt werden.

2.3.1. *FM-Chirp*

Dieser Chirptyp wird als niederfrequenter Ton der normalen Trägerfrequenz aufmoduliert. Die Chirperkennung erfolgt durch Analyse der demodulierten Frequenzen.

2.3.2. *CV-Chirp*

Der Carrier-Variation-Chirp entsteht durch Aussendung einer Frequenz, die sich nur wenig von der Trägerfrequenz unterscheidet. Sie wird nicht durch Modulation des Trägers, sondern durch einen speziellen Generator erzeugt. Die Analyse des Chirps erfolgt hier durch Frequenzmessung bzw. durch Interferenzanalyse. Dies ist bei Verwendung von Rundfunkfrequenzen als Übertragungsmedium von besonderem Vorteil.

2.3.3. *Clock Chirp*

Der Clock-Chirp unterscheidet sich von allen anderen Chirps durch eine besondere Frequenz und/oder Modulation; er schaltet durch sein Eintreffen alle Benutzer zeitlich gleich.

2.3.4. *Die maximale Benutzerzahl des C^3SMA-Systems*

Die maximale Benutzerzahl N_{max} des C^3SMA-Systems (= Maximalzahl der Chirpfrequenzen) hängt entscheidend von der Trägerfrequenz, der Bandbreite W des Übertragungsmediums und dem Abstand w der Chirpfrequenzen ab, wie folgende kleine Tabelle zeigt:

Trägerfrequenz	W	w	N_{max} = W/w	Chirptyp
27 MHz	200 kHz	10 kHz	20	FM
5.800 MHz	150 MHz	100 kHz	1.500	CV

Man sieht, daß im Gigahertzbereich, der für lokale Netze besonders geeignet ist, praktisch unbegrenzt viele Chirpfrequenzen verfügbar sind.

2.4. *Aufbau der Empfängerseite*

Jede Station kann Chirps von fremden Stationen aufnehmen, den eigenen kann sie wegen eines steilen Filters im Empfänger nicht erkennen (dies ist aber auch nicht notwendig). Dadurch ist es möglich, gleichzeitig einen eigenen Chirp zu senden und fremde zu empfangen. Hinsichtlich des zur Realisierung benötigten hardwaremäßigen Aufwands unterscheiden wir zwei Arten von Empfängern:

Typ A: Empfänger mit breitbandigem Empfangsspektrum. Diese können nur unterscheiden, ob mindestens ein fremder Chirp vorliegt oder nicht.

Typ B: Empfänger mit differenziertem Empfangsspektrum. Diese können erkennen, welche fremden Stationen einen Sendewunsch haben, den sie durch einen Chirp äußern. Nur bei dieser aufwendigeren Technik ist eine Prioritätsregelung bei mehreren gleichzeitig angemeldeten Sendewünschen möglich.

2.5. *C^3SMA-Systeme, Protokollversionen, Kombinationsmöglichkeiten*

Das C^3SMA-System zeichnet sich dadurch aus, daß Sendewünsche im ersten Minislot eines Taktes durch einen Chirp mitgeteilt werden. Wenn mindestens zwei Sendewünsche gleichzeitig geäußert werden, ergeben sich je nach der Struktur der Empfängerseite (Typ A oder B) verschiedene Versionen von Übertragungsprotokollen.

2.5.1. *Slotkonfiguration*

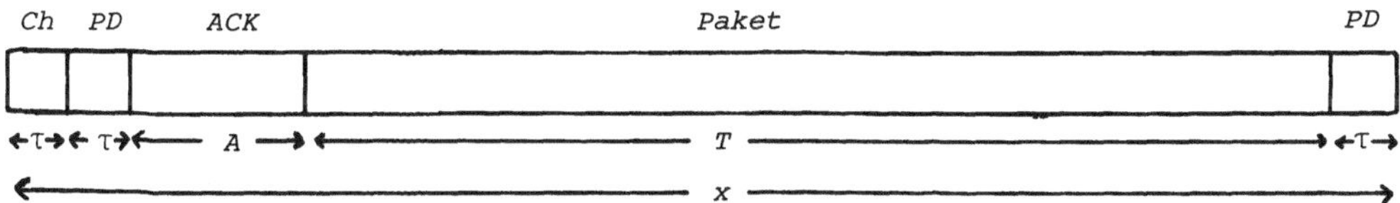

PD := Propagation Delay (Länge τ) , Ch := Chirp-Minislot (Länge τ).

Der ACK-Bereich entfällt bei Übetragung der Acknowledgments über einen separaten Kanal. Für die Beibehaltung des ACK-Bereichs spricht (neben den geringeren Kosten), daß in diesem Fall die Voraussetzung (8) aus 2.2. leicht erfüllbar ist.
Die Slotlänge berechnet sich zu:

$$x = T + \gamma A + 3\tau = T\cdot(1 + \alpha\gamma + 3a)$$

mit $a := \tau/T \ll 1$, $\alpha := A/T < 1$, $\gamma := \begin{cases} 0 & \text{separater ACK-Kanal} \\ 1 & \text{sonst} \end{cases}$

Den Term $1 + \alpha\gamma + 3a$ bezeichnen wir als <u>Overheadfaktor</u>.

2.5.2. *Protokollversionen im C^3SMA-System*

Wir diskutieren im folgenden 4 Versionen von Übertragungsprotokollen im C^3SMA-System:

Version 1: N Small User; Empfängertyp A; keine Prioritäten
" 2: N-1 S.U.; 1 Large User; Empfängertyp A
" 3: N Small User; Empfängertyp B mit eindeutiger Prioritätenregelung
" 4: N-1 S.U.; 1 L.U.; Empfängertyp B mit eindeutiger Prioritätenregelung

In allen Versionen wird ein Übertragungswunsch (eines S.U.) durch einen Chirp zu Beginn des Slots geäußert, in dem die Übertragung durchgeführt werden soll; wenn kein fremder Chirp registriert wird, ist der betreffende Takt für den einzigen beteiligten Small User reserviert.

Liegt dagegen mindestens ein fremder Chirp vor, dann gilt:

- der betreffende Slot bleibt ungenutzt; alle beteiligten Benutzer wiederholen die Sendung nach einer zufälligen Verzögerungszeit (Version 1)
- der Slot wird vom Large User genutzt, sofern dieser eine Übertragung durchführen will (Version 2)
- der Takt ist für den sendewilligen Benutzer höchster Priorität reserviert, die anderen wiederholen nach einer zufälligen Verzögerungszeit (Version 3 bzw. 4).

Wird kein Chirp festgestellt, dann bleibt der betreffende Slot in den Versionen 1 und 3 ungenutzt, in Version 2 und 4 kann er vom Large User genutzt werden.

(Siehe dazu auch die Tabelle in Abschnitt 3.2.).

<u>*Bemerkungen:*</u>

1. Version 4 entspricht dem MAPCS-System von Scholl (1.2.5) mit dem Unterschied, daß nur zwei anstelle von N-1 Minislots zur Prioritätssteuerung benötigt werden

("parallele" anstelle "serieller" Prioritätsmeldung). Wie MAPCS sind auch die Prioritätsversionen 3 bzw. 4 des C^3SMA-Systems konfliktfrei (keine ungenutzten Takte bei Vorliegen von Sendewünschen). Bei statischer Prioritätsvergabe (z.B. wachsende Priorität bei aufsteigender Chirpfrequenz) kann der Kanal monopolisiert werden; durch alternierende Prioritäten kann man diesen Effekt vermeiden. Unterschiedliche alternierende Prioritäten können durch erhöhten Aufwand auf der Senderseite (durch Wechsel der Chirpfrequenz) bzw. auf der Empfängerseite (durch Wechsel des Auswahlverfahrens) erreicht werden.

2. Die an einer Kollision in den Versionen 1 und 2 beteiligten S.U. müssen nach einer zufälligen Verzögerungszeit ihren Sendewunsch wiederholen. Ein ungesteuertes System (maximale Verzögerungszeit konstant) ist "instabil" (d.h. extrem niedriger Durchsatz der S.U. durch erhöhte Kollisionszahl, siehe [FGL77], [Sp78]); stabilisiert werden kann es durch Steuerung der Rücksendewiederholwahrscheinlichkeit und zwar durch Senken dieser Wahrscheinlichkeit proportional zur Zahl der blockierten S.U. (siehe [FGL77], [Sp78]) bzw. durch exponentielle oder polynomielle Vergrößerung des Verzögerungsintervalls in Abhängigkeit von der Zahl der Kollisionen eines Pakets (siehe [MB76], [Ba78], [Mo79], [Sp79]).

2.5.3. *Kombination der beschriebenen Protokollversionen*

Es ist möglich, die betrachteten Protokollversionen durch Aufteilung der Benutzerpopulation miteinander zu kombinieren. Eine von vielen Möglichkeiten zeigt das folgende Beispiel:

Benutzertyp	*Benutzer-spezifikation*	*Benutzer-nummer*	*Protokoll-version*	*Prioritätsklasse (höherer Index = niedrigere Prio.)*
S.U. mit Prioritäten (gesteuert)	Stationäre Benutzer	U_0 : U_{k-1}	3 oder 4	0 : k-1 (bzw. eine Permutation davon, etwa ein zyklischer Tausch in konstanten Zeitabständen)
S.U. niedrigster Prior., ungesteuert	Mobile Benutzer	U_k : U_{N-2}	1 oder 2	k
Large User	Hintergrund-programm	U_{N-1}	2 oder 4	k+1

Bemerkung: Auf eine Steuerung der Rücksendewiederholwahrscheinlichkeit der Benutzer in Prioritätsklasse k wurde aus Aufwandsgründen bei dieser Variante verzichtet. Es wurde dabei davon ausgegangen, daß die Senderate dieser Benutzer so niedrig ist, daß das geringe Instabilitätsrisiko in Kauf genommen werden kann.

3. LEISTUNGSBEWERTUNG UND VERGLEICH DER C^3SMA-PROTOKOLLE

3.1. *Grundlegende Definitionen*

In allen Protokollversionen des C^3SMA-Systems besteht ein Slot aus folgenden Teilen:

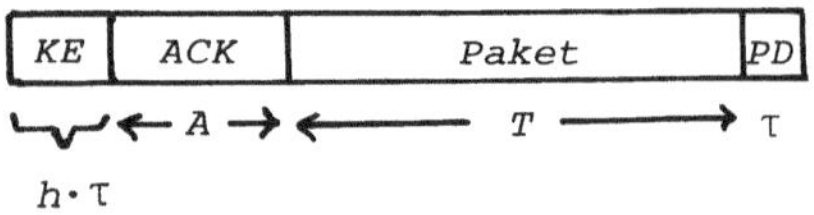

KE	*ACK*	*Paket*	*PD*
$h \cdot \tau$	A	T	τ

KE = Kollisionserkennung und Prioritätsauswahl
ACK= Quittung des Pakets im vorigen Slot
PD = Propagation Delay

Die Slotlänge x ergibt sich damit zu:

$$x = T + \gamma A + (h+1)\tau = T\cdot(1 + \gamma\alpha + (h+1)\cdot a) \overset{\text{def}}{=} T\cdot v^{(\gamma,\alpha,N,a)}(P)$$

mit $a := \tau/T << 1$, $\alpha := A/T < 1$, $\gamma := \begin{cases} 0 & \text{falls separater ACK-Kanal} \\ 1 & \text{sonst} \end{cases}$

$v^{(\gamma,\alpha,N,a)}(P) := 1 + \gamma\alpha + (h+1)\cdot a$ = Overheadfaktor der betrachteten Protokollversion P (h wird durch die Versionsmummer und die Benutzerzahl N festgelegt).

Für Protokolle mit separatem ACK-Kanal (auf die wir uns bei den folgenden Diskussionen beschränken), ist der Overheadfaktor gegeben durch:

$$v^{(\gamma,\alpha,N,a)}(P) = v^{(N,a)}(P) = 1 + (h+1)\cdot a$$

Die Abhängigkeit des Overheadfaktors vom Protokoll wird aus der folgenden kleinen Tabelle ersichtlich:

Protokoll	*M/D/1*	*MSAP*	*CSMA*	*MACS*	*C^3SMA*	*MAPCS*	*AP*
Overheadfaktor	*1*	*1*	*1 + a*	*1+2a*	*1 + 3a*	*1 + Na*	*1+Na*

* *Perfect Scheduling (idealisiertes System)*

** *Bei Monopolisierung des Systems*

Definition:

a. S^* := Durchsatz des Systems
= Anteil erfolgreicher Paketübertragungen an der Gesamtzeit
= $S_1^* + S_2^*$
= Gesamtdurchsatz der S.U. + Durchsatz des L.U.

b. $S := S^*\cdot v^{(N,a)}(P)$ = normierter Durchsatz = Zahl übertragener Pakete pro Slot.

c. C := Kapazität des Systems = $\max S^* = \max S/v^{(N,a)}(P)$.

d. G := Gesamtverkehr der S.U. = Sendewünsche der S.U. pro Slot.

e. D_1 bzw. D_2 bezeichnen die mittlere Verzögerungszeit einer Übertragung eines S.U. bzw. des L.U. (Zeit von der Generierung eines Pakets bis zur erfolgreichen Übertragung).

Folgerung: Für alle betrachteten Protokolle gilt:

$$S^* \leq C \leq 1/v^{(N,a)}(P) \qquad \text{sowie} \qquad S \leq 1.$$

Vereinfachende Annahmen (für die mathematische Analyse):

Wir setzen voraus, daß der Gesamtverkehr der S.U. ein Poissonprozeß mit Parameter G ist.

Der Zugangsprozeß zum L.U. sei ebenfalls ein Poissonstrom mit Parameter λ (λ = Zugangsrate pro Slot). Im stationären Fall gilt dann $\lambda = S_2$.

3.2. *Analyse des C^3SMA-Systems und Vergleich mit anderen Protokollen*

Wir stellen im folgenden die vier C^3SMA-Versionen den Protokollen MACS und MAPCS von Scholl gegenüber, die am ehesten mit C^3SMA verglichen werden können. Zunächst die Resultate für MACS und MAPCS (für die Beweise verweisen wir auf [Sc76]):

Sendewünsche der Small User	MACS	MAPCS
1	S.U.	S.U. höchster Priorit.
≥ 2	ungenutzt	
0	L.U.	L.U.
Durchsatzwerte	$S_1 = G \cdot e^{-G}$ $S_2 = P(\text{kein S.U. aktiv}) \cdot P(\text{L.U. aktiv}) = e^{-G} \cdot P(\text{L.U. aktiv}) \leq e^{-G}$ $S = S_1 + S_2 \leq (G+1) \cdot e^{-G}$ $"=" \Leftrightarrow \begin{cases} G = 0 \\ \text{LU aktiv} \end{cases}$	$S = S_1 + S_2 \leq 1$ $S_{2,max} = 1 - S_1$ (wird erreicht, wenn L.U. stets aktiv ist).
Verzögerungszeiten	D_1 ist abhängig von der Steuerungspolitik $D_2 = T(1+2a) \cdot \left[\frac{1}{2} + \frac{2 - S_2}{2(e^{-G} - S_2)}\right]$	$D_1 = T(1+Na) \cdot \left[\frac{1}{2(1-S_1)} + 1\right]$ $D_2 = T(1+Na) \cdot \left[\frac{1}{2(1-S_1)(1-S)} + 1\right]$
	$S_2 = S_{2,max} \Leftrightarrow D_2 = \infty$	$S_2 = S_{2,max} \Leftrightarrow D_2 = \infty$

Für die vier betrachteten C^3SMA-Versionen ergibt sich:

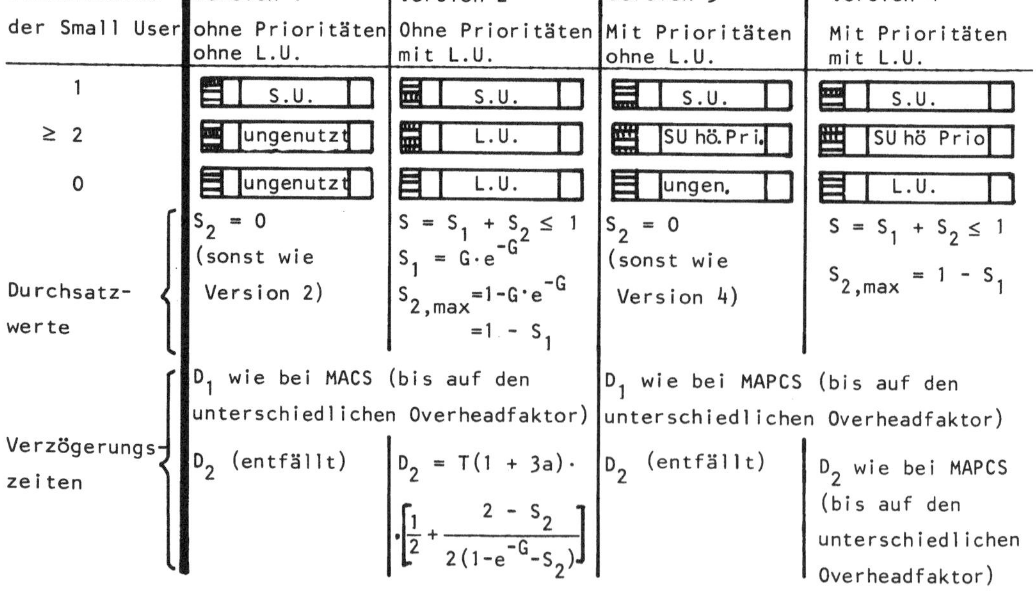

Sendewünsche der Small User	Version 1 ohne Prioritäten ohne L.U.	Version 2 Ohne Prioritäten mit L.U.	Version 3 Mit Prioritäten ohne L.U.	Version 4 Mit Prioritäten mit L.U.
1	S.U.	S.U.	S.U.	S.U.
≥ 2	ungenutzt	L.U.	SU hö. Pri.	SU hö Prio
0	ungenutzt	L.U.	ungen.	L.U.
Durchsatzwerte	$S_2 = 0$ (sonst wie Version 2)	$S = S_1 + S_2 \leq 1$ $S_1 = G \cdot e^{-G}$ $S_{2,max} = 1 - G \cdot e^{-G} = 1 - S_1$	$S_2 = 0$ (sonst wie Version 4)	$S = S_1 + S_2 \leq 1$ $S_{2,max} = 1 - S_1$
Verzögerungszeiten	D_1 wie bei MACS (bis auf den unterschiedlichen Overheadfaktor)		D_1 wie bei MAPCS (bis auf den unterschiedlichen Overheadfaktor)	
	D_2 (entfällt)	$D_2 = T(1 + 3a) \cdot \left[\frac{1}{2} + \frac{2 - S_2}{2(1-e^{-G}-S_2)}\right]$	D_2 (entfällt)	D_2 wie bei MAPCS (bis auf den unterschiedlichen Overheadfaktor)

Man erkennt deutlich, daß die C^3SMA-Versionen unterschiedlich aufwendig und leistungsfähig sind; sie füllen das Spektrum zwischen MACS und MAPCS recht gut aus.

Der Nachweis für die Durchsatzwerte der C^3SMA-Versionen ergibt sich unmittelbar aus der Struktur der Übertragungsprotokolle und aus den getroffenen Voraussetzungen (insbesondere aus der Annahme, daß der Gesamtverkehr der S.U. ein Poissonstrom ist).

Nachweis der Formel für D_2 (Version 2):

Ein Large-User-Paket (sofern vorhanden) kann nur dann übertragen werden, wenn entweder kein oder aber mindestens zwei Sendewünsche der S.U. im betreffenden Slot vorliegen. Die Wahrscheinlichkeit dafür ist aufgrund unserer Voraussetzungen:

$$p = 1 - G \cdot e^{-G} .$$

Die Anzahl b der Slots, die zur Abfertigung eines L.U.-Pakets benötigt werden, ist daher geometrisch verteilt mit Parameter p, d.h.

$$\overline{b} = \frac{1}{p} \quad ; \quad \overline{b^2} = \frac{2 - p}{p^2} .$$

Da der Zugangsprozeß des Large User ebenfalls ein Poisson-Prozeß (mit Parameter λ) ist und die Übertragung eines Pakets nur zu Beginn eines Slots gestartet werden kann (Ankünfte sind zu beliebigen Zeiten möglich), kann der Large User als M/G/1-System mit Rest-Periode modelliert werden (siehe [Sc76]).

Es ergibt sich damit für die mittlere Verzögerungszeit D_2 eines L.U.-Pakets:

$$D_2 = T \cdot (1+3a) \cdot \Delta_2$$

wobei $\Delta_2 = \overline{b} + \frac{\lambda \cdot \overline{b^2}}{2 \cdot (1 - \lambda \cdot \overline{b})} + \frac{1}{2} = \overline{b} + \frac{S_2 \cdot \overline{b^2}}{2 \cdot (1 - S_2 \cdot \overline{b})} + \frac{1}{2}$ (im stationären Fall).

Durch Einsetzen von $\overline{b}$ und $\overline{b^2}$ ergibt sich:

$$\Delta_2 = \frac{2 - S_2}{2 \cdot (p - S_2)} + \frac{1}{2} .$$

Hieraus folgt die Behauptung.

4. ZUSAMMENFASSUNG

Eine Klasse von Protokollen für lokale Rechnernetze (C^3SMA-Systeme) wurde eingeführt. Vier spezielle Protokollversionen und Kombinationsmöglichkeiten wurden diskutiert; alle lassen sich bzgl. der wichtigsten Systemparameter zwischen die Extrema MACS (Mixed ALOHA Carrier Sense) und MAPCS (Mixed Alternating Priorities Carrier Sense) einordnen. Sie sind aber leisungsfähiger als das einfache Protokoll MACS und benötigen weniger zeitlichen Overhead als das konfliktfreie Protokoll MAPCS . Diese und andere Resultate ergeben sich aus der mathematischen Analyse der C^3SMA-Protokolle, die unter Zugrundelegung derselben Voraussetzungen wie bei den beiden Vergleichsprotokollen MACS und MAPCS durchgeführt wurde.

LITERATUR

[Ba78] BANH Tri An: Rêseaux d'Ordinateurs à Commutation de Paquets: Modêlisation Mathêmatique et Simulation en Vue de l'Optimisation des Performances. Thêse de Doctorat en Sciences Appliquées, Université de Liège 1978.

[FGL77] FAYOLLE, G., GELENBE, E., LABETOULLE, J.: Stability and Control of Packet-Switching Broadcast Channels. Journal of the ACM, vol. 24, 1977, 375 - 386.

[Gf78] GFELLER, F.R.: Infrared Communication for In-House-Application. (Zugriff zu Datenstationen mittels Infrarotstrahlung). IBM-Symposium "Informationsverarbeitung und Kommunikation. Bad Neuenahr 1978.

[MB76] METCALFE, R.M., BOGGS, D.R.: ETHERNET: Distributed Packet Switching for Local Computer Networks. Communications ACM, vol. 19, 1976, 395 - 404.

[Mo79] MOURA, J.A.B.: LOOPS and ETHERNET: Evaluation and Comparison of Performance and Complexity. University of Waterloo, Waterloo, Ontario, Canada N2L 3G1. Computer Communication Network Group T-Report T-80, 1979.

[Sc76] SCHOLL, M.O.: Multiplexing Techniques for Data Transmission over Packet Switched Radio Systems. Ph.D. Thesis, University of California, Los Angeles, UCLA-ENG-76123, 1976.

[Sp78] SPANIOL, O.: Multifrequency ALOHA-Type Systems. Proceedings of the 4th International Winterschool on the Theory of Operating Systems, Budapest, 1978, 99 - 115. ISBN 963 311 074 2.

[Sp79] SPANIOL, O.: Modelling of Local Computer Networks. _In_: 4th International Symposium on Modelling and Performance Evaluation of Computer Systems, 6.-8. Februar 1979, North-Holland 1979. Erscheint in Computer Networks.

[To74] TOBAGI, F.: Random Access Techniques for Data Transmission over Packet Switched Radio Networks. Ph.D. Thesis, University of California, Los Angeles, UCLA-ENG-7499, 1974.

ÜBERLEGUNGEN ZUR KONSTRUKTION VON DISPOSITIONS-STRATEGIEN IN RECHNERVERBUNDNETZEN ZUM ZWECKE DER LEISTUNGSOPTIMIERUNG

R. Krichel
Datenverarbeitungszentrum
Bundesverwaltungsamt
Bonn

Zusammenfassung:

In der vorliegenden Arbeit wird ein Rechnernetz aus zwei Teilen betrachtet: Einem User-Resource-Netz und einem Kommunikationsnetz. Zur Ermittlung optimaler Dispositionsstrategien in bezug auf Größen wie minimale Netzverweilzeit, minimale Übertragungskosten usw. kann das Verhalten einer Nachricht in einem Kommunikationsnetz durch ein mathematisches Modell auf der Basis eines Semi-Markow-Entscheidungsprozesses beschrieben werden. Die optimale Strategie einer Nachricht, die von einem Startknoten k zu einem Zielknoten l unterwegs ist, kann schrittweise in Abhängigkeit vom Netzzustand ermittelt werden. Die Wirkungsweise des Verfahrens wird an einem Schritt für das Optimierungskriterium Netzverweilzeit demonstriert.

1. Einführung

Will man den Austausch von Daten gleichzeitig zwischen mehreren Rechnern an verschiedenen Orten ermöglichen, so benötigt man hierzu eine Vielzahl von Rechnerverbindungen, das heißt ein Rechnerverbundnetz oder kurz Rechnernetz.

Der Datentransport in solchen Rechnernetzen, der oft sehr teure Übertragungswege erforderlich macht, unterliegt dabei im allgemeinen folgenden Einflüssen:

1. der Netzstruktur (z. B. Stern-, Ring-, Maschennetz oder Kombinationen dieser Typen),
2. der Betriebsart (z. B. Durchschaltevermittlungen oder Teilstreckenvermittlungen (Message- und/oder Packet-Switching)),
3. der Art der Leitweglenkung von der Datenquelle zur Datensenke,
4. der bzw. den Dispositionsstrategien des Netzes,

5. dem Verkehrsaufkommen in den Quellen des Netzes.

Der Verkehrsfluß innerhalb eines Rechnernetzes zeigt insofern gewisse Parallelen zum Datentransport innerhalb einer Zentraleinheit oder einer Datenverarbeitungsanlage. Denn auch hier bestimmen die strukturellen, betrieblichen und strategischen Voraussetzungen der betreffenden Systeme sowie das Verhalten einer Zahl von Benutzern (Benutzeraufträge) die Eigenschaften des Datentransportes im System.

Die Ähnlichkeit der "Randbedingungen", die den Datentransport einmal in einem Rechnersystem und zum anderen in einem Rechnernetz charakterisieren, lassen vermuten, daß ähnliche Fragestellungen an den Datenverkehr in Rechnernetzen auf Analysemethoden führen, die von Rechnersystemen zumindest teilweise bekannt sind.

Ziel dieser Arbeit soll es sein, unter der Voraussetzung, daß schon eine optimale Netzstruktur gefunden ist, für ein Rechnernetz mit Paketvermittlung Methoden zu entwickeln, die es gestatten, optimale Dispositionen in bezug auf die Netzverweildauer einer Nachricht zu ermitteln.

2. Beschreibung des realen Rechnernetzes

Bei den folgenden Untersuchungen soll von einem Rechnernetz $V_N = \{K_1, K_2, \ldots, K_N\}$ ausgegangen werden, das aus N Knoten besteht, die untereinander durch Kommunikationskanäle mit im allgemeinen unterschiedlicher Übertragungsrate und unterschiedlicher Länge verbunden sind. Es wird angenommen, daß im Netz eine Teilstreckenvermittlung der Nachricht nach der Art des Message Switching (store and forward) erfolgt, bei der einzelne Nachrichten oder Nachrichtenteile (packets) ausgestattet mit einem Nachrichtenkopf (Header-Etikett) von Knoten zu Knoten so lange weitergeschleust werden, bis der Zielknoten erreicht ist.

Jedem Netzknoten obliegen zwei charakteristische Aufgaben:

1. die Nachrichtenvermittlung,
2. die Produktion und Vernichtung von Nachrichten.

Für die Realisierung der Nachrichtenvermittlung sorgt ein eigens hierfür vorgesehener Knotenvermittlungsrechner (INTERFACE MESSAGE PROCESSOR, abgekürzt IMP), der die Nachrichten zwischenpuffert, die Header-Etikett-Informationen analysiert und die Weiterleitung über einen Ausgangskanal arrangiert [1,2].

Die zweite Aufgabe bewältigt der Knoten mittels seiner lokalen Resourcen (autonomes Rechnersystem, genannt HOST oder intelligentes Terminal). Diese lokalen Betriebsmittel fungieren als Nachrichten-Quellen und -Senken, d. h. sie bilden Start und Ziel jeder Nachricht bzw. jeden -Paketes.

Die zwei unterschiedlichen Aufgaben eines Knotens lassen es sinnvoll und praktisch erscheinen, das Rechnernetz so zu betrachten, als ob es aus zwei Teilnetzen zusammengesetzt wäre [3,4]. Ein Teil des Rechnernetzes, kurz Kommunikationsnetz genannt, bestehend aus den Vermittlungseinrichtungen (IMPs) der Knoten und der Gesamtheit der Datenübertragungskanäle zwischen den Knoten übernimmt dabei den Vermittlungsservice im Netz, ein anderer Teil bestehend aus den lokalen Betriebsmitteln, kurz "User-Resource-Netz" genannt, nimmt Verarbeitungsaufgaben gemäß den gestellten Anforderungen wahr.

Für die weiteren Betrachtungen ist das Kommunikationsnetz von großer Bedeutung, während das User-Resource-Netz mehr die Funktion eines Nachrichten-Lieferanten bzw. einer Nachrichten-Auffangstelle übernimmt.

Zum Aufbau des Kommunikationsnetzes benötigt man eine Reihe von Netzparametern. Die Längen sowie die Datenübertragungsraten der Datenübertragungskanäle lassen sich durch zwei symmetrische Matrizen $\{L_{ij}\}$ und $\{C_{ij}\}$ $\forall\, i,j \in \{1,\dots,N\}$ beschreiben, wobei L_{ij} die Länge in km und C_{ij} die Kapazität in Baud des Datenübertragungskanals von Knoten i nach j darstellt. Der ins Kommunikationsnetz aus dem User-Resource-Netz eintretende Verkehr wird durch die Matrix $\{\gamma_{kl}\}$ $\forall\, k,l \in \{1,\dots,N\}$ beschrieben, wobei γ_{kl} den mittleren äußeren Paketverkehr gemessen in Paketen/Sekunde repräsentiert. Die Pakete laufen im Netz vom Ursprungsknoten k zum Zielknoten l.

Der Nachrichtenverkehr im Kommunikationsnetz bei festliegenden Netzparametern $\{L_{ij}\}, \{C_{ij}\}$ und $\{\gamma_{kl}\}$ hängt jetzt ganz wesentlich von der Art der Leitweglenkung der Nachrichten ab. Im Rahmen der folgenden Untersuchungen interessieren dabei zwei Möglichkeiten:

1. Alternative Leitweglenkung (alternate routing procedure),
2. Adaptive Leitweglenkung (adaptive routing procedure).

Ist für eine Nachricht mehr als ein Weg vom Startknoten zum Zielknoten möglich, so spricht man von einer alternativen Leitweglenkung. Dabei können die Wege entweder stochastisch (random routing) oder deterministisch (deterministic alternate routing) ausgewählt werden.

Wenn bei der alternativen Leitweglenkung eine Nachricht auf ihrem Weg zwischen Startknoten k und Zielknoten l den Knoten i erreicht hat, so wählt sie an Hand einer diskreten Wahrscheinlichkeitsverteilung $\{p_{ij}(k,l)\}$ den nächsten Knoten $j \in \{1, \dots, N\}$ aus. Dabei gilt in jedem Fall $\sum_j p_{ij}(k,l) = 1 \;\forall\, k,l \in \{1,\dots,N\}$. Die Größe $p_{ij}(k,l)$ ist dabei die Übergangswahrscheinlichkeit einer Nachricht, die auf ihrem Wege - startend in Knoten k und endend in Knoten l - den Knoten i erreicht hat und weitergeleitet wird zum Knoten j. Bei festem i,k,l existieren beim random routing mindestens zwei Wahrscheinlichkeitswerte $p_{ij}(k,l) \neq 0$; beim deterministic alternate routing gilt $p_{ij}(k,l) = 0$ $j \in \{1,\dots,N\}$

$\wedge \; \exists j_i \quad j_i \in \{1, \ldots, N\}$ mit $p_{ij_i}(k,l) = 1$.

Die alternative Leitweglenkung schreibt für eine Nachricht, die zu einem festen Quell-Senken-Paar [k,l] gehört eine Matrix $\{p_{ij}(k,l)\}_{i,j \in \{1,\ldots,N\}}$ vor, deren Elemente die Übergangswahrscheinlichkeiten von den Knoten i zu den Knoten j darstellen. Eine solche Matrix $\{p_{ij}(k,l)\}_{i,j \in \{1,\ldots,N\}}$ heißt Strategiematrix oder kurz Strategie für alle Nachrichten, die vom Knoten k zum Knoten l unterwegs sind.

Wird die Entscheidung, welchen weiteren Weg eine Nachricht von einem Knoten i aus nehmen soll, vom jeweiligen Zustand des Kommunikationsnetzes abhängig gemacht, d. h. z. B. vom Verkehrsfluß auf den Kanälen und/oder dem Ausfall von Kanälen oder ganzen Knoten, so bezeichnet man diesen Algorithmus als adaptive Leitweglenkung. Kombinationen von alternativer und adaptiver Leitweglenkung werden bei den folgenden Untersuchungen eine Rolle spielen.

3. Modellierung des Kommunikationsnetzes

Eine geeignete Modellierung des Kommunikationsnetzes erfolgt durch ein Wartenetz[S]. Jeder Knoten dieses Wartenetzes einschließlich der Übertragungskanäle wird durch ein Data-Switching-Center repräsentiert, das aus einer Bedienstation für den IMP und aus je einer Bedienstation für einen Kanal besteht (Bild 6).

Jeden realen Übertragungskanal kann man sich der Einfachheit halber aus zwei "Adern" (Bedienstationen) vorstellen, so daß sich die Ströme λ_{ij} von i nach j und λ_{ji} von j nach i gegenseitig nicht beeinflussen können.

Es wird außerdem angenommen, daß die Paketströme γ_{kl} ins Wartenetz einen Poissonschen Ankunftsprozeß bilden und die Paketlängen exponentiell verteilt sind mit einer mittleren Länge von $1/\mu$. Zusammen mit den Elementen der Kapazitätsmatrix $\{c_{ij}\}$ ergibt sich damit die mittlere Übertragungszeit einer Nachricht über den Kanal (Bedienstation) $[i,j]$ zu $1/\mu c_{ij}$.

Nimmt man an, daß im i-ten Switching-Center ein Eingangsstrom $\lambda_i(k,l)$ von Nachrichten gemessen wird, die im Knoten k gestartet sind und zum Knoten l wollen, dann ist der Stromanteil, der über den Übertragungskanal von i nach j abgeführt wird $\lambda_{ij}(k,l) = p_{ij}(k,l) \cdot \lambda_i(k,l)$. Der totale Strom auf dem Kanal [i,j] ist dann:

$$\lambda_{ij} = \sum_{\substack{k,l \\ k \neq l}} \lambda_{ij}(k,l) = \sum_{\substack{k,l \\ k \neq l}} p_{ij}(k,l)\, \lambda_i(k,l) \tag{3.1}$$

Da die Ströme γ_{kl} Poissonströme sein sollen, werden auch die Eingangsströme $\lambda_i(k,l)$ und damit λ_{ij} Poissoncharakter haben.

Zur Ermittlung der bedingten Verweilzeit (Holding Time) t_{ij} jeder Nachricht, die das i-te Data-Switching-Center betritt und über den Kanal [i,j] weiterwandert, benötigt man unabhängig vom Start- und Zielknoten k und l dieser Nachricht die folgenden Größen:

1. mittlere Verzögerungszeit (Wartezeit + Bedienzeit) T_i^* im Vermittlungsrechner,
2. mittlere Verzögerungszeit T_{ij} im Ausgangskanal j,
3. evtl. die Laufzeit eines Bits (Propagation Time) T_{ij}^* entlang des Kanals j.

Der Erwartungswert der Holding Time $\langle t_{ij} \rangle$ errechnet sich dann aus:

$$(3.2) \qquad \langle t_{ij} \rangle = T_i^* + T_{ij} + T_{ij}^* \qquad \forall\ i,j \in \{1, \ldots, N\} \quad \text{(Bild 1)}$$

Die mittlere Verzögerung im Vermittler T_i^* kann unabhängig von der Bedienstrategie in guter Näherung konst. gesetzt werden[2,4].

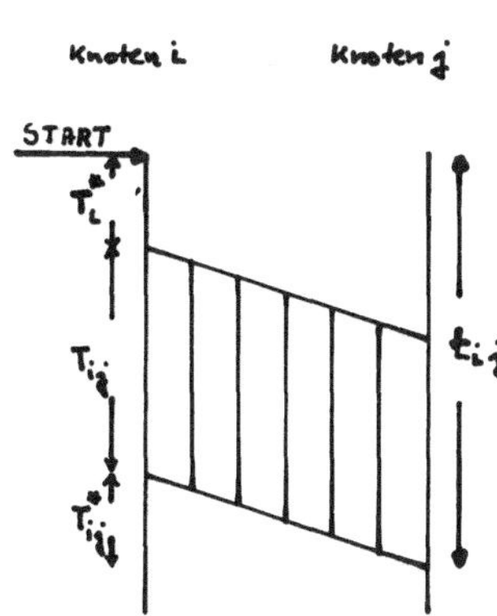

Bild 1 Zusammenhang zwischen T_i^*, T_{ij}, T_{ij}^*

Die Größen T_{ij} lassen sich nach der Bedienungstheorie in Abhängigkeit von der gewünschten Bedienstrategie berechnen. Wählt man die Strategie FIFO, so wird:

$$(3.3) \qquad T_{ij} = \frac{1}{\mu C_{ij} - \lambda_{ij}}$$

Die Laufzeit T_{ij}^* eines Bits entlang eines Datenübertragungskanals ergibt sich aus der Geschwindigkeit V elektr. Impulse und der Kanallänge L_{ij} zu

$$(3.4) \qquad T_{ij}^* = \frac{L_{ij}}{V}$$

Der Verkehrszustand des Netzes ist nun nach (3.3) bei gegebenen Kanalübertragungszeiten $1/\mu C_{ij}$ implementiert in den Erwartungswerten der bedingten Verweilzeiten $\langle t_{ij} \rangle$ $\forall\ i,j \in \{1, \ldots, N\}$. Die Verkehrsströme der Kanäle hängen aber nach (3.1) wiederum von den jeweiligen Übergangswahrscheinlichkeiten $\{p_{ij}(k,l)\}$ $k,l \in \{1, \ldots, N\}$ in jedem Knoten i sowie von den Poissonströmen γ_{kl} ab. Zu vorgegebenen Ausgangsstrategien $\{p_{ij}(k,l)\}$ $k,l \in \{1, \ldots, N\}$ und zu einer vorgegebenen Matrix $\{\gamma_{kl}\}$ $k,l \in \{1, \ldots, N\}$ wird sich also im Kommunikationsnetz ein meßbarer Verkehrsfluß $\lambda_i(k,l)$ $\forall\ i,k,l$ einstellen, der zu einer eindeutigen Matrix für die Erwartungswerte der bedingten Verweilzeit $\{\langle t_{ij} \rangle\}$ $\forall\ i,j \in \{1, \ldots, N\}$ führt.

Wir bezeichnen nun den Weg einer Nachricht, die im Knoten k das Netz betritt und zum Knoten l will mit Π_{kl}. Ist der Kanal $[i,j]$ in diesen Weg eingeschlossen, dann interessiert für die praktische Anwendung von Rechnernetzen die Größe

$$(3.5) \qquad Z_{k,l} = \sum_{i,j:\,[i,j] \in \Pi_{kl}} \langle t_{ij} \rangle \quad ,$$

d. h. die Netzverweildauer, die eine Nachricht auf dem Wege Π_{kl} erfährt. Da der Aufenthalt im Kommunikationsnetz Geld kostet, wird man im allgemeinen bestrebt sein, jenen Weg auszuwählen, auf dem diese Netzverweildauer minimal wird.

4. Aufgabenstellung und Lösungsweg

Zu jedem Start- und Zielknotenpaar $[k,l]$ existiert in einem Knoten i ein Satz von Werten. Jede beliebige Zuordnung dieser Werte zu den Übergangswahrscheinlichkeiten heißt Alternative. Sie wird repräsentiert durch eine diskrete Übergangswahrscheinlichkeitsverteilung. Eine bestimmte Alternative bildet eine Entscheidung. Eine Entscheidung in jedem Netzknoten i heißt Strategie zum Paar $[k,l]$. Die Werte der Übergangswahrscheinlichkeiten sollen dabei im Vermittlungsrechner des i-ten Knotens zeitinvarant "eingestellt" sein. Sie müssen die Bedingung erfüllen, daß ihre Summe 1 ergibt und ihre Anzahl identisch ist der Zahl der Kanäle, über die Nachrichten weggeführt werden können. Inwieweit diese Werte gewissen einschränkenden Bedingungen unterworfen sind, wäre Aufgabe einer weitergehenden Untersuchung, die in dieser Arbeit noch nicht angestellt wird. Die Zahl der möglichen alternativen Zuordnungen eines Wertesatzes zu den Übergangswahrscheinlichkeiten kann von Knoten zu Knoten unterschiedlich sein.

Die Aufgabenstellung kann jetzt so formuliert werden: In ein Kommunikationnetz mit definiertem Verkehrszustand repräsentiert durch eine Matrix $\{\langle t_{ij}\rangle\}\ \forall\ i,j \in \{1,\ldots,N\}$ tritt im Knoten k eine Nachricht ein, die zum Knoten l will. Für welche Strategie ist die erwartete Netzverweilzeit der Nachricht zum Wertepaar $[k,l]$ minimal?

Der vorgeschlagene Lösungsweg geht von der wesentlichen Annahme aus, daß eine Nachricht, die das Netz betritt, einen definierten Netzzustand vorfindet, der in einem Zeitraum mindestens von der Größenordnung, die eine Nachricht braucht um von einem Knoten zu einem unmittelbar benachbarten zu gelangen, in guter Näherung unverändert bleibt. Für eine Nachricht $[k,l]$ kann also beispielsweise eine optimale Strategie so berechnet werden, als ob die erwarteten Verweilzeitwerte $\langle t_{ij}\rangle$ Zeitinvarianten wären. Nach Erreichen des nächsten Knotens aufgrund dieser Strategie wird eine neue optimale Strategie berechnet, da sich inzwischen die erwarteten Verweilzeiten bzw. nach (3.3) die mittleren Verkehrsströme verändert haben können. Auf diese Weise kann man die optimale Dispositionsstrategie einer Nachricht $[k,l]$ schrittweise bestimmen und dabei bei jedem weiteren Schritt der Strategieberechnung den veränderten Netzzustand berücksichtigen. Eine derartige Leitweglenkung ist alternativ und adaptiv, da jeweils die Disposition bei Erreichen eines Knotens in Abhängigkeit vom Netzzustand neu "überdacht" wird.

Die Berechnung der optimalen Strategie für jede Nachricht, die einen Knoten verläßt, setzt voraus, daß der aktuelle Netzzustand in jedem Knoten jederzeit bekannt ist. Entsprechende Informationen über das Verkehrsverhalten in den einzelnen Knoten können untereinander ausgetauscht werden durch eigens hierfür vorgesehene Felder in den Header-Etiketten der Nachrichten.

Zur Auffindung der in bezug auf die Netzverweilzeit optimalen Strategie liegt es nahe, die Bewegung der Nachricht zum Paar [k,l] zwischen den Knoten des Kommunikationsnetzes als Semi-Markow-Prozeß zu beschreiben. Die Knoten bilden dabei die Zustände des Prozesses. Genauer gesagt handelt es sich um einen "transienten Prozeß", in dem alle Zustände durchgehend sind und nur der Zustand l absorbierend ist, d. h. $p_{ll}(k,l)=1$ Die Kennzeichnung des Prozesses als Semi-Markow-Prozeß erfolgt durch die Erwartungswerte $<t_{ij}>\ \forall\ i,j\in\{1,\ldots,N\}$ anstelle der Verteilungsfunktionen dieser bedingten Verweilzeiten. Die Matrizen der Verweilzeiten $\{<t_{ij}>\}$ und der Übergangswahrscheinlichkeiten $\{p_{ij}(k,l)\ \forall\ i,j\in\{1,\ldots,N\}$ charakterisieren den Semi-Markow-Prozeß vollständig.

Da in jedem Knoten mehrere alternative Übergangswahrscheinlichkeitsverteilungen möglich sind und damit mehrere Strategien im Netz denkbar, spricht man von einem Semi-Markow-Entscheidungsprozeß, zu dem die Strategie zu suchen ist, die z. B. bezüglich der Netzverweilzeit einer Nachricht zum Wertepaar [k,l] minimal wird.

Das Stichwort zur Lösung des Problems heißt: "Strategieiteration".

In der Theorie "kontinuierlicher Zeit" Semi-Markow Reward-Prozesse wird versucht, bei Semi-Markow-Prozessen eine Art "Belohnung" (Reward) einzuführen, die der Prozeß sich als Ergebnis eines Überganges einhandelt [6]. Die Art dieser "Belohnung" kann vielfältiger Natur sein, z. B. Verzögerungszeiten, Kosten usw..

In einem transienten Semi-Markow-Prozeß mit Belohnungen existiert, wie oben ausgeführt, nur ein Absorbtionszustand. Nach Betreten dieses Zustandes erzeugt der Prozeß keine Belohnung mehr. Wenn das System im Zustand i ist, wird es seinen nächsten Übergang zum Zustand j durchführen, der von der Alternative ß dieses Zustandes i abhängt. Als Ergebnis dieses Vorganges verdient das System eine Belohnung r_{ij}. Definiert man $v_i(k,l)$ als den Erwartungswert der Belohnung, die der Prozeß zur Nachricht [k,l] vor Erreichen des Absorbtionszustandes verdient, wenn er gerade den Zustand i betreten hat, so liefert die Theorie für eine vorgegebene Strategie ein System von gekoppelten Gleichungen [9]:

$$(4.1)\qquad v_i(k,l)=\sum_{j=1}^{N} p_{ij}(k,l)\,(r_{ij}+v_j(k,l))\qquad i=1,2,\ldots,N$$

Hierin ist r_{ij} die prozeßunabhängige Belohnung für den Übergang von i nach j und $p_{ij}(k,l)$ die dazugehörige Übergangswahrscheinlichkeit unter der angenommenen Strategie. Nimmt man an, daß l der Absorbtionszustand ist, so gilt $v_l(k,l)=0$

Soll jetzt die Strategie berechnet werden, die die Belohnung des Prozesses zur Nachricht [k,l] minimiert, so benötigt man ein Test-Kriterium zur Iterierung dieser optimalen Strategie. Das gekoppelte Gleichungssystem (4.1) liefert das Test-Kriterium selbst.

$$(4.2)\qquad \sum_{j=1}^{N} p_{ij}^{\beta}(k,l)\,(r_{ij}+v_j(k,l))$$

Im Iterationsverfahren zur Gewinnung der Strategie mit minimaler Belohnung werden nun sukzessiv solange Strategieauswertungen und Strategieverbesserungen durchgeführt bis sich die Belohnungen $v_i(k,l)$ nicht mehr ändern. Beginnend mit einer beliebigen Ausgangsstrategie läuft dann jeder Iterationszyklus Strategieauswertung – Strategieverbesserung nach dem folgenden Verfahren ab [6].

Strategieauswertung:

Für die gegenwärtige Strategie löse

$$(4.3)\qquad v_i(k,l) = \sum_{j=1}^{N} p_{ij}(k,l)\,(r_{ij} + v_j(k,l)) \qquad i = 1,2,\ldots,N$$

mit $v_l = 0$ und den relativen Werten $v_j(k,l)$ $j \in \{1,\ldots,N\}$

Strategieverbesserung:

Für jeden Zustand i finde die Alternative ß, die

$$(4.4)\qquad v_i^{\beta}(k,l) = \sum_{j=1}^{N} p_{ij}^{\beta}(k,l)\,(r_{ij} + v_j(k,l))$$

minimiert. Hierbei werden die rel. Werte $v_j(k,l)$ der vorhergehenden Strategie verwendet. Die Alternative ß wird zur neuen Entscheidung für den Zustand i. Das Verfahren wird für alle Zustände i wiederholt, um die neue Strategie zu finden [6].

5. Ergebnisse

Das im letzten Kapitel aufgezeichnete Verfahren der adaptiven Strategieermittlung in mehreren Schritten soll nun für einen Schritt an einem konkreten Beispiel demonstriert werden. Zugrunde gelegt wird ein Kommunikationsnetz mit 16 Knoten.

Es wird angenommen, eine Nachricht in einem Knoten k trifft eine Verzögerungsmatrix wie in Bild 2 an. Auf die Berechnung der Werte $\langle t_{ij} \rangle$ aus den primär vorgegebenen Meßwerten $\lambda_i(k,l)$ $\forall\, k,l \in \{1,\ldots,16\}$, wie in Kapitel 3 ausführlich beschrieben, wird hier verzichtet.

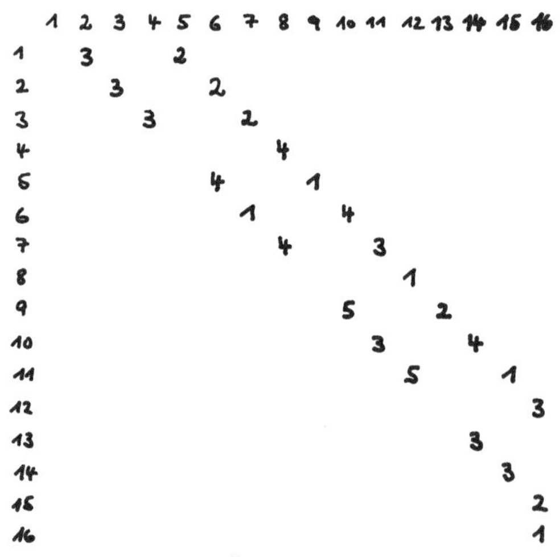

	1	2	3	4	5	6	7	8	9	10	11	12	13	14	15	16
1		3			2											
2			3			2										
3				3			2									
4								4								
5						4			1							
6							1			4						
7								4			3					
8												1				
9										5			2			
10											3			4		
11												5			1	
12																3
13														3		
14															3	
15																2
16																1

Bild 2 Mögliche Übergänge im Kommunikationsnetz. Matrix $\{\langle t_{ij} \rangle\}$ $\forall\, i,j \in \{1,\ldots,16\}$ Leerstellen sind Übergänge $t_{ij} = 0$

Die Übergänge im Netz bzw. im Semi-Markow-Prozeß für eine Nachricht [k,l] werden gekennzeichnet sowohl durch die Matrix $\{\langle t_{ij} \rangle\}$ als auch durch die Matrix der Übergangswahrscheinlichkeiten $\{p_{ij}(k,l)\}$. Aus Bild 3 wird dieser Zusammenhang verständlich.

Für die weiteren Betrachtungen wird als Zielknoten l der Knoten 16 angenommen. Betrachtet wird eine Nach-

Kanal existent und tätig	$0 \leq p_{ij} \leq 1$	$0 \leq (\langle t_{ij} \rangle) < \infty$
Kanal existent aber gestört (z.B. Stau, Ausfall)	$0 \leq p_{ij} \leq 1$	$\langle t_{ij} \rangle = \infty$
Kanal nicht existent	$p_{ij} = 0$	$\langle t_{ij} \rangle = 0$

Bild 3 Zusammenhang zwischen Kanalübertragung $i \to j$, Übergangswahrscheinlichkeit p_{ij} und erwarteter Verzögerung $\langle t_{ij} \rangle$

richt, die im Knoten k gestartet und auf ihrem Weg zum Zielknoten l im Knoten i angekommen ist. Man kann sich vorstellen, daß die Nachricht unmittelbar nach Erreichen dieses Knotens den nächsten Zustand j anhand der Übergangswahrscheinlichkeitsverteilung $\{p_{ij}(k,l)\} \; \forall \; j \in \{1, \ldots, 16\}$ im Knoten i bestimmt. Jedoch nach dieser getroffenen Wahl verharrt die Nachricht die Zeit $\langle t_{ij} \rangle$ im Zustand i, bis sie den Übergang zum ausgewählten Knoten j vollzieht. Betrachtet werden in Bild 4a und 5a zwei Matrizen von Übergangswahrscheinlichkeitswerten einmal für ein random routing und zum anderen für ein deterministic alternate routing. Beide Matrizen dienen als willkürlich gewählte Anfangsstrategien für die Iteration.

Der Iterationsalgorithmus berechnet jetzt mit Hilfe der gewählten Anfangsstrategie aus dem gekoppelten Gleichungssystem (4.1) die Vektorkomponenten der relativen Verzögerungen $v_i(k,16)$ von irgend einem Knoten i zum Zielknoten 16, wobei $v_{16}(k,16) = 0 \quad \forall \quad k \in \{1, \ldots, 15\}$. Die relativen Verzögerungen gestatten zusammen mit dem Test-Kriterium (4.2) die neue Entscheidung in jedem Knoten i so zu treffen, daß die Summe in (4.2) minimal wird. Nach dem Satz von Smith [7] erreicht die Summe dann aber gerade ein Minimum, wenn die Übergangswahrscheinlichkeitswerte in absteigender Reihenfolge so auf die Kanäle verteilt werden, wie die Summenwerte $\tau_{ij} + v_j$ (k,l) ansteigen. Die hierdurch vorgegebene Entscheidung β_{min} ist die minimale. Findet man mit diesem Test-Kriterium mehr als eine minimale Entscheidung, so wählt der im Programm z. Z. implementierte Iterationsalgorithmus willkürlich nur eine aus. Nach Erhalt der neuen verbesserten Strategie beginnt wieder ein neuer Zyklus Strategieauswertung - Strategieverbesserung. Der Algorithmus beendet die Iteration selbständig, wenn die rel. Abweichung zwischen zwei aufeinanderfolgenden Vektoren $\mathbf{v}$ (k,l) unter einer Promille liegt.

In Bild 4 ist zu erkennen, wie für den Fall des random routing nach 3 Strategieverbesserungen die Strategie mit minimaler Netzverweilzeit von jedem Knoten i aus erreicht werden kann. Im Bild 5, wo die Berechnung für den Fall des deterministic alternate routing durchgeführt wurde, konnte schon nach 2 Iterationen die optimale Strategie erreicht werden [6]. Die jeweils günstigsten Wege mit minimaler Netzverweilzeit sind am Beispiel des Start- und Zielknotenpaares [1,16] für Strategien jeder Iterationsstufe sowohl beim random routing als auch beim deterministic alternate routing deutlich zu erkennen. Die Vektoren geben Wert

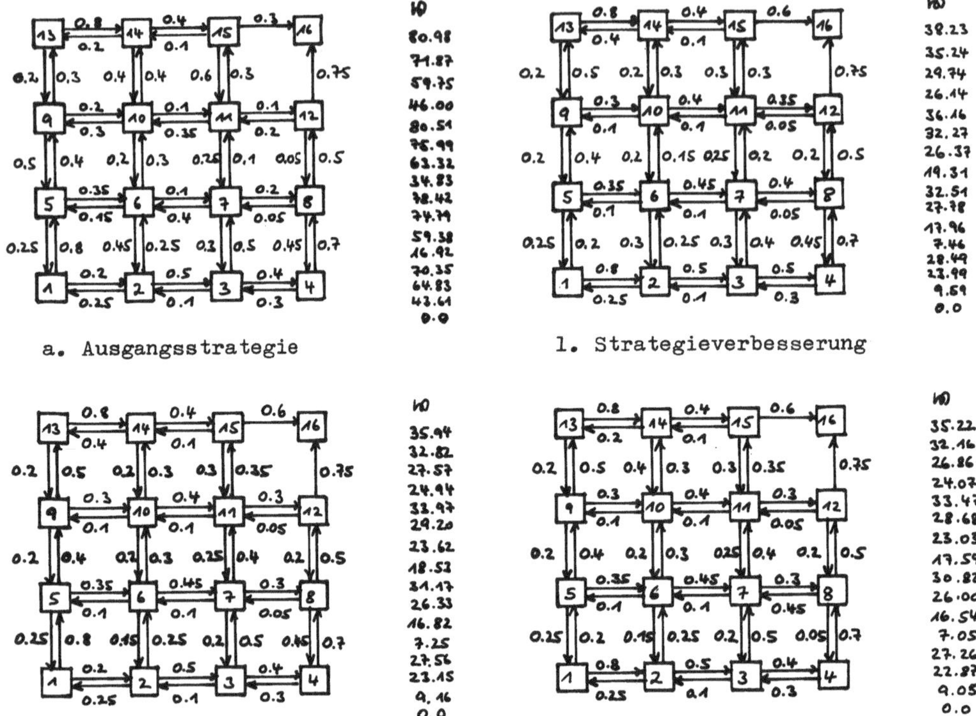

a. Ausgangsstrategie

1. Strategieverbesserung

2. Strategieverbesserung

3. Strategieverbesserung

Bild 4 Strategieiteration beim random routing

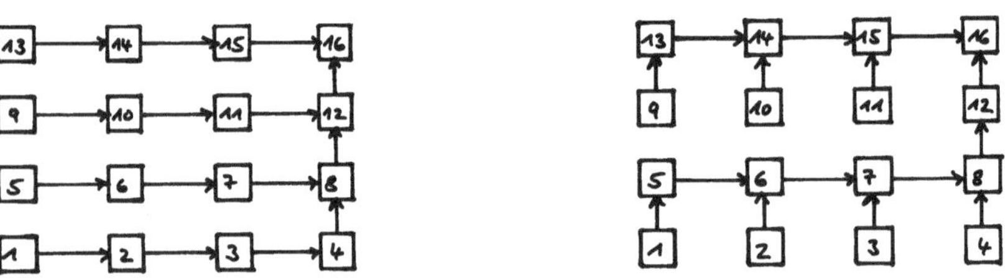

w: 17, 14, 11, 8, 13, 9, 8, 4, 16, 11, 8, 3, 8, 5, 2, 0

a. Ausgangsstrategie

w: 15, 11, 10, 8, 13, 9, 8, 4, 10, 9, 3, 3, 8, 5, 2, 0

1. Strategieverbesserung

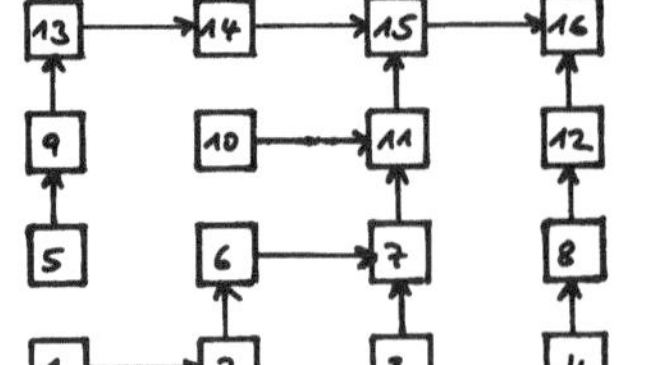

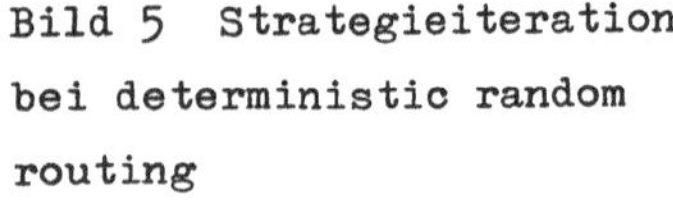

Bild 5 Strategieiteration bei deterministic random routing

w: 12, 9, 8, 8, 11, 7, 6, 4, 10, 6, 3, 3, 8, 5, 2, 0

2. Strategieverbesserung

Bild 6 Modell eines Data-Switching-Centers

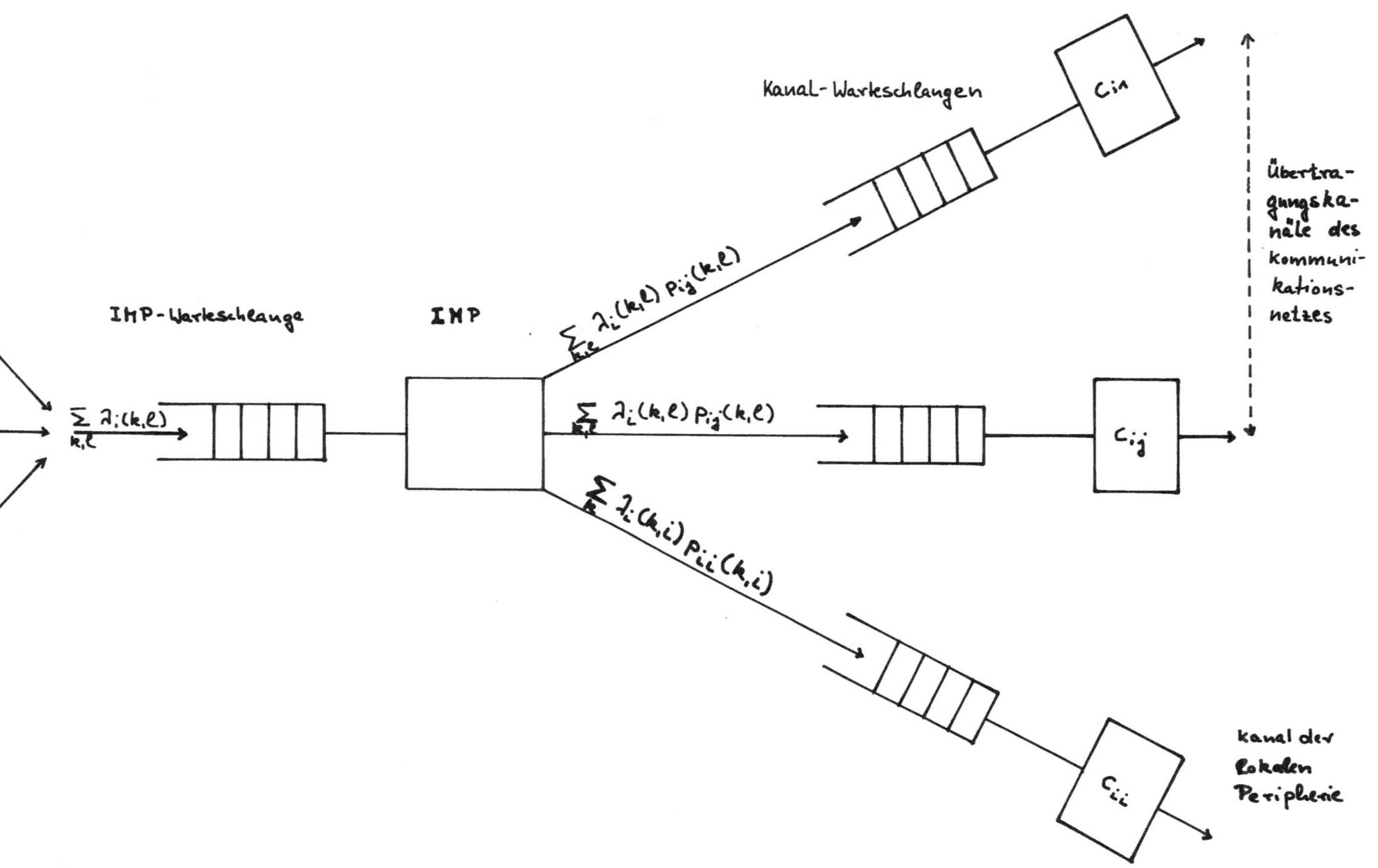

und Richtung der Übergangswahrscheinlichkeit an. Fehlende Vektoren entsprechen Übergängen $p_{ij}=0$. Der Spaltenvektor rechts neben jeder Iterationsstufe verdeutlicht die mittleren Netzverweilzeitwerte von jedem Knoten relativ zum Zielknoten 16.

Literatur

1. Händler, W.: Rechnerverbund: Motivation, Möglichkeiten und Gefahren Informatik-Fachberichte 3. Rechnernetze und Datenfernverarbeitung. Fachtagung der GI und NTG, Aachen, 31. 3. - 2. 4. 1976

2. Frank, H. et al.: Computer Communication Network Design-Experience with theory and practice. AFIPS SJCC, 1972, p. 255 - 270

3. Kleinrock, L.: Queuing Systems, Vol. II, Computer Applications, John Wiley, New York 1976

4. Holler, E. und Drobnik, O.: Rechnernetze. BI-Wissenschaftsverlag, Reihe Informatik, Band 17, Zürich 1975

5. Jessen, E.: Wartenetze als Verkehrsmodelle von Rechensystemen. Informatik-Spektrum. B 1, H. 2, Nov. 1978

6. Howard, R. A.: Dynamic Probalistic Systems. Vol. II: Semi-Markow and Decision Processes. Verlag John Wiley. New York 1971

7. Conway, R. W./Maxwell, W. L./Miller, L. W.: Theory of Scheduling. Addison Wesley Publishing Company, Reading 1967

WARTESCHLANGENMODELLE FÜR MEHRPROZESSORSYSTEME: MAXIMALE BEDIENUNGSZEIT VON 1 PARALLEL ARBEITENDEN BEDIENUNGSSTATIONEN [1]

W. Hoffmann [2]
W. Kleinöder
Institut für mathematische Maschinen und Datenverarbeitung (III)
der Universität Erlangen-Nürnberg

Zusammenfassung: Durch die Einführung von Mehrprozessoranlagen treten i.a. Koordinationsprobleme auf. Ausgehend von einer typischen Struktur für parallele Algorithmen und einer dafür geeigneten Rechnerorganisation werden in dieser Arbeit Warteschlangenmodelle entwickelt und analysiert, die es gestatten, derartige Koordinationsprobleme zu untersuchen.

1 EINFÜHRUNG

In den letzten Jahren wurden Mehrprozessorsysteme mit zehn oder gar hundert Prozessoren [3, 4, 9] entwickelt. Beim Einsatz dieser Systeme für Probleme mit langen Rechenzeiten auf Einzelprozessoranlagen, wird der natürliche Parallelismus, der in dem Problem enthalten ist, ausgenutzt und das zugehörige Programm so in Teile zerlegt, daß ein Satz von kooperierenden Teilaufgaben entsteht, die nun, zumindest teilweise, parallel ausgeführt werden können. Bei dieser Verarbeitungsart treten jedoch Probleme mit der Koordinierung der einzelnen Teilaufgaben auf, und es werden Wartezeiten durch notwendige Synchronisationsvorgänge entstehen.

Zur Untersuchung und Abschätzung von Wartezeiten ist ein häufig gebrauchtes Hilfsmittel die Analyse von Warteschlangenmodellen. In dieser Arbeit wird ein Warteschlangenmodell entwickelt und analysiert, das es gestattet, derartige Synchronisationsprobleme zu beschreiben: Ausgehend von einer typischen Programmstruktur für "parallele Programme" wird für ein hierarchisch organisiertes Mehrprozessorsystem mit zwei Stufen im Abschnitt 2 ein einfaches Warteschlangenmodell entwickelt. Ein zentrales Problem bei der Analyse des Modells ist die Bestimmung der maximalen Bedienungszeit von (parallel arbeitenden) Bedienungsstationen. Dieses Problem wird im dritten Abschnitt behandelt in der verallgemeinerten Form, daß die Verteilungsfunktion für das Maximum von (gleichzeitig beginnenden) Zeitphasen bestimmt wird. Im vierten Abschnitt wird das eingeführte Warteschlangenmodell analysiert und die gewonnenen Ergebnisse mit anderen Leistungsbewertungen von Mehrprozessorsystemen verglichen. Im 5. Abschnitt wird eine weitere Verallgemeinerung durchgeführt: Das sogenannte "Start-Stop-Perioden-Modell" berücksichtigt Verwaltungszeiten, die bei der Zusammenarbeit von mehreren Prozessoren entstehen und die notwendig sind, um die einzelnen Rechner mit Daten zu versorgen.

2 EIN EINFACHES WARTESCHLANGENMODELL ZUR BESCHREIBUNG UND ANALYSE VON SYNCHRONISATIONSPROBLEMEN BEI PARALLEL ARBEITENDEN PROZESSOREN

Das Ablaufgeschehen in Mehrprozessorsystemen hängt von den Hardware-Komponenten, dem Verbindungsnetz und der Betriebssystemstruktur ab. Es wird jedoch auch stark beeinflußt von der internen Struktur der Algorithmen, die in den Anwenderprogrammen implementiert sind.

-----

(1) Diese Arbeit wurde gefördert vom Bundesministerium für Forschung und Technologie im Rahmen des EGPA-Projekts

(2) jetzt: SIEMENS AG, Forschungslabor Erlangen

. Programmstruktur

Eine typische und sehr häufig vorkommende Struktur für parallel ausführbare Algorithmen ist die folgende (siehe Bild 1):

Das Programm besteht aus einer Laufschleife, die mehrmals durchlaufen werden kann. Innerhalb der Laufschleife können l unabhängige Teilaufgaben unterschieden werden. Ein neuer Schleifendurchlauf kann erst dann gestartet werden, wenn alle l unabhängigen Teilaufgaben beendet sind.

Wir finden solche Algorithmen bei der Lösung von linearen Gleichungssystemen oder partiellen Differentialgleichungen, bei Optimierungsaufgaben, in Simulationsprogrammen, bei der Bildverarbeitung usw.

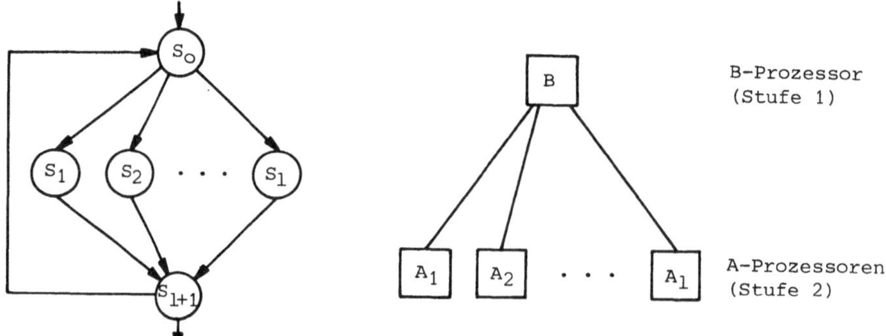

Bild 1: Typische Programmstruktur mit parallel ausführbaren Teilaufgaben S_i $(1 \leqq i \leqq l)$

Bild 2: Hierarchisch organisiertes Mehrprozessorsystem mit zwei Stufen

. Rechnerstruktur und Ablaufgeschehen

Derartige Algorithmen können sehr effizient auf einer hierarchisch organisierten Mehrprozessoranlage mit zwei Stufen, wie sie im Bild 2 dargestellt ist, implementiert werden:

- Der B-Prozessor initiiert die Ausführung von l unabhängigen Teilaufgaben durch die A-Prozessoren.
- Hat er seine Teilaufgabe beendet, so meldet dies jeder A-Prozessor an den B-Rechner.
- Die Vorbereitung eines neuen Schleifendurchlaufes durch den B-Rechner ist erst möglich, wenn alle Teilaufgaben beendet sind.
- Der B-Prozessor kann innerhalb der Laufschleife auch zusätzliche Vor- und Nacharbeiten durchführen.

Ein entsprechendes Zeitdiagramm ist im Bild 3 dargestellt.

Beispiele für hierarchisch organisierte Mehrprozessorsysteme sind ein Multiprozessorsystem an der SUNY [4], das SIEMENS-System SMS [9], das EGPA-Projekt [3] und andere.

Die folgenden Untersuchungen beschränken sich auf Einprogrammbetrieb in allen Prozessoren. Andere Betriebsarten wie Mehrprogrammbetrieb in allen Prozessoren oder ein gemischter Mehr- und Einprogrammbetrieb wurden in [5, 6, 7] untersucht.

. Warteschlangenmodell

Ein Warteschlangenmodell, welches nun das Ablaufgeschehen bei Ausführung eines Programmes mit einer Struktur aus dem Bild 1 auf einem hierarchischen Mehrprozessorsystem mit zwei Stufen beschreibt und zu analysieren gestattet, ist im Bild 4 dargestellt. Es beschreibt auch insbesondere das dabei entstehende Synchronisationsproblem:

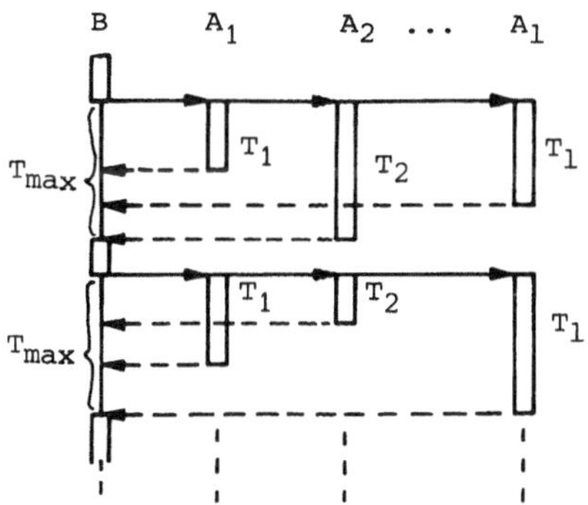

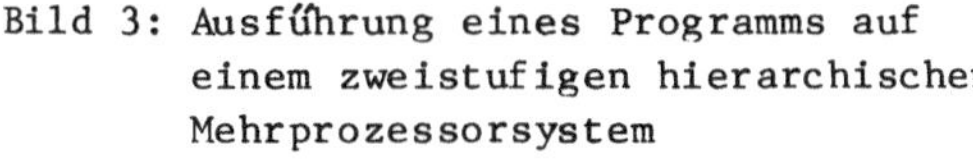
Bild 3: Ausführung eines Programms auf einem zweistufigen hierarchischen Mehrprozessorsystem

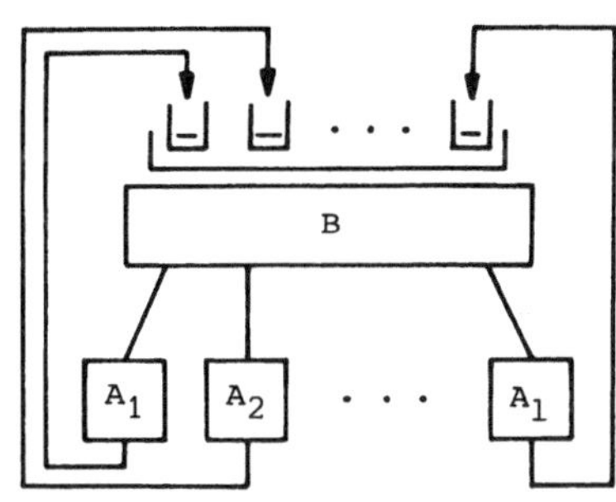

Bild 4: Einfaches Warteschlangenmodell zur Beschreibung von Synchronisationsproblemen

- Die Bedienungsstation B (B-Prozessor) erzeugt nach einer gewissen Bearbeitung des Programmes l unabhängige Teilaufgaben und verteilt sie gleichzeitig an alle l A-Stationen (siehe auch Abschnitt 5).
- Nach Bearbeitung durch eine A-Station wird die Teilaufgabe in der entsprechenden Warteschlange der B-Station eingereiht.
- Genau dann, wenn alle l Teilaufgaben angekommen sind, werden sie vom B-Prozessor gleichzeitig (dargestellt durch ⎵⎵⎵⎵) aus den l parallelen Warteschlangen entnommen und gemeinsam als ein Auftrag bearbeitet.
- Nach Abarbeitung werden l neue Teilaufträge generiert und ein neuer Zyklus beginnt.

Eine wichtige charakteristische Größe dieses Modells ist die sogenannte Zykluszeit für einen Auftrag. Diese Zeit setzt sich zusammen aus der Bedienungszeit im B-Prozessor und der Zeit bis der letzte Teilauftrag in einem A-Prozessor beendet ist (dann beginnt wieder ein neuer Zyklus mit der nächsten Bedienungsphase im B-Prozessor). Damit ist bei der Analyse dieses Modells ein zentrales Problem die Bestimmung der Zeit vom Startpunkt aller A-Prozessoren bis zum Eintreffen der Fertigmeldung des letzten A-Prozessors. Diese maximale Bedienungszeit wird nun im nächsten Abschnitt in etwas allgemeinerer Form analysiert.

3 MAXIMALE BEDIENUNGSZEIT VON l PARALLEL ARBEITENDEN BEDIENUNGSSTATIONEN

3.1 Allgemeines Problem

Die Bestimmung der maximalen Bedienungszeit von l parallel arbeitenden Prozessoren, die gleichzeitig mit ihrer Aufgabe beginnen, läßt sich als folgendes allgemeines Problem auffassen:

- Gegeben seien l Verteilungsfunktionen $F_i(t)$ $(1 \leq i \leq l)$ für die Länge T_i von l Zeitphasen, die gleichzeitig beginnen (Beispiele s. Bild 3).
- Gesucht ist die Verteilungsfunktion F(t) für die Länge T_{max} des Zeitraumes vom Beginn der Zeitphasen bis zum Ende der längsten Phase (Maximum der Zeitphasen).

. Bestimmung von F(t)

Definitionsgemäß ist $F(t) = P(T_{max} \leq t)$. Nun ist $T_{max} \leq t$ genau dann, wenn alle Zeitphasen $T_i \leq t$ $(1 \leq i \leq l)$, d.h.

$$P(T_{max} \leq t) = P(T_1 \leq t, T_2 \leq t, \ldots, T_l \leq t) \; .$$

Wegen der Unabhängigkeit der Längen der einzelnen Zeitphasen gilt weiter:

$$P(T_1 \leq t, T_2 \leq t, \ldots, T_l \leq t) = \prod_{i=1}^{l} P(T_i \leq t) \; .$$

Daraus folgt sofort für die Verteilungsfunktion für die maximale Zeitphase

$F(t) = \prod_{i=1}^{l} P(T_i \leq t) = \prod_{i=1}^{l} F_i(t)$, (1)

d.h. sie ergibt sich als Produkt der Verteilungsfunktionen für die einzelnen Phasen.

3.2 Spezielle Verteilungsfunktionen $F_i(t)$ für die einzelnen Zeitphasen

3.2.1 Exponentiell verteilte Zeitphasen mit unterschiedlichen Mittelwerten

Als erstes behandeln wir den Fall mit exponentiell verteilten Zeitphasen mit unterschiedlichen Mittelwerten $1/\lambda_i$ ($1 \leq i \leq l$), d.h.

$F_i(t) = 1 - e^{-\lambda_i t}$ für $1 \leq i \leq l$.

Die Exponentialverteilung spielt bei der Analyse von Warteschlangenmodellen eine wesentliche Rolle. Mit der Annahme von solch verteilten Bedienungszeiten und/oder Zwischenankunftszeiten sind die Modelle meist leichter mathematisch behandelbar. Oft bekommt man damit auch schon eine gute Approximation von der Realität.

Nach (1) gilt nun für F(t): $F(t) = \prod_{i=1}^{l} F_i(t) = \prod_{i=1}^{l} (1 - e^{-\lambda_i t})$.

Durch Umwandlung des Produktes ergibt sich

$$F(t) = 1 - \sum_{i=1}^{l} (-1)^{i-1} \sum_{\substack{j_1,\ldots,j_i \in \{1,\ldots,l\} \\ j_1 < j_2 < \ldots < j_i}} e^{-\left(\sum_{k=1}^{i} \lambda_{j_k}\right)t}$$

3.2.2 Zeitphasen mit einer Verteilung nach dem "Cox'schen Phasenmodell"

Ein häufig angewandtes Verfahren bei der Analyse von Warteschlangenmodellen ist die sog. "Phasenmethode". In ihr werden allgemeine Verteilungsfunktionen näherungsweise oder exakt dargestellt mit Hilfe exponentialverteilter Phasen, die nacheinander durchlaufen werden. Der Übertritt von einer Phase zu einer anderen geschieht gemäß vorgegebenen Übergangswahrscheinlichkeiten.

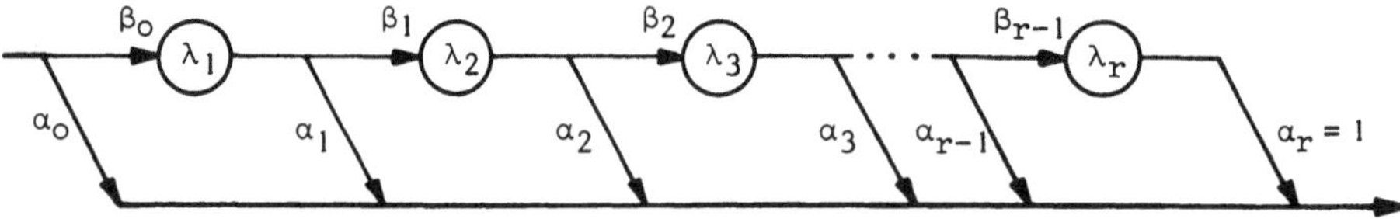

Bild 5: Allgemeine Anordnung exponentialverteilter Phasen nach Cox

Die Vielfalt möglicher Verbindungen zwischen solchen Phasen läßt sich, wie Cox [2] gezeigt hat, insofern einschränken, als es schon möglich ist, mit dem in Bild 5 gezeigten "Cox'schen Modell" jede Verteilungsfunktion mit rationaler Laplace-Transformierten zu erzeugen. Mit Hilfe dieser Klasse von Verteilungsfunktionen können auch allgemeine Verteilungsfunktionen mit beliebiger Genauigkeit approximiert werden [2]. Für die analytische Auswertung von Modellen mit solchen Verteilungsfunktionen ist es wegen der Komplexität nützlich, die Anzahl der Parameter des allgemeinen Cox'schen Modells so einzuschränken, daß ein einheitlicher Mittelwert für alle Phasen genommen, also $\lambda_1 = \lambda_2 = \ldots = \lambda_r = \lambda$ und $\beta_0 = 1$ gesetzt wird.

Die dazugehörige Verteilungsfunktion besitzt dann die Form

$$F_\lambda(t) = \sum_{j=1}^{r} a_j \left(1 - e^{-\lambda t} \sum_{\xi=0}^{j-1} \frac{(\lambda t)^\xi}{\xi !}\right) \quad (2)$$

mit $a_j = \beta_1 \beta_2 \ldots \beta_{j-1} \alpha_j$ für $j \in \{1,\ldots,r\}$.

In [1] wurde nun gezeigt, daß trotz der Einschränkung des einheitlichen Phasen-Mittelwertes, diese Klasse von Verteilungsfunktionen geeignet ist, allgemeine Verteilungsfunktionen mit beliebiger Genauigkeit zu approximieren.

. Bestimmung der maximalen Zeitphase

Unser Problem, die Bestimmung der Verteilungsfunktion für die Länge T_{max} der maximalen Zeitphase von l Zeitphasen, die gleichzeitig beginnen, wollen wir nun lösen unter der Annahme, daß die einzelnen Zeitphasen verteilt sind nach einer Verteilungsfunktion $F_\lambda(t)$ aus obiger Klasse (mit gleichen Phasen-Mittelwerten). Wegen der Übersichtlichkeit wird dabei weiter vorausgesetzt, daß alle Zeitphasen der gleichen Verteilungsfunktion genügen. Wieder nach (1) gilt:

$$F(t) = \prod_{i=1}^{l} F_i(t) = \prod_{i=1}^{l} \left[\sum_{j=1}^{r} a_j \left(1 - e^{-\lambda t} \sum_{\xi=0}^{j-1} \frac{(\lambda t)^\xi}{\xi!}\right)\right]$$

Schließlich erhält man durch Umformung

$$F(t) = \sum_{j_1=1}^{r} \dots \sum_{j_l=1}^{r} a_{j_1} \dots a_{j_l} \Bigg[1 - \sum_{i=1}^{l} (-1)^{i-1} \sum_{\substack{k_1,\dots,k_i \in \{1,\dots,l\} \\ k_1 < k_2 < \dots < k_i}} e^{-i\lambda t} \sum_{\xi_1=0}^{j_{k_1}-1} \dots \sum_{\xi_i=0}^{j_{k_i}-1} \frac{(\lambda t)^{\xi_1+\dots+\xi_i}}{\xi_1! \dots \xi_i!}\Bigg] \tag{3}$$

3.2.3 Laplace-Transformierte der Dichtefunktionen, Mittelwerte und Varianzen

Im folgenden wollen wir noch die Laplace-Transformierte der Dichtefunktionen, die Mittelwerte und die Varianzen zu den beiden Verteilungsfunktionen für die Länge der maximalen Zeitphase, die in den zwei vorherigen Abschnitten berechnet worden sind, ermitteln.

. Exponentiell verteilte Zeitphasen

In (2) erhielten wir die Verteilungsfunktion F(t) mit einer zugehörigen Laplace-Transformierten $F^*(s)$:

$$F^*(s) = \frac{1}{s} - \sum_{i=1}^{l} (-1)^{i-1} \sum_{\substack{j_1,\dots j_i \in \{1,\dots,l\} \\ j_1 < j_2 < \dots < j_i}} \frac{1}{s + \sum_{k=1}^{i} \lambda_{j_k}} \,.$$

Die Laplace-Transformierte der Dichtefunktion ergibt sich nach $f^*(s) = s \cdot F^*(s)$ zu

$$f^*(s) = 1 - s \sum_{i=1}^{l} (-1)^{i-1} \sum_{\substack{j_1,\dots,j_i \in \{1,\dots,l\} \\ j_1 < j_2 < \dots < j_i}} \frac{1}{s + \sum_{k=1}^{i} \lambda_{j_k}} \,.$$

Mittelwert und Varianz für die Länge T_{max} der maximalen Zeitphase ergeben sich zu:

$$E[T_{max}] = \sum_{i=1}^{l} (-1)^{i-1} \sum_{\substack{j_1,\ldots j_i \in \{1,\ldots,l\} \\ j_1 < j_2 < \ldots < j_i}} \frac{1}{\sum_{k=1}^{i} \lambda_{j_k}}$$

$$Var[T_{max}] = 2 \sum_{i=1}^{l} (-1)^{i-1} \sum_{\substack{j_1,\ldots,j_i \in \{1,\ldots,l\} \\ j_1 < j_2 < \ldots < j_i}} \frac{1}{(\sum_{k=1}^{i} \lambda_{j_k})^2}$$

$$- \left[\sum_{i=1}^{l} (-1)^{i-1} \sum_{\substack{j_1,\ldots,j_i \in \{1,\ldots,l\} \\ j_1 < j_2 < \ldots < j_i}} \frac{1}{\sum_{k=1}^{i} \lambda_{j_k}} \right]^2$$

. Zeitphasen mit einer Verteilung nach dem Cox'schen Modell

Wir berechnen die Laplace-Transformierte für die Dichtefunktion aus der Verteilungsfunktion F(t) in (3). Man erhält

$$f^*(s) = \sum_{j_1=1}^{r} \ldots \sum_{j_l=1}^{r} a_{j_1} \ldots a_{j_l} \left[1 - s \sum_{i=1}^{l} (-1)^{i-1} \right.$$

$$\left. \sum_{\substack{k_1,\ldots,k_i \in \{1,\ldots,l\} \\ k_1 < k_2 < \ldots < k_i}} \sum_{\xi_1=0}^{j_{k_1}-1} \ldots \sum_{\xi_i=0}^{j_{k_i}-1} \frac{\lambda^{\xi_1 + \ldots + \xi_i} (\xi_1 + \ldots + \xi_i)!}{\xi_1! \ldots \xi_i! \, (s + i\lambda)^{\xi_1 + \ldots + \xi_i + 1}} \right] .$$

Mittelwert und Varianz für die Länge T_{max} der maximalen Zeitphase ergeben sich schließlich zu

$$E[T_{max}] = \frac{1}{\lambda} \sum_{j_1=1}^{r} \ldots \sum_{j_l=1}^{r} a_{j_1} \ldots a_{j_l} \sum_{i=1}^{l} (-1)^{i-1}$$

$$\sum_{\substack{k_1,\ldots,k_i \in \{1,\ldots,l\} \\ k_1 < k_2 < \ldots < k_i}} \sum_{\xi_1=0}^{j_{k_1}-1} \ldots \sum_{\xi_i=0}^{j_{k_i}-1} \frac{(\xi_1 + \ldots + \xi_i)!}{\xi_1! \ldots \xi_i! \; i^{\xi_1 + \ldots + \xi_i + 1}}$$

$$Var[T_{max}] = \frac{2}{\lambda^2} \sum_{j_1=1}^{r} \cdots \sum_{j_l=1}^{r} a_{j_1} \cdots a_{j_l} \sum_{i=1}^{l} (-1)^{i-1}$$

$$\sum_{\substack{k_1,\ldots,k_i \in \{1,\ldots,l\} \\ k_1 < k_2 < \ldots < k_i}} \sum_{\xi_1=0}^{j_{k_1}-1} \cdots \sum_{\xi_i=0}^{j_{k_i}-1} \frac{(\xi_1 + \ldots + \xi_i + 1)!}{\xi_1! \ldots \xi_i!\; i^{\xi_1 + \ldots + \xi_i + 2}} - E[T_{max}]^2$$

4 ANALYSE DES WARTESCHLANGENMODELLS UND VERGLEICH MIT ANDEREN LEISTUNGSBEWERTUNGEN VON MULTIPROZESSORSYSTEMEN

4.1 Allgemeines zur Analyse des einfachen Warteschlangenmodells zur Beschreibung von Synchronisationsproblemen bei parallel arbeitenden Prozessoren

Im zweiten Abschnitt wurde ein einfaches Warteschlangenmodell aufgestellt, mit Hilfe dessen man beschreiben kann, wie ein Auftrag, der abschnittsweise in l parallel ausführbare Teilaufträge zerfällt, auf einem hierarchisch organisierten Mehrprozessorsystem mit zwei Stufen abläuft. Dieses Modell soll nun analysiert werden. Wir bestimmen zunächst als charakteristische Größe die Zykluszeit für einen Auftrag. Sie setzt sich zusammen aus der Bearbeitungszeit im B-Prozessor und der maximalen Bedienungszeit der l parallel arbeitenden A-Prozessoren. Letztere wurde im vorherigen Abschnitt als T_{max} bestimmt, wenn wir die Länge T_i der Zeitphasen als Bearbeitungszeiten T_{A_i} in den A-Prozessoren interpretieren. Die Verteilungsfunktion für die gesamte Zykluszeit T_Z ergibt sich nun als Faltung der Verteilungsfunktion für die Bedienungszeit im B-Prozessor und der ermittelten Verteilungsfunktion von T_{max}. Als mittlere Zykluszeit $t_Z=E[T_Z]$ erhält man insbesondere

$$t_Z = \frac{1}{\mu} + E[T_{max}] ,$$

wenn der B-Prozessor eine mittlere Bedienungszeit von $1/\mu$ hat (bei beliebiger Verteilung(!)). Andere charakteristische Größen des Modells wie die Auslastung Y_B des B-Prozessors und die mittlere Auslastung Y_A aller A-Prozessoren lassen sich aus der mittleren Zykluszeit t_Z für einen Auftrag sofort ableiten. Es besteht folgender Zusammenhang:

$$Y_A = \frac{1}{l \cdot t_z} \sum_{i=1}^{l} \frac{1}{\lambda_i} \quad \text{bzw.} \quad Y_A = \frac{1}{\lambda \cdot t_z} , \qquad Y_B = \frac{1}{\mu \cdot t_z} .$$

4.2 Exponentiell verteilte Bedienungszeiten in den A-Prozessoren und Vergleich mit anderen Leistungsbewertungen von Multiprozessorsystemen

Im folgenden wollen wir das aus dem Warteschlangenmodell gewonnene Ergebnis noch etwas interpretieren für den Fall mit exponentiell verteilten Bedienungszeiten und gleichen Mittelwerten in den A-Prozessoren und mit der sogenannten Minsky'schen Vermutung [11] und einem p-parallelen Prozessor von R. Lee [10] vergleichen.

. Warteschlangenmodell mit exponentiell verteilten Bedienungszeiten in den A-Prozessoren

Sind die Bedienungszeiten T_{A_i} in den A-Prozessoren unseres Warteschlangenmodells exponentiell verteilt mit dem Parameter λ, so ergibt sich als Verteilungsfunktion für die maximale Bedienungszeit aus (2)

$F(t) = \sum_{i=0}^{l} (-1)^i \binom{l}{i} e^{-i\lambda t}$

mit dem Mittelwert

$E[T_{A_{max}}] = \frac{1}{\lambda} \sum_{i=1}^{l} \frac{1}{i}$.

Aus diesem Ergebnis läßt sich folgende Aussage ableiten: Unter den gegebenen Voraussetzungen benötigen l parallel arbeitende Prozessoren für l Aufträge im Mittel eine Ausführungszeit von

$T_l = \frac{1}{\lambda} \sum_{i=1}^{l} \frac{1}{i}$.

Ein Prozessor würde für l derartige Aufträge eine Ausführungszeit von $T_1 = \frac{l}{\lambda}$ benötigen. Dies bedeutet bei l Prozessoren eine Leistungssteigerung gegenüber einem Einzelprozessor (siehe auch Bild 7) von

$$s_l = \frac{T_1}{T_l} = \frac{l}{\sum_{i=1}^{l} \frac{1}{i}} = \frac{l}{H_l} \qquad \text{mit} \qquad H_l := 1 + \frac{1}{2} + \ldots + \frac{1}{l} . \tag{4}$$

. p-paralleler Prozessor von R. Lee [10]

In [10] werden Schranken für die Leistungsverbesserung eines p-parallelen Prozessors gegenüber einem Einzelprozessor ermittelt (wegen einer einheitlichen Bezeichnung werden wir im folgenden den Grad der Parallelität wieder mit l bezeichnen). Unter einem l-parallelen Prozessor wird dabei eine Rechnerorganisation mit l identischen Prozessoren verstanden. Bei einer Berechnung kann nun abschnittsweise jede Zahl von Prozessoren (von 1 bis l) gleichzeitig arbeiten.

$\{q_i \,, 1 \leq i \leq l\}$ ist der Anteil an der Gesamtarbeit, bei dem immer i Prozessoren parallel arbeiten, wenn eine Berechnung auf einem l-parallelen Prozessor ausgeführt wird ($q_1+q_2+\ldots+q_l=1$). Gesucht wird nach der Leistungssteigerung (speed up) s_l gegenüber einem Einzelprozessor oder einer oberen Schranke für s_l. Dabei werden zwei Fälle unterschieden:

Im ersten Fall wird angenommen, daß gilt: $q_1=q_2=\ldots=q_l=\frac{1}{l}$, d.h. die Berechnung zerfällt in l Teile, wobei der i-te Teil einen Parallelismus von i hat und jeder Teil gleich lang ist. Lee erhält für diesen Fall:

$$s_l = \frac{T_1}{T_l} = \frac{l}{\sum_{i=1}^{l} \frac{1}{i}} = \frac{l}{H_l} < \frac{l}{\ln l} .$$

Ein Vergleich mit (4) zeigt eine Übereinstimmung beider Ergebnisse. Daraus kann der Schluß gezogen werden, daß bei der parallelen Bearbeitung von l Aufträgen mit exponentiell verteilten Ausführungszeiten und gleichen Mittelwerten die Voraussetzung für diesen Fall von Lee erfüllt ist, d.h. während der Zeit, in der i Prozessoren ($1 \leq i \leq l$) parallel arbeiten, im Mittel insgesamt der l-te Teil von der Gesamtarbeit geleistet wird und diese Zeit im Mittel den i-ten Teil der mittleren Ausführungszeit eines Auftrages ausmacht (Bild 6).

Im zweiten Fall von Lee wird gezeigt, daß der Leistungsgewinn bei einem l-parallelen Prozessor genau dann kleiner oder gleich l/H_l ist, wenn folgende Bedingung (*) erfüllt ist:

$$(*) \qquad \sum_{i=1}^{l} \frac{(q_i - \frac{1}{l})}{i} \geq 0 .$$

Diese Bedingung ist insbesondere erfüllt, wenn gilt:

a) $q_1 \geq q_2 \geq \ldots \geq q_l$ oder

b) $\exists k: q_i \geq \frac{1}{l}$ für $1 \leq i \leq k \;\wedge\; q_i < \frac{1}{l}$ für $k+1 \leq i \leq l$.

In diesen Fällen ist der inherente Parallelismus in der Berechnung geringer als im ersten Fall mit $q_i=1/l$. Damit ist l/H_l nur eine obere Schranke für s_l.

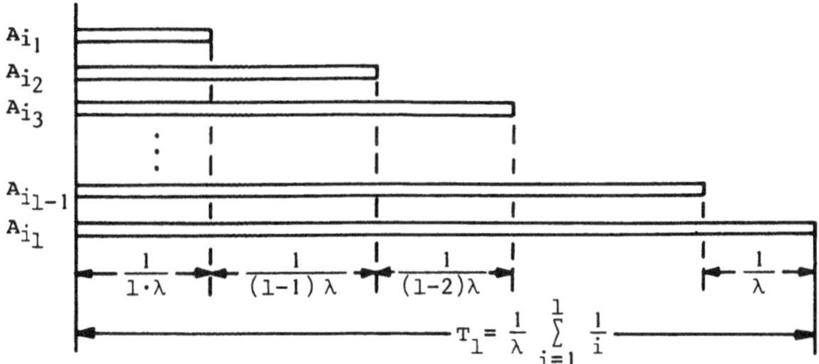

Bild 6: Aufteilung der Gesamtausführungszeit in Abschnitte mit gleichem Parallelismus

. Minsky'sche Vermutung [11]

Eine andere Aussage über die Leistung von mehreren Prozessoren ist die sogenannte Minsky'sche Vermutung. Sie besagt, daß man durch l parallel arbeitende Prozessoren meist nur die $1/\log_2 l$ - fache Leistung gegenüber einem Einzelprozessor erzielen kann (siehe Bild 7). Sie beruht darauf, daß es viele Algorithmen gibt, die mit l Verarbeitungseinheiten in $\log_2 l$ Schritten zu erledigen sind, wobei bei sequentieller Abarbeitung l Schritte notwendig sind (z.B. Addition von l Zahlen, usw.).

Vergleicht man die letzte Aussage mit den Ergebnissen aus unserem Warteschlangenmodell und den beiden Aussagen von Lee, so ergibt sich folgendes Gesamtbild, da gilt:

$$\frac{1}{\log_2 l} < \frac{1}{H_l} < \frac{1}{\ln l} \qquad \text{für } l \geq 5 .$$

$1/H_l$ und damit auch $1/\ln l$ sind häufig eine obere Schranke für die Leistungsverbesserung s_l mit l Prozessoren gegenüber einem Einzelprozessor. Sowohl die Ergebnisse aus dem Warteschlangenmodell als auch die Aussagen von Lee bestätigen das. $1/\log_2 l$ ist in gewissen Fällen eine untere Schranke (Bild 7).

5 WARTESCHLANGENMODELL MIT START- UND STOPPERIODEN

Im bisher behandelten "einfachen Warteschlangenmodell" wurde angenommen, daß sowohl die Beauftragung der A-Prozessoren durch den B-Prozessor als auch die Fertigmeldungen der A-Prozessoren an den B-Prozessor nur eine vernachlässigbare Zeit benötigen. Bei Untersuchungen am EGPA-Projekt [3] zu den Fragen "Wie zerlegt man Aufgaben in Teilaufgaben? Optimale Länge von Teilaufgaben" hat sich diese Annahme jedoch als zu stark herausgestellt.

Bei der Beauftragung eines A-Prozessors muß der B-Prozessor die Daten, die der A-Prozessor für die Bearbeitung der ihm zugeteilten Teilaufgabe benötigt, in einen Speicherbereich transportieren, zu dem der A-Prozessor Zugriff hat. Anschließend wird er dem A-Prozessor (meist durch einen E/A-Vorgang) signalisieren, daß er mit der Bearbeitung seiner Teilaufgabe beginnen kann. Die Zeit für die Beauftragung (im folgenden unter dem Begriff "Startperiode" zusammengefaßt) liegt bei der konkreten Implementierung auf EGPA in der Größenordnung von Millisekunden. Ähnliche Zeiten werden auch für die Fertigmeldungen ("Stopperioden") benötigt.

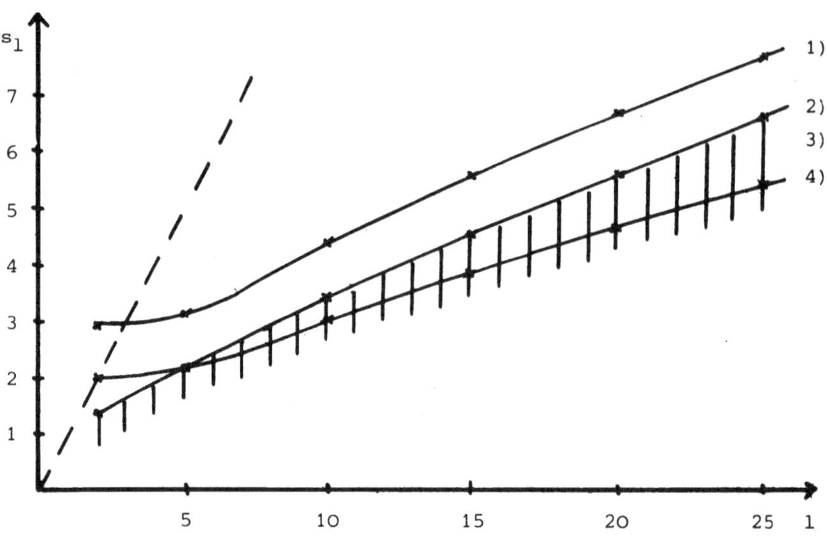

Bild 7: Leistungsverbesserung bei l Prozessoren gegenüber einem Einzelprozessor
1) obere Schranke
2) l-paralleler Prozessor ($q_i=\frac{1}{l}$) und Warteschlangenmodell mit exponentiell verteilten Bedienungszeiten
3) l-paralleler Prozessor und (*)-Bedingung
4) Minsky'sche Vermutung

Aus diesen Überlegungen ergibt sich folgendes Start-Stop-Perioden-Modell" (Bild 8):

- ein Bearbeitungszyklus beginnt mit einer Bearbeitungsperiode im B-Prozessor, während der globale Entscheidungen wie Abbruch der Iteration usw. getroffen werden
- anschließend startet der B-Prozessor individuell jeden A-Prozessor ("Startperiode")
- hat der A-Prozessor seine Teilaufgabe beendet, so schließt sich die "Stopperiode" an, sobald der B-Prozessor nicht mehr durch Startperioden oder Stopbearbeitungen für andere A-Prozessoren belegt ist
- haben alle A-Prozessoren ihre Teilaufgaben beendet und sind die zugehörigen "Stopperioden" vom B-Prozessor bearbeitet, so ist der Zyklus beendet.

Ähnlich wie im vorangegangenen Kapitel wird auch bei der Analyse des Start-Stop-Perioden-Modells zuerst die Zeit vom Beginn der Startperiode für Prozessor A_1 bis zum Ende der letzte Stopperiode bestimmt. Daraus lassen sich dann die Zykluszeit und andere interessierende charakteristische Größen ableiten.

Für die Berechnung der mittleren Dauer der Mehrprozessoraktivitäten wurden für die gemeinsame Bearbeitungsperiode im B-Prozessor, die Startperioden, die Bearbeitungsperioden in den A-Prozessoren und die Stopperioden jeweils Erlang-k-Verteilungen mit beliebig vorgebbarer Phasenzahl und verschiedenen Mittelwerten angenommen. Da schon bei einfachen Annahmen über die Modellparameter das zugehörige Zustandsdiagramm recht umfangreich wird (bei 8 A-Prozessoren und Erlang-3-Verteilungen für alle Verteilungen bereits 2148 Zustände), wurde neben der numerischen Auswertung die funktionale Abhängigkeit der Leistungssteigerung vom Verhältnis zwischen Verwaltungszeit und Bearbeitungszeit in den A-Prozessoren mit einem Formelmanipulationsprogramm ermittelt.

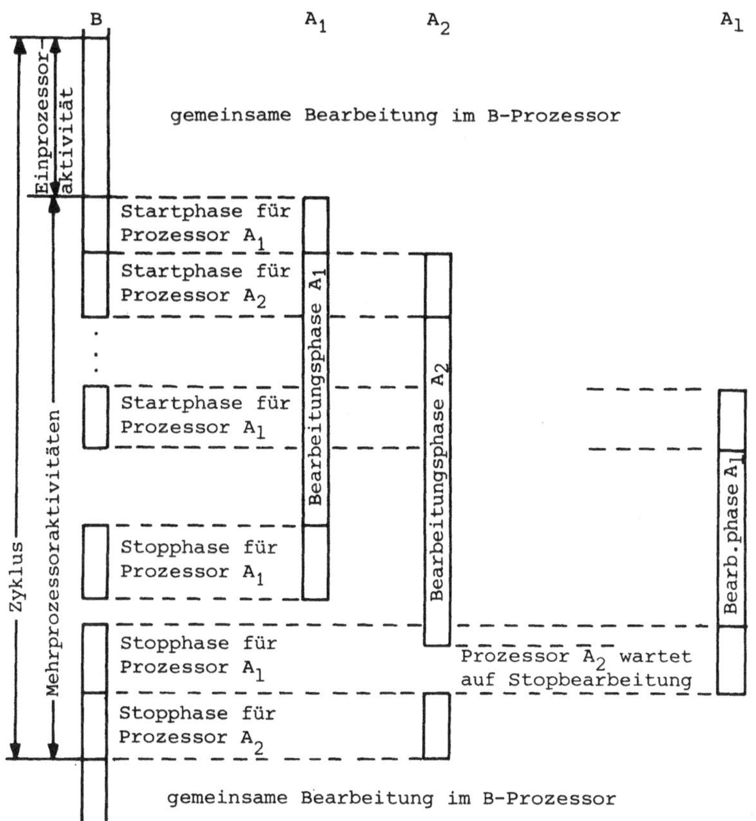

Bild 8: Start-Stop-Perioden-Modell

Das Diagramm (Bild 9) enthält erste Auswertungen des Modells. Es ist jeweils die Leistungssteigerung einer 4-Prozessoranlage in Abhängigkeit vom Verhältnis von Verwaltungszeit (Start- bzw. Stopperiode) zur Bearbeitungszeit auf einem A-Prozessor aufgetragen.

Der Vergleich von Kurve 1 und 2 zeigt, wie stark sich unterschiedliche Verteilungen bei der Bearbeitungsperiode der A-Prozessoren in der Leistungssteigerung auswirken. Der Vergleich von Kurve 2 und 3 zeigt, daß die Stopbearbeitung einen geringeren Leistungsabfall bewirkt als eine gleichlange Startbearbeitung.

6 AUSBLICK

Die Arbeiten mit derartigen Modellen sollen fortgesetzt werden. Das "Start-Stop-Perioden-Modell" aus dem letzten Abschnitt kann erweitert werden auf beliebige Verteilungen (nach dem Cox'schen Modell) für die einzelnen Perioden und auf die Berechnung von Momenten. Mit diesem Modell steht dann ein Hilfsmittel zur Verfügung, um zum Beispiel die Frage zu untersuchen, welche Parallelisierung eines gegebenen Problems bei verschiedenen Möglichkeiten die günstigste ist.

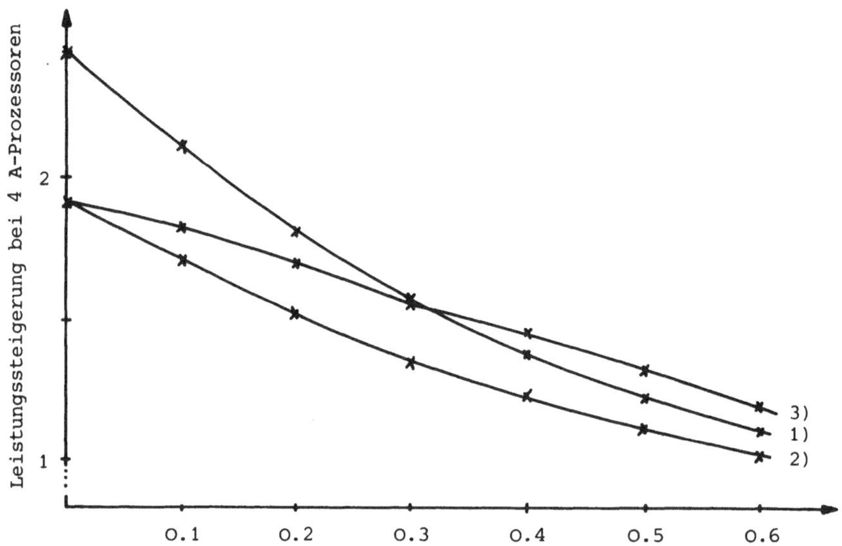

Bild 9: Auswertung des Start-Stop-Perioden-Modells

Kurve	Bedienungszeiten in den A-Prozessoren	Startperiode	Stopperiode
1	Erlang-3-verteilt	exponentiell	-
2	exponentiell	exponentiell	-
3	exponentiell	-	exponentiell

LITERATUR

[1] Bux, W.; Herzog, U.; Reutter, P.: Analyse von Wartesystemen mit Hilfe der Phasenmethode.
Monographie. Institut f. Nachrichtenvermittlung und Datenverarbeitung, Universität Stuttgart, 1976.

[2] Cox, D.R.: A Use of Complex Probabilities in the Theory of Stochastic Processes Proc. Camb. Phil. Soc. 51 (1955) pp. 313-319

[3] Händler, W.; Hofmann, F.; Schneider, H.J.: A General Purpose Array with a Broad Spectrum of Applications.
In: Computer Architecture, Händler (ed.), Informatik-Fachberichte 4, Springer-Verlag (1975) S. 311-335

[4] Harris, J.A.; Smith, D.R.: Hierarchical Multiprocessor Organisations.
Computer Architecture News, Vol. 5, No. 7 (1977) pp. 41-48

[5] Herzog, U.; Hoffmann, W.: Synchronization Problems in Hierarchically Organized Multiprocessor Computer Systems.
4th Int. Symp. on Modeling and Performance Evaluation, Wien, Feb. 6-8, 1979, to be published by North-Holland

[6] Herzog, U.; Hoffmann, W.; Kleinöder, W.: Performance Modeling and Evaluation for Hierarchically Organized Multiprocessor Computer Systems.
Int. Conf. on Parallel Processing, Aug. 21-24, 1979, Bellaire

[7] Hoffmann, W.: Warteschlangenmodelle für die Parallelverarbeitung.
Dissertation, Universität Erlangen-Nürnberg 1978. Arbeitsberichte des IMMD, Band 11, Nr. 17

[8] Hoffmann, W.: Queuing Models for Parallel Processing and their Application to a Hierarchically Organized Multiprocessing System.
1st European Conf. on Parallel and Distributed Processing, Feb. 14-16, Toulouse (1979)

[9] Kopp, H.: Numerical Weather Forecast with the Multi-Microprocessor System SMS 201.
In: Parallel Computers - Parallel Mathematics, Feilmeier (ed.), IMACS, North Holland (1977) pp. 265-268

[10] Lee, R. B.-L.: Performance Bounds in Parallel Processor Organizations.
In: High Speed Computer and Algorithm Organization, D. Kuck et al (ed.), Academic Press, New York (1977)

[11] Minsky, M.; Papert, S.: On some Associative, Parallel, and Analog Computations.
In: Associative Information Techniques, General Motors Research Laboratories, E. L. Jacks (ed.), Elsevier New York (1971) pp. 27-47

ORGANISATION UND BETRIEB

VON RECHENZENTREN

FACHGESPRÄCH (WORKSHOP)

DES FACHAUSSCHUSSES 3/4 DER GI

BONN, 4./5. OKTOBER 1979

HERAUSGEGEBEN VON E. JASPER

INHALTSVERZEICHNIS

VORWORT

ANSCHRIFTEN DER VERFASSER

Bogensberger, H.	Institut für Informationsverarbeitung, TU, Graz, Steyrergasse 17, A-8010 Graz, Austria
Dechant, Dr. P.	Gesellschaft für wissenschaftliche Datenverarbeitung mbH, Göttingen, Am Faßberg, 3400 Göttingen
Engel, Dr. H.	Rechenzentrum der Universität Stuttgart, Pfaffenwaldring 57, 7000 Stuttgart 80
Frick, H.	Rechenzentrum der Universität des Saarlandes, im Stadtwald, 6600 Saarbrücken
Göhring, H.G.	Regionales Hochschulrechenzentrum der Universität Bonn, Wegelerstraße 6, 5300 Bonn 1
Hahnau, V.	Tesdata, Gesellschaft für Datenverarbeitung mbH, Am Lindenbaum 24, 6000 Frankfurt/Main 50
Haring, Dr. G.	Institut für Informationsverarbeitung, TU, Graz, Steyrergasse 17, A-8010 Graz, Austria
Heim, K.	Rechenzentrum der Universität Karlsruhe, Zirkel 2, 7500 Karlsruhe

Hossfeld, Dr. F.	Zentralinstitut für Angewandte Mathematik der Kernforschungs-anlage Jülich GmbH, Postfach 1913, 5170 Jülich 1
Jahnke, Dr. B.	Universität Hamburg, Von-Melle-Park 5, 2000 Hamburg 13
Kiel, D.	Niedersächsischer Landesrechnungs-hof Hildesheim, Laubanerstr. 1, 3200 Hildesheim
Lebrecht, Dr. A.	Rechenzentrum der Finanzverwaltung Düsseldorf, Roßstraße 131, 4000 Düsseldorf
Martin, Dr. R.	Rechenzentrum der Universität Karlsruhe, Zirkel 2, 7500 Karlsruhe
Mertens, Dr. B.	Zentralinstitut für Angewandte Mathematik der Kernforschungsanlage Jülich GmbH, Postfach 1913, 5170 Jülich 1
Posch, R.	Institut für Informationsverarbeitung, TU Graz, Steyrergasse 17, A-8010 Graz, Austria
Schneider, Prof. Dr. H.-J.	Fachbereich 20-Informatik, TU-Berlin, Otto-Suhr-Allee 18/20, 1000 Berlin 10
Schreiner, Prof. Dr. A.	Rechenzentrum der Universität Karlsruhe, Zirkel 2, 7500 Karlsruhe
Stübel, Dr. G.	ACTIS GmbH, Angewandte Computer-technik für Informationssysteme Stuttgart, Robert-Koch-Str. 10, 7000 Stuttgart
Walther, H.-J.	Dv WS SE RZ Siemens AG, Gmunderstraße 21, 8000 München 70

VORWORT

ZUR TRADITION UND ZUM SINN DES WORKSHOPS

VORWORT

Dieser Teil des Bandes enthält die Vorträge, die anläßlich des Fachgespräches (Workshop) der Gesellschaft für Informatik über "Organisation und Betrieb von Rechenzentren" am 4. und 5. Oktober 1979 in Bonn gehalten werden. Das vom Fachausschuß 3/4 (Rechnerorganisation und Betriebssysteme) veranstaltete Fachgespräch wird vom Regionalen Hochschulrechenzentrum der Universität Bonn durchgeführt. Es schließt sich an ähnliche Veranstaltungen des Fachausschusses im Jahre 1975 in Karlsruhe und 1977 in Göttingen an. Hierzu sei auf die Informatik-Fachberichte Band 2 und 15 verwiesen.

Der Programmausschuß, dem die Mitglieder

Dr. Erich Jasper, Direktor des Regionalen Hochschulrechenzentrums der Universität Bonn, Bonn

Dr. Arndt Liesen, Bundesamt für Finanzen, Bonn

Dr. Günter Obelode, Hoesch-Werke AG, Dortmund

Dipl. Phys. Ferdinand Peischl, Organisatorischer Leiter des Leibniz-RZ der Bayerischen Akademie der Wissenschaften, München

Prof. Dr. Adolf Schreiner, Direktor des Rechenzentrums der Universität Karlsruhe, Karlsruhe

Stefan v. Ungern-Sternberg, DATEV e.G., Nürnberg

Dr. Dieter Wall, wiss. Geschäftsführer der Gesellschaft für wissenschaftliche Datenverarbeitung mbH Göttingen, Göttingen

Dr. Franz Wolf, Leiter des Regionalen Rechenzentrums Erlangen, Erlangen

angehören, war bestrebt, den Versuch des Ausbruchs aus einer Isolation zu fördern, aus einer Isolation nämlich, in die einerseits wissenschaftliche Rechenzentren immer dann zu versinken drohen, wenn der Kontakt zur Industrie verloren geht und aus der andererseits kommerzielle Rechenzentren bei zu großer Wissenschaftsferne kaum herausfinden. Isolation - das kann hier Weltfremdheit, Eigengenügsamkeit, Selbstzufriedenheit oder mehr heißen, in jedem Fall aber bedeutet es mangelnder Fortschritt, der durch gegenseitige Übernahme von Erfahrungen leicht zu erreichen wäre. Gegenseitige Übernahme von Erfahrungen bedingt das Erkennen der Probleme von Rechenzentren anderer Art und Betriebsweise, das Verständnis hierfür - kurz: das Gespräch miteinander. Dieses gemeinsame Ziel hatte der Programmausschuß immer vor Augen und folgte deshalb gerne einer Anregung aus Kreisen der GI und gab dem Workshop bisheriger Tradition den Untertitel "Fachgespräch". Dieses Gespräch noch zu intensivieren - das insbesondere ist der Sinn der für den ersten Abend geplanten Diskussion. Nach einer Einführung über "versteckte Kosten in der Datenverarbeitung" werden in einer hoffentlich ebenso lebhaften Diskussion wie beim letzten Treffen in Göttingen bisher weniger bekannte, aber dennoch wichtige Gesichtspunkte herausgearbeitet werden können. Über diesem von Herrn Professor Schreiner geleiteten Abend könnte als Motto dann stehen: "Die richtigen Fragen aufzuwerfen ist der erste Schritt zur Wirtschaftlichkeit".

Wirtschaftlichkeit und Betriebssteuerung waren für den Programmausschuß auch Schwerpunkte der gesamten Thematik, die er gerne noch um andere Themenkreise erweitert hätte. Hier sind zu nennen etwa der Einsatz von Spezialprozessoren, arbeitsphysiologische und arbeitsrechtliche Gesichtspunkte, die Zukunft des Mitarbeiters im Rechenzentrum sowie die Einbettung des Rechenzentrums in die Gesamtorganisation. Eine solche Erweiterung ließ sich in Bonn aber deswegen nicht realisieren, weil von der GI eine möglichst starke Integration des Workshops in die gleichzeitig stattfindende Jahrestagung angestrebt wurde. Das beinhaltete zur Vermeidung zu großer Überschneidungen eine zeitliche Eingrenzung auf zwei Halbtage und damit auch eine thematische Einschränkung, was zweifellos zu einer Verringerung der Attraktivität dieser Veranstaltung führte. Hinzu kommt, daß wegen des frühen Erscheinungstermins einer der wichtigsten Teile des Workshops keine Aufnahme in den Tagungsband finden kann: der Diskussionsabend. Deswegen wird das Rechenzentrum der Universität Bonn versuchen, den Teilnehmern und allen anderen Interessenten dessen Inhalt in irgendeiner anderen Form zugänglich zu machen.

Wie in den vergangenen Jahren richtet sich der Workshop auch 1979 wieder an leitende Mitarbeiter aller Rechenzentren. Besonders erfreulich ist daher die Zahl der Beiträge aus dem außeruniversitären Bereich und die Zahl der Anmeldungen vor allem aus der Industrie. Der inzwischen zur Tradition gewordene Zwei-Jahresrhythmus sollte fortgeführt werden. Aufbauend auf den Erfahrungen dieses Jahres muß dabei an eine Ausweitung der Themen und an eine noch gezieltere Zusammenarbeit von kommerziellen und wissenschaftlichen Rechenzentren gedacht werden, um den Erfolg der bisherigen Workshops fortzuführen, ihn zu steigern und den Teilnehmern auch in Zukunft das Gefühl zu geben, nützliche, vielleicht sogar unerläßliche Informationen zu Organisation und Betrieb ihrer Rechenzentren erhalten zu haben.

Jasper

WIRTSCHAFTLICHKEIT

UND

BETRIEBSSTEUERUNG

AWUS - STUDIE FÜR EIN BENUTZERFREUNDLICHES ANWENDUNGS-UNTERSTÜTZUNGS-SYSTEM

Herbert H. Engel
Regionales Rechenzentrum der Universität Stuttgart

Hans-Jochen Schneider
Institut für Angewandte Informatik, TU Berlin

Günter Stübel
Angewandte Computertechnik für Informationssysteme
ACTIS GmbH, Stuttgart

Zusammenfassung: Die mißliche Lage des Benutzers eines wissenschaftlichen Rechenzentrums im Hinblick auf das Auswählen von, die Einarbeitung in und die Benutzung von Anwendungs-Software-Paketen/Programmen (ASP) hat uns veranlaßt, eine Studie durchzuführen, die die Möglichkeit untersucht, ein anwendungs-software-integrierendes System zu entwickeln. Es hat sich gezeigt, daß die Datenkompatibilität sowie die Dialogerstellung und -führung die Hauptprobleme für die Implementierung eines derartigen integrierenden Systems sind; auch eine Methodenbank, die u.a. die ASP enthält, müßte installiert werden. Eine stufenweise Entwicklung wird vorgeschlagen: Zunächst soll das Problem der Datenkompatibilität durch vom System erstellte Konvertierungsprogramme gelöst werden; auf dieser Basis kann dann ein Dialogsystem, das den Benutzer an seine Problemlösung heranführt, als eine komfortable Benutzerschnittstelle aufgebaut werden.

1. Ziele von AWUS

Betrachtet man die Entwicklung im Bereich der Anwender-Software in den letzten 5 - 10 Jahren und extrapoliert man diese Entwicklung in die Zukunft, so muß man feststellen, daß die Situation des Anwenders immer mißlicher und unbeherrschbarer wird. Sieht man davon ab, daß die verschiedenen Software-Moduln und Software-Pakete in verschiedenen Programmiersprachen geschrieben sind, so bleibt doch als nicht akzeptierbar übrig, daß der Anwender sich bei jedem neuen Anwender-Programm auf eine neue Eingabe-Datenstruktur und auf neue Ausgabe-Listing-Formate einstellen muß. Handelt es sich um interaktive Systeme, so sieht jede Dialogführung ganz verschiedenartig aus. Diese Situationsbeschreibung trifft in ganz besonderem Maße auf einen (Universitäts-) Rechenzentrumsbetrieb zu.

Mit dem vorliegenden Entwurf für ein benutzerfreundliches Anwendungs-Unterstützungs-System (AWUS) soll ein Versuch gemacht werden, dem Anwender durch Systemunterstützung in seinem Problemlösungsprozeß zu helfen und ihn zu einem höheren Effizienzgrad, zur besseren (oder vielleicht sogar zur optimalen) Problemlösung hinzuführen.

Der Benutzer (hier: Synonym zum Anwender) soll nicht mehr durch die notwendigen Bridge-Programme für die Dateikonvertierungen, durch das Lernen immer und immer wieder neuer Steuerkartenfolgen, von seinem Problemlösungssuchprozeß abgelenkt werden. Der Anwender sollte nicht mehr gezwungen werden, Computer-Spezialist zu werden.

Ein benutzer-gesteuerter, problemorientierter Dialog, der durch laufende Hilfestellungen dem Benutzer ergänzende Unterstützung anbietet, führt ihn an seine Problemlösung heran. Ein minimaler Einarbeitungsaufwand von weniger als einer halben Stunde sollte genügen, um dem gelegentlichen Benutzer die Handhabung von AWUS zu vermitteln.

AWUS umfaßt in der Gesamtkonzeption folgende Funktionen:

- Der Benutzer kann sich durch AWUS über den Funktionsumfang der integrierten Software informieren.
- Da die AWUS-Schnittstelle zum Benutzer immer gleich bleibt, unabhängig davon, mit welchem Anwendungsprogramm gearbeitet wird, muß der Benutzer sich nicht an eine von Programm zu Programm vollkommen unterschiedliche Dialogführung bzw. Steuerkartenfolge gewöhnen.
- Sehr zeitaufwendige Datei-, Datensatz- und Datenkonversion, die beim Arbeiten mit mehreren Software-Paketen vorzunehmen ist, sollte von AWUS automatisch durchgeführt werden.
- Längerfristig sollten alle Bibliotheksprogramme und Software-Pakete in AWUS integriert werden und die (Programmier-)Sprachenschnittstelle sollte auf ein deskriptives (nicht-prozedurales) Niveau gehoben werden. Wenn möglich, sollte von bildhaften Spezifikationen Gebrauch gemacht werden.
- Selbstverständlich sollten die notwendigen Daten-, Methoden- und eventuell Modell-Spezifikationen auf einem logischen und problemorientierten Niveau vom Benutzer gemacht werden, ohne daß der Systemoverhead und das Antwortzeitverhalten im Verhältnis zur Verbesserung der Benutzung der Anwendungsprogramme zu groß bzw. zu schlecht werden.
- Die Systemarchitektur von AWUS muß selbstverständlich erlauben, daß die Anwendungsprogramme auch ohne AWUS wie seither angesprochen und eingesetzt werden können (Anpassung an den Kenntnisstand des Benutzers).

Die Idealvorstellungen sind sicher nicht in einem Schritt realisierbar.

2. Das AWUS-System

Unter der Voraussetzung, daß AWUS ein benutzerfreundliches Anwendungs-Unterstützungs-System ist, kann davon ausgegangen werden, daß fast alle Anfragen bzw. Anwenderaktivitäten unter der Kontrolle dieses Systems ablaufen. Der Rahmen des Systems ist daher sehr weit gesteckt. Lediglich die problemorientierten Daten eines Anwenders müssen im Laufe der Anwendungsbearbeitung dem System bekannt gemacht werden, d.h. von außen in das AWUS-System eingeführt werden. (Vergl. Abb.: 1).

2.1 Gesamtarchitektur

Die Benutzer 1 bis n melden sich zunächst über den Monitor an (1). Er ist der übergeordnete Steuerungsmodul, der die Verteilung an die verschiedenen Bereichsmoduln (z.B. Statistik) vornimmt. Nach Erledigung sämtlicher von ihm auszuführender Arbeiten (z.B. auch Log-Funktionen) übergibt er die Regie an den jeweiligen aktivierten Bereichsmodul (2). Von da an kann der Benutzer auch direkt mit diesem kommunizieren (3). Die Aufgabe dieser Moduln besteht im wesentlichen in der Heranführung des Benutzers an das von ihm zu lösende Problem (user Guiding) und in der Übernahme solcher Tätigkeiten, die der Benutzer normalerweise aus EDV-Technikgründen zwar übernehmen muß, aber die nicht zur eigentlichen Problemlösung gehören.

Zur Erfüllung ihrer Aufgaben bedienen sich die Moduln der Daten aus dem Datenbestand (Benutzerdaten, Steuerkarteninformationen, Schemabeschreibungen), oder sie wählen aus der Methodenbank, einer Art Programmbibliothek, dasjenige Programmpaket aus, das die jeweils anstehenden Probleme zu lösen hat. Das ausgewählte Programm hat seinerseits Zugriff auf Unterprogramme (Prozeduren) aus der Methodenbank sowie auf die Daten des dem AWUS-System bekannten Datenbestandes. Dabei kann je nach Aufgabenstellung der Generator zur Generierung von Konvertierungsprogrammen, ein Anwendungs-Software-Programm (ASP), z.B. SPSS, ein Bibliotheksprogramm, z.B. SORT, oder ein bereits fertiges Konvertierungsprogramm ausgewählt und aktiviert werden.

Nach Beendigung der Arbeit wird die Regie jeweils wieder an den abgebenden Bereichsmodul und von dort an den Benutzer bzw. an den Monitor übergeben.

Die Gesamtarchitektur wurde nach folgenden Gesichtspunkten entworfen:

- Flexibilität (d.h. einfache Anpassung an Änderungen des Systemkonzepts oder nachfolgende Erweiterungen)

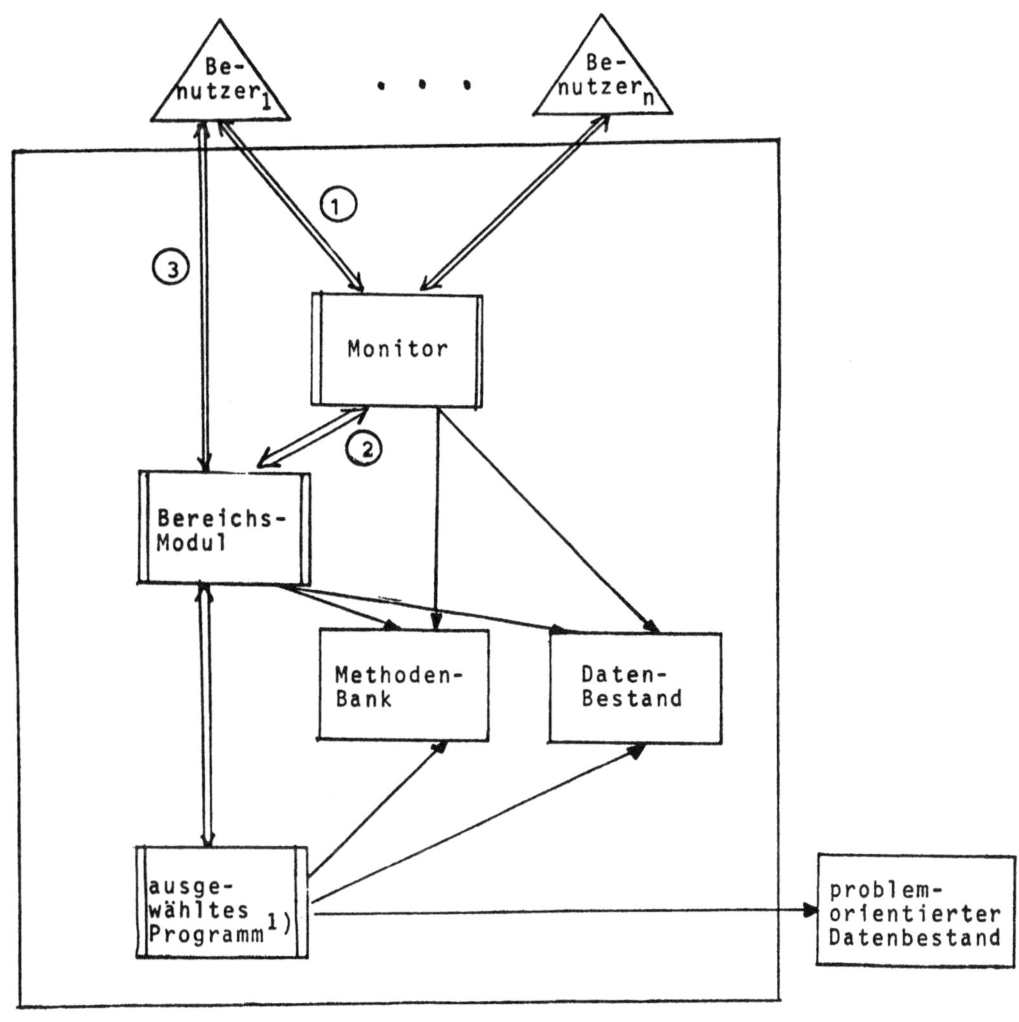

Abb. 1 : AWUS - Gesamtarchitektur

1) z.B. ASP, Generator, Konvertierungsprogramm, Bibliotheksprogramm

- Benutzerfreundlichkeit (d.h. Kommunikation des Benutzers mit dem System auf einer problemorientierten Ebene, mit der er vertraut ist)
- Effizienz (d.h. optimale Ausnutzung der durch die Kombination Hardware/ Betriebssystem gegebenen Möglichkeiten).

Dabei wird neben den einzelnen Teiloptima (möglichst effizienter Ablauf eines Programms) ein Gesamtoptimum angestrebt, so daß die gesamte Zeit zur Problemlösung, einschließlich Einarbeitungszeit und Datenaufbereitungsaufwand, minimiert wird.

2.2 Beschreibung der wichtigsten Konzepte

Die Gesamtarchitektur von AWUS läßt zwei Schwerpunkte erkennen:

- Dialogführung
- Datenkompatibilität

Da zur Durchführung des Gesamtprojektes zunächst die Probleme der Datenkompatibilität gelöst werden müssen, sollten sie bei der Implementierung vorgezogen werden. Auf dieser Basis setzt dann die Dialogführung als komfortable Benutzerschnittstelle auf.

Im folgenden werden die wichtigsten in AWUS verwendeten Konzepte in ihrem Zusammenhang zum Gesamtsystem vorgestellt.

2.2.1 Dialogführung

Selektionstechnik: Die Erfahrung über den Umgang ungeübter Benutzer mit EDV-Anlagen hat gezeigt, daß diese sich dann am besten mit dem System zurechtfinden, wenn ihnen jeweils eine Auswahl von Möglichkeiten angeboten wird, aus denen sie unter Angabe einer Ziffer eine gewünschte auswählen.

Thesaurus: Sofern dieses Angebot nicht ausreicht, ist es möglich, durch Angabe von Stichworten sich an das zu lösende Problem heranzutasten. Über einen Thesaurus (Stichwortverzeichnis), der laufend mit dem wachsenden System ergänzt wird, werden Zuordnungen zu AWUS bekannten Methoden hergestellt.

Entscheidungsbaum/Dialognetz: Untersuchungen über die Struktur von Dialogführungssystemen haben gezeigt /1/, daß Entscheidungsbäume die häufigste Art der Dialog-Lehr und -Lernprogramme sind. Läßt man jedoch beliebige Aussprünge aus einer momentan zu bearbeitenden Verzweigung (Knoten) an eine andere Stelle zu, z.B. durch die Anweisung "Hilfe" oder "GOTO", so hat man es mit einem Netz zu tun, das noch wesentlich komplexere Verwaltungsmechanismen erfordert. So muß es auch möglich sein, durch die

Angabe "gehe drei Knoten zurück", bisher getroffene Entscheidungen rückgängig zu machen. Dazu ist ein Wege-Trace-Modul vorgesehen, der über getroffene Maßnahmen buchführt (logging).

Um den Bereichsbetreuer, der im allgemeinen Fachmann für seinen Bereich ist (z.B. Statistik), von der Programmierung aufwendiger Steuerfunktionen zu entlasten und die Einführung neuer Bereiche zu erleichtern, werden ihm Instrumente in die Hand gegeben, mit denen er die Dialogführung seines Bereiches erstellen kann. Dadurch wird er nicht von der eigentlichen Aufgabe durch Programmierprobleme abgelenkt.

Mit diesen Hilfsmitteln, die entweder Entscheidungstabellen-Generatoren /2/, Generatoren für interaktive Systeme (GIAS) /3/ oder tabellengesteuerte Dialoggeneratorsysteme (z.B. ein erweiterter DIMPLE-Ansatz) /4/ sein können, wird auch die Verbindung zwischen den Anwendungs-Software-Paketen/Programmen (ASP) und den notwendigen Dateien hergestellt.

2.2.2 Datenkompatibilität

Um den Benutzer weitgehend von den Beschreibungen und Anpassungen der Daten, die zur Bearbeitung mit den Methoden notwendig sind, zu entlasten, arbeitet AWUS mit einer strikten Trennung der Schemabeschreibung von Programmen (Datenunabhängigkeit), wie sie auch in der Datenbanktechnik üblich ist. Obwohl wir es bei Datenkompatibilität mehr mit Problemen des Filemanagements zu tun haben, lassen sich doch gewisse Parallelen zur Datenbanktechnik ziehen und auf dort gewonnene Erfahrungen aufbauen. Die Schemabeschreibung, die weitgehend durch den Betreuer des ASP erfolgt, erlaubt es, daß vor allem bei Konvertierungsproblemen die problemorientierten, benutzereigenen Daten nur einmal vom Benutzer beschrieben werden müssen, z.B. auch Anzahl und Namen von Variablen bekannt gemacht werden. Danach kann das AWUS-System selbständig aufgrund der Schemainformationen Konvertierungsprogramme generieren oder die Schemainformationen so auswerten, daß die gewünschten Daten für das ASP bereitgestellt werden. Der Betreuer, bzw. in bestimmten Fällen auch der Benutzer, beschreibt die Daten mit Hilfe eines Schemabeschreibungsdialoges (Data Description Dialog - DDD).

Der Datenbestand enthält sämtliche für das AWUS-System relevanten Daten. Das sind meistens Dateien im direkten Zugriff. Es können jedoch auch Bänder, Lochkarten oder Lochstreifen für problemorientierte Daten sein. Im einzelnen gehören dazu:

- Die Schemabeschreibungen als Tabellen bzw. Datendefinitionen in Form von "strings" (z.B. Job-Control-Steuerkarten)

- Steueranweisungen, Parameter für ASPs
- Thesaurus
- Schlüsselworte und Benutzerinformationen zur Systemverwaltung
- problemorientierte Daten in den unterschiedlichsten, jeweils zur Bearbeitung notwendigen Formen.

2.3. Methodenbank

Ohne auf eine nähere Begriffsbestimmung von Methodenbank einzugehen - der Begriff wurde durch die jüngsten Diskussionen sehr strapaziert - verstehen wir darunter eine Sammlung von Programmen, die von den jeweils aktiven Hauptmoduln aufgerufen werden. Für AWUS sind dies:

- Methoden aus den einzelnen Bereichen, d.h. die Programme der installierten ASP
- Konvertierungsprogramme
- Generator für Konvertierungsprogramme bzw. tabellengesteuertes Programm zur Konvertierung von Daten
- Bibliotheksprogramme, die zur Datenhandhabung vom Betriebssystem zur Verfügung gestellt werden (z.B. SORT)
- Entscheidungstabellenvorübersetzer bzw. -generatoren, Generator für interaktive Systeme o.ä.

Bei diesem Gesamtkonzept wird davon ausgegangen, daß die vom Betriebssystem angebotenen Hilfsmittel bzw. Methoden (z.B. Filemanagement, Zugriffsmethoden) weitgehendst ausgenutzt werden. Das System ist so in die Testumgebung der installierten Anlage eingepaßt, daß AWUS als zusätzliche Hilfe, nicht als zusätzliche Belastung bei der Problemlösung angesehen wird.

Zusätzlich führt das System eine Statistik über die Verwendung der ASP (wie und von wem diese benutzt werden). Diese dient dazu, Benutzertypen zu klassifizieren. Die Auswertungen dieser Informationen werden zur Optimierung des Durchsatzes von AWUS herangezogen.

3. Literaturverzeichnis

/1/ Anlauf, H.: "GIAS II - Aufbau und Ausbau eines generalisierten Systems", Diplomarbeit, Institut für Informatik (IfI) Universität Stuttgart, 1975.

/2/ Infratest Informations Services: "Software Report", ISIS, Teil 2, Juli bis Dezember, 1978.

/3/ Meyer, B.; Pflugbeil, G.; Schneider, H.-J.: "A Generalized Interactive System for Automatic Generation of Dialog Programs", Interner CIS-

Bericht 11/78, Institut für Angewandte Informatik, TU Berlin, 1978.

/4/ Pernards, P.: "Der DIMPLE-Dialoggenerator" in: "Techniken des Dialogs", Kupka, I. (Hrsg), 1. Treffen 1977 des German Chapter of the ACM, 29. und 30. April 1977 in Hamburg, Applied Computer Science 10, Carl Hanser Verlag, München, Wien, 1978.

EIN MODELL ZUR GEMEINSAMEN NUTZUNG EINER RECHENANLAGE

H. Bogensberger
G. Haring
R. Posch
Institut für Informationsverarbeitung
Technische Universität Graz

Zusammenfassung

In der vorliegenden Arbeit wird ein möglicher Weg zur Rechnernutzung durch mehrere Benutzergruppen aufgezeigt. Dabei wird nicht von einer Verrechnung einer Leistung nach Verbrauch ausgegangen, sondern das Rechnersystem wird so aufgeteilt, daß es jedem Partner den ihm zustehenden Teil automatisch einräumt. Diese Vorgangsweise wurde gewählt, da einerseits nicht konsumierte bzw. nicht konsumierbare Leistung nicht bewertet werden sollte und andererseits der Verbrauch ohnehin freistehender Ressourcen keinem Partner zum Nachteil werden sollte.

Es werden verschiedene Systemaufteilungsmöglichkeiten vorgestellt. Als tatsächlich durchzuführende wurde eine Aufteilung auf Ressourcenbasis gewählt. Die Zuteilung erfolgt daher nur für jene Ressourcen, die im bestehenden System zu einem Engpaß führen könnten. Weiters werden in der Arbeit die tatsächliche Zuteilung und die gewählten Strategien besprochen. Abschließend wird die Empfindlichkeit der Zuteilung gegenüber Lastveränderungen diskutiert.

1 Darstellung des Problems

Verschiedene Möglichkeiten, ein EDV-System nach benutzerorientierten Leistungsgesichtspunkten aufzuteilen, sollen im folgenden kurz aufgezählt werden. Die Hintergründe, die eine derartige Aufteilung notwendig machen bzw. sinnvoll erscheinen lassen, werden aufgezeigt und eine spezielle Anwendung wird dargestellt.

Prinzipiell erscheint ein automatisches Verteilen von Leistung bzw. Leistungskomponenten günstig, wenn mehrere Benutzergruppen eine Anlage gemeinsam betreiben bzw. nutzen. Diese Konstellation tritt dann auf, wenn eine Reihe von Benutzergruppen als gleichwertige Partner gemeinsam eine Rechenanlage angeschafft haben oder finanzieren. Der Fall einer Leistungsvergabe seitens einer Serviceanstalt sei hier ausgeschlossen, weil hier eine Verrechnung gemäß Verbrauch angebrachter sein wird. Durch das gemeinsame Finanzieren ist bereits eine erste Basis für Anteile an Systemleistungen gelegt und man könnte sich insbesondere nach den Finanzierungsanteilen orientieren. Dadurch entsteht eine Prozentaufteilung der Gesamtleistung unter den betroffenen Partnern. Dabei tritt nicht nur das Problem auf, daß verschiedene Benutzergruppen verschiedene Benutzerprofile haben könnten, die eine rein prozentuelle Aufteilung als problematisch erscheinen lassen, sondern es wäre auch noch zu definieren, was ein Prozentanteil an einer Gesamtleistung bedeutet. Ein weiterer Anhaltspunkt zur gemeinsamen Nutzung einer Rechenanlage ist durch Leistungsgrößen gegeben, die zuvor ermittelt werden bzw. die sich aus der Struktur der jeweiligen Anwendung ergeben. Derartige Leistungsindizes lassen sich durch systematische Beobachtung der Arbeitslast eines Benutzers bzw. einer Benutzergruppe ermitteln und durch einen repräsentativen Benchmark reproduzierbar darstellen /1/. Man erhält auf diese Weise einen Repräsentanten (Benchmark) sowohl für jede der Benutzergruppen als auch einen für die Gesamtlast /2/. Letzterer kann offensichtlich als eines der Auswahlkriterien bei der Suche nach einer Rechenanlage, die den gemeinsamen Anforderungen genügt, verwendet werden. Dadurch ist aber auch gleichzeitig gesichert, daß die Summenleistung erbracht wird und somit

(A) $$L_k \geq \sum_i l_{ik} \quad \forall k \, .$$

Dabei ist L_k die Leistung des Gesamtsystems bzw. der Wert des iten Leistungsindex des Gesamtsystems und l_{ik} der Wert des k-ten Leistungsindex für die i-te Benutzergruppe . Dies ist offensichtlich eine Forderung für jede Zuteilung von Leistungskomponenten, die nicht auf einem zeitlich großräumigen Ausgleich - Tag / Nacht etwa - basiert. Eine derartige Zuteilung, wie zuletzt angesprochen, benötigt allerdings keine Mechanismen. Tritt in A> ein, so handelt es sich beim Überhang um Leistungsanteile, die einem freien Wettbewerb und weniger einer Zuteilungsstrategie unterliegen sollen. Es muß allerdings bei der Formulierung derartiger repräsentativer Benchmarks darauf geachtet werden, daß tatsächlich alle Komponenten der realen Arbeitslast vertreten sind. Ein Punkt, der dabei selten berücksichtigt wird, ist der Online-Betrieb. Dieser kann etwa durch Terminalsimulatoren /3/ erledigt werden, wie das dieser Arbeit zugrundeliegende Beispiel /4/ zeigt.

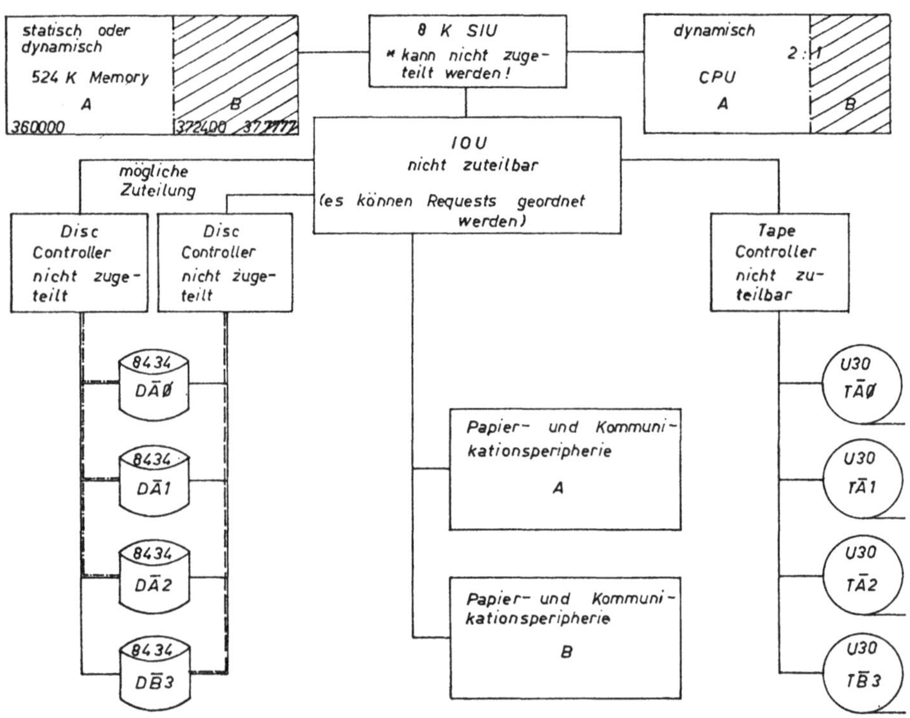

Fig.1 Konfiguration und Zuteilung im speziellen Beispiel

In dem konkret vorzustellenden Fall existieren zwei Benutzergruppen - Universitäten Graz /Rechenzentrum Graz -, die gemeinsam eine UNIVAC 1100/81 (siehe Fig.1) betreiben. Dabei sind die Leistungsanteile der Größenordnung nach als auch dem Profil nach wesentlich verschieden. Da insbesondere der eine Partner als Kunde des anderen auftritt, waren die Leistungsindizes und somit die Aufteilungsgrößen bereits gegeben und lauteten: Einhaltung einer vorgegebenen Leistung für einen Partner bei beliebiger Gegenlast.

2 Darstellung verschiedener Aufteilungsmöglichkeiten

Als aufgeteilt ist ein EDV-System etwa dann zu sehen, wenn zwei (oder im allgemeinen Fall n) Betriebssysteme implementiert sind, die auch tatsächlich parallel arbeiten. Diese könnten dann als virtuelle Maschinen bezeichnet werden. Die Aufteilungsgrundlage wäre die Ebene des Interrupts. Offensichtlich müßten alle Ressourcen fix zugeteilt werden. Bei der CPU wäre eine Angleichung an die Belastung vorstellbar, soferne der Prozessor-Idle-Loop nicht in die parallel arbeitenden Systeme integriert wird, sondern extern zu diesen läuft. Dadurch wäre aber eine eher statische Aufteilung des Gesamtsystems definiert und es könnte eine Benutzergruppe kaum oder überhaupt nicht von der Tatsache profitieren, daß die anderen Gruppen ihre Leistungsanteile momentan nicht gänzlich verbrauchen.

Ein Ausgleichen des Verbrauchs unter den einzelnen Benutzergruppen wäre wohl bei einem unzugeteilten System automatisch gegeben, doch ist man hier vor einem ungerechtfertigten Überkonsum einer Benutzergruppe nicht gesichert. Dies führt zum Gedanken eines aufgeteilten Systems im Sinne einer Verrechnung. Ein System, wo zu gewissen Abschnitten jeder Benutzergruppe mitgeteilt wird, wieviel sie innerhalb eines Ausgleichszeitraumes noch verbrauchen darf. Zusätzlich würde ein Aufholen durch Accounting bedeuten, daß jener Gruppe, die innerhalb des Ausgleichszeitraumes ihre Verrechnungseinheiten verbraucht hat, automatisch die Zugriffsmöglichkeit entzogen wird /5/. Durchführbar ist eine derartige Strategie nur bei extremer Disziplin aller Gruppen, sodaß zu Beginn eines Ausgleichszeitraumes ein vernünftiger Rechnerzugang gesichert erscheint. Zudem muß innerhalb jeder Gruppe eine Gesamtverantwortlichkeit gegeben sein. Letzteres ist eine Voraussetzung, die etwa bei einer studentischen Anwendergruppe sicher nicht gegeben ist.

Schließlich ist ein Aufteilen einer Rechnerleistung auch möglich, indem man jede Ressource entsprechend aufteilt. Daher ist es sinnvoll, nur potentiell kritische Ressourcen zu betrachten. Es läßt sich dann vorweg feststellen, daß ein ausgleichendes Benutzen sicher nur bei jenen Ressourcen möglich ist, die auch rücknehmbar sind. Somit teilt sich eine Aufteilungsstrategie, die auf potentiell kritische Ressourcen angewendet wird, in zwei Teile:

(a) statisch für 'non preemptive Ressourcen' /6/

(b) dynamisch für 'preemptive Ressourcen' /7/

Zur Ermittlung der kritischen Ressourcen sei hier festgestellt, daß im konkreten Fall die Arbeitslast, die das Benutzerprofil darstellt, herangezogen wurde und ihr ein Job zugefügt wurde, der einen erheblichen Anteil einer spezifischen Ressource konsumierte. Stellte sich bei der Exekution mit diesem Job ein signifikanter Unterschied heraus, so wurde die betreffende Ressource als kritisch erkannt.

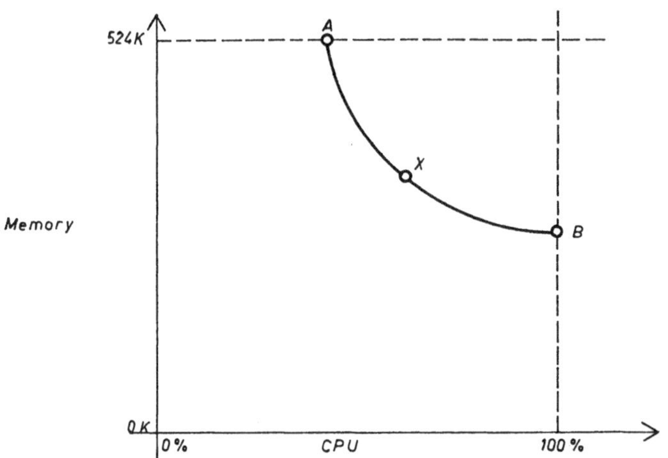

Fig. 2 Linie der möglichen Zuteilungspunkte

Es sei hier auch angemerkt, daß sich Ressourcekonsumgrößen nach Einsatz eines zugeteilten Systems durch laufende Tests iterativ ergeben werden. Diese können in einer mehrdimensionalen Figur gegeneinander aufgetragen werden, wie dies in Fig.2 geschehen ist. X sei nun ein derartiger Punkt, der eine mögliche Aufteilung definiert. Nun tritt es in der Praxis auf, daß nicht nur ein Punkt X, sondern mehrere Punkte dem Teilungsproblem genügen. Man erhält nun eine Kurve, die durch die vorhandenen Ressourcenmengen limitiert ist und kann die Aussage treffen, daß jeder Punkt innerhalb A,B in Fig.2 eine gültige Zuteilung darstellt. Im folgenden soll angenommen werden, daß diese Kurve c bekannt ist, wiewohl sie in der Praxis schwer bzw. aufwendig zu ermitteln sein wird. Auf dieser Basis kann eine Dynamik zweiter Art definiert werden, die in Abhängigkeit von der realen Last, den Teilungspunkt automatisch längs c wandern läßt, um den Abweichungen der realen Last zur definierten Last gerecht zu werden. Es wurden bisher kaum Strategien entwickelt, die ein Wandern von X längs c beschreiben. Eine vorstellbare Möglichkeit ist das Ausweichen in Richtung nicht konsumierter Leistungsanteile.

3 Strategien zur gemeinsamen Ressourcennutzung

Im konkreten Fall wurden folgende Ressourcen als kritisch erkannt:

n1) Anzahl der Bänder (Bandgeräte)

n2) Massenspeicherbereiche und Zugriffe zu diesen

n3) Systemmassenspeicherbereiche

n4) Anzahl der zu eröffnenden Stapeleinheiten

p1) Zentralspeicherbelegung

p2) CPU-Kapazität.

Offensichtlich sind die Ressourcen n1 bis n4 als 'non preemptive' und p1, p2 als 'preemptive' anzusehen.

Betrachtet man die Bandgeräte, so läßt sich nicht nur die Eigenschaft 'non preemptive' feststellen, sondern man sieht, daß dieser Ressourcetyp statisch einer Benutzergruppe zugeteilt werden muß, um eine sinnvolle Zusammenarbeit zu garantieren. Diese Aussage trifft auf alle externen Speichermedien und Geräte zu. Man sieht jedoch, daß die Notwendigkeit, statisch zuzuteilen, nicht unmittelbar an die Eigenschaft, 'non preemptive' zu sein, gekoppelt ist. Eine Dynamik wäre jedoch als Dynamik zweiter Art im früher angesprochenen Sinne zu verstehen. Durch ein Dedizieren der Geräte selbst ist die Aufteilung jedoch unter Umständen noch nicht beendet, da zudem ermittelt werden muß, ob der Kanal zum Rechner einen Engpaß und somit eine kritische Ressource darstellen kann.

Requestkette (laut Anforderung durch Prozesse)

1	1	1	1	1	1	1	2	2	1	1	2	2	2	2

Requestkette sortiert (Zuteilung im Verhältnis 1:1)

1	2	1	2	1	2	1	2	1	2	1	2	1	1	1

Fig. 3 Zuteilung von I/O Requests

Kanalkapazitäten lassen sich im Falle von Bandgeräten durch ein Sortieren der Requests in erster Näherung zuteilen (siehe Fig.3). Dies ist jedoch nur möglich, wenn die Requestkette in der gezeigten Form vorhanden und manipulierbar ist. Eine Tatsache, die bei getrennten I/O Prozessoren kaum gegeben sein wird, da Requests im I/O Prozessor kaum identifiziert (als zu einer Benutzergruppe gehörig identifiziert) werden können. Massenspeicherbereiche können bei einer Aufteilung auf ähnliche Weise wie Bandgeräte behandelt werden. Allerdings müssen hier weitere Punkte beachtet werden. Ein weiteres Problem tritt auf, falls Speicherbereiche verschiedener Benutzergruppen auf einer Platte zu

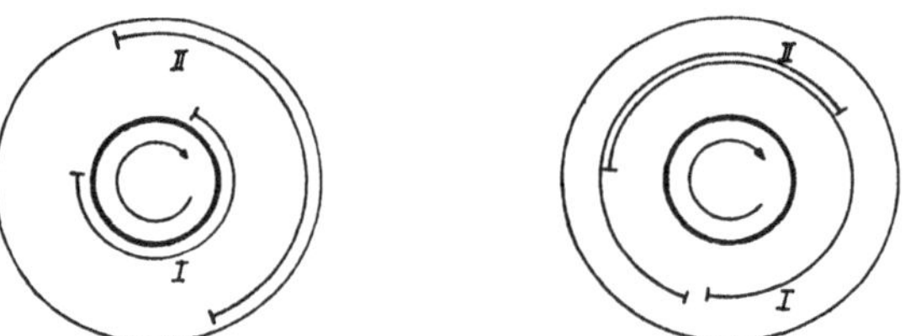

Fig. 4 Verschiedene Bereichsanordnungen auf Plattenspeicher

liegen kommen (siehe Fig.4). Bei einer quasiparallelen Verwendung steigen hier die Zugriffszeiten um einen unvertretbaren Faktor. Bedenkt man zudem, daß eine 'Optimierung' der Requestfolgen bei modernen Systemen im I/O Prozessor bzw. microprogrammierten Disc Kontrolleinheiten oft stattfindet, so wird eine klare Aufteilung unter dem Gesichtspunkt der gemeinsamen Nutzung eines Plattenstapels nicht möglich sein. Die vorhin getroffenen Aussagen lassen ein Dedizieren von Plattenstapeln an Benutzergruppen und ein Aufteilen der Systembereiche nach dem Verursacherprinzip notwendig erscheinen. Kann nun die Kanalkapazität nicht aufgeteilt werden (Fig.3), da eine Requestkettensortierung durch Strategien in 'entfernteren' Elementen (I/O Prozessor, Disc Controller) überlagert und somit verfälscht würde, so verbleibt nur die Möglichkeit, durch eine Konfiguration wie in Fig. 5a dargestellt die Aufteilung zu realisieren. Eine Dynamik in bezug auf Kanalnutzung ist dann vorstellbar, wenn Requestprioritäten formuliert werden können, sodaß eine Konfiguration wie in Fig.5b gezeigt entsteht.

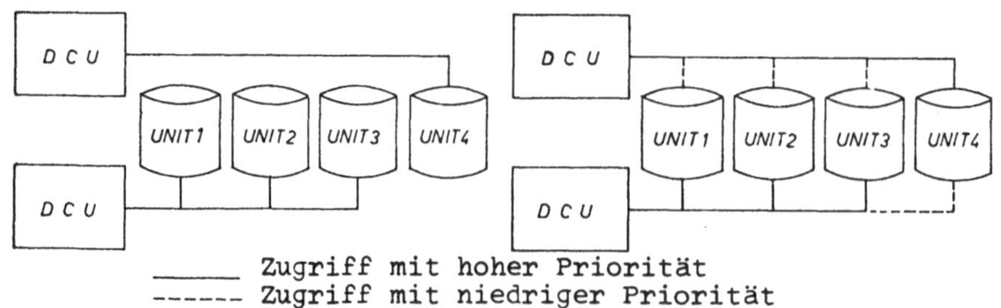

Fig.5 Zuteilung von I/O Kapazität durch Konfiguration

Ein Zuteilen im Rahmen des Betriebssystems kann nun durch ein entsprechendes Maskieren des Verfügbarkeitsstatus' bei der Anforderung bzw. der Zugriffswege bei der Benutzung geschehen. Für eine nähere Behandlung der Zuteilung von 'non preemptive' Ressourcen sei auf /6/ verwiesen.

Die Anzahl der zu eröffnenden Stapelarbeiten (n4) ist keine Ressource, die von einer Hardwarekomponente abhängig ist. Somit wird ihre Zuteilung in einer Manipulation von Systemlisten - in diesem Fall der Scheduling Queue - resultieren. Um eine gegenseitige Beeinflussung möglichst auszuschalten, wird es notwendig werden (siehe auch /6/), getrennte Scheduling Queues einzurichten und zu manipulieren.

Bei der Zuteilung von preemptiven Ressourcen (Memory und CPU im konkreten Fall) ist eine wesentlich stärkere Änderung der vorhandenen Systemstrategien zu erwarten, da hier, wie dies in Fig.6 dargestellt ist, zu den durch die Systemstrategien bedingten Wechselpunkten der Zuordnung (P) auch noch jene hinzukommen, die der Aufteilung dienen (P*). Betrachtet man nun am Beispiel CPU die mittleren Zuordnungszeiten $\widetilde{\Delta t}$ im nicht zugeteilten und $\widetilde{\Delta t}*$ im zugeteilten System, so muß getrachtet werden, daß sich diese nicht allzusehr unterscheiden. Es sei hier angemerkt, daß bei einem Aufteilen in Form von virtuellen Systemen - wie eingangs skizziert - dieser Unterschied unvertretbar groß wäre, da es zu einer Überlagerung der Zuordnungswechselpunkte P und P* käme und tatsächlich die Situation aus Fig.6 entsteht. Dieser Systemmehraufwand kann nur vermieden werden, wenn keine Überlagerung der Aufteilung sowie der Systemstrategien implementiert wird, sondern eine Einbettung. Hält

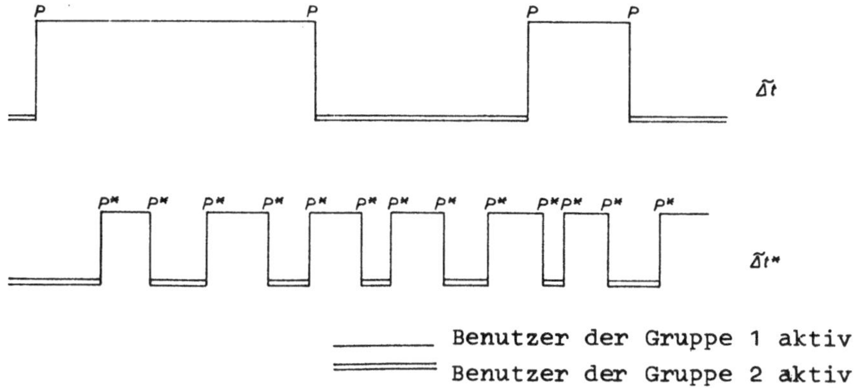

Fig.6 Zuteilung preemptiver Ressourcen (z.B. CPU)

man nun zum Beispiel die CPU fest, so sieht man, daß durch ein Zeitscheibenverfahren, bei welchem die Scheibenanteile an Benutzergruppen dediziert werden, eine derartige Einbettung in die Systemstrategien realisiert werden kann. Dieses Verfahren wurde auch im konkreten Beispiel als günstig erachtet und implementiert. Darauf basierend kann nun eine Dynamik (erster Art) realisiert werden, indem nicht genutzte Zeitscheiben einem anderen Partner zufallen. Eine Dynamik zweiter Art wäre das laufende Umordnen der Zeitscheibenzuordnungen.

Während bei der Aufteilung der CPU nur das Problem der Überlagerung - wie vorhin dargestellt - auftritt, kommt bei Zentralspeicherzuteilung auch noch das Auslagern und Wiedereinlagern des Bereiches bei der Verdrängung hinzu. Dies sind aber durchaus bedenkenswerte Zeiträume, die sich bei Plattenspeicherbereichen als Swapmedium in einer Größenordnung von 50 msec - auch in einem sehr günstigen Fall - bewegen werden. Hinzu kämen noch etwaige Wartezeiten in der Requestqueue, die ebenfalls für jedes abzuarbeitende Element in dieser Queue eine ähnliche Größenordnung haben werden. Bettet man wieder die Aufteilung in die Systemstrategien ein - die vorhin gezeigte Überlegung läßt dies als absolut notwendig erscheinen - so sieht man, daß eine Aufteilung, basierend auf Belegungssummen, nicht möglich ist, da dies ein Swappen aufgrund von Systemstrategien verhindern oder erschweren könnte. Diese Überlegungen führten dazu, die Speicher bzw.Teile desselben vorrangig für bestimmte Requesttypen zu verwenden. Jeder Benutzergruppe wird ein Bereich zugeordnet, in dem er mit hoher Priorität Speicher anfordern darf, während er - und dies nur im dynamischen Fall - in den Restbereichen eine niedrige Anforderungs- und Speicherpriorität bekommt. Das Problem der zusätzlichen Speicherenden, welches zu einer höheren Fragmentierung führen könnte /10/, wurde einerseits dadurch gelöst, daß sich Bereiche verschiedener Benutzergruppen teilweise überlappen können und das Betriebssystem darüberhinaus an jeder Stelle zuordnen darf. Speicheranforderungen des Betriebssystems waren kurzlebige Segmente mit niedriger Speicherpriorität.

Liegt an einem speziellen System eine seitenorientierte Speicherzuteilung vor, so läßt sich die Zentralspeicherzuteilung ähnlich der CPU - Zuteilung durch Festlegen der Zugehörigkeit eines Seitenrahmens zu einer Benutzergruppe lösen.

4 Schlußbemerkungen

Die vorliegende Arbeit zeigt, daß eine gemeinsame Nutzung einer Rechenanlage durch mehrere Benutzergruppen auf der Basis einer automatischen Aufteilung durchführbar ist. Im speziellen Fall hat sich herausgestellt, daß nicht nur die Implementierungsphase einen erheblichen Aufwand bedeutet, sondern daß auch das Ermitteln gültiger Aufteilungsparameter als iterativer Prozeß - wie vorhin dargestellt - eine Arbeit darstellt, die einen großen Aufwand an Maschinenzeit erfordert, besonders dann, wenn die Gesamtheit möglicher Parametersätze gefunden werden soll.

Um die Effekte der Aufteilung zu verifizieren, sind weitere Testläufe formuliert worden, die die Invarianz der Aufteilung in bezug auf geänderte Arbeitslast eines Partners feststellen sollte. Dieses Verifizieren gestaltet sich vor allem deswegen schwierig, da zu entscheiden ist, ob bei geänderten Arbeitslasten Verschiebungen im Durchsatz auf die dynamische Nutzung nicht konsumierter Restleistungen anderer Partner - und somit auf wünschenswerte Effekte - zurückzuführen sind oder ob eine kritische Ressource übersehen wurde und Verschiebungen auf Unregelmäßigkeiten in der Nutzung dieser Ressource basieren.

Referenzen

/1/ Sreenivasan K. et al.; On The Construction of a Representative Synthetic Workload, CACM Vol. 17 (März 1974)

/2/ Gell G.et al.; Entscheidungskriterien und Ergebnisse des Auswahlverfahrens bei der Planung eines Universitäts - Rechenzentrums, Angewandte Informatik (April 1979)

/3/ Watkins S.W.,Abrams M.D.; Survey of Remote Terminal Emulators, NBS Special Publication 500-4, National Bureau of Standards (1977)

/4/ Haring G.,Posch R.; On The Use of a Mixed Synthetic Online/Batch Workload For Computer System Selection, Institut für Informationsverarbeitung ,T.U. Graz Bericht Nr.32

/5/ De Coster M.A.; Cost Allocation in a Multi-User Environment, in A.B. Frielink (Ed.), Economics of Informatics, North Holland, Amsterdam (1975)

/6/ Posch R.,Haring G.; Partitioning Non-Preemptive Resources Among Groups of Users, Institut für Informationsverarbeitung T.U. Graz (interner Bericht 1979)

/7/ Posch R.,Haring G.; Allocating Preemptive Resources in a Shared Computer Application - Techniques and Overhead Considerations, Institut für Informationsverarbeitung T.U Graz (interner Bericht 1979)

/8/ Krayl H.,Neuhold E.J.,Unger C.; Grundlagen der Betriebssysteme, W. de Gruyter, Berlin (1975)

/9/ Coffmann E.G.,Hofra M.; On Scanning Discs and The Analysis of Their Steady State Behavior, in H. Beilner, E.Gelenbe (Ed.), Modelling and Performance Evaluation of Computer Systems, North Holland, Amsterdam (1977)

/10/ Richter L.; Betriebssysteme, B.G.Teubner, Stuttgart (1977)

JOB-STEUERUNG UND -ÜBERWACHUNG IN EINEM WISSENSCHAFTLICHEN RECHENZENTRUM

B. Mertens
F. Hoßfeld
Zentralinstitut für Angewandte Mathematik
der Kernforschungsanlage Jülich GmbH

Zusammenfassung: In der naturwissenschaftlich-technischen Großforschung gelten für den Einsatz der Datenverarbeitung (ähnlich wie in vielen anderen Anwendungsbereichen der DV) gewisse Kriterien und Grundsätze, deren Berücksichtigung für den Betreiber der Rechenanlage wesentlich ist. In dieser Arbeit wird auf das Kriterium der Effizienz des Rechenzentrumsbetriebes im Hinblick auf die besonderen Grundsätze für die DV im wissenschaftlich-technischen Umfeld eingegangen. Als Beispiel dient dabei die Stapelverarbeitung in der KFA Jülich. Die geltenden Grundsätze und Randbedingungen führen zu gewissen Funktionen, die zur Steuerung und Überwachung der Rechenaufträge notwendig sind. Diese Funktionen, ihre Implementierung im Betriebssystem und ihre Auswirkungen auf den Rechenbetrieb werden dargestellt und diskutiert.

1 Grundsätze, Randbedingungen und Funktionen

Beim Einsatz der Datenverarbeitung in der naturwissenschaftlich-technischen Großforschung sind - ähnlich wie in vielen anderen Anwendungsbereichen - die folgenden vier Kriterien von überragender Bedeutung:

(1) das Kosten/Nutzen-Verhältnis,

(2) die organisatorische Stellung der DV und ihre Einordnung in die Gesamtaufgaben,

(3) die Effizienz des DV-Betriebes bei gegebenen Systemen und Betriebsmitteln,

(4) die Steigerung der Produktivität der DV-Benutzer.

Im Rahmen dieser Arbeit soll auf Kriterium 3 und auf die mit diesem Kriterium verbundenen Teilaspekte von Kriterium 4 eingegangen werden. Bezüglich der anderen Kriterien sei auf die Literatur verwiesen /1-3/. Hier ist speziell das Beispiel eines Stapelverarbeitungssystems gewählt worden; für interaktive Datenverarbeitung können die Kriterien und Grundsätze entsprechend formuliert werden.

Zur Verwirklichung eines effizienten und den Bedürfnissen der wissenschaftlichen Benutzer angemessenen Betriebs eines Großrechnersystems mit Stapelverarbeitung sind vielfältige Maßnahmen zur Steuerung und Überwachung der eingehenden Rechenaufträge (Jobs) notwendig. Dabei sind jedoch wichtige Grundsätze zu beachten:

(1) Der wissenschaftliche Benutzer entscheidet (innerhalb seiner Forschungs- und Entwicklungsaufgaben) selbst über die Relevanz und Dringlichkeit seiner Anforderungen sowie über den Zeitpunkt und den Weg der Submission seiner Jobs.

(2) Rechnerleistung ist eine den Finanzmitteln und der Personalkapazität äquivalente, endliche Ressource. Der vernünftige Umgang damit erfordert ein ausgeprägtes Kostenbewußtsein.

(3) Der Bedarf an Rechnerleistung ist in der Forschung und Entwicklung eine stark ansteigende wie auch fluktuierende Funktion der Zeit. Daher sind geeignete kurzfristig wie auch im Rahmen von jährlichen Planansätzen mittelfristig wirkende Steuerungsmechanismen notwendig.

Neben den Grundsätzen sind bei der Verwirklichung eines effizienten Rechnerbetriebes auch die vorliegenden Randbedingungen notwendigerweise zu berücksichtigen, insbesondere die Begrenzungen

(1) der Hardware-Konfiguration,
(2) der eingesetzten Betriebssysteme,
(3) der einsetzbaren Anwendungssoftware,
(4) der Personalkapazität, insbesondere beim Operating,
(5) durch die festgelegte Betriebsform.

Die obigen Kriterien, Grundsätze und Randbedingungen führen zu gewissen Funktionen, die bei der Steuerung und Überwachung der Jobs in einem Stapelverarbeitungssystem sinnvoll und notwendig sind:

(1) Verfahren zur gerechten Verteilung der Rechnerressourcen: Kontingentierung; Einteilung der Jobs durch den Benutzer in "prioritäre" und "nicht-prioritäre"; Abarbeitung der Jobs nach diesem Schema "innerhalb" oder "außerhalb" des zur Verfügung stehenden Kontingents (dadurch wird eine bessere Lastverteilung ermöglicht und den Kriterien der Effizienz nachgekommen).

(2) Klassifizierung und Strukturierung der Rechenaufträge entsprechend dem Profil der angeforderten Ressourcen und ihrer Verfügbarkeit;

(3) Mechanismen zur Überwachung der Einhaltung der "Spielregeln" in Bezug auf unerlaubte Privilegien (Priorität, Zugriff zu kritischen Dateien etc.).

Über die Randbedingungen beim Stapelverarbeitungsbetrieb des Großrechnersystems der KFA Jülich sowie über die resultierenden Funktionen und deren Implementierung soll im folgenden ausführlicher berichtet werden.

2 Konfiguration und Betrieb des Großrechnersystems der KFA Jülich

Die Hardwarekonfiguration besteht zur Zeit aus zwei Rechnern IBM/370-168; ab Januar 1980 wird eine Anlage IBM 3033 hinzukommen. Alle Maschinen sind über Kanaladapter miteinander verbunden.

System A (168-3) wird als Timesharing-Rechner unter dem Betriebssystem TSS/370 zur Verfügung stehen. Es wird etwa 130 interaktive Terminals bedienen.

System B (168-1) soll interaktive und Online-Funktionen unter dem Betriebssystem MVS unterstützen. Es wird insbesondere auch für Datenbankanwendungen, Verwaltungs-Datenverarbeitung und Spooling-Aufgaben (10 RJE-Stationen, Karten-Leser/Stanzer, Drucker, Mikrofilmplotter) eingesetzt werden.

System C (3033) wird den Batchbetrieb unter dem Betriebssystem MVS übernehmen und die Jobs bearbeiten, die über System A oder B eingebracht werden.

Bis jetzt werden die Aufgaben von System B und C auf dem Rechner 168-3 unter MVS und der Timesharing-Betrieb auf Rechner 168-1 unter TSS durchgeführt.

Das Großrechnersystem steht - abgesehen von den notwendigen Wartungszeiten für Hardware und Software - 24 Stunden an allen Tagen der Woche allen Benutzern zur Verfügung. U.a. wegen der Begrenzung beim Personal (18 Operateure) ist nur ein 2-Schicht-Betrieb realisiert. Volles Operating erfolgt daher von Montag bis Freitag von 8 bis 24 Uhr, am Sonnabend von 8 bis 16 Uhr. Zu den übrigen Zeiten kann daher nicht das volle Jobprofil (Band-Jobs) bearbeitet werden.

3 Funktionen zur Steuerung und Überwachung der Jobs in der Stapelverarbeitung der KFA

3.1 Kontingentierung

Im Rahmen der oben formulierten Grundsätze

- Rechnerleistung ist eine den Finanzmitteln und der Personalkapazität äquivalente, endliche Ressource; der vernünftige Umfang damit erfordert ein entwickeltes Kostenbewußtsein;
- Der Bedarf an Rechnerleistung ist eine stark ansteigende wie auch fluktuierende Funktion der Zeit, daher sind kurzfristig wie auch mittelfristig wirkende Steuerungsmechanismen notwendig;

hat die KFA Jülich bereits 1973, aufbauend auf dem schon bestehenden Accounting-System, ein Verfahren zur Kontingentierung von Rechnerressourcen eingeführt /4/. Die Ressourcen werden dabei heute in sog. Verrechnungseinheiten (VE) gemessen, wie sie vom Accounting ausgewiesen werden.

Die Berechnung und Verteilung der Jahreskontingente für die einzelnen Organisationseinheiten der KFA erfolgt jährlich im Rahmen der Mittelzuweisung, und zwar nach folgenden Kriterien:

- angemeldeter Bedarf (im Rahmen der jährlichen Haushaltsplanung),
- tatsächliche Nutzung von Batch und Timesharing im Vorjahr,
- Veränderung des Preis/Leistungsverhältnisses des Rechnersystems.

Die so ermittelten Anforderungen an die Stapelverarbeitung werden normiert, und zwar so, daß ihre Summe etwa 80 % der geschätzten zu erwartenden maximalen Leistung des Batch-Systems ausmacht. Die normierten Werte bilden dann das (Batch-)Kontingent der Organisationseinheit für die neue Jahresperiode. Es ist hier noch wichtig zu erwähnen, daß die Vergabe der Kontingente nicht durch das Rechenzentrum selbst, sondern nach Abstimmung mit der für das Rechenzentrum zuständigen Organisationseinheit (Zentralinstitut für Angewandte Mathematik) durch die für die Haushaltsplanung zuständigen wissenschaftlich-administrativen Einrichtungen der KFA unter der Verantwortlichkeit des Vorstandes geschieht.

Der "Verbrauch" eines Kontingentes erfolgt nach folgendem Mechanismus:

- Am Anfang eines jeden Monats wird für jede Organisationseinheit ein Monatskontingent gebildet, das sich zusammensetzt aus 1/12 des Jahreskontingentes, dem Restkontingent des Vormonats und dem Kontingent des Folgemonats. Jobs, die "innerhalb" dieses Kontingentes laufen, unterliegen der normalen Prioritätenregelung: die Jobs mit den kleinsten CPU-Anforderungen werden zuerst ausgeführt.
- Ist dieses Kontingent ausgeschöpft, so wird für den gleichen Monat ein Zusatzkontingent gebildet aus den Restkontingenten des zweiten und dritten Vormonats und den Kontingenten des zweiten und dritten Folgemonats. Nach Verbrauch des Haupt-Kontingentes unterliegen die Jobs automatisch diesem Zusatzkontingent; dabei verlieren sie zwei Punkte ihrer Priorität, d.h. sie werden so behandelt, als hätten sie die vierfache CPU-Zeit angefordert.
- Wenn auch das Zusatzkontingent erschöpft ist, laufen die Jobs "außerhalb" der Kontingentierung. Sie werden dabei einer bestimmten Jobklasse zugeordnet, die nur dann bearbeitet wird, wenn Jobs "im Kontingent" nicht mehr zur Bearbeitung anstehen, also in der Regel am Wochenende.
- Benutzer können auch freiwillig "außerhalb" des Kontingents rechnen, um ihr Kontingent zu schonen. Dies wird weiter unten ausführlicher erläutert werden.
- Jobs, die bestimmten Aufgaben dienen, wie z.B. Systemarbeiten, Verwaltungs-Datenverarbeitung, unterliegen nicht der Kontingentierung.

Dieser Kontingentierungsmechanismus hat sich seit seiner Einführung bestens bewährt, vor allem aus zwei Gründen:

- Durch die Kontingentierung hat sich das Kostenbewußtsein der Organisationseinheiten wie auch der einzelnen Benutzer merklich verbessert. Zwar wurde auch schon vor Einführung der Kontingentierung der Benutzer auf die Kosten der Rechnerbenutzung deutlich hingewiesen: durch Ausdruck der Job-Kosten unter jede Job-Ausgabe sowie durch monatliche und jährliche Gesamtabrechnungen. Doch erst mit der Kontingentierung wurde der Benutzer spürbar auf eine Überschreitung von Planansätzen aufmerksam gemacht: nämlich durch drastisch verlängerte Turnaround-Zeiten von einem bis zu mehreren Tagen. Dies veranlaßt die Benutzer, die Ausführung kostspieliger Jobs genau zu überdenken, und die Organisationseinheiten, die Aufteilung der Computerressourcen zwischen den einzelnen Vorhaben sorgfältiger zu planen und zu überwachen.

- Durch die Kontingentierung war es möglich, eine vernünftige Planung der Bereitstellung und Vergabe von Rechenkapazität im Rahmen der Haushaltsplanung durchzuführen. Sie verhindert, daß neu geschaffene Kapazität sofort durch diejenigen Benutzer ausgeschöpft wird, die am schnellsten aufwendige Jobs submittieren können; sie garantiert vielmehr, daß sie genau den Benutzergruppen zugute kommt, denen sie zugedacht war.

Für den Fall, daß diese Benutzergruppen wider Erwarten die bereitgestellten Ressourcen nicht nutzen sollten, geht trotzdem keine Rechnerkapazität verloren: um diese ungenutzten Kapazitäten konkurrieren alle Benutzer, indem sie gewisse Jobs a priori "außerhalb" der Kontingentierung laufen lassen. Es liegt dabei die Vorstellung zugrunde, daß die Benutzer ihre Arbeiten und Rechenaufträge in "prioritäre" und "nicht-prioritäre" einteilen können, also in solche, bei denen es auf eine möglichst schnelle Erledigung ankommt und solche, bei denen längere Wartezeiten in gewissem Umfange für Produktionsläufe tolerabel sind. Daß diese Vorstellung richtig ist und daß die Benutzer die Möglichkeit, prioritäre Jobs "innerhalb" und nicht-prioritäre Jobs "außerhalb" der Kontingentierung laufen zu lassen, akzeptieren und nutzen, beweist die Praxis: Abb. 1 zeigt für die Jahre 1975-1979 die monatliche Gesamtmenge an "verbrauchten" Rechnerressourcen in Verrechnungs-Einheiten (TVE), wie sie vom Accountingsystem ausgewiesen wurde. Die untere Kurve gibt den Prozentsatz der Ressourcen, die (freiwillig) "außerhalb" der Kontingentierung verbraucht wurden. Sie steigt teilweise über 50 % an, was die Bereitschaft der Benutzer zeigt, sich dieser Möglichkeiten - z.B. während der Ferienzeiten - zu bedienen. Auf der anderen Seite erlaubt dieses Schema eine wesentlich bessere Ausnutzung der vorhandenen Kapazitäten, da Lastschwankungen ausgeglichen und Leerzeiten insbesondere an Wochenenden fast vollständig vermieden werden können. Somit wird den Kriterien der Effizienz des Rechenbetriebes nachgekommen, ohne die Kriterien der Benutzerproduktivität zu vernachlässigen.

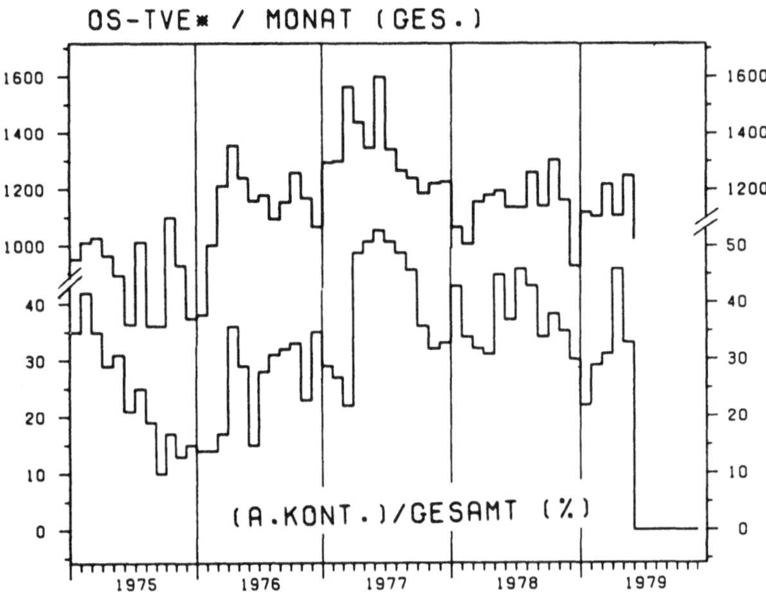

Abb. 1 "Verbrauch" von Rechnerressourcen (in TVE) im Batch-Betrieb für die Jahre 1975 - 1979. Die untere Kurve gibt den Prozentsatz der "außerhalb" der Kontingentierung verbrauchten Betriebsmittel.

3.2 Klassifizierung und Strukturierung von Rechenaufträgen

Um der durch die Randbedingungen festgelegten Betriebsform entsprechen zu können und trotzdem einen effizienten Betrieb zu verwirklichen, ist eine Klassifizierung und Strukturierung der Rechenaufträge notwendig. Im Batch-System der KFA werden Jobs nach folgenden Kriterien eingeteilt:

(I) "innerhalb" oder "außerhalb" der Kontingentierung,
(II) voraussichtlicher CPU-Zeit-Bedarf,
(III) Benutzung von Magnetbändern,
(IV) Benutzerjobs oder System/Verwaltungsjobs.

Die genaue Klasseneinteilung gibt Tab. 1 wieder.

<table>
<tr><th rowspan="2"></th><th colspan="3">"innerhalb" der Kontingentierung</th><th>"außerhalb"</th></tr>
<tr><th>kurze Jobs:
≤ 4 min</th><th>mittlere Jobs:
4-64 min</th><th>lange Jobs:
64-999 min</th><th>alle Jobs</th></tr>
<tr><td>ohne Magn. Band</td><td>1</td><td>2</td><td>3</td><td>4</td></tr>
<tr><td>bis zu 2 Magn. B.</td><td>5</td><td>6</td><td>7</td><td>8</td></tr>
<tr><td>mehr als 2 Magn. B.</td><td colspan="3">9</td><td>10</td></tr>
<tr><td>Verwaltung</td><td colspan="4">11</td></tr>
<tr><td>System</td><td colspan="4">12</td></tr>
</table>

Tabelle 1: Klassifizierung der Rechenaufträge in 12 Klassen

Die Klassifizierung nach dem Kontingent dient den schon erläuterten Zwecken.

Die Unterscheidung, ob ein Job Magnetbänder braucht oder nicht, ist zur Verwirklichung des Operateur-losen Betriebes nachts und an Sonn- und Feiertagen notwendig. Kämen nämlich in solchen Zeiten Jobs mit Magnetbandbenutzung zur Ausführung, so würden sie nach der Anforderung zum Auflegen eines Magnetbandes in einen Wartezustand gehen und - da die Anforderung ja nicht erfüllt wird - nach und nach das ganze System blockieren.

Die Unterteilung "bis zu zwei" und "mehr als zwei Magnetbänder" dient dazu, Engpässe bei den verfügbaren Magnetbandeinheiten durch besondere Operateur-Maßnahmen zu vermeiden. Eine automatische Auswahl der Jobs nach verfügbaren Einheiten, wie sie in einer früheren Version des Betriebssystems implementiert war, ist für die Zukunft geplant.

Die Klassifizierung in "kurze", "mittlere" und "lange" Jobs gewährleistet eine Vorauswahl bezüglich der Laufzeit. Die meisten "mittleren" und ganz besonders "lange" Jobs bleiben in der Regel den Operateur-losen Betriebszeiten vorbehalten.

Die Sonderbehandlung von Jobs der Verwaltungs-Datenverarbeitung und der Systemprogrammierung hängt mit besonderen Privilegien insbesondere im Hinblick auf die Priorität zusammen. Detailliertere Erläuterungen würden hier zu weit führen.

Innerhalb der einzelnen Klassen werden Jobs nach ihrer angeforderten CPU-Zeit unterteilt: den maximalen Zeitanforderungen von 0.5, 1,2,...256, 512, 999 Minuten werden Prioritätsstufen von 15 bis 4 zugeordnet. Haben zwei Jobs die gleiche Priorität, so wird der mit der früheren Ankunftszeit zuerst zur Ausführung gebracht.

3.3 Mechanismen zur Überwachung in Bezug auf unerlaubte Privilegien

Entsprechend dem Grundsatz 1 beim Betrieb eines wissenschaftlichen Rechenzentrums, daß nämlich ein wissenschaftlicher Benutzer selbst über den Zeitpunkt und den Weg der Submission seiner Jobs entscheiden sollte, gelangt ein Job in das System, ohne daß notwendigerweise ein anderer im Sinne einer "Arbeitsvorbereitung" diesen Job vorher zu Gesicht bekommt; d.h. es findet explizit keine "Arbeitsvorbereitung" statt.

Damit wird es aber notwendig, daß die eingehenden Jobs automatisch daraufhin überprüft werden, ob sie den geltenden "Spielregeln" gehorchen, ob sie sich also nicht unerlaubte Privilegien zu verschaffen versuchen. Die standardmäßig für MVS vorhandene Job-Steuersprache /5/ ließe nämlich die Möglichkeit zu, daß die Benutzer sich auf Kosten anderer hohe Priorität verschaffen oder gar den Betrieb ernsthaft stören können (z.B. durch alleinige Inanspruchnahme von bestimmten Betriebsmitteln, etwa des Realspeichers).

Die "Spielregeln" im Batch-Betrieb der KFA, deren Einhaltung überwacht wird, sind u.a. die folgenden:

- Angaben zur Priorität des Jobs sind nicht erlaubt oder nicht wirksam;
- Die Angabe, daß der Job im realen statt im virtuellen Speicher (unter MVS) laufen soll, ist nicht gestattet;
- Die dynamische Zuordnung von Dateien ist nicht erlaubt;
- Das Erzeugen mehrfacher Kopien der Job-Ausgabe wird verhindert;

- Das Umgehen der Prüfung der Magnetband-Kennzeichnung und damit der Zugriffsberechtigung ist nicht gestattet;
- Der Zugriff zu gewissen öffentlichen Plattendateien (z.B. die Object Module Library) ist nur mit bestimmten (ungefährlichen) Attributen erlaubt.

Neben der Überprüfung dieser Regeln wird von zusätzlicher Hersteller-Software (RACF /6/) noch die Zugangsberechtigung des Benutzers zum System sowie die Zugriffsberechtigung zu geschützten Dateien standardmäßig überprüft.

3.4 Zur Implementation

Soweit nicht anders erwähnt, können die oben erläuterten Funktionen nicht durch das Standard-Betriebssystem MVS in der notwendigen Art und Weise geleistet werden. Daher war es erforderlich, Zusätze und Modifikationen zu der Betriebssoftware zu entwickeln und zu implementieren.

Für das Batch-System der KFA wurde eine besonders kompakte und effektive Methode der Implementation entwickelt: fast alle Funktionen zur Überwachung und Steuerung der Jobs wurden in einem einzigen Programm-Modul verwirklicht. Dieses Modul wurde in das Job-Entry-Subsystem JES2 des MVS eingebunden. Abb. 2 zeigt schematisch die wichtigsten Funktionen des Job-Entry-Subsystems /7/, die durch einzelne Prozessoren verwirklicht werden, ebenso wie das zusätzliche Überwachungs-Modul, den sog. Scan-Prozessor. Diese Art der Implementation vermeidet vielfache, unübersichtliche oder schwer wartbare Eingriffe in den Code des Betriebssystems mit all den hinlänglich bekannten Nachteilen und Gefahren.

Hervorzuheben ist, daß durch die Implementation des Scan-Prozessors die syntaktische Prüfung der Job-Steuersprache (wie sie standardmäßig durch den Converter-Prozessor erfolgt) ergänzt wird durch eine gewisse semantische Überprüfung. Entsprechend den notwendigen Funktionen zur Steuerung und Überwachung der Jobs wird von dem Scan-Prozessor

(1) die Höhe des noch zur Verfügung stehenden Kontingents der Organisationseinheit festgestellt,

(2) die angeforderte CPU-Zeit überprüft,

(3) die Anzahl der angeforderten Magnetbandgeräte bestimmt,

(4) nachgeprüft, ob es sich um einen Verwaltungs- oder Systemprogrammier-Job handelt,

(5) nach den Kriterien I - IV die Jobklasse und Priorität festgesetzt (vgl. 3.2),

(6) die Einhaltung der "Spielregeln" für das Batch-System überprüft,

(7) je nach Ergebnis der Überprüfungen der Job zur Ausführung freigegeben oder abnormal beendet.

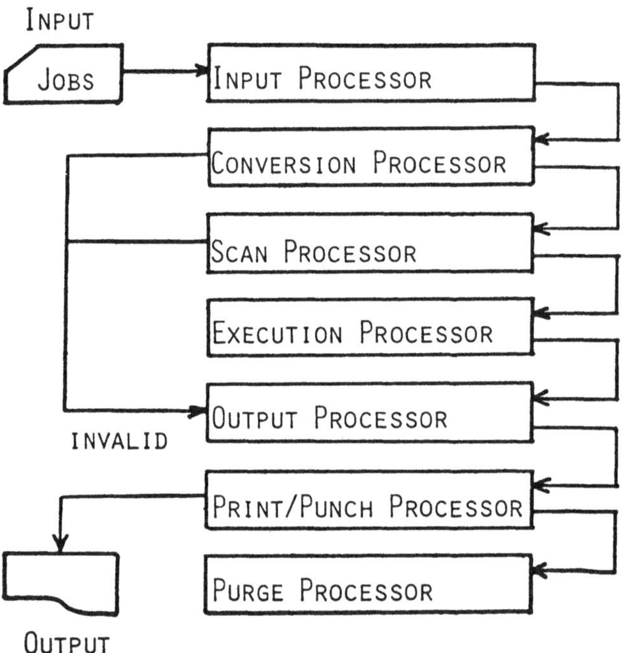

Abb. 2 Schematische Übersicht über die Funktionen des Job-Entry-Subsystems JES2 und die Einbettung des zusätzlichen Scan-Prozessors

Durch den Scan-Prozessor wurde auch die Möglichkeit geschaffen, einfache Job-Ketten zu bilden - eine Funktion, die in dieser Version des Job-Entry-Subsystems ebenfalls nicht standardmäßig vorhanden ist.

4 Zusammenfassung und Ausblick

Für ein Rechenzentrum in der naturwissenschaftlich-technischen Großforschung ist es wesentlich, die Kriterien der Effizienz des DV-Betriebes und der Steigerung der Produktivität der Benutzer in möglichst hohem Maße gleichzeitig zu erfüllen. Der in der KFA Jülich eingeschlagene Weg, nämlich den - mündigen - Benutzern auf der einen Seite eine weitgehende Freiheit und Selbstverantwortung für ihre Datenverarbeitung zu gewähren, auf der anderen Seite aber durch automatische Überwachung und Steuerung der eingegangenen Rechenaufträge einen effizienten und reibungslosen Rechnerbetrieb zu verwirklichen, hat sich in der Praxis außerordentlich gut bewährt.

Die Art der Implementation wird es auch in Zukunft gestatten, auf etwa notwendig werdende Änderungen in der Organisation des Rechenbetriebes adäquat zu reagieren und auch weitere Verbesserungen vergleichsweise einfach zu implementieren.

Literaturhinweise:

/1/ Diebold Europe, Conference Proceedings of Meeting XXXVII, "ADP and the Organisation", Monte Carlo, 26-28 October 1976, Diebold Research Program - Europe, Doc.No. EC37

/2/ Nolan, R.L.: Managing the Stages of Data Processing Growth, Proceedings SEAS Spring Technical Meeting 1978, "Performance of Computer Installations", Bern, 3.-7. April 1978

/3/ B. Mertens and F. Hoßfeld, Computer Installation Management in Scientific Research, Proceedings SEAS Spring Technical Meeting 1978 "Performance of Computer Installations", Bern, 3.-7. April 1978

/4/ Th. Meis et al., interne Dokumente der KFA Jülich, 1972

/5/ IBM System Library, OS/VS2 JCL, GC28-0692

/6/ IBM System Library, OS/VS2 MVS Resource Access Control Facility, GC28-0722

/7/ IBM Program Logic Manual, OS/VS2 MVS JES2 Logic, SY24-6000

ERFAHRUNGEN MIT DER KONTINGENTIERUNG VON RECHENLEISTUNG IN EINEM WISSENSCHAFTLICHEN RECHENZENTRUM MIT BREIT GESTREUTER BENUTZERSCHAFT UND KNAPPEN RESSOURCEN

P. Dechant
Gesellschaft für wissenschaftliche Datenverarbeitung mbh Göttingen

0. Einleitung

Der Bericht gibt die Erfahrungen mit dem Kontingentierungssystem wieder, das das Rechenzentrum der GWDG seit dem 1.1.1978 für seine Benutzerinstitute einsetzt. Dieses System wurde notwendig wegen der Überlastung der 1970 installierten Rechenanlage UNIVAC 1108. Das Kontingentierungssystem hat vor allem innerhalb der Benutzerinstitute zu größerer Transparenz und Effizienz beim Verbrauch von Rechenleistung geführt und verschiedene Änderungen im Benutzerverhalten bewirkt. Infolge des weiter angestiegenen Bedarfs an Rechenleistung, insbesondere im Dialogbetrieb, konnte eine Entlastung der Rechenanlage durch das Kontingentierungssystem nicht direkt beobachtet werden.

1. Das Rechenzentrum der GWDG

Die Gesellschaft für wissenschaftliche Datenverarbeitung mbH Göttingen (GWDG) betreibt ein gemeinsames Rechenzentrum für die Institute der Universität Göttingen und die fünf Max-Planck-Institute im Göttinger Raum. Das Rechenzentrum ist seit 1970 mit einer Anlage UNIVAC 1108 ausgestattet, die in dem hier betrachteten Zeitraum 2 Prozessoren und den Maximalausbau von 256 K Wörter Hauptspeicher enthielt. Zur Charakterisierung des Rechenbetriebs seien folgende Zahlen mitgeteilt (Stand: Juni 1978):

Anzahl der Benutzerinstitute	128
Gesamtzahl der Benutzer (Abrechnungsnummern)	800
Dialogterminals	71
RJE-Stationen	6
im Rechnerverbund erreichbare Rechenzentren	5
im Tagesdurchschnitt (7 Tage je Woche)	
gerechnete Batch-Runs	1000
gerechnete Dialog-Runs	700
gedruckte Seiten	19000
gestanzte Karten	24000
gelesene Karten	120000

Inhaltlich entsprechen die auf der Rechenanlage der GWDG bearbeiteten Aufgaben der üblichen Last eines Hochschulrechenzentrums. Sie bestehen hauptsächlich in der Auswertung experimenteller Daten, theoretisch-numerischen Arbeiten, statistischen Auswertungen empirischer Erhebungen und in Textverarbeitung. Für den Hauptbenutzerkreis, die Institute der Universität Göttingen und der Max-Planck-Gesellschaft im Göttinger Raum, die 98 % der verfügbaren Rechenleistung abnehmen, ist die Benutzung des Rechners unentgeltlich.

Die Programmläufe (Runs) der Benutzer im Batch-Betrieb werden vom Betriebssystem nach einer Prioritätenregelung abgewickelt, wonach die Priorität eines Programmes in der Batch-Warteschlange (Run-Priorität) vom Rechner aus den Betriebsmittelanforderungen des Programmes errechnet wird.

2. Einführung eines Kontingentierungssystems

2.1. Gründe für die Einführung eines Kontingentierungssystems

Rechenleistung wurde bis einschließlich 1977 von den Benutzern im Rahmen ihrer Arbeit nach eigenem Ermessen in Anspruch genommen. Obwohl die Rechenanlage gut ausgebaut war und der Spitzenbedarf an Rechenleistung bereits seit Jahren über den Rechnerverbund im Regionalen Rechenzentrum für Niedersachsen (RRZN) in Hannover befriedigt wurde, konnte die Anlage den Bedarf bereits 1977 nicht mehr decken. Dies machte sich besonders durch lange Antwortzeiten im Dialogbetrieb bemerkbar. Dieser Leistungsengpaß, der sich nur mittelfristig beheben ließ, war ein Grund für die Einführung eines Kontingentierungssystems. Für die Einführung sprachen auch noch grundsätzliche Gesichtspunkte. Rechenleistung sollte als wertvolles Verbrauchsgut nur unter Beachtung wirtschaftlicher Prinzipien und dementsprechend geplant verwendet werden; von verschiedenen Möglichkeiten, dies für das Rechenzentrum der GWDG zu erreichen, wurde die Einführung eines Kontingentierungssystems als die beste Wahl angesehen, weil damit gleichzeitig der erläuterte Leistungsengpaß organisatorisch bewältigt werden konnte.

2.2. Wahl des einzusetzenden Kontingentierungssystems

Die Kontingentierung sollte zum 1.1.1978 wirksam werden; da die Herstellerfirma UNIVAC aber bis zu diesem Zeitpunkt kein einsatzfähiges Kontingentierungssystem anbieten konnte, wurde beschlossen, ein eigenes Kontingentierungssystem zu entwickeln. Dieses System wurde nach Richtlinien konzipiert, welche der Beirat der GWDG, ein Organ der Gesellschaft, das aus Vertretern der Benutzerinstitute besteht, erarbeitet hatte. Die organisatorisch wichtigsten Einzelheiten dieser Richtlinien sind:

- Die Rechenleistung wird gemessen in Recheneinheiten, worin CPU-Zeit, IO-Zeit und Hauptspeicherbelegung abgerechnet werden.
- Die verfügbare Rechenleistung wird in Rechenleistung verschiedener Dringlichkeitsstufen aufgeteilt.
- Die Kontingente werden den Instituten entsprechend ihrem Verbrauch in einem Bemessungszeitraum für einen bestimmten Zuteilungszeitraum zugewiesen.
- Ein Restkontingent steht anderen wissenschaftlichen Institutionen und für Notfälle zur Verfügung.
- Für die Verteilung und Überwachung des Verbrauchs innerhalb der Institute sind die Institute selbst zuständig.
- Die Kontingente jedes Benutzers werden vom Betriebssystem so überwacht, daß sie nicht überschritten werden können.
- Der Benutzer kann für jeden Programmlauf selbst angeben, auf welcher Dringlichkeitsstufe gerechnet werden soll.
- Dialogprogramme werden auf der oberen Dringlichkeitsstufe abgerechnet.
- Alle Zahlen und Zeiten werden von einer Kommission des Beirats festgelegt, welche außerdem die Aufgabe hat, über die Vergabe von Sonderkontingenten zu entscheiden.

Auf Grund der Festlegung durch die letztgenannte Kommission wird die verfügbare Rechenleistung im Verhältnis 20 % (obere Dringlichkeitsstufe), 40 % (mittlere Dringlichkeitsstufe) und 40 % (untere Dringlichkeitsstufe) auf drei Stufen zugeteilt. Die gewünschte Dringlichkeitsstufe gibt der Benutzer bei der Run-Eröffnung selbst an; dabei wird die Run-Priorität (s. 1.) auf der oberen Dringlichkeitsstufe um acht und auf der mittleren Dringlichkeitsstufe um vier Stufen angehoben. Auf der unteren Dringlichkeitsstufe wird die Priorität nicht verändert; auf dieser Stufe wird auch keine Kontingentierung durchgeführt, d.h. hier kann Rechenleistung weiterhin in beliebigem Umfang beansprucht werden. Die Rechenleistung, welche als Kontingent zur Verfügung gestellt wird, wird (s.o.) gemessen in Recheneinheiten (RE), wobei den einzelnen Rechenleistungen folgende Mengen entsprechen (s. 5.1.):

1 Stunde CPU-Zeit (max. Hauptspeichergröße 16K)	310 RE
1 Stunde CPU-Zeit (max. Hauptspeichergröße 32K)	341 RE
1 Stunde CPU-Zeit (max. Hauptspeichergröße 48K)	372 RE
1 Stunde CPU-Zeit (max. Hauptspeichergröße 64K)	403 RE
1 Stunde Kanalzeit	177 RE
1000 gedruckte Seiten	27 RE
1000 gestanzte Karten	8 RE

Nur der Verbrauch an CPU-Zeit, IO-Zeit, gedruckten Seiten, gestanzten Karten und indirekt die Hauptspeicherbelegung wird also in Recheneinheiten abgerechnet. Die Kontingente bestehen aus einer Anzahl Recheneinheiten, wobei ein Benutzer nach Verbrauch seiner Kontingente nicht mehr rechnen kann. Die genannten Mengen selbst und noch andere Größen (z.B. max. Anzahl durchführbarer Runs, Dialog-Sitzungszeit, max. Run-Priorität u.ä.) können ebenfalls beschränkt werden, jedoch bleibt dies den sogenannten Rechenzeitbeauftragten der Institute überlassen. Diese sind vom Institut für Fragen der Kommunikation mit dem Rechenzentrum und der Kontingentierung ernannte Institutsmitarbeiter.

2.3. Probeweiser Einsatz des Kontingentierungssystems

Die Kontingentierung wurde wie geplant zum 1.1.78 eingesetzt. Im ersten Vierteljahr wurden die Kontingente den Instituten monatlich zugewiesen, später für jeweils ein Quartal. Die monatliche Zuweisung im ersten Quartal ermöglichte es, zahlreiche Verbesserungen und Feinarbeiten durchzuführen, auch unter Berücksichtigung nicht vorhersehbarer Reaktionen der Benutzer. Die durchgeführten Änderungen ermöglichen auch die Kontrolle weiterer Ressourcen, die den Benutzern nichtkontingentiert zur Verfügung stehen (s. 2.2.); diese nichtkontingentierten Ressourcen können z.B. von den Rechenzeitbeauftragten der Institute zum Schutz gegen mißbräuchliche Verwendung von Rechenleistung kontrolliert werden.

2.4. Änderungen während der Einführungsphase und später

Wesentliche Änderungen am Kontingentierungssystem, die noch 1978 durchgeführt wurden, waren die teilweise Übertragung nicht verbrauchter Kontingente in den folgenden Zuteilungszeitraum sowie eine Mindestzuweisung für Institute mit geringem Verbrauch. Die Übertragung nicht verbrauchter Kontingente entlastet die Benutzer von dem Zwang, ihre Kontingente synchron zum Ablauf des Zuteilungszeitraums verbrauchen zu müssen. Die Mindestzuweisung entkoppelt Kleinverbraucher von der verbrauchsproportionalen Zuweisung der Kontingente (s. 3.3.). Die letzte wichtige Änderung war die Abrechnung des Dialogbetriebs während der Nachtstunden auf der mittleren Dringlichkeitsstufe (s. 3.2.1.).

3. Erfahrungen nach der Einführungsphase

3.1. Laufende Tätigkeiten der Verteilungs- und Überwachungsinstanzen

Die Beiratskommission für Rechenzeitverteilung wurde vom Beirat ernannt. Sie besteht aus vier Mitgliedern des Beirats und dem Leiter des Rechenzentrums und tritt einmal pro Zuteilungszeitraum zusammen. Sie ist zuständig für die Festlegung der in den Kontingentierungsrichtlinien

(s. 2.2.) noch offengelassenen Zahlenwerte, für die Erarbeitung von Änderungsvorschlägen sowie für die Entscheidung über die von den Instituten gestellten Anträge auf Zuweisung von Sonderkontingenten. Die Beiratskommission hat seit Einführung der Kontingentierung insgesamt neunmal getagt. Auf diesen Sitzungen wurden insgesamt 198 Anträge auf Zuweisung zusätzlicher Sonderkontingente bearbeitet, von denen ca. 90 % ohne oder mit geringen Abänderungen genehmigt wurden, da sie entweder nach Art und Umfang der Rechenarbeiten gut begründet waren oder aber größenmäßig unerheblich waren. 10 % der Anträge wurden zurückgewiesen oder erheblich reduziert, da der Bedarf nicht ausreichend nachgewiesen wurde oder ihnen mangels Verfügbarkeit von Kontingenten im benötigten Umfang nicht entsprochen werden konnte. Die Sonderzuweisungen erfolgten nach Genehmigung durch die Kommission aus dem dafür vorgesehenen Restkontingent (s. 2.2.), das zunächst 5 % der verfügbaren Rechenleistung enthielt, später aber auf 10 % erhöht werden mußte. Mit diesen 10 % der verfügbaren Rechenleistung konnten nach dem beschriebenen Bewilligungsverfahren dann aber auch alle genehmigten Sonderkontingente zugeteilt werden. Die wesentlichen Bewilligungskriterien für die Kommission waren außer der Stichhaltigkeit der Begründungen im wesentlichen die Verbrauchsentwicklung der Antragsteller im vergangenen Bemessungszeitraum und die Vertretbarkeit der Zuweisungen im Hinblick auf den Bedarf der übrigen Institute im Zuteilungszeitraum.

Der Leiter des Rechenzentrums ist als Mitglied der Beiratskommission befugt, in dringenden, begründeten Notfällen Sonderkontingente zu vergeben; er muß dies jedoch nachträglich vor der Beiratskommission begründen. Eine solche Zuweisung von Sonderkontingenten wird immer dann beansprucht, wenn unvorhersehbare Entwicklungen des Rechenleistungsbedarfs in einem Institut zur Erschöpfung seines Kontingents geführt haben.

Der zuständige Bearbeiter im Rechenzentrum ist für die Ablauforganisation und den Ablauf aller Kontingentierungsmaßnahmen verantwortlich. Dazu gehören vor allem die Durchführung und Kontrolle der Kontingentierungszuweisungen zu Beginn jedes Zuteilungszeitraums, die Überwachung des Kontingentierungssystems während des laufenden Zuteilungszeitraums und die Bearbeitung von Anträgen auf Zuweisung von Sonderkontingenten. Letzteres erfordert Kenntnisse über die Arbeiten und den bisherigen Rechenleistungsverbrauch des Antragstellers. In den meisten Fällen werden zusätzliche Kontingente ohne besondere Begründung verlangt, weil die bereits zugewiesenen Kontingente nicht ausreichen. Dies kann nicht akzeptiert werden, weil dadurch die Kontingentierung grundlos umgangen würde; es ist daher in direktem Kontakt mit dem Antragsteller zu klären, ob seine Arbeiten auf der Rechenanlage überhaupt sinnvoll durchgeführt werden können, ob das zu lösende Problem wirtschaftlich programmiert ist, ob der Bedarf an zusätzlichen Kontingenten richtig abgeschätzt wurde, ob die Größe der gewünschten Sonderkontingente mit Rücksicht auf andere Benutzer überhaupt vertreten werden kann und ob ein dringender Notfall vorliegt, der eine sofortige Zuweisung erfordert. Aus diesem Gespräch ergeben sich Entscheidungsgrundlagen für die Beiratskommission bzw. den Leiter des Rechenzentrums. Weitere Aufgaben sind die Information der Benutzer über Kontingentierungsmaßnahmen sowie die Kommunikation mit den Rechenzeitbeauftragten der Institute.

Die Rechenzeitbeauftragten in den Instituten sind die direkten "Empfänger" der Kontingente, d.h. die Kontingente werden vom Rechenzentrum den Rechenzeitbeauftragten zugeteilt und müssen von ihnen an die Endverbraucher weiterverteilt werden. Letzeres geschieht im Anschluß an die Kontingentzuweisung zum Quartalbeginn, entweder direkt oder bei größeren Instituten unter Zwischenschaltung der Abteilungsleiter. Da diese Verteilung unter die Kompetenzen der Institute fällt (s. 4.1.), nimmt das Rechenzentrum hierauf keinen Einfluß. Der Rechenzeitbeauftragte ist berechtigt, Sonderkontingente beim Rechenzentrum zu beantragen, und nimmt daneben noch die Koordination und Kommunikation mit dem Rechenzentrum wahr. Problematisch scheint die Verantwortlichkeit des Rechenzeitbeauftragten für eine sinnvolle Verwendung des Rechenleistungskontingents innerhalb seines Instituts. Im Lauf der Zeit hat sich ergeben, daß die Funktionen des Rechenzeitbeauftragten meistens ohne besondere Benennung von einem bewährten Mitarbeiter im Institut übernommen werden, der bereits über längere Erfahrung im Umgang mit der Rechenanlage verfügt.

Der Benutzer als Endverbraucher ist verpflichtet, die Kontingente wirtschaftlich und unter Rücksichtnahme auf die Interessen anderer Benutzer zu beanspruchen, allerdings kann dies weder vom Institut noch vom Rechenzentrum vollständig kontrolliert werden, obwohl mit dem Kontingentierungssystem die zur Kontrolle erforderlichen Hilfsmittel angeboten werden. Bisher konnte nur in ganz offensichtlichen Fällen von unsachgemäßem Rechenleistungsverbrauch eingegriffen werden. Im allgemeinen müssen sich Institute und Rechenzentrum darauf verlassen, daß wissenschaftliche Mitarbeiter der Institute die Rechenanlage im Rahmen ihrer Dienstleistung sinnvoll benutzen; eine ständige Kontrolle der Wirtschaftlichkeit ist schon wegen des experimentellen Charakters vieler wissenschaftlicher Programme nicht zu erreichen.

3.2. Folgen für den Rechenbetrieb

Die Folgen der Einführung des Kontingentierungssystems werden aus der Sicht des Benutzers und der Sicht des Rechenzentrums verschieden beurteilt, sind aber in den meisten Punkten nur subjektiv verschieden.

3.2.1. Aus der Sicht des Benutzers

Zunächst trifft die prinzipielle Restriktion durch das Kontingentierungsverfahren nicht nur die Institute, sondern auch den einzelnen Benutzer. Für die meisten Benutzer bedeutet es eine erhebliche Umstellung, nicht mehr - wie vor der Kontingentierung - unbeschränkt über Rechenleistung verfügen zu können, sondern Rechenleistung nur noch im Rahmen fest vorgegebener Kontingente beanspruchen zu können. Die Benutzer nehmen dabei i.a. nicht zur Kenntnis, daß sie durch die Einführung der Kontingentierung die Turn-Around-Zeitem im Batchbetrieb nach Bedarf durch Wahl der Dringlichkeitsstufe (s. 2.2.) selbst beeinflussen können, während vor der Einführung der Kontingentierung grundsätzlich für längere Runs auch längere Turn-Around-Zeiten zu erwarten waren, da die Benutzer keinen direkten Einfluß auf die Priorität der Runs in der Batch-Warteschlange hatten.

Seit Einführung der Kontingentierung muß sich jeder Benutzer auch mit der Verwaltung der ihm zugeteilten Kontingente beschäftigen. Diese Tätigkeit umfaßt vor allem Planung und Verbrauchskontrolle der eigenen Kontingente sowie Anforderung weiterer Kontingente beim zuständigen Rechenzeitbeauftragten. Als Hilfsmittel steht jedem Benutzer ein Programmaufruf ("QUOTA-Prozessor", s. 5.2.) zur Verfügung, mit dem er alle notwendigen Auskünfte über seine eigenen Kontingente bekommen kann. In der Anfangsphase mußten alle Benutzer notwendigerweise den Umgang mit ihren Kontingenten erst lernen, ebenso die Benutzung des genannten Programmaufrufs. Ab Mitte 1978 betraf dies nur noch neu hinzukommende Benutzer, da sich zu diesem Zeitpunkt die Kontingentverwaltung bereits eingespielt hatte. Immerhin wird der genannte Programmaufruf z. Zt. etwa 2000 mal pro Monat aufgerufen (bei ca. 800 Benutzern); diese Zahl schließt auch die Verteilung der Kontingente durch das Rechenzentrum und die Rechenzeitbeauftragten ein.

Die Verwaltung der Institutskontingente liegt in den Händen der Rechenzeitbeauftragten. Für die unter 3.1. geschilderten Aufgaben müssen die Rechenzeitbeauftragten (ca. 120) einen beträchtlichen Teil ihrer Arbeitszeit verwenden. Dies war vor allem in der Anfangsphase und bei den großen Instituten spürbar. Da die Rechenzeitbeauftragten in den meisten Fällen wissenschaftliche Mitarbeiter ihrer Institute sind, kann man bei ihnen durchaus von einer spürbaren Belastung für ihre eigenen wissenschaftlichen Arbeiten reden, während dies beim "normalen" Benutzer nicht spürbar wird. Bei Ausfall der Rechenzeitbeauftragten (Krankheit, Urlaub) müssen in seltenen Fällen Eingriffe in die Kontingentverwaltung des Instituts durch das Rechenzentrum vorgenommen werden, damit der Rechenbetrieb innerhalb des Instituts aufrecht erhalten werden kann, weil i.a. keine kompetenten Vertreter für die Rechenzeitbeauftragten vorgesehen werden.

In der Einführungsphase der Kontingentierung wurde der Dialogbetrieb ausschließlich auf der oberen Dringlichkeitsstufe abgerechnet. Danach wurde der Dialogbetrieb tags auf der oberen, nachts auf der mittleren Dringlichkeitsstufe, auf der doppelt so große Kontingente zur Verfügung stehen, abgerechnet (s. 2.2.). Die damit verbundene Absicht war, den tagsüber durch den Dialogbetrieb oft überlasteten Rechner durch einen "verbilligten Nachttarif" im Dialogbetrieb zu entlasten. Obwohl dies die Mitarbeiter der Institute zu einer Tätigkeit weit außerhalb ihrer regulären Dienstzeit nötigte, stieg die Zahl der Dialogbenutzer in den Nachtstunden erheblich an.

3.2.2. Aus der Sicht des Rechenzentrums

Die aus der Sicht des Rechenzentrums wichtigsten Änderungen im Verhalten der Benutzer ergab sich aus deren Einsicht, daß es sich bei der verfügbaren Rechenleistung um ein nicht beliebig vermehrbares Verbrauchsgut mit beträchtlichem Wert handelt. Die meisten Benutzer, die ja keine Kosten erstatten müssen (s. 1.) und bis dahin mehr oder weniger zwanglos die Rechenanlage benutzt hatten, mußten sich mit dieser Erkenntnis während der Einführungsphase erst notgedrungen vertraut machen. Für den Rechenbetrieb hatte dies keine spürbaren Folgen, da die Rechenanlage nach wie vor ausgelastet war. Aus den Äußerungen verschiedener Rechenzeitbeauftragter kann man jedoch schließen, daß nach der Einführung der Kontingentierung die Qualität der Rechenarbeiten zugenommen hat; auch dies ist ein im Sinn des Rechenzentrums wünschenswertes Ergebnis.

Vor Einführung der Kontingentierung handelten die Benutzer, nachdem sie einmal als solche zugelassen worden waren, mehr oder weniger eigenverantwortlich. Die Institute erhielten zwar monatliche Übersichten über den Verbrauch an Rechenleistung der einzelnen Benutzer zugestellt, brauchten ihren Benutzern jedoch keine Vorschriften über Art und Umfang ihrer wissenschaftlichen Rechenarbeiten zu machen. Daher wurden in vielen Fällen die zugestellten Monatsübersichten kaum beachtet. Die Rechenzeitbeauftragten, soweit sie schon ernannt waren, waren nur für die Kommunikation mit dem Rechenzentrum zuständig. Nach Einführung der Kontingentierung mußten die Rechenzeitbeauftragten zunächst die Verteilungsfunktionen für die Kontingente übernehmen. Daraus ergab sich unmittelbar, daß sie auch den Verbrauch in ihrem Institut zu überwachen hatten. Bei knapper werdenden

Kontingenten mußten sie Fragen bezüglich der Art der durchgeführten Rechenarbeiten an die Benutzer stellen und im Bedarfsfall auch Anträge auf Sonderzuweisungen von Kontingenten stellen und diese mit einer Kurzbeschreibung der wissenschaftlichen Rechenarbeiten begründen, die zum Verbrauch der Kontingente geführt hatten. Auf diese Weise ergab sich ganz automatisch, daß eine größere Transparenz bezüglich der durchgeführten Rechenarbeiten hergestellt wurde und gleichzeitig die Verantwortlichkeit für Rechenarbeiten innerhalb der Institute klarer wurde.

3.3. Benutzerverhalten

Die Reaktionen der Benutzer auf die Einführung der Kontingentierung waren recht unterschiedlich. Von bloßem Protest über konstruktive Kritik bis zu mißbräuchlicher Verwendung von Rechenleistung zur Bedarfssimulation waren alle Reaktionen vertreten. Nach Überwindung der Anfangsschwierigkeiten in den Instituten, welche vor allem organisatorischer Natur waren, und einigen vom Rechenzentrum durchgeführten Änderungen (s. 2.4.), die auf Vorschläge von Benutzern zurückgingen, legte sich die anfängliche Unruhe unter der Benutzerschaft bereits Mitte 1978. Das Verhalten der Benutzer kann wegen der breit gestreuten Benutzerschaft unter verschiedenen Gesichtspunkten betrachtet werden. Die im folgenden vorgenommene Klassifizierung orientiert sich an der Praxis des Rechenbetriebes, ohne eventuelle Überschneidungen zwischen den Klassen zu berücksichtigen.

Benutzer, die zwar Datenverarbeitung betreiben, aber keine Programmierkenntnisse besitzen und vorwiegend ausführbare Fremdprogramme oder vom Rechenzentrum angebotene Programmsysteme benutzen, verhalten sich meistens passiv, d.h. sie üben keine erkennbare Kritik am Kontingentierungssystem, obwohl sie einen erheblichen und ständig wachsenden Anteil der zur Verfügung stehenden Kontingente beanspruchen. Die von ihnen beantragten Sonderzuweisungen sind entsprechend ihrer Arbeitsweise zahlreich und mengenmäßig erheblich, jedoch in der Regel auch sorgfältig begründet.

Von den im Programmieren erfahrenen Benutzern, die mit der Rechenanlage bereits seit längerem vertraut sind, wurden viele sachliche Details des Kontingentierungssystems kritisiert. Die meisten Verbesserungsvorschläge, brauchbare wie unbrauchbare, kamen aus den Reihen dieser Benutzer. Es gelang auch nach der Einführungsphase nicht, den verständlichen Widerwillen dieser Benutzer gegen die durch die Kontingentierung bewirkten Einschränkungen zu überwinden, obwohl - objektiv gesehen - gerade dieser Benutzerkreis wegen seiner Kenntnisse am besten mit den Einschränkungen zurecht kam. Die von ihnen beantragten Sonderzuweisungen waren in der Anfangsphase gut begründet, wurden jedoch danach immer pauschaler begründet, indem die Folgeanträge sich häufig einfach auf den Erstantrag bezogen. Die Lästigkeit einer Antragstellung und der Probleme der Kontingentierung wird von diesen Benutzern immer wieder betont, ohne daß jedoch ihre eigentlichen Rechenarbeiten darunter leiden.

Bei den meisten der größeren Benutzerinstitute (mit mehr als ca. 5 Benutzern und einem Anteil am Rechenleistungsverbrauch von mehr als 1 %) waren bereits vor Einführung der Kontingentierung Rechenzeitbeauftragte ernannt. Wie daher zu erwarten war, kamen die ersten Reaktionen auch aus diesen Instituten. Nachdem bekannt war, daß die Einführung eines Kontingentierungssystems geplant war, äußerten diese Rechenzeitbeauftragten bereits Bedenken, daß durch die Einführung der Kontingentierung ein normaler wissenschaftlicher Rechenbetrieb nicht mehr aufrecht erhalten werden kann, und beantragten schon vor und während der Einführungsphase Sonderkontingente. Dennoch erwies sich nach der Einführung der Kontingentierung ziemlich schnell, daß gerade bei diesen Instituten die geringsten Schwierigkeiten auftraten, einerseits, weil kompetente Rechenzeitbeauftragte für eine reibungslose Kontingentverwaltung sorgten, andererseits, weil durch die größeren Institutskontingente und die größere Zahl von Benutzern im Vergleich mit kleineren Instituten Bedarfsschwankungen sich besser ausmittelten und aufgefangen werden konnten.

Bei Instituten mit wenigen Benutzern reduzieren sich die Aufgaben eines Rechenzeitbeauftragten auf die Beantragung eventueller Sonderkontingente, wenn alle Benutzer auf der gleichen Rechennummer rechnen oder überhaupt nur ein Benutzer vorhanden ist, da dann keine Kontingent**verteilung** notwendig ist. Solche Benutzer bekommen von der Kontingentierung oft überhaupt erst Kenntnis, wenn das gemeinsame Institutskontingent aufgebraucht ist, wobei in der Regel der Verursacher nicht mehr feststellbar ist. Nach entsprechender Beratung und Benennung eines Rechenzeitbeauftragten entschließen sich diese Institute dann meistens, die Kontingentverwaltung unter einer anderen Rechennummer als der für die wissenschaftlichen Rechenarbeiten durchzuführen. Das zweite Problem der kleinen Benutzerinstitute war anfangs der (häufig saisonbedingt) schwankende Bedarf an Rechenleistung, wodurch zeitweise die Kontingente nicht ausreichten und zeitweise nicht ausgenutzt werden konnten. Dieses Problem wurde nach der Anfangsphase durch die Einführung von Mindestzuweisungen für Kleinverbraucher und teilweise Übertragung nicht verbrauchter Kontingente auf allen Rechennummern in den nächsten Zuteilungszeitraum gelöst (s. 2.4.); hierdurch verringerte sich die Zahl der Anträge auf Zuweisung von Sonderkontingenten, die von Kleinverbrauchern gestellt wurden, erheblich.

Die Benutzer der wenigen Institute, die nach den Gebührenrichtlinien zu den entgeltpflichtigen Instituten zählen, hatten bei der Einführung der Kontingentierung die geringsten Umstellungsschwierigkeiten. Dies kann darauf zurückgeführt werden, daß bei diesen Instituten die Rechenleistung bereits vor der Einführung der Kontingentierung über die zu entrichtenden Entgelte "kontingentiert" war, denn diese Entgelte müssen schon vorab im Institutshaushalt eingeplant werden. Somit beanspruchen diese Institute die Rechenleistung schon immer unter den Gesichtspunkten der wirtschaftlichen Verwendung und der begrenzten Verfügbarkeit.

Erstbenutzer von neu hinzugekommenen Instituten haben die gleiche Problematik und ähnliche Verhaltensweise wie die Benutzer kleiner Institute (s. o.), nur daß zunächst keine Hilfestellung aus ihrem Institut selbst zu erwarten ist, sondern verstärkt die Beratung durch das Rechenzentrum in Anspruch genommen werden muß.

Bei neuen Benutzern innerhalb bereits rechnender Institute sind i.a. keine Probleme zu erwarten, da sie vom Rechenzeitbeauftragten ihres Instituts beraten und mit Kontingenten versorgt werden können; der Rechenzeitbeauftragte kontrolliert anfangs meistens auch die Rechenarbeiten von noch unerfahrenen Benutzern, so daß unbeabsichtigt hoher Verbrauch durch diese Benutzer weitgehend ausgeschlossen werden kann. Dies war vor Einführung der Kontingentierung nicht immer der Fall.

4. Bewertung der Erfahrung und Folgerungen

4.1. Erfahrungen mit dem eingeführten Kontingentierungssystem

Der einzelne Benutzer in den Instituten wurde von der Kontingentierung mehr oder weniger unvorbereitet getroffen; nach einer Anfangsphase von drei Monaten, in der die Rechenarbeiten der Benutzer durch die Kontingentierung noch spürbar behindert wurden, konnte dies - von Einzelfällen abgesehen - anschließend nicht mehr beobachtet werden. Als durch die Kontingentierung bedingte Daueraufgabe müssen die Benutzer lediglich ihr eigenes Kontingent kontrollieren, was durch die zur Verfügung stehenden Hilfsmittel (s. 5.2.) recht einfach ist, und bei Bedarf Nachforderungen an ihren Rechenzeitbeauftragten stellen.

Die Rechenzeitbeauftragten der Institute nehmen mit ihrer Tätigkeit dem Rechenzentrum den Großteil der Kontingentverwaltung ab, da die wichtigen Aufgaben der Verteilung im Normalfall vollständig vom Rechenzentrum an die Institute delegiert sind; insofern hat die Person des Rechenzeitbeauftragten nach der Einführung der Kontingentierung besondere Bedeutung erlangt. Für das gewählte Kontingentierungsverfahren (s. 2.2.) sind die Rechenzeitbeauftragten - zumindest bei den größeren Instituten - praktisch unentbehrlich geworden.

Für das Rechenzentrum fällt außer dem einmaligen Erstellungsaufwand (s.u.) als laufender Aufwand die Tätigkeit eines Mitarbeiters an, der Anträge und Probleme zur Kontingentierung bearbeitet. In der Einführungsphase war dieser Mitarbeiter vollständig mit der Kontingentierung beschäftigt, zur Zeit sind auf Dauer immer noch 15 - 25 % seiner Arbeitszeit dafür erforderlich; nach den bisherigen Erfahrungen kann dieser Anteil nicht weiter verringert werden. Hinzu kommen temporäre Aktivitäten von Mitarbeitern der Betriebssystemgruppe für Korrekturen und Erweiterungen am Kontingentierungssystem. Nach den bisherigen Erfahrungen wäre der laufende Arbeitsaufwand im Rechenzentrum wesentlich höher, wenn nicht - bedingt durch das gewählte Kontingentierungssystem - ein großer Teil der anfallenden Aufgaben durch die Institute selbst (s. o.) erledigt würde. Bezüglich der Arbeitsverteilung zwischen Rechenzentrum und Benutzerinstituten kann daher das gewählte Kontingentierungsverfahren (s. 2.2.) als optimal angesehen werden.

Bereits bei der Planung des Kontingentierungssystems wurde berücksichtigt, daß damit ein optimaler Ablauf der Rechenarbeiten im Rahmen der Restriktionen durch die ausgelastete Anlage sichergestellt werden soll, ohne daß die Benutzer mehr als durch die bisherige Konkurrenzsituation eingeschränkt werden. Nach den Erfahrungen von anderthalb Jahren Kontingentierung kann davon ausgegangen werden, daß dies auch im wesentlichen erreicht wurde, jedoch können keine Zahlen angegeben werden, da in der gleichen Zeit der Bedarf weiter stark zugenommen hat. Mit Sicherheit ist jedoch ein Rechenbetrieb im gleichen Umfang und der gleichen Qualität ohne die Kontingentierung von Rechenleistung auf der Rechenanlage nicht mehr denkbar. Die "verbilligte" Abrechnung von Rechenleistung während der Nachtstunden für den Dialogbetrieb ist eine Maßnahme, die nur infolge der unzureichenden Rechenkapazität der bisherigen Anlage erforderlich war und den Benutzern bereits Verhaltensänderungen bezüglich ihrer Arbeitszeitverteilung aufzwang. Eine ähnliche Maßnahme ist daher für die neue Rechenanlage (s. 4.2.2.) zunächst nicht vorgesehen.

Wie bereits erläutert, war die Anlage schon vor Einführung der Kontingentierung ausgelastet und blieb es auch nach der Einführungsphase. Auswirkungen der Kontingentierung auf die Auslastung können daher nicht erkannt werden, sofern man nicht auch die verbesserte Qualität der Rechenarbeiten als verbesserte Auslastung interpretiert.

Der Aufwand für die Einführung der Kontingentierung kann anhand der vom Rechenzentrum geleisteten Entwicklungsarbeiten abgeschätzt werden. Mit Planungs-, Programmierungs- und Implementierungsaufgaben waren für die Kontingentierung ein Arbeitsgruppenleiter, ein wissenschaftlicher Mitarbeiter sowie zwei Programmierer beschäftigt, zusammen mit einem Zeitaufwand von 2,5 Mannjahren. Hinzu kommt Exklusiv-Testzeit auf der Rechenanlage in Höhe von ca. 50 CPU-Stunden und Testzeit für Generierungen im laufenden Betrieb in Höhe von ca. 50 CPU-Stunden. Damit beläuft sich der Aufwand an Rechenleistung zur Einführung der Kontingentierung auf umgerechnet ca. 40000 RE, entsprechend dem Quartalsverbrauch eines großen Benutzerinstituts. Hinzu kommt der bei den Benutzern entstandene, nicht näher spezifizierbare Einführungsaufwand.

4.2. Folgerungen für ein künftiges Kontingentierungssystem

4.2.1. Wahl des einzusetzenden Kontingentierungssystems

Mit der Inbetriebnahme einer UNIVAC 1100/82 im August 1979 erhält die GWDG eine Rechenanlage, die im Vergleich mit der bisherigen UNIVAC 1108 die mehrfache Leistung erzeugt, was sich besonders im Dialogbetrieb auswirkt. Mit dem Betriebssystem zu dieser neuen Anlage bietet der Hersteller ein eigenes Kontingentierungssystem an, das sich von der bisherigen Eigenentwicklung des Rechenzentrums in wesentlichen Punkten unterscheidet. Vor die Wahl gestellt, entweder das selbstentwickelte Kontingentierungssystem dem Betriebssystem der neuen Anlage anzupassen oder das vom Hersteller angebotene System den Bedürfnissen des Rechenzentrums anzupassen, entschied sich die GWDG für das letztere. Ausschlaggebend dafür waren weniger finanzielle oder aufwandsorientierte Gesichtspunkte als vielmehr die betriebspolitische Entscheidung, möglichst wenig Software zu implementieren, die nicht vom Hersteller gewartet wird, damit die Verantwortung für die Funktion des Kontingentierungssystems (z.B. nach einem Wechsel des Betriebssystem-Levels) in Zukunft ebenfalls beim Hersteller und nicht - wie bisher - beim Rechenzentrum liegt. Von den bisherigen Erfahrungen mit dem selbstentwickelten Kontingentierungssystem war diese Wahl weitgehend unabhängig.

4.2.2. Änderungen für das künftige Kontingentierungssystem

Nach der Entscheidung für das vom Hersteller angebotene Kontingentierungssystem mußte dieses den speziellen Göttinger Verhältnissen und den Richtlinien (s. 2.2.) angepaßt werden. Der wesentliche Unterschied zum selbstentwickelten Kontingentierungssystem besteht darin, daß die Benutzer die Priorität ihres Runs in der Batch-Warteschlange direkt wählen können, ohne daß dies einen Einfluß auf die verbrauchte Rechenleistung hat. Damit dies nicht zur allgemeinen Verwendung der obersten Priorität führt, muß die gewählte Priorität selbst als Rechenleistung abgerechnet werden. Die erste Änderung war daher, die verbrauchte Rechenleistung mit einem Faktor zu bewerten, der von der Differenz der gewählten Priorität zu der Priorität abhängt, auf der die verfügbaren Kontingente den Instituten zugewiesen werden (gemessen weiterhin in Recheneinheiten RE, deren Wert annähernd dem Wert der Recheneinheiten auf der bisherigen Anlage entspricht, s. 2.2.). Hiernach erhöht bzw. erniedrigt eine Änderung der Priorität um zwei Stufen den Verbrauch an Recheneinheiten gerade um den Faktor 2. Diese Änderung ist bereits vor Einsatz des neuen Kontingentierungssystems bei vielen Benutzern auf Unverständnis gestoßen, da es ihnen nicht einsichtig erschien, warum eine die Zentraleinheit nicht belastende Größe als Rechenleistung abgerechnet werden soll. Die zweite wesentliche Änderung ist die Implementierung der Kontingentierungshierarchie, wie sie sich bereits im selbstentwickelten Kontingentierungssystem bewährt hatte. Diese Änderung ist erforderlich, um die Verteilung der Rechenleistung gemäß den Richtlinien (s. 2.2.) durchführen zu können; gleichzeitig erhalten die Rechenzeitbeauftragten damit denselben Status und Aufgabenbereich wie bisher und können somit auch weiterhin das Rechenzentrum von der Kontingentverwaltung innerhalb ihrer Institute entlasten. Von den Benutzern wird diese Änderung nicht bemerkt werden. Die dritte wichtige Änderung ist die Anrechnung der Massenspeicherbelegung (Größe x Zeit) für katalogisierte Dateien auf die Rechenleistung. Bisher wurde die Massenspeicherbelegung nicht als Rechenleistung abgerechnet, der Massenspeicherbereich pro Benutzer war beschränkt und eine Vergrößerung wurde nur auf besondere Anmeldung zugelassen. Die Abrechnung der Massenspeicherbelegung als Rechenleistung wird eine weitere Umstellung der Benutzergewohnheiten erfordern.

5. Literatur

1. Opitz, A.: Beschreibung der Kontingentierung von Rechenleistung auf der U1108 der GWDG (GWDG-Druckschrift, Göttingen 1979)

2. Opitz, A.: Beschreibung des QUOTA-Prozessors (GWDG-Druckschrift, Göttingen 1979)

VERBESSERUNG DER DATENSICHERHEIT UND KOSTENVERMINDERUNG BEI DER ERFASSUNG BETRIEBLICHER NUMMERN

B. Jahnke
Ordinariat für Betriebswirtschaftliche Datenverarbeitung
der Universität Hamburg

Zusammenfassung

Die Datenerfassungsphase ist im Vergleich zu den übrigen Phasen eines maschinellen DV-Prozesses durch eine hohe Fehlerquote gekennzeichnet. Zur Senkung dieser Fehlerrate sind spezielle Erkennungsverfahren entwickelt worden. Diese bekannten Verfahren sowie weitere Erkennungsverfahren werden im Hinblick auf ihre Eignung überprüft. Neben der üblicherweise zugrunde gelegten Fehlererkennungswahrscheinlichkeit und anderen verfahrensabhängigen Größen werden hier die Kosten als umfassendes Entscheidungskriterium herangezogen.

1. Problembereich Datenerfassung

Die Phase der Datenerfassung ist im Vergleich zu den übrigen Phasen eines DV-Prozesses unter anderem durch einen hohen Anteil manueller Tätigkeiten gekennzeichnet. Infolge der menschlichen Unzulänglichkeiten resultiert hieraus eine Fehlerhäufigkeit von 0.1 % pro erfaßtem Zeichen [1]. Da derartige Fehler insbesondere bei der Verarbeitung von Identifikationsnummern schwerwiegende Folgen verursachen können, werden in der Praxis häufig Fehlererkennungsverfahren eingesetzt. Es handelt sich hierbei überwiegend um automatische Verfahren dergestalt, daß die zu sichernden Nummern mit einer Redundanz versehen werden, die in funktionalem Zusammenhang mit den informationstragenden Stellen der Nummern steht.

Die am weitesten verbreiteten Verfahren dieser Art sind die Prüfziffernverfahren. Sie sind als Hardware in den meisten Datenerfassungsgeräten verfügbar. Als vorrangiges Kriterium für die Auswahl eines speziellen Prüfziffernverfahrens wird die Fehlererkennungswahrscheinlichkeit angesehen. Entsprechende Formeln und Zahlenangaben sind in der einschlägigen Literatur zu finden [2].

Wenig Aufmerksamkeit wurde bislang hingegen der Möglichkeit geschenkt, die resultierenden Kosten als Grundlage für die Auswahlentscheidung heranzuziehen. Es soll in diesem Beitrag nachgewiesen werden, daß hiermit ein umfassendes und trotz einiger unsicherer Daten operables Entscheidungsinstrument zur Verfügung steht. In dem zu diesem Zweck entwickelten Kostenmodell finden die üblicherweise zugrunde gelegten verfahrensspezifischen Beurteilungskriterien volle Berücksichtigung.

Zur Beurteilung aus verfahrensspezifischer und aus ökonomischer Sicht stehen dabei neben bekannten Verfahren auch einige Neuentwicklungen zur Verfügung. Bei der Behandlung der Verfahren werden neben den Prüfziffernverfahren weitere Verfahrensklassen einbezogen. Das Schwergewicht wird im folgenden nicht auf die genaue Darstellung der Verfahren, sondern auf Möglichkeiten zu ihrer Beurteilung und auf die daraus resultierenden Aussagen gelegt.

2. Beurteilung von Verfahren zur automatischen Fehlererkennung

a) Verfahrensspezifische Gesichtspunkte

Untersucht werden im folgenden die Verfahrensklassen :

α) Multiplikatorverfahren,

β) Transformationsverfahren,

γ) Prüfziffernverfahren.

Die dabei zugrunde gelegten Beurteilungskriterien für ein spezielles Erkennungsverfahren sind zum Teil quantitativer Art, wie die Fehlererkennungswahrscheinlichkeit und die zum Zweck der Fehlererkennung vergebene Redundanz. Die Kompliziertheit des Verfahrens und der Aspekt des impliziten oder expliziten Enthaltenseins der ursprünglichen Nummer in der gesicherten Nummer können dagegen zu den qualitativen Kriterien gezählt werden.

Die Erkennungswahrscheinlichkeit p_e eines Verfahrens läßt sich wie folgt errechnen :

(1) $$p_e = \sum_{i=1}^{\bar{i}} p_i p_{ei} \quad ,$$

mit: p_i: Auftrittswahrscheinlichkeit der Fehlerart i beim Vorliegen eines Fehlers (Die p_i sind zwar empirisch ermittelte Häufigkeiten, bei den in der Praxis üblichen großen Anzahlen verarbeiteter Nummern ist aber die Interpretation als Wahrscheinlichkeit zulässig),

p_{ei}:Erkennungswahrscheinlichkeit für die Fehlerart i des Verfahrens,

$\bar{i}$: Anzahl der unterschiedenen, disjunkten Fehlerarten.

Auf die Ermittlung der verfahrensabhängigen Größen p_{ei} soll hier nicht näher eingegangen werden [2]. Die Wahrscheinlichkeit p_w, mit der eine Nummer der Länge n fehlerhaft erfaßt wird, ist mit ausreichender Genauigkeit durch:

(2) $$p_w = np_v \quad ,$$

mit: p_v : Wahrscheinlichkeit, mit der ein erfaßtes Zeichen fehlerhaft ist (im folgenden mit 0.1 % angenommen, s.o.)

gegeben [3]. Nunmehr kann auch die Restfehleranzahl A_{rest} bestimmt werden. Sie beinhaltet die Anzahl fehlerhaft erfaßter und nicht als fehlerhaft erkannter Nummern der Länge n und ergibt sich rechnerisch als :

(3) $$A_{rest} = A\, p_w\, (1-p_e) \quad ,$$

mit: A : Anzahl erfaßter Nummern der Länge n.

Schließlich müssen noch einige Voraussetzungen getroffen werden. In Tabelle 1 sind die hier unterschiedenen Fehlerarten mit jeweils einem typischen Wert für die Auftrittshäufigkeit enthalten [4]. Für die Berechnung der Erkennungswahrscheinlichkeiten wird ferner folgendes angenommen:

- Die Länge der Nummern beträgt n=8 (falls eine genaue Angabe erforderlich ist).
- Bei der Fehlerart F3 beträgt der Anteil der Dreher über eine gerade Stellenanzahl hinweg 90 %, wovon wiederum 90 % Dreher benachbarter Ziffern darstellen.
- Fehler der Art F4 ergeben sich durch Tastaturfehler auf maximal drei Stellen. Fehler vom Betrag 1 oder 3 auf 2 oder 3 Stellen treten gleich häufig auf.
- Die Fehlerart F5 enthält zu 75 % den Fehler " Eine Ziffer weggelassen oder zugefügt ".

Tabelle 1: Fehlerhäufigkeitsfunktion bei der Erfassung von Nummern

Fehlerart	Häufigkeit in [%]
F1: Eine Ziffer falsch	76
F2: Zwei Ziffern falsch (ohne Drehfehler)	6
F3: Vertauschung zweier Ziffern	6
F4: Gleiche Fehlerhöhe bei benachbarten Stellen (z.B. Tastaturfehler: 7123 statt 7456)	1
F5: Eine oder mehrere Ziffern zuviel oder zuwenig	10
F6: Sonstige Fehler	1

α) Multiplikatorverfahren

Von Böröcz [5] sind zwei spezielle Erkennungsverfahren beschrieben worden, das 101er=Verfahren und das 11er-Neuverfahren, die sich in ihrer Wirkungsweise grundsätzlich von den Prüfziffernverfahren unterscheiden. Die zu sichernde Nummer x wird mit einem festen Faktor R multipliziert und anschließend eine Konstante S addiert. Es gilt die vor der ersten Erfassung vorzunehmende Zuordnung:

$$(4) \qquad x \longmapsto Rx + S \quad , \quad R,S \in \mathbb{N}_0 \quad .$$

Da die Größe S nur für die hier nicht zu erörternde Sicherung von Dezimalkommastellen eine Bedeutung hat, wird sie gleich Null gesetzt. Die Zuordnung (4) wird zum Zweck der Fehlererkennung nach einer Erfassung wieder umgekehrt. Ein Fehler liegt vor, wenn sich dabei keine ganze Zahl ergibt.

In direkter Anlehnung an diese Verfahren und an die aus der Codierungstheorie bekannten (AN+B)-Codes [6] wird hier die allgemeine Klasse der Multiplikatorverfahren definiert. Zu näheren Einzelheiten sei auf [7] verwiesen. Die Verfahren sind als einfach durchführbar anzusehen. Es ist aber die große Schwäche zu verzeichnen, daß die ursprüngliche Nummer aus der gesicherten Nummer i.a. nicht mehr direkt erkennbar ist. In Tabelle 2 sind für einige Multiplikatoren die Erkennungseigenschaften und die resultierende Redundanz RED aufgeführt, für die gilt:

$$(5) \qquad RED = \log_{10} R \quad [dit] \quad .$$

Aus quantitativer Hinsicht sind die Verfahren mit den Multiplikatoren 97 und 101 äußerst günstig zu beurteilen. Wegen der oben angegebenen Schwäche müssen allerdings alle Multiplikatorverfahren als nur bedingt tauglich bezeichnet werden.

Tabelle 2: Quantitative Bewertung einiger Multiplikatorverfahren

Multiplikator	Fehlererkennungswahrscheinlichkeit in [%]	Restfehleranzahl (für 10^6 erfaßte Zeichen)	Redundanz in [dit]
11	97.40	26	1.0414
97	99.80	2	1.9868
99	99.20	8	1.9956
101	99.90	1	2.0043
997	99.98	0.2	2.9987
999	99.40	6	2.9996
1001	99.98	0.2	3.0004

β) Transformationsverfahren

Die meisten der bekannten Transformationsverfahren [8] sind dadurch charakterisiert, daß bei ihrer Anwendung die einzelnen Ziffern einer zu sichernden Nummer in andere Ziffern oder Ziffernpaare transformiert werden. Durch eine weitere Transformation wird dann der Gesamtheit der erhaltenen Ziffern eine Ziffer oder ein Buchstabe zugeordnet und an die ursprüngliche Nummer angehängt. Bei anderen Transformationsverfahren werden die Ziffern der Nummern nach und nach in Transformationen einbezogen, so daß die anzufügende Prüfziffer nach der letzten Transformation feststeht. Zum Zweck der Fehlererkennung wird nach einer Erfassung die Übereinstimmung zwischen der vor und der nach der Erfassung errechneten Prüfziffer nachgeprüft.

Tabelle 3 enthält für sechs Transformationsverfahren die zugehörigen Erkennungseigenschaften. Die Redundanz beträgt einheitlich eine Stelle (dezimal oder alphabetisch).

Tabelle 3 : Erkennungseigenschaften einiger Transformationsverfahren

Verfahren / Eigenschaft	Alternierende Transformation	Iterierte Transform.	Rekursive Transform.	Kombinationsverfahren	Kennbuchstabenverfahren
Fehlererkennungswahrscheinlichkeit in [%]	98.2 97.5	97.6	97.9	98.1	99.5
Restfehleranzahl (für 10^6 erfaßte Zeichen)	18 25	24	21	19	5

In Anbetracht der Kompliziertheit der Transformationsverfahren müssen die Erkennungseigenschaften mit Ausnahme des Kennbuchstabenverfahrens als wenig befriedigend bezeichnet werden. Die Erkennungswahrscheinlichkeit von 99.5 % beim Kennbuchstabenverfahren ist allerdings sehr hoch.

γ) Prüfziffernverfahren

Prüfziffernverfahren können als Spezialfälle von Transformationsverfahren interpretiert werden. Die einzelnen Ziffern der Nummern werden mit einem stellenabhängigen Gewicht multipliziert. Anschließend wird die Summe der so erhaltenen Ziffern modulo einer vorgegebenen natürlichen Zahl gebildet. Der sich ergebende Wert wird als Prüfziffer (ein- oder mehrstellig) oder Prüfbuchstabe an die Nummer angehängt. Manchmal gibt es Modifikationen dieser einfachen Vorgehensweise, auf die hier nicht eingegangen wird. Zum Zweck der Fehlererkennung wird die vor mit der nach einer Erfassung ermittelten Prüfziffer verglichen.

Zunächst sei eine Möglichkeit angedeutet, zu jedem Multiplikatorverfahren ein Prüfziffernverfahren zu bilden, das einerseits die gleichen Erkennungseigenschaften aufweist, andererseits aber die zu sichernde Nummer explizit enthält. Hierzu werden für entsprechend vorgegebenes $h \in \mathbb{Z}$ die Gewichte h_i für jede Stelle i einer Nummer wie folgt gewählt:

(6) $$h_i := h^{i-1}$$

Der Modulus wird gleich dem Multiplikator gesetzt. Zum Beweis sei auf [9] verwiesen. Insbesondere für $h \in \{1,-1\}$ ergeben sich sehr einfache Verfahren. Die Tabellen 4a und 4b enthalten für eine große Anzahl bekannter oder neu konzipierter Verfahren die Erkennungseigenschaften [10]. Die Ergebnisse zeigen, daß durch Verwendung eines Prüfbuchstabens (Modulus 23 oder 26) fast die Erkennungseigenschaft des sehr komplizierten Kennbuchstabenverfahrens (siehe β)) erreicht werden kann. Eine beachtliche Sicherheitssteigerung ist bei zwei Prüfstellen möglich. Das Verfahren mit dem Modulus 101 besitzt die Gewichte $(-1)^{i-1}$ und die gleiche hervorragende Erkennungswahrscheinlichkeit von 99.9 % wie das Multiplikatorverfahren mit dem Multiplikator 101. Es können somit wesentlich bessere Ergebnisse erzielt werden als dies bei den meist in der Praxis eingesetzten Verfahren mit einem Modulus von 10 oder 11 der Fall ist. Der Sicherheitszuwachs bei drei Prüfstellen gegenüber zwei Prüfstellen ist relativ gering.

Zusammenfassend läßt sich feststellen :

- Die Prüfziffernverfahren sind in ihren Eigenschaften günstiger zu beurteilen als die übrigen angesprochenen Erkennungsverfahren.
- Unter den Prüfziffernverfahren sind die Verfahren mit einem Prüfbuchstaben hervorzuheben, da trotz nur einer Prüfstelle eine Erkennungswahrscheinlichkeit von weit über 99 % erreicht werden kann.

Tabelle 4a : Erkennungseigenschaften von Prüfziffernverfahren mit einer Prüfstelle

Modulus / Eigenschaft	7	9	10	10	11	11*)	11	23	26
Fehlererkennungs-wahrscheinlichkeit in [%]	92.0	91.9	98.2	97.6	98.4	97.4	98.5	99.3	99.4
Restfehleranzahl (für 10^6 erfaßte Zeichen)	80	81	18	24	16	26	15	7	6

Tabelle 4b : Erkennungseigenschaften von Prüfziffernverfahren mit mehreren Prüfstellen

Anzahl Prüfstellen	2						3		
Modulus / Eigenschaft	10	11	23	97*)	99*)	101*)	997*)	999*)	1001*)
Fehlererkennungs-wahrscheinlichkeit in [%]	99.8	99.91	99.98	99.8	99.2	99.9	99.98	99.4	99.98
Restfehleranzahl (für 10^6 erfaßte Zeichen)	2	0.9	0.2	2	8	1	0.2	6	0.2

b) Ökonomische Gesichtspunkte

α) Entwicklung eines Kostenmodells

Bei den bislang zugrunde gelegten Beurteilungskriterien führt eine isolierte Anwendung auf die Erkennungsverfahren teilweise zu unterschiedlichen Ergebnissen. Die größte Sicherheit wird beispielsweise mit der größten zulässigen Anzahl von Prüfstellen erreicht, was u.a. einen erhöhten Erfassungsaufwand nach sich zieht. Mit Hilfe eines Kostenmodells soll nunmehr ein eindeutiges Entscheidungskriterium angegeben werden. Aufgrund der Ergebnisse des vorigen Abschnitts werden die anschließenden Untersuchungen auf Prüfziffernverfahren beschränkt.

Zunächst seien einige Voraussetzungen genannt. Der Betrachtungszeitraum hat eine fest vorgegebene Länge. Wegen der i.a. sehr großen Anzahl erfaßter Nummern wird von Erwartungswerten für die Kostengrößen ausgegangen. Die Kosten für die Erstberechnung der Prüfziffern werden nicht berücksichtigt, da sie nur einen geringen Einfluß auf die

*) Verfahren entsprechend Beziehung (6)

Gesamtkosten besitzen. Es wird unterstellt, daß das Erkennungsverfahren bei einem neu entwickelten Nummernsystem eingesetzt wird. Anderenfalls fielen Kosten für die Umstellung des alten Nummernsystems an. Diese Kosten können nur im konkreten Einzelfall hinreichend genau bestimmt werden. Die durch zusätzliche Redundanz entstehenden erhöhten Kosten für Speicherbedarf und die Inanspruchnahme der Kanalkapazitäten sind vernachlässigbar gering (weniger als 10 bzw. als 1 DM).

Für die Folgekosten K_1 bei nicht erkannten, fehlerhaften Nummern gilt nunmehr:

(7) $$K_1 = Ap_w\ (1-p_e)\ k_F = A_{rest}\ k_F \qquad [GE]\ ,$$

mit: A: Anzahl im betrachteten Zeitraum zu erfassender Nummern
p_w: Wahrscheinlichkeit dafür, daß eine erfaßte Nummer fehlerhaft ist
p_e: Wahrscheinlichkeit, mit der eine fehlerhafte Nummer als solche erkannt wird
k_F: Folgekosten für eine fehlerhaft gebliebene Nummer.

Die Folge- und Korrekturkosten K_2 für erkannte, aber falsch korrigierte Fehler ergeben sich aus Gleichung (8) :

(8) $$K_2 = A\ p_w\ p_e\ p_{fk}\ (k_{Korr} + k_F) \qquad [GE]\ ,$$

mit: p_{fk} : Wahrscheinlichkeit der manuellen Falschkorrektur
k_{Korr}: Kosten für die manuelle Korrektur einer fehlerhaften Nummer.

Des weiteren sind Korrekturkosten K_3 für richtig korrigierte Fehler zu berücksichtigen:

(9) $$K_3 = A\ p_w\ p_e\ (1 - p_{fk})\ k_{Korr} \qquad [GE]\ .$$

Die Kontrollkosten K_4 ergeben sich durch die Miete eines Prüfziffernverfahrens für ein Datenerfassungsgerät und sind daher im betrachteten Zeitraum konstant. Die zusätzlichen Datenerfassungskosten K_5, die aus der erhöhten Redundanz infolge der Prüfstelle(n) resultieren, sind wie folgt zu bestimmen:

(10) $$K_5 = A\ k_E\ a_{Red} \qquad [GE]\ ,$$

mit: k_E : Kosten für die Erfassung einer Nummer (ohne zusätzliche Redundanz)
a_{Red}: Anteilsfaktor zur Ermittlung der relativen Erfassungsmehrkosten.

Damit liegt die Summe der entscheidungsrelevanten Kosten fest:

(11) $$K = \sum_{i=1}^{5} K_i \qquad [GE]\ .$$

β) Anwendung des Kostenmodells

Bei der Anwendung dieses Kostenmodells auf ein Prüfziffernverfahren ergeben sich einige Probleme. Die Anzahl der in einem bestimmten Zeitraum zu erfassenden Nummern kann in Abhängigkeit vom vorliegenden Unternehmen in weiten Grenzen schwanken. Das gleiche gilt für die Höhe der Folgekosten einer fehlerhaft bebliebenen Nummer. Ferner dürften in der Praxis die durchschnittlichen Kosten für die manuelle Korrektur einer fehlerhaften Nummer gar nicht oder nur sehr ungenau bekannt sein. Im folgenden wird daher zunächst für eine praxisnah gewählte Datenkonstellation jeweils eine Beispielrechnung für ein Verfahren mit einer Prüfziffer, für eins mit einem Prüfbuchstaben und für eins mit zwei Prüfziffern durchgeführt. Anschließend wird eine Verallgemeinerung in der Weise vorgenommen, daß die o.g. kritischen Größen variabel gehalten werden und dann der ökonomische Vorteilhaftigkeitsbereich für ein Verfahren im Vergleich zu einem anderen Verfahren ermittelt wird.

In Tabelle 5 sind die zur Ermittlung der Kosten K benötigten Daten zusammengestellt. Der betrachtete Zeitraum ist einen Monat lang. Die Nummernlänge n_u bezieht sich auf die ungesicherten, aber abzusichernden Nummernteile. Eine Geldeinheit ist durch eine DM gegeben. Die Erfassungskosten k_E werden in [DM/40-stellige Nummer] gemessen. Diese Nummer stellt die gesamte, zu erfassende Nummer dar, einschließlich einer Prüfstelle und ungesicherter Nummernteile. Die Größe a_{Red} wird hier auf den Fall von Nummern bezogen, die schon mit einer Prüfstelle gesichert sind. Mit V1 ist ein Verfahren mit einer Prüfziffer (Modulus 10, s.a. Tab.4a, 3. Spalte) bezeichnet, das auch in der Praxis angewendet wird und gute Erkennungseigenschaften aufweist. V2 stellt ein neues Prüfbuchstabenverfahren mit dem Modulus 23 dar (s.a. Tab.4a) und V3 schließlich ist ein Verfahren mit zwei Prüfziffern und einem Modulus von 10 (s.a. Tab.4b), das bei der Deutschen Bundespost eingesetzt wird.

Tabelle 5 : Beispieldaten für Rechnungen mit dem Kostenmodell

Größe	A	n_u	p_v [%]	p_{fk} [%]	p_e [%]			k_F	k_E	k_{Korr}	K_4			a_{Red} [%]		
					V1	V2	V3				V1	V2	V3	V1	V2	V3
Wert	10^6	9	0.1	0.5	98.2	99.3	99.8	30	0.1	1.5	80	120	160	0	0	2

Unter Zugrundelegung dieser Zahlen ergeben sich für die drei Verfahren die folgenden Kosten (vgl. die Formeln (7) bis (11)) :

Verfahren V1 : 21 683 [DM]
Verfahren V2 : 18 605 [DM]
Verfahren V3 : 20 934 [DM]

Das Verfahren mit einem Prüfbuchstaben (V2) ist also um mehr als 3 000 DM in einem Monat kostengünstiger als das Verfahren mit einer Prüfziffer (V1). Dies bedeutet, daß beim Ersatz des Prüfziffernverfahrens durch das Prüfbuchstabenverfahren in etwa die Kosten einer operativen Arbeitskraft (incl. aller Nebenkosten) eingespart oder die entsprechenden Mittel anderweitig verwendet werden können. Im übrigen sei an dieser Stelle angemerkt, daß der Verzicht auf jegliche Erkennungsmaßnahmen zu wesentlich höheren Kosten führt. Für die zu erwartenden Folgekosten pro erfaßter Nummer (k_{oErk}) gilt dann nämlich:

(12) $$k_{oErk} = k_F \, p_w \quad [\text{GE/erfaßte Nummer}] \quad .$$

Auf der Basis der Beispieldaten ergibt sich daher der Wert:

(13) $$k_{oErk} = 0.27 \quad [\text{DM/erfaßte Nummer}] \quad .$$

Die Kosten pro erfaßter Nummer (k_{mErk}) beim Einsatz eines der obigen Verfahren liegen dagegen etwa bei :

(14) $$k_{mErk} = 0.02 \quad [\text{DM/erfaßte Nummer}] \quad .$$

Es werden nunmehr A , k_F und k_{Korr} variabel gehalten. Für die Differenz zwischen den beim Verfahren mit einer Prüfziffer und den beim Verfahren mit einem Prüfbuchstaben entstehenden Kosten ($\Delta K_{V1/V2}$) gilt dann :

(15) $$\Delta K_{V1/V2} = 10^{-6} \, A \, (109.45 \, k_F - 110 \, k_{Korr}) - 40 \quad [\text{DM}] \; .$$

Unter der plausiblen Voraussetzung, daß die Folgekosten k_F wesentlich größer als die Korrekturkosten k_{Korr} sind, können die nachstehenden Aussagen gemacht werden:

- Das Verfahren mit einem Prüfbuchstaben ist fast immer kostengünstiger als dasjenige mit einer Prüfziffer.
- In den Ausnahmefällen sind die Kostendifferenzen so gering, daß sie kein wesentliches Entscheidungskriterium darstellen.

Entsprechende Überlegungen können für einen Vergleich des Verfahrens mit zwei Prüfziffern und demjenigen mit einem Prüfbuchstaben vorgenommen werden. Für die Kostendifferenz ergibt sich :

(16) $$\Delta K_{V3/V2} = 10^{-6} \, A \, (2000 - 42.76 \, k_F + 1048 \, k_{Korr}) + 40 \quad [\text{DM}] \; .$$

Wegen der geringen Größe des Summanden 40 in (16) ist eine Aussage über die ökonomische Vorteilhaftigkeit eines der beiden Verfahren wiederum praktisch unabhängig von der Größe A. Es wird daher für A der Wert aus Tabelle 5 eingesetzt und dann der Vorteilhaftigkeitsbereich B_{V2} für das Prüfbuchstabenverfahren bei Variation von k_F und k_{Korr} errechnet:

(17) $$B_{V2} = \{(k_F, k_{Korr}) \colon k_F < 47.71 + 24.51 \, k_{Korr} ; \; k_F, k_{Korr} > 0\} \; .$$

Dieser Bereich ist in Abbildung 1 wiedergegeben.

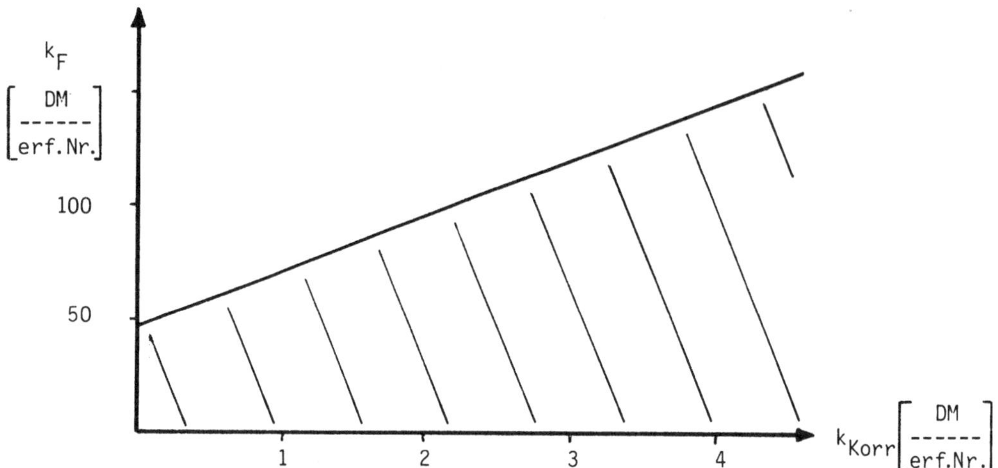

Abbildung 1: Ökonomischer Vorteilhaftigkeitsbereich für das Prüfbuchstabenverfahren

Damit sind die folgenden Aussagen möglich:

- Bei durchschnittlichen Fehlerfolgekosten k_F von weniger als etwa 50 DM ist das Prüfbuchstabenverfahren dem Verfahren mit zwei Prüfziffern unabhängig von der Höhe der Korrekturkosten k_{Korr} vorzuziehen.
- Umgekehrt ist tendenziell dem Verfahren mit zwei Prüfziffern nur dann der Vorzug zu geben, wenn die Folgekosten k_F wesentlich mehr als 50 DM betragen.

γ) Analyse spezieller Einflußgrößen

Es soll nun untersucht werden, wie groß der Einfluß der Erkennungswahrscheinlichkeit eines Verfahrens mit einer Prüfziffer auf die resultierenden Kosten K_I ist. Auf der Basis des obigen Kostenmodells und der Daten aus Tabelle 5 kann - bei zunächst variablen Werten für A, k_F, k_{Korr} und p_e - geschrieben werden :

(18) $$K_I = 80 + 0.01\ A\ [k_F\ (1 - 0.995\ p_e) + k_{Korr}\ p_e]\quad [DM]\ .$$

Da die Folgekosten k_F i.a. erheblich größer als die Korrekturkosten k_{Korr} sind, kann festgestellt werden, daß die Kosten K_I tendenziell mit wachsender Erkennungswahrscheinlichkeit sinken. Falls bis auf p_e für alle übrigen Größen die Werte aus Tabelle 5 eingesetzt werden, so gilt:

(19) $$K_I = 300\ 080 - 283\ 500\ p_e\quad [DM]\ .$$ Dies bedeutet :

- Eine Erhöhung der Erkennungswahrscheinlichkeit um 0.5 % bewirkt eine Verringerung der Kosten um etwa 1 400 DM im Monat, entsprechend etwa der Hälfte der Kosten einer operativen Arbeitskraft.

Aus ökonomischer Sicht ist es also sinnvoll, die Auswahl eines Prüfziffernverfahrens sorgfältig vorzunehmen und auf möglichst genaue betriebsinterne Fehlerstatistiken zurückzugreifen, um das Verfahren mit der höchsten Erkennungswahrscheinlichkeit zu finden.

Abschließend sei der Frage nachgegangen, ob und ggf. wie stark sich der oben festgestellte Kostennachteil des Verfahrens mit zwei Prüfziffern gegenüber dem Prüfbuchstabenverfahren bei wachsender Länge n_u der zu sichernden Nummernteile verringert. Hierzu wird die Differenz $\Delta K_{V3/V2}$ der beiden Verfahrenskosten in Abhängigkeit von der Größe n_u sowie von den - zunächst variabel gehaltenen - Größen A, k_F und k_{Korr} dargestellt:

$$\Delta K_{V3/V2} = \boxed{10^{-6}\ A\ n_u\ (5k_{Korr} - 4.98k_F)} + 0.002\ A + 40 + 2A\ 10^{-6}(6.99\ k_F + 998\ k_{Korr}) - 10^{-6}A\ (11.97\ k_F + 993\ k_{Korr})\ [GE]. \quad (20)$$

Nur der umrahmte Teil der rechten Seite in Gleichung (20) ist von n_u abhängig. Wegen der Tatsache, daß k_F i.a. wesentlich größer als k_{Korr} ist, kann geschlossen werden:

- Der oben festgestellte Kostennachteil des Verfahrens mit zwei Prüfziffern verringert sich mit wachsender Länge der zu sichernden Nummernteile.

Setzt man für A, k_F und k_{Korr} die Werte aus Tabelle 5 ein, so zeigt sich :

- Die relative Kostenersparnis des Verfahrens mit zwei Prüfziffern gegenüber dem Prüfbuchstabenverfahren beträgt etwa 142 DM im Monat pro zusätzlicher, zu sichernder Stelle. Bei einer Kostendifferenz in Höhe von 2 329 DM für n_u=9 bedeutet dies, daß erst bei einer Länge der zu sichernden Nummernteile von mehr als 25 das Verfahren mit zwei Prüfziffern kostengünstiger wird.

- Selbst bei extremeren Konstellationen für die Werte der Größen k_F und k_{Korr} ändert sich diese Aussage nur in praktisch unbedeutender Weise.
- Die Anzahl der zu erfassenden Nummern hat ebenfalls keinen wesentlichen Einfluß auf die Vorteilhaftigkeit des Prüfbuchstabenverfahrens.

3. Zusammenfassung der Ergebnisse

Es konnte gezeigt werden, daß die Prüfziffernverfahren von allen bekannten Verfahrensklassen am besten zur Fehlererkennung bei der Erfassung von Nummern geeignet sind. Unter den Prüfziffernverfahren sind es die Verfahren mit einem Prüfbuchstaben, die die günstigste Kombination von Eigenschaften aufweisen.

Die durch fehlerhafte Nummern und durch das Erkennungsverfahren verursachten Kosten stellen ein umfassendes und eindeutiges Entscheidungskriterium dar. Auch unter diesem

Aspekt wurde die hervorragende Stellung der Prüfbuchstabenverfahren unter den Prüfziffernverfahren nachgewiesen. Ferner zeigte sich, daß bei den Verfahren mit einer Prüfziffer schon Differenzen von wenigen ‰ in der Erkennungswahrscheinlichkeit unter ökonomischen Gesichtspunkten entscheidungsrelevant sein können.

Damit läßt sich feststellen, daß im Bereich der Datenerfassung sowohl eine Verbesserung der Datensicherheit als auch insbesondere eine Verminderung der Kosten möglich ist.

Abschließend sei auf eine Untersuchung von automatischen Fehlerkorrekturverfahren hingewiesen [11], bei der deren Eignung für den Einsatz bei der Datenerfassung aus wahrscheinlichkeitstheoretischer und aus ökonomischer Sicht unter Beweis gestellt wurde.

* * *

Literaturhinweise :

[1] : Vgl. z.B. G.Eberlein: Die automatische Nummernprüfung, in: Handbuch der modernen Datenverarbeitung (HMD), Hrsg. H.Littmann, Stuttgart, 1965, 1/4/3, Blatt 3; W.H.Rein: Ein rekursives Prüfverfahren für Nummern unterschiedlicher Länge, in: Angewandte Informatik, 14.Jg.,1972,Heft 5,S. 230.

[2] : Vgl. hierzu B. Jahnke: Gestaltung leistungsfähiger Nummernsysteme für die DV-Organisation, München, 1979 (im folgenden zitiert als B. Jahnke: Nummernsysteme) S. 150 ff und S. 208 f.

[3] : Vgl. G. Renelt: Wirksamer Fehlerschutz mittels einer umfassenden Klasse nichtbinärer Codes, Diss. TU Berlin, 1971, S.91.

[4] : Vgl.B. Jahnke: Nummernsysteme, a.a.O., S. 157.

[5] : Vgl.I. Böröcz: Neue Nummernprüfung in der Datenverarbeitung :101er=Verfahren und 11er-Neuverfahren,in:Zeitschrift Interne Revision,9.Jg.,1974,S.26 - 34.

[6] : Vgl.W.W. Peterson:Prüfbare und korrigierbare Codes,München-Wien,1967,S.313 ff.

[7] : Vgl. B. Jahnke: Nummernsysteme, a.a.O., S. 229 ff.

[8] : Zu einzelnen Transformationsverfahren und zu den Erkennungseigenschaften vgl. z.B. G.Herrmann und W.Kraus: Absicherung von Stamm- und Bewegungsdaten mithilfe von Prüfziffern, Kontrollbuchstaben und Kennbuchstaben, IBM Deutschland, Form Nr.F 12-1586,Stuttgart, 1975,S.5ff; B. Jahnke:Nummernsysteme,a.a.O., S. 215 ff.

[9] : Vgl. B. Jahnke : Nummernsysteme, a.a.O., S. 173 ff.

[10] : Vgl. B. Jahnke : Nummernsysteme, a.a.O., S. 173 ff und S. 208 f.

[11] : Vgl. B. Jahnke : Ökonomische Beurteilung automatischer Fehlerkorrekturverfahren, in: Angewandte Informatik, erscheint demnächst.

Erkennbare Trends aus einer Rechenbedarfsplanung

von
R. Martin, A. Schreiner
Universität Karlsruhe

Die jetzt beginnende Ablösungsphase der Großrechnersysteme an einigen Universitäten setzt in vielen Fällen einen Planungszeitraum von 5 - 10 Jahren voraus. Der Planung muß also die Bedarfsentwicklung für die kommende Dekade zu Grunde liegen.

Um den Bedarf der nächsten 5 Jahre festzustellen, hat das Rechenzentrum der Universität Karlsruhe eine Bedarfserhebung bei allen Institutionen der Universität Karlsruhe durchgeführt. Derartige Erhebungen sind naturgemäß mit großen Unsicherheitsfaktoren versehen; um sie zu objektivieren, wurden 2 Maßnahmen ergriffen:

1. projektbezogene Bedarfserhebung (Bedarfsfeststellung an Hand jedes laufenden oder beabsichtigten Projekts),
2. Interviewertechnik durch Mitarbeiter des Rechenzentrums, die auf eine gemeinsame Erhebungsbasis fixiert waren.

Welche Ziele standen im Vordergrund?

1. Feststellung der Bedarfsentwicklung, wie Universalrechnerbedarf, unterteilt nach Stapel und Dialog, ferner der allgemeine Speicherbedarf sowie Spezialrechnerbedarf.

2. Feststellung von Benutzerbedarf und Trends bezüglich Spezialgeräteausstattung, Bildschirme und Prozeßrechneranschlüsse und das Bestreben der Dezentralisierung.

3. Feststellung von Entscheidungskriterien für die eigentliche Beschaffungsphase. Also Fragen nach Anforderungen an ein künftiges System, z.B. Art und Eigenschaften von Compilern und Anwendungs-Software.

Auf einige Aspekte der Bedarfsanalyse soll näher eingegangen werden.

1. Ausbildung

Der Anteil der Lehre in Stapelverarbeitung auf Universalrechnern wird nahezu konstant bleiben, da die Studentenzahlen sich nicht wesentlich ändern und auch nicht die an diese Betriebsart gestellten Aufgaben. Im Bereich der Dialoganwendungen in der Lehre besteht allerdings ein großer Wachstumsbedarf.

In zahlreichen Fakultäten ist eine Intensivierung der DV-Ausbildung geplant, die dialogbezogen ist, zum Teil sind bereits jetzt Studienplanänderungen beantragt. So beabsichtigt die angewandte Informatik - mit Studentenzahlen von 1300-1500 -, eine Datenbankvorlesung mit Übungen. Es haben 17 Institute für insgesamt 20 Vorlesungen die Durchführungen der Übungen an Dialog-Terminals angemeldet, so z.B. die Geophysiker ein rechnergestütztes geophysikalisches Praktikum, oder das Institut für Beton- und Stahlbeton: "Bemessung in Stahlbeton" und das Institut für Angewandte Betriebswirtschaftslehre: "BWL-Modellierung".

2. Dezentralisierung

Besonders interessierte uns dabei die Rolle, die dezentrale Anlagen im Verhältnis zu einer zentralen Anlage spielen:

Sind dadurch Abstriche an der Zentralanlage nötig?

Nach unseren Erhebungen beabsichtigt die Hälfte der befragten Institute eine eigene kleine DV-Anlage in den kommenden Jahren anzuschaffen.

Das hierfür geschätzte Investitionsvolumen bewegt sich mit 13 Mill. DM etwa in der gleichen Größenordnung wie für die Großrechenanlage anzusetzen ist.

Es befinden sich darunter 52 % an Anlagen im Wert bis zu DM 100.000,--. 15 % liegen wertmäßig zwischen DM 100.000,-- und 250.000,--. 33 % sind Kleinrechnersysteme von DM 250.000,-- bis zu einer Größenordnung von 1 Mill. DM. Für welchen Zweck sollen diese Anlagen eingesetzt werden?

37 % der beabsichtigten Systeme sollen zur Prozeßsteuerung und Auswertung eingesetzt werden. 20 % sind für ganz speziellen Einsatz im Be-

reich der Fakultät Informatik und Angewandten Informatik geplant, wie z.B. spezielle Betriebssystemuntersuchungen und Entwicklungen. Bei 43 % der geplanten DV-Systeme - im wesentlich sind es die Anlagen bis DM 100.000,-- Installationswert - sollen Tischrechnerfunktionen und Ausbildung durchgeführt werden.

Bei der letzten Gruppe zeigt sich, daß diese Institute die Großrechenanlage nur in geringem Umfang nutzen. Sie beabsichtigen denn auch mit ihrer Kleinrechenanlage 50 - 100 % ihrer DV-Aktivitäten durchzuführen. Es sind offenbar nur solche kleinen Computeranwendungen, die sich schneller und effektiver [3)] mit einer Kleinrechenanlage lösen lassen.

Welche Konsequenzen haben die 13 Mill DM Investitionsvorhaben - die natürlich noch nicht bewilligt sind und von denen nicht feststeht, wieviel davon wirklich realisiert werden kann - auf die Großrechenanlage?

Wir ermittelten, daß trotz zahlreicher dezentral zu erledigender Arbeiten der Bedarf an Großrechnerkapazität hierdurch nur um

3 % zurückgeht.

Eine Entlastung von nochmals 3 % wird durch die Anschaffung eines eigenen Verwaltungsrechners erreicht.

Ähnliche Planungen liegen bei der Fachhochschule vor, die heute auch bei uns die Rechnerkapazität über das Netz der Universität Karlsruhe und eine Remote-Job-Entry-Station nutzen. Die Großanlagen werden hier jedoch im bisherigen Umfang weitergenutzt. Die kleinere dezentrale Anlage soll das Lehrspektrum mit Computeranwendungen deutlich vergrößern. Auf den Universitäts-Rechenanlagen sollen vor allen Dingen umfangreiche Rechnungen durchgeführt werden, und die umfangreiche Anwendungs-Software einschließlich großer Programmpakete wird verstärkt genutzt.

3. Resonanz auf Zugriffskonflikte

a) Zwei Institute beabsichtigen, eigene Systeme anzuschaffen, um damit vor allen Dingen Diplomarbeiten durchführen zu können. Abschlußarbeiten, die in starkem Maße von den Ergebnissen der zentralen Rechenanlage abhängig sind, sind in dem Sinne behindert, als daß bei zeitkritischen Arbeiten an einer überladenen Universitätsanlage ein vernünftiges Arbeiten mit tragbaren Umlaufzeiten unmöglich ist. Diese Institute sind in ihrer Forschung sehr stark von Diplomanden abhängig.

b) Neben der Verwaltung, die während der normalen Arbeitszeit mit ihren Aufgaben höchste Priorität haben will, stellt die Durchführung von Diplomarbeiten mit der DV-Anlage das Rechenzentrum vor ein zweites Prioritätsproblem. Es geht damit einher, daß ein großer Teil der Benutzer seine Arbeiten während eines normalen Arbeitstages an der zentralen Anlage gerechnet haben möchte. Diese Zeit ist mehrfach überzeichnet. In den Prioritätsfestsetzungen werden sich deshalb die Gremien der Universität zu Gunsten einer oder zwei Gruppen entscheiden müssen.

Daneben muß tagsüber genügend Dialogkapazität für Programmentwicklung zur Verfügung stehen.

Auch in Zukunft werden wir deshalb die Rechenkapazität prioritätsgestaffelt kontingentiert an die Institute verteilen müssen.

c) Bei der Anschaffung von eigenen Verwaltungsrechnern spielte der Sicherheitsaspekt eine Rolle sowie die Tatsache, daß die Verwaltungen landesweit eigene Datenverarbeitungsgruppen haben, die untereinander viele Daten austauschen und durch Inkompatibilität der bisher mitbenutzten Rechenzentrums-Anlagen sind mehrfache Software-Entwicklungen der Verwaltungen in Gang gesetzt worden.

4. Kleinrechner als DV-Anlage für Spezialverarbeitung

Nach unseren Untersuchungen sieht es vielfach so aus, daß eine eigene Spezialrechenanlage angeschafft wird, die anfänglich zu einer Abnahme der Rechenaktivitäten dieses Instituts an der zentralen Anlage führen kann. So schaffte sich z.B. das Institut für Photogrammetrie einen eigenen Kleincomputer an, weil die zentrale Anlage des Rechenzentrums keine großen Felder geschlossen verarbeiten kann und vor allen Dingen spezielle E/A-Geräte fehlten. Mit der eigenen Anlage werden Entwicklungsarbeiten durchgeführt, sind diese in gewissem Sinn abgeschlossen, dann reicht für die standardmäßige Anwendung die Kapazität des kleineren Systems nicht mehr aus. Sie kommt in verstärktem Maße auf das

Rechenzentrum zu. In zahlreichen Fällen wird bei Anschaffung eines Kleincomputers in diesem Sinne sogar verstärkt Last auf das Rechenzentrum zukommen. So wollen 30 Institute ihre Prozeßrechner koppeln, um ihre Meßdaten von der zentralen DV-Anlage verarbeiten zu lassen.

Auch hierbei konnte festgestellt werden, daß die Zentralanlage sogar für die Bearbeitung von Primärdaten eingesetzt werden soll, wenn diese in so großem Umfang anfallen (z.B. bei Windkanalmessungen), daß die eigenen Prozeßrechner hiermit zu lange blockiert sein würden. Dieser dient der Steuerung von Experimenten und Auswertungen in kleinerem Umfang, sowie der Programmentwicklung infolge guter Zugriffsmöglichkeiten.

Demgegenüber bietet sich eine gute Zugriffsmöglichkeit zu den Großrechenanlagen mit dezentraler Editier- und Compilationsmöglichkeiten in unserem Universitäts-Rechnernetz an.

5. Kapazitätsplanung

Unsere Bedarfsfestellung zeigt, daß wir als Technische Universität mit dem ermittelten Bedarf bereits zum Installationszeitpunkt an die Leistungsgrenze der heutigen Universal-Großcomputer stoßen.

Wir ermittelten eine Steigerung um den Faktor "sieben". Eine genaue Nachprüfung ergab jedoch, daß die Schätzungen bei der Bedarfserhebung, wie dem Sprung von 2-D nach 3-D-Problemlösungen viel zu gering liegen. Wahrscheinlich liegt die Steigerung beim 10 - 12-fachen der heutigen Gesamtkapazität. So haben einige Institute beim Übergang von 2-D nach 3-D-Projekten den Faktor 10 angegeben, wie ein folgendes Beispiel aus der Strömungsmechanik zeigt, liegt der Faktor in diesem Fall beim etwa 50-fachen. Die Abb. 1 zeigt eine Zusammenstellung der Leistung an Hand der Verweilzeiten des synthetischen Standard-Benchmarks aus BW. Die Tabelle 3 zeigt eine Zusammenstellung der in Frage kommenden größten Universalrechner.

Einige Systeme sind im Hauptspeicher, in den E/A-Prozessoren und im Massenspeicherbereich erweiterbar.

Liegt ein Engpaß in der erforderlichen CPU-Leistung - die Grenze liegt bei etwa 10 - 15 MIPS für die derzeit angebotenen Systeme mit einem maximalen Hauptspeicherausbau von 16 MB -, dann sind die meisten Systeme - mit Ausnahme die BURROUGHS 7800-Serie bis zu 7 Prozessoren und die SIEMENS 7880 bis zu 4 Prozessoren - nicht mehr modular erweiterbar.

Unsere Umfrage hat aber gezeigt, daß infolge ganz neuer Anwendungen (z.B. 3-D-Rechnungen, Großsimulationen, verfeinerte Modelle) ein gewaltiger Kapazitätssprung bei einigen Instituten erfolgen wird. Diese gewaltigen Aufgaben sind mit Universalrechnerkapazität nicht mehr wirtschaftlich vertretbar abzudecken. Derartige Probleme, die mehr als das 50-fache an Kapazität benötigen, können erst in großem Stil durch sogenannte Spezialprozessoren angegangenwerden. Die leistungsfähigsten "Superrechner", die an einen Universalrechner angehängt werden können und dessen Peripherie mitbenutzen (s. Abb. 2), leisten z.Zt. maximal mehr als 100 MFLOPS (Mill. Floating Point Operations).

Die Tabelle 1 zeigt eine Zusammenstellung verschiedener Spezialrechner, die meist an Kleincomputer anschließbar sind. Die folgenden Tabellen 2a und 2b zeigen eine Gegenüberstellung der Kopplungsmöglichkeiten mit einem Universalrechner, wobei die Möglichkeit für eine kleine und große Lösung zusammengestellt ist (s. auch 2), 4) und 5). Bezogen auf die erstrebte Prozessorleistung sind 2 Fragen von Interesse:

1. Die Frage nach der Notwendigkeit für derartige Spezialrechner von der Problemstellung her.

2. Die Frage nach der Wirtschaftlichkeit eines solchen "unorthodoxen" Rechners im allgemeinen.

Bei der Beantwortung der 1. Frage möchte ich die Notwendigkeit von leistungsfähigen Spezialrechnern an Hand eines Beispiels aus einer Forschungsgruppe *) in unserem Hause darlegen:

Im 2-D-Fall sei ein System von 4 nichtlinearen DGL zu lösen. Bei Anwendung des Differenzenverfahrens der Ordnung 5 (nicht aquidistantes Gitter), bei insgesamt 13 involvierten Gitterpunkten im Gitterstern hat man bei 30x30 Maschen 31x31x4 = 3844 Unbekannte. Die resultierende Bandmatrix benötigt ca. 400.000 Worte an Speicherplatz. Der Rechenaufwand beträgt mehrere Stunden CPU-Zeit und liegt im 2-D-Fall gerade an der Grenze der vertretbaren Maschinenbelegungszeit.

Im 3-D-Fall wird das System durch zusätzliche Geschwindigkeits- und Rotationskomponenten durch 7 DGL beschrieben. Bei ebenfalls 30 Maschen ist die Zahl der Unbekannten 208537. Die Bandmatrix benötigt jetzt 55 Mio Worte an Speicherplatz. Bei einer iterativen Lösung für die Bandmatrix verhält sich 2 D : 3 D = 1 : 50.

Zusätzlich nimmt die Konvergenz der Lösung mit zunehmender Zahl der Unbekannten ab, so daß mehr als das 50-fache an Rechenaufwand und an Speicherplatz mehr als das 140-fache benötigt wird. Derartige 3-D-Probleme lassen sich mit vertretbaren Belegungszeiten nur auf Spezialrechnern lösen. Bei Problemlösungen mit einem großen Gleikomma - oder Vektoranteil - wird der Universalrechner unwirtschaftlich gegenüber einem Vektorrechner. Diese können als Zusatzprozessoren an einen Universalrechner angehängt werden. Ihre Preisklasse reicht von DM 100.000 bis 20 Mio. DM.

Bei der Beantwortung der Frage nach der Wirtschaftlichkeit sei nochmals auf die Zweckmäßigkeit, solche großen Anwendungen mit diesen Superrechnern bearbeiten zu lassen, hingewiesen:

---

*) Die Abschätzung stammt von Prof. Schönauer: Forschungsgruppe numerische Strömungsmechanik, Beispiel für die Berechnung von Thermokonvektion

Das Beispiel (2 D → 3 D) belegt die Schwierigkeiten einer Abschätzung. Bei diesen Schätzungen in Bezug auf ganz neue Anwendungen gibt es Institute, die bereits Versuche, d.h. kleinere Rechnungen in diese Richtung unternommen haben. Bei der Mehrzahl der Institute liege diese Bedarfsschätzungen jedoch völlig falsch. Sie sind meist viel zu gering angesetzt.

Derartige Probleme, die mehr als das 50-fache an Rechenzeit benötigen, können bei einer Vielzahl von solchen Anwendungen nur mit einem leistungsfähigen Spezialrechner durchgeführt werden. Ein solches 3-D-Problem belegt dann den Spezialrechner in der Größenordnung von einigen Stunden. Andere Rechner, so z.B. leistungsfähige Kleinrechner oder große Universalrechner würden mit solchen Problemlösungen tagelang beschäftigt sein.

Sowohl das Rechenzentrum als auch die dezentralen Anlagen in den Instituten wollen und können sich jedoch die DV-Anlage nicht tagelang blockieren lassen.

Die große Leistung eines Vektorrechners sollte jedoch nicht nur von einer Universität oder Hochschule in Anspruch genommen werden. Sinnvoll ist es, diese große Kapazität landesweit im Datenverbund zu nutzen.

Welche Aufgaben können von solchen Spezialrechnern bearbeitet werden?

Der Typ des Spezialrechners der regional für deutsche Universitäten in Frage kommt, kann als Vektorrechner (BSP, CRAY 1 und CYBER 203 (205)) bezeichnet werden. Bei vektorisierbaren Problemen zeigen diese Anlagen dann auch ihre größte Leistungsfähigkeit. Während sie sich bei skalaren Problemen teilweise sehr stark unterscheiden. So hängt es dann von dem Verhältnis dieser Anteile in den Universitäten und der Leistung der angebotenen Systeme ab, welches System das Geeignetere ist.

6. Dialogkapazität

Wie bereits unter Punkt 2 ausgeführt, wird es im Bereich der Dialogausbildung einen großen Sprung geben: Es können 25 Bildschirmgeräte durch Kursbetrieb voll ausgelastet werden. Daneben zeigt sich, daß die Institute zusätzlich 90 institutseigene Terminals anschaffen wollen, so daß sich das Verhältnis von 1 : 2 für institutseigene Terminals zu den geplanten allgemein zugänglichen Bildschirmen ergibt.

Von diesen 90 institutseigenen Terminals soll wiederum jedes dritte Gerät die graphische Ein-/Ausgabe haben.

Dieser Bereich dürfte wohl mit am stärksten expandieren. Wir rüsten bereits jetzt unsere Außenstationen mit Printer-Plottern und graphischen Bildschirmgeräten aus und zielen in der Softwareentwicklung darauf ab, daß der Benutzer am Graphikgerät sich seine Zeichnungen anschauen kann und dann entscheidet, ob es ausgezeichnet wird oder nicht.

Auf Grund dieser stark anwachsenden Bereiche und des ermittelten Dialoganteils der Institute benötigen wir ca. das Einfache der jetzigen Gesamtkapazität an Dialogleistung.

Literatur

1. Hansen, H.R. und H.-D. Weckmann:
   Kapazitätsplanung in Hochschulrechenzentren in
   Das Rechenzentrum, Heft 1 (1979)

2. Mies, P. und D. Schütt:
   Feldrechner aus der Reihe Informatik / 21,
   Wissenschaftsverlag, Bibliographisches Institut

3. Bucci, G. and D.N. Streeter: A user oriented approach to the design of distributed information systems, Modelling and Perf. Ev. of Comp. Sys. Proc. of the 3. Int. Symp. by IFIP Working Group 7.3, Oct. 3-5, 1977

4. YAU, S.S. and H.S. Fung: Associative Processor Architecture - A Survey in Computing Surveys, Vol. 9, No. 1, March 1977

5. Ramamoorthy, C.V. and H.F. Li:
   Pipeline Architecture in computing Surveys, Vol. 9, No. 1,
   March 1977

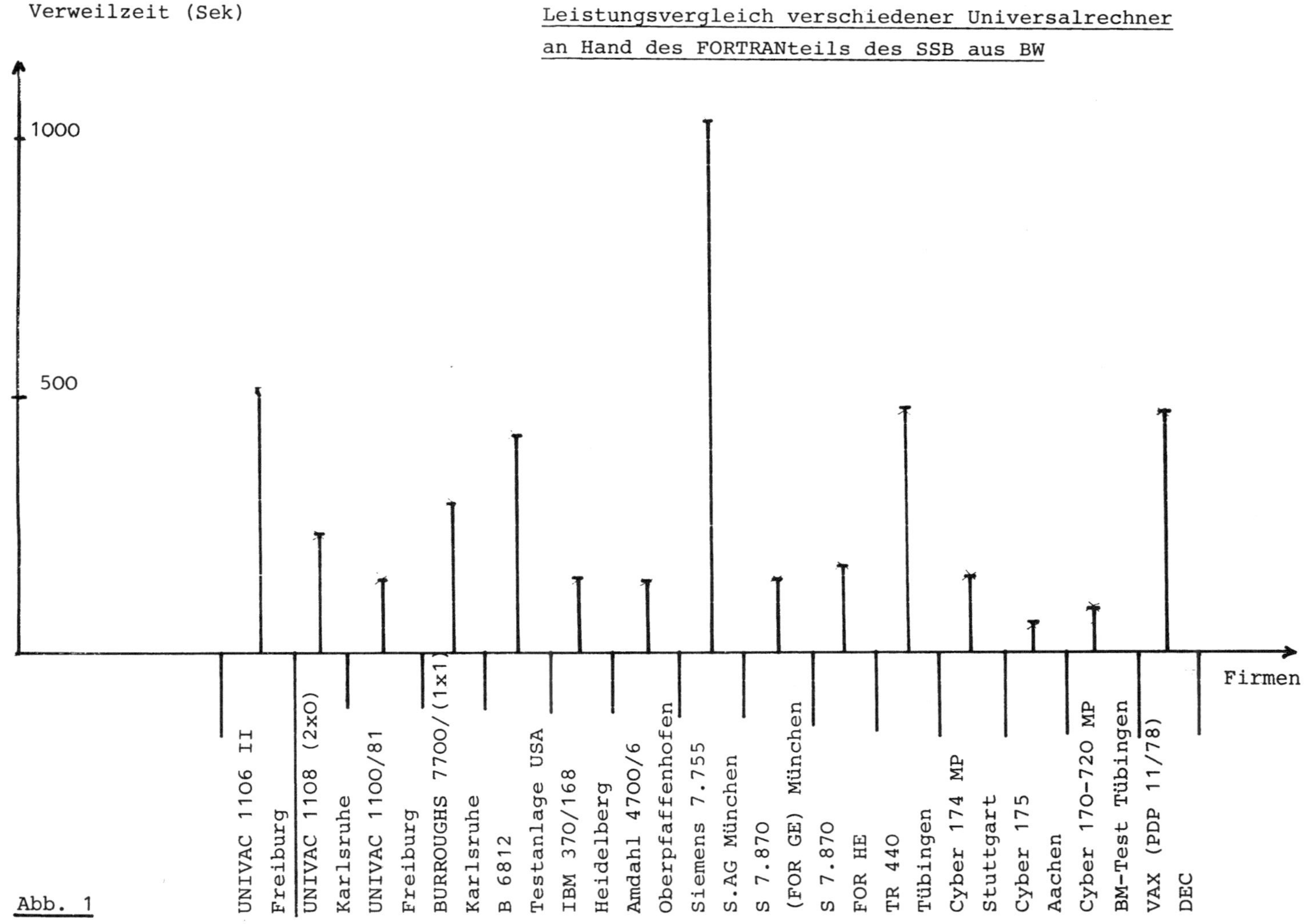
Verweilzeit (Sek)
Leistungsvergleich verschiedener Universalrechner
an Hand des FORTRANteils des SSB aus BW
1000
500
Firmen
UNIVAC 1106 II
Freiburg
UNIVAC 1108 (2xO)
Karlsruhe
UNIVAC 1100/81
Freiburg
BURROUGHS 7700/(1x1)
Karlsruhe
B 6812
Testanlage USA
IBM 370/168
Heidelberg
Amdahl 4700/6
Oberpfaffenhofen
Siemens 7.755
S.AG München
S 7.870
(FOR GE) München
S 7.870
FOR HE
TR 440
Tübingen
Cyber 174 MP
Stuttgart
Cyber 175
Aachen
Cyber 170-720 MP
BM-Test Tübingen
VAX (PDP 11/78)
DEC

Abb. 1

Abb. 2 Konfigurationsskizze

Universalrechner - Spezialrechner

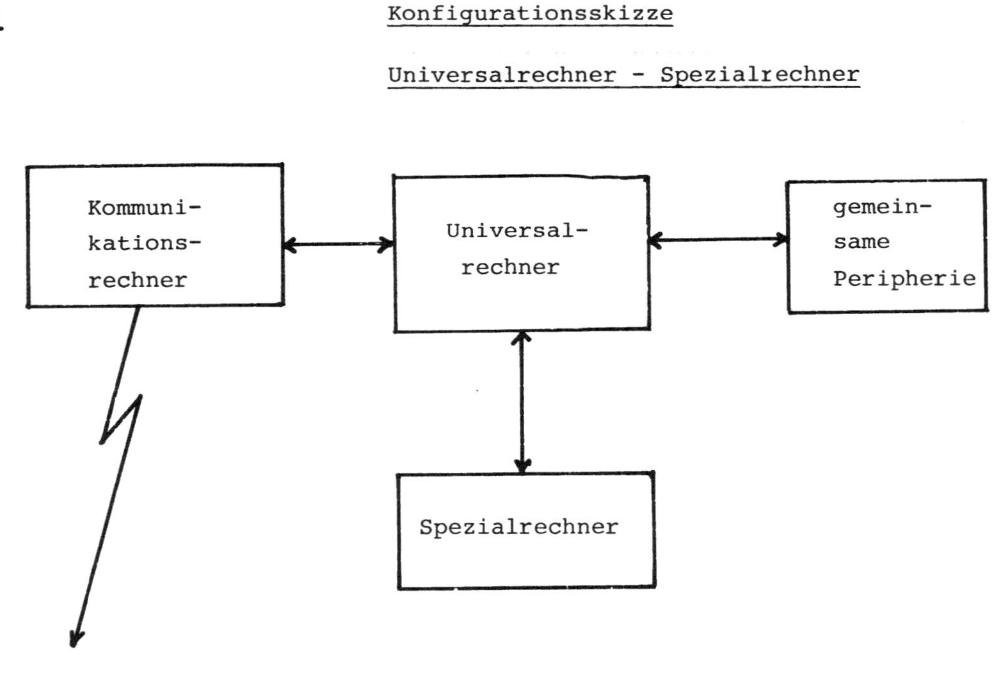

Spezialrechner

Firma / Kriterium	Periphere Computer-systeme	Floating Point System	CSPI	SIEMENS	TANDEM
System	APS	AP-190 L	MAP-1,-2,-3	SMS 80	NONSTOP TM
Systemgrösse und evtl. Leistung	max 32 K à 32 Bitwort	64 kw-4MB, 12 MFLOPS	15 MFLOPS à 32 Bit	16-128 Modul-computer	2-16 Zentral-einheiten, je Proz. 1 IBM 370/138
anschliess-bar an	Minicomputer, z.B. PDP 11	Gross- und Kleinrechner	PDP 11, Inter-data, HP 2100, SEL 32, Data General etc.	SIEMENS 330, 340	eigenes System
ca. Preis in DM (Stand Anfang 79)	ca. 100 000.-	ca. 300 000.-	ab 65 000.-	unbekannt	2 Proz. ohne Peripheire ca. 290 000.- je Proz. ca. 106 000.-
einsetzbar für	Bild- und Sprachverarbeitung, Mustererkennung, Signalverarbeitung, Wettervorhersage, Tomo-graphie, Lösung von DGL, Matrixinversion, Vektorpolynome, rekursive Filterung, Fast-Fourier-Transformation etc.			Experimen-tiersystem, Erprobung von paral-lelen Algo-rithmen	Universalrech-ner, transak-tionsorientier-tes Betriebs-system

Tabelle 1

Spezialrechner - Universalrechnerkopplungen

Firma	IBM	BURROUGHS
Basissystem	303 x	6000/7000
Firmeneigene Spezial-prozessoren	a) Attached Proc. für 3031-3033 b) 3838 Array Proc.: 3838-1: 256 KB:2.1 MDM -2: 512 KB:2.3 MDM -3: 1024 KB:2.7 MDM	a) Attached Fortran Proc. (768 KB und 11.8 MB Sekundärsp.: 1.6 MDM) b) Burroughs Scientific Proc. (Parallel Memory: 0.5 MW, CCD-Storage: 4MW: min. 8.9 MDM)
firmenfremde Spezial-Prozessoren	a) APS von Periphere Computer Systeme (München), 32 K à 32 Bitwort: ca. 100 000.- DM b) AP-190 L von Floating Point System, 64 KW bis 4 MB ca. 300 000.- DM (12 MFLOPS) c) Cyber 203(205) ab Mitte 80 in USA d) Cray 1 - (s. IPP in Garching: Amdahl 470V/6II-CRAY-, 15 u. 19 MDM)	unbekannt

Tabelle 2 a)

Spezialrechner - Universalrechnerkopplungen (Fortsetzung)

Firma	UNIVAC	CDC	SIEMENS	ICL
Basissystem	1100	Cyber 170-700	78 XX	2900
Firmeneigene Spezial-prozessoren	UNIVAC-Array-Proc.	a) Matrix Algorithm. Processor (MAP III) (ca. 1 MDM) b) Cyber 203(205) (512 KW: 12.6 MDM)	--	Distributed Array Proc. (32 x 32 Einbit-Prozessorelement: 3.5 MDM)
firmenfremde Spezial-prozessoren	a) AP-190 L von Floating Point System b) 1100/80-Cray 1 in USA	unbekannt	a) vor.Cyber 203(205) b) CRAY1- (Angebot Uni Bochum)	unbekannt

Tabelle 2 b)

Tabelle 3

Hersteller / System	voraussichtliches Nachfolgemodell
IBM 3033 MP	H-Serie (evtl. Anfang 1980)
AMDAHL 470 V/8+ Mixed Hardware	unbekannt
SIEMENS 7.882 high Version	3- und 4-Prozessor Anlage in Vorbereitung
UNIVAC 1100 / 84 (4 x 4)	U 1100 / 180 voraussichtlich 1982
BUROUGHS 7871 (7 x 7)	unbekannt
CDC Cyber 170 - 760	Cyber 180 voraussichtlich 1982
HONEYWELL BULL 66 / 880 und 68 /DPS	unbekannt

DIE ZENTRALE KOORDINATION DURCH DAS HOCHSCHULRECHENZENTRUM

Regierungsrat Dieter Kiel
Niedersächsischer Landesrechnungshof

Wirtschaftlichkeit bei der Beschaffung und dem Betrieb aller Datenverarbeitungsanlagen im Hochschulbereich setzt eine weitgehende Koordinierungskompetenz der Hochschulrechenzentren (HRZ) voraus. Die den HRZ insoweit in allen Bundesländern eingeräumten zentralen Aufgaben sollten deshalb als Minimalkatalog gewertet werden.

0. Einleitung

Die Aufgaben der etablierten zentralen Rechenzentren sind - wie mir scheint - wohl generell durch den Trend zur Dezentralisierung der Datenverarbeitung in die Diskussion geraten. Wenn ich mich heute mit einem aktuellen Problem der Hochschulen befasse, so hoffe ich damit die anderen Teilnehmer nicht zu langweilen, wird dieses Problem doch auf alle, wenn auch mit anderen Akzenten, zukommen. Um Sie auf dieses Thema einzustimmen, müssen wir uns mit den Motiven befassen, die mich bei meiner Bewertung bewegen.

1. Vorbemerkung:

Jedes Handeln der öffentlichen Verwaltung - und dazu gehören auch die Hochschulen - muß vom Grundsatz der Sparsamkeit und Wirtschaftlichkeit getragen sein. Diese Forderung ergibt sich aus den §§ 7 und 34 der Haushaltsordnungen des Bundes und der einzelnen Länder.

Wie sieht es aber mit der Einhaltung dieser Prinzipien aus?

Der Landesrechnungshof Baden-Württemberg kommt in seiner Denkschrift für das Haushaltsjahr 1976 nach einer Umfrage bei 32 Behörden zu folgendem zusammenfassenden Ergebnis:

- notwendige Wirtschaftlichkeitsberechnungen werden in den meisten Fällen nicht durchgeführt,
- soweit sie durchgeführt werden, sind sie mit gravierenden Mängeln behaftet,
- Erfolgskontrollen unterbleiben fast ausnahmslos.

Soweit die Hochschulen unwirtschaftlich - auch im Bereich der ADV - verfahren sollten, befinden sie sich danach in "bester" Gesellschaft mit anderen Zweigen der öffentlichen Verwaltung.

2. Bundesweite Hochschulregelung

Für eine zentrale Koordination im Bereich der ADV durch das HRZ gibt es in den Hochschul- und Universitätsgesetzen der Länder keine annähernd gleichlautende Bestimmung. Soweit mit bekannt ist, sind aber in allen Ländern die von der Kultusministerkonferenz am 13.09.1974 beschlossenen "Grundsätze für die Errichtung und den Betrieb von Hochschulrechenzentren" (Grundsätze HRZ) zumindest als Rahmenrichtlinien in Kraft gesetzt worden. Von diesen Grundsätzen gehe ich deshalb nachfolgend als bundesweit verbindliche Norm aus.

3. Koordinierungsvoraussetzungen

Vor der Einführung dieser Grundsätze in den Bundesländern waren die Rechnungshöfe im allgemeinen nicht beteiligt.

In Niedersachsen sind diese Grundsätze aber vom Minister für Wissenschaft und Kunst unter Mitwirkung des Finanzministers und des Landesrechnungshofs modifiziert und aus meiner Sicht verbessert worden. Dadurch traten diese Grundsätze in Niedersachsen erst mit dreijähriger Verspätung im Oktober 1978 in Kraft.

Bis zu diesem Zeitpunkt konnte der Landesrechnungshof in Niedersachsen bei seinen Forderungen nach einer zentralen Koordinierung im ADV-Bereich der Hochschulen sich somit nicht auf die Grundsätze HRZ berufen, obwohl er sie für unerläßlich hielt. Es blieb daher nichts anderes übrig, als den § 7 der Landeshaushaltsordnung zu strapazieren.

Die Forderung des Landesrechnungshofs lautete: Den nach § 7 des Landeshaushaltsordnung gebotenen wirtschaftlichen Einsatz der ADV (bedarfsgerechte Kapazitätsplanung, Anlagenauslastung usw.) können die Hochschulen nur erreichen, wenn alle DV-Aktivitäten von einer zentralen Stelle aus wirksam koordiniert werden. Dazu ist das HRZ von seiner Aufgabenstellung und personellen Ausstattung her in aller Regel befähigt.

Folgt man diesem sich aus dem Grundsatz der Wirtschaftlichkeit und Sparsamkeit ergebenden Prinzip, so bedürfte es eigentlich keiner weiteren detaillierten Regelung.

Jeder verantwortungsbewußte Senat einer Hochschule müßte dem HRZ weitgehendst Koordinierungsbefugnisse einräumen und jedes Institut die Mitwirkung des HRZ nicht als Belastung oder notwendiges Übel, sondern als willkommene Hilfestellung werten.

Aus meiner Sicht muß deshalb die Koordinierungsaufgabe des HRZ nicht auf die in den Grundsätzen HRZ genannten Aufgaben beschränkt bleiben, sondern hat vielmehr im ADV-Bereich auch alle weitergehenden Maßnahmen einzuschließen, die für einen wirtschaftlichen Einsatz der Datenverarbeitungsanlagen notwendig und zweckmäßig sind.

4. Derzeitiges Ist

Lassen Sie mich zur Situation an den Hochschulen nur vier Beispiele nennen, die symptomatisch zu sein scheinen.

1. Beispiel:

Im Jahresbericht 1977 eines niedersächsischen HRZ heißt es: Die Liste der institutseigenen DV-Geräte erhebt keinen Anspruch auf Vollständigkeit. Es wurden lediglich die dem RZ bekannt gewordenen Geräte aufgeführt.

2. Beispiel:

Im Untersuchungsbericht eines Informatikinstituts außerhalb Niedersachsens steht u.a.: Eine genaue Zahl der bei der Universität installierten Anlagen läßt sich nur mit einem unvertretbar hohem Aufwand ermitteln, da für die große Zahl der gespendeten, geliehenen oder anderweitig in den Besitz der Institute gelangten Geräte keine zentralen Listen geführt werden.

3. Beispiel:

Ein HRZ nahm zur Kapazitätsbemessung eine Ist-Erhebung mit Bedarfsprognose bei allen Instituten der Hochschule vor. Die Antworten der Institute waren nicht nur unvollständig und damit kaum aussagefähig, sondern zum Teil auch unangemessen, ja unverschämt.

4. Beispiel:

Eine Fachhochschule meint: Es muß jedem Hochschullehrer im Rahmen der Freiheit von Forschung und Lehre selbst überlassen bleiben, welche Rechnerkapazität - qualitativ und quantitativ - er in Anspruch nimmt.

Lassen Sie mich dazu zynisch anmerken: Hoffentlich nimmt der Hochschullehrer auch so schneidig die Verantwortung für sich in Anspruch, wenn für unwirtschaftliches Vorgehen später einmal die Schadenshaftung geprüft werden müßte.

5. Die wesentliche Koordinierung durch ein HRZ

Bei der Bewertung der Koordinierungsaufgaben, wie sie sich aus den Grundsätzen HRZ ergeben, muß man zunächst von der Funktion des HRZ ausgehen. Das HRZ ist eine zentrale Einrichtung der Hochschule, bei der es errichtet ist, oder eine gemeinsame zentrale Einrichtung für mehrere Hochschulen, dem grundsätzlich alle Datenverarbeitungsanlagen innerhalb der Hochschule zugeordnet werden. Der Fachminister kann bestimmen, daß Datenverarbeitungsanlagen bis zu einem bestimmten Anschaffungswert dem Rechenzentrum nicht angegliedert werden.

Aus dieser Funktion des HRZ sind als übergreifende Aufgaben abgeleitet:

1. Koordinierung der Beschaffung und Erweiterung von DV-Anlagen
2. Betreuung der verfügbaren DV-Kapazität und betriebsfachliche Aufsicht über alle Datenverarbeitungsanlagen der Hochschule
3. Beratung und Unterstützung der Benutzer der Datenverarbeitungsanlagen

6. Funktion des HRZ

Die Zuordnung aller DV-Anlagen zum HRZ wirft die ersten Probleme auf, insbesondere wenn das HRZ für mehrere Hochschulen errichtet wird. Sogenannte "angeschlossene Hochschulen" werten dies als unzulässigen Eingriff in ihre Rechte und in ihre Selbstverwaltung. Überzogene Eigeninteressen verdrängen rationelle Einsichten. Lassen Sie mich - um späteren Begründungen nicht vorzugreifen - jetzt nur feststellen, alle DV-Anlagen sind dem HRZ zuzuordnen, soweit keine allgemeine Ausnahme zugelassen ist.

Ich werte es als problematisch, wenn Anlagen bis zu einem bestimmten Anschaffungswert nicht eingegliedert werden sollen. Überwiegend ist wohl eine Wertgrenze bis zu 50.000 DM im Gespräch.

Wo sehe ich die Probleme?

Bei dem derzeitigen Verfall der hardware-Preise kann diese Festlegung nur für kurze Zeit gelten. Die Einhaltung der Wertgrenze läßt sich durch Einbeziehung oder Abtrennung von Zusatzgeräten und Nebenleistungen manipulieren.

Ich meine deshalb, daß für eine längerfristig gültige Ausnahmeregelung statt einer Wertgrenze eine Limitierung über die Funktion und Leistungsbreite der Geräte erfolgen sollte. Zurückhaltung bei den Ausnahmeregelungen erscheint mir persönlich angezeigt. So sollten z.B. Prozeßrechner nicht schon deshalb aus der HRZ-Bindung herausgenommen werden, weil sie - meistens allerdings auf kurze Zeit - mit einem Versuch gekoppelt sind.

7. Koordinierung der Beschaffung und Erweiterung von DV-Anlagen

Lassen Sie mich die Aufgabe zunächst von Randproblemen her betrachten.

Die mittelbewirtschaftenden Bediensteten im Hochschulbereich - oft sogar ohne eingehende Verwaltungskenntnisse - sind nicht in der Lage, die Notwendigkeit der Beschaffung von ADV-Anlagen in Art und Umfang zu beurteilen, obwohl sie das aber mit ihrer Unterschrift bescheinigen, wenn sie die Kasse zur Zahlung der Kauf- oder Mietkosten anweisen. Auch die ständigen Revisoren in der Vorprüfung sind zu einer derartigen Beurteilung derzeit nicht in der Lage. Landesweit bleibt daher die Kontrolle ein Zufallstreffer, abhängig davon, ob und ggf. wann der Landesrechnungshof prüft. Eine landesweite zentrale Beschaffung, die der Landesrechnungshof in Niedersachsen generell als zweckmäßig erachtet, ist leider immer noch im Stadium der Diskussion.

Deshalb ist die Einschaltung des HRZ m.E. unerläßlich.

Betroffene meinen oft, sie könnten besser beurteilen, was sie für ihre Anwendungen benötigen, und das allein sei ausschlaggebend. Wenn ihnen dann noch vom Vertragspartner sog. Vergünstigungen eingeräumt werden, glauben sie häufig - selbstgefällig - etwas Besonderes für das Land erreicht zu haben. Wird später die Wirtschaftlichkeit in Frage gestellt, erscheint ihnen das in aller Regel "unbegreiflich".

Die Beachtung der Wirtschaftlichkeit bei der Beschaffung von DV-Anlagen setzt eine ständige Marktbeobachtung voraus sowie einen Erfahrungsaustausch mit anderen Stellen, die das beabsichtigte Gerät schon im Routinebetrieb erprobt haben. Im übrigen sind bei der Beschaffung nicht allein die Anlage zu beurteilen, sondern insbesondere die gesamten Bedingungen, von denen ich beispielhaft nur Verfügbarkeit der Software, Kompatibilität und Schulung nennen möchte.

Ein Einzelner ist nicht in der Lage, das breite Spektrum der zu beachtenden Bedingungen auf ihre Wirtschaftlichkeit zu übersehen und zu bewerten.

Für die Einsicht zu einer zentralen Koordination kann ich als Beispiel in Niedersachsen anführen, daß für die gesamte Landesverwaltung zentral ein Dezernat in einer Mittelbehörde vor kurzem zur Beratung der RZ eingesetzt wurde.

Wird der Begriff Beschaffung nicht eng gesehen, so bleibt den Instituten noch ein zu großer Freiraum bei der Auslegung der Grundsätze HRZ. In Niedersachsen meinte eine Hochschule, die Beschaffung könne sich nur auf aus Landesmitteln beschaffte DV-Anlagen beschränken. Ich erinnere an das am Anfang genannte Beispiel, daß in einer Hochschule gespendete, geliehene oder anderweitig in den Besitz der Institute gelangte Geräte nicht bekannt sind. Soll eine zentrale Koordination überhaupt Sinn und Erfolg haben, so ist das HRZ generell zu beteiligen, wenn ein weiteres Gerät in der Hochschule eingesetzt werden soll. Der Begriff der Beschaffung kann und darf daher nicht nur an der Herkunft der investiven Mittel ausgerichtet sein.

Woher kann das Land das Recht nehmen, auch auf Investitionen Einfluß zu nehmen, die sie nicht trägt? Lassen Sie es mich der Einfachheit halber nur kostenmäßig begründen. Jede Investition zieht zwangsläufig - sei es im Bereich der Sach- oder Personalkosten - Folgekosten nach sich, und die werden dann aus Landesmitteln getragen.

Lassen Sie mich zusammenfassend feststellen: Aus meiner Sicht ist das HRZ immer zu beteiligen - soweit keine Ausnahme zugelassen ist -, wenn in einer Hochschule ein neues oder - um Irrtümern vorzubeugen - auch ein gebrauchtes Gerät zusätzlich eingesetzt werden soll.

8. Betreuung der DV-Kapazität und betriebsfachliche Aufsicht

Institute sehen oft nicht aus Landesmitteln beschaffte Geräte als ihr privates Eigentum an, mit dem sie nach eigenem Gutdünken umgehen können. Ein wirtschaftlicher Einsatz und eine angemessene Auslastung sind nicht gewährleistet, weil Dritten überwiegend die Benutzung verwehrt wird. Betriebsaufzeichnungen gibt es nicht. Das Gerät wird also nur für den Institutsgebrauch vorgehalten.

Nachdem ich diese negativen Verhaltensweisen beispielhaft genannt habe, lassen Sie mich auch aus der Sicht des Rechnungshofes Forderungen nennen, die für einen wirtschaftlichen Einsatz der Datenverarbeitungskapazitäten unerläßlich sind. Sollten die verfügbaren Ressourcen wirtschaftlicher genutzt werden, so ist die Auslastung aller verfügbaren Datenverarbeitungskapazitäten von einer zentralen Stelle aus zu steuern. Das Gesamtbild der Kapazitätsauslastungen muß u.a. dem HRZ bekannt sein, wenn es die Notwendigkeit und Angemessenheit neuer Investitionen beurteilen soll.

Ich kann sicher davon ausgehen, daß Sie mit meinen Vorstellungen über die Einbindung gespendeter, geliehener und aus Eigenerwerb beschaffter Geräte nicht ganz einverstanden sind. Wo bleibt für die Institute der Anreiz, sich für derartige - das Land auch entlastende - Investitionen überhaupt noch einsetzen?

Das von mir skizzierte Verhalten der Institute, Dritten oftmals die Benutzung zu verwehren, ist wohl in bestimmten Fällen geeignet, als Verstoß i.S. des § 226 BGB[+)] bewertet zu werden.

Das wesentliche Interesse der Institute sollte es sein, ihre Arbeiten auf institutsseitig beschafften DV-Anlagen vorrangig bearbeitet zu wissen. Entsprechend könnten ihnen m.E. gewisse Prioritäten eingeräumt werden.

Die Betreuung des HRZ kann naturgemäß nicht so weit gehen, daß es für den Betrieb der nicht im HRZ installierten Anlagen verantwortlich zeichnet. Deshalb ist die Kompetenz des HRZ auf die betriebsfachliche Aufsicht beschränkt.

Wie kann diese Aufsicht mit dem vorhandenen Personal wirksam ausgeübt werden?

Lassen Sie mich die Aufgaben wieder beispielhaft nennen. Bisher laufen die Anlagen in den Instituten ohne Kontrollaufzeichnungen. Das HRZ

+) § 226 Schikaneverbot
Die Ausübung eines Rechts ist unzulässig, wenn sie nur den Zweck haben kann, einem anderen Schaden zuzufügen.

muß deshalb einen Katalog über zu führende Aufzeichnungen vorgeben; so sollten z.B. Maschinenbelegungsbücher geführt und Betriebsstörungen jeder Art detailliert aufgezeichnet werden. In zeitlichen Abständen hat das HRZ zu überprüfen, ob die vorgegebenen Daten aufgezeichnet werden, und sie zum anderen für Vorschläge zum wirtschaftlichen Einsatz auszuwerten.

Auch Art und Umfang der Gerätewartung ist m.E. mit dem HRZ abzustimmen. Über Rahmenvereinbarungen mit Lieferfirmen für die gesamte Hochschule lassen sich ggf. bessere Konditionen erreichen. Zum anderen wird das Rechenzentrum aber beim Erreichen einer bestimmten Kostengröße überprüfen müssen, ob sie die Wartung aus wirtschaftlichen Gründen nicht selbst übernehmen sollte.

9. Beratung und Unterstützung der Benutzer

Ich gehe davon aus, daß die Beratung und Unterstützung der Benutzer nicht ausschließlich auf das aktuell zu lösende ADV-Problem ausgerichtet sein darf. Der Landesrechnungshof Niedersachsen fordert z.B., daß von dem Benutzer bestimmte Kenntnisse vorzuhalten sind, bevor er die Systeme benutzen darf. Das setzt voraus, daß das wissenschaftlich vorgebildete HRZ-Personal ständig Unterweisungen über den Umgang mit den Anlagen vorhält, und zwar nicht nur für die eigene Hochschule, sondern für alle Benutzer der Anlagen.

Die anwendungsbezogene Beratung sollte sich nicht allein darauf beschränken, wie das Problem elegant und dv-technisch optimal gelöst werden kann. Die Beratung sollte insbesondere berücksichtigen, daß sich später das Programm in den Arbeitsablauf des RZ gut einpassen läßt. Das heißt z.B. Programme, die zeitlich in einer unbedienten Nachtschicht laufen könnten, sollten in der Konzeption bereits dafür vorgesehen werden. Treten bei einzelnen Systemkomponenten bereits Engpässe auf, so sollten diese Systemkomponenten, soweit vermeidbar, ausgeklammert werden.

Mir ist klar, daß ich nur einige Gründe nennen konnte, die die weitgehende zentrale Koordination durch das HRZ verdeutlichen. Auch kann man nicht die Einzelaufgaben des HRZ getrennt, sondern nur in ihrer Gesamtheit bewerten, so daß von daher sich m.E. die Anbindung der zentralen Koordination beim HRZ zwangsläufig ergibt.

Weshalb engagiere ich mich für die DV im Hochschulbereich?

Ein HRZ meinte vor kurzem, unsere Prüfung habe von kompetenter Seite zur Klärung eklatanter Mängel beigetragen. So wie dieses HRZ habe ich überwiegend bei allen HRZ-Leitern statt Vorbehalte gegen den Landesrechnungshof problembezogene Kooperationsbereitschaft vorgefunden. Dabei darf man aber ein Problem nicht übersehen: Der Landesrechnungshof kann Mängel aufzeigen, ihre Beseitigung aber nicht unmittelbar durchsetzen. Mein Anliegen ist es deshalb, daß die Einsicht und Bereitschaft für einen wirtschaftlichen Einsatz der ADV nicht auf die HRZ beschränkt bleibt.

"HIDDEN COSTS" - DILEMMA ODER ALIBI DES DV-MANAGEMENTS?

F. Hoßfeld
Zentralinstitut für Angewandte Mathematik
der Kernforschungsanlage Jülich GmbH

Zusammenfassung: Über die ausgewiesenen Kosten eines Rechenzentrums hinaus existieren Quellen für verdeckte Kosten, die wegen ihrer Natur nur schwer in Bilanzen zu quantifizieren oder in Planungen zu integrieren sind. Es wird der Versuch gemacht, einige der potentiellen Ursachen für "Hidden Costs" in der Datenverarbeitung aufzuspüren und aufzudecken; dazu gehören die aus den charakteristischen Verhaltensweisen von Programmierern erwachsenden Probleme und die Schwierigkeiten des Managements mit DV-Strukturen und Software-Projekten ebenso wie die aus der technologischen Entwicklung sowie der Produktpolitik und Marktstrategie der DV-Industrie resultierende Systemkomplexität und ihre Folgen.

1 Das Dilemma

Trotz des ständig verbesserten Preis/Leistungs-Verhältnisses der Hardware steigen die Gesamtkosten der Datenverarbeitung weiter, wobei offensichtlich der Anteil der Aufwendungen für Software und Software-Entwicklung und somit die Personalkosten in der Zukunft dominieren werden /1,2/. Während sich eine wesentlich kritischere Haltung gegenüber den wachsenden Kosten, dem steigenden Einfluß und der strukturellen Macht der Datenverarbeitungs-Bereiche innerhalb vieler Institutionen und Unternehmen herauszubilden scheint, steigt gleichzeitig der Bedarf an verbessertem Computing-Service für immer komplexere Anwendungen innerhalb sich ändernder Organisationsstrukturen und damit der spürbare Druck auf das DV-Management.

Insbesondere in den Einrichtungen der Wissenschaft und Forschung hat sich die Gesamtsituation über die Jahre im Grunde nicht verbessert, da die Budgets für Investitionen und Personal weitgehend eingefroren wurden; dabei sind die Beschaffungsprozeduren nicht flexibler oder einfacher geworden.

Die verschiedenen Gründe haben das Rechenzentrums-Management, das schon bisher angeblich nach optimalem Kosten/Nutzen-Verhältnis strebte, mittlerweile gezwungen, ernsthafter als früher die verschiedenen Quellen für die Kosten des Rechenzentrumsbetriebs zu analysieren.

Über die offenbar unabdingbaren Aufwendungen für ein Rechenzentrum - Mieten und Investitionen für den Kauf von Hardware und Software, Wartungskosten, Betriebskosten der Computersysteme, Aus- und Weiterbildung usw. - hinaus scheinen mehrere Schichten von

"Hidden Costs" zu existieren, die aufgrund ihrer Eigenheiten nur schwer in einer Bilanz zu quantifizieren oder gar in die jährliche oder langfristige Planung zu integrieren sind. Ihre Wurzeln entspringen den Tiefen der Psychologie des Programmierens ebenso wie den Problemen zwischenmenschlicher Beziehungen im Team, den Verwicklungen von Managementstrukturen und Auswüchsen der Bürokratie wie auch den Einflüssen der Politik und der Marktstrategie der Computerindustrie oder den Turbulenzen der sich dramatisch verändernden Informationstechnologie.

Die Situation der Datenverarbeitung wird dabei vor allem bestimmt durch den wachsenden Grad der Komplexität, der heute und auf nicht absehbare Zukunft die Systeme und die zu ihrer Realisierung und zu ihrem funktionsgerechten Einsatz und Betrieb zu bewältigenden Kommunikations-, Koordinations- und Managementaufgaben kennzeichnet.

Die Aufgaben des DV-Managements werden somit in der Zukunft sicherlich nicht einfacher werden, insbesondere wird die Versuchung nicht geringer werden, das Dilemma der "Hidden Costs" als Alibi für fehlende Management-Methoden, Management-Qualitäten oder Management-Neigungen zu nutzen.

2 Verhaltensweisen des Programmierers

Da menschliche Wesen involviert sind, liegt die Vermutung nahe, daß im Programmieren eine wesentliche Ursache für "Hidden Costs" steckt; denn offensichtlich hängt Programmieren als geistige Aktivität nicht allein von den individuellen Fähigkeiten ab, sondern ist sehr stark von komplexen menschlichen Verhaltensweisen bestimmt /3-5/. Welche Persönlichkeitsfaktoren dabei kritisch sind, läßt sich heute noch nicht mit Sicherheit sagen /6/. Wie Weinberg /4/ ausführt, darf man jedoch feststellen, daß jemand ohne Fähigkeit, Streßsituationen über längere Zeiten zu ertragen, wahrscheinlich kein gutes "Material" für einen Programmierer abgibt. Er muß sich an raschen Wechsel anpassen können, ohne Schaden zu nehmen, und seelisch so stabil sein, um das alltägliche Ereignis ertragen zu können, daß seine Arbeit zu Abfall wird.

Vielleicht ist Programmieren gerade wegen des Anspruches auf Intellektualität - möglicherweise mehr als irgendeine andere - eine ausgesprochen individuelle, d.h. mehr von den Fähigkeiten des einzelnen Programmierers als von dem Bezug zu anderen abhängige Tätigkeit. Untersuchungen haben ergeben /6/, daß Systemprogrammierer bemerkenswert wenig Neigung zu sozialer Wechselwirkung innerhalb ihrer Arbeitswelt und ein vernachlässigbar geringes Bedürfnis nach Zusammenarbeit zeigen.

Der Eindruck trügt sicher nicht, daß diese charakteristischen Verhaltenszüge eine wichtige Ursache für Konflikte - und damit für Kosten - sind, wenn Software-Entwicklungsprojekte im Team in Angriff genommen werden sollen. Die Produktivitätsprobleme bei der Programmierung und das Scheitern vieler Software-Projekte haben zu entscheidenden Veränderungen in der Software-Entwicklung geführt, die heute mehr und mehr als eine Art Massenproduktion verstanden wird; der Begriff des "Software Engineering" liefert dabei die Analogie zur Fließbandarbeit, deren Einzelaufgaben durch fortgesetzte Fragmentierung des Gesamtproblems zur äußersten Spezialisierung, ja Trivialisierung gebracht wurden. Die Produktion komplexer Systeme ist nur noch das Resultat einer wohlorganisierten Abfolge einfacher Verrichtungen durch "einfache" Menschen, die weitgehend austauschbar, und das heißt: ersetzbar, sind. Diese Austauschbarkeit des Personals für die Einzelaufgaben liefert dem Management die vollständige Kontrolle über den Produktionsprozeß. Bei der Software-Entwicklung hat in den letzten Jahren manch ein Manager die Kontrolle über die koordinativen Verfahren verloren, die für die Verwirklichung komplexer Programmsysteme notwendig sind, zumal er es mit hochqualifizierten Experten mit oft ungewöhnlichen Arbeitsgewohnheiten und extremer Persönlichkeit zu tun hat.

Man darf gespannt sein, wie erfolgreich sich schließlich die Technologien des Software-Engineering und die Software-Managementtechniken erweisen werden; denn sie stehen fraglos im Konflikt mit den Ergebnissen der Verhaltensforschung hinsichtlich des Programmierers.

In neueren Analysen /7/ wird daher eine sehr starke Haltung dahin eingenommen, daß die Schaffung der Software-Management- und -Engineering-Techniken zu systematischem Abbau der individuellen Programmierfähigkeit ("de-skilling of skilled people") führen wird - bzw. sogar soll - und damit die Selbstverwirklichung des Einzelnen einschränkt, die sich als der stärkste Motivator bei Programmierern erwiesen hat /6/.

Diese Effekte mögen bei großen Software-Projekten der DV-Industrie hingenommen werden, um den Rückstau der Software-Entwicklung als wesentliche Expansionsbremse der Zukunft zumindest graduell abzubauen, wiewohl sich bisher die versprochenen Erfolge und Produktivitätssprünge offenbar noch nicht eingestellt haben. Ohne Zweifel können jedoch innerhalb des begrenzten Bereiches eines Rechenzentrums blind angewandte Methoden des formalisierten Software-Managements, deren Vorzüge und Notwendigkeiten keineswegs hier übersehen werden sollen, zu einem spürbaren Motivationsverlust bei den Mitarbeitern führen, zumal die wachsende Komplexität der Systeme gerade verstärkt nach hochqualifiziertem Personal verlangt /8/.

Es ist sicherlich wahr, daß die Software-Engineering-Technologien die individuellen Herausforderungen, die ein Programmierer von seinem Beruf erwartet /6/, oder die verschiedenen Persönlichkeitstypen von Programmierern /4/ nicht angemessen berücksichtigen. Produktivität aber besteht aus zwei Teilen: verbesserte Techniken und erhöhte Motivation. Im Gegensatz zum ersten hat der zweite Teil bislang nur wenig Aufmerksamkeit erfahren.

Eine starke Quelle für "Hidden Costs" liegt ursächlich in der Neigung von Programmierern und Systemleuten, weitgehend losgelöst von ihrer Umwelt, getrieben von Ich-Motivatoren und ohne übermäßig ausgeprägtes Bewußtsein für übergeordnete Ziele eines Unternehmens /9/ zu handeln. In jedem Rechenzentrum geschieht es immer wieder, daß sich die Kenntnisse eines Programmierers sehr spezifisch auf eine definierte Aufgabe beziehen und nicht leicht auf andere Systeme oder Projekte übertragen lassen. Ein Programmierer kann sich so einen sehr engen Raum des Know-hows schaffen, der im Verbund mit mangelhafter Dokumentation nur ihm allein zugänglich ist. Eine solche Situation hat offensichtlich ernste Konsequenzen für das Management; der Programmierer wird damit oft als Systemexperte unersetzlich. Und nur wenige Manager haben die Möglichkeit, die Mittel oder das Herz, dem Ratschlag zu folgen: Wenn ein Mitarbeiter sich unentbehrlich macht, sollte man ihn sobald wie möglich loswerden!

Ein weiteres Problem erwächst aus der Erfahrung, daß Programmierer in Wahrheit ihre Programme als Fortsetzungen ihres Ich sehen. Dieses Phänomen kann zusammen mit dem Effekt der kognitiven Dissonanz /4/ zu schweren Schäden im Rechenzentrum führen, da solche Programmierer weder ihre Programme gründlich testen noch irgend theoretische Grundlagen für ihre Arbeit anerkennen. Ohne Zweifel ist es heute sehr schwer, das persönliche Wertsystem und die Arbeitsumgebung so zu restrukturieren, daß bei mehr "egoless programming" doch die Individualität des Programmierers im Einklang mit den Zielen des Rechenzentrums ist /5/.

Dieses Kapitel sollte nicht schließen, ohne das traurige Phänomen des "besessenen" Programmierers /3/ wenigstens erwähnt zu haben. Der Computer kann als Spielfeld für Ideen und Vorstellungskraft zur Herausforderung für die intellektuelle Kapazität eines Programmierers werden. Es ist nicht verwunderlich, daß in einer Systemumgebung, in der "Omnipotenz" so leicht erreichbar ist, Erscheinungen von Besessenheit entstehen, die sich zu echten Problemen auswachsen können. Eines der ernstesten Probleme, die mit der "Besessenheit" eines Programmierers zusammenhängen, kommt aus der Tatsache, daß er langfristige Ziele und entsprechende Pläne für seine Arbeit weder definieren noch einhalten kann. Dabei wird er in aller Regel ein exzellenter Techniker sein; doch erweist sich sein Werk oft als eine mehr oder weniger chaotische Ansammlung von Einzelsystemen. Die Aufgabe, solch ein Software-System zu warten, und die Kosten für Modifikationen, falls das System jemals in Produktion gehen sollte, können alle Grenzen der verfügbaren Ressourcen übersteigen. Allzu oft wird das System neu entworfen und geschrieben werden müssen. Somit ist der Aufwand mindestens verdoppelt, ganz zu schweigen von den erlittenen Zeitverlusten.

Bei all diesen soziologisch und psychologisch hinterfragbaren Problemen gewinnt man den Eindruck, daß es weder offensichtliche Lösungen noch geeignete Management-Techniken gibt, die schnell helfen könnten, die so entstehenden, sicher enormen Verluste und Kosten zu vermeiden. Dennoch erscheint es wichtiger denn je, diese Ursachen für "Hidden Costs" bewußt zu machen, zumal solche Erscheinungen bislang mehr oder weniger als der Computertechnik inhärent betrachtet worden sind.

3 Management- und Strukturprobleme

Es scheint eine Illusion zu sein, daß Quellen für "Hidden Costs" leicht mittels Management-Aktivitäten ausgetrocknet werden könnten. Andererseits haben Manager selbst einen großen Anteil daran.

Die Einstellung von Managern gegenüber ihren Mitarbeitern (und vice versa) ist sehr häufig die

Ursache von Unzufriedenheit und Demotivation und somit von verminderter Leistungsfähigkeit und Produktivität. Dabei muß gesagt werden, daß die in der Datenverarbeitung heute geltenden Maße für die Produktivität (z.B. die Anzahl der Programm-Statements pro Monat) der Vielschichtigkeit der Problematik in keiner Weise Rechnung tragen.

Schlechtes Management und schwache Führungskräfte sind sicher häufiger anzutreffen, als man gerne eingesteht. Andererseits erweist sich oft der Wechsel eines Team- und Gruppenleiters oder eines Managers auf noch höherer Ebene als eine häufige und typische Ursache von Krisen im Leben eines Teams oder gar eines Rechenzentrums. Andere Krisenherde sind sicherlich auch strukturelle Veränderungen im Rechenzentrum oder in dessen gesamtem Umfeld, Schwierigkeiten mit Terminplänen, Spezifikationsänderungen wie auch zu frühe Migration zu neuen Betriebssystemen und Software-Releases. So wie das Ausmaß der notwendigen Anstrengungen wächst, setzen sich widersprüchliche technische Anforderungen und Ziele in potentielle zwischenmenschliche Konflikte um. Es verwundert daher nicht, daß sich die "Krise" fast als Normalzustand eines Teams in der Datenverarbeitung darstellt. Es ist aber auch eine Tatsache, daß ein Team in der Krise weniger geduldig mit schwachen Führungen ist.

Den Rechenzentren - vor allem in Forschung und Wissenschaft - hat lange der Ruf angehaftet, schlechtes Management zu haben. Dafür gibt es sicherlich ausreichend historische Gründe. Oft wuchs eine informelle Struktur um den Rechner-Service, der von den Instituten für Mathematik, Kernphysik oder Wirtschaftswissenschaften über den Eigenbedarf hinaus angeboten wurde, bis schließlich die Institution Rechenzentrum formal und eigenständig gegründet wurde. Unglücklicherweise lassen sich oft die historischen Spuren bis heute verfolgen. In vielen Installationen läßt sich ein starker Monopolisierungseffekt durch Benutzergruppen beobachten; bedingt durch falsche Strukturen, ungünstige politische Situationen und natürlich auch Versagen des DV-Managements ist es einigen wenigen, aber einflußreichen Benutzern gelungen, das Rechenzentrum und die Entwicklung des Computer-Service und der DV-Struktur zu kontrollieren, so daß die Beschaffung von Rechenanlagen, die faktische Verwirklichung von Konzepten des "Distributed Processing" und der Einsatz von Software-Systemen mehr aus politischen Motiven als aus Gründen solider langfristiger Planung und Kosten/Nutzen-Analysen geschieht. Natürlich kann ein verantwortungsbewußtes DV-Management nicht den Standpunkt vertreten, daß dezentrale Lösungen prinzipiell ein Desaster für das Rechenzentrum und somit für die Datenverarbeitung in der gesamten Institution seien. Wenn jedoch die DV-Struktur nur durch politische Entscheidungen bestimmt wird und nicht auf der Grundlage technischer Anforderungen, werden in jedem Fall zusätzliche Kosten verursacht, die nicht direkt in der Bilanz des Rechenzentrums erscheinen, die jedoch für die DV-Struktur und das Budget der Institution langfristig eine schwere Bürde darstellen werden.

Im allgemeinen werden diese Probleme weitgehend durch die Stellung des Rechenzentrums innerhalb der organisatorischen Struktur der Institution geprägt /10/. Wurde eine Struktur geschaffen, in der die für das Rechenzentrum zuständige Einheit auf derselben organisatorischen Ebene wie die Haupteinheiten der Benutzer liegt, so werden weder Monopolisierung noch in der Sache ungerechtfertigte DV-Strukturen und -Systeme eine echte

Chance haben; denn hier sind durch die hierarchische Einbettung angemessene Kommunikationskanäle zwischen Benutzern und Rechenzentrum geboten, die strukturell bedingte Probleme in Grenzen halten lassen.

Ungeachtet der jeweiligen historischen Entwicklung des Rechenzentrums und des fachlichen Hintergrundes wird das DV-Management durch die schnelle technologische Entwicklung und die Expansion der Datenverarbeitung in neue und komplexere Anwendungen vor schwierige Aufgaben gestellt, für die die klassischen Management-Techniken entweder nicht ausreichen, nicht geeignet sind oder nicht die richtige Akzeptanz finden.

Neben dem Problem des sogenannten Change-Management /11/ erweist sich das Management von Software-Entwicklungsprojekten wohl als die schwierigste Aufgabe. Beide sind durch den zunehmenden Grad an Komplexität belastet. Jedes Rechenzentrum hat ein Toleranzniveau für den Umfang an Veränderungen, den es ohne schwerwiegende Störung seiner Leistungsfähigkeit und seines Betriebes verkraften kann. Das Management hat so stets die zwei großen Aufgaben: das Rechnersystem in effizienter Funktion zu halten und gleichzeitig die Anpassung an die unvergleichbar schnellen Veränderungen effektiv zu managen. Der Konflikt zwischen diesen beiden Anforderungen ist offensichtlich. Hinzu kommt, daß die Mehrheit der von Managern durch Seminarien und Erfahrung gelernten Lektionen sich auf stationäre Zustände konzentriert, so daß es in der Regel dem einzelnen überlassen ist, seine Methoden des Change-Managements zu entwickeln.

Veränderungen in Hardware, Software, Struktur oder Anwendungsprofil eines Rechenzentrums kosten Ressourcen: quantifizierbare Ressourcen und nichtfaßbare psychische und soziale Energien. Erfahrene DV-Manager haben mit der Zeit eine intuitive Fähigkeit entwickelt, den notwendigen Aufwand für die Anpassung des Rechenzentrums und der Arbeitsgruppen an neue Gegebenheiten abzuschätzen; demnach rangieren der Wechsel des Rechnerherstellers und die Implementierung eines Datenbankmanagementsystems wie der Wechsel von Batch- zu Online-Systemen oder von zentraler zu dezentraler Datenverarbeitung mit Abstand vor dem Wechsel des Betriebssystems oder dem Wechsel zu einer neuen Computergeneration desselben Herstellers /11/.

Eine der häufigsten Demonstrationen von Management-Inkompetenz und -Unfähigkeit läßt sich bei Software-Entwicklungsprojekten beobachten. Dabei wird allgemein der notwendige Aufwand unterschätzt, während die Verfügbarkeit und Produktivität der Teammitglieder zu optimistisch beurteilt wird /12/. Einige der Gründe, warum Software-Projekte häufig scheitern oder nicht zu Ende gebracht werden können, sind analysiert worden /12,13/; ein Phänomen wurde in das "Brookssche Gesetz" gefaßt: Adding manpower to a late project makes it later!

Viele Erscheinungen unzulänglichen Managements lassen sich darauf zurückführen, daß die Komplexität von Software-Projekten und auch der Managementaufgaben selbst erheblich unterschätzt wird - ganz abgesehen von der allgemeinen Problematik, daß gute Fachleute nicht unbedingt auch gute Manager sind oder werden. Die Kontrollspanne eines Managers ist begrenzt durch die Zahl unabhängiger Beziehungen und Aktivitäten, die er parallel wahrnehmen kann. Die

Erfahrung zeigt, daß Teamarbeit die Koordination der möglicherweise zwar unabhängigen aber ineinandergreifenden Aktivitäten aller Mitglieder erfordert. Berücksichtigt man alle möglichen Beziehungen zwischen den einzelnen Mitarbeitern und Gruppierungen eines Teams aus n Mitarbeitern, so ergibt sich für die Zahl der Relationen $R=n\,(n-1)+n2^{n-1}$; das heißt: ein Manager mit zwölf Mitarbeitern hat 24708 mögliche Beziehungen in der Gruppe gleichzeitig zu beobachten und zu koordinieren /14/. Das Problem der endlichen Kontrollspanne hat zu der Empfehlung geführt, daß Arbeitsgruppen - und das heißt auch Software-Teams - nicht mehr als acht Mitarbeiter umfassen sollten; denn insbesondere in Krisensituationen kommen mehr oder weniger alle Beziehungen ins Spiel, auch die üblicherweise vernachlässigten Relationen durch Untergruppierungen ("Cliquen").

Ohne Zweifel stehen solche Empfehlungen den Tendenzen von Führungspersonen, ihren Einflußbereich durch Vergrößerung ihrer Mitarbeiterzahl ("Hausmachtpolitik") zu vergrößern, entschieden entgegen. Die Folge kann natürlich der totale Verlust der Kontrolle sein, wenn nicht gleichzeitig eine effektive Organisationsstruktur mit mehreren Managementebenen aufgebaut wird. Dies erscheint insbesondere im Hinblick auf die Verhaltensweisen und Persönlichkeitsstrukturen von Programmierern, wie sie in Kapitel 2 umrissen wurden, und auf die Komplexität der oft neuartigen Aufgabenstellungen in DV-Organisationen wie Rechenzentren unabdingbar zu sein, soll nicht deren Funktionsfähigkeit beträchtlichen, oft sogar bleibenden Schaden nehmen.

4 Technologie, Produktpolitik und Marktstrategie

Es wäre schiere Heuchelei, wenn bei der Analyse von "Hidden Costs" die Hersteller von Computer-Hardware und -Software als eine potentielle Quelle vernachlässigt würden. Dabei gelten die meisten Aussagen darüber nicht nur für den oder die Marktführer, obwohl sich natürlich bei ihnen die Effekte infolge der großen Zahl betroffener Installationen außergewöhnlich multiplizieren. Darüber hinaus müßte bei ihnen ein besonders gut entwickelter Sinn für die aus der Marktführung erwachsende Verantwortung für diese Schlüsseltechnologie postuliert werden.

Die wachsende Breite der Computeranwendungen, die dem technologischen Fortschritt in neuartige Konzepte und Strukturen (wie Timesharing, Datenbanken, Distributed Processing, Netzwerke, usw.) folgen, haben den Grad der Heterogenität in der Datenverarbeitung signifikant erhöht. Unglücklicherweise ist diese Entwicklung von einer ständig wachsenden Systemkomplexität begleitet; Ursachen dafür sind:

- der Bedarf der Benutzer an verbessertem Service für komplexere Anwendungen;
- der begrenzte Haushalt der (wissenschaftlichen) Rechenzentren, der reine aber teure Herstellerlösungen selten gestattet, und die Beschaffungspolitik;
- das begrenzte Spektrum kostengünstiger Produkte und Funktionen bei den "Mainframers" für anspruchsvolle Anwendungen (wie interaktive Graphik, Display-Terminals, Front-End-

Rechner, Rechnerkopplung oder Netzwerke);

- die Politik der Hersteller bzgl. der Betriebssysteme sowie der Hardware- und Software-Architektur und die Divergenzen und Inkonsistenzen zwischen ihren eigenen unterschiedlichen Produkten;
- das Marktangebot zahlreicher kleinerer Firmen bzgl. kostengünstiger progressiver Non-Mainline-Lösungen;
- die Unfähigkeit oder Unwilligkeit der Kunden, der hohen Frequenz der Ankündigungen neuer Produkte zu folgen, zumal diese nicht immer mit technischer Reife und Verbesserungen des Preis/Leistungs-Verhältnisses verbunden sind.

Die Rechenzentren sind mit der Politik der DV-Industrie konfrontiert, die nicht sonderlich auf die spezifischen Probleme der Installationen Rücksicht zu nehmen scheint, die ja oft mit ihrer eigenen Historie, der Finanzsituation, dem Beschaffungswesen und der Verpflichtung zu langfristiger Planung zu kämpfen haben. So erwachsen hohe zusätzliche Kosten aus den technischen Inkonsistenzen und schlecht konzipierten Interfaces zwischen verschiedenen Systemen und Produkten; hinzu kommen aus Mixed-Hardware und -Software Probleme und Schwierigkeiten, die keineswegs immer nur technischer Natur sind und mit Geduld und Umsicht gelöst werden müssen. Von den Rechenzentren muß großer Entwicklungsaufwand für Anwendungen getrieben werden, die nicht auf der "Mainline" der Hersteller liegen (Networking, Graphics usw.); jedoch fallen beachtliche Anstrengungen selbst da an, wo offensichtlich notwendige Funktionen (wie Accounting-Systeme, Job-Selektion usw.) in Mainline-Systemen der Hersteller standardmäßig nicht vorhanden sind.

Infolge der unvorhersehbaren Preis- und Marktpolitik der relevanten Vertreter der DV- Industrie gehen mit Sicherheit beträchtliche Investitionen an Mitteln und Manpower den Kunden verloren; denn eine verläßliche Langfristplanung erscheint fast unmöglich.

Ein großes Anliegen ist, daß die Qualität des von den Herstellern gebotenen Service im Feld von Installation zu Installation, von Land zu Land, von Hersteller zu Hersteller unterschiedlich ist. Die Unterstützung wird oft als schlecht angesehen; zusätzliche Hilfe ist kostspielig. In manchen Fällen erweisen sich Beratungs- und Serviceverträge als hervorragendes Instrument für die Hersteller, ihre Anfänger auf bestimmten DV-Sektoren quasi auf Kosten der Kunden vorort auszubilden, oft ohne die nötige Kontinuität der Zusammenarbeit für das besser qualifizierte Personal zu gewährleisten.

Andererseits haben die Hersteller über ihre Software- und Hardware-Systemingenieure die Gelegenheit, ausführliche Studien über die Situation, die Einstellung, den Finanzrahmen und die zukünftigen Anforderungen des Kunden zu machen und in Verkaufsstrategien umzusetzen.

Es ist im Grundsatz nicht einsichtig, daß der wahre Fortschritt der Datenverarbeitung notwendig mit solch drastisch zunehmendem Aufwand auf seiten des Kunden und mit dem einhergehenden unvernünftig großen Bedarf an höchstqualifizierten Mitarbeitern verbunden sein muß. Die steigende Belastung des Personals in den Rechenzentren kann mit der Zeit zu außergewöhnlich ernsten Einschränkungen der Qualität des Service-Angebotes führen. Das DV-Management hat dabei längst erkannt, daß es in der Tat ineffektiv und unwirtschaftlich ist, die eigenen qualifizierten Mitarbeiter weitgehend und ausgerechnet Aufgaben der Wartung und Pflege von - möglicherweise sogar kostenpflichtigen - Herstellersystemen ausführen zu lassen, statt sie für die Verwirklichung der eigentlichen neuen Ziele einsetzen zu können.

Literaturhinweise

/1/ Dolotta, T.A., et al., SILT Report, SSD No. 249, Oct. 1974, SHARE inc., New York; Data Processing in 1980-1985 - A Study of Potential Limitations to Progress, J. Wiley & Sons, New York, 1976

/2/ Mertens, B., and Hoßfeld, F., Computer Installation Management in Scientific Research, Proc. SEAS Spring Technical Meeting 1978, "Performance of Computer Installations", Bern, 3. - 7. April 1978.

/3/ Weizenbaum, J., Computer Power and Human Reason, W.H. Freeman & Co., San Francisco 1976.

/4/ Weinberg, G. M., The Psychology of Computer Programming, Van Nostrand Reinhold, New York, 1971.

/5/ Diebold Research Program Europe, Motivating ADP Staff, Doc. No. E 142, July 1976.

/6/ Couger, J.D., and Zawacki, R.A., What Motivates DP Professionals?, Datamation, September 1978, 116.

/7/ Kraft, Ph., Programmers and Managers, The Routinization of Computer Programming in the United States, Springer-Verlag, Berlin, 1977.

/8/ Hoßfeld, F., Hidden Costs in Running a Computer Installation, Proc. SEAS Spring Technical Meeting 1978, "Performance of Computer Installations", Bern, 3. -7. April 1978.

/9/ Fitz-enz, J., Who is the DP Professional?, Datamation, September 1978, 125.

/10/ Diebold Research Program Europe, ADP and the Corporate Structure, Doc. No. E-139, May 1976.

/11/ Matthews, J.R., and Smitz, R.J., Gauging the Impact of Change, Datamation, September 1978, 241.

/12/ Gordon, R.L., and Lamb, J.C., A Close Look at Brooks' Law, Datamation, June 1977, 81.

/13/ Brooks, F., The Mythical Man-Month: Essays on Software Engineering, Addison-Wesley, 1975.

/14/ Aron, J.D., The Program Development Process, Part 1: The Individual Programmer, Addison-Wesley 1974.

DATENFERNVERARBEITUNG

MEDUSA - EIN GERÄTEVERBUND AN EINEM RECHENZENTRUM

MIT HETEROGENEN RECHNERN

H. Frick
Rechenzentrum der Universität
des Saarlandes

D6600 Saarbrücken

Zusammenfassung:

Es wird ein Verbund von Rechnern beschrieben, mit dessen Hilfe alle angeschlossenen Geräte (Bildschirme, Drucker, intelligente Terminals) an den zum Verbund gehörenden Host-Rechnern (TR 440, AEG 80-40 und Siemens 7.700) betrieben werden können. Realisiert wird dieser Verbund durch das System "MEDUSA" (= Mehrrechner-Durchschalte-Satellit), welches die Host-Rechner einerseits und ein baumförmiges Netz von Datenendgeräten andererseits miteinander verbindet.

Das Problem:

Am Rechenzentrum der Universität des Saarlandes wird derzeit ein Geräteverbund zwischen Rechenanlagen der Typen TR 440, AEG 80-40/80-60 sowie Siemens 7.700 entwickelt. Bevor wir das heute realisierte Konzept dieses Verbundes vorstellen, wollen wir zunächst einmal skizzieren, wie sich dieses System im Laufe der Zeit entwickelt hat:

Dem allgemeinen Trend folgend ist auch an der Universität des Saarlandes in Saarbrücken, einschließlich seiner im 25 km entfernten Homburg angesiedelten medizinischen Fakultät, ein Netz von Datenendgeräten unterschiedlicher Art entstanden. Diese Geräte - ihre Zahl beträgt derzeit ca. 150 - waren bisher am zentralen Rechner der Universität, einer TR 440 - Doppelprozessoranlage, angeschlossen.

Da nun die Kapazität der TR 440 nicht mehr ausreicht, wurden bzw. werden in diesem Jahr zwei weitere Rechenanlagen installiert: eine AEG 80-40 als zentraler Texthaltungs- und Textmanipulations-Rechner sowie eine Siemens 7.760 (stellvertretend für eine 7.770, die erst im folgenden Jahr zur Verfügung stehen wird), die langfristig die Aufgaben der TR 440 übernehmen soll.

Ein mit dem Einsatz neuer bzw. weiterer Rechner verbundenes Problem ist nun die Weiterbenutzbarkeit des vorhandenen Gerätenetzes: alle vorhandenen Terminals sollen in Zukunft nicht nur zur TR 440, sondern auch zu den beiden neuen Rechnern Zugriff haben. Dieses Problem sollte mit dem angestrebten Satellitensystem MEDUSA gelöst werden.

Wenn wir einmal von der konkreten Situation abstrahieren, so können wir die Aufgabenstellung für das System MEDUSA wie folgt skizzieren:

Gegeben seien m (unterschiedliche) Host-Rechner Hi und n (ebenfalls unterschiedliche) Peripheriegeräte Gj. Es soll ein Mechanismus M entwickelt werden, der es erlaubt, jedes Gerät an jedem Host-Rechner zu betreiben.

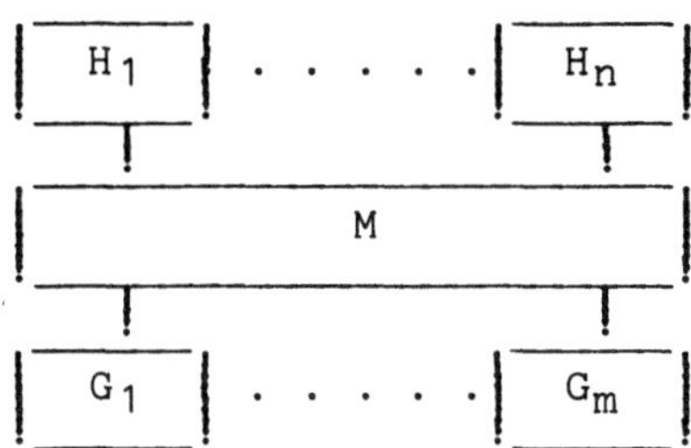

Die Voraussetzungen:

Wir wollen uns zunächst ansehen, welche Voraussetzungen im Hinblick auf den Anschluß von Datenendgeräten sowie auf die Möglichkeit der Kopplung die beteiligten Host-Rechner standardmäßig mitbringen:

Die AEG 80-40 gehört zu einer Familie von Prozeßrechnern, die zwar hardwareseitig alle notwendigen Möglichkeiten bietet, softwareseitig dagegen in dieser Richtung nicht ausreichend ausgestattet ist.

Im Umfeld der Siemens 7.700-Serie wird das Transdata-System zum Anschluß von Datenendgeräten bzw. zur Kopplung mit anderen Rechnern eingesetzt. Der hierfür verwendete Satellitenrechner Transdata 960 erlaubt den Anschluß einer Vielzahl unterschiedlicher Geräte über die verschiedensten DFÜ-Schnittstellen.

Bei diesem System ist im übrigen das Problem des Geräteverbundes im homogenen Fall schon gelöst: eine Konfiguration der folgenden Art ist im System vorgesehen:

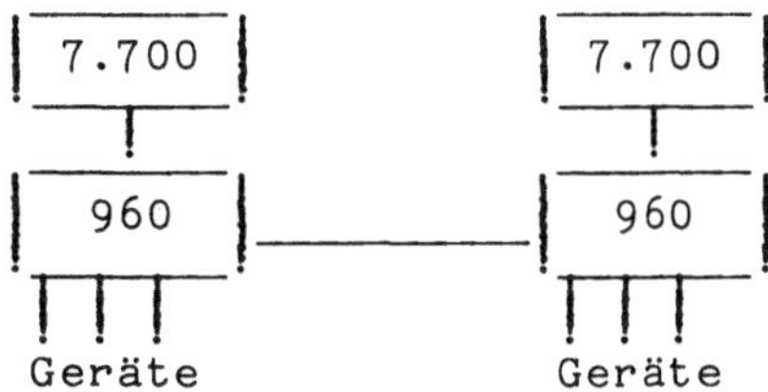

Die TR 440 ist standardmäßig auszustatten mit Satellitenrechnern der Typen TR 86S und "DUET", wobei der Satellitenrechner TR 86S hoffnungslos veraltet und heutigen Anforderungen nicht mehr gewachsen ist, weil etwa der Anschluß von heute marktüblichen Geräten nicht oder nur zu unzumutbar hohen Preisen möglich ist.

Der Satellitenrechner "DUET" an der TR 440 ist eine Modifikation des entsprechenden Satellitenrechners Transdata 960 an der 7.700 - Serie, so daß ein Verbund TR440 - 7.700 über Transdata-Vorrechner prinzipiell denkbar ist und nach unserem Kenntnisstand im Hause Siemens auch in Erwägung gezogen wird. Allerdings gibt es hier zwei schwerwiegende Probleme, die uns bewogen haben, einen anderen Weg zu gehen: zum ersten basiert die TR 440 - Version des Transdata 960 - Satelliten auf einer veralteten Software-Version der Satelliten-Software und müßte für eine solche Kopplung weitgehend neu geschrieben werden. Zweitens, und das ist ein Problem, das weniger den Hersteller als den Betreiber einer TR 440 betrifft, ist ein Großteil der installierten TR 440 - Anlagen lediglich mit einem TR 86 - Satelliten ausgestattet, so daß bei dieser Lösung eigens für die Kopplung eine DUET angeschafft werden müßte - und dies ist zumindest dort, wo eine solche Kopplung vorwiegend für Migrationszwecke eingesetzt werden soll, nicht zumutbar.

Schließlich ist als Satellit an der TR 440 noch die AEG 80-20 zu betreiben, und zwar mit einem Satellitensystem "ZVR" (= Zentraler Vermittlerrechner), das seit Anfang 1977 am Rechenzentrum der Universität des Saarlandes in Saarbrücken im Einsatz ist und ständig weiterentwikkelt wird. An diesem Satellitensystem wird das gesamte Terminalnetz dieser Universität - ca. 150 Terminals unterschiedlicher Intelligenz - betrieben, wobei hier vor allem mikroprozessorgesteuerte Bildschirme mit der Möglichkeit der off-line Datenhaltung auf Disketten eingesetzt werden.

Die Software dieses Systems ist dabei eine fast vollständige Eigenentwicklung: lediglich zentrale Teile der Prozeßverwaltung werden von dem ansonsten hierfür ungeeigneten Betriebssystem MARTOS-K in diesem Satellitensystem verwendet. So lag es nahe, für die weitergehende Entwicklung des Geräteverbundsystems MEDUSA von dieser Entwicklung auszugehen. Der entscheidende Vorteil in dieser Vorgehensweise liegt in der Tatsache, daß alle Informationen und letztlich vor allem das know-how über dieses System vorhanden sind. Einen Nachteil dagegen stellt die Tatsache dar, daß dieses System bisher noch nicht an einem anderen Rechenzentrum erprobt und eingesetzt werden konnte, so daß das System MEDUSA nicht ohne weiteres von anderen Rechenzentren übernommen werden kann.

Die Lösung:

Das System MEDUSA wurde also auf einer AEG 80-20/4 implementiert, wobei naturgemäß erhebliche Teile des vorhandenen Satellitensystems "ZVR" an der TR 440 übernommen werden konnten. Die konkrete Installation am Rechenzentrum der Universität Saarbrücken hat die folgende Struktur:

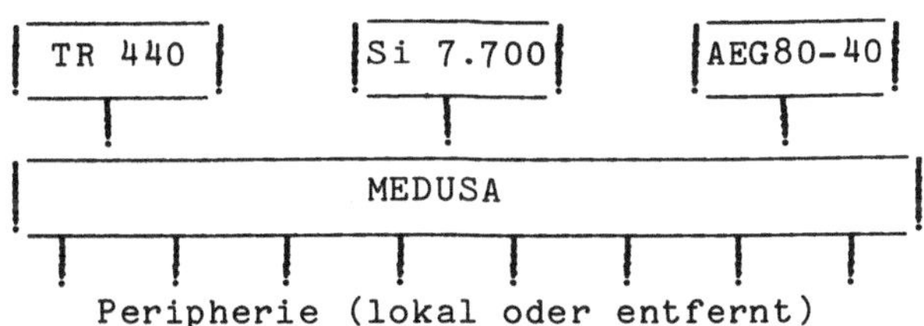

Dabei hat man sich unter "Peripherie" nicht nur Datenendgeräte im eigentlichen Sinn vorzustellen, sondern auch Rechner, die ihrerseits wieder Datenendgeräte oder sogar weitere Rechner (kaskadiert) bedienen. Solche Rechner, die wir in diesem Zusammenhang als "VR" (= Vermittlerrechner) bezeichnen, sind im konkreten Netz von recht unterschiedlicher Größe und Leistungsfähigkeit: die Palette reicht vom Mikrocomputer bis hin zu leistungsfähigen Prozeßrechnern wie AEG 80-20 oder Dietz 621.

Nun ist leicht zu sehen, daß das MEDUSA-System zwei wesentliche Aufgaben hat:

1.) Durchschleusen von Information von einem Datenendgerät zu demjenigen Host-Rechner, mit dem dieses Endgerät gerade arbeitet bzw. umgekehrt.

2.) Anpassung der unterschiedlichen Schnittstellen aneinander.

Befassen wir uns zunächst mit der zweiten Aufgabe, der Schnittstellenanpassung:

Interne Schnittstellen:

Prinzipiell besitzt das MEDUSA-System zunächst eine Reihe von externen Schnittstellen, nämlich die zu den peripheren Geräten und Rechnern einerseits sowie die Schnittstellen zu den Host-Rechnern andererseits. Wir wollen die unterschiedlichen Schnittstellen mit S(Pi) (i = 1(1)n) (= Peripherie-Schnittstellen) und mit S(Hj) (j = 1(1)m) (= Host - Schnittstellen) bezeichnen.

Zur Anpassung dieser n verschiedenen Peripherieschnittstellen S(Pi) an alle Host-Schnittstellen sind prinzipiell $n \cdot m$ verschiedene Anpassungsalgorithmen notwendig. Um diese Anzahl der Anpassungsalgorithmen klein zu halten - und letztlich auch um das System modular und übersichtlich gestalten zu können - wurde eine interne Schnittstelle S(VR) definiert, auf die sämtliche Peripherieschnittstellen und Host - Schnittstellen abgebildet werden.

Die Abbildung der einzelnen Peripherieschnittstellen auf die interne Schnittstelle S(VR) wird von den Leitungstreibern erledigt, also von den Systemprogrammen, die die unterschiedlichen Anschlußleitungen bedienen.

Damit haben wir einen Teil der Struktur des MEDUSA-Systems herausgearbeitet: auf der Peripherieseite besteht das System aus Leitungstreibern, welche die Anpassung zwischen den einzelnen Peripherieschnittstellen und der internen VR-Schnittstelle S(VR) bewerkstelligen:

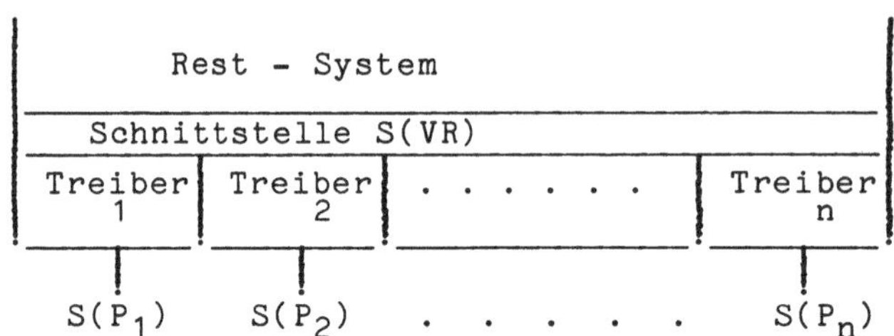

Um nun diese interne Schnittstelle S(VR) beschreiben zu können, muß zunächst eine zentrale Komponente des MEDUSA-Systems erwähnt werden: die Pufferverwaltung. Alle Informationen, die durch das MEDUSA-System fließen, werden in Puffern von einheitlicher Maximalgröße abgelegt. Diese 'Puffer werden von der Systemkomponente "Pufferverwaltung" als Betriebsmittel verwaltet und können von anderen Systemkomponenten bei Bedarf beantragt und gegebenenfalls weitergereicht bzw. zurückgegeben werden.

Verwaltet werden diese Puffer über eine zentrale Liste des Systems, der Pufferliste, deren Elemente jeweils genau einen Puffer beschreiben und Zustands- und Adressierungsinformation enthalten. So ist in der Pufferliste beispielsweise eingetragen, ob ein Puffer gerade frei ist oder einer der Systemkomponenten zugeordnet ist, wo im Hauptspeicher die eigentliche Information abgelegt ist, ob die Information in Eingabe- oder Ausgaberichtung fließt und schließlich, wohin die Information zu transportieren ist bzw. von wo sie gekommen ist.

Damit läßt sich die interne Schnittstelle S(VR) nun wie folgt skizzieren: zwischen den Treibern und dem Rest-System werden Puffer ausgetauscht, wobei die Information, die hier übergeben wird, aus zwei Teilen besteht: dem zugehörigen Pufferlistenelement sowie der im Pufferspeicher selbst abgelegten eigentlichen Information. Diese eigentliche Information stimmt genau mit dem überein, was über die Leitung gesendet werden soll bzw. was über die Leitung empfangen wurde.

Die Pufferinhalte selbst bestehen aus maximal 768 Bytes (derzeit!) mit der folgenden Bedeutung:
1. Byte: "Kopfoktade"
2. Byte: Geräteadresse
3. bis vorletztes Byte: Information
letztes Byte: "Endezeichen" = EOT (= ´04´)

Dabei ist grundsätzlich zu beachten, daß außer dem Endezeichen sowie den Steuerzeichen CR (= ´0D´) und LF (= ´0A´) kein Zeichen mit einer Wertigkeit < 16 enthalten sein darf, weil die Leitungsprozeduren zum Teil nicht transparent sind und solche Zeichen Bedeutungen als Steuerzeichen haben können. Im übrigen werden als Informationszeichen an dieser Schnittstelle nur Zeichen des 7-Bit-ASCII-Codes mit Paritätsbit

0 benutzt; die Wertigkeit der Informationsbytes ist also stets < 127.

Die beiden ersten Bytes, Kopfoktade und Geräteadresse, enthalten Steuerinformation, die von einem empfangenden VR zu interpretieren sind bzw. die ein sendender VR dort hinterlegt hat. Die Geräteadresse kennzeichnet dabei, welchem Terminal an diesem VR ein solcher Puffer zugeordnet ist (Sender oder Empfänger der Information). Die Kopfoktade enthält dagegen eine Reihe von analytisch zu interpretierenden Bits mit den folgenden Bedeutungen:

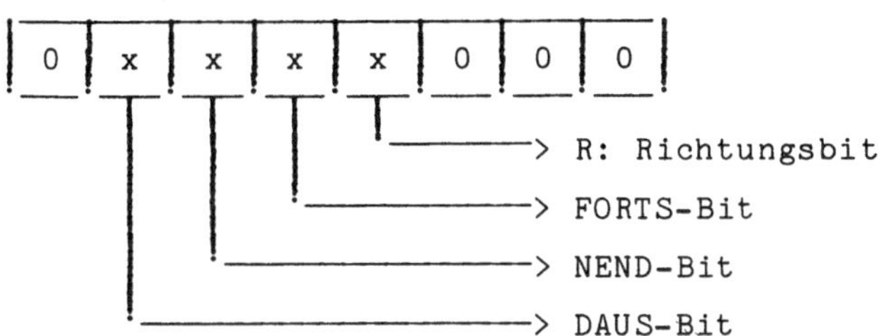

R: das Richtungsbit dient zur zusätzlichen Überwachung und kennzeichnet, ob es sich aus der Sicht des Systems um einen Ausgabepuffer (R=1) oder um einen Eingabepuffer (R=0) handelt.

FORTS,NEND: Diese beiden Bits dienen zur Kennzeichnung von Teilblöcken bei "Langausgaben" bzw. "Langeingaben" (Informationsströme, die nicht in einen Puffer passen und deshalb über mehrere Blöcke gehen), wobei im Einzelnen bedeutet:
FORTS=0, NEND=0 : Einzelblock
FORTS=0, NEND=1 : erster Block
FORTS=1, NEND=0 : letzter Block
FORTS=1, NEND=1 : weder erster noch letzter Block

DAUS ("Dauerausgabe-Bit", kann nur bei Ausgabepuffern = 1 sein): kennzeichnet, wenn es gesetzt ist, daß das Datenendgerät nach der Ausgabe (auf das Datenendgerät selbst!) nicht zur anschließenden Eingabe aufgefordert werden soll, sondern nach der Ausgabe automatisch eine leere Eingabe (Nachforderung) erzeugt werden soll.

Die mit "0" gekennzeichneten Bits der Kopfoktade werden von einigen Leitungsprozeduren zur Plausibilitätskontrolle benutzt und müssen daher tatsächlich stets 0 sein.

Gerätezuordnung:

Um die Beschreibung der Struktur des MEDUSA-Systems zu vervollständigen, wollen wir uns jetzt einer weiteren wesentlichen Aufgabe zuwenden: der Gerätezuordnung, also der Zuordnung zwischen Terminals auf der einen Seite und den einzelnen Hosts auf der anderen Seite: prinzipiell bietet das MEDUSA-System die Möglichkeit, jedes Datenendgerät mit jedem Host-Rechner zu verbinden. Dies kann, soweit es sich um dialogfähige Endgeräte handelt, durch spezielle Kommandos ("Link-Kommandos") erfolgen, die sich direkt an das MEDUSA-System wenden und von diesem interpretiert werden. Darüberhinaus muß für Geräte, von denen keine Eingabe möglich ist, wie z.B. für Drucker, die Möglichkeit bestehen, daß ein Host-Rechner von sich aus Verbindung mit einem solchen Gerät aufnimmt. Diese Gerätezuordnungen werden vom MEDUSA-System in Listen geführt, die von einem hierfür zuständigen Systemteil, dem "Verteiler-Prozeß", aktualisiert und interpretiert werden. Dieser Prozeß befindet sich im logischen Aufbau des MEDUSA-Systems zwischen der Schnittstelle S(VR) einerseits und den Anpassungsprozeduren andererseits.

Berücksichtigt man noch, daß die Verbindungen zwischen dem MEDUSA-Rechner und den einzelnen Host-Rechnern auch von speziellen Leitungstreibern bedient werden, die ihrerseits wieder mit den entsprechenden Anpassungsprozessen gemeinsame Schnittstellen besitzen, so ergibt sich das folgende Bild für die Gesamtstruktur des MEDUSA-Systems:

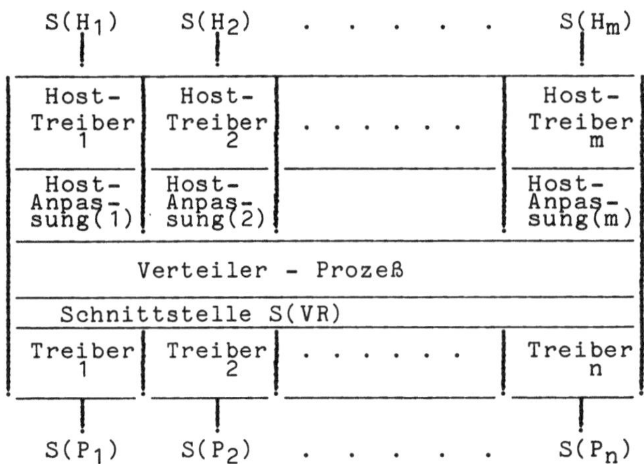

Externe Schnittstellen:

Nachdem wir nun anhand der verschiedenen internen Schnittstellen des MEDUSA-Systems die Struktur dieses Systems entwickelt haben, wollen wir uns der Vollständigkeit halber noch den externen Schnittstellen zuwenden, den Schnittstellen also zwischen dem MEDUSA-System und den verschiedenen angeschlossenenen Rechnern. Hierbei ist jeweils zu beschreiben, was transportiert wird und wie es transportiert wird, also die Struktur der zu übergebenden Information einerseits sowie die Übergabeprozeduren andererseits.

Wie die Information an den Schnittstellen S(Pi) aussieht, wurde schon bei der internen Schnittstelle S(VR) gezeigt: sie entspricht genau einem Pufferinhalt von der Kopfoktade bis zum Endezeichen (das Endezeichen selbst wird nicht bei allen Leitungsprozeduren übergeben). Die Informationsstruktur an den Schnittstellen S(Hi) ist abhängig von der internen Struktur des jeweiligen Host-Rechners, so daß eine detaillierte Beschreibung hier zu weit führen würde.

Die Informationsübergabe zwischen dem MEDUSA-System und den Vermittlerrechnern erfolgt mit Hilfe unterschiedlicher DFÜ-Prozeduren, wobei die folgenden derzeit im Einsatz sind:

- eine einfache asynchrone Handshaking-Prozedur.
- eine eigenentwickelte Synchron-Prozedur gemäß DIN 66019, Var. 4a
- LSV1 / MSV1
- HDLC; dabei wird HDLC nicht unmittelbar vom MEDUSA-System selbst realisiert, sondern von einem eigens hierfür entwickelten mikroprozessorgesteuerten intelligenten Interface, das mit MEDUSA über eine 16-Bit-parallel-Schnittstelle verbunden ist.

Die Kopplung mit der TR440 sowie mit der AEG 80-40 erfolgt über die an diesen Anlagen übliche Kanalschnittstelle, während der Anschluß an die Siemens-Anlage über ein eigens hierfür entwickeltes Anpaßwerk erfolgen wird. In einer Übergangszeit wird diese Kopplung mit der Prozedur MSV1 erfolgen.

Benutzerschnittstellen:

Schließlich ist es noch wichtig zu beschreiben, wie sich das MEDUSA-System dem Benutzer an einem Terminal präsentiert: ist er erst einmal mit einem der Host-Rechner verbunden ("gelinkt"), so kann er mit diesem einen Dialog im wesentlichen so führen, wie es das Programmiersystem dieses Rechners eben zuläßt.

Mit dem MEDUSA-System selbst tritt der Benutzer lediglich dann explizit in Verbindung, wenn es um die Host-Rechner-Zuordnung geht. Diese geschieht mit Hilfe sogenannter Link-Kommandos der Form:

§§XLK,<Spezifikation>

wobei folgende Spezifikationen möglich sind:

I : Mit dieser Spezifikation erfragt der Benutzer, mit welchem Host-Rechner er derzeit verbunden ist.

Ri (i = 1,2,3): Verbinden mit dem angegebenen Host-Rechner.

\- : Auftrennen einer bestehenden Verbindung. Das Gerät bleibt dann in einem neutralen Zustand, bis ein neues Link-Kommando eingegeben wird oder bis einer der Host-Rechner eine Ausgabe auf dieses Terminal macht (implizites Linken).

Einige Besonderheiten der Benutzerschnittstelle des MEDUSA-Systems liegen in Abweichungen von Benutzerschnittstellen, wie sie an Standardgeräten der beteiligten Host-Rechner vorgefunden werden. Dies liegt daran, daß das MEDUSA-System in allen Host-Rechnern von eigens dafür entwickelten Prozessen unterstützt wird, wobei naturgemäß der Satellitenvermittler in der TR440, der Prozeß "SB&SAV", am weitesten entwickelt ist. Er bietet eine Vielzahl von Kommandos an, die an einer standardmäßig ausgerüsteten TR440 nicht bekannt sind. So kann sich der

Benutzer beispielsweise jederzeit sehr schnell über den aktuellen Betriebszustand informieren, kann eigene Druckausgaben beeinflussen und, sofern er an einem Datenendgerät mit eigener Datenhaltung arbeitet, ganze Dateien zwischen seinem Gerät und der TR440 austauschen.

Stand der Entwicklung:

Wie schon erwähnt ist das MEDUSA-System aus dem AEG 80-20 - Satellitensystem "ZVR" an der TR440 hervorgegangen, wobei sämtliche Leistungen dieses Systems erhalten bleiben mußten. Der Schritt vom alten Satellitensystem zu einem eingeschränkten MEDUSA-System wurde Anfang 1979 vollzogen, wobei die Einschränkung darin besteht, daß nur ein Host-Treiber und eine Host-Anpassung, nämlich die für die TR440, eingebaut sind. Dieses System läuft seither in Produktion.

Der Anschluß der AEG 80-40 wurde im Juni 1979 begonnen und befindet sich mittlerweile im Test. Bei dieser Anlage muß sich erst noch zeigen, inwieweit sie echte Aufgaben des Rechenzentrumsbetriebs sinnvoll übernehmen kann bzw. in welchem Umfang sie hierfür noch ausgebaut werden muß.

Der Anschluß der Simens 7.760 soll, um diese Anlage sinnvoll nutzen zu können und um das damit verbundene Migrations-Projekt zu ermöglichen, möglichst schnell erfolgen. Dies ist der Grund für das schon angedeutete zweistufige Vorgehen, für das inzwischen alle Vorarbeiten im Gange sind. Liefertermin dieser Anlage soll August 1979 sein, so daß zum Zeitpunkt der Abfassung dieses Manuskripts weitere Aussagen in dieser Richtung nicht gemacht werden können.

Nach all den beschriebenen Entwicklungen, wenn also das MEDUSA-System voll ausgebaut sein wird und im Normalbetrieb läuft, werden wir den Durchsatz dieses Rechners neu zu untersuchen haben: aller Voraussicht nach wird dann die AEG 80-20 einen Flaschenhals in dem Gesamtsystem darstellen. In diesem Fall werden wir die AEG 80-20 durch einen schnelleren Rechner ersetzen müssen, wobei derzeit aus Kompatibilitätsgründen einer AEG 80-40 oder 80-60 die größten Chancen einzuräumen sind.

Ein solcher Rechneraustausch - wir haben einen solchen Austausch in der Anfangsphase der ZVR-Entwicklung schon einmal vollzogen - ist nicht allzu schwierig, weil das gesamte MEDUSA-System in einer höheren Programmiersprache als Implementierungssprache geschrieben ist und daher nur der Überstzungsvorgang von dieser Sprache in den Assembler des neuen Rechners - von Hand - nochmals durchzuführen ist.

Literatur:

- AEG: "Prozessrechner AEG 80-20/4, Systembeschreibung"
  Best.- Nr. E511V.6.217/0878

- AEG: "Prozessrechner AEG 80-40, Hardware-Systembeschreibung" Best.- Nr. E5V.6.190/1177

- Arbeitsgruppe Datenfernverarbeitung des Kooperationsausschusses Bund/Länder/kommunaler Bereich auf dem Gebiet der automatisierten Datenfernverarbeitung: "Einheitliche Datenübermittlungssteuerungsverfahren nach DIN 66019 für die öffentliche Verwaltung der Bundesrepublik Deutschland, Stand 15.3.1977"

- DIN 66019: "Steuerungsverfahren mit dem 7-Bit-Code bei Datenübertragung", 1976

- DIN 44302: "Begriffe"

- Fickinger, E.: "Die Implementation der Leitungsprozeduren SPKC und HDLC auf einem Prozeßrechner AEG 80-20" Diplomarbeit am Fachbereich angewandte Mathematik und Informatik der Universität des Saarlandes, 1978

- Frick, H.: "Ein alternatives Satellitensystem zur TR 440" Benutzertagung der TR440-Rechenzentren am 7. und 8.10.1976

- Frick, H.: "Implementation eines TR440-Satellitensystems mit Hilfe der Sprache (SL,CL) als Implementationssprache" Kurzvortrag anläßlich der 7. Jahrestagung der Gesellschaft für Informatik, 1977

- Frick, H.: "MEDUSA - Der Mehrrechner-Durchschalte-Satellit des Rechenzentrums der Universität des Saarlandes" Arbeitsbericht, in Vorbereitung

- Gerlach, L.: "SB&SAV, ein neuer Prozeß als Satellitenvermittler im BS3" Benutzertagung der TR440-Rechenzentren am 7. und 8.10.1976

- Hofer, H.: "Datenfernverarbeitung" Springer, 1973

- Siemens: "Datenfernübertragungsprozeduren" Best.- Nr. D240/998.29, 1971

MASSNAHMEN ZUR VERFÜGBARKEIT VON KOMMUNIKATIONSSYSTEMEN

Klaus Heim

Universität Karlsruhe
Rechenzentrum

Zusammenfassung:

Die bekannten Maßnahmen zur Erhöhung der Verfügbarkeit von Kommunikationssystemen, wie Fehlerkorrektur durch Operationswiederholung, Konfigurieren von Systemen mit redundanten Komponenten usw., werden ergänzt durch ein Benachrichtigungsverfahren beim Auftreten von Fehlern. Hierzu wird für die Verbindungen ein "Konsol-Konzept" verwendet, bei dem für jede Verbindung unabhängig von den Verbindungsteilnehmern ein beliebiges Gerät als Konsole dieser Verbindung erklärt werden kann.

Des Weiteren wird ein Wiederanlauf-Verfahren für Knotenrechner eingeführt, welches in Fehlerfällen durch Nachladen eines "Speicher-Abbildes" der Knotenrechnersoftware die Funktionsfähigkeit des Knotenrechners wiederherstellt und dabei den alten Zustand so weit restauriert, daß der Benutzer seine Verbindung automatisch wiedererhält und dabei nur wenige Sekunden gestört ist. Dieses Verfahren wird sowohl zur Erhaltung der Funktionsfähigkeit als auch zur Wartung und Pflege der Software eingesetzt, wobei es in der Lage ist automatisch beim Auftreten eines Fehlers einen Speicher-Abzug und einen Versions-Wechsel durchzuführen.

Das Wiederanlauf-Verfahren wird auch bei Stromausfällen wirksam, wobei nach Spannungswiederkehr der Knotenrechner automatisch die Software lädt und startet. Damit können bei Hardwaredefekten Teile mit einer sehr geringen Betriebsunterbrechung getauscht werden.

Inhalt

1. Einleitung

Kommunikationssysteme haben die Aufgabe, zwischen Teilnehmern eines Netzes Verbindungen zu schalten und Nachrichten zu transportieren. Sie werden eingesetzt, um den Nachrichtenverkehr zwischen abgesetzter Endperipherie und Rechnersystemen durchzuführen. Teilnehmer können hierbei sein: Rechnereingänge und Peripherie-Geräte. Kommunikationssysteme sind aufgebaut aus Datenübertragungseinrichtungen, Leitungsschnittstellen und Kommunikationsprozessoren einschlieβlich der zugehörigen Software.

Durch die Vielzahl der Teilnehmer und ihrer örtliche Verteilung sind diese Systeme sehr komplex. Das Übertragungssystem ist naturgemäβ groβen Störeinflüssen ausgesetzt. Andererseits werden hohe Anforderungen an die Verfügbarkeit eines Kommunikationssystems gestellt; so ist z.B. ein 24-Stunden-Betrieb in der Regel zu gewährleisten. Da Störeinflüsse bei einem solchen System nie ganz ausgeschlossen werden können, müssen Maβnahmen getroffen werden, um die Verfügbarkeit des Gesamtsystems bzw. der Teilsysteme auch beim Auftreten von Störungen so gut wie möglich zu erhalten.

2. Aufbau von Kommunikationssystemen

Kommunikationssysteme setzen sich zusammen aus verschiedenen Komponenten:

1. Leitungssystem bestehend aus
   Knotenrechner mit Nachrichtentransport-Software und

Datenübertragungs-Leitungen mit Leitungstreibern

2. Geräte mit Gerätetreibern
   wie Bildschirme, Schreibmaschinen, Drucker, Disketten usw.

3. Steuerungssysteme
   für Verbindungs-Auf/Abbau
   Verbindungs-Umsteuerung
   Fehlermeldung und -aufzeichnung

Die topologische Struktur ergibt sich aus den Leitungs-Verbindungen zwischen den Knoten. Hierbei können Knoten parallel, seriell oder vermascht geschaltet werden; ringförmige, sternförmige, hierarchische und vermaschte Netze enstehen hierdurch. Aus der Topologie des Leitungssystems ergeben sich die Möglichkeiten von Ersatzwegen für den Nachrichtentransport im Fehlerfall.

3. Klassifizierung von Fehlern

Es wird vorausgesetzt, daβ Mechanismen für die Fehlererkennung in den Komponenten des Systems vorhanden sind.

Tritt bei der Ausführung einer Operation ein Fehler auf, so muβ das System hierauf reagieren. Maβnahmen des Systems hierzu können sein zu versuchen, den Fehler zu korrigieren, oder durch Umgehung der fehlerhaften Komponente die Operation auszuführen. Letzteres ist nur möglich, wenn redundante Komponenten oder alternative Nachrichtenwege zwischen zwei Teilnehmern vorhanden sind. U.U. kann die fehlerhaft erkannte Operation weder korrigiert noch durch eine Ersatz-Komponenten ausgeführt werden. In diesen Fällen muβ ein Ausfall festgestellt werden.

Entsprechend werden die Fehler eingeteilt in:

Weiche Fehler

Diese Fehler lassen sich entweder korrigieren oder die Operation läβt sich ausführen durch Umgehung der fehlerhaften Komponente. Das Korrigieren von Fehlern läβt sich beispielsweise durch Wiederholung der betr. Operation ausführen, was in der Regel bei sporadischen Fehlern erfolgreich ist, z.B. bei Datenübertragungsfehlern oder zeitabhängigen Fehlern, die auch bei der Software vorkommen. Solche Fehler ereignen sich bei

Übertragungstrecken

Hardware und Software der Knotenrechnern.

Harte Fehler

sind Fehler, die sich weder korrigieren noch umgehen lassen und damit zum Ausfall der betr. Komponente führen. Harte Fehler haben zur Folge, daß je nach Lage der betr. Komponente im System entsprechende Teile des Kommunikationsnetzes ausfallen.

4. Maßnahmen bei Fehlern

Grundsätzlich müssen Fehler zusammen mit ihrer Umgebung, z.B. bei Übertragungsfehlern der betr. Datensatz, aufgezeichnet werden. Vielfach ist die Information über die Ursache von Fehlern nicht vollständig, so daß erst anhand mehrerer Fehleraufzeichnungen eine Fehleranalyse erfolgreich durchgeführt werden kann. Fehlerreaktionen des Systems müssen nach Möglichkeit automatisch, d.h. ohne Eingriff des Operators, erfolgen.

Die Maßnahmen gegen Fehler und in Fehlersituationen lassen sich folgendermaßen unterteilen:

4.1 Vorbeugende Maßnahmen

Hierunter fällt das Konfigurieren von Kommunikationssystemen, wobei für Ausfall kritische Komponenten Ersatzkomponenten vorgesehen werden, z.B. mehrere oder alternative Leitungswege zwischen zwei Knoten. Das Ziel einer solchen Konfigurierung ist, das System bis zu einem bestimmten Ausfallgrad von Komponenten noch funktionsfähig zu halten.

Des Weiteren zählen hierzu Überwachungseinrichtungen, die vorwiegend bei den Übertragungsstrecken eingesetzt werden. Hierbei gibt es zwei Verfahren:

- ein Testdatenstrom mit kritischen Binärmustern, die z.B. aus den aufgetretenen Fehlern gewonnen werden, überprüft während der

Wartezeiten die Übertragungsstrecke

- durch automatisches Prüfen der Signalpegel und Impulsbreiten der Übertragungseinrichtungen (MODEM, GDN) mit einer zusätzlichen Meßeinrichtung kann das Verschieben der Signalpegel überwacht werden, so daß vor dem Überschreiten des Toleranzbereiches und damit vor dem Auftreten von Fehlern Wartungsmaßnahmen durchführen werden können [BRY76].

4.2 Fehler korrigierende und Fehler umgehende Maßnahmen

- Wiederholungen von Operationen haben i.a. bei sporadischen oder zeitkritischen Fehlern (weiche Fehler) Erfolg. Gerade in diesen Fällen ist eine Fehleraufzeichnung unerläßlich, um vorbeugende Wartung gezielt durchführen zu können. Die Anzahl der Wiederholungen muß hierbei begrenzt werden. Beim Überschreiten dieser max. Wiederholungszahl wird ein Ausfall der betr. Komponente angenommen.

  Operationswiederholungen an einer defekten Komponente müssen vom System so durchgeführt werden, daß hierdurch nicht die Bedienung der übrigen Komponenten beeinträchtigt wird. Nur die defekte Komponente soll einen Leistungsverlust erleiden. Z.B. darf ein Kommunikationsprozessor bei Fehlern auf einer seiner Leitungen nicht die Wiederholungen der Übertragungen ohne Pause ausführen, sondern muß sich nach jeder Wiederholung den übrigen Leitungen widmen.

- Fällt eine Komponente aus, so kann bei Vorhandensein einer redundanten Komponente die Operationen mit Hilfe dieser Komponente ausgeführt werden, z.B. mehrere Leitungen zwischen zwei Knoten, zwei Drucker an einer Außen station. Hierbei muß eine Leistungsminderung des betr. Teilsystems in Kauf genommen werden.

4.3 Benachrichtigung der Benutzer und Operateure

Im Gegensatz zu den weichen Fehlern ist das Auftreten von harten Fehlern mit Folgen für die Benutzer verbunden, da hierdurch Teile des Kommunikationssystems ausfallen und damit Verbindungen zwischen

Teilnehmern unterbrochen werden. Die betroffenen Benutzer und der Operateur müssen verständigt werden. Für diese Benachrichtigung wurde im Kommunikationsnetz der Universität Karlsruhe ein Verbindungskonzept entwickelt, bei dem jede Verbindung eine explizite Konsole besitzt.

Verbindungskonzept mit expliziter Konsole

Eine Verbindung ist ein Mechanismus für einen Nachrichtentransfer zwischen zwei Teilnehmern; z.B. besteht eine Dialogverbindung aus einem simplen Transport von Nachrichten in beide Richtungen.

Das Konzept besteht nun darin, daß für jede Verbindung dem System eine Konsole bekannt ist (Gerätename), über die sämtliche System-Meldungen ausgegeben und auch Kommandos an die Verbindung erteilt werden können. Die Konsole ist beliebig, auch unabhängig von den an der Verbindung beteiligten Teilnehmern, definierbar und umlegbar. So kann z.B. der Bildschirm eines Operateurs die Konsole für alle RJE-Verbindungen sein. Damit ist für die Systemmeldungen eine eigener logischer Kanal eingerichtet, der von den Kanälen der Nachrichtenübertragung verschieden ist.

Eine explizite Konsole ist vor allem bei Datei-Transfer- und RJE-Verbindungen erforderlich, da die Steuerung der Verbindungen (Auf- und Abbau) naturgemäß von einem Terminal erfolgt, das nicht am Nachrichtenverkehr beteiligt ist. Fällt selbst die Konsole einer Verbindung aus, so kann entweder der Benutzer oder Operateur die Konsole auf ein anderes Gerät legen oder sie wird automatisch auf vereinbarte Ersatz-Konsolen umgesteuert.

Die Adressiermechanismen für die Verbindungen erlauben nicht nur einzelne Konsolen sondern die Konsolen von Gruppen von Verbindungen in einer Nachricht anzusprechen, z.B. alle Konsolen der Verbindungen einer Außenstation. Fällt eine Übertragungsstrecke aus, so können hiermit gezielt alle Benutzer, die über diese Übertragungsstrecke verkehren, informiert werden, unabhängig davon, über welches Gerät diese Verbindung gesteuert wird.

4.4 Wiederanlauf-Verfahren für Knotenrechner

Der Wiederanlauf von Knotenrechner dient dazu, die Software durch

Neuladen von einem Hintergrundspeicher oder Neustarten, zu restaurieren. Dazu muß vor dem Wiederanlauf der letzte Zustand des Systems gespeichert werden, um ihn beim Wiederanlauf wieder herstellen zu können.

Verfahren

Das im folgenden beschriebene Verfahren verwendet ein Speicher-Abbild des gesamten Systems auf einen Hintergrundspeicher. Dieses kann unmittelbar in den Arbeitsspeicher des Knotenrechners geladen, auch durch Urladen, und anschließend gestartet werden. Vor dem Laden des Speicherabbildes wird der Arbeitsspeicherinhalt auf eine Datei des Hintergrundspeichers (Dump-Datei) ausgeschrieben und steht somit für Fehleranalysen und für die Rekonstruktion aller geschalteten Verbindungen zur Verfügung. Diese Datei enthält den aktuellen Zustand der Verbindungen und des Systems. Nach Start der Software, der nach dem Laden erfolgt, holt sich das System aus der Dump-Datei alle Informationen über die Verbindungen und stellt deren alten Zustand wieder her. Da die Rekonstruktion aus Aufwandesgründen im Karlsruher Kommunikationsnetz nicht bis zur Reinitialisierung der zuletzt verwendeten Nachrichtenpuffer durchgeführt wird, gehen hierbei möglicherweise die letzten Eingaben der Benutzer verloren. Daher werden die Benutzer jedes Mal über einen erfolgten Wiederanlauf informiert.

Steuern des Wiederanlaufs

Für den praktischen Einsatz des Wiederanlaufs müssen Steuerungsmöglichkeiten vorgesehen werden. Der Wiederanlauf muß z.B. an- und abschaltbar sein. Der automatische Wiederaufbau sämtlicher Verbindungen ist in verschiedenen Situationen unerwünscht, z.B. beim Laden eines neuen Systems. Da der Wiederanlauf automatisch ablaufen soll, muß der jeweilige Wiederanlaufmodus durch eine Voreinstellung gesetzt werden. Diese muß auch in der Phase des Wiederanlaufs selbst geändert werden können (z.B. durch einen Fehler werden ständig Wiederanläufe ausgelöst). Daher kann die Steuerung nur über das Schalterfeld des Knotenrechners durchgeführt werden. Jeder Wiederanlaufmodus ist hierbei durch Umlegen eines Schalters einstellbar.

Die Implementierung des Wiederanlaufs im Karlsruher Kommunikationsnetz benutzt die Wiederanlauf-Einrichtung des

Betriebssystems der Siemens 330, das sich wiederum auf die Urlade-Funktion der Hardware stützt. Damit ist es möglich, den Wiederanlauf des Knotenrechners sowohl durch Urladen (Taste am Schalterfeld) als auch durch Stops des Betriebssystems auszulösen. Diese Wiederanlauf-Einrichtung sieht zudem vor das Gerät, von dem aus das Speicher-Abbild geladen wird, am Schalterfeld einzustellen. Diese Gerät-Einstellung ermöglicht mit Hilfe von Speicher-Abbildern auf verschiedenen Platten einen raschen Wechsel von System-Versionen, ohne daß die bestehenden Verbindungen vom Benutzer wieder neu aufgebaut werden müssen. Ein Wiederanlauf dauert im Vorschaltrechner Siemens 330 ca. 2-3 sec.

Auslösen des Wiederanlaufs

Der Wiederanlauf soll in Fehlersituationen ausgelöst werden, in denen keine andere Möglichkeit der Erhaltung der Funktionsfähigkeit des Systems besteht. Fehler werden erkannt durch Konsistenzprüfungen, z.B. ein Nachrichten-Puffer darf nur einmal an den Pool zurückgegeben werden, Bereichsüberschreitungen von Variablen wie Nachrichtenlänge, Indices und Synchronisationsvariablen, und durch unerwartete Interrupts.

Die Konstruktion der Knotenrechnersoftware des Karlsruher Kommunikationsnetzes basiert auf dem vorhandenen Betriebssystem des Knotenrechners. Das hat zur Folge, daß die Knotenrechnersoftware als ein Programm des Betriebssystems abläuft. Dadurch ist es notwendig, dieses durch ein zweites Programm ständig zu überwachen, um beim Auftreten von Fehlern, die zum Abbruch der Ausführung der Knotenrechnersoftware führt, Wiederanläufe auslösen zu können. Auf diese Weise kann das System bei Fehlern, wie Sprünge in Datenbereiche, Überschreiten des Adreßbereichs und Zerstörung des Programmcodes, durch Wiederanläufe in einen oparablen Zustand zurückversetzt werden.

Insgesamt kann das Wiederanlaufverfahren, wie es in Karlsruhe implementiert ist, ausgelöst werden

- bei bestimmten von System erkannten Fehlern
- nach Stromausfall beim Wiedereinschalten der Netzspannung
- durch einen privilegierten Befehl von jedem Terminal des Kommunikationsnetzes aus
- durch Betätigen der Urlade-Taste am Knotenrechner.

Anwendungen des Wiederanlaufs

Neben der Erhaltung der Verfügbarkeit des Knotenrechners beim Auftreten von Fehlern kann das Wiederanlauf-Verfahren auch für die Wartung und Pflege der Software eingesetzt werden. Hierzu kann ausgenutzt werden,

- das Speicher-Abbild direkt über Eingaben am Terminal oder
- durch Einkopieren einer anderen Datei in das Speicher-Abbild zu ändern und
- auf jeder Platte eine Speicher-Abbild-Version zu halten, die durch Einstellen des Ladegeräts am Schalterfeld ausgewählt wird.

Das Auslösen des Wiederanlaufs nach Spannungswiederkehr bietet eine sehr einfache Bedienung des Systems beim Austauschen von defekten Hardware-Teilen.

Daraus ergeben sich folgende für die Praxis sehr zweckmäßige Anwendungen:

1. Automatischer Wechsel der System-Version beim Auftreten des ersten Fehlers

Kommunikationsnetz-Software muß erfahrungsgemäß selbst nach sorgfältigem Test auch unter realer Last erprobt werden. Das Wiederanlauf-Verfahren bietet hierzu folgende Methode an:
Nach dem Vortest wird das System in das Speicher-Abbild einer Platte kopiert, während das alte System im Speicher-Abbild einer zweiten Platte gespeichert ist. Am Schalterfeld wird die Platte mit der neuen Version eingestellt und ein Wiederanlauf per Befehl oder per Urlade-Taste ausgelöst. Dadurch wird die neue Version geladen. Die im laufenden System geschalteten Verbindungen bleiben hierbei erhalten. Am Schalterfeld wird danach wieder die Platte mit der alten Version eingestellt. Der erste Fehler des Systems, der zu einem Wiederanlauf führt, sorgt für einen Wechsel zurück zum alten System. Hierbei wird gleichzeitig ein Speicher-Abzug angelegt.

2. Systemwechsel per Terminal-Kommando

Werden mehrere Varianten des Systems aus betrieblichen Gründen wechselweise gefahren, so hat der Operateur die jeweilige System-Version in das Speicher-Abbild zu kopieren und über ein Kommando am Terminal einen Wiederanlauf auszulösen. Die Einstellung am Schalterfeld ändert sich hierbei nicht.

3. Austauschen von defekten Hardware-Teilen

Zum Austausch von Hardware-Teilen muß der Knotenrechner abgeschaltet werden. Beim Wiedereinschalten läuft die Software automatisch hoch und schaltet die bisherigen Verbindungen wieder. Aufgrund dieser einfachen Bedienung kann die Betriebsunterbrechung des Knotenrechners so klein wie möglich gehalten werden.

Literatur:

[BRY76] Bryant, P.; Giesin, F.W.; Hayes, R.M.: Experiments in line quality moritoring, IBM System Journal No.2, 1976, pp. 124-142

[RZ 78] Wiederanlauf/Installations-Handbuch des Kommunikationsnetzes, April 1979, RZ Universität Karlsruhe

[SIE78] ORG 330K-Beschreibung, 1.12.78, Siemens AG

LEISTUNGSMESSUNG

COMPUTER RESOURCE MANAGEMENT SYSTEME

Volker Hahnau
- Tesdata GmbH, Frankfurt am Main -

Zusammenfassung :

In vielen Rechenzentren ist bereits die Notwendigkeit erkannt worden, auf der Basis von Analysen die Kapazitätsnutzung des gesamten EDV - Systems zu überwachen. Dieser Beitrag soll zeigen, wie ein auf Grund der Komplexität heutiger Rechenzentren notwendiges Computer Resource Management - Konzept aussehen kann. Ziel dieses Konzepts ist es, dem EDV - Management ein effektives Instrument zur Verfügung zu stellen, um die Planung, Steuerung und Kontrolle auch unüberschaubarer Computer - Installationen sicherzustellen.

Inhaltsverzeichnis :

1. Einleitung

Die Verwaltung und Organisation von Computer - Systemen ist in einem entscheidenden Wandel begriffen. Die Komplexität der Systeme und ihrer Technologie, in Verbindung mit der wachsenden Integration des Computer in den meisten Organisationen, hat zu der Forderung nach mehr Informationen geführt. Und zwar Informationen, die sowohl die kurzfristigen Tages-, als auch die langfristigen betriebsbezogenen Entscheidungen betreffen. Für viele betriebswirtschaftliche Bereiche des Unternehmens wird bereits der Computer als Ausgangspunkt für ein detailliertes Berichtswesen (Beispiel : Vertrieb, Lagerhaltung, Fertigungssteuerung) verwendet. Dies gilt für den EDV - Bereich selbst noch nicht. Für ein qualitativ hochwertiges Dienstleistungsangebot bei gleichzeitig wirtschaftlicher EDV - Betriebsführung ist es aber erforderlich, einen detaillierten Informationsbestand über die Kapazitätsnutzung des gesamten EDV - Systems aufzubauen. Es ist notwendig, die Auslastung und das Leistungsvermögen zu kennen, um auf Grund kontinuierlicher Überwachung Tendenzen feststellen zu können / 8 /.

Diese Informationen sind bisher nur bedingt verfügbar. In vielen Rechenzentren liegen zwar die Aussagen aus existierenden Accounting - Systemen, von Hardware - oder Software - Monitoren, vor. Diese Daten werden aber in der Regel manuell in einem Berichtswesen zusammengefaßt. Was fehlt,ist die integrierte Lösung in Form einer Datenbank aus Leistungsinformationen und in Form eines benutzerfreundlichen Berichtssystems.

2. Forderungen an ein Computer Resource Management System

Welche Kriterien sind nun beim Aufbau eines Computer Resource Management (CRM) Systems zu berücksichtigen ?

a) Kontinuierliche Messungen
Nur durch kontinuierliche Messungen ist eine permanente Analyse und Steuerung der EDV - Komponenten möglich.

b) Genauigkeit

Eine Untersuchung der EDV - Leistung erfordert ein hohes Maß an Exaktheit, um entsprechende Folgerungen zu erarbeiten. D. h. das CRM - System muß über einen hohen Stichprobenumfang verfügen und lastunabhängig sein.

c) Unabhängigkeit

Das Meßsystem sollte unabhängig von der verwendeten Hardware sein und jedes EDV - System sowie jede Komponente grundsätzlich messen können. D. h. sowohl Anlagen unterschiedlicher EDV - Hersteller (IBM, Siemens, CDC), als auch komplexe Peripherie (Massenspeicher, Laserdrucker) müssen in ein einheitliches Analyse - Verfahren einbezogen werden. Ferner muß eine Unabhängigkeit von der Software garantiert sein, so daß keine release - oder betriebssystembedingten Änderungen notwendig sind.

d) Datenbankkonzept

Der Umfang der anfallenden Daten macht ein Datenbankkonzept erforderlich, das die Grundlage für ein Berichtswesen ist.

e) Overhead

Das Meßverfahren sollte das Meßobjekt in keinster Weise beeinflussen oder verändern, sondern passiv " beobachten ". Ferner sollte - wenn möglich - keine EDV - Komponente (sei es nun Prozessor, Speicher oder Peripherie) durch das Analyse - System belastet oder EDV - Kapazität absorbiert werden.

f) Berichtssystem

Die gemessenen Leistungsgrößen können nur dann vernünftig aufgearbeitet werden, wenn ein maschinelles Reporting die Aufbereitung und Verdichtung der Daten vornimmt. D. h. neben konventionellen summarischen Reports und Plots, müssen Ausnahme - und Management - Berichte sowie Trend - Analysen, Korrelationen, Histogramme und Verteilungen produzierbar sein. Die Flexibilität in der Berichterstattung ist dabei ein weiterer entscheidender Punkt, denn nur durch die Verknüpfung beliebiger Systemgrößen - über frei wählbare Zeiträume mit entsprechender Auflösung - sind Problemanalysen sinnvoll durchführbar.

g) Personalaufwand

Die verfügbare Personalkapazität sollte auf die Auswertung der Leistungsdaten konzentriert werden, d. h. nicht auf die Erstellung von Reports auf Grund seitenlanger Statistiken. Das bedingt eine automatische Steuerung des Monitors sowie die Aufbereitung der Meßdaten und Generierung von Berichten durch das Meßverfahren selbst. Ein entsprechender Komfort in der Handhabung der Meßinstrumente ist im Interesse des Benutzers zu fordern.

h) Echtzeitanzeigen

Neben der Bereitstellung von Berichten über bestimmte Zeitperioden sollte eine Sofort - Anzeige und - Analyse der Leistung der EDV - Komponenten möglich sein. Zusätzlich zu dieser kontinuierlichen Meßanzeige sollte das Meßsystem Meldungen auf Grund des Unter - oder Überschreitens eines vorgegebenen Schwellwertes in graphischer und / oder akustischer Form ausgeben können, um eine sofortige Aktion des Operatings, der Systemprogrammierung oder der Wartungstechniker auszulösen.

Diese Forderungen werden zum Teil von konventionellen Software - Monitoren (wie z. B. RMF/2 von IBM, SIP von UNIVAC oder SM2 von Siemens), bzw. von Hardware - Monitoren (wie z. B. SMI von IBM, Dynaprobe von Compten oder System 1000 von Tesdata) erfüllt. Die Kombination dieser Meß - Möglichkeiten wird als " Hybrid Monitor " bezeichnet und soll im folgenden näher dargestellt werden.

3. MS - Meßsysteme

Mit welchen Methoden können nun unterschiedliche Leistungsgrößen in einer Meßdatenbank gesammelt und in Form eines Berichtswesen dem Benutzer zur Verfügung gestellt werden ?

Ein Computer Resource Management - Konzept besteht aus Hardware - und Software - Elementen zur kontinuierlichen Analyse von EDV - Kapazitäten. Dabei werden sowohl Hardware - Verfahren, als auch Software - Verfahren (Software - Monitoring und Accounting) verwendet.

Abbildung 1 zeigt die wesentlichen Komponenten des Tesdata CRM - Konzepts / 9 /.

a) Hybrid - Controller
Die Kontrolleinheit organisiert die Erfassung, Aufbereitung und Integration der Hard - und Software - Meßdaten.

b) Meßprocessor
Die unterschiedlichen Meßprocessoren sammeln Daten an den verschiedenen EDV - Komponenten (Meßprocessor 1 via Sensoren), über die I / O - Aktivitäten (Channel Event Processor), über die TP - Aktivitäten oder auch an räumlich getrennten DV - Anlagen (Rechner - Netze), wobei die Daten über TP - Leitung übermittelt werden.

c) Software - Interface
Über das Software - Interface werden Daten über das Betriebssystem - Verhalten und den Workload bereitgestellt.

d) Graphic Display / Message Display Unit
Diese beiden Einheiten dienen der Echtzeitanzeige der Resource - Nutzung.

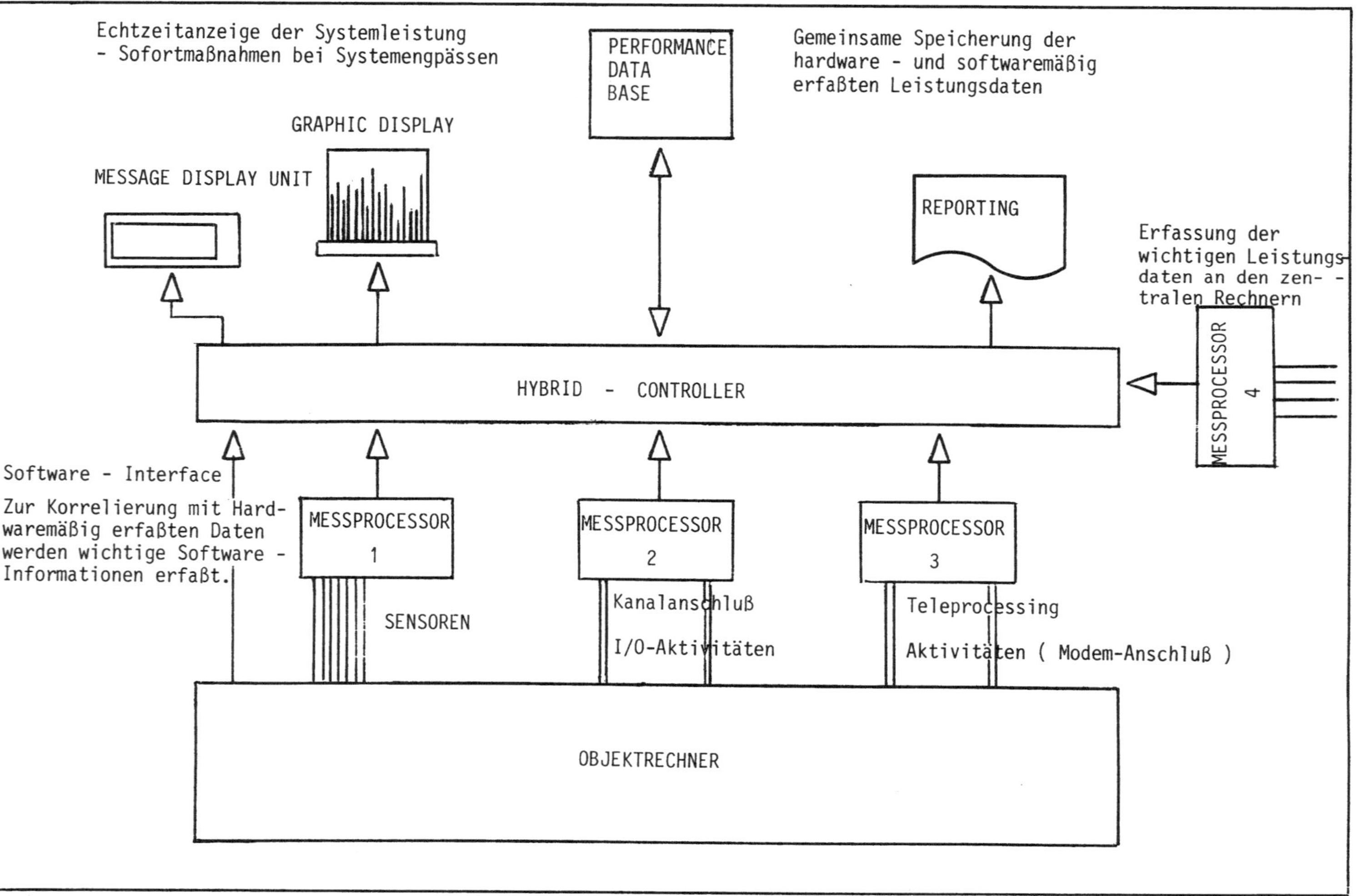

Echtzeitanzeige der Systemleistung
- Sofortmaßnahmen bei Systemengpässen
PERFORMANCE
DATA
BASE
Gemeinsame Speicherung der
hardware - und softwaremäßig
erfaßten Leistungsdaten
GRAPHIC DISPLAY
MESSAGE DISPLAY UNIT
REPORTING
Erfassung der
wichtigen Leistungs-
daten an den zen- -
tralen Rechnern
HYBRID - CONTROLLER
MESSPROCESSOR
4
Software - Interface
Zur Korrelierung mit Hard-
waremäßig erfaßten Daten
werden wichtige Software -
Informationen erfaßt.
MESSPROCESSOR
1
MESSPROCESSOR
2
MESSPROCESSOR
3
SENSOREN
Kanalanschluß
I/O-Aktivitäten
Teleprocessing
Aktivitäten (Modem-Anschluß)
OBJEKTRECHNER

Abbildung 1

e) Performance Data Base incl. Reporting
Die Datenbank speichert sämtliche vom Software - Interface und den Meßprocessoren erfaßten Leistungsdaten und ermöglicht über eine entsprechende Software das Berichtswesen.

Das Basissystem (Hybrid - Controller und Meßprocessor) besteht aus einem minicomputergesteuerten Monitor, der die an unterschiedlichen Komponenten eines EDV - Systems gemessenen Signale verzögerungsfrei, voll parallel via Sensoren erfaßt. Messungen erfolgen ohne jegliche Beeinflussung der zu messenden EDV - Kapazitäten mit einer sehr hohen Genauigkeit. Die so empfangenen Signale werden durch eine integrierte Software analysiert, ausgewertet und auf der angeschlossenen Peripherie (Magnetplatte, Diskette, Magnetband) abgespeichert. Ferner gehören zu dem System eine Konsole zur Steuerung und Analyse des Hardware - Verfahrens, ein Drucker für die Berichte und eine umfangreiche Software (Betriebssystem, Datenbank - und Analyse - Software) / 2,3 /.

Das Software - Interface benutzt einerseits ein Meßprogramm, das im zu messenden Computer mitläuft und in bestimmten Zeitintervallen festgelegte Systemzustände abspeichert. Andererseits gehört dazu ein Analyseprogramm, das aus Accounting - Daten, deren Hauptzweck ja die Aufschlüsselung der geleisteten Systemarbeit auf die teilhabenden Benutzer ist, leistungsrelevante Informationen extrahiert.
Die so mit Hilfe von Hardware - und Software - Verfahren gewonnenen Daten werden in einer umfangreichen Meß- Datenbank abgespeichert. Durch dieses Datenbankkonzept und die dazugehörige Auswertungssoftware ist ein umfangreiches Berichtswesen verfügbar. Das Betriebssystem und die Datenbankreduktionssoftware ermöglichen eine Projektion aktueller als auch historischer Meßdaten auf die Konsole des MS - Systems durch einen dirketen Zugriff auf die Werte der Datenbank. Dieser Vorgang kann parallel zum Meßprozess durchgeführt werden, dadurch eine kontinuierliche Messung - ohne auswertungsbedingte Unterbrechung - gewährleistet wird.

Ferner können wesentliche Leistungseigenschaften real - time durch das Graphic Display oder durch die Message Display Unit dargestellt werden, so daß Sofortmaßnahmen bei Engpässen getroffen werden können.

Welche Leistungsinformationen können gesammelt und in einer Meß - Datenbank abgespeichert werden ?

Wegen den unterschiedlichen Methoden zur Gewinnung von Leistungsgrößen wird ein breites Leistungsspektrum abgedeckt. Dazu gehören zum einen Daten, die mit dem Meßprocessor 1 durch den physikalischen Anschluß an EDV - Komponenten gesammelt werden / 2,5 /. Die meisten Eigenschaften einer Leistung innerhalb eines Computer - Systems können auf Grund von Signalen gemessen werden, die durch Spannungszustände innerhalb eines digitalen Schaltkreises entstehen. Beispiele dafür sind:

- Prozessorauslastung und - zustände (CPU BUSY, WAIT, PROBLEM STATE, usw.),
- Auslastung der Kanäle (CHANNEL BUSY, Anzahl der transferierten Bytes),
- Aktivität der Kontrolleinheiten (BUSY, Zugriffskonflikte durch den Zugriff mehrerer Prozessoren auf die gleiche Peripherie),
- Benutzung der Peripherie (DEVICE BUSY, Zugriff auf Platteneinheiten, Fehler - und Wiederholungsrate, Datenfernverarbeitungsaktivitäten, Belegt -, Warte - und Zugriffszeiten).

Durch den Meßprocessor 2 (MS 108, Channel Event Processor), einem Gerät zur Analyse von Kanalaktivitäten können sämtliche Informationen, die ein Blockmultiplex - oder Selektorkanal transferiert, ausgewertet werden. Diese Analysen reichen von Suchoperationen, Zugriff zu Datenbanken und Blockgrößen - Feststellungen bis hin zu Anwortzeitmessungen / 7 /.

Einblick in die Datenfernübertragungsaktivität liefert neben dem Meßprocessor 1 über den Anschluß von Sensoren der Meßprocessor 3 durch den Anschluß direkt am Modem. Dadurch können Leistungsmessungen durchgeführt werden (Auslastung, Charakter - Transfer, usw.).

Das Software - Interface liefert Daten, die bisher nur mit Software - Monitoren gewonnen werden konnten. Beispiele aus diesem Bereich sind :

- Paging - Aktivitäten,
- Warteschlangen - Längen,
- Multiprogramming - Level.

Diese Informationen werden durch ein Programm aus dem Betriebssystem extrahiert und so formatiert, daß sie direkt in die Meßdatenbank auf dem MS - System eingespielt werden können. Ferner ist die Hinzunahme von Accounting - Werten in die Datenbank möglich. Dazu gehören unter anderem folgende Informationen :

- Job Name,
- Number of Steps started und ended,
- fehlerhafte Programmabbrüche (Abends),
- Device - und Speicher - Benutzung.

Diese Werte werden dem Accounting - File entnommen und für die Datenbank aufbereitet.

Grundsätzlich sind sämtliche der oben aufgeführten Messungen (Meßprocessor 1 - 3, Software - Interface) auch in dezentralen Rechenzentren möglich, so daß eine zentrale Überwachung und Leistungsanalyse für die dezentralen Rechner durchführbar ist. Die Datenübertragung erfolgt bei diesem sogenannten " Distributed Measurement Network " über Stand - oder Wählleitungen mit Hilfe des Meßprocessors 3 und des Hybrid - Controllers.

Somit kann man mit den unterschiedlichen Verfahren Daten gewinnen, die dann, zusammen ausgewertet, ein umfassendes Bild von der Leistung der vorhandenen EDV - Systeme widerspiegeln.

4. Aufbau und Funktion der Datenbank

Die Struktur der Meßdatenbank entspricht einer zweidimensionalen Matrix. Dabei werden in der horizontalen Achse die Werte für die entsprechenden Zeitintervalle nach dem internen Kalender des MS - Systems eingetragen. In der vertikalen Achse trägt die Software die durch die unterschiedlichen Verfahren ermittelten Werte ein. Aus der einfachen Struktur resultiert, daß die Daten schnell verfügbar und sehr flexibel verknüpfbar sind. Gerade die Korrelation der Daten und die Darstellung in gemeinsamen Berichten ist ein entscheidender Fortschritt gegenüber den bisherigen Teillösungen bei der Leistungsanalyse. Die Funktion der Datenbank für ein Berichtswesen soll nun näher erläutert werden.

Für unterschiedliche Entscheidungsebenen werden Kontroll - oder Planungsinstrumente benötigt / 4 /. Als Ergänzung zu Informationssystemen, die historische oder aktuelle Ist - Daten liefern (z. B. Auslastung der Prozessoren, der Kanäle, der Peripherie), dienen Systeme, die auch die Planerstellung unterstützen, z. B. durch das Aufzeigen von Korrelationen, Thresholds oder Trends.

Neben der Unterscheidung von Planungs - und Kontrollinstrumenten, die vom Informationsbedarf der Benutzer ausgehen, findet sich häufig eine Trennung in Berichts -, Auskunfts - und Entscheidungssystemen.Diese Dreiteilung geht von der Art der Bereitstellung des Informationsangebotes aus / 4 /. Berichtssysteme zeichnen sich dadurch aus, daß der Benutzer Informationen erhält, die bereits nach Inhalt und Darstellung weitgehend vorstrukturiert sind / 4 /.
Ein typisches Beispiel dafür ist ein Summary - Report, der Auskunft über die Auslastung und Benutzung bestimmter Systemkomponenten gibt. Von Auskunftssystemen spricht man gewöhnlich dann, wenn auf Anfrage Informationen geliefert werden, die in auskunftsbereiten Datenbeständen - im Idealfall als Datenbank organisiert - bereitgehalten werden / 4 /. In diesem Zusammenhang sei die Möglichkeit des direkten Zugriffs auf die MS - Datenbank erwähnt. Hierbei können Meßwerte für ausgewählte Zeitintervalle sowohl auf dem Bildschirm, als auch auf dem Graphic - Drucker sofort veranschaulicht werden. Somit können Benutzer der Datenbank durch eine Art Top - Down - Vorgehensweise schrittweise eine Leistungs - und Problemanalyse durchführen. Ausgangspunkt dabei wird in der Regel eine Übersichtsgraphik

sein, die eine Grobanalyse darstellt. Durch eine entsprechende Verfeinerung in der Auswahl der Komponenten und der Zeitintervalle ist dann eine Detailanalyse möglich. Entscheidungssysteme unterscheiden sich von Berichts - und Auskunftssystemen dadurch, daß es sich bei den übermittelten Informationen um Ergebnisse handelt, die unter Einsatz von Methoden und Modellen gewonnen werden / 4 /. Beispiele dafür sind Trendanalysen, Histogramme über die Häufigkeit von Systemzuständen und das Aufzeigen von Korrelationen (Abbildung 2).

Abbildung 2

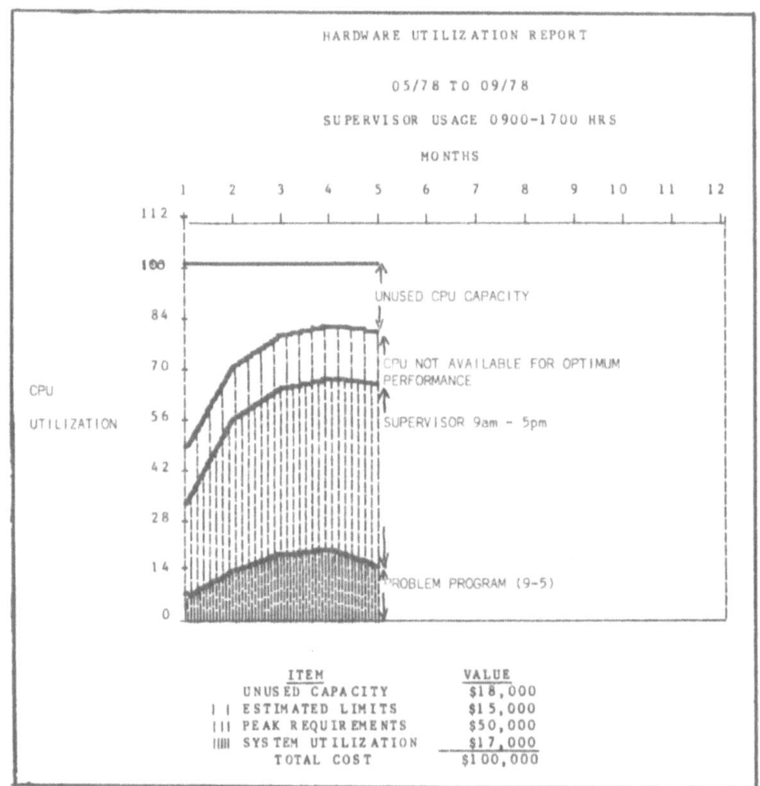

Ein weiterer wesentlicher Vorteil der MS - Datenbank und der Software ist das Vorhandensein eines Ausnahmeberichtssystems. Hierbei hat der Benutzer unterschiedliche Möglichkeiten (bezogen auf ein frei wählbares Zeitintervall) :

1. Anzeige von Ausnahmezuständen (z. B. : Wann war die Auslastung der Prozessoren über 90 % (Abbildung 3)).

Abbildung 3

TESDATA CUSTOMER

CPU BOTTLENECK ON SYSTEM 158 B 10/09/78

03/78 TO 03/78

**** CONDITIONS TESTED ****

CPU ONLY <GREATER THAN> 50% OF CPU BUSY
AND CPU BUSY <GREATER THAN> 40%

TIME PERIOD	1	2	3	4	5	6	7	8	9	10	11	12	13	14	15	16	17	18	19	20	21	22	23	24	25	26	27	28	29	30	31	OCCUR
00:00-01:00	.	X				X	X					X			X	.	.	.	.	.	.	.	.	.	.	.	.	.	.	.	.	5
01:00-02:00	.	X	X			X					X					.	.	.	.	.	.	.	.	.	.	.	.	.	.	.	.	4
02:00-03:00	.					X					X				X	.	.	.	.	.	.	.	.	.	.	.	.	.	.	.	.	3
03:00-04:00	.		X								X					.	.	.	.	.	.	.	.	.	.	.	.	.	.	.	.	2
04:00-05:00	.		X	X										X		.	.	.	.	.	.	.	.	.	.	.	.	.	.	.	.	3
05:00-06:00	.			X	X						X	X		X	X	.	.	.	.	.	.	.	.	.	.	.	.	.	.	.	.	6
06:00-07:00	.	X	X	X												.	.	.	.	.	.	.	.	.	.	.	.	.	.	.	.	3
07:00-08:00	.						X									.	.	.	.	.	.	.	.	.	.	.	.	.	.	.	.	1
08:00-09:00	.					X	X	X		X			X			.	.	.	.	.	.	.	.	.	.	.	.	.	.	.	.	5
09:00-10:00	.				X	X				X				X		.	.	.	.	.	.	.	.	.	.	.	.	.	.	.	.	4
10:00-11:00	.	X	X	X	X	X					X					.	.	.	.	.	.	.	.	.	.	.	.	.	.	.	.	6
11:00-12:00			X									X				.	.	.	.	.	.	.	.	.	.	.	.	.	.	.	.	2
12:00-13:00			X	X		X							X	X	X	.	.	.	.	.	.	.	.	.	.	.	.	.	.	.	.	6
13:00-14:00	X		X									X			.	.	.	.	.	.	.	.	.	.	.	.	.	.	.	.	.	3
14:00-15:00												X			.	.	.	.	.	.	.	.	.	.	.	.	.	.	.	.	.	1
15:00-16:00	.			X					X			X			.	.	.	.	.	.	.	.	.	.	.	.	.	.	.	.	.	3
16:00-17:00		X							X			X			.	.	.	.	.	.	.	.	.	.	.	.	.	.	.	.	.	3
17:00-18:00	X	X				X		X	X	X		X			.	.	.	.	.	.	.	.	.	.	.	.	.	.	.	.	.	7
18:00-19:00	X											X			.	.	.	.	.	.	.	.	.	.	.	.	.	.	.	.	.	2
19:00-20:00	X	X							X						.	.	.	.	.	.	.	.	.	.	.	.	.	.	.	.	.	3
20:00-21:00		X				X			X						.	.	.	.	.	.	.	.	.	.	.	.	.	.	.	.	.	3
21:00-22:00	X				X	X			X	X	X		X	X	.	.	.	.	.	.	.	.	.	.	.	.	.	.	.	.	.	8
22:00-23:00	X				X	X	X	X			X		X		.	.	.	.	.	.	.	.	.	.	.	.	.	.	.	.	.	7
23:00-24:00	X				X	X	X	X							.	.	.	.	.	.	.	.	.	.	.	.	.	.	.	.	.	5
DAY TOTALS	7	8	8	6	6	12	5	4	6	4	7	9	4	5	4	0	0	0	0	0	0	0	0	0	0	0	0	0	0	0	0	%OCCUR 28 %

Periods of CPU bottlenecks are identified by CPU Only exceeding forty per cent when the CPU is over fifty per cent.

2. Variationen der Auslastung um einen Basiswert (z. B. : Prozentuale Abweichung der Auslastung der Prozessoren vom Basiswert 60 %).

3. Darstellung der Jobs oder Zustände, die bei bestimmten Ausnahmesituationen aktiv waren bzw. vorlagen (z. B. : Welche Jobs waren aktiv, als die Belastung der Kanäle zu den Platteneinheiten größer als 40 % war ?).

Durch die vorhandene Software, einschließlich des Datenbanksystems, sind also Standard -, Abruf - und Ausnahmeberichte verfügbar, die wesentlich dazu beitragen, ein Planungs - und Führungsinstrument für die Beurteilung von EDV - Kapazitäten bereitzustellen.

Dabei kann die Datenbank als Basis des Informationssystems angesehen werden. Die charakteristischen Aspekte der Datenbank sind dabei / 1 / :

1. Die Datenbank vereinfacht die Handhabung der Datenverwaltung und der Datengewinnung, wobei das Update vom Meßprocessor selbständig durchgeführt wird. Für das Retrieval steht die Auswertungssoftware zur Verfügung.

2. Die starke Abfrageorientierung der Anwendungen, d. h. der direkte Zugriff auf den Meßdatenbestand, erfordert zwangsläufig eine Datenbank.

3. Trotz des großen Meßdatenbestands kommt es beim Einsatz des MS - Konzepts zur Verringerung der Verarbeitungszeit, da das Extrahieren und Aufbereiten der Daten maschinell geschieht.
   Was bisher vorwiegend manuell auf Grund der unterschiedlichen Informationsquellen durchgeführt wurde, kann heute durch die Korrelation der Daten weitgehend vom MS - System geleistet werden.
4. Als zentrale Datenverwaltung für alle Anwendungen kann das MS - System kontinuierliche Messungen und eine lückenlose Datensicherheit gewährleisten. Die Datenbestände werden on - line aktualisiert, und praktisch gleichzeitig kann auf sie zugegriffen werden.

5. Ausblick

Dieser Beitrag sollte zeigen, wie ein auf Grund der Komplexität heutiger EDV - Systeme notwendiges Berichtswesen mit Hilfe des Tesdata Computer Resource Management - Konzepts aufgebaut werden kann.Durch die Komponenten des MS - Systems sind im wesentlichen alle unter Absatz 2 aufgestellten Forderungen an ein CRM - System erfüllt. Der Ausbau dieses Berichtssystems in Richtung auf methoden - und modellgestützte Entscheidungssysteme und der Einsatz zur gezielten Versorgung des Managements mit Führungsinformationen ist dabei eine noch zu forcierende Aufgabe.

6. Literatur

1. Bauer, M. : Wann ist eine Datenbank sinnvoll ? Online 1 - 2 / 78
2. Hahnau, V. : Vermessung eines Großrechners mit Hilfe eines Hardware - Monitors, Universität Karlsruhe, 1977
3. Hahnau, V. : Planung und Überprüfung einer Systemsplittung mittels Hardware - Monitoring, BIFOA 1978
4. Heinzelberger K. : MIS : Schlagwort oder Realität ? Online 6 / 78
5. Leiffer, J. : Technik der Hardware - und Software - Monitore, Bürotechnik 9 - 10 / 78
6. Lockemann, P. C. : Informationssysteme, Universität Karlsruhe, 1977
7. Rosenthal, K. : System - " Spionage " über transparente Box, Computerwoche, 15. 12. 1978
8. Rüberg, H. / Wesener F. J. : Hard - und Softwaremonitoring, Online 9 / 78

9. Waldron, M. : Hybrid Monitoring,
Systems International 6 / 79

10. Martin, R. / Lortz, B. / Schreiner, A. : Konfigurierung von DV - Anlagen mit Hilfe des Einsatzes von Hard - und Software - Monitoren,
GI - Workshop, Oktober 1977

11. Terplan, K. : Messungen in TP - orientierten Systemen,
Das Rechenzentrum 2 / 79

PROGRAMMSYSTEM ZUR SUBJEKTIVEN PERFORMANCE-KONTROLLE IN TEILNEHMERBETRIEBSRECHENSYSTEMEN

Hans-Jürgen Walther

Siemens AG
Dv WS SE RZ 2

Zusammenfassung: Es wird ein Meßsystem vorgestellt, das es gestattet, anwenderspezifische - also subjektive - Performance-Veränderungen in Teilnehmerbetriebssystemen zu erfassen. An Beispielen erfolgt die Erläuterung subjektiv noch erträglicher Performance-Verschlechterungen. Das Meßsystem ist ein Hilfsmittel für die Rechenzentrumsleitung, frühzeitig Engpässe zu erkennen und Maßnahmen zu deren Behebung einzuleiten. Den Kern dieses Meßsystems stellt ein künstliches Anwenderprogramm dar, das dem durchschnittlichen Benutzerverhalten auf einer Rechenanlage nachempfunden ist.

Über die Performance von Betriebssystemen gibt es eine Vielfalt von Veröffentlichungen und Meinungen, gekoppelt mit der entsprechenden Anzahl von Meßmethoden.

Das legale Bedürfnis, Qualitätsaussagen über Dv-Systeme in Form von Leistungsbeschreibungen zu erhalten, wird auf alle erdenklichen Arten mehr oder minder befriedigt. Die angewandten Methoden, also die Messung des Systemverhaltens mit Hardwaremonitoren, Softwaremonitoren und Benchmarks, sowie mit verschiedenen Simulationstechniken, bemühen sich um größtmögliche Objektivität. Ihr Ziel ist es, den schwer zu definierenden Begriff der Leistung vergleichbar zu machen. Im Hintergrund steht dabei letztlich der Wunsch, Aussagen über das Preis-Leistungsverhältnis zu erhalten, häufig im Zusammenhang mit der Erweiterung bestehender Anlagenkonfigurationen oder der Neuanschaffung eines Dv-Systems.

Es ist bekannt, daß die Grundlage jeder Leistungsbeschreibung eines Dv-Systems die Angabe der Belastung sein muß. Die Angabe des Durchsatzes als Leistungsbeschreibung ohne genaue Spezifizierung der Belastung ist aussageleer.

Eine Charakterisierung der Belastung ist bei stapelverarbeitenden Systemen einigermaßen realisierbar. Auch heute noch steuert das Rechenzentrum über die Arbeitsvorbereitung und die Systemverwaltung weitgehend den stapelverarbeitenden Rechnerbetrieb, kennt also das Lastprofil.

Problematischer stellt sich die Situation bei interaktiven Dv-Systemen dar. Bedingt durch die zunehmende Leistungsfähigkeit der modernen Rechenanlagen kann man Trends in zwei Richtungen beobachten.

Zum einen erkennen immer mehr Anwender die Vorteile des Teilnehmerbetriebs auch für die Stapelverarbeitung. Die schnelleren Zentraleinheiten eröffnen die Möglichkeit, während des Dialogbetriebs Stapelverarbeitung zuzulassen, ohne daß dabei erhebliche Durchsatzprobleme und unerträglich lange Antwortzeiten entstehen.

Zum anderen werden immer mehr Dv-Anwendungen, die bisher nur als Stapelprozesse ablauffähig waren, da ihr Rechenzeitbedarf zu hoch lag, dialogfähig gemacht. Bei den hohen Geschwindigkeiten neuer Zentraleinheiten wird die Verlangsamung durch den Dialogbetrieb gegenüber der Stapelverarbeitung überkompensiert durch die Vorteile, die der Dialogbetrieb bietet.

Eine Charakterisierung der typischen Belastung ist also äußerst problematisch und hängt vom Anwendungsfall ab. Allgemeingültigkeit und damit Objektivität bei Leistungsaussagen ist derzeit nicht erreichbar. Trotzdem wird selbstverständlich die Frage nach der Leistung gestellt.

Betrachtet man die Situation einmal aus dem Blickwinkel eines Rechenzentrums, dann kann diese Frage eine andere Betonung erhalten. Wichtig ist, daß der Service, den ein Rechenzentrum bietet, von den Anwendern als gut, mindestens jedoch als akzeptabel angesehen wird. Bei interaktiven Systemen trägt zum Wohlbefinden der Anwender ganz wesentlich die Antwortzeit bei. Bevor wir dazu nähere Ausführungen machen können, muß zunächst erläutert werden, was wir als Antwortzeit verstehen.

Die reine "Response-Time" z.B. bei Dateizugriffen ist nicht genügend aussagekräftig. Dv-Anwender, die keine Dv-Spezialisten und erst recht keine Betriebssystem-Spezialisten sein müssen, verstehen häufig unter Antwortzeit die Reaktions- bzw. Abarbeitungszeit der Rechenanlage für ihren speziellen Anwendungsfall. Es handelt sich dabei um die Zeit, die Programme oder Programmteile im Rechner verbringen, bis eine für den Anwender erkennbare Aktion erfolgt ist, oder der Anwender zu einer Reaktion aufgefordert wird. Aussagen über Antwortzeiten aus diesem Anwenderkreis erfolgen also subjektiv, bezogen auf das eigene, bekannte Programm. Für diese Dv-Anwender gilt es, brauchbare Meßkriterien zu entwickeln.

Das Meßprogramm

Jedes Rechenzentrum kennt seine Anwender ausreichend genau, um über ihr "Dv-Verhalten" urteilen zu können. Diese Prämisse gestattet es, einen künstlichen Benutzer zu konstruieren, der das durchschnittliche Benutzerverhalten aller Anwender auf einer Rechenanlage darstellt. Auf diese Weise kann ein Meßnormal erzeugt werden, mit dem subjektive - nämlich für ein bestimmtes Benutzerkollektiv gültige - Performanceaussagen möglich sind.

Auf diesen Überlegungen beruht das Programm. Es besteht aus zwei logischen Komplexen: dem Meßteil und dem Statistikteil. Der Meßteil enthält den künstlichen Benutzer, der wiederum aus einer den Anwendern angepaßten Mischung aus Katalogzugriffen, Ein-Ausgaben und recheninten-siven Befehlssequenzen zusammengestellt ist. Er ist in Form einer parametergesteuerten Schleife programmiert. Beim Einsatz kann der Anfangs- und Endezeitpunkt einer Meßreihe angegeben werden; ebenso der Abstand zwischen zwei Einzelmessungen.

Der Statistikteil hat die Aufgabe die anfallenden Meßergebnisse zu sammeln und sie für verschiedene Auswertungen zur Verfügung zu stellen. Dazu gehört auch, daß Daten aus dem Betriebssystem übernommen werden. Diesem Statistikteil obliegt weiter die Synchronisation zwischen Betriebssystem und Meßprogramm. Hierbei wird von Inter-task-Kommunikation und einzelnen Betriebssystemschnittstellen Gebrauch gemacht.

Ziel und Meßergebnisse

Der Programmkomplex soll dem Rechenzentrum Information über die Rechnerbelastung aus Anwendersicht liefern und Grenzen aufzeigen. Teilnehmersysteme unterliegen über den ganzen Tag betrachtet einer schwankenden Belastung. Jedes Rechenzentrum besitzt Hilfsmittel, diese Belastung zu beobachten. Üblich ist dabei, die Anzahl der sich noch in Bearbeitung befindlichen Prozesse gegen die Zeitachse aufzutragen. Abb. 1 enthält zwei derartige Lastkurven. Es gibt die morgendliche Anlaufphase, die Vormittagsspitze, die Mittagsentlastung, den Nachmittagsboom und die abendliche Abklingphase. Man erhält auf diese Weise eine quantitative Aussage, deren Korrelation zur Qualität jedoch zunächst nicht bekannt ist.

Wichtig für das Rechenzentrum und die Anwender ist es nun, qualitative Aussagen zu erhalten, d.h. die subjektiven Lastgrenzen einer bestehenden Konfiguration zu finden. Gewisse Verlangsamungen in der Abarbeitung werden von den Anwendern noch in Kauf genommen. Irgendwann jedoch wird die Grenze des Erträglichen erreicht. Das Rechenzentrum bemerkt zwar eine hohe Auslastung der Anlage, eine Überlast wird jedoch erst durch zunehmende Anrufhäufigkeit der Anwender bei der Systemverwaltung oder der Rechenzentrumsleitung erkennbar.

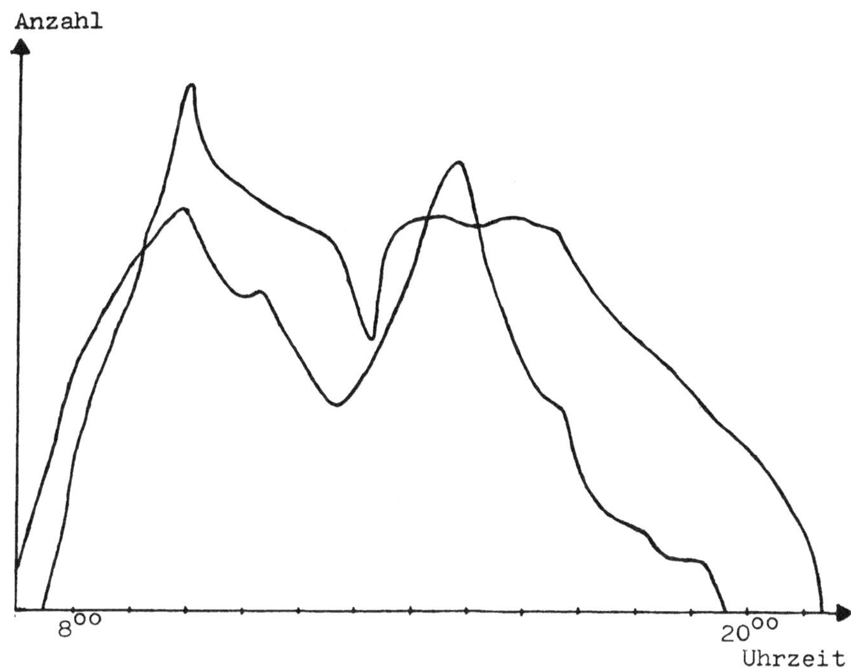

Abb. 1 Belastung eines Teilnehmerrechners

Den täglichen Schwankungen der Auslastung unterliegt auch der normierte Anwender unseres Meßprogramms. Eine Auswertung der Meßergebnisse liefert uns also eine subjektive Qualitätsaussage der Leistung des Rechners.

In einer Nullmessung stellen wir zunächst die Laufzeit des Meßprogramms bei völlig unbelastetem System fest. Die echten Meßergebnisse werden dann als Faktor zu diesem Basiswert ausgewiesen.

Abb. 2 zeigt einen gut ausgelasteten Rechner, bei dem die Antwortzeit für das Meßprogramm maximal um den Faktor 1,5 zunimmt. Aus der Abbildung ist ersichtlich, daß eine Korrelation zwischen der Anzahl der Teilnehmer und dem Antwortzeitverhalten derart besteht, daß eine große Anzahl Teilnehmer das Antwortzeitverhalten verschlechtern. Dies ist zunächst eine zu erwartende Trivialaussage. Interessant ist die Größe des Faktors: Das keineswegs gravierende Ansteigen bei höherer Teilnehmerzahl, aber auch das nicht proportionale Absinken bei fallender Teilnehmerzahl kennzeichnen hier eine Anlage, die noch Reserven besitzt.

Diese Rechenanlage ist für den Anwenderkreis gut konditioniert, es gibt aus Performance-Sicht keine Engpässe.

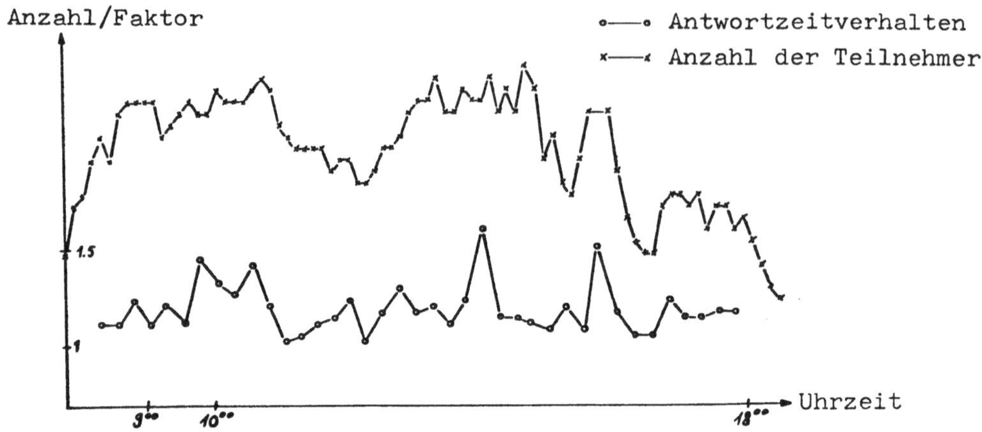

Abb. 2 Rechner mit gutem Antwortzeitverhalten

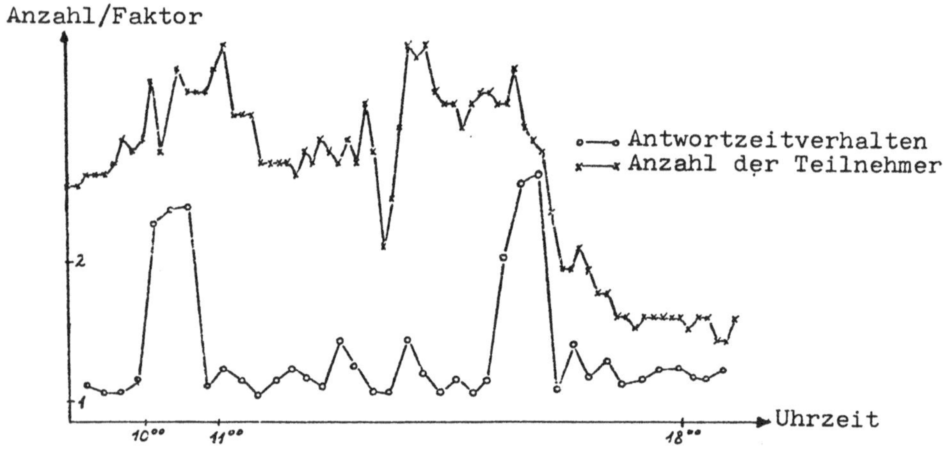

Abb. 3 Nicht überlastete Anlage. Antwortzeitverhalten vertretbar

Eine etwas andere Situation finden wir in Abb. 3 vor. Über weite Strekken liegt der Belastungsfaktor unter 1,5. In einzelnen Spitzen wächst er jedoch auf etwa 2,5.

Zwei wesentliche Dinge können aus dieser Darstellung entnommen werden. Zunächst ist die Anlage noch ausreichend konditioniert unter der Voraussetzung, daß es sich bei den Spitzenbelastungen wirklich nur um Spitzen gehandelt hat. Weiter zeigt die Graphik deutlich, daß die Zunahme der Antwortzeit nicht linear mit der Anzahl der Teilnehmer wächst. Im "Sättigungsbereich" verlangsamt sich die Reaktionszeit nahezu sprunghaft.

Wertet man auf diese Weise mehrere Meßreihen aus, dann kann man recht genau die sinnvolle Belastungsgrenze einer Anlagenkonfiguration bei bekanntem Anwenderprofil ermitteln.

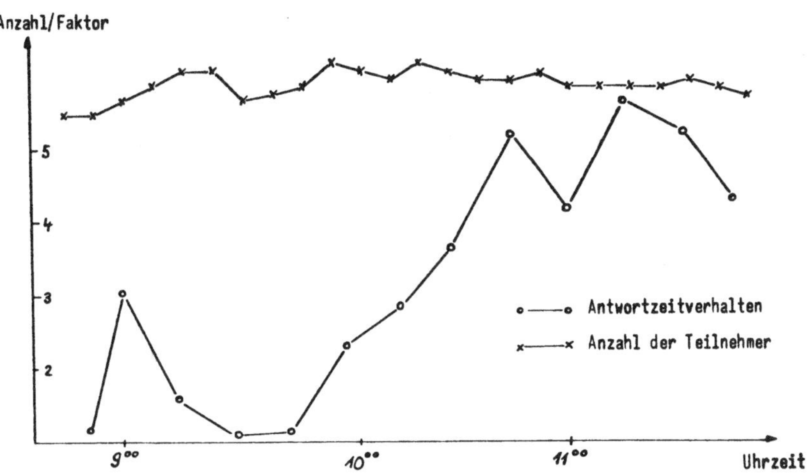

Abb. 4 Ausschnitt einer überlasteten Anlage

Abb. 4 zeigt einen Ausschnitt einer Rechenanlage, die sich im Sättigungsbereich befindet. Das Antwortverhalten wird irregulär. In Spitzen geht es über den Faktor 5 hinaus. Zwischenzeitlich tritt eine Verbesserung ein, die auf ein vorübergehend geändertes Benutzerverhalten zurückzuführen ist.

Wenn Teilnehmerrechner bereits an ihrer Belastungsgrenze angelangt sind, dann ändert auch der Anwender, soweit er kann, sein Verhalten. Er versucht, seine Aufgaben noch möglichst sinnvoll abzuwickeln. Damit werden auch ungünstige Zeiten besser genutzt, es tritt eine Nivellierung der Auslastung ein, wobei sich das durchschnittliche Lastprofil inhaltlich ändern kann.

In der letzten Abbildung (Abb. 5) ist der gesamte Tagesablauf einer überlasteten Anlage dargestellt. Deutlich wird die "Sprungfunktion" in der Antwortzeit ab einer bestimmten Teilnehmerzahl sichtbar. Ein Faktor von bis zu 9 als Verlangsamung weist diese Anlage eindeutig als stark überlastet aus.

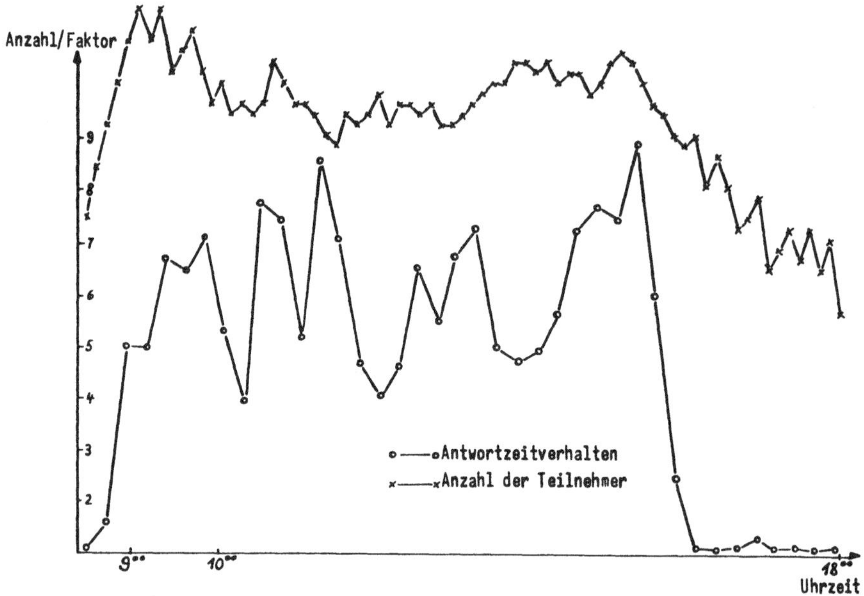

Abb. 5 Überlasteter Rechner

Aus den Abbildungen ist ersichtlich, daß die Belastung des Rechners bis etwa zu dem subjektiven Faktor 2 steigen kann, ohne daß von einer Überlastung gesprochen werden muß. Darüber hinaus jedoch wird es kritisch. Eine Bestätigung dafür finden wir auch in der Reaktion unserer Anwender. Erst wenn der Faktor 2 erheblich überschritten wird, erfolgen gehäuft Klagen über das zu langsame System.

Treten nun Überlastungserscheinungen erheblicher Natur auf, so muß das Rechenzentrum darauf reagieren. In der Praxis haben sich für das Rechenzentrum folgende Reaktionsmöglichkeiten ergeben.

Die Auswertungen des Meßprogramms geben Anstoß zu weiteren gezielten Untersuchungen mit Hardware- und Softwaremonitoren zur Analyse der tatsächlichen Ursache. Das Ergebnis kann sich in einer Konfigurationserweiterung niederschlagen.

Oft helfen auch organisatorische Maßnahmen, die Überlast abzubauen. Hierzu sind Maßnahmen der Systemverwaltung und Arbeitsvorbereitung zu zählen, wie das Begrenzen der Anzahl der Batch-Programme, die gleichzeitig im Rechner ablaufen. Ein Zeitlimit für CPU-intensive Programme während der Tageszeit, sowie ein Verlagern aufwendiger Programme in unkritische Tages- bzw. Nachtzeiten gehören ebenfalls zu diesem Maßnahmenkatalog.

In Einzelfällen konnten auch Programmkomplexe als Hauptursache für eine intensive Verschlechterung des Antwortzeitverhaltens ermittelt werden. Gespräche mit den Anwendern, gezielte Verlagerung des Ablaufs dieser Programme in unkritische Zeiten, aber auch Hinweise auf betriebssystembedingte Programmierkonventionen, verhalfen zu einer Entschärfung der Situation.

Es hat sich herausgestellt, daß das Meßsystem mit dem "Durchschnittsbenutzer" Anwenderprobleme beim Teilnehmerbetrieb durchschaubarer macht. Diese Zusatzinformation verbreitert die Basis der Gespräche zwischen Rechenzentrum und Anwender. Belastungsgrenzen werden sichtbar und ermöglichen der Systemverwaltung eines Rechenzentrums eine gezielte Steuerung der Rechenanlage. Für die Rechenzentrumsleitung stellt das Meßsystem eine weitere Entscheidungshilfe für Konfigurationsänderungen dar.

Zusammenfassend läßt sich feststellen, daß dieses Meßsystem zur subjektiven Performance-Kontrolle das Rechenzentrum in seinen Bemühungen, guten Service zu liefern, unterstützt.

RECHENZENTRUMS-
VERWALTUNG

EIN SYSTEM ZUR ERFASSUNG UND VERWALTUNG VON BENUTZERDATEN IN EINEM UNIVERSITÄTSRECHENZENTRUM

Hans Georg Göhring
Regionales Hochschulrechenzentrum der
Universität Bonn

Zusammenfassung

Mit Hilfe des hier erläuterten Systems können alle systemspezifischen Informationen, sowie Accounting-Daten über die Benutzer eines Rechenzentrums schnell und einfach in alle hierfür vorhandenen verschiedenen Kataloge eingetragen werden. Kenntnisse über die Eingabesprachen der einzelnen Kataloge sind nicht mehr erforderlich. Da das System keine besonderen Anforderungen an den Anwender stellt, ist es auch leicht von "EDV-Laien" einsetzbar.

1. Einleitung und Problembeschreibung

Rechenzentren mit einer größeren Anzahl von Benutzern haben oft das Problem, zur Regelung des Systemzugangs, zur Benutzung verschiedener Subsysteme, zur Rechnungsschreibung usw., benutzerbezogene Daten sammeln und verwalten zu müssen.

Ein einheitliches System zur Eingabe und Verwaltung dieser Daten existiert meist nicht. In der Regel sind mehrere Kataloge zur Verwaltung aller notwendigen Daten in Benutzung, die ständig gewartet werden müssen. Dies kann dazu führen, daß Informationen unter Umständen mehrfach eingegeben werden müssen, bzw. daß Kataloge durch Bedienfehler inhaltlich nicht mehr denselben Stand haben.

Nimmt man das Regionale Hochschulrechenzentrum der Universität Bonn (RHRZ) als Beispiel, so sind hier zur Verwaltung der ca. 15oo Benutzer bisher 4 Kataloge mit 4 getrennten Eingabesystemen auf der vorhandenen IBM-Anlage in Benutzung:

- eine eigene Benutzerverwaltung (IBV), die den Batch-Zugang regelt,
- der UADS zur Verwaltung der Time sharing user,
- ein Katalog mit Verwaltungsinformationen für Abrechnungszwecke,
- ein Katalog, der das Bandarchiv verwaltet.

Der Aufbau und die Struktur der Kataloge, sowie deren Eingabesprachen sind sehr unterschiedlich, so daß eine qualifizierte Fachkraft mit einem Teil ihrer Tätigkeit für diese Aufgaben gebunden ist.

Bei Hinzunahme weiterer Subsysteme, deren Benutzung ebenfalls geregelt werden muß (z.B. aus Gründen des Datenschutzes, bei Datenbanksystemen wie IMS, ADABAS etc.), sind ggfs. weitere Kataloge mit eigenen Eingabesystemen zu warten und zu bedienen.

2. Beschreibung des Systems

2.1 Allgemeine Beschreibung

Um die hier beschriebene Problematik zu lösen, wurde zur Bewältigung aller anfallenden Verwaltungs- und Accountinginformationen ein eigenes, interaktives System geschrieben, das nicht einen "Superkatalog" in einem integrierten System bedient, sondern die vorhandenen Benutzerkataloge mit einer einheitlichen Eingabe versieht und mit den notwendigen Daten versorgt. Es übernimmt koordiniert, unabhängig von Anzahl und Aufbau der Kataloge, deren Verwaltung und Bedienung.

Da viele Verwaltungsinformationen auf Antragsformularen vorliegen, war es naheliegend, ein Formularsystem für den Bildschirm zu konzipieren, das die einheitliche Übertragung aller Werte von Papierformularen auf den Bildschirm mit Bedienerführung gewährleistet. Der Aufbau des Systems wird damit so bedienungsfreundlich, daß es ohne längere Einarbeitungszeiten auch von Datentypistinnen bedient werden kann.

Man erreicht also mit diesem System, daß zur Bedienung aller Kataloge nur noch eine Eingabesprache benötigt wird. Redundanz bei der Eingabe tritt nicht mehr auf. Da die Verteilung der Eingabewerte auf alle Kataloge gleichzeitig, nach festen Algorithmen, durch ein einziges System gesteuert, vorgenommen wird, ist sichergestellt, daß bei der Eingabe von Daten die Bedienung bestimmter Kataloge mit einer Untermenge dieser Daten nicht vergessen wird.

Die Transparenz der eingegebenen Daten wird durch die Möglichkeit, alle Informationen aus allen Katalogen gleichzeitig zu listen, ohne zu wissen, in welchen Katalogen sie real abgespeichert sind, wesentlich verbessert. Es ist gewährleistet, daß Eingabewerte gleicher

Bedeutung, die in verschiedenen Katalogen abgespeichert werden, auch pro Eintrag jeweils denselben inhaltlichen Wert besitzen. Beispiel eines bisher möglichen typischen Eingabefehlers, wie er mit dem hier beschriebenen System vermieden wird:

Eintrag im Batch-Katalog:
Benutzernr. XYZ123 Name MAIER

Eintrag im TSO-Katalog:
Benutzernr. XYZ123 Name MEIER

2.2 Die wichtigsten Systemteile

In Abb. 1 ist das System als Blockdiagramm dargestellt.

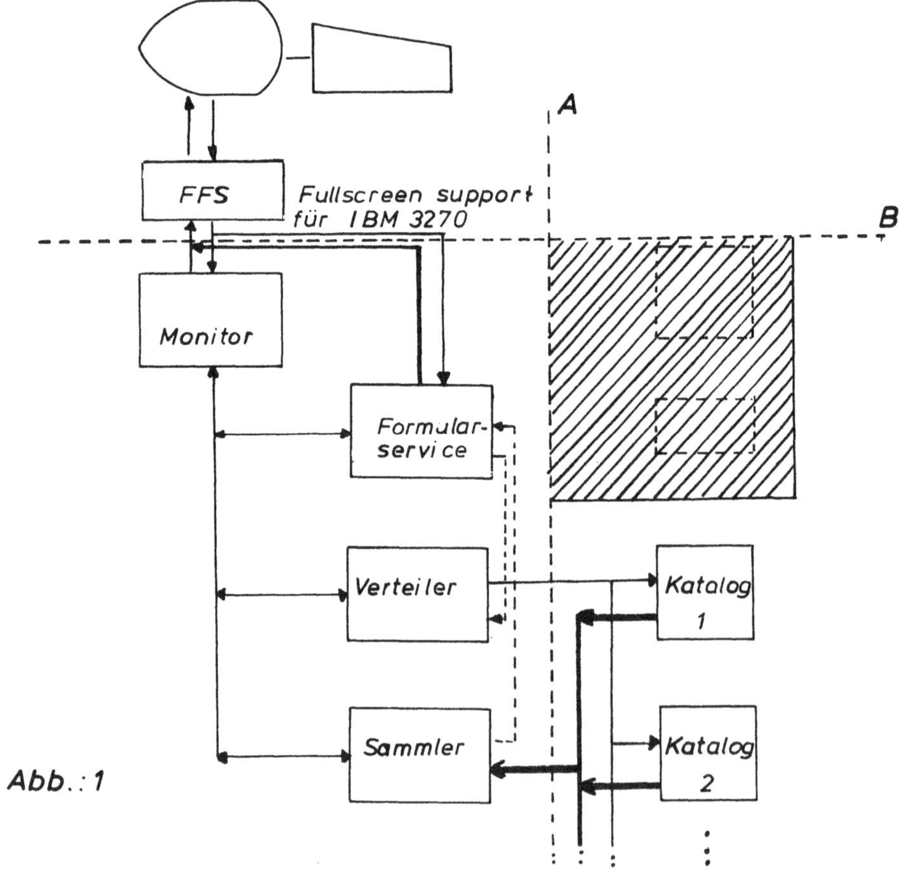

Abb.: 1

Die Hauptbestandteile des Systems sind:

- Monitor,
- Formularservice,
- Verteiler,
- Sammler.

Der Monitor übernimmt die Ablaufsteuerung des gesamten Systems und vergibt, sofern gewünscht, neue oder wieder freigewordene Benutzernummern. Anhand der Returncodes der einzelnen Programme des Systems ist es dem Monitor möglich, den reibungslosen Ablauf aller gewünschten Systemfunktionen zu gewährleisten.

Informationen, die am Bildschirm erscheinen sollen, müssen erst aus den Katalogen geholt und "gesammelt" werden. Liegen alle angeforderten Informationen vor, werden sie an den Formularservice zur Aufbereitung auf die einzelnen Bildschirmformulare übergeben und dann am Bildschirm gelistet.

Daten, die der Bediener am Bildschirm in die Formulare eingegeben hat, werden im Formularservice gesammelt, bis alle Informationen über einen eingegebenen Benutzer vorliegen. Danach erfolgt die Übergabe aller Informationen an den Verteiler, der sie dann auf die entsprechenden Kataloge verteilt.

Die hier aufgeführten Programme, die den eigentlichen Kern des Systems darstellen, sind ohne Modifikationen auf jede Anlage übertragbar, sofern dort ein PL/1-Optimizing Compiler installiert ist.

Es wurde darauf geachtet, daß das System nicht allein an die Problematik der Verwaltungsdaten für Benutzernummern gebunden ist, sondern auch allgemein für andere Daten, Kataloge und andere Formulare frei verwendet werden kann.

2.3 Systemschnittstellen

Wie man an Abb. 1 erkennen kann, existieren 2 Systemschnittstellen. Die erste Schnittstelle ist die Softwareschnittstelle (A) des Systems zu den Katalogen und die zweite Schnittstelle (B) die Hardwareschnittstelle zu den Bildschirmen.

Die Hardwareschnittstelle setzt an dem am RHRZ implementierten System Bildschirme vom Typ IBM 327o (oder dazu kompatibel) voraus. Die Möglichkeiten der Bildschirmprogrammierung bei diesem Gerätetyp wurden voll ausgenutzt (Programm FSS).

Eine Version dieses Programms, das denselben Komfort bietet, wie das am RHRZ eingesetzte Programm FSS (schützen bestimmter Bildschirmbereiche, Deklaration von Bereichen nur zur Ein- bzw. Ausgabe von Informationen, automatisches Weiterführen des Cursors zum nächsten Eingabefeld etc.) aber weitestgehend unabhängig vom Typ des Terminals ist, wird geplant.

Dieser Teil des System kann auch durch ein anderes Bildschirmformatisierungs-Programm, das dem Benutzer des jeweiligen Systems standardmäßig angeboten wird und den oben beschriebenen Service anbietet, ersetzt werden. Voraussetzung ist allerdings, daß die Anforderungen, die durch die Hardwareschnittstelle des hier beschriebenen Systems vorgegeben sind (Returncode, Eingabefeld, Ausgabefeld, Steuerinformationen für den Bildschirm) erfüllt werden.

Die Struktur der Software-Schnittstelle (A) zu den einzelnen Katalogen ist für alle Interface-Programme einheitlich genormt.

Abb. 2: Programmschnittstelle

(1)	(2)	(3)	(4)	(5)	(6)
8	2	2	2	...	...
Bytes	Bytes	Bytes	Bytes	...	...

Sie besteht aus einem starren und einem variablen Teil.

Der starre Teil enthält die Benutzernummer (1), die auf die Daten anzuwendende Operation (2), und die Anzahl der internen oder externen Parameternummern (4) (s.u.). Das dritte Feld (3) wurde für beliebige Angaben zwischen den Unterprogrammen freigehalten. Der variable Teil besteht wiederum aus den internen bzw. externen Parameternummern (5) und den Parameterwerten selbst (6).
Unter externen Parametern werden die Eingabewerte für die Formulare, unter internen Parametern die Eingabewerte für die Kataloge verstanden.

Die Zuordnung der Eingabewerte zu internen bzw. zu externen Parameternummern ist notwendig, um unter Umständen mehrere Eingabewerte in den Formularen auf einen einzigen Wert für einen bestimmten Katalog abzubilden, bzw. um einen Eingabewert im Formular auf mehrere Werte, die evtl. in verschiedenen Katalogen benötigt werden, abzubilden.

Der Anwender, der dieses System übernehmen will, muß also die Anpassung seiner Kataloge an diese fest definierte Schnittstelle selbst vornehmen, sofern er nicht die schon im System vorhandenen Schnittstellenprogramme nutzen kann.
In Abb. 3 sind die Möglichkeiten der Anpassung skizziert.

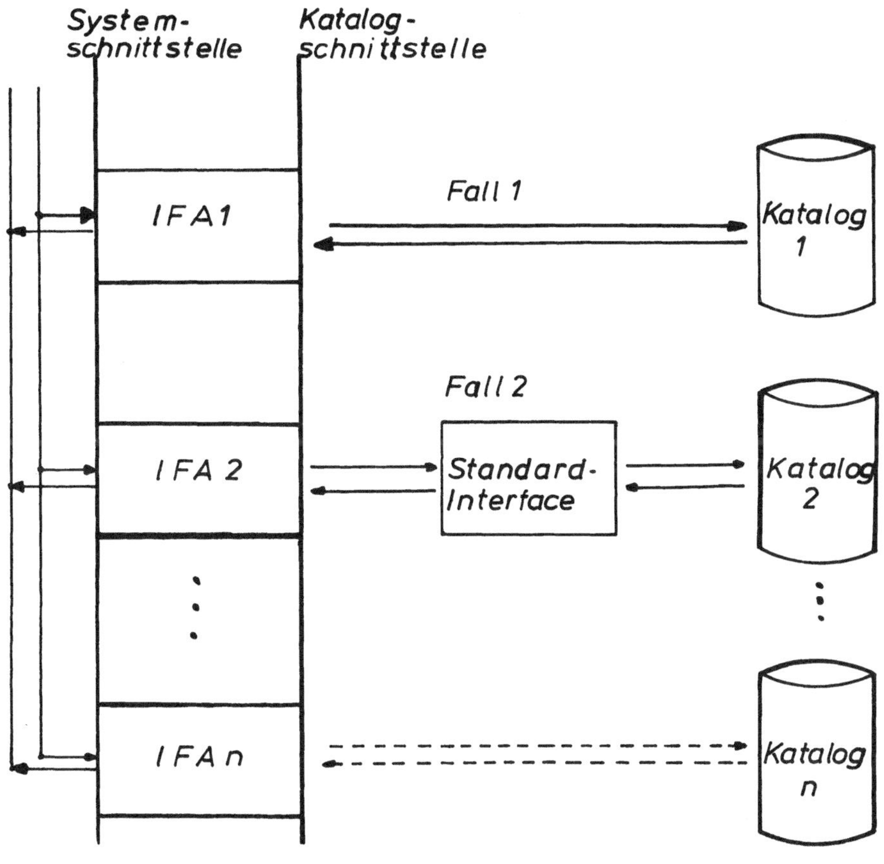

Abb.: 3

Diese Anpassung kann entweder durch ein Ersetzen des vorhandenen Interfaceprogrammes (Fall 1), oder durch ein Anpassen des vorhandenen Interface-Programmes realisiert werden (Fall 2).

Aus programmtechnischen Überlegungen sowie aus Gründen der Übersicht wurde diese Softwareschnittstelle zu den Katalogen auch als einheitliche Schnittstelle zwischen allen Programmen des Programmsystems benutzt. Dies gewährleistet einen vollkommen modularen Aufbau des gesamten Systems.

2.4 Beschreibung des Datenflusses im System

Nach der vorangegangenen kurzen Beschreibung des Systems soll nun anhand des Datenflusses (siehe Abb. 4) genauer auf einige der wichtigsten Bestandteile des Systems eingegangen werden.

Alle Informationen, die man am Bildschirm eingegeben hat, sind in konzentrierter Form in einem Stack gespeichert. Von dort werden sie vom Verteiler über die Interface-Programme in die Kataloge eingetragen.

In den Katalogen abgespeicherte Informationen, die am Bildschirm zu listen sind, werden in einem Ausgabefeld dem Formularservice für die Aufbereitung der Daten zur Verfügung gestellt.

Stack und Ausgabefeld werden unter anderem deshalb benötigt, weil zwischen den Programmen keine direkte Verbindung besteht. Aus Gründen der Modularität und der Datentransparenz werden alle Programme vom Monitor aufgerufen und benötigen deshalb definierte Bereiche für die Ein- bzw. Ausgabe von Daten, auf die die Programme zugreifen können (hier Stack und Ausgabefeld).

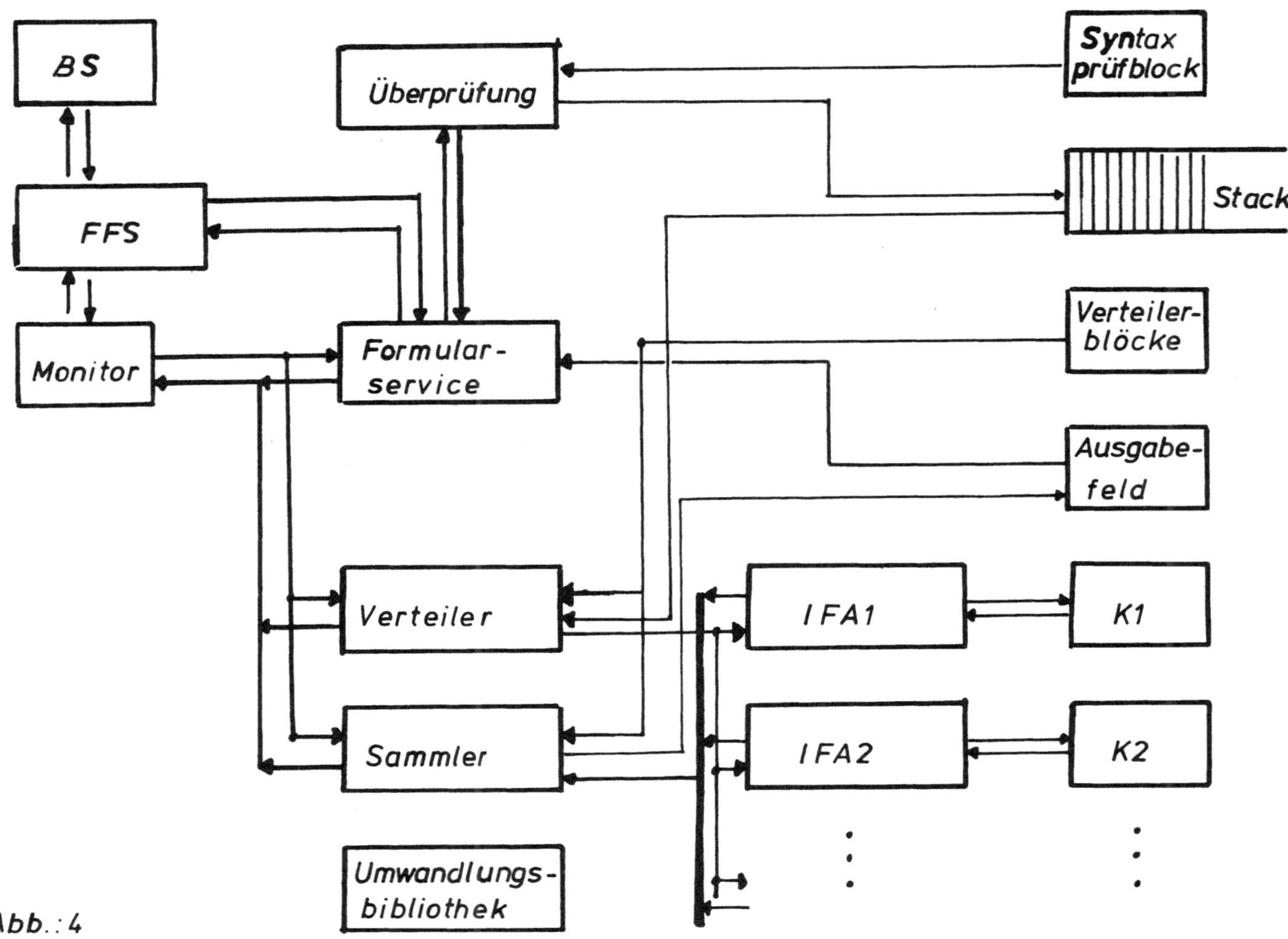
BS
Überprüfung
Syntax prüfblock
FFS
Stack
Monitor
Formular-service
Verteiler-blöcke
Ausgabe-feld
Verteiler
IFA1
K1
Sammler
IFA2
K2
Umwandlungs-bibliothek

Abb.: 4

2.5 Steuerinformationen des Systems

Zur genauen Festlegung der Abbildungsvorschriften der Eingabewerte auf ihre interne Darstellungsform und der Festlegung, in welche Kataloge diese Werte eingetragen werden sollen, werden Zuordnungsvorschriften benötigt. Dies sind im Fall des hier vorgestellten Systems die sogenannten Verteilerblöcke.

Sie enthalten alle notwendigen Informationen, die "Verteiler" und "Sammler" benötigen, um die oben erwähnte eindeutige (mehrdeutige) Abbildung der Parameter zu garantieren. Muß man einen am Bildschirm eingegebenen Wert erst in die für den jeweiligen Katalog benötigte interne Darstellungsform umwandeln, steht im zugehörigen Verteilerblock der Name einer Umwandlungsprozedur, die dann zur Konvertierung des Parameters aus einer Umwandlungsprozedurbibliothek dynamisch aufgerufen wird.

Um dem Anwender die größtmögliche Sicherheit zu geben, daß alle von ihm eingegebenen Daten in richtiger Form in die Kataloge eingetragen werden, ist ein Überprüfungsprogramm zwischen Formularservice und Stack zwischengeschaltet, das die eingegebenen Daten auf Plausibilität und syntaktische Richtigkeit überprüft. Gleichzeitig können hier bestimmte Ein-/Ausgabefelder in den Formularen mit Standardwerten vorbesetzt werden, die der Bediener im Bedarfsfall überschreiben kann. Das Überprüfungsprogramm weiß anhand der von ihm benötigten Syntaxprüfblöcke genau, in welchem Eingabefeld welche Werte oder Wertebereiche stehen müssen. Man kann vorgeben, daß ein ganz bestimmtes Feld nur mit festgelegten Zeichenkombinationen besetzt werden darf.

Stellt das Überprüfungsprogramm Fehler bei der Eingabe in die Formulare fest, werden diese speziell markiert, die richtig eingegebenen Werte gegen Überschreiben geschützt und die Informationen komplett erneut am Bildschirm gelistet. Der Cursor des Bildschirms steht dann vor dem ersten fehlerhaft eingegebenen Wert. Erst wenn alle Werte richtig eingegeben wurden, werden sie in den Stack zur weiteren Bearbeitung abgelegt.

2.6 Die "externe Tabelle"

Alle im System benötigten Informationen, wie Längenangaben, Syntaxmuster, externe und interne Parameternummern usw. sind in einer sogenannten externen Tabelle, auf die von allen Programmen des Systems zugegriffen wird, zusammengefaßt. Ein Ausschnitt aus der externen Tabelle, wie sie am RHRZ aufgebaut wurde, soll als Beispiel dienen.

Ext. Par. Nr.	Parametername	Lang ext.	Verteilerbl K 1 Nr	K 1 L	K 2 Nr	K 2 L	Katalog. konst.	Umw. Pr. Nr.	Syntax
1	Benutzernummer	8	-	-	1	8		—	
2	Benutzername	8	2	8	12	8		—	
.	..	.	.	.	.	.	.	.	.
.	..	.	.	.	.	.	.	.	.
39	Koordinator	1	6	1				5	0-4
4o	TSO-Zugang	4	4	2			X"0200"	4	Ja/Nein
.	..	.	.	.	.	.	X"0000"	.	.
.	..	.	.	.	.	.	.	.	.

Die externe Tabelle enthält die Strukturbeschreibung aller Informationen die in den Katalogen abgespeichert sind.

Ändern sich Parameter in den Katalogen, müssen die entsprechenden Modifikationen in dieser Tabelle vorgenommen werden. Die einzelnen Programme des Systems bleiben davon unberührt.

Der Aufbau der externen Tabelle soll an einem Beispiel erläutert werden. Der Parameter mit der externen Nummer 4o (TSO-Zugang) hat im Formular eine Länge von 4 Bytes (Lang ext.) und wird nur im ersten Katalog (K1) benötigt. Er muß also auf einen für den Katalog spezifischen internen Parameter (K1, NR) eindeutig abgebildet werden. Im Katalog sind für diesen Parameter aber nur 2 Bytes (K1,L) vorgesehen. Eine Umwandlung ist daher notwendig. Als Eingabe im Formular sind "JA" oder "NEIN" erlaubt (Syntax). Diese beiden erlaubten Eingabewerte müssen intern auf die beiden hexadezimalen Werte X"0200" und X"0000" mit Hilfe der Umwandlungsprozedur Nr. 4 konvertiert werden, die damit gleichzeitig die notwendige Umwandlung des Eingabewertes von 4 auf 2 Bytes vornimmt.

3. Generierung der Prüfblöcke

Zum Anlegen der Verteiler- und Syntaxprüfblöcke existieren Generierungsprogramme. Es soll hier nur kurz darauf eingegangen werden, da sie nicht zum eigentlichen System zählen.

Die Syntaxprüfblöcke z.B. sind als Transitionsmatrizen realisiert. Diese Methode erlaubt den zeichnerischen Entwurf eines Prüfblocks in der Form eines gerichteten Graphen. Die Transitionsmatrix wird mit Hilfe des Generierungssystems eingegeben und von diesem in die entsprechenden Syntaxprüfblöcke umgewandelt.

Ein einfaches Beispiel:
Als Eingabe in einem best. Feld im Bildschirmformular seien erlaubt:
"JA" , "NEIN" , "?", "NEE"
Daraus ergibt sich folgender Graph:

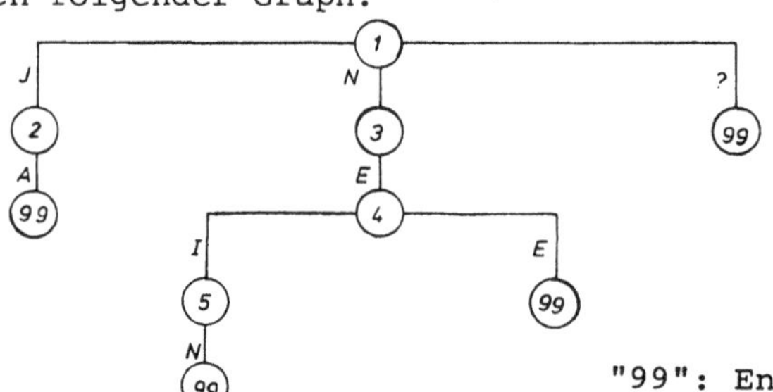

"99": Endzustand erreicht.

Dieser Graph symbolisiert einen endlichen Automaten, der auch durch eine 5x6 Matrix dargestellt werden kann.

	j	a	n	e	i	?
1	2		3			99
2		99				
3				4		
4				99	5	
5			99			

In der hier dargestellten Form gibt man die Werte in das interaktive Programm zur Generierung der Verteilerblöcke ein. Die Eingabe für die Verteilerblöcke ist, vom Formalismus ausgehend, identisch.

Die Grobstruktur des gesamten Systems, wie in Abb. 4 dargestellt, ist damit kurz umrissen.

Zusammenfassend kann folgendes ausgesagt werden:

Durch den Einsatz des Systems, das die gleichzeitige Verwaltung aller Kataloge übernimmt, werden Bedienkräfte eingespart und Fachkräfte für andere Aufgaben freigestellt. Eine Ausbildung des Bedienpersonals in der Bediensprache jedes einzelnen Kataloges erübrigt sich.

Es ist auf beliebig viele Kataloge erweiterbar, ohne daß sich in der Bedienung des Systems etwas ändert. Der Anwender erhält eine größere Transparenz über den Inhalt seiner Kataloge und die Gewähr, daß Informationen über Benutzer der Anlage immer in allen gewünschten Katalogen wirklich eingetragen werden.

Durch den modularen Aufbau aller Programme des Systems kann das System an jeder Stelle erweitert bzw. durch andere Programme ergänzt werden.

Das System ist direkt auf jedes IBM-System (Itel, Amdahl..) übertragbar, sofern IBM327o Bildschirme (ITT, Memorex, Data Saab..) verwendet werden. Es ist mit Modifikationen auch auf andere Systeme übertragbar, sofern ein PL/1 Compiler verfügbar ist.

Das System ist nicht nur an die Verwaltung von Katalogen mit benutzerspezifischen Informationen gebunden, sondern kann generell zur Verwaltung von Katalogen mit beliebigem Inhalt benutzt werden.

Programm- und Dateiverwaltungssysteme als RZ-Hilfen

Dr. Alf Lebrecht
Rechenzentrum der Finanzverwaltung Düsseldorf

Zusammenfassung: Programm- und Dateiverwaltungssysteme haben in den letzten Jahren an Bedeutung gewonnen. Beim Einsatz und bei der Entwicklung solcher Systeme müssen bestimmte Prinzipien und Einflußfaktoren beachtet werden. Es wird ein Programmverwaltungssystem vorgestellt, das auf diesen Prinzipien aufbaut. Das Programmverwaltungssystem ist hierarchisch gegliedert und bezieht auch das Umfeld der Programme in die Verwaltung ein. Das vorgeschlagene Dateiverwaltungssystem basiert auf dem Generations-Versions-Prinzip (GV-Prinzip). Die Dateien werden über den Dateinamen und die GV-Nummer verwaltet.

1. Einleitung

1.1 Grundlage

Programm- und Dateiverwaltungssysteme haben insbesondere bei größeren Rechenzentren in den letzten Jahren an Bedeutung gewonnen.[1)] Dabei wird mit dem Einsatz von Programmverwaltungssystemen das Ziel verfolgt, die scharfe Trennung zwischen Programmentwicklung und Produktion durch eine klare und eindeutige Übergabeschnittstelle maschinell abzusichern und den Einsatz der Produktionsprogramme mit Hilfe von maschinellen Hilfsmitteln zu überwachen. Die Programmeinsatzkontrolle und Programmfreigabe reichen allein aber nicht aus, um den korrekten Ablauf eines Produktionsprogramms sicherzustellen. Sie müssen sinnvollerweise mit einer Dateieinsatzkontrolle für Dateien auf externen Datenträgern - diese Dateien sollen hier nur betrachtet werden - verknüpft werden. Vor allem bei größeren Magnetband- und Wechselplattenbeständen muß das schnelle Wiederauffinden von Dateien durch geeignete Hilfsmittel unterstützt werden.

1.2 Definitionen

Baustein

Ein Baustein besteht aus einer Menge von Sätzen. Jeder Satz besteht aus einer beliebigen Folge von Zeichen. Die Syntax der Sätze wird durch die Bausteinart festgelegt. Enthält z.B. der Baustein einen FORTRAN-Programmteil, so müssen die Sätze entsprechend der FORTRAN-Syntax und -Semantik aufgebaut sein.

Programm

Ein Programm besteht aus einer Menge von Vereinbarungen und Anweisungen, die zur Lösung einer Aufgabe erforderlich sind. Ein Programm kann entweder ein Hauptprogramm oder ein Unterprogramm sein. Ein Hauptprogramm ist selbständig ablauffähig. Zwischen Hauptprogrammen werden die Daten über Dateien ausgetauscht. Ein Hauptprogramm kann ein oder mehrere Unterprogramme aufrufen. Unterprogramme sind nicht selbständig ablauffähig. Der Datenaustausch zwischen Unterprogrammen bzw. zwischen Haupt- und Unterprogrammen wird über den Arbeitsspeicher abgewickelt.

Job

Zur Abwicklung der Aufgaben werden die Programme mit Hilfe von Kommandos dynamisch zu Jobs zusammengefaßt. Der interne Jobfluß kann sich von Lauf zu Lauf verändern. Ein Job wird aus einer oder mehreren Prozeduren gebildet.

Jobprozedur

Eine Jobprozedur umfaßt eine oder mehrere Grundfunktionen. Grundfunktionen sind z.B. Betriebsmittelzuteilung, Ausführung, Verzweigung und Deklarationen. Vor dem Start eines Jobs werden die benötigten Prozeduren festgelegt. Die Ausführung der Grundfunktionen kann über spezielle Wertzuweisungen gesteuert werden.

1.3 Forderungen an Programm- und Dateiverwaltungssysteme

Aus der eingangs erwähnten Zielsetzung lassen sich eine Reihe von Prinzipien (Grundsätze) ableiten, die bei der Entwicklung von Programm- und Dateiverwaltungssystemen berücksichtigt werden sollten.

- Es dürfen nur freigegebene Programme in der Produktion eingesetzt werden.
- Programmänderungen müssen ausreichend - d.h. nachvollziehbar - dokumentiert werden.
- Die Programme und Dateien bzw. die Programm- und Dateiversionen müssen sich eindeutig unterscheiden.
- Jederzeit müssen auch ältere Programm- und Dateiversionen - soweit es die Archivierungsvorschriften zulassen - zur Verfügung gestellt werden können.
- Das "Umfeld" der Programme muß in der Verwaltung miteinbezogen werden.
- Die Programm- und Dateiversionen müssen entsprechend den Rechtsvorschriften - d.h. nach Vorgaben des Benutzers - archiviert werden.
- Das Programmverwaltungssystem muß sprachunabhängig sein.
- Nach Ablauf der Aufbewahrungsfristen müssen die Programm- und Datei-

versionen gelöscht werden.

- Die Programm- und Dateiversionen müssen gegen unberechtigten Zugriff geschützt sein.
- Die Programme sollten möglichst komprimiert gespeichert sein.
- Der Zugriff auf die Programm- und Dateiversionen muß ausreichend dokumentiert werden.
- Die Programm- und Dateiversionen müssen unverändert bleiben, d.h. in der Programmquelle oder der Datei dürfen keine Änderungen durch die Verwaltungssysteme vorgenommen werden.

2. Die Grundlagen des Einsatzes von Programm- und Dateiverwaltungssystemen

Der Einsatz von Programm- und Dateiverwaltungssystemen berührt zwangsläufig alle Stellen des gesamten Rechenzentrums. Je größer die Zahl der am Produktionsablauf Beteiligten ist, um so wichtiger ist die Transparenz der Schnittstellen in der Ablauforganisation. Der Produktionsablauf - über die Arbeitsplanung, die Arbeitsvorbereitung, die Dateiverwaltung, den Rechnereinsatz, die Programmaufsicht, den Druckereinsatz bis zur Nachprüfung und den Versand - ist meist historisch gewachsen und somit in der Regel vorgegeben, so daß sich die Programm- und Dateiverwaltungssysteme in diese Organisation einfügen müssen. Die personellen Aufgabenträger werden nicht ersetzt, sondern in ihrer Aufgabe unterstützt. Die Programm- und Dateiverwaltungssysteme sind ein Hilfsmittel für

- die Programmierung bei der ordnungsgemäßen Übergabe der Programme an die Produktion,
- die Arbeitsvorbereitung beim Erteilen der Arbeitsaufträge,
- den Rechnereinsatz beim Starten der Produktionsprogramme,
- die Dateiverwaltung beim Bereitstellen der Datenträger,
- die Programmaufsicht bei der Programmeinsatzkontrolle,
- den Druckereinsatz und die Mikrofilmstelle beim korrekten Ausdrucken bzw. Verfilmen der Druckdateien und
- die Nachprüfung und den Versand bei der Abgangskontrolle.

Voraussetzung für den Einsatz solcher Verwaltungssysteme ist, daß der Programmbestand bzw. der Dateibestand auf Magnetbändern und Wechselplatten einen bestimmten Umfang überschreitet. Als unterer Grenzwert kann hier die Zahl von 100 Elementen (Programme, Datenträger) angesehen werden. Liegt der Bestand unter dieser Zahl, so ist der Aufwand in der Regel nicht mehr vertretbar. Außerdem sind in diesen Fällen die Schnittstellen noch überschaubar.

Ein weiteres Kriterium ist die Größe der zur Verfügung stehenden EDV-Anlage. Soweit die Systeme nicht bereits im Betriebssystem implementiert sind, muß bei "aufgesetzten" Systemen mit einem Kernspeicherbedarf von $\geq$ 40 KB gerechnet werden. Der Kernspeicherbedarf wird vor allem von dem geforderten Komfort und den erbrachten Dienstleistungen bestimmt.

Vor dem praktischen Einsatz bzw. vor der Entwicklung solcher Systeme müssen eine Reihe von Einflußfaktoren untersucht werden. Die im wesentlichen in Betracht kommenden Faktoren sind in der folgenden Checkliste zusammengestellt:

1. <u>Programm- und Dateibestand</u>
   - Programmiersprachen? (COBOL, FORTRAN, ALGOL usw.)
   - Identifikation der Programme? (Einheitliche Namensgebung? Entsprechend welcher Sprachkonvention? Länge des Programmnamens?)
   - Identifikation der Dateien? (über Nummern oder Namen? über Generations- Versions-Nummern?)
   - Codes? (ASCII, EBCDIC, BCD usw.)
   - Umfang des Programm- und Dateibestandes?
   - Bibliotheken bereits vorhanden? (z.B. COPY-Bibliothek? Umfang des Bestandes?)
   - Programmverschachtelungstiefe?
   - Programmgeneratoren bereits vorhanden? (Entscheidungstabellengenerator, Listbildgenerator usw.)
   - Umfang der simulierten oder emulierten Programme?
   - Umfang der Datei- und Programmkonvertierungen?
   - Dateiverwendungsarten? (Scratch-, Update-Dateien usw.)
   - Dateikennwerte? (Datenträger, Blockung, Speicherbedarf usw.)
   - Dateiorganisation? (Speicherungsform, Sortierfolge usw.)
   - Datensicherungsmaßnahmen? (Sicherungszyklen, Sicherungsverfahren, Reorganisation usw.)
   - Datenschutzmaßnahmen? (Zugangs-, Abgangs-, Speicher-, Benutzer-Zugriffskontrollen usw.)
   - Kennsätze? (ECMA-Norm, Hersteller-Standard usw.)

2. <u>Aufbau der Kommandosprache</u>
   - Einheitliche Kommandosprache? (z.B. für Batch, Timesharing und Editing)
   - Syntax der Kommandosprache? (Prozeduren, Sprünge, Schleifen usw.)

- Erweiterbarkeit der Kommandosprache? (Defination neuer Kommandos, Prozeduren, Voreinstellungen)
- Protokollierung? (veränderbar, einheitlich usw.)

3. Technisches und organisatorisches Umfeld

- Hardware? (Anlagentyp, Maschinenkonfigurationsbedarf usw.)
- Software? (Betriebssystem, Release, Compiler, Generatoren, Hilfsprogramme usw.)
- Datenträger bzw. Erfassungsgeräte?
- Automationsgrad der Organisation?
- Dokumentationsgrad? (manuelle oder maschinelle Dokumentation, Dokumentationsgenerator)
- RZ-Organisation? (Produktionsablauf, Kontrollstellen, organisatorische Hilfsmittel)
- Steuerung des RZ-Betriebes? (rechnerunterstützter oder personellgesteuerter Ablauf?)
- Mikroverfilmung und Offline-Druck? (spezielle Magnetbandkonvention z.B. Laserdruckband)
- Umfang der gedruckten Bibliotheksdienste (s. Abschnitt 3)

Gemildert wird der Einfluß dieser Faktoren, wenn auf einheitliche Richtlinien zurückgegriffen werden kann. Leider liegen z.Z. nur in Teilbereichen Normungen oder Norm-Entwürfe vor, so z.B. für den ISO-Code, für die Programmiersprachen und die Programmdokumentation.[2)]

3. Das Programmverwaltungssystem

3.1 Die Komponenten eines Programmverwaltungssystems

Ein Programmverwaltungssystem besteht im einfachsten Fall aus zwei Komponenten: dem eigentlichen Programm im Binärformat und einer Reihe von Steuerkarten zur Ausführung des Programms. Zwischen beiden Komponenten besteht während des Produktionsablaufs ein enger Zusammenhang. So kann beispielsweise die Leistung eines Programms dynamisch über Wahlschalter (program switch) verändert werden. Neben diesen originären Komponenten eines Programmverwaltungssystems gibt es im Umfeld des Programms noch weitere Elemente, die sowohl die Programmentwicklung als auch den Einsatz der Programme in der Produktion beeinflussen können. So wird z.B. die Arbeitsvorbereitung eine Programmversion ohne eine aktuelle Dokumentation nicht einsetzen können. Die Integration dieses Umfeldes in das Programmverwaltungssystem bietet den Vorteil, daß alle das Programm betreffenden Komponenten zentral verwaltet, den Vorschriften entsprechend archiviert und nach einheitlichen Gesichtspunkten aufgebaut werden.

Ein so konzipiertes Programmverwaltungssystem geht über die eigentliche Programmverwaltung weit hinaus. Das hier vorgeschlagene Programmverwaltungssystem basiert auf diesem Integrationsgedanken, wobei die verschiedenen Komponenten zu Verwaltungseinheiten zusammengefaßt wurden.

Das Programmverwaltungssystem umfaßt folgende Verwaltungseinheiten (vgl. Abbildung 1):

- die Bausteinverwaltung,
- die Quellverwaltung,
- die Montageobjektverwaltung,
- die Operatorverwaltung
- die Kommandoprozedurverwaltung,
- die Jobverwaltung und
- die Dokumentationsverwaltung.

Beim Aufbau eines solchen Programmverwaltungssystems muß beachtet werden, daß sowohl bei der Entwicklung der Programme als auch beim Einsatz in der Produktion die Leistungen des Systems nicht gleichmäßig und in gleicher Ausprägung in Anspruch genommen werden. Dies muß insbesondere bei der Festlegung der Beziehungen zwischen den Verwaltungseinheiten und der Gestaltung der Benutzerschnittstellen berücksichtigt werden.

Auf der untersten Stufe des Programmverwaltungssystems werden Bausteine[3)] verwaltet. Die Bibliothek enthält die verschiedensten Bausteinarten. Je nach dem Verwendungszweck lassen sich folgende Bausteinarten unterscheiden:

- Dokumentationsbausteine,
- Programmbausteine,
- Generationsanweisungen und
- Montageanweisungen.

In den Dokumentationsbausteinen werden zum Beispiel Programmentwicklungsdaten (Projektdaten), Programminformationen (z.B. Programmkurzbeschreibung, Aufgabenbeschreibung), Ablaufinformationen (z.B. Ausführungsarten, Prozeduren), Anweisungen an den Rechnerbetrieb, die Arbeitsvorbereitung und Programmaufsicht usw. abgelegt. Die Programmbausteine enthalten Programmteile, die bereits in einer höheren Programmiersprache (z.B. COBOL, FORTRAN) codiert sind und nicht über Generatoranweisungen automatisch generiert werden können. Programmteile, die vom Generator automatisch erzeugt werden können, werden in der Generatorsprache (Metasprache) formuliert und als eigenständige Bausteine in die Bibliothek eingespeichert. Wird z.B. ein Generator zur normierten Programmierung verwendet, so kön-

Mehrstufiges Programmverwaltungssystem

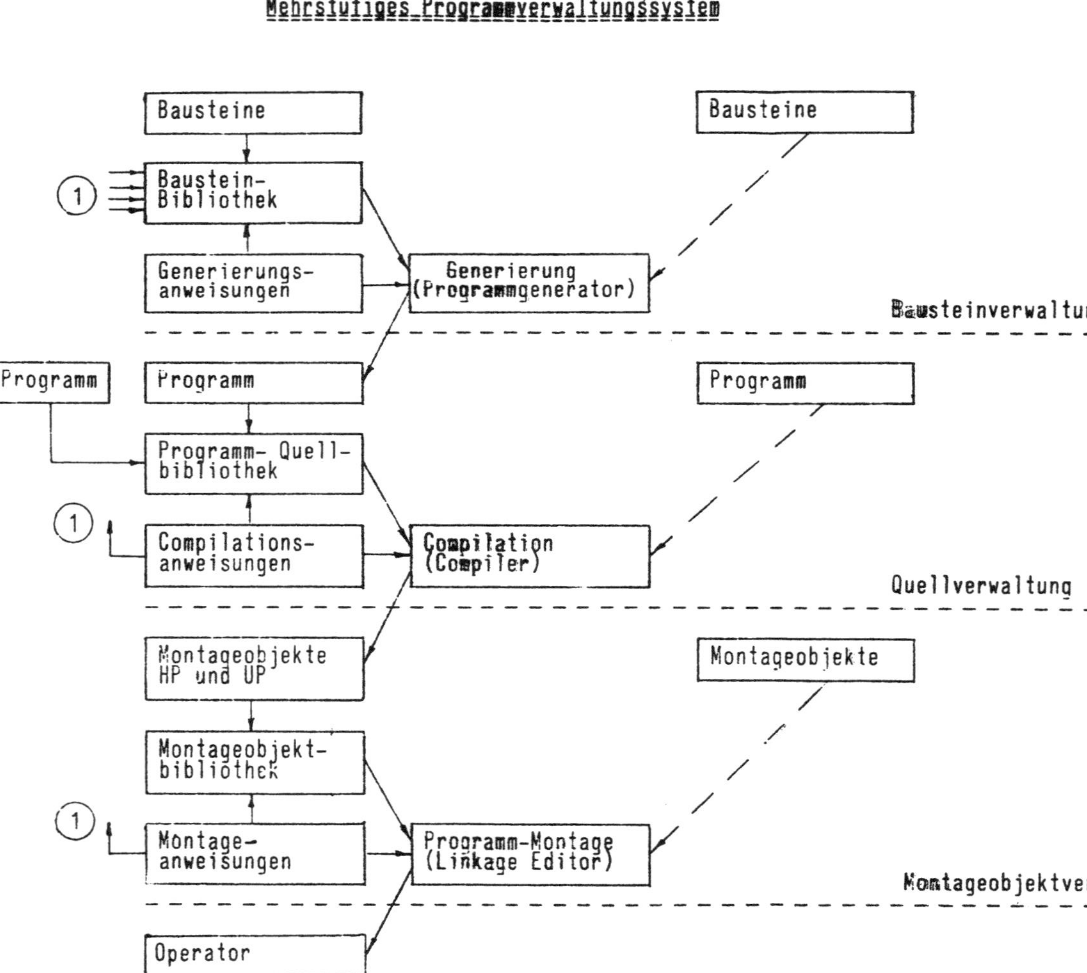

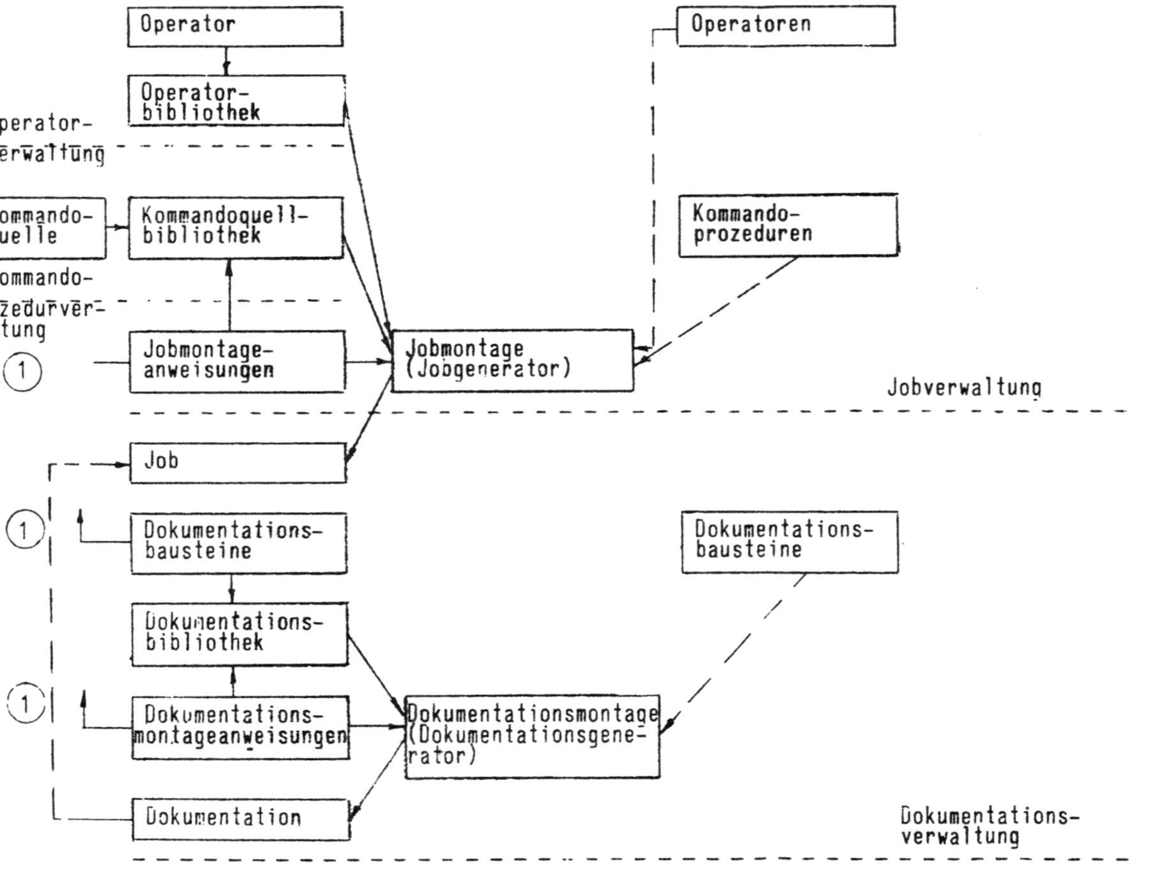

Abbildung 1: Mehrstufiges Programmverwaltungssystem

nen die Steuerleiste, die Vor- und Schlußroutine zum Eröffnen und Schliessen der Dateien und die Datensatzbeschreibungen generiert werden. Im Gegensatz dazu können bei der Strukturierten Programmierung auf der Basis eines Pseudocodes die verschiedenen Anweisungen als Folge, Schleife, Verzweigung, Block usw. formuliert und mit Hilfe eines Generators in eine höhere Programmiersprache überführt werden. Die Montageanweisungen für die Programmgeneratoren (NOP-, SP-, ET-Generator usw.), für die Compiler, den Linkage Editor, den Jobgenerator und den Dokumentationsgenerator können, falls sie nicht in den jeweiligen Verwaltungseinheiten abgespeichert werden, ebenfalls als Bausteine in die Bibliothek eingegeben werden.

Jeder Baustein erhält einen Namen und eine Versionsnummer. Durch diese beiden Angaben ist jeder Baustein eindeutig identifizierbar. Beim Einspeichern eines Bausteins werden die Sätze des neuen Bausteins mit den Sätzen des alten Bausteins verglichen und alle Änderungen werden im Wartungsprotokoll vermerkt (vgl. Abb. 2). Die Versionsnummer des Bausteins wird nach dem Update automatisch um '1' erhöht. In der Bausteinbibliothek steht immer nur eine Version eines Bausteines zur Verfügung. Das Einspeichern der Bausteine (Wartung der Bibliothek) und die Programmgenerierung werden auf Anweisung der Programmierung durch die Arbeitsvorbereitung durchgeführt. Sind alle Bausteine eines Programms in der Bibliothek gespeichert, so wird mit Hilfe der Generatoren das jeweilige Programm erzeugt. Für Test- und Sonderläufe hat der Programmierer die Möglichkeit, testweise ein Programm zu generieren. Dabei können Bausteine, die bereits in der Bibliothek gespeichert sind, temporär verändert werden oder es können Bausteine, die noch nicht in der Bibliothek enthalten sind, mit in die Generierung einbezogen werden.

```
DAT001***************************************DPS*1979-07-11**11.58***GAB  C04 0
DPV002    TESTBEISPIEL FUER EINE METHODENBANKWARTUNG                  GAB  C04 0
100003 A05F-15.                                                       GAB  C04 0
100004        IF  WN-SL NOT NUMERIC                                   GAB  C04 0
100005            MOVE "E" TO SP03                                    GAB  C04 0
100006            DISPLAY SPACES                                      GAB  C04 0
100007            DISPLAY "*************************************"     GAB  C04 0
100008            DISPLAY "*                                   *"     GAB  C04 0
100009            DISPLAY "*     SATZLAENGE NICHT NUMER.       *"     GAB  C04 0
100010            DISPLAY "*                                   *"     GAB  C04 0
100011            DISPLAY "*************************************"     GAB  C04 0
100012            GO TO B05F.                                         GAB  C03 0   ALTE VERSION
100012            GO TO A05F.                                         GABAFC04 0   FELDW.AUSG.
100013        IF  WN-SL GREATER "0160"                                GAB  C04 0
100014            MOVE "E" TO SP03                                    GAB  C04 0
100015            DISPLAY SPACES                                      GAB  C04 0
100016            DISPLAY "*************************************"     GAB  C04 0
100017            DISPLAY "*                                   *"     GAB  C04 0
100018            DISPLAY "*     (GROESSER 160 ZEICHEN)        *"     GAB  C04 0
100019            DISPLAY "*************************************"     GAB  C03 0   ALTE VERSION
100019                                                                GABLZC03 0   GELOESCHT
100019            GO TO A05Z.                                         GAB  C04 0
```

Abbildung 2: Beispiel für eine Bausteinübernahme unter DPS

Nach der Generierung werden die Programme in die Quellbibliothek übernommen. Da nicht alle Programme in der Regel generiert werden können, besteht die Möglichkeit, Programme auch direkt in die Quellbibliothek einzu spielen. In diesem Fall wird die Quelle vor der Übernahme mit der in der Bibliothek vorhandenen älteren Programmversion verglichen. Alle geänderten Zeilen werden im Quellvergleichsprotokoll festgehalten. Bei einer Neuaufnahme wird in Form einer Sourceliste das gesamte Programm ausgegeben. Die Programme werden in der Quellbibliothek über folgende Angaben verwaltet:

- Programmname,
- Versionsnummer und
- Freigabedatum.

Pro Programm können in der Bibliothek max. zwei Versionen vorhanden sein: eine freigegebene Version und eine zur Freigabe anstehende Version oder zwei freigegebene Versionen. Dies soll an einem Beispiel erläutert werden:

Programm A	Version: 03	Freigabedatum: 10.05.79
	Version: 05	Freigabedatum: 20.06.79
Programm B	Version: 10	Freigabedatum: 11.06.79
	Version: 15	Freigabedatum: 00.00.00

Im ersten Fall wird vom 10.05. bis zum 19.06.79 die Version 03 des Programms A eingesetzt. Ab dem 20.06.79 ist die Version 03 gesperrt und es wird die Version 05 eingesetzt. Die Version 04 wurde nicht freigegeben. Die Versionsnummern der freigegebenen Programmversionen müssen nicht lückenlos, sondern nur aufsteigend sein. Das Programm B wird ab dem 11.06. 79 bis auf weiteres in der Version 10 eingesetzt, da die zweite Version noch nicht freigegeben wurde. Mit der Freigabe teilt der Programmierer der Produktion mit, daß das Programm ausgetestet wurde und ab dem Freigabedatum in der Produktion eingesetzt werden kann. Die in der Produktion nicht mehr eingesetzten Programme werden in einem Programmarchiv gesichert und nach Ablauf der Archivierungsfrist gelöscht.

Die Programme werden nach der Übersetzung in einer Montageobjektbiliothek zwischengespeichert. Die Montageobjektbibliothek ist nach Haupt- und Unterprogrammen unterteilt. Zur Programm-Montage sind mindestens folgende Angaben erforderlich:

- Name des Hauptprogramms,
- Freigabedatum.

Die Unterprogramme werden automatisch zugeladen

Die Versionsnummer des Operators wird aus der Versionsnummer des Hauptprogramms und der Summe der Versionsnummern aller mit dem Hauptprogramm montierten Unterprogramme gebildet (vgl. Abb. 3).

Versionsnummer: HH.UUU

Die Buchstaben haben folgende Bedeutung:

HH = Versionsnummer des Hauptprogramms

UUU = Summe aller Versionsnummern der Unterprogramme, die mit dem Hauptprogramm montiert werden.

Für den Einsatz in der Produktion werden die Programme zu Jobs zusammengefaßt. Ein Job besteht aus folgenden Elementen:

- den Operatoren,
- der Kommandoquelle und
- ggf. der Jobdokumentation.

Die Kommandoquelle enthält die für alle Ausführungsarten notwendigen Kommandoprozeduren. Vor der Jobmontage wird die Kommandoquelle in die Kommandoquellbibliothek übernommen. Entsprechend der Übernahme der Programmquelle wird eine Versionsnummer vergeben und ggf. ein Quellvergleich durchgeführt. Die Jobversionsnummer wird aus den Versionsnummern der Operatoren und der Kommandoquelle gebildet (vgl. Abb. 3).

Versionsnummer: JJ-KK.HH.UU

Die Buchstaben haben folgende Bedeutung:

JJ = Jobversionsnummer

KK = Versionsnummer der Kommandoquelle

HH = Summe aller Versionsnummern der Hauptprogramme im Job

UUU = Summe aller Versionsnummern der Unterprogramme im Job

Nach dem Großvater-Vater-Sohn-Prinzip werden immer drei Versionen eines Jobs gehalten. Die Jobs werden nicht archiviert, da sich jeder Job aus den Programm- und Kommandoquellversionen reproduzieren läßt. Mit Hilfe der Dokumentationsmontage ist es möglich, zu jedem Zeitpunkt der Programmentwicklung die verschiedenen Dokumentationselemente (z.B. Aufgabenbeschreibung, Datensatzbeschreibungen, Ausführungsarten) zu einer Gesamtdokumentation zusammenzufassen.

3.2 Auswertung des Programmverwaltungssystems

Für die Programmeinsatzkontrolle und die Programmfreigabe müssen die Informationen des Programmverwaltungssystems ausgewertet werden. Hierfür kommen insbesondere die folgenden Instrumente in Betracht:

- Inhaltsverzeichnisse,
- Teileverwendungslisten,

- Referenzlisten,
- Ablaufprotokollierung und Konsolprotokollierung,
- Hilfsmittel zur Bereitstellung jeder beliebigen Programm-bzw. Jobversion,
- Hilfsmittel zur Bereinigung des Programmverwaltungssystems bei Ablauf der Archivierungsfrist und
- Generator zur Auswertung der Dokumentation.

```
------------------------------------------------------------------------------------------------
11.07.79              JOB-UEBERSICHTS-BLATT (PROGRAMMIERER:              )     SEITE:
                                                AUFTRAGS-NR:  S30     )
      S30ZJ   HAUPTBEREICH: A09   ENTHAELT FOLGENDE PROGRAMME
------------------------------------------------------------------------------------------------
JOB    I  PRG I HP     I  UP    I         VERSION      I  FREIGABE  I        BEMERKUNG
------------------------------------------------------------------------------------------------
       I      I S10P   I        I        02            I  29.09.78  I
       I      I        I        I                      I            I
       I S10P I        I        I        02.000   *    I            I
       I      I        I        I                      I            I
       I      I S30Z   I        I        02            I  00.00.00  I      >>USE<<
       I      I        I G07G   I               06     I  12.09.78  I
       I      I        I G19A   I               06     I  27.02.79  I
       I      I        I G19M   I               02     I  14.02.78  I
       I      I        I G19N   I               12     I  10.05.79  I
       I      I        I G19P   I               11     I  05.12.78  I
       I      I        I S30A   I               14     I  22.05.79  I
       I      I        I Z05B   I               05     I  03.10.78  I
       I      I        I Z10A   I               02     I  16.02.78  I
       I      I        I        I                      I            I
       I S30Z I        I        I        02.058   *    I            I
       I      I        I        I                      I            I
S30ZJ  I      I        I        I  01-00.04.058   *    I            I
------------------------------------------------------------------------------------------------
```

Abbildung 3: Beispiel für ein Jobübersichtsblatt mit Angabe der Versionsnummern für den Job, die Kommandoquelle, die Haupt- und Unterprogramme

Das Inhaltsverzeichnis gibt einen Überblick über die im Programmverwaltungssystem gespeicherten Bausteine, Programme, Montageobjekte, Operatoren und Kommandoprozeduren. Der Benutzer hat die Möglichkeit, sich kurzfristig über den aktuellen Stand des Programmverwaltungssystems zu informieren. Entsprechend den Ebenen des Programmverwaltungssystems werden verdichtete Informationen ausgegeben (vgl. Abb. 4).

```
VOU        BUECHEREIVERWALTUNG
                      TR440 VERSION           1.01            FREIGEGEBEN AM 11.2.77
   VOUA       DRUCKEN DER BUECHEREI-LISTEN
                      TR440 VERSION           1.01            FREIGEGEBEN AM 11.2.77
   VOUB       NEUEINGABEN IN DIE STAMMDATEI
                      TR440 VERSION           1.01            FREIGEGEBEN AM 11.2.77
   VOUC       UP-DATING-LAUF KORREKTUREN IN DER STAMMDATEI
                      TR440 VERSION           1.01            FREIGEGEBEN AM 11.2.77
```

Abbildung 4: Ausschnitt aus einem Programminhaltsverzeichnis

Die Teileverwendungsliste ist hierarchisch gegliedert. Sie ist ein Abbild der Struktur des Programmverwaltungssystems. Auf der Programmebene gibt die Teileverwendungsliste einen Überblick über die Bausteine, die bei der Programmgenerierung benutzt wurden. Auf der Jobebene werden die zu einem Job gehörigen Operatoren und die Kommandoquelle mit Namen und Versionsnummer ausgegeben.

In der Referenzliste werden jedem Element Verweissätze zugeordnet. Ein Verweissatz wird immer dann angelegt, wenn das betreffende Element von einem anderen Element aufgerufen wird.

Mit der Konsol- und Ablaufprotokollierung wird sichergestellt, daß nur die freigegebene Programm- bzw. Jobversion zum Einsatz kommt. Die Protokolle müssen von einer besonderen Kontrollstelle anhand der Freigabemitteilung ausgewertet werden.

4. Das Dateiverwaltungssystem

4.1 Identifikation der Dateien

Dateien bzw. Dateiversionen werden eindeutig über das Kennwort identifiziert. Ein Kennwort setzt sich aus

- dem Dateinamen und
- der Generations- und Versionsnummer zusammen.

Der Dateiname wird aus folgenden Angaben gebildet: Programmname, lfd. Nr. der Datei im Programm, Art der Information (z.B. Druckdatei, Stammdatei, COM-Datei, Zwischendatei usw.) und Segment-Nr. (falls sich die Datei über mehrere Platten erstreckt).

4.2 Komponenten eines Dateiverwaltungssystems

In einem Dateiverwaltungssystem lassen sich zwei Verwaltungseinheiten unterscheiden:

- die Verwaltung von Dateien auf Magnetbändern und
- die Verwaltung von Dateien auf Wechselplatten (Festplatten).

In beiden Fällen werden die Dateien über das Kennwort verwaltet. Der Dateiname und die GV-Nummer werden im Kennsatz gespeichert. Beim lesenden Zugriff wird das über die Steuerkarte vorgegebene Kennwort mit der Eintragung im Kennsatz verglichen. Bei Ungleichheit wird das Programm mit einer Fehlermeldung abgebrochen, bzw. der Operateur wird über die Konsole aufgefordert, einen anderen Datenträger aufzulegen. Bei schreibendem Zugriff wird das Kennwort über die Steuerkarte vorgegeben. Bei Stammdateien wird in Abhängigkeit von der Eingabe die GV-Nummer um '1' erhöht. Der Dateiname wird aus der Eingabe übernommen.

Die GV-Nummer beim Update einer Stammdatei wird im Wege der "verzögerten"

```
+=====================================================================+
I       I                                             I DATUM       I
I R Z F I   M B - N A C H W E I S                     I 99. 99. 99  I
I       I                                             I             I
+-------+---------------------------------------------+-------------+
I SNUMB I                                             I AUFTRAGSNR. I
I       I                                             I             I
I V10AV1I                                             I   999999    I
+=======+=============================================+=============+
I KENNWORT     I KENNSAETZE I CODE   I BPI  I  SATZZAHL  I HERKUNFT  I
I              I            I        I      I            I           I
I XXXXXXXXXXXX I DIN 66029  I EBCDIC I 1600 I 99.999.999 I  V10A     I
I              I            I        I      I            I           I
+--------------+------------+--------+------+------------+-----------+
I GRENZBLOCKZ. I SATZLAENGE I BLOCKUNG      I STUETZPUNKTI TRAEGER   I
I              I            I               I            I           I
I    99999     I FIX / VAR. I 999 Z./RECORD I MIT / OHNE I  99999    I
I              I MAX. 99999 I 999 R./BLOCK  I            I           I
+--------------+------------+---------------+------------+-----------+
I FOLGETRAEGER                                                       I
I                                                                    I
I  1   99999 I 16  99999 I 31   99999 I 46  99999 I 61   99999 I 76  99999   I
I  2         I           I            I           I            I             I
I  3         I           I            I           I            I             I
I  4         I           I            I           I            I             I
I  5         I           I            I           I            I             I
I  6         I           I            I           I            I             I
I  7         I           I            I           I            I             I
I  8         I           I            I           I            I             I
I  9         I           I            I           I            I             I
I 10         I           I            I           I            I             I
I 11         I           I            I           I            I             I
I 12         I           I            I           I            I             I
I 13         I           I            I           I            I 88          I
I 14         I           I            I           I            I             I
I 15         I 30        I 45         I 60        I 75         I             I
I            I           I            I           I            I             I
+============+===========+============+===========+============+=============+
I RECHNEREINSATZ               ZU TEI 1:              ZU TEIL 2:            I
I --------------               ---------              ----------            I
I DER AUFTR. WURDE ABGESCHL.   ARBEITSVORBEREITUNG    DIE MB SIND VOLL-     I
I DIE IM MB-NACHWEIS EINGETR.  -------------------    STAENDIG AUSGEDRUCKT  I
I MB-ROLLEN SIND NACH KW UND   ERGAENZUNG DER KW                            I
I MB-ROLLEN-NR UEBERPRUEFT.    IN DER AUFTRAGSLISTE                         I
I                                                                           I
I                              ERL.                   ERL.                  I
I ---------------------------  -------------------    --------------------  I
I KONSOLBEDIENER / DATUM       ARBEITSVORBER./DATUM   DRUCKEREINS. / DATUM  I
+===========================================================================+
I                                                                           I
I                                                                           I
I GESPERRT BIS :                        FREIGEGEBEN AM :                    I
I             ............                             ............        I
I                                                                           I
I                                                                           I
I ---------------------------           ---------------------------         I
I ARBEITSVORBEREITUNG/DATUM               DATEIVERWALTUNG / DATUM           I
+===========================================================================+
```

Abbildung 5: Beispiel für einen MB-Nachweiszettel

Fortschreibung vergeben. Veränderungsdaten werden aus einer Update-Datei in eine Stammdatei eingetragen. In bestimmten Abständen wird von der Datei oder dem Segment - wenn sich die Datei über mehrere Platten erstreckt - eine vollständige Kopie gefertigt. Mit dieser Kopie wird dann weitergearbeitet. Beim Update der Stammdatei wird jeweils die Versionsnummer um "1" erhöht. Bei jedem Kopiervorgang wird die Generationsnummer um '1' erhöht.

Die GV-Nummer beim Save von Dateien wird in ähnlicher Weise vergeben. Von den zu sichernden Dateien wird in bestimmten Abständen (z.B. 1x wöchentlich) der aktuelle Stand kopiert (Vollsave). Zwischenzeitlich werden zu festgelegten Zeiten lediglich die geänderten Dateien kopiert (Teilsave). Bei jedem Vollsave wird die Generationsnummer um '1' erhöht. Die Versionsnummer ist im Regelfall Null, es sei denn, daß eine Aktualisierung durch Einspielen eines Teilsaves erfolgt ist. Die Teilsave-Bänder werden durch Hochzählen der Versionsnummer unterschieden.

4.3 Auswertungen

Für die Dateieinsatzkontrolle müssen geeignete Auswertungen zur Verfügung stehen. Alle Kennworte werden im Ablauf- und im Konsolprotokoll protokolliert. Durch den Vergleich der Arbeitsaufträge mit den Protokollen werden die verwendeten Dateien überprüft.

Daneben wird zu jedem Datenträger (Magnetband oder Wechselplatte) ein Begleitzettel mit den Kenndaten ausgegeben (vgl. Abb. 5).

Literaturhinweis

[1] Einen Überblick über die Programm- und Dateiverwaltungssysteme gibt der ISIS Software Report

[2] Vgl. hierzu die DIN 66003, 66029, 66028

[3] Vgl. hierzu das Dokumentations Programmier System (DPS) der Firma Gemini, DPS-Handbuch, 3. Auflage, Düsseldorf 1974